2006年世界·地区·国家关系
大　事　记

中国现代国际关系研究院国际信息中心

时事出版社

主　编：冯仲平
副主编：何希泉

目　　录

世界政治大事记 …………………………………… /1
世界经济大事记…………………………………… /23
世界军事大事记…………………………………… /49
国际恐怖与反恐怖大事记………………………… /78
中国对外关系大事记 …………………………… /110

美国大事记 ……………………………………… /145
俄罗斯大事记 …………………………………… /195
日本大事记 ……………………………………… /226
东北亚大事记 …………………………………… /276
东南亚大事记 …………………………………… /313
南亚大事记 ……………………………………… /343
中亚大事记 ……………………………………… /377
中东大事记 ……………………………………… /397
非洲大事记 ……………………………………… /455

欧洲大事记 …………………………………………………… /493
独联体大事记 …………………………………………………… /526
拉美大事记 …………………………………………………… /547
南太平洋大事记 …………………………………………………… /580

世界政治大事记

1月

1月16日 英、法、德、美、俄、中六国外交高级官员在伦敦就伊朗核问题进行磋商。此次会议主要议题包括：国际原子能机构理事会是否召开紧急会议；伊朗核问题是否有必要提交联合国安理会讨论；是否应对伊朗实行经济制裁。本月10日，伊朗重新启动核研究项目。

1月16—19日 亚太议会论坛第十四届年会在印尼首都雅加达召开，来自21个国家的近300名代表与会。会议议题包括：打击恐怖主义和跨国犯罪、朝鲜半岛局势、中东和平进程、本地区政治安全合作等。会议发表联合公报，呼吁亚太地区各国加强合作，共同促进经济发展，打击恐怖主义，防止禽流感疫情蔓延和铲除贪污腐败。

1月18日 欧洲议会全体会议批准设立一个临时委员会调查美国中情局“秘密监狱”事件。自2001年以来，中情局用以转运所谓恐怖嫌疑人的飞机，在欧洲秘密起降或过境千余架次。该临时委员会将由46名来自欧洲议会各党团的议员组成，任期一年，它应在开始工作后4个月内提交中期报告。

1月23—24日 非洲联盟第六届首脑会议在苏丹首都喀土穆举行。本届会议的主题是“教育与文化”，但会议还就非洲的政治和经济形势、和平与发展问题、非盟成员国之间一体化进程、地区冲突等议题进行了热烈讨论，并达成多项共识，通过了有关非洲发展的一系列决议。此次会议选举刚果（布）为新一届（2006年）非盟主席国，任期一年；选举苏丹、安哥拉和阿尔及利亚为新一届非盟副主席国；选举苏丹为2007年非盟轮值主席国。会议还决定，自2008年起，非盟主席国将由非洲各地区轮流选举产生。会议宣布，下一届非盟首脑会议将于2006年7月在冈比亚首都班珠尔举行。

1月25日 俄罗斯总统普京在圣彼得堡举行的欧亚经济共同体成员国元首非例行会议上建议建立国际核能中心体系，以提供包括铀浓缩活动在内的核燃料循环服务。普京说，这个国际核能中心体系将在国际原子能机构的监控下不带任何偏见地提供核燃料循环服务，包括铀浓缩活动。普京认为，这不仅能解决伊朗的核问题，而且能够改变世界核能的获取途径。普京表示，他将向八国集团成员国以及和平利用原子能领域的所有伙伴国提出这一建议。

1月31日 阿富汗问题国际会议在伦敦召开，英国首相布莱尔、阿富汗总统卡尔扎伊、中国外长李肇星和联合国秘书长安南等来自世界70多个国家和40多个国际组织的代表出席。布莱尔主持会议开幕式。各国代表回顾了《波恩进程》的落实情况，同时指出阿富汗重建进程还面临严峻挑战。会议围绕下一阶段阿富汗重建问题进行了讨论，各国同意为实现阿持久和平、安全和发展继续携手向阿提供援助。

2月

2月3—5日 第42届慕尼黑安全政策会议在德国召开。会议的主题是修复跨大西洋关系。与会的300多名各国政府首脑、国防部长和高级安全官员就北约未来的作用、伊朗核问题以及打击全球恐怖主义等展开交流和讨论。慕尼黑安全政策会议每年举行一次，有防务领域的“达沃斯论坛”之称。大会特别邀请了中国、印度和日本的高级代表与会。

2月2—4日 国际原子能机构理事会在维也纳召开关于伊朗核问题的紧急会议。2月4日，会议以27票赞成、5票弃权、3票反对的表决结果通过欧盟的提案，决定将伊朗核问题向联合国安理会报告。

2月8日 世界动物卫生组织在其官方网站上发布新闻说，尼日利亚政府已正式通报该组织：意大利技术实验室在对尼日利亚送交的死禽样本鉴定后确认，尼境内出现了首起高致病性H5N1型禽流感疫情，这也是非洲首次出现这种疫情。

2月9日 联合国秘书长安南在纽约联合国总部对新闻界说，截至目前，尚无任何证据表明某些国家的政府在利用讽刺漫画事件煽动暴力活动。丹麦报纸《日尔兰邮报》2005年9月30日刊登了12幅以伊斯兰教先知穆罕默德为主题的讽刺漫画，受到伊斯兰世界的强烈谴责。最近，一些欧洲国家媒体以支持言论自由为由，转载了这些漫画，在伊斯兰世界引发强烈抗议。《日尔兰邮报》主编卡斯滕·尤斯特不久前发表公开信，就该报刊登亵渎伊斯兰教漫画一事表示道歉。

2月11日 八国集团财长会议在莫斯科举行。与会财长们讨论了世界经济形势和前景、国际能源保障、免除最贫穷国家债务、防治传染病等国际社会关注的话题，其中能源安全问题成为会议的主要议题。会议发表的联合公报指出，今年世界经济仍将保持快速增长，但能源价格居高不下等因素将给世界经济带来一定风险，因此，必须努力推动能源生产国和消费国之间的对话，以确保国际能源市场稳定。

2月16日 联合国秘书长安南敦促美国政府根据联合国的有关报告，尽快关闭关塔那摩监狱。安南表示，他不一定赞同那份报告的所有内容，但报告提出的不能永久关押囚犯，是任何法律制度都认同的。联合国当天早些时候在日内瓦公布了一份由5名人权专家撰写的报告，呼吁美国要么审判在关塔那摩监狱关押的囚犯，要么释放他们并关闭这一监狱，而不要将他们无限期关押。这一建议已遭美方拒绝。

＊波兰国防部长西科尔斯基与来访的北约秘书长夏侯雅伯会晤后对新闻界说，北约计划在2008年之前投资20亿兹罗提（1美元约合3.15兹罗提）在波兰兴建多个军事设施，包括7个机场、2个港口和5个燃料基地，并建立空中防御、信息和通讯系统。

2月20日—3月3日 联合国和平利用外层空间委员会科技小组委员会第43届会议在奥地利首都维也纳举行。

2月23日 经过近5个月的艰苦谈判，联大主席艾利亚松就设立一个人权理事会提出了决议草案。草案建议，理事会设47个成员国，由联大以绝对的多数票产生，任期不能连续超过两届。所有理事国都应遵循严格的人权标准，而且在任内都必须接受对其人权状况的审议；联大可以将严重侵犯人权的国家从理事会驱逐。理事会每年定期开3次会，并可以在危机时召开特别会议。新的理事会将取代人权委员会。

2月27日 美国常驻联合国代表博尔顿对新闻界说，除非重新就设立人权理事会的事宜展开谈判，否则美国将在联大就该问题进行表决时投反对票。他建议重开谈判修改目前草案中的不足，或将该问题的决定时间向后延长几个月，以进行更多的协商。美国希望将人权理事会的席位由47个缩减至30个，同时人权理事会成员必须经联大全体成员国直接投票并获得2/3多数方可当选。

＊联合国第55届妇女地位委员会会议在联合国总部举行。

3月

3月7日 联合国秘书长安南向联大提交了题为《着力改革联合国：构建一个更强有力的世界性组织》的报告，报告分六部分阐述了改革的必要性并提出了相关建议。这六部分包括：人力建设、领导能力、信息和通讯技术、提供服务、预算和财政、决策机制。安南向联大表示，改革并不是要削减成本，为秘书处攫取更多的权力，或是为了安抚一两个经费大户。他表示，六大方面改革互相关联，取舍或偏废其中任何一项都将削弱或动摇其他改革步骤。

3月8日 国际原子能机构理事会就伊朗核问题进行讨论，决定把总干事巴拉迪向本次理事会会议递交的有关伊朗核问题的报告递交联合国安理会。

3月9日 联合国举行仪式正式启动联合国大会2005年年底设立的“中央紧急应对基金”。基金预定筹资总额为5亿美元，将为联合国在自然灾害发生后立即开展救援活动提供资金保证。

3月13日 为解决各国在人权机构改革问题上的分歧，第62届联合国人权委员会开幕伊始就宣布暂停运作，以等待联合国大会就成立取代该委员会的人权理事会进行表决。这是联合国成立60年来，国际人权监督事务首次出现“停摆”状态。

*美国向第60届联大负责预算问题的第五委员会提出2007—2009年联合国会费分摊比例计算方案。当天，日本再次提出修订此前日本提出的会费分摊方式。两国方案都是要保持和减少美日现有负担份额，增加其他国家分摊比例。

3月15日 第60届联合国大会以170票赞成、4票反对、3票弃权的表决结果通过设立共有47个席位的人权理事会的决议，以取代总部设在瑞士日内瓦的人权委员会。美国、以色列、马绍尔群岛和帕劳投了反对票，委内瑞拉、伊朗和白俄罗斯弃权。联大共有191个成员国，但7个成员国因拖欠联合国会费被取消了表决权，另有7个成员国未参加投票。决议规定，人权理事会是联大的下属机构，联大将在5年后对该理事会的地位进行审查。人权理事会的47个席位按公平地域原则分配。其中，亚洲和非洲各有13个席位，拉美将得到8个席位，西欧和东欧将分别获得7个和6个席位。决议还规定，人权理事会成员由联大直接投票产生，须得到半数以上联大成员国的支持。在选举理事会成员时，联大应考虑候选国在促进和保护人权方面所作的贡献。理事会成员每届任期3年，最多可连任一次。经 2/3 成员国同意，联大可中止严重违反人权的国家的人权理事会成员国资格。

3 月 22 日 联合国经济和社会理事会以协商一致的方式通过决议，决定于 6 月 19 日废除总部设在瑞士日内瓦的人权委员会，正式宣告已存在 60 多年的人权委员会的终结。决议要求人权委员会召开简短、程序性的第 62 届年会，并在会后向经社理事会提交最终报告。人权委员会成立于 1946 年 2 月，是联合国经社理事会的 9 个职司委员会之一，也是联合国处理人权问题的主要机构。

3 月 27 日 联合国人权委员会第 62 届暨最后一届年会闭幕。至此，人权委员会的工作全部结束，新成立的联合国人权理事会将于 6 月 19 日举行首次会议。

3 月 28—29 日 阿拉伯国家联盟（阿盟）首脑会议在喀土穆举行。会议着重就阿拉伯世界面临的挑战进行了商讨。会议通过的《喀土穆宣言》强调阿拉伯国家将为实现阿拉伯民族团结、统一的目标而努力。宣言表示：支持阿拉伯民族解放和民族独立，维护阿拉伯民族的价值观和传统，捍卫阿拉伯民族的安全，保障阿拉伯国家的主权和合法权利；重申继续恪守阿盟宪章和各项协议，呼吁通过和平方式解决矛盾和冲突；强调阿拉伯国家将遵循阿拉伯自由贸易区协议，促进阿拉伯国家贸易发展，加强各国之间的战略关系，增加相互投资，建立共同的经济项目。宣言说，阿盟决定增加参加非洲联盟（非盟）部队的阿拉伯部队，并提供必要的物质支持，以使非盟部队继续履行苏丹达尔富尔维和任务。宣言重申，阿拉伯世界将与伊拉克人民及其民选政府团结一致，呼吁国际社会尊重伊拉克主权、领土完整、自由和独立。此外，宣言还就以色列撤军、伊朗核问题以及联合国改革等问题进行了阐述。

3 月 29 日 联合国安理会通过主席声明，呼吁伊朗采取必要步骤，执行国际原子能机构的决议，暂停与铀浓缩有关的所有活动。

3 月 30 日 联合国安理会 5 个常任理事国外长、副外长和德国外长及欧盟共同外交与安全政策代表在柏林就伊朗核问题进行磋商后发表声明说，支持联合国安理会 29 日通过的主席声明。

3 月 30—31 日 第二届“北美安全与繁荣联盟”首脑会议闭幕，美国总统布什、墨西哥总统福克斯以及加拿大总理哈珀发表《共同声明》，表示将在更大范围内合作，以进一步推动北美地区的安全和繁荣。会议还决定，下一届“北美安全与繁荣联盟”首脑会议将于 2007 年在加拿大举行。

4月

4月4日 联合国发表的一份报告显示，全球国与国之间的移民数量不断增加，目前已接近2亿人口。

4月5日 经过数月讨价还价，欧盟各方终于就2007—2013年中期财政预算达成一致，预算总额为8663亿欧元，较此前欧盟首脑会议达成的预算增加了40亿欧元。

4月6日 美国提出联合国会费分摊新办法，建议会费的分摊比例应按世界银行的"购买力平价"指数来计算。这意味着中、俄、印等国需承担的会费将大幅增加。其他正在迅速发展的国家也将受到该提案的冲击。按此方案，美国的会费将从22%降至21.5%。中国的会费将增至原来的6倍，额度仅次于美国。

4月11日 联合国宣布，在与哈马斯领导的巴勒斯坦政府接触时将采取限制性政策，联合国将逐个处理与哈马斯的政治接触。为迫使哈马斯承认以色列、放弃武力并遵守巴勒斯坦上届政府签署的和平协议，欧盟和美国对巴勒斯坦新政府施加了经济和外交压力。联合国此举与欧盟和美国的做法一致。巴勒斯坦政府发言人加齐·哈马德说："这个新政策是糟糕的决定，它完全不合逻辑，因为联合国是一个国际组织，不应与美国和欧盟采取相同标准。"

4月19日 国际货币基金组织发表《世界经济展望》报告，预测全球经济2006年和2007年将分别增长4.9%和4.7%，与2005年的4.8%基本持平。

*联合国难民署在伦敦发表题为《世界难民现状——新世纪的背井离乡》的报告称，世界难民人数为920万，已降到25年来的最低水平。

4月22日 以"亚洲的新机会"为主题的博鳌亚洲论坛2006年年会在海南博鳌开幕。

4月22—24日 第10届国际能源论坛在卡塔尔首都多哈举行。

4月26日 上海合作组织成员国国防部长会议在北京举行。会议就当前国际和地区形势、在上海合作组织成立五年来所取得的成就基础上加强成员国防务部门之间的合作等问题进行了讨论，并就实质问题达成一致意见。会议决定上海合作组织国防部长2007年例会将在吉尔吉斯斯坦举行。

4月27日 北约外长非正式会议在保加利亚首都索非亚举行。

4月28日 国际原子能机构总干事巴拉迪向国际原子能机构和联合国安理会提交了关于伊朗核问题的报告。报告说，伊朗未能在联合国安理会规定的期限内中止铀浓缩活动，也没有和国际原子能机构核查人员进行全面合作。

＊联大第五委员会以表决方式通过决议，要求联合国秘书长安南就拟议中的联合国改革另行提交多份报告，并坚持发展中国家在联大的权利不容剥夺。

5月

5月2日 联合国秘书长安南就制定全球反恐战略向第60届联大提交题为《团结起来消灭恐怖主义》的报告。

＊法国外交部宣布，中、美、英、法、俄和德的代表在巴黎举行会议讨论伊朗核问题。这是国际原子能机构总干事巴拉迪提交伊朗核问题报告以来6国首次召开会议，同时也是为即将于9日在纽约召开的6国外长会议做准备。据法国外交部发言人马泰介绍，巴黎会议主要有3项议题：介绍各国对巴拉迪报告的反应；讨论下一步措施；共同探讨针对伊朗的“鼓励”和“威慑”措施。

5月3日 英国和法国代表向联合国安理会其他成员国提交了一项决议草案，要求伊朗遵照国际原子能机构和安理会做出的相关决定，终止一切铀浓缩及加工活动，否则安理会可能考虑对其实施经济制裁或其他强制性措施。

5月9日 中东问题有关四方在纽约联合国总部会晤后发表声明，同意暂时通过一项“国际机制”向巴勒斯坦人民提供援助。联合国秘书长安南、美国国务卿赖斯、俄罗斯外长拉夫罗夫、欧盟轮值主席国奥地利外长普拉斯尼克、欧盟负责外交和安全政策的高级代表索拉纳以及欧盟对外关系委员费雷罗·瓦尔德纳等参加了会晤。四方在正式会晤前还与埃及、沙特和约旦的外长举行了会晤。四方在声明中认可了欧盟倡导的“国际机制”的提议，同意通过这个有范围和期限限制的临时机制向巴勒斯坦人民提供援助。声明说，该机制将尽快开始运作，并在3个月后对这一机制的效果进行审查以决定是否有必要继续下去。声明同时敦促以色列采取措施改善巴勒斯坦人民的人道主义状况。

＊联合国大会成立新的人权理事会，选出47个国家为第一届成员。美国未参与角逐。其他主要国家的得票数为：加纳183票、南非179票、印度173票、日本158票、韩国148票、中国146票、菲律宾136票、沙特阿拉伯126票、斯里兰卡123票、巴西165票、阿根廷158票、古巴135票、德国154票、法国150票、英国148票、瑞士140票、俄罗斯

137票、波兰108票、乌克兰109票。

5月10日 巴勒斯坦自治政府总理哈尼亚说，巴自治政府对中东问题有关四方带有先决条件的援巴决议表示不满。哈尼亚说，中东问题有关四方通过建立一个临时的“国际机制”，绕过巴伊斯兰抵抗运动（哈马斯）领导的自治政府向巴方提供一定援助，旨在逼迫巴自治政府在巴勒斯坦人民的合法权利方面做出让步，承认（以色列）占领的合法性。巴勒斯坦民族权力机构主席阿巴斯的发言人阿布·拉迪纳对中东问题有关四方的决议表示欢迎，并要求尽快执行这一决议，落实援助，解决巴勒斯坦人民面临的经济危机。

5月11日 俄罗斯总统普京的安全会议秘书伊戈尔·伊万诺夫表示，北约没有理由进一步扩张和接纳渴望加入西方和摆脱俄罗斯影响的原苏联共和国。

＊联合国秘书长安南呼吁日本与其邻国改善关系，他希望亚洲能像欧洲那样在二战后达成和解。安南在访问亚洲前夕说：“中国、韩国和日本都认可，友好和睦的关系对大家都至关重要。”

5月12日 各国议会联盟第114届大会在肯尼亚首都内罗毕闭幕。大会通过了有关应对自然环境恶化、保护妇女权益、控制小型武器扩散和帮助非洲抗击旱灾等问题的一系列决议。与会代表在决议中呼吁各国议员共同努力，以解决当今世界面临的各种挑战，推动世界和平与民主，促进各国间的合作。担任本届大会主席的肯尼亚议长卡帕罗宣布索马里、卡塔尔和巴拉圭3国的议会成为各国议会联盟的正式成员。

5月13日 第五届伊斯兰发展中8国集团首脑会议在印尼的巴厘岛闭幕。会议发表了《巴厘宣言》，并签署了《优先贸易协议》和《海关事务行政援助多边协议》。

＊第四届欧盟—拉美国家首脑会议在奥地利首都维也纳闭幕。会议发表了《维也纳宣言》，作为共同目标，欧盟与拉美国家决定在未来5年内使两地区贸易和投资额翻一番。

5月14日 联合国秘书长安南开始对韩国、日本、中国、越南和泰国等亚洲5国进行访问。

5月15日 欧盟成员国外长会议提出了新的伊朗核问题一揽子解决方案。新方案主要包括经济援助、政治合作和支持伊朗民用核计划三部分。但伊朗总统艾哈迈迪·内贾德17日发表讲话，公开拒绝了欧盟包括提供一座轻水反应堆的一揽子解决方案。

＊上海合作组织成员国外长会议在上海举行。会议研究了将于6月中旬在上海举行上海合作组织峰会的准备工作并通过了一系列决议。会议确认成员国在当前重大国际问题上立场一致。重申愿积极利用外交磋商机制协调对外政策，以应对迅速变化的地区和世界形势。

5月16日　为期3天的东盟经济部长会议在菲律宾首都马尼拉结束，与会各国代表一致同意争取在2015年建立“东盟经济共同体”，以实现货物、服务和人员的全面自由流动。

5月17日　欧洲议会全体会议以高票正式通过了欧盟提交的2007—2013年中期预算方案，随后欧洲议会、欧盟理事会和欧盟委员会代表共同签署这一总额为8644亿欧元（1欧元合1.28美元）的预算方案。

＊在日本访问的联合国秘书长安南在与日本首相小泉纯一郎会见时，要求小泉改善与中国和韩国的关系。作为联合国秘书长，除对交战双方当事国外，安南还从未这样要求过其他国家。

5月19日　联合国反对虐待委员会发表报告说，美国必须在阿富汗和伊拉克“根除”对囚犯的酷刑，彻底调查有关指控，并对任何有罪的人员提起公诉。报告说，美国应该关闭设在国外的所有秘密监狱，包括在关塔那摩的监狱，该委员会认为这些监狱的存在违反了国际法。

5月22日　世界卫生组织大会在日内瓦开幕。当天清晨，世卫总干事、来自韩国的61岁的李钟郁因脑血栓去世。

5月23日　格鲁吉亚、乌克兰、阿塞拜疆和摩尔多瓦4国领导人在乌克兰首都基辅举行“古阿姆”峰会，决定把这一非正式地区联盟变为正式国际组织，命名为“古阿姆民主与发展组织”。

5月24日　中国、欧盟、美国、韩国、日本、俄罗斯、印度7方代表在欧盟总部签署了《成立国际组织联合实施ITER（国际热核聚变反应堆）计划的协定》、《赋予ITER国际组织特权与豁免的协定》，这标志着所有关于ITER计划法律文件的谈判全部完成。

5月28日　欧盟25个成员国的外长就继续推动《欧盟宪法条约》的时间表达成共识，认为最迟在2009年欧盟需要就其未来的法律基础达成协议。此外，德国应在其担任欧盟轮值主席国期间的2007年6月就推动《欧盟宪法条约》提出具体建议。

5月31日　上海合作组织成员国议会领导人在莫斯科举行首次会晤，就推动上海合作组织发展、加强本组织成员国议会合作等问题交换意见并达成共识。会议发表的联合声明将呈报2006年6月在上海举行的上海合作组织成员国元首理事会会议。

6月

6月8日　北约国防部长会议闭幕，这是为2006年11月北约里加首脑会“定调”的一次预备会，会议除就阿富汗、巴尔干等问题取得共识之外，还通过了北约“综合政治指南”。“综合政治指南”由2004年6月北约伊斯坦布尔首脑会倡议提出，准备交里加首脑会审议通过，旨在为北约未来10年发展拟定“要务”，确立发展方向。在“综合政治指南”基础上，防长会又通过了一份“部长指南”。

6月9日 联合国安理会代表团在考察苏丹西部达尔富尔地区时表示，联合国支持苏丹政府和达尔富尔反政府组织主要派别5月5日签署的和平协议，并将为落实这个协议提供帮助。

6月12日 瑞典斯德哥尔摩国际和平研究所出版了《SIPRI年鉴2006：裁军、军备与国际安全》。报告说，2005年全球军费支出创历史新高，达到11180亿美元，与2004年相比增加330亿美元，增幅为3.4%。军费支出名列前4位的是美国（占全球军费总支出的48%）、英国、法国和日本。

6月15日 上海合作组织成员国元首理事会第六次会议在上海举行。元首们签署了《上海合作组织五周年宣言》和《上海合作组织成员国元首关于国际信息安全的声明》，批准了新版《上海合作组织秘书处条例》和《上海合作组织成员国打击恐怖主义、分裂主义和极端主义2007—2009年合作纲要》，通过了一系列有关上海合作组织人事和组织问题的决议，批准努尔加利耶夫（哈萨克斯坦）自2007—2009年担任上海合作组织秘书长。上海合作组织成员国代表还签署了《关于在上海合作组织成员国境内组织和举行联合反恐行动的程序协定》、《关于查明和切断在上海合作组织成员国境内参与恐怖主义、分裂主义和极端主义活动人员渗透渠道的协定》、《上海合作组织成员国政府间教育合作协定》、《上海合作组织实业家委员会决议》、《上海合作组织银行联合体成员国关于支持区域经济合作的行动纲要》。2007年度上合组织轮值主席国由吉尔吉斯斯坦担任，成员国元首理事会例行会议将在吉首都比什凯克举行。

6月15—16日 欧盟首脑会议在布鲁塞尔召开。会议的两大议题是为《欧盟宪法条约》的批准程序制定新的期限，以及明确欧盟未来的发展规划。

6月16日 美国国防部公布一份报告，首度公开披露了2003—2004年期间美军特种部队在伊拉克虐待囚徒的各种情形，其中包括使用剥夺睡眠、剥光衣服等非人道手段对囚犯进行审讯的细节，引发人权组织的强烈批评。这是美首次公开披露虐囚细节。

6月17日 亚洲相互协作与信任措施会议（简称亚信会议）成员国领导人第二次会议在哈萨克斯坦阿拉木图举行。本次峰会的议题是讨论亚洲和世界安全与合作。与会领导人通过了亚信会议成员国领导人第二次会议宣言。

6月19—30日 首届联合国人权理事会在日内瓦举行。本届会议主要讨论制定理事会未来工作方法和规则及当前国际人权领域面临的紧迫问题。墨西哥常驻日内瓦联合国代表德阿尔瓦当选为人权理事会主席，按地域推举出的捷克、摩洛哥、瑞士和约旦常驻日内瓦联合国大使当选为副主席，约旦大使为人权理事会报告员，副主席将按顺序轮流担任主席。会议通过了《反对强迫消失公约》草案和《土著人民权利公约》草案。

6月20日 古巴政府在联合国人权理事会首届会议上提议，要求审查关塔那摩监狱中存在的严重侵犯人权问题。

6月21日 欧盟—美国首脑会议在欧盟轮值主席国奥地利首都维也纳举行，会后发表的《维也纳峰会声明》强调了双方在伊朗核问题上的共识。

6月23日 联合国建设和平委员会的决策机构——组织委员会在纽约联合国总部召开首次会议。这标志着联合国帮助冲突后国家建设和平的机制正式运作。在当天的会议上，组织委员会选举安哥拉常驻联合国代表马丁斯为首任主席。

6月28日 第60届联合国大会一致通过决议，接纳黑山共和国为联合国第192个成员国。

7月

7月1—2日 非洲联盟第七届首脑会议在冈比亚首都班珠尔举行。与会各国代表就通信和信息技术的发展、电力、铁路运输和航空运输等问题展开讨论，并达成许多共识。外界普遍关注的非洲联盟民主宪章的方案并没有拿到峰会上讨论。

7月3日 联合国公布的《千年发展目标2006年报告》指出，在实现千年发展目标中，消除贫困、饮用水和入学率等方面取得的成绩最为显著。

7月4日 委内瑞拉、巴西、阿根廷、巴拉圭和乌拉圭5国元首在委内瑞拉首都加拉加斯举行南方共同市场特别会议，共同签署关于委内瑞拉完全加入南方共同市场的协议。

7月5日 联合国人权理事会就巴勒斯坦被占领土上的人权局势举行特别会议。突尼斯代表阿拉伯国家提出召开这次特别会议，并得到了包括中国、古巴、印度、俄罗斯、斯里兰卡等20个理事国的赞同。

*朝鲜先后向日本海试射了数枚导弹。朝鲜外务省发言人说，这是朝鲜军队正常的军事训练，导弹发射是成功的，并将继续发射导弹。韩国政府对此事件“深表遗憾”，并呼吁朝鲜早日回到六方会谈。美国宣称，这是“一种挑衅行为”。日本内阁官方长官安倍晋三宣布，日本已向朝鲜提出“严正抗议”。日本政府当天举行内阁会议决定，从5日起在半年内禁止朝鲜船只进入日本港口，并进一步研究日本能够采取的措施，对朝鲜实施经济制裁。联合国安理会5日上午召开会议就此事件进行紧急磋商。

7月6日 联合国人权理事会特别会议通过决议，决定派巴勒斯坦被占领土人权状况特别报告员率领一个调查团紧急前往中东，调查那里的人权状况。

7月13日 美国在联合国安理会的表决中否决了由卡塔尔提交的要求以色列停止在加沙地带军事行动的决议草案。这是美国第81次在安理会动用否决权。在最近9次的否决权使用中，美国独占8次，其中有7次与巴以冲突有关。

*联合国安理会公布了美、俄、中、英、法、德今年6月为解决伊朗核问题所提出的一揽子方案。方案支持伊朗根据《不扩散核武器条约》规定发展民用核能的权利，支持通过国际合作的方式在伊朗建设轻水反应堆，并由在俄罗斯的铀浓缩工厂定期提供燃料。方案还向伊朗提出了一系列激励措施，包括可能取消对美国和欧盟制造商向伊朗出口民用航空设备和通讯装备的限制，增加对伊朗的直接投资以帮助其融入全球经济，支持伊朗加入世界贸易组织，支持在高科技领域与伊朗展开合作等。方案同时要求伊朗与国际原子能机构全面合作，中止所有与铀浓缩有关的活动并接受国际原子能机构的核查，恢复执行《不扩散核武器条约》附加议定书。

7月15日 联合国安理会以15个成员国一致赞成的方式通过了关于朝鲜试射导弹问题的第1695号决议。决议对朝鲜导弹试射表示严重关切和谴责，要求朝方重新做出暂停导弹试验的承诺。强调有关各方应保持克制，不要采取任何可能加剧紧张局势的行动，继续通过政治和外交努力寻求解决问题。支持并呼吁尽早恢复六方会谈，敦促有关各方加紧全面实施2005年9月关于朝鲜问题的第四轮六方会谈通过的《共同声明》，以和平方式可核查地实现朝鲜半岛无核化，维护朝鲜半岛和东北亚的和平与稳定。日本等国此前曾向安理会提交一份决议草案，其中包含了援引《联合国宪章》第七章，从而可能导致对朝实施经济制裁乃至动武的规定。在中国等国的坚决反对下，目前决议中完全删除了上述内容，从而获得安理会全体成员国的一致支持。朝鲜外务省16日发表声明，强烈反对该决议，表示朝鲜将不受这一决议的约束。

*俄罗斯总统普京与前来参加八国峰会的美国总统布什签署了关于发

起《反核恐怖全球倡议》的声明，表明共同应对核恐怖威胁的原则立场。双方还签署了关于《和平利用核能合作协定》的声明。

7月15—17日 八国峰会在俄罗斯圣彼得堡举行，这是俄罗斯首次主办八国峰会。八国领导人就全球能源安全、中东局势等热点问题进行了讨论，签署了9个联合声明。会议就中东局势、伊朗核问题和朝鲜试射导弹问题发表联合声明，阐述了八国集团在这些问题上的立场。此外，八国集团领导人还就反恐、核不扩散、反腐败、知识产权保护和非洲问题等通过了有关文件。

7月17日 八国集团领导人与中国、印度、巴西、南非、墨西哥、刚果（布）6个发展中国家领导人举行了对话会议，探讨了全球能源安全、传染病防控、教育和非洲发展等问题。包括联合国秘书长安南、国际原子能机构总干事巴拉迪、世贸组织总干事拉米、联合国教科文组织总干事松浦晃一郎和世界银行行长沃尔福威茨在内的国际组织和机构的领导人也应邀出席了会议。与会各方及有关国际组织领导人还发表联合声明，谴责本月11日发生在印度的恐怖袭击事件。

7月17—18日 联合国人权事务委员会在日内瓦举行会议，审议美国履行《公民权利和政治权利国际公约》的情况。美国的人权问题，特别是与反恐战争有关的侵犯人权行为再次成为关注焦点。

7月19日 联合国“人人有权享有最佳身心健康问题特别报告员”亨特发表声明，要求国际社会对加沙地带可能出现了的战争罪进行独立调查。

7月23—24日 世界贸易组织的6个关键成员美国、欧盟、日本、澳大利亚、巴西和印度举行部长级会谈，由于分歧严重，6国决定中止已持续谈判近5年的多哈回合全球贸易谈判。

7月21—22日 独联体国家首脑在莫斯科举行非正式会议，就独联体未来发展问题进行探讨。乌克兰、亚美尼亚、土库曼斯坦和格鲁吉亚总统未出席会议。

7月24日 联合国安理会就下任联合国秘书长的4位候选人举行了摸底投票，投票结果只通知候选人，不会对外公布。这标志着提名下一任联合国秘书长的进程开始进入正式遴选阶段。这次投票的内容有三项，即：“鼓励”、“不鼓励”和“不表态”。4名竞选人是：斯里兰卡的联合国前裁军事务副秘书长达纳帕拉、韩国外交通商部长潘基文、泰国副总理素拉革，以及来自印度的现任联合国负责新闻事务的副秘书长塔鲁尔。

7月26日 联合国驻黎巴嫩临时部队司令证实，当地时间25日晚7时30分，以空军对黎南部进行了袭击，造成4名联合国观察员不幸身亡，他们分别来自奥地利、加拿大、中国和芬兰。

7月31日 北约驻阿富汗国际安全援助部队最高指挥官戴维·理查德中将从美国领导的联军手中接管了在阿富汗的作战指挥权，这是北约成立57年来首次在海外的统一作战行动。

＊联合国安理会以14票赞成、1票反对的表决结果通过了关于伊朗核问题的1696号决议，要求伊朗于2006年8月31日之前暂停所有与铀浓缩相关的活动，并呼吁伊朗与国际原子能机构开展合作。

8月

8月2日 南亚区域合作联盟部长理事会接受韩国、美国和欧盟为南盟观察员。作为主席国的孟加拉国将邀请它们以观察员身份与中国和日本一起，参加明年在印度首都新德里举行的第14届南盟首脑会议。2005年11月在孟加拉国首都达卡举行的第13届南盟首脑会议批准阿富汗为第八个成员国，并批准中国和日本为观察员。

8月11日 联合国安理会一致通过关于黎以冲突的1701号决议，决议呼吁“黎巴嫩真主党立刻停止所有的攻击，以色列立刻停止所有的进攻性军事行动，并在此基础上完全终止双方的敌对行动”。决议允许联合国驻黎巴嫩临时部队兵力从现在的不足2000人增至1.5万人，并“采取一切必要行动”执行任务。

＊联合国人权理事会在日内瓦举行关于黎巴嫩局势的特别会议。

8月13—18日 第60届世界艾滋病大会在加拿大多伦多举行。来自170多个国家和地区的2.4万名各界代表参加了会议。

8月15日 日本首相小泉纯一郎再次参拜了供奉有二战甲级战犯的靖国神社。这是他出任首相以来第6次参拜靖国神社，也是时隔21年来日本领导人首次于8月15日参拜靖国神社。中国、朝鲜、韩国、俄罗斯、澳大利亚、印度尼西亚、新加坡、马来西亚等国纷纷对此事进行强烈谴责。

8月17日 联合国公布了一份关于向黎巴嫩南部增派1.3万人的国际维和部队的时间表，首批约3500人的先遣部队将在15天内部署完毕。

8月17—18日 第26届南部非洲发展共同体首脑会议在莱索托首都马塞卢举行。会议就有关本地区发展的一系列问题进行谈判和磋商，并通过相关决议。

8月21日 联合国秘书长安南发表了一份关于防止武装冲突的报告，呼吁加强联合国的预防冲突能力，并提出一系列的建议。

8月24日 日本提议建立一个由16国组成的泛亚洲自由贸易区，包括澳大利亚、中国、韩国、印度、日本、新西兰和10个东盟成员国。日本提议成立的这个自由贸易区共有31亿人口，国内生产总值几乎达到10万亿美元（7.8万亿欧元），其规模将超过日本最重要的贸易伙伴美国。东南亚国家的部长们对此表示谨慎的支持，但敦促东京首先集中精力完成与东盟的自由贸易协定。

＊国际天文学联合会大会通过决议，将地位备受争议的冥王星“开除”出太阳系行星行列，太阳系行星数目也因此降为8颗。

8月25日 几内亚湾委员会成立，主要负责对几内亚湾国家间涉及石油开发和水资源等方面进行磋商和调解。几内亚湾委员会包括8个国家：安哥拉、喀麦隆、刚果（布）、加蓬、赤道几内亚、尼日利亚、刚果（金）及圣多美和普林西比。委员会总部设在安哥拉。

8月26—29日 第八届世界宗教和平会议在日本京都举行。会议通过《京都宣言》，呼吁世界各宗教团体和宗教领袖为解决地区冲突、消除贫困、维护世界和平而采取积极行动。

8月28日 联合国秘书长安南开始访问以色列、巴勒斯坦、卡塔尔、土耳其、沙特阿拉伯、埃及、约旦、叙利亚和伊朗。

8月31日 联合国安理会以12票赞成、3票弃权的表决结果通过决议，决定在得到苏丹政府认可后向苏丹达尔富尔地区派遣1.73万人的联合国维和部队，以帮助苏丹政府和反政府武装落实和平协议。

＊国际原子能机构向其35个理事会成员国和联合国安理会提交了一份关于伊朗执行安理会第1696号决议情况的报告，报告说伊朗未能在联合国安理会决议规定的最后期限前终止其铀浓缩活动。

9月

9月2—3日 联合国秘书长安南访问伊朗，与伊朗领导人讨论伊朗核问题以及安理会关于黎巴嫩问题的第1701号决议执行情况。安南在德黑兰说，伊朗总统内贾德与他会晤时表示，伊朗希望通过与国际社会进行谈判的方式解决核问题，但在有关的会谈开始前，伊朗不会暂停铀浓缩活动。

9月6日 美国总统布什首次承认中央情报局在全球设有多处关押重要恐怖嫌犯的秘密监狱，并宣布他已下令把这些监狱里的14名要犯转移到古巴关塔那摩的美军监狱，以便为将来对他们进行审判做准备。

9月8—10日 第四届亚洲政党国际会议在韩国首都首尔举行，会议通过《首尔宣言》。

9月10—11日 第六届亚欧首脑会议在芬兰赫尔辛基举行。与会领导人就加强多边主义和应对安全威胁、地区形势及热点问题、文化与文明对话、可持续发展的环境与能源安全、全球化和竞争力及亚欧会议未来发展等议题进行了讨论。会议通过了《第六届亚欧首脑会议主席声明》、《第六届亚欧首脑会议关于气候变化的宣言》和《亚欧会议未来发展赫尔辛基宣言》。中国将于2008年10月在北京举办第七届亚欧首脑会议。

9月12日 第61届联合国大会在联合国总部纽约开幕。本届联大总务委员会当天举行首次会议，一致决定拒绝将所谓"台湾在联合国代表权"提案列入本届联大议程。这是自1993年以来，联大总务委员会连续第14次明确拒绝所谓"台湾参与案"。列入本届联大的议程有近150项，涵盖了和平与安全、发展、人权、人道主义援助、促进法制、反恐、裁军以及联合国组织机构等领域。

9月15日 上海合作组织成员国政府首脑（总理）第五次会议在塔吉克斯坦首都杜尚别举行。各方结合2006年6月15日上海峰会的共识，研究了本组织成员国经济合作的优先方向，提出了在经贸、科技、社会、文化和其他领域合作的一系列具体措施。各方研究了落实成员国多边经贸合作纲要的具体步骤，确定能源、交通、电信领域为近期优先合作领域，商定了本组织首批示范项目，认为示范项目的实施将为本组织务实合作注入新的活力。会议结束后，成员国代表团团长签署了《上海合作组织成员国政府首脑（总理）理事会会议联合公报》等文件，并共同会见了记者。下次上海合作组织成员国总理会议将于2007年在乌兹别克斯坦首都塔什干举行。

9月15—16日 第14次不结盟运动首脑会议在古巴首都哈瓦那举行。110多个不结盟运动成员国的元首、政府首脑或代表，以及15个观察员国、31个特约国和23个国际组织代表出席了本次会议。中国外交部副部长杨洁篪以观察员身份参加了会议。会议通过了《关于当前国际形势下不结盟运动的目的、原则和作用的宣言》等5个文件。

9月18日 联合国人权理事会第二次会议在日内瓦开幕。会议启动了人权理事会第二阶段的工作。

＊国际货币基金组织184个成员在新加坡投票通过增加中国、韩国、墨西哥和土耳其投票权的决议，从而使这4个国家在该组织中拥有更多的发言权。根据决议，中国在国际货币基金组织中所占的投票权从2.98％提升至3.72％；韩国从0.77％提升至1.35％；墨西哥从1.21％提升至1.45％；土耳其从0.45％提升至0.55％。根据该决议提出的一项为期两

年的改革计划，第一步是增加中国、韩国、墨西哥和土耳其的投票权。同时，决议要求在 2007 年的年会举行之前，国际货币基金组织执行董事会将就制订一个新的投票权规则达成一致，对各成员在该组织中是否拥有足够的投票权进行评估。此外，有关进一步平衡投票权的新规则的提出时间最迟不得晚于 2008 年的年会。这被认为是国际货币基金组织 60 年来进行的最大规模改革。

9 月 19 日 哈萨克斯坦、吉尔吉斯斯坦、乌兹别克斯坦、塔吉克斯坦和土库曼斯坦 5 国签署旨在建立一个中亚无核区的条约。

9 月 20 日 联合国安理会“联合国与区域组织及其他政府间组织在维护国际和平与安全方面的合作问题”外长会议在纽约举行。会议讨论了加深联合国与各区域、次区域组织在预防冲突、部署维和、战后重建、联合反恐等方面的合作问题。

9 月 22 日 77 国集团和中国外长年会在纽约联合国总部举行，会议就国际经济与发展领域的重要问题，包括贸易、发展筹资、南南合作、千年发展目标、联合国经社领域改革等协调立场。

9 月 23 日 法国总统希拉克、德国总理默克尔和俄罗斯总统普京在巴黎以北的贡比涅举行会晤。三国首脑除了讨论会晤机制最初确立的经济、安全与司法、外交、科研、教育与文化议题外，还特别讨论了能源、伊朗核问题以及“欧洲工业合作”问题。尽管俄罗斯、法国和德国都反对出兵伊拉克，但希拉克坚持说，他们的结盟并不是旨在结成抗衡美国的力量，“这些会议并不针对任何人”。

9 月 27 日 第 61 届联大一般性辩论在纽约联合国总部落下帷幕。此次辩论的主题是“落实全球发展伙伴关系”。

10月

10 月 2—9 日 2006 年诺贝尔奖颁发。生理学或医学奖授予美国科学家安德鲁·法尔和克雷格·梅洛，以表彰他们发现了 RNA（核糖核酸）干扰机制；物理学奖授予美国科学家约翰·马瑟和乔治·斯穆特，以表彰他们发现了宇宙微波背景辐射的黑体形式和各向异性；化学奖授予美国科学家罗杰·科恩伯格，以表彰他在“真核转录的分子基础”研究领域所做出的贡献；经济学奖授予美国经济学家埃德蒙·费尔普斯；文学奖授予土耳其作家奥尔汉·帕穆克；和平奖授予创办了孟加拉乡村银行的孟加拉国银行家穆罕默德·尤努斯。

10月3日 朝鲜外务省宣布，朝鲜将在科学研究领域和在绝对保证安全的情况下进行核试验。声明说，朝鲜早就正式宣布拥有核武器，而核试验是拥有核武器的前提。美国的战争威胁和制裁活动使朝鲜“不得不进行拥有核武器所必需的核试验”。

10月9日 朝鲜进行了一次地下核试验。

＊联合国安理会举行会议，15个成员国以鼓掌的方式一致通过决定，向联大推荐韩国外交通商部长官潘基文担任下任联合国秘书长。

10月13日 第61届联合国大会举行全体会议，192个会员国的代表以鼓掌的方式一致通过决议，正式任命现年62岁的韩国外交通商部长官潘基文为下一任联合国秘书长。

10月14日 联合国安理会一致通过了关于朝鲜核试验问题的第1718号决议。决议对朝核试验表示谴责，要求朝方放弃核武器和核计划，立即无条件重返六方会谈，并决定针对朝方核、导等大规模杀伤性武器相关领域采取制裁措施。决议排除了授权使用武力的可能，未对朝鲜实施全面制裁，并表示将视朝鲜遵守决议情况调整、暂停或取消对朝制裁措施。

10月16日 第61届联大举行全体会议，选举安理会5个新的非常任理事国，比利时、意大利、南非和印尼4个国家当选，另外一个名额将在委内瑞拉和危地马拉之间产生，在这两个国家之间已进行了10轮投票都未决出胜负。新当选的5个国家将接替阿根廷、丹麦、希腊、日本和坦桑尼亚担任安理会非常任理事国，任期从2007年1月1日至2008年12月31日。

10月22日 苏丹政府以联合国苏丹问题特使扬·普龙克在个人博客上发表文章批评苏丹政府为由，勒令普龙克在三日内离开苏丹。联合国秘书长安南发表声明，宣布召回普龙克。

10月22—25日 国际反贪局联合会第一次年会暨会员代表大会在北京开幕，中国国家主席胡锦涛出席开幕式并发表重要讲话。

10月24—25日 第37届“太平洋岛国论坛”在斐济的楠迪举行。16个成员国的领导人回顾了“太平洋计划”的实施情况，并在求同存异、和谐发展方面达成重要共识。

10月30日 中国—东盟建立对话关系15周年纪念峰会在广西南宁举行。中国国务院总理温家宝和东盟轮值主席国菲律宾总统阿罗约共同主持会议。会后各国领导人签署了《中国—东盟纪念峰会联合声明》。

＊联合国粮农组织在罗马发表的《2006年世界粮食不安全状况》的报告指出，要实现2015年前将世界饥饿人口减半的目标。目前全球饥饿人口仍居高不下，发展中国家达8.2亿，经济转型国家有2500万，工业

化国家也有 900 万。

11月

11 月 1 日 朝鲜外务省发言人在平壤宣布，朝鲜将重返六方会谈，但前提条件是朝鲜和美国在六方会谈框架内讨论解除金融制裁问题。

11 月 3—5 日 第 16 届伊比利亚美洲国家首脑会议在乌拉圭首都蒙得维的亚举行。

11 月 5 日 伊拉克高等法庭宣布，伊前总统萨达姆由于在杜贾尔村案中犯有反人类罪和故意杀人罪而被判处绞刑。

11 月 6—17 日 2006 年联合国气候变化大会在肯尼亚首都内罗毕举行，大会的主要议题是“后京都”问题，即 2012 年之后如何进一步降低温室气体的排放。大会取得了两项重要成果：一是达成包括“内罗毕工作计划”在内的几十项决定，以帮助发展中国家提高应对气候变化的能力；二是在管理“适应基金”的问题上取得一致，基金将用于支持发展中国家具体的适应气候变化活动。大会期间举行了《联合国气候变化框架公约》第十二次缔约方大会和《京都议定书》缔约方第二次会议等一系列关于全球气候问题的国际会议。

11 月 7 日 世界贸易组织总理事会召开会议，正式批准了有关越南加入该组织的相关文件。

* 联合国秘书长发言人杜加里克宣布，美国副国务卿乔塞特·夏纳女士被任命担任世界粮食计划署新的执行干事。

11 月 9 日 在日内瓦举行的世界卫生大会特别会议通过世界卫生组织执委会提名，选举中国候选人、原世界卫生组织助理总干事、香港特区前卫生署长陈冯富珍女士为世界卫生组织新任总干事。这是中国首次提名竞选并成功当选联合国专门机构的最高领导职位。

11 月 11 日 美国在联合国安理会表决中否决了卡塔尔提交的要求以色列立即停止在加沙地带军事行动的决议草案。

11 月 12 日 阿拉伯国家联盟外长紧急会议在埃及首都开罗举行，会议通过决议，谴责以色列在加沙对巴勒斯坦平民的犯罪行为，呼吁有关方面召开巴以和平大会，立即解除对巴勒斯坦政府的经济封锁，会议还对美国 11 日运用否决权阻止安理会通过谴责以色列的决议表示不满。

11 月 15—16 日 亚太经合组织第 18 届部长级会议在越南首都河内举行。与会部长就《河内行动计划》、重启多哈回合谈判和亚太经合组织机构改革等一系列议题达成一致。会议通过了旨在实现“茂物目标”的更加细化和更具可操作性的《河内行动计划》。

11月17日 联合国举行第10次特别紧急联大会议，讨论“以色列在东耶路撒冷和被占领土的非法行动”，并以压倒性多数通过决议，谴责以色列在巴勒斯坦被占领土的军事行动，并敦促以巴双方立即停止暴力行动。

11月18日 美国参议院批准了乌克兰、格鲁吉亚、阿尔巴尼亚、克罗地亚和马其顿尽快加入北约的法案，允许美国向上述五国提供必要的援助，使其武装力量达到符合北约标准的水平。

11月18—19日 亚太经济合作组织第十四次领导人非正式会议在越南首都河内召开。会议发表了《亚太经合组织第十四次领导人非正式会议河内宣言》。要点如下：(1) 世界贸易：支持全球自由贸易，并且认为推动多哈回合贸易谈判是“头等要务”。(2) 地区贸易：承认建立亚太自由贸易区有“实际困难”，因此赞同将建立亚太自由贸易区问题作为远景进行研究，各成员将在下次亚太经合组织领导人非正式会议时对这个设想的可行程度做出报告。(3) 恐怖主义：各成员都决心打击恐怖主义，并且对瓦解“跨界恐怖组织”和减少大规模杀伤性武器及其运载工具扩散的努力表示赞赏。(4) 知识产权保护：各成员强调知识产权保护、打击盗版以及各成员的官方机构不使用盗版软件的重要性。

＊第八届20国集团财政部长和中央银行行长会议在澳大利亚墨尔本举行。

11月19日 出席亚太经合组织会议的俄罗斯与美国代表在越南河内签署了俄罗斯加入世界贸易组织双边协议，从而为俄罗斯加入这一组织扫清了最后的主要障碍。

11月21日 参加国际热核聚变实验反应堆计划的欧盟、中国、美国、日本、韩国、俄罗斯和印度的7方代表在法国总统府正式签署了联合实验协定及相关文件，全面启动了世界瞩目的人类开发新能源的宏伟计划。

11月28日 联合国安理会通过第1723号决议，决定将驻在伊拉克的多国部队的任期延长至2007年12月31日。决议还规定，安理会将随时应伊拉克政府的要求，审议多国部队在伊的活动。

＊独联体国家元首理事会会议在白俄罗斯首都明斯克举行，会议责成独联体外长理事会在2007年6月1日前将有关独联体改革构想提交成员国元首讨论。

11月28—29日 北约首脑会议在拉脱维亚首都里加举行，北约26国领导人讨论了阿富汗问题、北约能力建设、能源安全以及与非北约成员国合作等问题。会议通过了《里加峰会声明》、关于北约未来 10 年至 15 年工作重点和政治方向的政策文件《全面政治指导》，并宣布北约快速反应部队已完成组建工作。

＊中国、朝鲜、美国的六方会谈代表团团长在北京举行非正式会晤。

11 月 30 日 日本众议院通过日本防卫厅升格为防卫省的相关法案。该法案已送交参议院审议。其主要内容是：从 2007 年 1 月起，防卫厅正式升格为防卫省，防卫厅长官随之升格为防卫大臣；把国际紧急援助活动、联合国维和行动、根据周边事态法进行的后方支援活动等自卫队的“附带任务”升格为“本来任务”，并写入自卫队法中。

12 月

12 月 2 日 意大利驻伊拉克的最后一批军人撤离。至此，意驻伊部队已全部撤回。

12 月 3 日 国际原子能机构总干事巴拉迪说，日本发展核武器将是个“可怕的错误”。他同时警告国际社会不要孤立朝鲜和伊朗，避免局势恶化。

12 月 4 日 联合国秘书长安南说，根据当前的形势判断，伊拉克已经陷入了内战。

12 月 7 日 美国陆军将军班茨·约翰·克拉多克正式接替美国海军陆战队将军詹姆斯·琼斯担任北约最高军事长官——欧洲盟军最高司令。

12 月 10—14 日 《联合国反腐败公约》第一次缔约国会议在约旦举行。

12 月 12—13 日 联合国人权理事会在日内瓦召开苏丹达尔富尔问题特别会议。会议通过的决议决定向苏丹达尔富尔地区派遣一个高级调查团，评估那里的人权状况以及苏丹在人权方面的需求。调查团将于 2007 年 3 月向人权理事会报告调查结果。这是人权理事会自 6 月份正式成立以来首次就达尔富尔问题召开特别会议，此前该机构召开的 3 次特别会议均是关于以巴和以黎冲突的。

12 月 13 日 联合国大会通过《残疾人权利公约》。

＊美国负责军控和安全事务的副国务卿罗伯特·约瑟夫称，美国有权使用太空武器打击试图攻击美国卫星及地面辅助设施的敌对国家或恐怖组织，并认为没有必要制订新的禁止太空武器的国际公约。

12 月 14 日 第 61 届联合国大会举行新秘书长就职宣誓仪式，联合国第八任秘书长潘基文在192个会员国代表前进行宣誓。在宣誓就职仪式结束后举行的记者招待会上，潘基文说上任后将优先解决中东问题。今年62岁的潘基文将在2007年1月1日正式上任，任期至2011年12月31日。

＊北约正式接纳塞尔维亚、波黑和黑山三个巴尔干国家加入北约“和平伙伴关系”计划。

12月18日　联合国秘书长安南向第61届联大递交了联合国建立“文明联盟”高级工作小组提出的报告。报告建议通过教育、媒体、移民和就业等手段推动文明间的交流和理解，强调国际社会必须同时致力于解决一系列悬而未决的政治问题。安南在联大举行的非正式会议上说，报告指出，造成西方与伊斯兰世界隔阂的核心因素不是宗教信仰，而是冲突、恐怖主义以及过去几年里发生的各种激化矛盾的事件。

12月18—22日　第五轮六方会谈第二阶段会议在北京举行。

12月23日　联合国大会通过预算决议，决定2007—2009年联合国继续执行2000年制定的会费分摊方法，但日本的会费比例由19.5%降至16.6%。中国、英国、俄罗斯、印度及其他国家的会费比例均将有所上升，中国的会费比例将从2.05%增至2.67%，预计总额将超过4000万美元，英国由6.1%增至6.64%，法国由6%增至6.3%，印度由0.42%增至0.45%，俄罗斯由1.1%提高到1.2%。美国的会费比例保持不变，仍为22%。

＊联合国安理会一致通过了关于伊朗核问题的第1737号决议，决定对伊朗实行一系列与其核计划和弹道导弹项目有关的制裁措施。

12月30日　伊拉克前总统萨达姆·侯赛因在伊拉克被执行绞刑。

12月31日　据美联社的统计数字，美国自2003年3月发动伊拉克战争以来，驻伊美军的死亡人数已突破3000人。

世界经济大事记

1月

1月2日 由于俄罗斯把天然气价格提高到原来的4倍而引发的俄罗斯和乌克兰之间的天然气价格纠纷，使欧洲许多国家面临天然气供应短缺问题。其中塞尔维亚天然气供应减少了一半，其他国家减幅大体在18%—40%之间，但世界市场上天然气价格并没有大幅度上涨。4日，俄罗斯和乌克兰达成新的天然气供应协议，结束了僵持多日的天然气涨价纠纷。根据协议，俄罗斯将以每1000立方米230美元的价格把天然气先出售给一个中间商贸公司，该公司混合来自中亚的廉价天然气后再以每1000立方米95美元转卖给乌克兰（原价是每1000立方米50美元）。

1月5日 美国财政部长斯诺敦促中国继续推动人民币升值以增强其货币机制的灵活性，但他也警告美国国会不要对中国进口采取报复措施，以免中国采取相应行动，造成市场波动。

1月10日 美国贸易官员赞扬中国取消对美国制造的纸箱隔板征收反倾销税。美国贸易代表波特曼发表声明说，他对中国9日决定取消对美国产品的不公平障碍表示欢迎。

*中国海关总署的数据显示，2005年中国贸易总值高达14220亿美元，比2004年增长23.2%；贸易顺差增加3倍多，总额达1020亿美元；关税收入总额达破记录的5278亿元人民币，比2004年增长了11.26%。

1月11日 美国能源部长博德曼表示，美国不反对澳大利亚向中国出售铀，但是必须做出安全保障，预防可能的核扩散。澳大利亚拥有世界将近一半的铀贮量。

1月12日 中国和印度就未来能源合作的主要项目达成协议，包括石油贸易和在第三国联手投标，以及在海外标购石油和天然气时交换有关标价信息等。

＊欧洲中央银行宣布继续维持 2005 年 12 月起执行的 2.25%的基本利率不变。英国央行同时宣布维持 4.5%的基本利率不变。

＊欧盟和中国宣布实施为期 4 年的欧元信息计划，目的是通过网络行政系统协助中国政府改善电讯法规、版权、信息安全和政府信息等领域，加强中国和欧盟之间的信息交流。

＊2005 年中国汽车销售量接近 600 万辆，使中国成为仅次于美国的世界第二大汽车市场。其中中国制造的汽车销售量达到 580 万辆，比 2004 年增加了 14%。

1 月 14—15 日 包括八大工业国集团在内的 14 个国家的交通部长在东京开会，呼吁加强保护海、空和陆地运输安全，并同意交换有关信息。

1 月 16 日 中国人民银行宣布，2005 年中国外汇储备比 2004 年年底增加了 2089 亿美元，升幅高达 34%，总额达破记录的 8189 亿美元。

＊美国和越南官员在河内就越南加入世界贸易组织（WTO）问题进行第 10 轮谈判，双方试图在农产品关税、电讯、出口补贴和服务业等主要议题上取得突破。

＊俄罗斯和摩尔多瓦达成协议，摩尔多瓦将在 2006 年第一季度以每 1000 立方米 110 美元的价格从俄罗斯进口天然气。

1 月 17 日 设在巴黎的国际能源机构在每月报告中说，中美两国能源需求增长将使 2006 年世界石油需求量每天增加 180 万桶，增幅为 2.2%，大于 2005 年 1.3%的增幅。

1 月 17—18 日 由世界银行、欧盟和中国政府联合举办的国际禽流感捐助会议在北京召开，与会者包括世界 90 多个国家和包括世界卫生组织在内的 25 个国际组织的代表。世界银行预期与会国家和组织将捐出 12 亿—15 亿美元，欧盟决定捐款 9650 万美元。

1 月 19 日 市场研究机构嘉纳（Gartner Inc）公布的报告显示：2005 年，全球个人电脑销售达 2.185 亿台，同比增长 15.3%，欧洲已取代美国成为最大的个人电脑市场，增长最快的则是亚太和拉美地区。戴尔电脑公司继续领先于惠普，销量增长 18.6%，占全球市场份额的 16.8%。中国联想集团位居第三，占市场份额 6.9%，比 2004 年略有上升。

1 月 24 日 美国耶鲁大学和哥伦比亚大学联合编制的 2006 年国际环境保护表现指数调查报告把新西兰及 5 个北欧国家列为世界环保工作表现最佳的国家，它们得到了 85%或更高的评分。评分标准包括环境健康、空气品质、水资源、生物多样性和栖息地、生产性自然资源以及可持续的能源政策等 6 个方面。在这项评比报告上，美国排名第 28 位，中国台湾地区为第 24 位，中国第 94 位。

＊联合国经济和社会部、联合国贸易和发展会议，以及联合国5个地区经济委员会共同发表的《2006年世界经济形势和展望》报告，预测2006年世界经济增长率为3.3%，与2005年相当，低于2004年的4%。

＊国际劳工组织数据显示，2005年全球失业人数1.918亿，平均失业率为6.3%。

1月25—29日 世界经济论坛达沃斯年会在瑞士举行，来自全球89个国家和地区的约2340名政界和工商界代表围绕"创新思维"这一主题展开了240多场讨论，其中中国和印度的崛起成为本届年会最热门的话题。

1月31日 世界石油输出国组织（OPEC）决定继续将原油日产量维持在2800万桶的水平，这是OPEC近25年来的最高水平。

＊美联储决定第14次将联邦基准利率提高25个基点，至4.5%，为近5年来的最高。

2月

2月1日 《经济学人》杂志评选出前10个生活费用最昂贵的城市，挪威首都奥斯陆取代日本东京占据了长达14年的最昂贵城市的头衔，接下来依次是东京、冰岛首都雷克雅未克、大阪、巴黎、哥本哈根、伦敦、苏黎世、日内瓦和赫尔辛基。纽约排名第27位。

2月2日 欧洲央行决定继续维持2.25%的主导利率水平不变。

2月6日 缅甸内阁会议决定，针对美国对缅甸长期的经济制裁，缅甸跟中国、泰国、印度、孟加拉国和老挝5个邻国的边界贸易都将使用欧元和该国的货币，以取代美元。

＊伯南克正式接替任职18年半的格林斯潘出任美联储主席，美国总统布什亲自出席了职务移交仪式。

2月9日 世界银行预测，2006年中国投资和出口将继续保持强势，但增速将放缓，并存在贸易摩擦风险，经济增长低于2005年的9.9%，仍高达9.2%，年底外汇储备将达9980亿美元。

2月10日 国际能源机构预计，2006年全球石油需求量平均每天增加178万桶，每天总需求量约8510万桶。

2月13日 欧盟警告，如果华盛顿在90天内不遵守世界贸易组织（WTO）的裁决，欧盟将对多达40亿美元的美国出口产品恢复制裁。

2月16日 即将接任经济合作与发展组织秘书长的古里亚在巴黎指

出，目前全球经济的主要风险是高油价和经济的不平衡，美国贸易赤字和预算赤字的不断增长也对全球经济构成一定威胁。

2月17日 中国轻工工艺品进出口商会的数据显示，全世界75%的玩具都是中国制造。中国制造的玩具60%以上出口到美国。中国目前有8000多家玩具制造商，年产值超过500亿元人民币。

2月21日 亚洲最大和全球第三的新加坡亚洲航空展开幕，来自43个国家的930个参展商和至少2.7万名贸易代表参展。

2月23日 美联储数据显示，2004年经通胀调整后的美国家庭平均收入为70700美元，比2001年下降2.3%；美国家庭收入中间值为43200美元，比2001年略微上升了1.6%。

2月27日 澳大利亚和中国开始在堪培拉进行第四轮自由贸易谈判，双方自2005年5月开始谈判，寻求达成商品、农业、投资和服务业的贸易协议。

2月28日 美国和哥伦比亚达成双边自由贸易协议，按照协议，几乎所有的哥伦比亚工业产品将免税进入美国市场，哥伦比亚也将取消82%的美国工业产品的进口关税，并在今后7年里逐步削减美国石化产品的关税，但协议还需经由两国立法机构的批准才能生效。

3月

3月2日 欧洲中央银行宣布把欧洲的基本利率调升0.25个百分点，到2.5%，这是欧洲中央银行在过去4个月里第二次调升利率。

3月5—9日 美国和韩国在华盛顿正式展开双边自由贸易谈判，2006年双方将轮流在两国首都举行五轮自由贸易谈判。

3月7日 日本财务省数据显示，截止2006年2月底，日本外汇储备为8500.6亿美元。

3月7—8日 中日两国代表就开采东海油气田的争议举行会谈，日方拒绝了中国提出的共同开发东海油气田的建议。

3月8日 美国能源部说，美国石油库存量达3.351亿桶，比2005年上升10%，为1999年以来最高水平。

3月9日 美国商务部数据显示，2005年美国的贸易赤字为7236亿美元。

3月10日 美国贸易代表办公室宣布，美国和阿联酋推迟了原定于13日举行的自由贸易会谈。2005年3月美国开始与阿联酋进行自由贸易谈判，希望在2013年以前在中东建立一个自由贸易区。

*来自世界贸易组织（WTO）6个成员国的贸易部长在伦敦开会，讨论早日恢复世界贸易谈判问题，与会者呼吁召开全球首脑会议，设法挽救僵持不下的全球贸易谈判。

*巴西、阿根廷和委内瑞拉的能源部长在委内瑞拉首都加拉加斯达成协议，三国计划初期动用920万美元进行环境和工程研究，以建造一条贯穿南美洲的天然气输送管道。

*国际货币基金组织（IMF）在一项报告中敦促各国政府制定应急计划，防止致命的人类禽流感大爆发可能对全球经济造成的严重破坏。

*美国参议院外交关系委员会主席卢格说，美国必须扩展在能源问题上的国际合作，特别是与中国和印度的合作，以应对日益加剧的全球能源竞争问题。

3月15日 美国商务部数据显示，2005年外国直接投资总额增长20%，从2004年的1068.3亿美元增至1286.3亿美元，经常项目赤字增至8049.4亿美元，占美国GDP的比率从5.7%增加到6.5%。

3月16日 八国集团（G8）能源部长在莫斯科召开会议，呼吁以市场需求为导向持续增加全球能源供应，强调在能源生产、运输和资源处理各方面加大投资。

3月17日 尼泊尔和中国签订贸易协议。协议规定，尼泊尔所有货物都可以免税进入中国市场。

3月19日 世界贸易组织（WTO）的统计数据表明，2005年台湾对大陆贸易顺差达580亿美元，超过所有贸易伙伴；韩国居第二位，顺差为420亿美元。

3月21日 俄罗斯总统普京访华期间，两国就建造两条天然气输送管道达成协议。管道建成后每年将分别向中国输送300亿—400亿立方米的天然气。

3月22日 欧盟宣布禁止93家没有达到国际飞航安全标准的航空公司的班机在欧洲机场降落，这些航空公司大多是非洲公司。

*国际航空运输协会预测，全球航空业将在2007年转亏为盈，结束长达6年的净亏损，并把先前预测的2006年全球航空业亏损43亿美元降至22亿美元。

*欧盟委员会批准提高对中国和越南制造的皮鞋加征反倾销税，这项新关税将从4月7日起开始实施，在之后的5个月中关税逐步提高到16.8%和19.4%。

3月25日 中国和越南纷纷谴责欧盟对它们制造的皮鞋征收反倾销关税的决定。中方认为该决定缺乏事实根据和法律基础，违反了公平贸易原则。越南政府表示将与欧盟商讨取消这些关税。

3月26日 世界贸易组织（WTO）主要成员国的贸易代表在墨西哥阿卡普尔科召开会议，为在4月底最后限期前达成削减进口关税协议做出努力，但会谈没有取得进展。美国贸易代表波特曼对此感到沮丧，他指责欧盟、巴西、印度等发展中国家对达成全球贸易协议缺乏急迫感。

3月28日 中国统计显示，到2006年2月底，中国外汇储备达8537亿美元，超过日本的8500亿美元，成为世界外汇储备最多的国家。

3月29日 俄罗斯总统普京在俄罗斯企业高级主管会议上指责美国制造人为障碍阻挠俄加入世界贸易组织（WTO）。美国务卿赖斯否认俄总统普京指责美阻挠俄加入WTO的说法。她说，美希望俄成为WTO的成员，但是入会的协议必须遵守WTO的规定和国际法规。

*受美国思科系统公司委托，英国经济学人智库进行的研究预测表明，到2020年，中国、美国和印度将共同占有全球GDP增幅的一半以上。其中，中国、印度将共同占有全球GDP的39%，美国占16%，亚洲占有率将是美国的两倍以上。

3月30日 美国和欧盟就中国汽车零部件进口规定向世界贸易组织（WTO）提出磋商请求，认为中国对进口的整车和汽车零部件征收相同的关税，违反了对WTO的承诺。

*印度、巴西和南非宣布准备成立自由贸易区。自由贸易区最终将涵盖它们所在的三大洲。

3月31日 美国微软公司再度挑战欧盟对微软200万欧元的反垄断罚款。欧盟委员会说，微软没有完全遵守2004年欧盟针对微软视窗操作系统垄断欧洲市场的反垄断裁决。

4月

4月3日 中国台湾地区证实，澳大利亚的两家矿业公司将向中国台湾地区出口矿物质铀，由于台湾地区与澳大利亚没有外交关系，这项交易将通过美国渠道进行间接贸易。

4月4日 国际货币基金组织（IMF）将2006年全球经济增长率预测由2005年9月的4.3%提高到4.9%，其中G7、欧元区12国、中国预计分别为2.8%、2%和9.5%。

4月5日 中国与老挝、缅甸和泰国达成协议，将利用湄公河运输石油，这将给中国开辟一条除马六甲海峡以外的运油路线。

*瑞士当局对中国4月初开始对进口的高档手表加征20%的消费税表示不满，准备进行交涉。瑞士经济部发言人汉斯说，中国这项新税是对瑞士的歧视，因为中国进口的高档手表中99.6%都来自瑞士。

*中国与太平洋岛国地区论坛在斐济召开。中国总理温家宝宣布，今后3年将向斐济等几个南太平洋岛国提供3.75亿美元的贷款，免除最贫穷国家的债务，并提供医疗保健合作及其他鼓励措施。

4月7日 欧盟开始对从中国和越南进口的皮鞋征收临时反倾销税。中国14家制鞋企业提出抗议，并倡议所有中方应诉企业进一步加强合作，争取欧盟委员会做出公正裁决。

4月8—9日 亚欧财长会议在维也纳举行，欧盟25个成员国、13个亚洲国家代表以及IMF、世界银行等国际金融机构和欧洲中央银行的高级官员与会。会议认为油价高涨和发达国家利率上调是世界经济发展前景的不稳定因素，呼吁各国警惕油价高涨，同时肯定了中国对东亚经济增长的作用。会议还对国际贸易不平衡扩大、禽流感在亚洲及欧洲蔓延等阻碍经济增长的因素表示警惕。

4月10日 一项对全球200多个城市生活质量进行的最新排行榜中，瑞士苏黎士名列首位，日内瓦、温哥华紧随其后。这项根据治安、医疗教育设施、交通、社会以及经济环境等多项指标的调查显示，排名前10位的城市有7个来自欧洲，亚洲排名最靠前的是新加坡，列第34位。中国大陆排名最高的上海名列第103位。

4月12日 国际能源机构预计，2006年全球每天石油需求量为8510万桶，比上个月的预测提高了30万桶。其中，中国石油需求将增长5.5%，为每天690万桶。该机构同时预计俄罗斯等产油国的产量将下降。

4月13日 世界贸易组织（WTO）裁定，美国在对加拿大木材征收进口关税问题上违反了世贸规则，这意味着美国可能面临37亿美元的罚款。

*海峡两岸经贸论坛在北京举行，论坛敦促台湾当局允许两岸直航，扩展与大陆的贸易关系。台湾国民党前主席连战在会上表示，失去了大陆的资源和市场，台湾不会获得成功。

*印度工商联合会会长波达尔说，2005年中印贸易额增长了38%，达创记录的187亿美元，未来几年内可能达到1000亿美元，中国可能取代美国成为印度最大的贸易伙伴。

4月19日 市场研究机构嘉纳（Gartner Inc）发布的一项报告显示，2006年第一季度全球个人电脑销量增长13%，达5710万台。个人电脑最大制造商戴尔公司的市场份额从2005年同期的16.9%降至16.5%，第二、三大制造商惠普、中国联想分别升至14.9%和6%。

4月20日　欧盟贸易专员曼德尔森指责美国在全球贸易谈判中不真诚，做出不现实的承诺。他对美国要求欧盟进一步削减对农产品的补贴和关税表示不满，认为这些削减会让农业部门无法维持。

＊英国防病毒软件制造商Sophos公司发布的最新报告显示，2006年第一季度，美国依然是互联网上垃圾邮件的第一大来源，所占比例为23.1%，不过美国的比例已经持续下降。中国和中国香港地区是第二大来源，所占比例为21.9%，韩国为第三，占9.8%。

4月21日　中国—东盟电信部长论坛结束，会后发表的联合声明重申双方进一步加强在信息通信技术领域的合作。2006年，中国和东盟国家计划开展交流访问、技术和管理人员培训等10多项相关活动。

4月23日　西方七国集团（G7）在华盛顿召开会议，呼吁中国及亚洲新兴经济体采取更灵活的汇率制度和让货币升值。

4月24日　世界贸易组织（WTO）总干事帕斯卡尔·拉米表示，由于各方分歧依然很大，正式放弃原定于4月30日截止的工业和农产品贸易谈判。

4月25日　世界旅行与旅游协会的报告说，未来10年中国将成为仅次于美国的全球第二大旅游经济大国。2006年，中国旅游业需求将增长14%，达27700亿元人民币；2007—2016年，将以平均每年8.7%的速度继续增长。

4月26日　以花旗集团为首的外国财团收购中国广东发展银行85%股份的努力遭到中国方面拒绝。中国银监会要求广东省政府严格遵守中资银行的外资持股比例不得超过25%的规定。

5月

5月1日　欧盟宣布将对美国910万美元商品征收惩罚性关税，使过去一年对美国征收的惩罚性关税总额达3690万美元。

＊美国贸易代表波特曼和他的继任者施瓦布女士飞抵日内瓦，与世界贸易组织（WTO）和主要发展中国家的官员会晤，希望重新启动陷入僵局的世界贸易谈判，尽可能在7月份前达成协议。

5月2日　玻利维亚总统莫拉莱斯颁布总统令，把石油和天然气资源国有化，并要求外国能源公司在6个月内与玻政府重新谈判并签署新的合同，否则必须离开玻利维亚。

5月6日　亚洲开发银行第39届年会结束，亚行行长黑田东彦说，亚洲地区要确保更多的经济体能够快速增长，但是可能将受高油价、能源安全以及全球经济不平衡等风险的威胁。他呼吁亚行 65 个成员国加强合作，消除贫困，改进政府管理和杜绝腐败。

5 月 7 日　主要工业化国家和发展中国家的中央银行行长会议在位于瑞士的国际清算银行召开，各国行长对全球贸易不平衡可能威胁全球经济表示忧虑，并对能源、商品和资产价格上升可能引发通胀风险感到不安。

*委内瑞拉总统查韦斯说，将把对石油公司征收的开采税从 16.7%提高到 33%，并把 Faja 地区重原油生产商的收入税从 34%增加到 50%，从而使政府税收每年增加 8.85 亿美元。

5 月 8 日　AC 尼尔森市场研究公司（AC Nielsen）的研究报告显示，在被调查的亚太、欧洲和北美地区的 28 个经济体中，中国消费者信心排名最高，有 78%的消费者对今后一年经济进一步增长感到乐观；印度为 77%，位居第二；印尼为 76%，排名第三；美国为 43%，排名第九。在前 10 名中有 8 个国家来自亚太地区。

*韩国官方报告说，2005 年朝鲜与中国的贸易额增长 14%，达创记录的 15.8 亿美元，占朝鲜贸易总额的一半以上，其中朝鲜从中国的进口占 2/3。中国是朝鲜第一大粮食和能源贸易伙伴。

5 月 9 日　欧盟委员会预测，2006 年欧盟 25 国的经济增长率为 2.3%，2007 年为 2.2%。另外，预计 2006 年及 2007 年欧盟将创造新的就业机会 350 万个。

5 月 10 日　澳大利亚财政部的报告说，如果中国和印度经济继续保持强劲增长，能源和矿物需求进一步加大，将改变澳大利亚的经济结构。一方面给澳大利亚带来开发具有比较优势的自然资源及高端产品和服务的机会，但也使劳动力密集部门面临日益激烈的竞争。

*伊朗与印度签署协议，双方将斥资 30 亿—50 亿美元在印尼建造一家日产量为 30 万桶的炼油厂，预计炼油厂将于 2010 年投产，其 70%的产出将用于出口，主要供应中国和其他亚洲市场。

5 月 11 日　报告显示，亚洲外汇储备大幅增长。不包括中国外汇储备变动额，4 月份亚洲外汇储备增加 380 亿美元，总额超过 28400 亿美元。其中，日本外汇储备增加 82.1 亿美元，达 8602.4 亿美元。

*根据普华永道会计师事务所发布的报告，2005 年大中华地区（香港、上海、深圳和台北）首次公开募股（IPO）的平均规模（平均募股金额达 2.6 亿美元）超过美国（美国纽约证交所和纳斯达克的 IPO 平均规模为 1.7 亿美元）和欧洲（1 亿美元）。

5 月 12 日　欧盟委员会说，鉴于美国取消了一项税收优惠法案，欧盟将取消对美国商品征收惩罚性进口关税的计划。世界贸易组织（WTO）曾授权欧盟可以从 5 月 16 日起对美国产品重新征收 14%的惩罚性关税。

＊欧洲和拉丁美洲约60位国家领导人在维也纳举行首脑会议，讨论应对委内瑞拉决定退出安第斯共同体及玻利维亚能源国有化问题。会议东道主奥地利总理许塞尔呼吁各国搁置分歧，致力于发展政治和经济上的伙伴关系。

＊由美国、法国、英国、德国等19个债权国组成的巴黎俱乐部的多数成员国同意俄罗斯提出的提前偿还所欠220亿美元外债的建议，它们将与俄罗斯在6月份举行会议，就有关细节进行谈判。

5月15日　欧盟贸易专员曼德尔森说，欧盟委员会将邀请各利益团体就今后10年欧盟与中国的贸易和经济关系进行咨询磋商，有关报告将于2006年第四季度公布。

5月15—16日　东南亚国家联盟10国贸易部长举行会议，同意加速建立地区性单一市场，探讨到2015年（比原计划提前5年）建立东盟经济共同体的可能性。16日，东盟与韩国签署协议，到2010年之前实现商品贸易自由化，但泰国没有参加此项协议。东盟与欧盟贸易官员也就自由贸易协议问题进行了会谈。

5月16日　中国欧盟财长对话第二次会议在北京举行，双方就宏观经济形势、财政货币政策、汇率政策、金融部门改革与监管政策和会计标准等议题交换了意见，会后发表了联合声明。

＊欧盟与东盟发表一项关于贸易协议前景的报告。欧盟贸易专员曼德尔森说，欧盟可能于2006年底前与东盟展开自由贸易谈判。他还敦促东盟国家进一步开放市场，帮助推动陷入僵局的多哈回合世界贸易谈判。

5月16—18日　巴基斯坦与中国贸易官员在伊斯兰堡举行第三轮自由贸易协议谈判，双方就货物贸易、服务贸易、政府采购、投资以及关税等问题展开讨论，在原产地规则方面已接近达成共识。

5月19日　世界自然基金会的一份报告说，世界各国政府必须加强控制和执法，限制在国际水域中过度捕鱼，以防止鱼类物种的消失。根据联合国粮农组织最新世界渔业报告，最近几年由于世界过度开发，使正在减少的鱼类资源的比例从20世纪70年代中期的10%上升到25%。

5月20日　中国历时13年、移民100多万、耗资280亿美元的三峡大坝工程基本完工，大坝高达185米，被称为是继长城之后最宏大的工程。三峡大坝将有助于减少长江下游频繁发生的洪水灾害，发电量相当于18个核电厂。

5月22日　纽约证券交易所提出以80亿欧元（相当于102亿美元）收购欧洲证券交易所。这项收购将创造出世界最大和最具流动性的全球证券市场。

5月24日　根据全球性行业组织美国商业软件联盟发布的报告，

2005年全球个人电脑软件的盗版率为35%，损失达340亿美元。在被调查的97个国家中，51个国家的软件盗版率下降，中国也有所下降，但依然高达86%，仍是全球盗版率最高的5个国家之一。

*普华永道会计师事务所发布报告称，中国、印度、新西兰是亚太地区消费税最高的国家。中国目前的消费税率为17%，印度和新西兰紧随其后，为12.5%。而新加坡、中国台湾地区和日本最低，消费税率均为5%。

5月25日 俄罗斯总统普京与欧盟领导人在黑海度假胜地索契举行高峰会，探讨建立以俄罗斯能源资源为基础的长期伙伴关系。俄罗斯目前供应欧洲1/4的天然气，未来这一比例还可能进一步提高。

5月28日 中国和澳大利亚在北京结束了第五轮自由贸易谈判，双方就谈判进程达成框架协议。

5月29日 欧盟轮值主席国奥地利警告欧盟贸易专员曼德尔森，不要再提新的削减农产品进口关税议案，建议欧洲对曾提出的平均削减39%的进口关税应统一口径。但是，曼德尔森表示，如果其他世贸组织成员也做出让步，欧洲可以进一步削减农产品关税。

*世界经济论坛非洲峰会在南非开普敦举行，非洲的政界和商界精英汇集一堂，讨论贸易、能源安全、贫困、就业以及艾滋病和禽流感等问题。

5月30日 欧盟最高法院——欧洲法院把欧盟和美国达成的一项有关提供乘客信息的协议裁定为非法。这项协议要求欧洲飞往美国的航班在起飞后的15分钟内向美国方面提供每一位乘客的34项信息，包括姓名、地址以及信用卡等。

5月31日 咨询机构博思管理顾问公司对全球186家公司所作的调查显示，今后3年全球77%的新商业研发基地将设在中国和印度。到2007年，两国研发人员总数将占全球研发人员总数的31%，比2004年增加19%。

6月

6月2日 占全球贸易额近一半的亚太经合组织（APEC）21个成员国发表声明，表示将削减各自政府对农业的补贴，努力就世贸组织多哈回合谈判达成协议。美国贸易代表办公室对此表示欢迎。

6月5日 印度官员说，由于欧美对中国纺织品出口设立10%的配额限制，在2005年第四季度，印度在欧美市场的纺织品出口额超过中国，并可望在2008年欧美取消对中国纺织品设限前获得更大市场份额。

6月7日 国际货币基金组织（IMF）第一副总干事安妮·克鲁格表示，由于中国、韩国经济快速增长，IMF应当考虑增加这两个国家在IMF中的投票权。克鲁格表示，要在9月份新加坡年会上对此做出具体筹划。

6月9日 国际慈善机构乐施会（Oxfam）发表报告，对八国集团（G8）取消尼日利亚和伊拉克的巨额债务表示赞赏，但批评G8把这些取消的债务算作是增加的外援，扭曲了它们实际的援助总额，同时批评G8没有兑现它们做出的向贫穷国家大幅度增加援助的承诺。

6月9—10日 八国集团（G8）财长在俄罗斯圣彼得堡市举行会议，中国、印度、巴西、澳大利亚、韩国及欧盟轮值主席国奥地利的财长，以及世界银行和国际货币基金组织的领导人也被邀请参加会议。会议认为飞速上涨的能源价格和正在扩大的贸易不平衡使世界经济面临衰退风险，呼吁减少贸易不平衡，缩减美国的财政和贸易赤字，同时呼吁中国等亚洲新兴经济体实行更加灵活的汇率政策。

6月12日 八国集团（G8）对中国、印度、巴西和韩国等国家向贫穷国家提供大量贷款表示担忧。它们认为，在G8刚刚豁免了世界42个最贫穷国家所欠世界银行、国际货币基金组织和其他机构总计600亿美元的债务之后，应让这些国家避免发生超出其承受能力的大量债务。

6月13日 国际货币基金组织总裁拉托说，石油价格居高不下、股票市场下滑和贸易不平衡正使全球经济面临越来越严重的下滑风险。

6月13—14日 俄罗斯总统普京在圣彼得堡主持召开的世界经济论坛上呼吁外国公司增加在俄罗斯的投资，他同时表示，俄罗斯经济面临的四个最大问题是：通货膨胀、行业垄断、官僚主义和贪污腐败。

6月14日 旨在消除全球贫困的美国乐施会发表报告说，美国推动与秘鲁、哥伦比亚和厄瓜多尔等安第斯国家的自由贸易，将对该地区国家造成伤害，妨碍这些国家的发展。

6月15日 中国国际航空公司与空中客车公司签署协议，出资17.4亿美元购买24架空中客车A320型客机。这些客机将在2007—2010年间交货，此举将提高空中客车公司在中国飞机市场的占有率（2005年10月为29%）。

＊中国宣布，从7月1日起对进口汽车零件征收的关税将从目前的13.8%—16.4%下调到10%，对进口整车的关税将从目前的28%下调到25%。

6月16日 美国助理贸易代表芭芭拉·韦塞尔宣布，美国完成了与马来西亚的第一轮自由贸易谈判。韦塞尔说，在过去一周的谈判中，双方交换了有关的统计数据和自由贸易协议草案，讨论了各自的相关法律、制度以及如何解决现存的问题。两国谈判代表将于7月中旬在华盛顿展开下一轮会谈。

6月20日 美国商用机器公司（IBM）和乔治亚理工学院的研究人员展示了每秒能运算5000亿次的半导体芯片，这个速度比普通的个人电脑快250倍。这是迄今为止用半导体技术制造的运行速度最快的芯片，有可能为无线通讯和汽车等领域的新发展铺平道路。

6月20—21日 欧美高峰会在维也纳举行，会议签署一项联合声明以防止假冒产品在全球扩散，保证共同努力打击来自中国和俄罗斯的假冒产品，以及说服新兴经济体更好地执行知识产权方面的法规。

6月21日 中国的钢铁制造厂家同意把铁矿石的价格提高19%，结束了几个月来与世界矿业公司在此问题上的僵持局面。

＊美林公司和法国咨询公司CAPGEMINI公布的调查报告说，2005年全球股市高涨以及良好的私人资产收益，使得全世界870万拥有高额净资产的人的财富增长了8.5%，达到33万亿美元的历史高峰。报告预计，2010年他们的财富将达到44.6万亿美元。

6月23日 美国贸易代表办公室说，自从5年前美国和越南签署了双边贸易协议以来，两国贸易额增长了4倍。2005年，越南通过了70多项立法来落实美越贸易协议，使美越贸易额达80亿美元，也有利于越南争取加入世界贸易组织。

＊加拿大政府正式向数千名中国移民道歉，这些人在20世纪初抵达加拿大时被要求交纳人头税。加拿大政府还向这些移民中的幸存者和他们的直系亲属支付了1.8万加元的赔偿。

6月26日 俄罗斯总统普京签署总统令，鼓励海外的俄罗斯人回国定居以缓解俄罗斯人口减少的趋势。自从20世纪90年初苏联解体以来，俄罗斯的人口每年减少70万。

＊世界第二富翁、美国的沃伦·巴菲特将把自己的大部分财产（约300亿美元）捐献给世界首富比尔·盖茨的慈善基金会，还将向其他基金会捐款几十亿美元，用于在世界各地消除疾病和贫困。巴菲特的捐款是有史以来最大的慈善捐款。

＊由默瑟人类资源咨询公司对全世界144个城市按照住房、交通、饮食等200多个消费价格进行对比和排名，莫斯科超过东京成为世界上生活费用最昂贵的城市。其次是韩国首都首尔，东京则由于日元疲软退居第三。纽约排名第十，仍然是北美排名最高的城市。其次是洛杉矶和旧金山。由于人民币升值中国的城市排名有所上升，其中香港地区排第四，北

京排第十四，上海排名第二十。

6月28日 世界贸易组织总干事拉米在世贸组织29日开始在日内瓦举行4天的会谈前呼吁各成员国继续努力，解决在农产品补贴和贸易壁垒等问题上的分歧。

6月28—29日 美联储召开会议，讨论美国目前的经济状况和利率问题，决定把银行间隔夜拆借利率提高1/4个百分点，达到5.25%，这是自2001年3月以来的最高水平，也是过去两年来美联储第17次提高基准利率。

6月30日 世界贸易组织总干事拉米警告说，旨在促进国际贸易的多哈回合谈判面临危机。拉米呼吁正在日内瓦开会的富裕国家和贫穷国家的代表要严肃地会谈。假如在今年底最终协议不能出笼，多哈回合的前景就更加渺茫。

＊亚洲开发银行宣布给中国贷款1亿美元，帮助改善广西南宁市的环境和公共卫生。亚银说，南宁市的这个工程将总共耗资2.62亿美元，计划在2010年12月完成。

7月

7月1日 俄罗斯政府通过了联邦《外汇调节和外汇监督法》修正案草案，俄卢布即日起成为可自由兑换货币。宏观经济形势稳定、外汇储备充足和财政保持盈余等是俄卢布实现可自由兑换的重要因素。

7月4日 经济合作与发展组织和联合国粮农组织在巴黎发表2006—2015年全球农业展望报告，认为今后10年全球粮食产量仍将继续增长，但增幅将明显低于过去10年。

＊世界银行执行董事会批准了4个与中国有关的贷款项目，主要用于协助中国改善环境和进行交通基础设施建设，贷款总额为6.68亿美元。

7月5日 国际货币基金组织预测，未来30年内由于加息和宏观调控的作用，美国、法国、西班牙、新西兰以及中国部分地区的房地产市场将陆续出现不同程度的降温，全球房地产市场的繁荣景象可能会逐步消退，因此不会对全球经济增长带来重大冲击。

7月6日 联合国国际电信联盟日前发表“数字化机遇指标”评估报告，评估2003年和2005年信息社会全球峰会所制定目标的完成情况，并对180个经济体进行排名。在移动互联网通信方面居前3位的国家是日本、丹麦和冰岛；在“数字化机遇”方面韩国领先世界，中国排名第

74位。

＊由中国财政部和亚洲开发银行共同主办的“中国与亚行合作20周年研讨会”在北京举行。亚行行长黑田东彦在会上表示，中国是亚行贷款项目执行和偿债信誉最好的国家之一，今后亚行将全面深化与中国的合作伙伴关系，为中国的减贫与发展提供更多、更有力的支持。

＊英国贸易投资总署发布的《2005—2006财年对英投资报告》显示，过去一年中共有27家中国企业赴英国投资或扩大在英国投资规模，从而使中国进入对英国投资前12名的行列。

7月7日 欧佩克秘书处宣布，该组织11种市场监督原油一揽子平均价6日达到每桶68.74美元，打破了5月2日创下的每桶68.40美元的历史最高价。

7月18日 亚洲开发银行发表对东亚地区经济的最新分析报告，认为由于对外出口继续好转以及内部需求增加，今年东亚地区经济增长率将达到7.5%。

7月20日 中国商务部副部长高虎城在全国进出口公平贸易工作会议上表示，经过多层次、多渠道交涉，目前已有57个国家承认中国的完全市场经济地位。

7月20—21日 南方共同市场首脑会议在阿根廷科尔多瓦召开，阿根廷、巴西、乌拉圭、巴拉圭和委内瑞拉5个成员国的首脑，以及智利、玻利维亚、秘鲁、厄瓜多尔、墨西哥等国的代表出席了本届会议。南共市成员国表示，今后将继续努力推动南共市关税同盟和南共市基金的建立，并接受阿根廷政府提出的成立南共市开发银行的建议，以促进南共市国家基础设施建设。

7月21日 为期两天的首届环北部湾经济合作论坛在中国广西南宁闭幕，论坛由中国国务院西部地区开发领导小组办公室、财政部、亚洲开发银行和广西自治区政府联合主办，来自中国、越南、新加坡、菲律宾、马来西亚、印度尼西亚等国家和地区的160余名政府官员、专家以及海内外众多知名企业界代表与会，并发表了《环北部湾经济合作论坛主席声明》，表示将全力构建泛北部湾经济合作区，共建中国—东盟新增长极。

＊世界粮食计划署称，中国在2005年停止接受联合国粮食援助的当年就一举成为世界第三大粮食捐助方，仅次于美国和欧盟。

7月24日 世界贸易组织的6个关键成员美国、欧盟、日本、澳大利亚、巴西和印度结束为期两天的部长级会谈，因分歧严重难以弥合，决定中止已持续谈判近5年之久的多哈回合全球贸易谈判。

＊世界贸易组织发布《2006年世界贸易报告》，就去年以来世界贸易发展形势、高油价对世界贸易和全球经济的影响、全球纺织品贸易等问题

进行了分析。2005 年全球贸易增长约为 6.5%，大大低于 2004 年的 9%，但这一数字仍高于过去 10 年来的世界贸易增长不到 6%的平均数。

7 月 25 日 联合国拉丁美洲和加勒比经济委员会发表研究报告，将今年拉美地区经济增长率由 4 月份估计的 4.6%上调至 5%。这是该机构今年第二次上调拉美地区经济增长预测。

8月

8 月 1 日 美国新任财长保尔森在哥伦比亚大学做上任以来的第一次公开发言时表示，美国必须认真准备应对包括强势美元、福利体制改革、能源安全、贸易保护主义、收入分配和联邦赤字等 6 大挑战，营造经济可持续发展的环境，重新为美国规划以往的强势经济政策路线，即在经济稳步增长的同时保持美元坚挺。

8 月 3 日 上海世博会事务协调局宣布，联合国和世界银行已正式确认参加中国 2010 年上海世博会。截至 8 月 2 日，已有 56 个国家和国际组织确认参加上海世博会。

8 月 7 日 俄罗斯中央银行发布的数据显示，今年 7 月俄黄金和外汇储备达到 2656 亿美元，仅次于中国和日本，居世界第三位。

8 月 8 日 美国波士顿顾问集团发表《新的全球挑战者》报告，评选出 100 家来自迅速发展经济体系的企业，指出这些公司有潜质成为 21 世纪的跨国集团。其中 70 家为亚洲企业，中国企业独占 44 家，印度企业占 21 家。

8 月 9 日 瑞士银行公布的一份评估报告显示，在全球 71 座城市中挪威首都奥斯陆被评为物价最高的城市，进入前 10 名的其他城市依次为伦敦、哥本哈根、苏黎世、东京、日内瓦、纽约、都柏林、斯德哥尔摩和赫尔辛基。物价最低的城市多数在亚洲，马来西亚首都吉隆坡排名倒数第一，往上分别是孟买、布宜诺斯艾利斯、新德里和马尼拉。参评城市中，工作时间最短的是法国巴黎，最长的是韩国首尔，平均每周超过 50 小时。

8 月 15 日 欧亚经济共同体成员国首脑在俄罗斯索契举行非正式会晤，俄罗斯、哈萨克斯坦、吉尔吉斯斯坦、塔吉克斯坦、乌兹别克斯坦、白俄罗斯的元首与会，讨论的议题包括建立统一能源市场联盟、关税联盟，开发中亚地区水利能源以及建立欧亚水利能源财团等。

8 月 16 日 美林证券全球新兴市场股票分析员哈奈特指出，全球新兴市场股市大体仍处于长期牛市之中，2010 年前全球新兴市场、商品市场、日本股市及全球小型股市仍有望引领其他资产类型走高。

8月17日　亚洲开发银行驻中国代表处官员周遥舟在内蒙古呼和浩特市召开的“2006年亚洲开发银行在华贷款项目大检查研讨会”上透露，2007—2010年亚行将在对华贷款政策和项目结构上做重大调整，交通项目贷款将大幅减少至50%左右，社会基础设施项目比例将增至20%左右，农业及自然资源项目比例达到20%左右，能源贷款项目达到10%左右。

＊美国国会预算局预计，2006财年美国联邦政府财政赤字为2600亿美元，比上一财年有所下降。2007财年财政赤字仍将达2860亿美元，未来10年赤字总额将达1.76万亿美元。

8月23日　日本贸易振兴会公布一项预测结果，2006年日中贸易总额有望连续第八年刷新历史纪录，首次突破2000亿美元。

8月25日　美国贸易代表施瓦布与东盟10个成员国的经贸部长在马来西亚签署美国—东盟贸易投资框架协定，为双方未来签署自由贸易协议奠定基础。施瓦布表示，这项协议将是美国与东盟强化贸易与投资关系的重要平台。

8月28日　2006年中亚区域经济合作第二次高官会议在中国新疆乌鲁木齐召开，来自中国、阿富汗、阿塞拜疆、哈萨克斯坦、吉尔吉斯斯坦、蒙古、塔吉克斯坦、乌兹别克斯坦八国的政府代表和亚洲开发银行、世界银行、国际货币基金组织、联合国开发计划署、欧洲复兴开发银行和伊斯兰开发银行6个国际组织的约百名代表与会。会议议题包括“中亚区域经济合作综合行动计划”草案及扩大中亚区域经济合作范围等内容，并重点就10月在乌鲁木齐召开的中亚区域经济合作第五次部长会议筹备工作进行协商。

＊亚洲开发银行将在5年期间分批向柬埔寨发放4000万美元融资，用于建造泛东南亚铁路新加坡至中国昆明铁路的柬埔寨部分。

8月30日　新加坡《联合早报》报道，受惠于投资人对新兴市场资产的需求，新加坡可望取代东京成为亚洲最大外汇交易中心。

9月

9月1日　国际货币基金组织总干事拉托宣布，该组织执行董事会以85%的赞成票正式通过了一项改革计划，同意给予中国等国家更多的投票权。这一计划将在国际货币基金组织和世界银行年会上获得通过。

＊第11届东北亚地区地方政府首脑会议在中国吉林长春举行。中国

吉林省、俄罗斯滨海边疆区、日本鸟取县、韩国江原道和蒙古中央省的地方政府首脑与会，就共同推进东北亚区域合作、打造区域经济群体进行磋商。

9月2日 “2006年中西南亚区域经济合作高层论坛”在中国新疆乌鲁木齐举行，来自俄罗斯、哈萨克斯坦、土库曼斯坦、吉尔吉斯斯坦、巴基斯坦、阿富汗、土耳其、蒙古、乌兹别克斯坦、伊朗、沙特阿拉伯等11国的官方高层人士与会。论坛主题为“中国与中西亚国家区域经济合作的现实与任务”，重点讨论在经济全球化的大背景下，区域经济合作所面临的机遇与挑战。

9月3日 第六届福布斯环球总裁大会在新加坡举行。这一亚洲最大的企业家盛会吸引了超过400位来自全球各地的企业家、富豪及总裁参加，出席者的净资产值累计超过800亿美元。

9月5日 国际货币基金组织总干事拉托在美国著名思想库布鲁金斯学会演讲时表示，世界经济将稳定增长，今明两年的增长率都将接近5%，中国和印度是促进世界经济增长的重要“发动机”，欧洲和日本的经济也在恢复，撒哈拉沙漠以南的非洲地区今明两年经济都将保持增势。但世界经济可持续发展仍面临着更多的挑战，主要是高油价、通货膨胀以及贸易和投资不平衡等。

＊国际信贷评级机构标准普尔发表《亚太区政府评级表现报告》称，由于亚太区内的银行体系较有能力承受可能出现的不利经济情形，类似1997年的亚洲金融危机不大可能重现。此次调查覆盖中国、印度、韩国、印尼、马来西亚、菲律宾、新加坡和泰国等国家，分析了2005年的9个系统性风险指标，包括银行体系结构、政府债务、国际储备等，并与1996年的情况进行对比。

9月6日 联合国贸易和发展会议在中国上海发布《2006年贸易和发展报告》，内容涉及世界范围内的减贫、政策创新、金融市场和汇率制度，以及如何进一步完善多边贸易体制等，并对全球经济前景和失衡进行了阐述和分析，强调发展中国家以强劲的投资和平均约为6%的总增长率为全球经济的快速增长做出了贡献，其中中国和印度经济的快速增长所做的贡献尤为突出。

＊世界贸易组织总干事拉米在出席“中国加入世贸组织五周年”国际研讨会时表示，中国加入WTO加强了世界多边贸易体制，中国已经成为WTO最重要的成员之一，并对中国入世后的作用给予“A+”的打分。

＊欧盟委员会称，尽管面临高油价等不利因素，2006年欧元区国家经济增长率仍有望达到2.5%，高于此前预计的2.1%。

＊中国国务院新闻办公室在北京举行第三届中国—东盟博览会新闻发

布会，介绍中国—东盟建立对话关系 15 周年双边经贸情况及第三届中国—东盟博览会、商务与投资峰会等情况。

9 月 7 日 为期两天的第 13 届亚太经合组织财政部长会议在越南河内举行，会议的主要议题是金融改革以及财政收入等。亚太经合组织成员的财长或代表，以及国际货币基金组织、世界银行和亚洲开发银行等国际组织的代表出席了会议。

9 月 9 日 中国国务院总理温家宝同欧盟轮值主席国芬兰总理万哈宁、欧盟委员会主席巴罗佐在芬兰首都赫尔辛基举行第九次中欧领导人会晤，并发表了《第九次中欧领导人会晤联合声明》，强调进一步加强能源对话与合作，为可持续经济社会发展营造稳定、安全、经济和清洁的能源环境。

9 月 9—10 日 由美国、欧盟和日本等发达国家与发展中国家的代表组成的 20 国协调组高层对话会议在巴西里约热内卢举行，目的是协调各成员立场，推动恢复多哈回合谈判。与会各方都赞同尽快恢复多哈回合谈判，但未能就恢复谈判的具体日期达成协议。

9 月 11 日 香港举办为期两天的世界航空城会议，全球 40 个机场的高级行政人员与会，就有关航空城的发展交换意见，讨论航空城如何为地区及全球经济发展作出贡献。

9 月 12 日 国际货币基金组织发表《全球金融稳定报告》警告说，美元的无序下跌是全球金融市场面临的最大风险，呼吁政策制定者对此做好充分准备，并在资产价格下跌时迅速采取行动。

9 月 14 日 国际货币基金组织在新加坡发表半年一度的《世界经济展望》报告预计，世界经济 2006 年和 2007 年将分别增长 5.1%和 4.9%，均比 2006 年 4 月的估计上调 0.2 个百分点。支持这一良好增长前景的因素包括通货膨胀压力将得到遏制、发达国家内需增长更趋平衡和全球金融市场更趋稳定等。

*世界银行下属的一个独立评估小组发表报告说，在 2003—2006 年期间，全世界经济濒于崩溃的“脆弱国家”的数量已从 17 个激增至 26 个，这一状况有可能对全球安全构成威胁。这些“脆弱国家”的人口总数在 5 亿左右，其中一半人处于严重贫困状态。

9 月 16 日 西方七国集团（G7）财长和央行行长在新加坡召开年会，并发表了一份声明，就世界经济、中日货币汇率、能源、反洗钱等一系列问题表明立场。该组织称，尽管面临高油价和其他风险因素，世界主要经济体仍保持了增长势头，同时呼吁新兴市场经济体增加货币汇率的灵活性。

*第 76 届 24 国集团部长级会议在新加坡举行，会议发表联合声明呼

吁增加发展中国家与低收入国家在国际货币基金组织中的投票权，尽快恢复多哈回合贸易谈判。

9月17日 国际货币基金组织决策机构国际货币和金融委员会第14届部长级会议在新加坡举行，会议主要讨论了全球经济和金融形势、基金组织份额和发言权、基金组织的监督等问题，并针对一些具体问题提出了对策。会议发表的声明呼吁各方采取行动促使全球经济发展不平衡问题逐步得到缓解，具体包括在美国采取步骤增加国民储蓄；在欧洲继续实施促进经济增长的改革；在日本进一步实行结构改革，包括采取财政领域的巩固措施；在亚洲新兴市场国家实行扩大内需的改革等。

＊德国总理默克尔的一位高级助手称，德国正在考虑推动建立欧美自由贸易区，推动全球贸易自由化。

＊为期4天的第一届全球能源再利用研讨会暨展览在约旦举行，来自各国的能源专家在会议期间发表了有关能源问题的演讲和研究论文。

9月19—20日 为期两天的2006年国际货币基金组织和世界银行联合年会在新加坡举行。来自两大国际金融机构的180多个成员和相关组织的上万名代表与会，探讨全球经济如何在挑战中实现可持续增长等重要议题，并为应对全球经济发展不平衡等问题提出多项战略措施。本届年会的主要成果是通过了国际货币基金组织提出的投票权改革方案，决定增加中国、韩国、土耳其和墨西哥等4国的投票权，这是国际货币基金组织成立61年来进行的最大规模的改革。

9月20日 欧美9家大型国际性银行决定成立一个联合交易平台，以便在这些银行之间进行股票和债券交易。

9月25日 为期两天的中国—葡语国家经贸合作论坛（澳门）第二届部长级会议在澳门闭幕，中国以及来自葡语国家的13位部长级官员参加了会议。本届会议的主题是“深化合作，共同发展”，并签署了2007—2009年《经贸合作行动纲领》。

9月26日 国际权威机构世界经济论坛公布的《2006—2007年全球竞争力报告》显示，瑞士是世界上最具竞争力的经济体，芬兰和瑞典分列第二、三位。该报告对全球125个经济体进行了排名，位居前10名的国家还有丹麦、新加坡、美国、日本、德国、荷兰和英国。美国、俄罗斯、法国、中国等经济大国的排名均出现大幅下滑，其中中国的排名从2005年的第48位降到第54位。印度的排名则上升两位列第43名，居所谓“金砖四国”（即巴西、俄罗斯、印度和中国）之首。此外，中国香港排名第11位，中国台湾排名第13位。

9月28日 首届中国（上海）国际跨国采购大会闭幕，共有206家国际采购商前来参展，其中包括35家全球500强企业。到会供应商共

8000 余人次，包括联合国八大机构在内的国际买家的采购金额超过 1000 亿美元。

9 月 29—30 日 中欧企业合作论坛在中国浙江萧山举行，论坛主题是“中欧合作现状与发展前景”。出席论坛的代表来自欧洲驻华使领馆官员、欧洲知名企业、在华欧资企业以及部分中国大型民营企业。

9 月 30 日 委内瑞拉与尼日利亚宣布，将把石油产量每日削减 20 万桶以支撑油价。欧佩克主要成员国对两国的单方面决定极为不满。

10月

10 月 4 日 欧盟成员国以微弱优势投票通过了对中国和越南产皮鞋的正式反倾销方案。根据这一方案，欧盟将从 10 月 7 日起分别对两国皮鞋征收 16.5％和 10％的反倾销税，为期两年。

10 月 10 日 “第三届中国—东盟自由贸易区高层论坛”在北京召开，来自中国及东盟国家的政府官员、商界人士和专家学者共 200 余人就如何在双方市场开放过程中加强和完善企业合作等问题进行了深入探讨。

10 月 16 日 联合国贸易和发展会议发表的《2006 年世界投资报告》显示，2005 年全球外国直接投资总额达到 9160 亿美元，比 2004 年大幅增长 29％。其中吸收外国直接投资最多的 3 个国家分别是英国、美国和中国。俄罗斯排在第 15 位，已跻身最具投资吸引力的前 20 个国家行列。

＊中亚区域经济合作工商论坛在中国新疆乌鲁木齐开幕，论坛旨在鼓励各国工商界积极参与中亚区域合作，推进政府与企业间互动。来自中亚区域各国的政府官员、区域内外工商界人士、多边机构、投资银行和投资促进机构的代表，将就贸易投资便利化、基础设施建设、融资与政企合作、能源、矿产、金融、旅游及相关服务业等重点领域的发展进行交流研讨。

10 月 17 日 据全球著名咨询公司美国波士顿咨询公司发布的《2006 年全球财富报告》统计，截至 2005 年底，以美元计算的全球百万富翁家庭数量已达到 720 万户，其中中国拥有 25 万户。

＊美国咨询公司科尔尼与学术刊物《外交政策》联合发表《全球环球化指数报告》，共对 62 个经济体的环球化程度进行了评估，这些经济体占世界国内生产总值的 96％，人口总和则占世界人口总和的 85％。在全球环球化指数排名中新加坡蝉联第一，领先于欧美发达国家。瑞士和美国分列第二、三位。在亚洲国家中，挤入前 20 名的经济体还有马来西亚（第

19位)，日本、韩国和中国台湾分列第28、29及35位。中国排在第51位，较去年上升三个位次。

10月19日 由中国国际贸易促进委员会、韩国全国经济人联合会和日本经济团体联合会联合举办的第五届中日韩商务论坛在中国吉林长春举行。论坛围绕中国振兴东北老工业基地战略与中、日、韩产业合作，中、日、韩环境与能源问题合作，中、日、韩东北亚物流与观光领域的合作等3项议题展开讨论。来自中国、日本、韩国的300余位经济、企业界人士和知名专家学者参会，共同探寻中、日、韩自由贸易区的建设以及3国未来的产业合作方向。

10月20日 中亚区域经济合作第五次部长级会议在中国新疆乌鲁木齐举行，来自中国、阿富汗、阿塞拜疆、哈萨克斯坦、吉尔吉斯斯坦、蒙古、塔吉克斯坦及乌兹别克斯坦等8国的部长，亚洲开发银行、世界银行、国际货币基金组织、联合国开发计划署、欧洲复兴开发银行、伊斯兰开发银行及其他组织的高级代表出席了会议，共同探讨中亚地区未来的区域合作。会议通过了中亚区域经济合作《综合行动计划》，对各领域的合作提供系统而具体的指导。

10月30日 总部位于科威特的环球投资机构发表报告预测，到2020年全球能源市场每年对天然气的需求量将比对石油的需求量高出4.4%。

11月

11月1日 根据欧佩克10个成员国之前达成的协议，自今日起每日减少120万桶的原油产量，以保持国际油价的平稳。

11月3日 国际金融协会亚洲首席执行官峰会首次在中国北京召开，峰会议题是中国银行业改革、亚洲在全球经济环境中的前景、成功零售银行策略等全球银行业关注的问题，来自中国、日本、韩国、马来西亚、泰国、科威特、巴基斯坦等20多个国家和地区的中外金融机构首席执行官出席了会议。

11月6日 由中国欧盟商会主办的第五届亚洲投资论坛在中国四川成都举行，来自欧洲和亚洲35个国家的100多名代表与会。区域间和区域内的合作、欧盟在亚洲的作用以及支持亚欧商业合作的方式等是热门话题。此外，欧盟委员会和世界银行还在现场设立咨询台，提供关于亚洲投资、出口贸易和中小企业发展方面的信息。

11月7日 世界贸易组织召开一般理事会，批准吸纳越南加入世贸组织。越南将在国会批准入世文件 30 日后正式成为世贸组织的第 150 个成员。

11 月 13 日 世界银行发布报告指出，中国和印度两国近年来在非洲的贸易和投资大幅增加，非洲已成为中印两国的经济新疆界。中、印与非洲的商业活动正在为撒哈拉以南非洲大陆开辟一条通路，形成新的“丝绸之路”。

11 月 14 日 世界银行发布的《东亚及太平洋地区经济报告》显示，2006 年新兴东亚地区的经济增长率有望达到 8%左右，该地区的发展中经济体整体经济增长率达 9.2%；预计 2007 年新兴东亚地区的经济增长率为 7.3%，发展中经济体则为 8.7%。经济增长放缓的主要原因是预计美国经济增长乏力，导致东亚地区出口增长减速。

*第 17 届世界会计师大会在土耳其伊斯坦布尔举行，中国财政部副部长王军就世界会计职业发展提出了开放、互动和稳健发展的三项战略主张。

11 月 19 日 美国马萨诸塞州普罗米修斯可持续发展学院院长特拉维斯·布拉德福德在新出版的《太阳革命》一书中预言，太阳能将在未来 20 年内成为功效最佳、价格最低廉的替代能源，其价格将在 10 年内下降一半，20 年内下降 75%。布拉德福德预言，未来 5 年内，美国将超过德国和日本，成为全球使用太阳能最多的国家。

11 月 20 日 英国市场调查公司 Dealogic 公布，截至 11 月 20 日，2006 年全球已宣布的企业并购交易额达 3.46 万亿美元，刷新了 2000 年创下的 3.33 万亿美元的历史最高纪录。美国仍是全球企业并购活动最活跃的国家，企业并购交易额为 1.22 万亿美元，约占全球企业并购交易额的 36%。

11 月 26 日 中国首个境外经济贸易合作区在巴基斯坦正式挂牌。该合作区由中国海尔集团与巴基斯坦 RUBA 集团合资建设，中方占 55%的股份。合作区规划面积为 1.04 平方公里，总投资约 2.5 亿美元，建设期 5 年。

11 月 28 日 2006 年世界著名品牌大会暨第三届全球品牌代表大会在泰国曼谷开幕。本届大会的主题为“推动自主品牌快速成长、促进地区经济和谐发展”，旨在弘扬“和谐世界、品牌强国”精神，提升自主品牌价值和国际竞争力。本届大会由世界著名企业联盟、美中经贸投资总商会、世界品牌组织、全球华人名牌网等机构联合主办。

11 月 29 日 亚洲女性经济人士会议在日本大阪举行，活跃于亚洲经济社会最前线的 14 名女性经济人士就“在企业中熠熠生辉的女性”和“开拓新商务的女性”两个议题展开了讨论。中国宝钢集团公司董事长谢企华、时代集团总裁王小兰代表中国女性经济人出席了本次会议。

12月

12月1日 印度软件工业巨头信息系统科技公司总裁南丹·尼勒卡尼获选为福布斯杂志的2006年杰出商人。福布斯杂志估计，2006年该公司的盈利将超越规模大其许多的日本铁路公司、富士胶卷控股公司和夏普公司。

12月2日 欧洲航空防务和航天公司宣布，该公司董事会通过了启动全新空客350XWB宽体客机项目的决议，这是一款针对波音787的竞争机型。第一架A350XWB飞机将于2013年交付，比波音787推出市场晚5年。

12月4日 中国外交部部长助理翟隽在迪拜举行的阿拉伯战略论坛上表示，中国目前正着手准备与石油生产国建立对话机制，以获得稳定的石油供应，并在原油市场上发挥相应作用。

12月5日 2006经济全球化与工会国际论坛在北京举行，来自世界工会联合会、非洲工会统一组织、非洲劳动者工会民主组织、阿拉伯工人工会国际联合会以及印度、巴基斯坦、斯里兰卡、叙利亚、尼日利亚、利比亚、苏丹、肯尼亚、南非、巴西、墨西哥、阿根廷、葡萄牙、中国香港等国家和地区的近40位工会领导人出席了论坛。本次论坛围绕“构建和谐劳动关系，促进共同发展”等主题展开研讨，并形成了《2006经济全球化与工会国际论坛纪要》。

12月6日 欧盟委员会发布《变化的全球经济中欧盟贸易救济工具》绿皮书，对欧盟的反倾销、反补贴和保障措施等3大贸易救济工具的实施情况进行回顾和分析，并就贸易救济工具的使用公开征询意见，为欧委会下一步的改革方案提供参考。欧盟贸易委员曼德尔森在新闻发布会上表示，随着经济全球化的深入发展，欧盟现行的贸易救济政策，特别是反倾销政策已经不能适应时代的要求。

12月8日 中国商务部部长薄熙来与马来西亚、菲律宾、泰国、越南、老挝、缅甸和柬埔寨等东盟国家的经贸部长在菲律宾宿务举行会议，就中国东盟自贸区的有关问题进行协商，并共同签署了《〈中国东盟全面经济合作框架协议〉第二次修订协议书》和中国东盟自贸区《〈货物贸易协议〉修订协议书》，重点解决了《中国东盟全面经济合作框架协议》和《货物贸易协议》中的一些遗留问题，主要包括中国—菲律宾早期收获计划、中国—印尼修改早期收获计划特定产品清单、《中越货物贸易协议》等内容。

12月11日 国际清算银行公布的最新季度报告披露，石油生产国正逐步将石油美元收入转换成欧元、日元和英镑，目前产油国的美元储备已降至两年来的最低水平。俄罗斯和欧佩克成员国已将其美元储备比例由第一季度的67%降至第二季度的65%。与此同时，这些国家的欧元储备比例却由20%升至22%。

12月12日 纳斯达克交易所宣布，以27亿英磅（合53亿美元）对伦敦证券交易所发起恶意竞购，但遭到后者拒绝。在过去9个月中，伦敦证交所以纳斯达克债台高筑为由三度回绝其并购提案。

12月12—14日 2006年东亚海大会在中国广东海口举行，来自世界各地的约800名专家、学者、国际组织的代表以及15个东亚国家的政府代表与会，围绕"共同的海洋，共同的人类，共同的愿景"的主题进行深入探讨，对东亚海未来的可持续发展达成多项共识。

12月13日 世界银行在北京大学发布《2007年全球经济展望》报告。世行经济学家、报告主要执笔人理查德·纽法默在发布会上表示，2007年世界经济有望实现"软着陆"，但同时还面临通货膨胀、全球经济和贸易失衡、高收入国家房市下滑削弱全球需求、热点地区地缘政治或战争可能促使石油价格持续攀升等四个方面的风险。

12月14日 欧佩克成员国部长会议公告称，为平衡市场供求，该组织将从2007年2月1日起将原油日产量削减50万桶。另外，欧佩克在公告中确认，安哥拉将于2007年1月1日加入欧佩克，成为该组织第12个正式成员。

12月15日 中国国家版权局与美国电影协会、商业软件联盟、美国出版商协会、英国出版商协会在北京签署《关于建立网络版权保护协作机制的备忘录》，以加强和促进网络版权保护国际合作，严厉打击通过网络传播盗版电影、软件、文字作品及录音录像制品的行为。

＊中国国家环保总局、美国联邦环境保护署和亚洲开发银行在北京签署《中华人民共和国国家环保总局、美国联邦环境保护署和亚洲开发银行合作声明》，旨在推进经济可持续发展的同时加强环境保护，并通过有效的政策改革、制度建设和人力资源开发，不断改善中国的公众健康和环境质量。

＊中国商务部新闻发言人表示，随着中国经济不断发展，中国将逐步扩大对非洲的援助规模，促进非洲国家经济社会发展。中方有关部门正着手对有关债务进行清理，将通过双边渠道尽快办理减债手续。

12月16日 中、印、日、韩、美五国能源部长会议在北京召开，会议围绕能源安全和战略石油储备、能源结构多样化和替代能源、投资和能源市场、国际合作的主要挑战和优先领域、节能和提高能效等五个专题展开了深入的讨论。在达成一系列共识的基础上，会议发表了《中国、印度、日本、韩国、美国五国能源部长联合声明》。

12月19日 上海世博会事务协调局称，俄罗斯已正式确认参加中国2010年上海世博会。截至目前，上海世博会的参展方已达103个国家和国际组织。

12月19—20日 2006年世界生物燃料论坛第三次筹备会议在日内瓦举行，中国、美国、欧盟、印度、南非和巴西等五国六方的代表就巴西提供的《世界生物燃料论坛部长级会议宣言草案》文本进行了讨论，对论坛运作目标、成员资格和成立工作组等绝大部分内容形成一致意见。

12月20日 中国商务部部长助理陈健与日本外务省外务审议官薮中三十二在北京共同主持召开第五次中日经济伙伴关系磋商会。双方就加强在节能环保、中小企业合作、商签中日韩投资协定、加快改善商务环境、加强在WTO等多边领域合作等问题上达成广泛共识。双方还就贸易、投资、建设、金融、通信、法律等领域各自关注的问题，以及今后如何进一步加强合作等交换了意见。

12月21日 美国总统布什签署了一份法案，将对部分进口自发展中国家的产品取消免税的贸易优惠措施，其中包括印度的金制首饰和巴西的刹车零部件等。

12月25日 中国商务部发布《2005年国外技术性贸易措施对我国对外贸易影响调查报告》，欧、美、日、韩是实施技术性贸易措施的主要国家和地区，占81.3%的中国企业曾受到过美国技术性贸易措施的影响，其次是欧盟（57.72%）、日本（31.71%）和韩国（9.76%）。

12月26日 联合国粮农组织发布的《世界粮食展望报告》显示，受灾害天气等因素影响，主要产粮国和粮食出口国均出现不同程度歉收。2006年度全球粮食供求关系趋紧，产需缺口继续加大，国际粮食价格因此大幅回升，尤其是小麦和玉米价格涨幅较大，创下近10年来最高水平。2006年世界粮食产量预计为21.93亿吨，比去年减产1.6%。

12月28日 欧盟在《欧盟官方公报》中称，因欧洲纺织品生产商上诉目前对中国商品征收进口关税并无效果，致使当地纺织品价格一降再降，决定重启对中国聚酯纤维面料为期9个月的新一轮反倾销调查。

世界军事大事记

1月

1月5日 美国总统布什在全美大学校长峰会上推出了“国家安全语言倡议”，以加强阿拉伯语、汉语、俄语、印地语、波斯语等“关键”外语的教育。根据此倡议，美军方将投入数亿美元在军队系统内实施“战略要地语言”教育五年计划。计划重点放在陆、海、空三军院校和设在几百所地方院校中的后备军官训练团上，美军计划创立“国家安全教育基金”，并准备创建一个由1000名民间语言专家组成的“民间语言后备兵团”，以在战时听从召唤、为军方效力。

1月9—14日 印度、斯里兰卡、孟加拉国、缅甸、泰国、印尼、新加坡、马来西亚和澳大利亚等国海军，在北印度洋靠近马六甲海峡的安达曼—尼克巴群岛水域举行2006年全球第一场联合军演——“米兰2006”。演习期间，各国还将举行多场战略研讨会，共同研讨安达曼海的海洋环境和反海盗措施。

1月15日 据美国《国防内幕》报道，五角大楼启动了下一代远程轰炸机的研发工作，打算提前近20年的时间完成其轰炸机现代化计划，以增强美国空军在整个亚太地区的战斗能力。下一代远程轰炸机需要具备3种基本能力：能持续飞行很长时间；能飞行非常远的距离；能携带大量的炸弹。在实现这些要求的基础上，下一代远程轰炸机还要求设计成一个无人驾驶系统。

1月17日 俄罗斯国防出口公司与越南国防部签署一项总价值近3亿美元的合同，越南向俄罗斯购买两艘护卫舰和一套最新型岸基反舰导弹系统。从2007年开始，越南在其东北部城市海防市修建占地3000公顷、能停靠4万吨级战舰的大型军港。

＊菲律宾与美国两国军队在菲南部北哥打巴托省举行每年一度的“平衡活塞”联合军事演习，主要训练双方在小规模作战、营救和医疗救护等方面的能力。

1月19日 法国总统希拉克在法国西部长岛军港视察战略核力量时表示，法国已经做好对向其发动恐怖袭击的国家发动核打击的准备。这是法国第一次明确表示可能会使用核武器回击恐怖袭击。

1月23日 美国驻日本大使馆发表声明称，日本外相麻生太郎与美国常务副国务卿罗伯特·佐利克签署了2006—2007年日方为驻日美军基地提供拨款的相关协议。日本政府斥资12亿美元用于美军驻日基地的各项费用开支。

1月24日 日本宇宙航空研究开发机构研制的“大地”号间谍卫星搭乘H2A运载火箭在种子岛宇宙中心成功发射，该卫星可全天候高密度监视亚太地区。日本的真正意图是希望能在向海外派兵后，建立自己的军事间谍卫星系统，为恢复军事大国地位铺路。

＊美国《华盛顿邮报》称，美军计划全面扩充特种部队，以提高打击恐怖主义的能力。美政府官员称，扩军计划将美特种部队编制扩充至自越南战争以来的最大规模。

1月25日 俄罗斯海军总司令弗拉季米尔·马索林上将称，俄罗斯倡议在里海地区组建多国联合作战部队，组建模式将仿效黑海作战协同多国海军集群。他表示，组建联合部队的主要任务是联合和协调保护里海水域安全，打击恐怖主义、贩毒和其他犯罪行为、监视海洋生态变化等。此外，各国海军还将举行联合演习和友好互访。

＊吉尔吉斯斯坦向美国提出保留美军驻该国空军基地新条件，其中包括要求“显著增加租金，为破坏生态环境支付补偿金，还有其他一些反映吉尔吉斯斯坦国家利益的条款”。美军使用的马纳斯空军基地占地面积为1000万平方米，吉方要求把空军基地租金增加到每年5000万美元，涨幅约为以前的10倍。

＊日本自民党宇宙开发特别委员会决定要求政府修改和平利用宇宙空间的政策，鼓吹允许将宇宙空间用于非进攻性军事目的。

1月26日 印度首都新德里举行一年一度的国庆日庆典游行，印度导弹部队的车辆参加阅兵式。庆典游行展示的武器包括俄制T－90坦克、俄制榴弹炮以及核动力导弹系统模型。目前，印度已成为西方在亚洲最大的武器市场。

1月27日 俄罗斯副总理兼国防部长伊万诺夫访问亚美尼亚时称，俄罗斯将从2007年开始从格鲁吉亚大规模撤军，从格撤出的一部分武器装备将被运至亚美尼亚的俄罗斯第102军事基地，俄罗斯将向亚美尼亚租用一批新设施来存放从格撤出的武器装备。

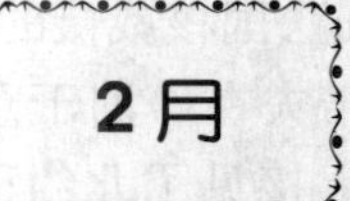

2月

2月3日 美国国防部发表国防指导性文件《四年防务评估报告》，对美国武装力量面临的威胁进行了重新定义，将战略重点从常规战争转向恐怖主义、大规模杀伤性武器和新兴战略对手等3个新领域。美国国防部长拉姆斯菲尔德在报告前言中说，这份报告有4个重点，即打败极端主义、保卫美国本土、对付处于“战略十字路口”的新兴军事强国、防止危险政权和恐怖分子获得大规模杀伤性武器。

2月5日 一年一度的德国慕尼黑安全政策会议在德国召开，会议的主题是“修复跨大西洋关系”。

2月6日 美国总统布什向国会提交了2007财政年度政府预算报告，这份预算的主要特点是增加了国防和国土安全方面的开支，同时削减国内其他部门的开支以降低财政赤字。

2月6—10日 美国首都华盛顿举行了一场美国历史上最大规模的网络战演习。位于市中心的美国特别秘密部队大楼的地下室内，几十台电脑高速运转，一支由美国政府组建、训练有素的网络作战部队紧张地忙碌着。他们分成两班人马，一部分模拟黑客，通过网络技术甚至物理破坏的手段，大肆攻击美国能源、信息科技、通讯与交通等关键部门以及著名公司企业的网站和基础设施；另一部分则负责搜集受攻击部门的反应信息，并及时协调行动，制定对策。此次演习的总指挥是美国国土安全部，白宫国家安全委员会、国防部、国务院、司法部、财政部、国家安全局以及联邦调查局、中央情报局等参与了演习。加拿大、澳大利亚和英国的官员进行了观摩。

2月7日 印度和以色列签署协议，联合设计和制造“巴拉克”Ⅱ型舰载反导弹系统。根据协议，新一代“巴拉克”海军反导弹系统将由以色列飞机工业公司、以色列拉斐尔军火研制局和印度国防研究开发实验室联合开发，开发计划历时3年。

2月9日 俄罗斯对外军事合作局局长德米特里耶夫在新闻发布会上说，俄罗斯2005年军火出口额达61.26亿美元，比原计划高出10亿美元，东南亚一些国家正成为俄军火的重要订货方。

2月10日 据英国《卫报》报道，法国已秘密完成了对其核武库的升级工程，以提升核武器的打击范围和精度。这次法国核武力量的升级主要包括两方面内容：第一，能够在高空发射核弹，以制造出“电磁脉冲”，破坏敌方的计算机和通讯系统。第二，减少核弹头数量，增加打击范围和精度。法国核武升级意在增强法国核威慑的“灵活性”。

＊俄罗斯国防部长伊万诺夫在停泊于意大利梅西纳的俄海军黑海舰队“莫斯科号”导弹巡洋舰上接见了北约秘书长夏侯雅伯，这是北约历史上首位秘书长造访俄罗斯军舰。同时登舰的还有意大利国防部长马尔蒂诺。

2月11—13日 美国国防部长拉姆斯菲尔德访问摩洛哥、阿尔及利亚和突尼斯三国时表示，美国视北非为保障欧洲和世界安全的重要战略地区，准备改善同上述三国的军事关系，还准备向阿尔及利亚出售飞机和装甲车。

2月14日 罗马尼亚众议院批准了有关美国在罗马尼亚设立军事基地的法律草案，这将使罗马尼亚成为第一个设有美国军事基地的东欧国家。

2月16日 美国白宫向国会提交了总额为653亿美元的战争经费申请，用于支持美军在伊拉克和阿富汗的军事行动。加上国会2005年12月批准的500亿美元战争拨款，美国的战争经费将达到1153亿美元。总统布什称，这些战争拨款使美军和盟国部队能够继续在伊拉克推进民主进程、打击恐怖分子、装备和培训伊军队。

＊北约秘书长夏侯雅伯访问波兰，与波兰总统卡钦斯基举行会谈，双方讨论了军事合作以及波兰加入北约早期预警系统的问题。

2月20日 印度总理曼莫汉·辛格与到访的法国总统希拉克签署了国防合作协议。根据协议，两国将建立战略对话机制、交换专家、举行联合军事演习以及进行军事技术交流，两国还将成立一个具体负责开展合作的国防合作高级委员会，由印度国防部副部长和法国国防部部长级代表共同领导。

＊菲律宾和美国军队举行2006年“肩并肩”联合军事演习，菲军和美军士兵除进行训练外，还参加菲南莱特省特大泥石流的救灾行动。

2月23日—3月3日 日本自卫队与驻日美军进行“利刃2006”演习。这是美日之间迄今为止层级最高的指挥所演习，参演兵力近4600人。演习在指挥所内由指挥官和参谋人员参加，利用地图、沙盘和计算机仿真与模拟系统，对部队进行指挥演练。

2月27日 俄罗斯和土耳其在黑海西南部海域举行为期两天的海军联合军事演习，演习包括遭遇战演练等内容。

2月28日 印度议会通过2006—2007财政年度国家预算法案，其中国防预算增加7.2%，达到8900亿卢比（约合200亿美元）。

3月

3月1日 俄罗斯宣布，俄将按照《国际禁止化学武器公约》中规定的期限，在2012年前销毁所有储备的化学武器。目前俄罗斯是世界上拥有化学武器最多的国家，现储存有4万吨化学武器。

3月7日 日本和美国在夏威夷海域联合进行海基拦截导弹系统的首次发射试验，测试由日本研发的具有保护功能的新一代拦截弹头锥体。这是两国首次使用日本研制的导弹部件进行海基拦截导弹试验。

3月10日 印度军方计划在位于非洲东海岸的马达加斯加岛共和国建立一座海军监听站。印度声称此举的主要目的是为了打击海盗和应对海上恐怖主义。监听站一旦建成，将使印海军的监控范围向南延伸近4000公里，非洲东部海岸、莫桑比克海峡以及中南部印度洋的大片海域将纳入印军方的监控视野，印度海军在该海域的活动也会得到有力的情报支持。

3月16日 美国洛克希德·马丁公司紧凑型动能导弹（CKEM）的两项试验已在美国航空喷气公司和美国阿连特技术系统公司战术系统分部成功举行，所有试验目标均已实现。

3月21日 巴基斯坦成功试射了一枚能够携带核弹头的巡航导弹，这是该国第二次进行此种试验。这种掠地式哈塔夫七型巴布尔巡航导弹射程达500千米，能够携带各种类型的弹头。

3月25—31日 美国与韩国举行了代号为“阿尔索伊”和“鹞鹰”的军事演习，美国核动力航母“林肯号”战斗群首度参演。演练的科目包括两栖战车抢滩登陆、对“朝鲜核设施”实施先发制人的核打击等。

3月27日 日本防卫厅设立统一指挥陆海空自卫队的统合幕僚监部(联合参谋本部)，取代过去的统合幕僚会议。现任统合幕僚会议议长先崎一将出任第一任统合幕僚长。日本陆海空自卫队的幕僚长过去分别听从防卫厅长官指挥，各自向所属自卫队下达命令。今后，统合幕僚长将在防卫厅长官授权下，统一指挥陆海空自卫队，并在“紧急”情况下组建“统合任务部队”，执行弹道导弹防御、大规模地震救灾、国际救援等任务。

＊印度与法国海军“瓦鲁纳－06”联合双边演习在印度西南果阿海岸附近的阿拉伯海上拉开序幕。此次演习不仅级别高、规模大、科目多，而且还增加了航母和空海协同等作战样式，因而引起了国际社会和周边地区的广泛关注。

3月29日 俄罗斯联邦副总理、国防部长谢尔盖·伊万诺夫宣布，

2011年1月1日前，俄罗斯武装力量将裁减大约3.5万人，从而使其军人总数降至113万人。

3月30日 俄罗斯总统普京在俄核武器计划会议上宣布，俄罗斯将保持足够的核武器，维持强大的核威慑，以维护国家安全。此外，普京还透露，俄政府正在研究制定2007—2015年的武器计划。

3月31日 伊朗在波斯湾和阿曼湾举行为期一周的代号为“神圣先知”的海空联合军事演习。由于此次演习时机和地域都非常敏感，因此引起各方高度关注。此次是伊朗有史以来动用先进武器装备最多、数量最大的一次军演。伊朗军方将领特别强调，美国等西方国家的石油“大动脉”——霍尔木兹海峡是军演重点。

4月

4月5—8日 俄罗斯和塔吉克斯坦武装部队在位于塔首都杜尚别近郊的军事训练场举行了为期3天的大型联合反恐演习。此次演习的核心内容是武装部队在大炮和飞机的火力支援下打击大批恐怖分子。参加演习的有俄驻塔军事基地官兵及塔武装部队共1100多人。演习中动用了各种火炮和装甲车100余辆，还有2架强击机和2架武装直升机。

4月10日 俄罗斯公布了一份被怀疑可能扩散大规模杀伤性武器的国家和组织名单，其中包括51个国家和1152个组织。但报道没有提供更多关于该清单的详细信息。俄罗斯准备发布一份有关阻止大规模杀伤性武器的出口控制制度的报告。

4月19日 独联体国家在俄罗斯波罗的海舰队海军基地举行代号为“战斗联合体—2006”的联合防空演习，演练遇到威胁时独联体国家防空部队的统一行动，主要进行了目标侦察监视、空中机动、跟踪追击、空中拦截、空中封锁、联合火力突击等科目。演习期间，俄波罗的海舰队的舰载防空系统还进行了防空导弹的试射。

4月21日 俄罗斯向白俄罗斯运送S—300防空导弹系统的军用列车抵达明斯克并将驶往部署导弹系统的目的地。S—300导弹系统是防御性武器，它可命中20米至45千米以内的目标，能同时向6个目标发起攻击。

4月24日 俄罗斯在南部联邦区举行高级别万人反恐大演习，旨在检验各强力部门联合作战能力，来自俄各强力部门的1万多人、90多个指挥机构和50支部队参加了演习。该演习也是为了检验俄强力部门落实俄杜马批准的《反恐法》的能力，该法宣称，俄罗斯军队有权对恐怖主义实行先发制人的打击。

4 月 25 日　据俄罗斯媒体报道，俄罗斯加里宁格勒“亚塔尔”造船厂正在为印度海军建造三艘新型 11356 型护卫舰，其将装备垂直发射的“布拉莫斯”超音速反舰巡航导弹。目前“布拉莫斯”反舰导弹已经装备印度海军，未来将安装在印度国产的护卫舰和驱逐舰上。此外，印正在加紧研制空射型“布拉莫斯”导弹，并计划安装在其苏－30MKI 多功能歼击机上。

4 月 27—28 日　北约 26 国外长非正式会议在保加利亚首都索非亚举行。北约内部在围绕北约扩大、苏丹达尔富尔地区维和、北约与部分太平洋国家加强关系等议题上矛盾重重。加强北约与亚太地区的澳大利亚、新西兰、日本、韩国等国关系是本次会议的主要议题之一。

4 月 28 日　欧洲防卫局制定新的军事发展计划和新的军事战略，其重点是加强高科技武器的研发，缩小与美国在军事上的差距，将欧盟打造成“军事大国”，未来 10 年内欧盟将不再依赖美国保护。欧盟将研制开发无人驾驶飞机、新型装甲车、驱逐舰、反导系统和先进的通信系统，缩小自己与美军在这些方面的差距，逐步摆脱对美国武器的依赖和制约。

＊据英国《太阳报》报道，继两年前负责英国国内安全的情报机构军情五局公开招募 1000 名间谍之后，负责海外情报工作的军情六局也将首度在英国最著名的出版物《泰晤士报》和《经济学家》杂志上高调刊登招聘广告。让民众更多地了解该机构，以便在反恐任务越来越重的情况下能够招募到更多优秀人才，这次军情六局主要招募的是管理人员、情报分析师、外语人才以及技术专家。

4 月 29 日　巴基斯坦军方宣布成功试射一枚射程为 2000 公里可携带核弹头的导弹。这是巴基斯坦继 2005 年 3 月之后第二次试射“沙欣 2 号”地对地导弹。巴基斯坦总理阿齐兹观看了整个试射过程，试射活动是为了验证第一次试射没有验证的额外技术参数，该导弹系统采用了先进的两节式固体燃料技术，可携带各种类型的常规弹头和核弹头。

5月

5 月 6 日　俄罗斯联邦军事工业委员会第一副主任普京林称，2007 年俄国防订货比上年增长超过 20％。2007 年俄国防部用于购买、研制和维修军事装备的费用为 3027 亿卢布。其中用于科研的费用增加了 20％；用于采购武器和军用装备的费用增加了22%，增长额达1450亿卢布；用于装备维修的费用增长了15.7%，增长额为600亿卢布。

5月11日 日本防卫厅海上幕僚监部派遣约1200名海上自卫队官兵赴夏威夷参加"环太平洋2006"演习。演习的部队分为护卫舰部队、航空部队和潜艇部队三个部分。

5月15日 美国国务院发言人宣布美国正在对委内瑞拉实施武器禁运，理由是委内瑞拉政府没有为国际反恐战争提供帮助。

*为期12天的"金色眼镜蛇2006"联合军演在泰国那空那育府举行。泰国、新加坡、印度尼西亚、日本及美国将进行联合指挥部演习、多边联合实地演习以及人道主义援助训练等。包括中国在内的9个观察员国以及一些国际组织观摩了本次演习。

5月17日 德国政府决定派遣780名士兵参加欧盟为确保刚果（金）首次民主选举安全而举行的维和行动，德国还将为欧盟在刚果（金）维和行动出资5600万欧元。

5月18日 俄罗斯成功试验了可以穿透所有导弹防御系统的新型反导防御系统。这种新型弹头可按照之字形线路追踪目标，并可安装在新型"白杨－M"陆基导弹和俄海军正在研制的"圆锤"潜射导弹上。

*捷克军队总参谋长什特伏卡宣布，应美国政府要求，捷克一支约120名士兵的反恐部队已飞赴阿富汗，开展反恐行动，这支部队由捷克特种部队所属601分队组成，主要任务是在阿富汗进行监听和传递情报，并在可能的情况下参与解救战俘等行动。

5月23日 美国洛克希德—马丁公司成功进行了增程联合防区外空地导弹系统（extendedrangeJASSM，JASSM－ER）的首次飞行试验。JASSM是世界上第一个具有隐身功能的常规巡航导弹。

5月24日 韩国国防部长尹光雄宣布，韩军将进行改革，裁减20个师，建设适应现代战争的新型军队。

*日本参议院正式通过《防卫厅设置法修正案》，日本防卫厅将根据该《修正案》对现行组织机构进行全面调整，增设装备本部是其中的重要内容。装备本部成立后，将负责日本自卫队军事装备的研发、调配和管理等一系列工作，权力很大。

*巴基斯坦内阁通过决定计划花费10亿美元从瑞典萨伯公司和爱立信公司引进机载预警与控制系统。巴国防部官员向内阁通报了巴国内一直以来缺少一种可靠的空中监视系统，为了巴基斯坦的安全，有必要引进机载预警监视系统。该系统包括萨伯2000涡轮螺旋桨飞机，该飞机装备有爱立信公司提供的机载雷达。

5月25日 日本防卫厅长官额贺福志郎和来访的印度国防部长慕克

吉首次签署了促进两国国防交流的共同文件。日本和印度正努力扩大在国防和安全领域内的合作，提升两国的军事合作关系。

5月27—28日 乌克兰克里米亚半岛费奥多西亚市的居民连续两天封锁美军舰只，堵住港口大门，不允许美军卸载船上运送的计划参加“乌克兰—北约”联合演习的武器装备，以此抗议政府加入北约激化与俄罗斯关系的政策。

5月30日 日本内阁官房长官安倍晋三表示，日本内阁通过了驻日美军重组计划，这意味着驻日美军将进行50年来最大规模的变动。

5月31日 美国政府建议于2011年之前，在欧洲设立一个导弹防御基地，以防止伊朗向美国及其欧洲盟友发动导弹袭击。基地候选地点包括东欧的波兰和捷克，此外，还要在欧洲某个地点安装10个反导弹截击器，波兰和捷克也在考虑范围。

6月

6月1日 日本政府决定放宽《武器出口三原则》，利用政府开发援助（ODA）向印尼和马来西亚提供巡逻艇，以协助两国打击海盗和保护马六甲海峡的运输安全。这是日本首次利用政府开发援助向外国提供武器。

6月6日 日本执政的自民党通过了一项旨在将防卫厅升格为省的法案，首相小泉纯一郎将在9日对此法案予以正式批准后提交国会审议。

6月7日 联合国安理会与非洲联盟在亚的斯亚贝巴就苏丹达尔富尔维和使命移交时间达成一致，双方同意在2007年1月将达尔富尔维和使命移交给联合国。

＊美国、日本、俄罗斯和韩国举行“北太平洋海上安全联合演习”。

6月8日 北约成员国国防部长通过了一项旨在指导未来北约军事行动的《部长指南》。《部长指南》认为，未来北约可能需要同时进行两个大型军事行动和6个小型军事行动。其中，大型军事行动需要6万兵力，小型行动需要2万—3万兵力。《部长指南》是北约《综合政治指南》的细化。在《综合政治指南》框架下，北约国防部长们同意各成员国的军费开支占国内生产总值的比例至少达到2％。

6月9日 举世瞩目的世界杯足球赛在德国慕尼黑拉开战幕。为保证世界杯安全，德国国防部长弗兰茨·约瑟夫·容表示，德国防军投入7000人的兵力，随时准备应对可能发生的恐怖威胁和大规模突发事件，北约的预警飞机提供了远程空域警戒。

6月14日 美国海军司令部发布“21世纪海上战略”，将美国海军的海上力量概念进行扩展，海上力量除作为作战力量外，还包括维护海上航道安全及人道主义援助。

6月15—28日 北大西洋公约组织成员国的部队在西非岛国佛得角举行代号为“坚定美洲豹－06”的大规模登陆作战演习，这是北约首次在非洲举行军演。超过7000名来自法国、德国的步兵在美国空军和西班牙海军掩护下，登陆佛得角圣维森特岛，其任务是阻止一场假想的部族冲突。

6月17—25日 俄罗斯和白俄罗斯在白俄罗斯境内举行代号为“2006联盟之盾”的大规模联合军事演习，这次演习旨在检验两国统一防空体系和俄白联盟国家军事安全体系的有效性。演习期间，俄白联合部队由两国军官组成的指挥部统一指挥。俄白双方共有约8800名官兵参加演习，其中俄方军人为1800名。双方共投入40多辆坦克、约180辆装甲车以及48架各型号战机，其中包括最新式的苏－30、苏－27等战斗机，米－28武装直升机以及图－160、图－22远程轰炸机等先进机型。

6月19日 美国白宫发言人称，美俄决定将1992年两国签署的关于销毁大规模杀伤性武器的《合作减少威胁计划》再次延长7年，即至2013年。自从这一计划启动以来，数千枚导弹及弹头被拆除或销毁，俄罗斯的一些核武器基地也在美国帮助下获得升级。同时，该计划还帮助哈萨克斯坦、白俄罗斯和乌克兰成为没有核武器和战略武器发射系统的国家，并帮助许多其他国家防止敏感原料的扩散。

6月20日 俄罗斯总统普京主持召开俄联邦安全会议。俄副总理兼国防部长伊万诺夫宣布，俄国防采购每年将增加40%。此外，普京谈到俄罗斯的国防工业发展问题时说，俄应用现代化技术发展国防工业体系，以适应世界军事潮流。他还指出，俄罗斯的国防工业水平落后世界先进水平不是几年，而是十几年，俄政府决定加大政府国防采购力度，更新国防工业设备，优先发展具有战略意义的国防工业，诸如造船、航空、电子通信等。

6月22日 美国海军在夏威夷群岛附近成功拦截了一枚中程弹道导弹，从而顺利完成了国家导弹防御计划的最新一次试验。日本自卫队当天也首次参与导弹拦截试验。目前，美国把陆基导弹防御系统从“试验”模式转变到了“运行”模式，并考虑在朝鲜一旦试射导弹时予以拦截。

6月25日 俄罗斯将一颗编号为“宇宙—2421”的军用卫星成功送入预定轨道，这是俄今年第二次发射军用卫星。目前俄60颗军用卫星中，半数以上为超期服役，而90多颗民用卫星中也有大半“年事已高”，俄国防部官员表示，从 2006 年起，俄将为其太空卫星体系增添一批新的“生力军”。

6 月 26 日 加拿大国防部长戈登·奥康纳宣布一项价值 29 亿加元的军事计划，这些资金将用来购买三艘补给舰，以增强加国的海军实力，第一艘补给舰将在 2012 年完工。

6 月 28 日 据乌克兰媒体报道，在当地居民的强烈反对声中，到乌克兰东部克里米亚为北约—乌克兰联合演习作准备的最后一批美军人员被迫撤离乌克兰返回美国，使北约原计划在 7 月中旬与乌克兰联合举行的“海上微风 2006”演习流产。

＊韩国国防部宣布 2007 年国防预算总数是 250 亿美元，比 2006 年增加了 9.9％。增加的军费是为了完成已列入计划的装备采购项目。

6 月 29 日 美国批准向巴基斯坦出售 18 架新型 F－16 战斗机，这次签订的武器协议总值高达 50 亿美元，出售 18 架战斗机是其中一部分，协议还包括美国向巴基斯坦提供其他的先进武器装备。

6 月 30 日—7 月 6 日 俄罗斯在其东部地区举行代号为“贝加尔 2006”的大规模首长司令部军事演习，演习的重点是建立俄军统一的后勤和技术保障体系并完善部队之间的协作能力，以检验俄东部地区部队的战备和机动情况，同时帮助西伯利亚军区各作战指挥部门积累实践经验，9000 余名军人参加此次演习。

6 月 30 日 为保证美国国家安全以及在全球的核威慑能力，美国政府已展开一项名为“可靠核弹头替代”的计划。根据该计划，新一代核武器杀伤力不逊于现存核武器，其稳定性和耐久性将保证其安全服役期达数十年。为防止核武器被错误引爆或流入恐怖分子之手，新一代核武器还突出安全性能，因此被戏称为“核子门掣”。即使武器落入他人之手，但在没有掌握启动和操作程序的情况下，武器也不能爆炸。

7月

7 月 3 日 印度海军宣布了一项雄心勃勃的军备采购计划，旨在增强其对国际重要战略通道印度洋的制海权。作为此次军备采购计划的一部分，印度已向多家印度国有造船厂订购了 27 艘从巡逻艇到护卫舰等不同类型的舰船。

7 月 5 日 朝鲜先后向日本海试射了数枚导弹。

7 月 9 日 印度首次“烈火－3”型导弹试射失败。该型导弹设计射程为3500—6000公里。导弹在发射升空且垂直上升至12公里处后，由于第二级火箭未能脱落，导弹落入奥里萨海域，没有命中孟加拉湾尼科巴群岛的既定目标。有关方面将导弹试射失败的原因归结为“设计失误”。

7月12日 美国成功进行了“终端高空防空”（THAAD）导弹系统拦截试验，“终端高空防空”系统是美国导弹防御系统中的重要一环，与“爱国者”导弹系统互为补充。此次导弹拦截试验时间恰逢朝鲜刚刚进行过导弹试射，威慑朝鲜的意图十分明显。

7月13日 泰国、马来西亚两国海军军官聚会泰马边界的宋卡府，就加强两国沿海和深海水域安全、情报共享、遏制暴力等方面的合作进行商议。此外，双方还讨论了开展联合海上军事演习，以加强两国关系。

＊哈萨克斯坦外交部新闻局发表公报称，哈萨克斯坦认为加入“导弹及其技术控制制度”可以促进该国宇航事业发展，并已为加入该制度做好充分准备。目前，哈萨克斯坦加入“导弹及其技术控制制度”的意愿已获得该制度一些成员的支持。

＊美国发生海军10万官兵的信息资料网上泄密事件。据美国情报机构统计，在各国情报机构获得的情报中有80%左右来源于公开信息，而这其中又有将近一半来自互联网，军事网络安全再一次引起人们高度关注。

7月20日 美国国防部安全合作局发表声明说，美国计划向沙特阿拉伯出售价值超过60亿美元的武器装备，包括24架“黑鹰”直升机、2300套无线电通讯系统、724辆轻型装甲车及其他设备，这些武器装备将增强沙特的军事实力及其协助美国在全球反恐的能力，并可使沙特在维护地区稳定方面发挥更大作用，使其减少对美国军事力量的依赖。

7月22日 美国国会政府审计办公室发表的一份报告称，过去5年美国为进行全球反恐战争而投入的军费和外交等费用至少已达4300亿美元。

＊日本海上自卫队决定，将在位于长崎县的佐世保基地部署搭载有“标准—3”型海基拦截导弹的第六艘宙斯盾驱逐舰。海上自卫队的这一决定是根据防卫厅制定的拦截弹道导弹的导弹防御计划做出的。

7月24日 据美国科学与国际安全研究所发布的一份技术评估报告称，巴基斯坦正在兴建一个可炼出钚元素的大型核反应堆。报告称，卫星图片显示，巴基斯坦库沙布核基地一个重水核反应堆似乎已经完成了一半的工程，该反应堆炼出的钚元素足够每年造出40—50件核武器，比巴基斯坦现有的核武器制造能力高出20倍。

＊印度试射了一枚“特里舒尔”地对空导弹，试射地点在印东部的奥里萨邦，但印度国防部官员拒绝透露试射是否成功。

＊瑞典和平研究所发表的《全球军费报告》指出，日本 2005 年大规模购买各种武器装备的经费，超过除沙特阿拉伯以外的所有亚洲国家。日本购买的武器装备 90%都来自美国，但因日本只要“高精尖”的武器，单价都较高，总价值超过印度、以色列等传统武器进口大国，位居全球第三。

＊委内瑞拉与俄罗斯签署一项金额为 10 亿美元的军购合同。根据该合同，委向俄购买 30 架苏－30 战斗机和 30 架军用直升机。美国国务院发言人汤姆·凯西已要求俄罗斯重新考虑向委内瑞拉出售战斗机和直升机的计划。

7 月 26 日　印度斯坦航空公司计划将 140 架苏－30MKI“侧卫”多用途战斗机的本土生产时间“缩短”3 年，在 2013—2014 年完成这项 30 亿美元的项目。

＊美国国会众议院以 359 票赞成、68 票反对的结果，通过了布什政府与印度政府签署的民用核能合作协议。该协议将解除禁止印度储存用于军事目的铀的禁令，印度一年将可以多生产 50 个核弹头。

＊联合国主管儿童和武装冲突事务的特别代表库玛拉斯瓦米称，目前在世界各地参战童子军的人数已经超过了 25 万，并且还有数以万计的少女在战乱中被强暴或遭受各种形式的性暴力。

7 月 27 日　美国为在欧洲建立导弹防御系统选址，波兰是考察对象之一，美国坚持认为其应享有在波兰领土上建立的美国导弹基地的主权。美国计划在这一基地部署 10 枚导弹拦截装置，可以拦截来自中东或是远东的袭击欧洲的弹道导弹。

＊俄罗斯一枚载有 18 颗卫星的火箭发射失败。

7 月 28 日　美国军方宣布，把北美防空司令部指挥控制中心从沿用了 40 年的坚固地下堡垒中迁出，因为美军认定现已不必担心洲际核弹道导弹的攻击。

8月

8 月 3 日　俄罗斯战略火箭部队成功实施了一次“白杨”洲际弹道导弹训练发射，发射的导弹已超出设计使用年限，目的是检验超期服役导弹的飞行技术性能的稳定性。

＊韩国军方决定有条件购买美国波音公司制造的预警飞机，以建立韩国军队独立的空中预警系统。根据计划，韩国将在 2012 年底前从波音公

司引进4架波音737型预警机。

8月4日 智利、美国、西班牙、秘鲁、哥伦比亚、厄瓜多尔和墨西哥海军结束了在智利三大港口及附近海域举行的代号为“UNITAS”的联合军事演习。海上联合军演的主要内容包括舰队防空、反潜、海上快速补给、电子战等，其目的是提高应对突发情况的快速反应能力和指挥、协调效率。此外，7国海军还在智利沿海海域进行了针对自然灾害和恐怖袭击的海上营救演练。

＊美国国务院宣布对包括俄罗斯国防出口公司和“苏霍伊”公司在内的7家国外企业实行制裁，理由是它们违反了美国国会2000年通过的《防止向伊朗扩散武器法》。

8月11日 美国《防务日报》报道，美国空军正在改进特克斯特朗系统公司生产的对陆攻击集束弹药，使之具有攻击海上目标的能力。

8月11—24日 蒙古、美国、泰国、印度等7国的1000多名军人在蒙古武装力量训练中心塔旺陶勒盖举行代号为“可汗探索—2006”的多国联合军事演习，这是继2003年蒙美双边军演以来首次在蒙古举行的多国联合军演。演习期间，美军太平洋司令法伦上将、汤加和斐济的武装力量总参谋长等参演国高级军官观摩，并与蒙古军方高层举行会谈，签署与蒙古的军事合作协议。

8月14日 据英国宇航系统公司透露，该公司已赢得向沙特阿拉伯出口72架“台风”战机的合同，价值50亿英镑。沙特引进的“台风”战斗机将用以替代20年前购买的“旋风”战斗轰炸机。“台风”战斗机由德国、英国、意大利和西班牙4国共同研制，有强大的对空和对地攻击能力。

8月16日 德国内政部长表示，德国政府打算修改宪法，以允许联邦军队在紧急情况下击落被恐怖分子劫持的飞机。

＊法国国防部长米谢勒·阿利奥—马里在法国电视二台发表谈话说，法国准备执掌联合国驻黎巴嫩南部维和部队的指挥权，直到2007年2月份为止。

8月16日 朝鲜、韩国以及海外朝侨的64个社会团体发表联合声明，要求韩国和美国停止激化朝鲜半岛局势的“乙支焦点透镜”联合军事演习。联合声明说，韩国与美国一起举行这一演习违反了朝韩双方2000年6月签署的《北南共同宣言》，并将使北南关系更趋恶化。声明要求韩美立即停止联合军事演习，并要求韩国拒绝参加这一演习，回到《北南共同宣言》的精神上来。

＊厄瓜多尔外长卡里翁拒绝接受将厄瓜多尔曼塔空军基地纳入“哥伦比亚计划”。卡里翁在与到访的哥伦比亚外长阿劳霍举行的联合记者招待

会上强调，曼塔空军基地不是“哥伦比亚计划”一部分。“哥伦比亚计划”是美国与哥伦比亚在2000年6月达成的一个旨在帮助哥伦比亚扫毒的一揽子援助计划，在实施该计划过程中，美国和哥伦比亚在哥厄边境地区大量使用有毒化学物质以根除毒品原料古柯植物，致使厄北部边境地区环境受到污染。

＊美国洛克希德—马丁公司成功进行了增程联合防区外空地导弹系统（JASSM－ER）的第二次飞行试验。目的是检验JASSM－ER隐形巡航导弹控制系统执行飞行任务的能力。

8月17日 美国和英国向安理会提交了一份关于苏丹达尔富尔危机的决议草案，要求安理会授权向苏丹的达尔富尔地区派遣一支1.7万人的联合国维和部队。根据该决议草案，联合国维和部队将接替目前部署在那里的约7000人的非洲联盟部队，负责监督苏丹政府和反政府武装在2006年5月签署的和平协议的执行情况。

＊爱沙尼亚政府通过一项反恐计划，确定反恐斗争的总目标是保障人民和国家的安全，这项反恐计划是由爱沙尼亚内务部下属的反恐委员会制定的。该委员会由内务部、国防部、外交部、司法部、经济和交通部、安全警察局、中央刑事警察局、国防军侦察营和国家办公厅的有关人员组成。

＊尼泊尔政府向议会提交军事法案，提议改变奉行了几十年的军队效忠国王的规定，使国王与军队完全脱离关系，将军队置于政府的领导之下。这份法案要求废除现行军事法规定的国家军队最高统帅是国王的有关内容，提出今后军队将听从首相领导下的安全理事会的命令。

8月18日 美国驻冰岛最大的军事基地正式关闭，最后一支F－15歼击机中队离开冰岛领土，使北大西洋岛国在近半个多世纪以来首次失去美军的武装保护，此举引发冰岛全国上下的极度不满。

8月19日 伊朗军方在全国14个省举行为期5周旨在“介绍伊朗最新的防务理念”的陆、海、空三军大规模军事演习，其中导弹试射是军演的一部分。伊朗是在联合国安理会通过有关伊朗核问题的第1696号决议，要求伊方在8月31日前中止铀浓缩活动的背景下举行此次军事演习的。

8月20日 印度武装力量总参谋长贾斯万特·辛格抵达莫斯科，开始对俄罗斯进行为期一周的访问，辛格此行的主要目的是明确俄印两国长期战略伙伴关系的重要性，讨论俄方向印军装备的俄（苏）制武器提供后期服务、两国联合研制新式武器等问题，双方还将就俄印中三国举行联合军演、印度参加明年在俄罗斯境内举行的多国反恐演习进行磋商。

8月21日—9月1日 美韩2006年度“乙支焦点透镜”联合军事演习在韩国境内举行。约2万名韩国和美军官兵参加这次为期12天的演习。

联合军事演习将以电脑模拟的指挥所演习为主，以提高韩美联军应对朝鲜半岛“突发事态”的能力。

8月23—27日 独联体集体安全条约组织举行的代号为“边界－2006”的军事演习在哈萨克斯坦西南部曼吉斯套州阿克套市附近的军事训练场举行。军演的主要目标是提高集体安全条约组织指挥部队展开联合行动的能力。

8月24日 法国总统希拉克宣布，法国将增派两个营1600名军人参加联合国驻黎巴嫩维和部队，从而使法国驻黎巴嫩维和部队的总兵力增加到2000人。

8月25日 欧盟特别外长会议决定，欧盟成员国将向黎巴嫩再增派5600—6900名维和士兵。从而使欧盟成员国的派兵人数占到联合国驻黎巴嫩维和部队总数1.5万人的一半以上。

＊美国《时代》周刊报道，五角大楼将设立一个新的战区司令部——非洲司令部，负责美军在“全球最不受重视的地区”非洲的行动，这将是2002年后美军高层作战指挥体制的又一次重大调整。

＊巴西空军宣布从西班牙EADS－Casa公司订购了50架C－212－400运输与监视飞机，用于取代现有的100架EMB110“先锋”双发涡桨飞机，以提高巴西航空工业的整体技术水准。

＊北约“联合空中力量能力中心”（JAPCC）准备完成一份无人机飞行计划草案。该组织正在为其成员国制订将无人机用于作战的计划。北约希望通过综合协调成员国无人机技术使之达到与有人驾驶作战飞机相当的水平。

＊美国国防部员官表示，受朝鲜试射“大浦洞－2”远程弹道导弹的影响，美军正考虑在西太平洋地区追加部署陆基X波段移动式导弹防御早期预警雷达，候选基地有4个，分别是日本的九州、冲绳、韩国和关岛。

8月26日 日本大幅增加2007年导弹防御预算。2007年日本防卫厅的反导预算比2006年增加50%。增加部分包括向美国购买80枚最先进的“爱国者3”型防空导弹。日本称此举主要是为了应对朝鲜的导弹威胁。

8月27日 伊朗海军在伊朗西南部海域成功试射了一枚由潜艇发射的远程反舰导弹，这枚导弹具有灵活选定目标和高速的特点，这是伊朗首次由潜艇发射远程反舰导弹，意味着伊朗军方又增添了一种可以在海湾袭击军舰和其他船只的“杀手锏”。

8月29日 美国“宙斯盾”级巡洋舰“夏洛”号抵达日本横须贺海军基地，这是美国第一次在日本部署具有导弹拦截能力的战舰。该巡洋舰配备了"标准—3"型拦截导弹，可击毁中程弹道导弹。

*以色列总理奥尔默特宣布将在三年内将军费增加68亿美元，增加的经费将用于购买武器和补给物品。这项军方提案是在以色列与黎巴嫩真主党进行了33天的军事冲突后做出的。

8月30日 波罗的海三国爱沙尼亚、拉脱维亚和立陶宛的国防部长在拉脱维亚旅游胜地尤尔马拉举行会晤后表示，三国支持北约长期巡逻其领空，并建议将巡逻时间延长到2018年。三国国防部长认为，这一决定将给波罗的海三国独立巡逻领空提供必要的准备时间，同时表示将尽一切努力，使执行巡逻任务的有关国家减少巡逻开支。

8月31日 美国以假想朝鲜发射导弹为背景，对目标导弹进行探测、跟踪和拦截实验。模拟敌方导弹的靶弹从阿拉斯加的科迪亚克岛发射升空，这次实验的目的是为了检测拦截导弹能否分辨出来袭导弹的推进器和弹头，同时也将对地面控制中心的通讯系统进行测试。

9月

9月4—6日 新加坡和印尼在印尼境内举行了两国一年一度的联合军事演习，旨在密切两国军队间的联系，加强合作。两国共约2000名士兵参加了演习。

9月7—15日 俄罗斯海军分别进行了3次潜射战略导弹试射，其中最新研发的"圆锤（布拉瓦）"导弹试射失败，但另外2次均获成功。

9月10日 巴基斯坦政府官员透露，法国海军出口公司决定向巴基斯坦海军出售3艘"枪鱼"级（"马林"级，Marlin）柴电动力潜艇。巴海军计划为这3艘潜艇装备美国波音公司生产的"鱼叉"反舰导弹，法国海军出口公司向巴出售的"枪鱼"级潜艇是法国和西班牙共同研制"鲉鱼"级潜艇"法国版"的升级型，并将装备先进的绝气推进系统。

9月11日 日本在其南部鹿儿岛县的种子岛宇宙中心成功发射了一枚"H2A"10号火箭，将一颗光学间谍卫星送入预定轨道。此次发射是日本构建全球间谍卫星系统的重要步骤。

9月12日 美国国土安全部长切尔托夫说，该部将加强对包括核武器在内的放射性武器的侦测和防范。到2006年底，国土安全部将在美国绝大多数海港安装数百个放射性物质监视器，届时将能对80%的到港货运集装箱进行放射物检测。到2007年底，美国主要的陆地边境口岸也将安装这种监视器。从2008年底开始，将对纽约等大城市的水陆要道及地下隧道进行扫描式的监视。据悉，这一计划预计耗资 11 亿美元，将采用新一代放射物检测技术。

9 月 13 日 巴基斯坦海军正式启用两架 P－3C“猎户座”侦察机，用于反恐。

＊德国政府决定向黎巴嫩派遣 2400 名海军官兵，参与联合国在黎巴嫩的维和行动。德国国防部长弗朗茨·约瑟夫·容说，德国部队将在联合国的海上维和行动中发挥“领导作用”，德国海军的授权到 2007 年 8 月 31 日结束。这是德国自二战结束以来首次在中东地区部署军事力量，此次行动将耗资 1.93 亿欧元。

9 月 13—20 日 印度和英国空军在印度北方邦阿格拉和中央邦瓜寥尔的空军基地举行代号为“彩虹”的联合军事演习。印度空军和英国皇家空军分别派出 100 名军人参加演习。英国出动“狂风”战斗机和 VC10 空中加油机。印度空军出动“幻影－2000”战斗机、“美洲虎”攻击机和 IL－78 空中加油机。

9 月 17—29 日 波兰举行代号为“蟒蛇”的军事演习，这是波兰最近十几年来规模最大的一次军演。波陆、海、空三军以及警察、边防人员共约 1 万人参加了演习。

9 月 18 日 德国国防部长弗朗茨·约瑟夫·容呼吁进一步增加国防预算，以解德国国防军国际维和用兵之急，德国的国防预算在过去 12 年里削减了 1/3。

9 月 19 日 泰国军方趁总理他信访美期间发动军事政变。政变领导人陆军司令颂提表示，军方无意统治国家，泰国将成立一个文官政府，任命一位新总理。

9 月 20—30 日 东非三国乌干达、坦桑尼亚和肯尼亚在乌干达境内举行代号“温泉”的联合军事演习，军演的主要内容包括灾后联合搜救、灾情控制等，目的是落实东非三国于 1998 年签署的谅解备忘录，加快三国一体化进程。

9 月 20 日 俄罗斯外交部发表声明，反对太空军事化。声明强调，俄遵循巩固全球战略稳定和国际安全的外交政策，反对在太空部署武器。俄呼吁其他国家支持俄方倡议，共同维护太空和平。

9 月 21 日 韩国军方表示，韩军和韩国国防科学研究所共同研制成功了可精确打击朝鲜后方导弹基地等主要军事设施的巡航导弹，这是韩军首次拥有自己的巡航导弹。该型导弹射程为 500 公里，韩军将其命名为“天龙”。“天龙”导弹完全靠韩国本国技术开发而成。“天龙”的研发成功，使得韩国成为继美国、英国、法国、以色列、俄罗斯和中国之后第七个拥有射程 500 公里以上的巡航导弹的国家。

9月23日 美国五角大楼披露，美将向阿联酋提供洛克希德—马丁公司的高机动性火箭炮系统，这将加强阿联酋抵御侵略的能力，为海湾地区的稳定做出贡献。

＊国际援助机构乐施会指出，2006年全球军事开支预计将达到1.06万亿美元，打破冷战时期创下的纪录。

9月25日 菲律宾国防部长阿韦利诺·克鲁斯透露，总统阿罗约已批准采购价值约4亿美元的军事装备，用于加强菲武装部队的作战能力，以应对该国政府面临的国内安全威胁，例如“新人民军”武装叛乱分子和阿布沙耶夫反政府武装。采购清单包括枪支、攻击型直升机、坦克和运输车辆、特种部队装备以及军事情报部门所需器材。

9月26日 美国国防部长拉姆斯菲尔德在黑山共和国表示，美国将全力支持黑山加入北约和北约“和平伙伴关系”计划，美国已同意帮助黑山达到北约“和平伙伴关系”计划的最低要求。

＊美国国务院表示，美国与冰岛已就美国撤出驻冰岛凯夫拉维克海军航空站一事达成最终协议。这标志着美国将结束在冰岛长达55年的军事存在。

＊西班牙媒体透露，西班牙2007年国防预算总计达到80.4999亿欧元，比2006年增长8.6%，成为过去20年来增长最快的年份。

9月26—28日 独联体和集体安全条约组织的特种部队在亚美尼亚境内举行代号为“核反恐－2006”的大规模反恐演习。这是独联体首次为保护核设施而进行的反恐演习。

9月29日—10月7日 来自10个欧洲国家的海军在立陶宛领海及专属经济区举行代号为“2006琥珀海洋”的联合军事演习。军演由立陶宛海军组织指挥，共有来自立陶宛、德国、丹麦、比利时、荷兰、爱沙尼亚、挪威、波兰、英国和拉脱维亚等国的17艘军舰和500余名官兵参演。

10月

10月3日 欧盟国防部长非正式会议在芬兰闭幕，会议着重讨论了欧盟正在进行的控制危机行动和欧盟快速反应部队的建设问题。与会国防部长一致认为，加强欧盟军事能力的工作正在按计划进行，欧盟快速反应部队筹备工作进展顺利，2007年初即可派往危机地区执行任务。

10月5日 北约领导的驻阿富汗国际安全援助部队正式从美国领导的联军手中接管阿东部地区的军事指挥权，从而将该部队的控制区域扩大至阿富汗全境。

10月7日 美国空军计划组建网络作战司令部，负责选拔“实施网络战”的人才，组织、培训和装备美空军网络战“士兵”。成立网络战司令部将首次把网络空间界定为采取军事行动的一个领域。新司令部可能将隶属于美国战略司令部。

10月9日 朝鲜宣布成功进行了一次核试验，但没有公布核试验的地点和相关数据。16日，美国国家情报局局长办公室发表简短声明，证实朝鲜进行地下核试验。声明说，有关部门对美军用飞机在朝鲜进行核试验地区上空采集的空气样本进行了检测并发现了放射性物质，由此确认朝鲜在咸镜北道丰溪里附近实施了地下核试验。声明同时表示，朝鲜进行的这次核试验的爆炸当量不足1000吨，属于相对较小的一次核爆炸。

10月13日 欧盟委员会表示，欧洲卫星导航系统“伽利略计划”将用于军事用途。此举将有助于欧盟弥补军费缺口，增强欧盟军力，因此得到法国等国家的支持。

10月16日 北约启用位于英国剑桥郡莫尔斯沃思皇家空军基地内的情报汇集中心。情报汇集中心毗邻美军欧洲司令部的联合分析中心，此举将使北约成员国及其盟国共同分享全球情报信息，从而为盟军的作战指挥，尤其是北约快速反应部队的未来部署提供更好的情报支持。

10月16—25日 来自北约11个国家的60多名军官以及俄罗斯的80多名军官，在俄国防部第四中央科研所的基地举行“俄罗斯一北约理事会”框架内战区导弹防御首长司令部演习。

10月16—26日 美日联合“东方盾牌2007”演习在日本的本州岛举行，目的是“磨合美日联合作战”，双方一起演练直升机搜索、地面交通管制、单兵实弹射击以及封锁与搜索战术。

10月18日 爱沙尼亚议会决定，派遣一支由40人组成的军事警察小分队参加北约快速反应部队。这支小分队将被编入北约多国特殊军警部队，作为防暴部队在危急时刻或军事冲突后维持社会治安，其任务还包括保护重要人物和对建筑物及车辆进行检查。

10月19日 由韩国海军陆战队主导的“2006年韩美联合沿岸登陆演习”在韩国金浦半岛和江华岛之间的艳花江圈举行。具体科目包括：韩国水陆两栖装甲车实施海上突击，与地面部队联合作战等。

10月20日 美国总统布什签署了新的《国家太空政策》，该政策表明美国要排斥“敌对势力”，掌握外层空间的控制权，太空已经成为美国经济以及国土安全的重要组成部分。

* 美国太平洋美军特种部队和太平洋美国空军远征大队，联合进行“瞬间瘫痪某国核武基地”的计算机模拟空地协同作战演习。

10 月 23 日 美国《防务新闻》称，朝鲜核试爆后，美国国土安全部下属的国内核侦测办公室开始着手建立一个数据库，存储来自全世界所有地区的核材料信息，一旦发生核扩散或“脏弹”袭击事件，就可以迅速确定核材料的来源，此外，美国政府还加紧对新型核监控技术的开发。美国国土安全部在内华达州的核武器试验场全力开发两种新型探测器。其中一种可安放在港口和高速公路入口处，能够准确探测到核装置或放射性物质发出的中子射线和伽马射线。另一种探测装置则可安装在汽车上，能对空气成分进行分析，一旦发现过量的放射性物质，就会及时发出警报。

10 月 23—27 日 韩国在全国各地举行以加强综合防卫能力为目的的“2006 花郎演习”，演练政府、平民、军队和警察部队之间的战时协同能力，“花郎演习”始于 1977 年，最初是一种仅在首都地区进行的反渗透演习。1981 年后，“花郎演习”逐步扩大为韩国全国范围的大型演习。

10 月 24 日 韩国政府透露，韩国政府正在研发射程分别为 500、1000 和 1500 公里的巡航导弹，继不久前研发成功的射程为 500 公里的巡航导弹“天龙”之后，韩国军方和国防科学研究所又在研发射程在 1000 公里和 1500 公里的巡航导弹。

* 美国能源部下属的国家核安全管理局对外宣布，美国对 50 个俄罗斯海军核设施的安保强化工作提前两年完成。该计划涵盖了俄海军存放核材料、核弹头的所有设施。安保措施的加强具体体现在安装闯入者监测器、访问控制系统和防御强化系统。除了俄罗斯，美国也在其他国家开展此项工作。此外，美国国防部及“防扩散安全倡议”（PSI）参加国宣布与哈萨克斯坦政府达成一项重要的原则性协议，准备对哈萨克斯坦核物理研究所现存的高浓缩铀进行混合以降低浓度，并呼吁哈萨克斯坦在 VVR－K 核反应堆中使用低浓缩铀。

10 月 25 日 俄海军研制的“圆锤－M”潜射新型洲际导弹的试射再次失败，俄国防部已成立专门委员会，对此次试射失败的原因展开调查。

10 月 25—27 日 韩国联合参谋本部在金浦、文山及东海岸一带实施由海、空军和海军陆战队参加的“护国演习”。“护国演习”是一种以提高军级部队的作战计划执行能力、大规模联合作战能力及综合战斗能力为目的的大规模野外机动演习。

10 月 27 日 韩国海军和海军陆战队在东南部港口城市浦项举行师团级（师级）规模登陆演习，共有 8000 多名韩国海军陆战队官兵参加演习，动用了包括 5 艘登陆舰在内的 20 多艘舰艇、40 多架军用飞机和 70 多辆两栖装甲突击车和坦克等装备。韩国军方还征用了一艘 800 吨级的民用客船，验证战时动用民用船舶登陆的可行性和有效性，这是韩国军队首次完全独立地进行师团级规模的登陆演习，目的在于验证进行师团级登陆所需的军事力量，提高海军和海军陆战队登陆作战的效率。

10月29日 据日本媒体报道，美国正考虑在东京周边部署PAC—3导弹防御系统，以增强应对导弹袭击能力，美国已非正式通知日本政府。新增加的防御系统将保护东京及其周边地区免遭导弹袭击，这标志着美军在日本部署导弹防御系统的行动已进入最后阶段。

＊美国政府审计报告显示，美国为伊拉克安全部队购买的武器中，4%的武器下落不明。美国防部审计发现，14030件武器下落不明，占美国向伊拉克提供武器总量的近4%。这些武器包括13180支半自动手枪、751支步枪和99挺机关枪。

10月30日 美国国会一份新年度报告称，在2005年全球价值约4420亿美元的军火市场中，美国的出口额为1280亿，为世界第一。尽管美国2005年军火出口额比2004年的1320亿下滑了约40亿，但是比起第二位法国的79亿和第三位俄罗斯的74亿美元的销售额来，仍然遥遥领先。在对第三世界国家的武器出口中，俄罗斯则超过美国和法国列第一位。报告指出，这是自苏联解体以来，俄罗斯对第三世界国家的军火出口第一次超过西方主要军火出口国。据称，俄罗斯2005年对第三世界的武器出口从2004年的54亿美元，猛增到64亿美元。法国和美国分别以63亿和62亿美元销售额屈居其后。分析指出，2005年第三世界武器市场价值约302亿美元，比2004年增加了50多亿美元。其中最大的军火采购国为印度，共支出54亿美元。

＊美国、英国、法国和巴林等国海军在巴林附近的公海海域举行联合军事演习，旨在防止核武器等大规模杀伤性武器及相关设备的扩散。自美国总统布什2003年提出“防扩散安全倡议”以来，类似的军演已举行过24次，但这次军演是首次在海湾地区举行，也是首次有海湾国家参与。科威特、卡塔尔、阿联酋、巴基斯坦和韩国等19国派遣了观察员。

＊美国有线新闻网报道说，总部设在弗吉尼亚州的美国军方网络风险评估机构负责监控官方和非官方的个人博客、官方文件、私人联系信息、武器照片以及其他一些有可能威胁国家安全的网站。无论是远在伊拉克和阿富汗还是在美国本土，士兵们的网络活动实际上受到了严密监视。美国军方并未公开他们的监控手段和使用工具，也没有透露他们此项活动的规模以及有多少承包商参与其中。

10月31日 据朝鲜中央通讯社报道，美国加强了对朝鲜的空中侦察活动。自10月以来，美国空中侦察活动次数达到200多次，比去年同期增加20多次，美国的这些空中侦察活动使朝鲜军民更加认识到“必须千方百计地加强自卫性的战争遏制力量”。

11月

11月2日 伊朗伊斯兰革命卫队举行代号为“伟大先知－2”的大规模三军联合军事演习。演习试射数十枚6种不同型号的导弹，即“流星－3”型、“流星－2”型、使用固体燃料的Zalzal型、“飞毛腿－B”型、“佐尔法格尔－73”以及“Z－3”型导弹等。

11月6日 北约9名巡视员开始对波兰西部波维兹空军基地进行为期两天的勘查，这里是未来设立北约联合地面监视系统（AGS）的一个候选地。除波兰外，还有几个北约成员国也提出了将基地设在本国的申请，北约盟军转型司令部将于2007年决定最终的设置地点。联合地面监视系统是北约最大的投资项目之一，建成后将通过共享的通用地面图像为北约及其成员国决策人员提供可用的态势感知信息，以满足其在情报、监视、侦察以及指挥与控制方面的需求。

11月7日 法国国防部长米谢勒·阿利奥—马里在德国《世界报》上撰文，反对北约与日本、澳大利亚等国缔结紧密的“伙伴关系”。阿利奥—马里说，北约首先应保持其跨大西洋军事同盟的本质不变，而发展“全球伙伴关系”一方面可能使跨大西洋间的团结关系变得模糊和不确定，更重要的是，可能由此发出错误的政治信号，即西方国家发起了一场反对有不同价值观国家的运动，北约应避免卷入冲突地区的战后重建行动，这一任务应该由联合国和欧盟来完成。

11月8日 美国总统布什宣布国防部长拉姆斯菲尔德辞职，曾任中央情报局局长的罗伯特·盖茨接任他出任国防部长。

＊韩国公布了《2006—2010年财政运用计划》，宣布从2006—2010年共投入41万亿韩元（约合410亿美元）用于研发和采购高精尖武器装备以改善防卫能力。

11月9日 俄罗斯军方宣布，俄军成功试射了一枚由前苏联设计制造的RS－18型洲际弹道导弹，以验证超过服役期的此型号导弹是否还能继续服役，试射的导弹在西方被称为SS－19型。这枚导弹在哈萨克斯坦境内的拜科努尔发射场发射，击中了位于俄罗斯远东地区堪察加半岛上一个靶场目标。

＊法国国防部宣布成功试射了首枚M51型新型战略导弹，为在2010年完成法国新一代核潜艇装备计划奠定了基础。据介绍，这种新型导弹还将试射近10次，并将于2010年装备法国的核潜艇，逐步取代M45型导

弹。法国国防部长米谢勒·阿利奥—马里表示，此次试射成功使法国在核威慑现代化方面又迈出了一大步，它将有助于提高法国海洋战略力量的装备水平。法国改进核潜艇装备计划于1992年启动，主要目的是用M5型战略导弹装备新一代核潜艇，取代M45型导弹。由于M5型导弹的研制费用太高，1996年法国政府决定修改计划，开发M51型导弹，放弃研制M5型。

11月10日 美国总统布什签署了一份备忘录，允许美国政府恢复训练11个拉美和加勒比海国家的军事人员。美国国会2002年制定的一项法律规定，禁止政府向那些拒绝为美军事人员提供免于被国际刑事法院审判的豁免权的国家提供军事援助。但该法律同时赋予总统恢复这类援助的权力。根据布什签署的总统备忘录，白宫取消了对部分国家的军事援助禁令，其中包括11个拉美和加勒比海国家，但对这些国家的武器援助禁令仍然有效。向这些国家军事人员提供的军事训练将在美国进行。

11月13日 芬兰总统哈洛宁称，芬兰不准备加入北约，芬兰同北约有着良好的合作关系，北约也将芬兰看作是一个可靠的伙伴关系国。芬兰参加北约领导的控制危机行动或以北约为主导的军事演习，并不意味着芬兰将逐步成为北约的成员国。哈洛宁强调，加入北约对芬兰来说并不是一个适时的问题，但并不排除芬兰在将来加入北约的可能性。

11月15日 据土耳其通讯社报道，土耳其已经冻结了与法国的所有军事关系，以抗议法国国民议会通过有关“亚美尼亚大屠杀”的法案。土耳其陆军司令伊尔凯尔·巴什布表示，土耳其与法国在军事领域的联系已经暂停，双方还停止了高层互访。

11月16日 巴基斯坦军方宣布，巴军方当天成功试射了一枚可携带核弹头的“哈特夫—5”型中程弹道导弹。

11月17日 美国空军宣布，由洛克希德·马丁公司开发的美国新一代导弹预警卫星部件的首个传感器已开始提供数据。洛·马公司是价值106亿美元的天基红外系统（SBIRS）的主要承包商，诺斯罗普·格鲁门公司制造了首颗高椭圆轨道机密卫星的星载传感器。天基红外系统主要包括3部分：2001年建成的地面系统、两颗与赤道平行的大卫星，以及两颗机密卫星星载传感器。

11月20日 洛克希德·马丁公司在美国埃格林空军基地成功进行了紧凑型动能导弹（CKEM）对付主战坦克的制导飞行试验，并完成了所有试验项目。此次试验除验证了紧凑型动能导弹对付装甲目标的性能之外，还收集了导弹性能及毁伤数据。这是2006年的第三次制导飞行试验。

11月23日 独联体执行委员会主席鲁沙伊洛在白俄罗斯表示，大多数独联体国家希望发展军事合作，共同的过去和紧密的经济联系让大多数独联体国家对军事合作表示出兴趣。这种军事合作具有广阔的空间，独联体国家可以在诸多领域进行军事合作，如建立联合导弹防御体系，建立无线电定位系统以保障军用飞机的飞行安全，发展统一的通讯网络，联合打击非法贩运大规模杀伤性武器等。

＊法国海军一艘护卫舰驶抵阿尔及利亚西部的奥兰港，拉开了阿法两国海军在“5+5 对话机制”框架内联合军事演习的序幕，此次军演的代号为“哈米杜首领 6”，假想在地中海出现了一艘运载违禁物资的可疑船只，演习的目的是检验两国海军快速搜寻、拦截和协调行动的能力。阿尔及利亚海军的猎潜艇、登陆补给舰和海上侦察机，以及部分海岸警卫队和海军陆战队士兵参加了此次演习。近年来，法国、西班牙、葡萄牙、意大利和马耳他 5 个地中海北岸国家与位于地中海南岸的阿尔及利亚、摩洛哥、突尼斯、利比亚和毛里塔尼亚 5 国互动频繁。为了确保地中海航运安全，双方经常在“5+5 对话机制”的框架内举行联合军事演习。

11 月 24 日 据俄罗斯军工部门负责人透露，俄罗斯已经开始落实向伊朗出口“托尔—M1”型防空导弹系统的合同，首批导弹已提供给伊朗，这一导弹系统将被部署在尚未完工的伊朗核电站周边地区，该核电站是由俄罗斯援建的。根据俄罗斯和伊朗 2005 年签署的有关合同，俄罗斯将向伊朗提供一批总价值为 14 亿美元的“托尔—M1”型防空导弹系统，伊朗将利用这批防空导弹系统加强本国防御，保护重要的国家机关和军事设施。

＊德国议会通过了 2007 年开支规划，其中国防预算较 2006 年的预算额 239 亿欧元增加了 45 亿欧元。与 2006 年相比，2007 年德国的装备与作战开支多出 1.72 亿欧元。

11 月 27 日 印度首次使用两枚具备运载核弹头能力的国产“大地－II”型导弹进行拦截试验取得成功。印度此前曾经使用从以色列进口的“巴拉克”导弹进行过成功的拦截试射。

11 月 28 日 巴基斯坦军方说，巴基斯坦陆军和沙特阿拉伯皇家地面部队在巴东部旁遮普省巴哈瓦尔布尔开始举行代号为“利剑 2 号”的联合军事演习，军演为期 3 周，其目的是提升两军合作能力，增进相互了解，加强经验交流。沙特的机械化部队和巴基斯坦的装甲兵、步兵、炮兵等部队参加了此次军演。

＊23 个北约成员国开始联手发展一个“联盟地面侦察系统”。这个系统的骨干部分由 4 架空客 A321、4 架 UAV 无人机和陆基车载设备组成，两种飞机上均加装雷达和电子设备。联盟地面侦察系统将是北约发展的大型合作建设项目，总投资 33 亿欧元，有 23 个北约成员国参与，来自大西洋两岸 100 多家军、民企业参与系统建设。系统将与一些北约成员国自己

发展的侦察系统、北约总部和地面部队指挥所联网。该系统不仅可用于对地面实施侦察，而且可以用于反恐、地面搜救、救灾、边境控制管理等民用目的，可全天候工作。系统指挥部设在比利时蒙斯，隶属于欧洲盟军最高司令部。

＊北约在里加与“科学应用国际公司”签署合同，正式将“集成试验平台”的开发权交给这家公司。这意味着北约可能在2010年前建成“导弹防御伞”。“集成试验平台”相当于北约“主动分层战区弹道导弹防御计划”的“大脑”，它将克服语言、作战条例、各国法律等诸多障碍，把北约26国分散的导弹防御探测、作战管制及指挥设施集成为统一的战区弹道导弹防御中枢。建成“集成试验平台”将意味着北约26个成员国把事关本国安全的导弹防御大权上交给位于布鲁塞尔的北约总部。

11月29日 北约首脑会议做出决定，接受西巴尔干地区的塞尔维亚、波黑和黑山三国为北约和平伙伴关系国。

＊为期两天的北约首脑会议在拉脱维亚首都里加闭幕。会议通过了《里加峰会声明》、北约未来转型战略等文件，并宣布北约快速反应部队已完成组建工作。北约秘书长夏侯雅伯在首脑会议闭幕后宣布，北约快速反应部队具备了对潜在的安全威胁实施快速遏制和打击的能力，北约快速反应部队由陆、海、空三大兵种的精锐部队组成。组建高度战备和高科技的武装部队在北约历史上尚属首次。

12月

12月2日 古巴在哈瓦那革命广场举行盛大阅兵式，隆重庆祝武装部队建立50周年。古巴陆军、装甲部队、海军等部队依次接受检阅，空军的直升机和战斗机从革命广场上空飞过。

12月4日 英国首相布莱尔公布了英国核武库的调整方案，该方案不仅把目前英国核潜艇数量从4艘削减为3艘，还将英国现有核弹头削减20%，从200枚减少到160枚，从而换取议会同意建造可运载新一代核导弹的核潜艇。

12月5日 欧洲防御局首次全面公布了有关欧洲军费开支的数据报告。该报告指出，欧洲防御局的24个成员国在2005年的国防开支总额为1930亿欧元，在经济总额（约106000亿欧元）中所占比例为1.81%，在政府总开支中所占比例为3.81%。在总的军费开支中，约111亿欧元用于国防部或者军队以外的合同商提供的服务合同；约402亿欧元用于作战与维护，占总军费开支的 20.8%；约 264 亿欧元用于武器装备采购；研发费用约为 90 亿欧元。研发经费最多的欧洲国家依次为：法国（6.95 亿欧元）、英国（6.538 亿欧元）、德国（4.05 亿欧元）、荷兰（1.1 亿欧元）。

＊俄罗斯在哈萨克斯坦"萨雷—沙甘"靶场成功试射了一枚 A—135 反导系统拦截导弹。俄罗斯的 A—135（西方国家称之为 ABM—3）是目前世界上唯一的一种战略反弹道导弹系统，试射主要目的是检验导弹的工作能力并延长其使用期限。

12 月 5 日 捷克众议院批准了 2007 年海外军事行动计划，其内容包括继续履行在巴尔干地区、阿富汗和伊拉克的军事任务，参加联合国在黎巴嫩的维和行动以及支援北约快速反应部队等。根据该计划，捷克 2008 年将花费 18.5 亿克朗（约合 8.8 亿美元）用于在科索沃、波黑、阿富汗、伊拉克和黎巴嫩等地的军事行动，并准备往上述地区派遣一些爆炸专家。派往阿富汗部队的人数将从原有的 100 多人增加到 225 人，此外还将派遣部分军事警察和一支由 10 人组成的防化部队。

12 月 7 日 北约最高军事长官易人。美国陆军上将班茨·约翰·克拉多克出任北约最高军事长官——欧洲盟军最高司令，接替前任长官、美国海军陆战队上将詹姆斯·琼斯。

12 月 8 日 日本政府在内阁会议上决定再次修改基于《支援伊拉克重建特别措施法》制定的"基本计划"，将航空自卫队在伊拉克的活动期限延长至 2007 年 7 月底。

12 月 10 日 海湾阿拉伯国家合作委员会秘书长阿提亚在首脑会议闭幕式上宣布海湾国家也要发展核能的决定，并引来了各方的高度关注。阿提亚说，海合会成员国拥有和平利用核技术的权利，他同时也保证所有核活动将遵守国际条约并接受核查。国际原子能机构也表示，埃及、沙特、摩洛哥、阿尔及利亚、阿联酋、突尼斯 6 个阿拉伯国家都对研发、利用核能表现出强烈的意愿，前 4 个国家已经进入研发阶段。

12 月 12 日 欧盟与摩洛哥经过一年多的磋商终于在布鲁塞尔签署了联合研制"伽利略全球卫星导航系统"（简称伽利略计划）的合作协议，摩洛哥由此成为第七个加盟伽利略计划的非欧盟国家。根据协议，摩洛哥将在有关伽利略计划的科研培训、工业、贸易和市场开发、标准和认证等方面与欧盟进行合作。此前，中国、美国、以色列、乌克兰、印度和韩国已与欧盟签署协议，参与伽利略计划。目前欧盟仍在与挪威、阿根廷、瑞士、加拿大、澳大利亚、沙特阿拉伯和巴西等国商讨合作事宜。

12 月 14 日 俄罗斯驻外高加索军队集群副司令库帕拉泽说，俄罗斯驻格鲁吉亚首都第比利斯的部队已经全部撤离，至此，俄罗斯驻外高加索军队集群的第比利斯驻地部队已完成提前撤离任务。

12月19日 韩国参谋长联席会议主席李相喜在例行军方会议上称，国防部与国防科研院正联手制定“韩国式弹道导弹防御体系”，以应对朝鲜的导弹及核武器威胁，目前与此有关的系统研究正在取得“阶段性突破”。李相喜强调，就具体方案而言，韩国导弹防御系统的复杂程度不如日本同类系统，它分为弹道导弹早期预警系统、C4I（指挥、控制、通讯、电脑和情报的集成）体系和陆基多层拦截导弹等三大部分，并不包括海基拦截导弹系统（NTW）和高空激光拦截器，它只对射程在1500公里以内的中近程弹道导弹产生效果。

12月20日 日本财务省公布的2007财政年度预算草案中，防务开支预算总额将比本年度降低0.3%，但大大增加了应对恐怖威胁的导弹防务开支预算，使其达到历史新高。

12月22日 美日两国签署的《地理空间情报合作官方文件》将使双方相互提供各自掌握的世界各国的详细地理数据，包括地形、航路、最新测量数据以及地名、航线、地磁气、东海深度等广泛领域，表面上这份文件是为了应对来自朝鲜的威胁，事实上，美日加大互换有关中国地理情报的意图十分明显。

＊美军宣布由于在被判强奸罪的美军士兵拘押权问题上与菲律宾司法当局存在分歧，美方决定取消2007年美菲“肩并肩”联合军事演习野外演习的内容，以及一些美军舰艇对菲的访问计划。

＊俄罗斯副总理兼国防部长伊万诺夫在视察列宁格勒州一雷达站时表示，俄罗斯支持有限度地将太空用于军事目的，但坚决反对在太空部署武器。

＊法国国防部宣布斥资79亿欧元建造6艘新一代“梭鱼”级核动力攻击潜艇，预计第一艘潜艇将在2016年加入海军服役。新一代核动力攻击潜艇将在大洋深处承担情报搜集、水域警戒以及舰对地攻击等任务。这将是法国海军未来50年内最大的装备项目之一。根据计划，这6艘潜艇将在2016—2027年之间装备海军，逐步取代20世纪70年代建造、目前仍在服役的“红宝石”级核动力攻击潜艇，从而完成法国海军核动力攻击潜艇的更新换代。

12月25日 日本《产经新闻》曝光了一份日本政府关于日本制造核武能力的内部评估文件。文件称，日本若试制小型核弹头，至少将需3—5年。这份据称由政府机构专家执笔的内部文件，题目是“国内研发核武的可能性”，内容分为“结论”、“获取原材料的可能性”、“制造工程利用的可能性”、“制造核弹头的可能性”四个部分。

＊俄罗斯国防部长谢尔盖·伊万诺夫说俄必须开发和销售更多尖端武

器，以保持“超级大国”地位。俄罗斯不能仅仅依靠领土和自然资源保持超级大国地位，还应生产有竞争力的产品，以占领国际市场。俄罗斯2006年武器销售额达到60亿美元，这使俄罗斯位居世界主要武器出口国之列。

12月26日 巴基斯坦外交国务秘书里亚兹·穆罕默德·汗在伊斯兰堡宣布，巴决定沿阿富汗边界有选择地修建隔离墙并埋设地雷，以防止好战分子从巴基斯坦进入阿富汗从事武装行动。

12月27日 据美国媒体报道，由于伊拉克战争导致兵源紧张，美国军方计划扩大招募外国人当兵，具体措施包括到海外设立征兵站，并使参加美军的外国移民更快地获得美国公民身份。

国际恐怖与反恐怖大事记

1月

1月1日 5名意大利游客在也门马里卜省被绑架。绑架者属于扎伊迪部族，他们企图利用人质要挟当局释放入狱的部族成员。5天后人质获释。

1月2日 泰国陶公府两名镇长（穆斯林）遭武装分子枪杀。

1月3日 泰国陶公府的一家餐馆发生爆炸，3人受伤。炸弹由手机引爆。

＊哥伦比亚波哥大法官缺席判决“哥伦比亚革命武装力量”中央指挥部的成员15年监禁，罪名是其用炸药袭击西方石油公司与哥石油公司合营的输油管道。

＊希腊首都雅典凌晨发生3起土制炸弹爆炸事件，7辆汽车被烧毁。爆炸均由小型煤气罐捆绑而成。希腊“反国家正义”组织称是他们所为。

1月5日 联合国雇员联盟宣布，2005年攻击联合国维和人员与文职雇员的事件大幅上升，导致32人死亡（2004年为19人）。

＊西班牙萨拉戈萨的一家旅馆和移动电话站先后发生爆炸。

1月7日 斯里兰卡泰米尔猛虎组织一艘装有炸药的船冲击斯里兰卡海军舰船，造成15名水兵死亡。

1月8日 新加坡举行“北斗星5号”反恐演习，模拟地铁和大众运输系统遭到炸弹及化学武器攻击的情景，以检验有关部门的应对能力。

1月10日 俄罗斯内务部宣布，2005年在车臣共消灭290名非法武装分子，包括72名头目；摧毁266个非法据点和1207个武器藏匿点。

＊西班牙在巴塞罗那和马德里分别破获2个恐怖组织的外围团伙，逮捕20名嫌疑人，包括摩洛哥、西班牙、阿尔及利亚和土耳其人。

1月11日 格鲁吉亚第比利斯市级法院判处2005年5月10日在自由广场向美国总统布什投掷手榴弹的男子弗拉基米尔·阿鲁丘尼扬终身监禁。

＊俄罗斯一光头党分子持猎刀冲进莫斯科加巴德—卢巴维特奇犹太教堂，连伤9人。

＊英荷壳牌公司的4名外籍员工在尼日利亚南部产油区遭绑架。

＊菲律宾阿布拉省拉巴斯镇镇长贝尔诺观看篮球赛时，被不明枪手暗杀。

1月17日 联合国驻海地维和部队的一个检查站遭袭，2名维和士兵身亡，1名士兵受重伤。

1月18日 阿富汗塔利班指挥官毛拉·德杜拉赫称，数百人已准备好在境内发动自杀式袭击。据联合国有关部门称，2005年阿富汗共发生19起自杀式袭击事件。

1月22日 俄罗斯北奥塞梯共和国境内的天然气管道发生两起爆炸，导致俄向格鲁吉亚和亚美尼亚供应的天然气暂停。

1月24日 伊朗胡齐斯坦省省会阿瓦士发生两起炸弹袭击，造成6人死亡，20多人受伤。

＊意大利通用石油公司驻尼日利亚哈科特港市的办公楼遭袭，9人死亡，多人受伤。

＊斯里兰卡首都科伦坡接连发生5次爆炸，没造成伤亡。斯里兰卡东部发生两起谋杀，1名记者和1名地方官死亡。

1月27日 塔吉克斯坦国防部官员证实，塔军事学院院长哈菲佐夫在首都杜尚别遭不明枪手杀害。

＊泰国曼谷郊外的公园发生小型遥控炸弹爆炸事件，4人受伤。

1月31日 阿拉伯国家内政部长会议在突尼斯结束。会议谴责一切形式的恐怖主义，呼吁阿拉伯世界和国际社会加强合作，采取果断措施打击恐怖主义。会议声明，反对任何煽动恐怖活动的宣传，支持在联合国主持下召开国际反恐会议以及旨在起草国际全面反恐协议的努力。

＊阿尔及利亚宣布，击毙“萨拉菲宣教和战斗组织”头目艾哈迈德·扎哈比卜。

2月

2月1日 阿富汗霍斯特省的一个检查站发生自杀式汽车炸弹爆炸，

3名士兵死亡，3人受伤。

2月2日 俄罗斯北奥塞梯共和国首府弗拉季高加索的3个电子游艺厅先后发生爆炸，2人死亡，21人受伤。

*美国国防部长拉姆斯菲尔德在国家新闻俱乐部发表讲话时说，尽管恐怖势力已被削弱，但仍有在全球活动的能力。美的对策是防止恐怖分子获得大规模杀伤性武器，帮助“友好国家”增强反恐能力。拉姆斯菲尔德称，目前全球至少有18个与“基地”有关的组织正在策划袭击。

2月3日 阿富汗塔利班武装在赫尔曼德省发动4起袭击事件，17人死亡。

*印度尼西亚“伊斯兰捍卫者阵线”的300多人闯入丹麦驻印尼使馆，抗议丹麦报纸《于尔兰邮报》刊登亵渎伊斯兰教创始人穆罕默德的漫画。

*美国国防部发表《四年防务评估报告》。报告对美武装力量面临的威胁重新定义，将战略重点从常规战争转向恐怖主义、大规模杀伤性武器和新兴战略对手3个领域。

*也门官方网站称，首都萨那中央监狱关押的23名“基地”组织嫌犯越狱。

2月7日 阿富汗坎大哈省发生摩托车自杀式炸弹袭击，14人死亡，多人受伤。

*俄罗斯车臣的俄军营房发生爆炸，13名士兵死亡，20人受伤。

*英国极端宗教人士阿布·哈姆扎·马斯里被判处7年徒刑，罪名是煽动谋杀和种族仇恨等。

2月9日 埃及外交官胡萨姆·穆赛里在加沙被巴勒斯坦武装人员绑架，11日获释。

2月10日 巴基斯坦西北部汉古镇什叶派穆斯林举行宗教活动时遭自杀式炸弹攻击，31人死亡，50人受伤。

2月11日 俄罗斯印古什一个检查站遭非法武装袭击，1名军人死亡，3人受伤。

*美国国防部长拉姆斯菲尔德在突尼斯访问时说，美希望同突尼斯加强反恐合作，突尼斯在中东发挥着重要作用，美将继续每年向突提供1300万美元的军事援助。

2月12日 美国国防部长拉姆斯菲尔德在访问阿尔及利亚时对该国在反恐中所做的努力和贡献表示赞赏，并称美希望与阿加强反恐合作。

*阿富汗内政部说，990名外国公民在2002年阿过渡政府成立前取得阿国籍，其中770人与“基地”组织有关，在国际刑警组织的配合下，阿正在追捕他们，并追回其转移到外国银行的资产。

2月13日 哈萨克斯坦前政府高官萨尔先巴耶夫在阿拉木图市郊遭枪击身亡，一起遇害的还有其司机和保镖。

＊英国财政大臣布朗宣布，2008年前政府将拨款7500万英镑（约合1.35亿美元）用于大都市警察局的反恐行动。

2月15日 巴基斯坦警方宣布，3名中国公民和一名巴基斯坦司机在俾路支省胡布镇遭摩托车枪手袭击身亡。“俾路支解放军”宣称对此负责。

2月16日 俄罗斯总统普京宣布成立国家反恐委员会，以协调各部门的反恐活动。

2月18日 伊朗“纪念全球伊斯兰运动烈士”组织宣称，如果伊朗的核设施遭受军事打击，人体炸弹将对美国和英国目标发动袭击，美英在伊拉克的军事基地是首要袭击目标。

＊尼日利亚的“尼日尔三角洲解放运动”对该国费卡多斯港产油区发动袭击，摧毁两条管道，焚烧一个装油平台，并绑架9名外国工人。

＊菲律宾南部霍洛岛美军营附近的歌厅发生爆炸，1人死亡，13人受伤。

2月19日 印度古吉拉特邦城市艾哈迈达巴德火车站发生爆炸，10人受伤。

＊伊朗阿瓦士发生爆炸，没有人员伤亡。伊朗议会副主席塞义德·莫拉胡说，情报部门逮捕数名与英政府有密切关系的嫌犯。

2月20日 尼日利亚的“尼日尔三角洲解放运动”袭击本国一条输油管道，炸毁一艘军方船只，该组织表示，将在要求得到满足后释放9名人质。

2月21日 美国司法部长冈萨雷斯说，俄亥俄州联邦大陪审团对3名嫌犯提起诉讼，罪名是阴谋在海外从事针对美国的恐怖行动和向恐怖分子提供物质支持。被捕的3名嫌犯是有美国和约旦双重国籍的穆罕默德·扎基·阿马维、美国公民马尔万·奥斯曼·欣迪和有美国合法居留权的瓦西姆·马兹卢姆。

2月22日 伊拉克中北部萨拉赫丁省萨迈拉市什叶派宗教圣地阿里·哈迪清真寺发生爆炸，金色穹顶遭损毁。之后，逊尼派多个清真寺遭到90多次报复性袭击。伊拉克政府确认，由此引发的冲突共造成379人死亡，458人受伤。

＊阿富汗昆都士省昆都士市的3辆德军车辆遭炸弹袭击，2人死亡，14人受伤。

2月23日 日本东京法庭判处“赤军”创始人重信房子有期徒刑20年。重信房子是1974年驻海牙的法国大使馆绑架案的主谋。东京检察官指控现年60岁的重信房子与其他赤军成员1974年策划绑架法国使馆官员，打伤2名荷兰警察。重信房子被称为赤军的“皇太后”，她潜逃25年后，于2000年底在大阪被捕。

2月24日 沙特阿巴奇克市两辆载有炸药的汽车撞向石油设施后爆炸，一条输油管道遭到破坏。“基地”组织的沙特分部宣称对此事负责。

*希腊萨洛尼市发生连环汽油弹袭击，希腊国家银行、执政党办公楼和3辆外交官的汽车先后遭袭。警方认为是无政府主义团体所为。

2月26日 巴基斯坦旁遮普邦沙瓦镇的两条天然气管道发生爆炸，造成三座电站停止供电。

3月

3月1日 联合国儿童基金会职员罗伯特·麦卡锡在索马里南部阿夫马道镇遭绑架，经多方努力，麦卡锡于次日获释。

*以色列对加沙地带发动空袭，杰哈德的军事领导人卡利德·达赫杜赫被炸死。

*印尼反恐特遣部队副司令戈洛斯上校说，过去4年，“基地”组织资助了印尼多起自杀式袭击，资金通过泰国和马来西亚转到印尼。

3月2日 美国驻巴基斯坦卡拉奇领事馆附近发生自杀式汽车炸弹袭击，包括美外交官共4人死亡，52人受伤，10辆车被毁。

3月3日 美国国防部公布部分在古巴关塔那摩美军监狱的恐怖嫌犯的姓名和国籍等信息，目前该监狱关押有490名、来自36个国家的“基地”组织和塔利班囚犯。

*阿富汗赫尔曼德的2名塔利班分子闯入政府高官米拉·贾恩的家中，将其击毙。

*印度东部恰尔肯德邦的2名歹徒装成参加婚礼的妇女，乘两辆卡车开枪袭击警察哨所，造成7名警察死亡，2人受伤。

*巴基斯坦在北瓦济里斯坦部落地区开展行动，击毙100多名武装分子。

*菲律宾首都马尼拉发生两起土制炸弹爆炸。

3月4日 巴基斯坦总统穆沙拉夫和到访的美国总统布什表示，将继续反恐战争合作。

3月5日 泰国北大年府接连发生纵火和枪击事件，导致3人丧生，1人重伤。

3月6日 俄罗斯总统普京签署《反恐怖主义法》。该法规定：情报部门有权在反恐行动区域实施电话监听和监控电子通信设备；防空部队有权击落被恐怖分子劫持并对重要建筑或人口密集场所构成威胁的飞机；国家元首有权派遣武装力量参加境外的反恐行动等。

＊土耳其一辆警车在巴特曼省遭库尔德工人党分子袭击，3 人死亡，3 人受伤。另外，希尔纳克省一枚放在军车里的炸弹爆炸，一人受伤。

3 月 7 日　日本内阁会议通过的《出入境管理法》修正案规定：除在日本的韩国人和朝鲜人外，对 16 岁以上的外国入境者进行指纹采集；政府认定的恐怖分子将被遣送出境；入境飞机和船只必须事先提交旅客名单。

＊印度的印度教圣城瓦腊纳西发生 3 起爆炸事件，23 人死亡，68 人受伤。印控克什米尔的“拉什卡—卡哈尔”组织宣称对此负责。

3 月 8 日　印度警方在北方邦首府勒克瑙郊区击毙一名参与圣城瓦拉纳西连环爆炸案的“虔诚军”的成员。

3 月 9 日　土耳其凡省贝斯约尔区一家商场前发生爆炸，3 人死亡，14 人受伤。

＊路透社消息，美国国防部已调派小批精锐人员进驻非洲、东南亚和南美洲的美国大使馆，协助搜集恐怖袭击情报、制定反恐突击行动。

＊法国萨尔特省萨布莱市的一所学校发生劫持事件。一名失业教师手持仿真枪械将 20 名学生和 2 名职员扣在一间教室内。谈判专家最终说服其缴械投降。

＊尼泊尔反政府武装在其首都发动数起袭击，11 人死亡，6 人受伤。

3 月 12 日　阿富汗喀布尔发生一起针对上院议长穆贾迪迪的自杀式炸弹袭击，4 人死亡，穆贾迪迪幸免于难。

3 月 13 日　印度恰尔肯德邦发生劫持旅客列车事件，12 小时后乘客获释。

＊阿富汗塔利班分子杀死被绑架的 3 名马其顿人和 1 名德国人。

3 月 14 日　叙利亚在扎布达尼地区击毙 2 名武装分子，他们是“夏姆士兵组织”恐怖团伙的头目穆罕默德·阿里·纳塞夫及其同伙。

3 月 16 日　泰国北大年府的 3 名歹徒乘摩托车对政府建筑进行扫射，造成 1 人死亡，5 人受伤。

3 月 17 日　挪威政府任命约恩·汉森—鲍尔为斯里兰卡和平进程新特使。

3 月 18 日　阿富汗曾参加反塔利班战斗的加兹尼省前省长卡里·巴巴在乘车途中遭袭，他和 4 名保镖中弹身亡。

3 月 19 日　巴基斯坦一辆警车在西北部城镇德拉伊斯梅尔汗遭汽车炸弹袭击，6 人死亡，5 人受伤。

3月22日 印尼反恐部门表示，“伊斯兰祈祷团”的新头目是现年30多岁、精通阿拉伯语的印尼人阿布·杜贾纳。

＊玻利维亚首都拉巴斯两居民区分别发生爆炸，2人死亡。

3月23日 西班牙“埃塔”宣布从本月24日起实行永久停火。

3月25日 斯里兰卡海军的一艘炮艇在北部海域接近猛虎组织的拖船时遇袭沉没，8人失踪。

3月27日 在新加坡举行的首届亚洲防生化恐怖威胁研讨会上，国际刑警组织代表呼吁亚洲各国加强合作，积极应对大规模杀伤性生化恐怖威胁。

＊菲律宾苏禄省霍洛市一家百货商店发生炸弹爆炸事件，5人死亡，17人受伤。警方怀疑是阿布沙耶夫组织所为。

3月28日 俄罗斯副总理兼国防部长谢·伊万诺夫在记者会上说，俄军有权对恐怖主义进行先发制人的打击，包括在境外。

＊阿富汗尼姆鲁兹省发生汽车遥控炸弹爆炸，美国一家私人保安公司的5名职员丧生。

＊泰国也拉府马维达亚伊斯兰教学校的19名教师因涉嫌进行分离活动被捕。

＊巴基斯坦白沙瓦市一枚装在摩托车上的炸弹在基伯尔市场发生爆炸，1人死亡，16人受伤。

3月31日 土耳其伊斯坦布尔市一个汽车站附近的垃圾桶发生爆炸，1人死亡、11人受伤，“库尔德自由之鹰”宣布对此负责。

＊澳大利亚在墨尔本逮捕3名嫌犯。3犯被指控加入恐怖组织，并为恐怖活动提供资金。

＊美国海军宣布，在康涅狄格州格罗顿的新伦敦潜艇基地成立海底反恐行动中心。

4月

4月1日 沙特《泛阿拉伯生活报》援引沙特内政大臣的话说，因为有效监控，已挫败90%的恐怖袭击，并逮捕40名嫌犯。

4月2日 泰国陶公府的3个投票站遭炸弹袭击，9人受伤。

＊巴基斯坦俾路支省首府奎达市的奶牛场发生自制炸弹爆炸，2人丧生，10人受伤。

＊阿富汗的2名国会议员先后被暗杀。

＊土耳其伊斯坦布尔的一伙歹徒向公共汽车投掷汽油弹，3 人死亡。

＊加拿大多伦多市中心的一家快餐店洗手间发生爆炸，1 人死亡。

4 月 3 日 拉美记者联合会执行委员会公布，2005 年拉美地区有 17 名记者遇害。

＊巴基斯坦北瓦济里斯一辆客车遭汽车炸弹袭击，4 人死亡，4 人受伤。

＊阿富汗查布尔省塔兹地区有 2 名工程师被塔利班分子绑架。

＊爱尔兰共和军二号人物、为英国政府充当 20 多年秘密间谍的丹尼斯·唐纳被暗杀并被肢解尸体。熟悉爱尔兰共和军处决叛徒方式的北爱领袖帕尔西说，这是共和军强硬分子所为。

4 月 4 日 中国外交部发言人刘建超在记者会上表示，中美在美国国土安全部长迈克尔·切尔托夫访华期间，将就反恐合作、打击“东突”、缉捕和遣返犯罪嫌疑人、打击非法移民、奥运安保合作、空警合作及培训等问题交换意见。

＊土耳其舍尔纳克省和宾格尔省的歹徒伏击执法人员，造成 5 人死亡。

4 月 5 日 土耳其伊斯坦布尔执政的正义与发展党办公楼发生爆炸，2 人受伤。“库尔德自由之鹰”宣称对爆炸事件负责。

4 月 6 日 澳大利亚、英国、日本、新西兰、新加坡和美国在澳北部举行为期 3 天的反恐演习。

＊驻伊美军逮捕伊拉克“基地”头目扎卡维的高级助手、2005 年绑架意大利记者的要犯穆罕默德·赫拉·哈马德·乌巴迪。

＊摩洛哥逮捕 9 名与“基地”组织有关的嫌疑人。

＊巴基斯坦什叶派穆斯林领袖图拉比在驱车前往卡拉奇的途中遭遇炸弹袭击，2 人受伤。

4 月 7 日 土耳其安全部队在舍尔纳克省山区打死 6 名库尔德工人党成员。

＊俄罗斯圣彼得堡的新纳粹分子放冷枪打死一名塞内加尔籍留学生。

4 月 8 日 土耳其伊斯坦布尔 2 名歹徒在快餐店劫持 2 名人质，警方与歹徒谈判后人质获释。

4 月 9 日 巴基斯坦将“俾路支斯坦解放军”列为恐怖组织。

＊英国《观察家报》报道，哈马斯的活动家告诉该报，在将来与以色列发生冲突时，哈马斯将不再使用自杀式袭击者。

＊巴基斯坦边境的阿富汗陆军基地遭自杀式汽车炸弹袭击，6 名士兵受伤。

4 月 11 日 巴基斯坦信德省卡拉奇尼什塔尔公园的逊尼派祷告会场

发生自杀式爆炸袭击，57 人丧生，百余人受伤。

＊阿富汗库纳尔省一所小学遭到火箭炮袭击，6 人死亡，14 人受伤。

4 月 12 日 巴基斯坦安全部队击毙“基地”组织成员埃及人穆萨·马塔瓦利，他曾参与 1998 年袭击美国驻肯尼亚和坦桑尼亚使馆事件。

4 月 13 日 美国财政部宣布，根据布什总统的命令冻结印度尼西亚“伊斯兰祈祷团”精神领袖巴希尔及该组织另外 3 名成员的资产。

4 月 15 日 阿富汗塔利班分子袭击查布尔省首府卡拉特附近的检查站，14 人伤亡。

＊俄罗斯部队在车臣韦杰诺地区遭到两个路边炸弹袭击，2 名军人死亡，5 人受伤。

4 月 16 日 菲律宾总统阿罗约宣布复活节特赦令，1200 名死刑囚犯获得减刑，包括 11 名阿布沙耶夫成员。

＊土耳其伊斯坦布尔一家商场前的垃圾桶发生爆炸，30 人受伤。

＊印度一伙武装歹徒袭击切蒂斯格尔邦比贾布尔地区警察局，打死 10 名警察，抢走武器弹药。警方怀疑是纳萨尔派游击队所为。

4 月 17 日 以色列特拉维夫老公共汽车站附近的快餐店发生自杀式爆炸，10 人死亡、60 人受伤。“杰哈德”和“阿克萨烈士旅”宣称对此负责。

4 月 19 日 意大利和法国联手在意大利的那不勒斯、卡塞塔、米兰和法国的马赛逮捕一个阿尔及利亚恐怖组织的嫌犯。

＊也门特别刑事法庭对涉嫌袭击美国人的 13 名嫌犯分别判处 1 年半到 7 年不等的徒刑。

＊埃及警方捣毁“曼苏尔派”恐怖组织，其成员共 22 人全部落网。该组织策划在开罗等地袭击外国游客、宗教人士和天然气管道等目标。

＊尼日利亚哈科特港的政府军兵营遭汽车遥控炸弹袭击，2 人死亡，6 人受伤。“尼日尔三角洲解放运动”宣称对此负责。

4 月 20 日 巴基斯坦安全部队的车队在北瓦济里斯坦部落地区遭袭，7 人死亡，26 人受伤。

＊俄罗斯乌拉尔奥伦堡的几名自称是光头党的年轻人袭击犹太会堂，以纪念德国纳粹头目阿道夫·希特勒的生日。

4 月 21 日 巴基斯坦逮捕 2 名涉嫌杀害中国工程师的疑犯瓦里·穆罕默德和穆罕默德·侯赛因。

4 月 23 日 联合国犯罪预防暨刑事司法官员苏隆戈在菲律宾举行的国际反恐会议上指出，慈善基金已成为恐怖组织的经费来源，相关国家应设法避免民众捐款给“挂羊头卖狗肉”的慈善机构。

＊卡塔尔半岛电视台播出奥萨玛·本·拉丹的录音讲话。拉丹说：西

方国家停止对巴勒斯坦自治政府的财政援助是因为哈马斯领导人拒绝承认以色列。西方对哈马斯政府的抵制证明，它们正在对伊斯兰世界发动一场十字军和犹太主义战争。西方国家的民众和政府应该为这场战争负同样的责任。本·拉丹还提到伊拉克问题和苏丹达尔富尔问题，他号召其支持者在达尔富尔地区展开一场持久战。美情报部门认为录音带是真的。

4月24日 埃及警方宣布，西奈半岛旅游城市宰海卜老城区发生自杀式连环爆炸，3起爆炸相隔几分钟。第一起在一家餐馆外，第二起在超市和珠宝店外，第三起在大桥的入口处，共造成24人死亡，85人受伤。

＊斯里兰卡首都科伦坡陆军总部发生自杀式爆炸，一名女袭击者装成孕妇跳到陆军司令萨拉特·丰塞卡的车队前引爆炸弹，造成9人死亡，27人受伤。萨拉特·丰塞卡受重伤。

4月26日 联合国驻刚果（金）特派团副新闻发言人奥卡拉证实从2005年5月以来，人道救援组织成员在刚果（金）已遭遇98次袭击，其中13%针对联合国，87%针对非政府组织。袭击者既有非法武装集团成员，也有官方军政人员。

＊欧洲议会负责调查美国中央情报局"黑狱事件"委员会称，中情局用以转运所谓恐怖嫌疑人的飞机，自2001年以来在欧洲秘密起降或过境千余架次。国际航空条约规定，任何飞机在执行治安任务时应先把路线和中转站通知途经国，但中情局未通报。意大利、瑞典和波黑三国或默许、或配合中情局的这一行动。中情局显然对在欧盟成员国领土上绑架和非法拘捕恐怖嫌疑人负有责任。

＊驻埃及西奈半岛的多国部队基地附近发生自杀炸弹袭击，3人死亡，4名受伤者中有新西兰人、挪威人和埃及人。埃及内政部长阿德里称，本周的两起袭击均是西奈半岛贝都因人所为，且与2004年10月塔巴的连环爆炸案以及2005年7月沙姆沙伊赫的连环爆炸案有关联。

4月27日 伊拉克副总统哈什米的亲属梅索恩·哈什米和司机遭到枪手攻击身亡。

＊哥伦比亚前总统、现任反对派"自由党"领袖凯萨·加维里阿的妹妹莉莲娜·加维里阿在家门口被绑架，并遭撕票。

4月28日 美国国务院发表的年度全球反恐形势报告称，由于展开反恐战争，"基地"组织被大大削弱，全球反恐合作逐步加强，世界变得更为安全。2005年全球共发生11000多起恐怖袭击事件，造成约14600人死亡。报告将伊朗、苏丹、利比亚、叙利亚、古巴和朝鲜列为支持恐怖主义的国家。

＊马来西亚和菲律宾在吉隆坡发表联合声明称，两国将加强海上安全合作，共同打击恐怖主义和海盗活动，以保障海上边界地区的安全。

＊俄罗斯莫斯科近郊的空军基地发生爆炸事件，2 人死亡。

5月

5月1日 印度克什米尔查谟多达地区的 22 名印度教徒被杀，5 人受伤。

＊斯里兰卡亭可马里城镇附近发生地雷爆炸，4 人死亡，4 人受伤。

5月3日 乌干达政府军击毙 9 名“圣灵抵抗军”成员，逮捕 1 人。

5月4日 美国法官判处“9·11”袭击案第 20 名劫机犯穆萨维终身监禁。法官下令将穆萨维送往安全保卫措施极为严格的科罗拉多监狱服刑，终身不得保释。37 岁的法国人穆萨维，生于摩洛哥，留学英国期间常到清真寺祈祷并结识圣战分子。“9·11”前，穆萨维在俄克拉荷马州诺曼飞行员学校受训，2001 年 8 月被捕。

＊欧盟、美国和俄罗斯部长级内政安全对话会议决定，三方将加强在打击恐怖主义、有组织犯罪、毒品和人口走私、非法移民方面的联合行动。

＊日本海上保安厅和俄罗斯国境警备局在俄符拉迪沃斯托克（海参崴）近海举行联合反恐演习。

5月5日 俄罗斯籍乌兹别克斯坦的一名男子在列宁格勒州被害，经事后确认是光头党所为。俄官方统计，2006 年 1—4 月，俄境内共发生 100 多起袭击外国人的事件，造成 14 人死亡，92 人受伤。

5月6日 海湾合作委员会六国领导人在沙特阿拉伯利雅得举行首脑会议，一致同意在巴林设立反恐中心。

＊美国政府宣布，释放关押在美军关塔那摩监狱的 5 名中国籍维吾尔族人，阿尔巴尼亚政府以难民身份接受其定居。

5月9日 中美两国在华盛顿签署《中国和美国关于在进出对方国境的本国航班上部署空中警察并开展相关合作的谅解备忘录》。

5月10日 泰国北大年府一个茶馆发生手机遥控炸弹爆炸，2 人死亡，10 人受伤。

＊阿尔及利亚部队在阿吉杰勒省的清剿中击毙 10 名极端分子。

5月11日 巴基斯坦俾路支省一所警察学校附近发生 5 起地雷爆炸事件，6 人死亡，7 人受伤。

5月12日 埃塞俄比亚首都亚的斯亚贝巴发生 8 起炸弹爆炸，3 人死亡，26 人受伤。

＊肯尼亚首都内罗毕一家电台遭4名蒙面分子袭击，2人死亡，多人受伤。

＊尼日利亚一海港附近的石油管道发生爆炸并起火，约200人死亡。

5月13日 土耳其埃尔津詹省拜尔代莱尔市的汽车修理厂发生炸弹爆炸事件，4人死亡。

5月14日 “乌兹别克斯坦伊斯兰运动”成员袭击吉尔吉斯斯坦的边防哨所，9人死亡。

5月15日 美国国务院宣布，将利比亚从支持恐怖主义国家的名单上删除，恢复与其的邦交。

5月16日 美国国务院女发言人达拉·乔丹以委内瑞拉一年来没为反恐战争提供合作为由，宣布禁止所有美对委的军售。

5月17日 美国中情局权威人士承认该局曾在欧洲拘捕或转运30—50名恐怖嫌疑人。

＊土耳其首都安卡拉一名持枪分子闯入最高法院打伤5名法官，其中1人不治身亡。袭击者的动机是不满法院“禁止女性幼教职员工作时头带伊斯兰头巾”的规定。

＊俄罗斯发生两起恐怖袭击。印古什首府纳兹兰市发生汽车炸弹爆炸，造成该共和国内务部副部长贾布赖尔·科斯托耶夫等7人死亡；另外，车臣的一辆军车遭袭，5人死亡，6人受伤。

5月18日 阿富汗发生两起自杀性汽车炸弹爆炸，100多人丧生。

5月20日 巴勒斯坦情报局总部办公大楼发生爆炸，1人死亡，巴情报局局长塔里克·阿布·拉杰卜等10人受伤。

5月22日 驻阿富汗联军对坎大哈省潘吉瓦县发动攻击，80名塔利班分子被打死，16名平民丧生。

＊印控克什米尔首府斯利那加发生多起袭击事件，17人受伤。

＊以色列军方宣布，逮捕哈马斯军官易卜拉欣·哈迈德，他被控策划多起针对平民的炸弹袭击。

5月23日 阿富汗政府军在乌卢兹甘省与塔利班发生激战，60名塔利班分子被击毙，4名政府军士兵身亡。

＊美国华盛顿地区2002年连环狙击案犯李·博伊德·马尔沃供认，他和养父约翰·艾伦·穆罕默德曾计划一个月中每天打死6人，以“恐吓美国”。穆罕默德和马尔沃于2002年10月制造的连环枪击案，共造成10人丧生，3人受伤。2犯于2002年10月被捕后，穆罕默德被判死刑，17岁的马尔沃被判终身监禁。

5月24日 土耳其伊斯坦布尔的阿塔图尔克国际机场货运区发生大火，3人轻伤。“库尔德自由猎鹰”称此举是回应土耳其政府“针对库尔德人的屠杀政策”。

5月25日　独联体总检察长协调委员会在明斯克召开会议，与会国总检察长签署联手打击恐怖主义和极端主义活动的协议。

＊叙利亚常驻联合国代表梅克达德说，几个月来，叙逮捕约1200名企图入境伊拉克的武装分子，其中以科威特、沙特、利比亚人居多。梅克达德同时否认“伊拉克圣战基地组织”领导人扎卡维正在叙寻求避难的传言。

＊美国国土安全研究有限公司公布的研究报告称，2005年全球在反恐方面的支出高达1910亿美元（其中美国840亿美元，占44%）。

＊在俄罗斯别斯兰人质案中唯一被活捉的恐怖分子库拉耶夫被判处终身监禁。

5月30日　斯里兰卡东部一村庄遭袭，14名僧伽罗工人被绑架，13人被打死。

＊阿富汗发生两起针对外国机构的袭击事件。乔兹詹省一伙歹徒骑摩托车向英国人道主义救援组织的车辆开枪，4人身亡。一辆美国车在巴达赫尚省遭路边炸弹袭击，3人丧生。

＊俄罗斯军警在印古什击毙3名车臣非法武装分子，包括重要头目海哈罗耶夫。

5月31日　马来西亚警方捣毁一个新的伊斯兰激进组织，逮捕12名嫌犯。

＊阿尔及利亚布迈尔达斯省的284名极端分子缴械投降。

6月

6月1日　印度恰尔肯德邦发生地雷爆炸，12名警察死亡。

＊菲律宾八打雁省省长阿曼德·桑切斯的轿车在议会大厦外发生爆炸，桑切斯被烧伤，3人被炸死。

6月2日　巴基斯坦的一个车队经北瓦济里斯坦巴卡凯勒地区时遭自杀式汽车炸弹袭击，6人死亡，8人受伤。

＊尼日利亚南部的一个石油钻井平台遭袭，8名外籍工人被绑架。两天后8名人质获释。

6月3日　俄罗斯驻伊拉克外交人员的汽车在巴格达曼绍尔区遭拦截，一名外交官被打死，4名俄外交官被绑架。“圣战者协商委员会”声称是其所为。同月19日，该组织称已将人质杀害。

＊叙利亚安全部队在大马士革摧毁一个恐怖组织，挫败一起针对国家

电视台的袭击，2 名歹徒被击毙，4 人被捕。

＊加拿大逮捕“恐怖阴谋团”的 17 名成员。

6 月 5 日 巴基斯坦警方称，境内亲塔利班分子向北瓦济里斯坦邦的边防哨所发射 12 枚火箭弹，1 人死亡，1 人受伤。

＊阿富汗查布尔省首府卡拉特郊区发生袭击事件，5 人死亡，4 人失踪。

6 月 6 日 哥伦比亚桑坦德省巴兰卡韦梅哈一家 6 口被割喉杀害，警方怀疑与邪教组织有关。

6 月 7 日 尼日利亚产油区哈科特港工地的 5 名韩国工人被“尼日尔三角洲解放运动”绑架。人质次日获释。

＊“基地”组织伊拉克分支头目扎卡维在美军对巴格达北部的定点清除中受重伤后死亡。

6 月 8 日 印度阿萨姆邦的 3 个区接连发生 4 次爆炸，34 人受伤。

6 月 9 日 阿富汗喀布尔的情报主管的车队遭路边炸弹袭击，3 人死亡。坎大哈省警长的车队遭路边炸弹袭击，2 人死亡。

＊印度阿萨姆邦高哈蒂市一个菜市场发生地雷爆炸，3 人死亡，8 人受伤。警方怀疑是“阿萨姆联合解放阵线”所为。

＊伊拉克“基地”组织在网上宣布，任命“经历了圣战的兄弟，拥有渊博学识”的阿布·哈姆扎·穆哈吉尔为扎卡维的继任者。

6 月 11 日 菲律宾发生 3 起连环爆炸，9 人受伤。

＊库尔德反政府分子在土耳其东部地区袭击政府军，2 名士兵被打死，5 人受伤。

6 月 12 日 巴基斯坦俾路支省首府奎达发生自行车土制炸弹爆炸事件，5 人死亡，17 人受伤。

6 月 13 日 美国官员透露，本土已发现新的伊斯兰极端网，多为 20 来岁的叛逆青年，他们通过互联网联络，阴谋在本土发动袭击。美国家反恐中心主任雷德在写给参议院的声明中称，本土恐怖组织的出现对美国构成“真实的挑战”。

6 月 14 日 美军高级官员称，扎卡维的继任者阿布·哈姆扎·穆哈吉尔是埃及人，也叫马斯里。

＊“伊斯兰祈祷团”的精神领袖、67 岁的印度尼西亚人阿布·巴卡尔·巴希尔结束了 26 个月的牢狱生活。西方国家认为巴希尔是 2002 年巴厘岛爆炸案的策划者之一，澳大利亚总理霍华德致信印尼总统苏西洛表示抗议将其释放。

6 月 15 日 斯里兰卡中北部阿努拉德普勒的一辆公共汽车触雷，64 人死亡，39 人受伤。

＊阿富汗坎大哈市一辆汽车与载有炸弹的小公共汽车相撞后爆炸，10

人死亡，15 人受伤。

*泰国陶公府和也拉府等地遭遇 65 起连环爆炸，造成 2 人死亡，24 人受伤。这些土制炸弹由手机遥控引爆。

*上海合作组织签署《上海合作组织五周年宣言》等文件，包括《上海合作组织成员国元首关于国际信息安全的声明》、《上海合作组织秘书处条例》、《上海合作组织成员国打击恐怖主义、分裂主义和极端主义 2007—2009 年合作纲要》、《关于在上海合作组织成员国境内组织和举行联合反恐行动的程序协定》、《关于查明和切断在上海合作组织成员国境内参与恐怖主义、分裂主义和极端主义活动人员渗透渠道的协定》等。

*巴基斯坦卡拉奇中央监狱副典狱长阿马努拉·尼亚齐的轿车遭袭，尼亚齐等 5 人死亡。

*土耳其伊斯坦布尔市的一个垃圾箱发生爆炸，3 人受伤。

6 月 16 日　为期两天的八国集团内务部长、司法部长和总检察长会议在莫斯科结束。会议决定加强在打击恐怖主义、利用信息技术犯罪和非法移民等领域的合作。

*泰国南部也拉府卡邦县等地发生 7 起连环爆炸，5 人受伤。

*尼泊尔当局与尼共（毛派）达成协议，政府同意解散国会，与尼共（毛派）共同组成临时政府。

6 月 17 日　俄罗斯车臣共和国总理卡德罗夫宣布，车臣非法武装头目萨杜拉耶夫被击毙。另据俄新闻网报道，车臣分离主义特使阿赫梅特·扎卡耶夫称，战地指挥官托库·乌马罗夫当选“车臣新总统”。

*斯里兰卡军在西北部海域与猛虎组织激烈交火，30 名“猛虎”成员被打死，6 名政府军士兵死亡。

6 月 18 日　阿富汗议会议员、前情报机构官员达德·默哈迈德说，其 32 名亲属在坎大哈省遭不明身份者杀害。

6 月 19 日　菲律宾政府军在南部棉兰老岛山区向“新人民军”的营地发动攻击，造成多人伤亡。

6 月 20 日　西班牙和法国警方联合摧毁“埃塔”的经费筹集机构，逮捕 12 名嫌疑人。

*驻阿富汗联军的军车在坎大哈省遭路边炸弹袭击，5 名罗马尼亚士兵 1 死 4 伤。

6 月 21 日　土耳其司法机构官员表示，56 名库尔德族市长因“公开并且自愿地支持”非法的库尔德工人党被起诉，并可能被判处 10 年监禁。这些市长 2005 年 12 月联名写信给丹麦首相，要求丹麦不要理会土耳其政府的要求，不要关闭库尔德人开办的电视台。

*阿尔及利亚安全部队在布维拉省遭伏击，7 名军人丧生。

6月22日 阿富汗武装分子在努里斯坦省卡姆代什地区绑架5人，包括瑞典援助机构的3名雇员。3天后人质获释。

6月23日 土耳其安全部队击毙库尔德武装11人。

6月24日 沙特阿拉伯内政部宣布，击毙6名恐怖分子，逮捕42名嫌犯，其中有索马里人和埃塞俄比亚人。

6月25日 阿尔及利亚在安纳巴省山区清剿中击毙19名极端分子。

6月26日 斯里兰卡陆军将军库拉图加的汽车在科伦坡的高速公路上被炸，库拉图和3名士兵遇难。军方称是猛虎组织所为，炸弹被放在路边的自行车上。

＊巴基斯坦北瓦齐里斯坦的一个检查站遭自杀式汽车炸弹袭击，6名士兵死亡、10人受伤。

6月27日 埃及内政部称，涉嫌参与宰海卜爆炸的3名恐怖分子（易卜拉欣·哈米德·法瑞格和其妻法齐娅及胞弟萨米）被击毙。

泰国也拉府和陶公府各发生两起炸弹爆炸，7人死亡。

6月29日 美国联邦最高法院裁决，布什总统下令成立特别军事法庭审判关押在古巴关塔那摩湾美海军基地监狱的囚徒，不仅超出总统权限，而且违反了《日内瓦公约》。

6月30日 黎巴嫩内政部长艾哈迈德·法特说，今年以来，已逮捕13名“基地”组织成员。

＊日本外务省官员表示，日本和东盟同意在打击恐怖主义方面加强合作，以确保东南亚地区安全。双方商定，每年举行会谈，日本将帮助东盟成员国研发一套追查假护照的系统。

＊新加坡逮捕5名“伊斯兰祈祷团”成员，包括该组织在新加坡的分支头目马斯·塞拉马特。

7月

7月1日 一个伊斯兰网站播出“基地”组织头目奥萨玛·本·拉丹本年的第五次录音带。本·拉丹呼吁国际社会不要介入索马里事务，不要派军到索马里，并威胁将在全球包括美国本土发动袭击。

7月6日 阿尔及利亚内政部长泽古尼说，自今年2月执行《民族和解与和平宪章》以来，已有200多名伊斯兰圣战组织成员投降。

＊德国逮捕了一名36岁的摩洛哥裔德国公民，他涉嫌为伊拉克武装招募自杀式袭击者、为“基地”组织提供资金，并为“9·11”策划者通

风报信。

7月9日 俄罗斯南奥塞梯自治州安全局局长奥莱格—阿尔波洛夫在茨欣瓦利遇刺身亡。

7月10日 俄罗斯军队在印古什炸死车臣非法头目巴萨耶夫等6人。

7月11日 印度金融中心孟买的通勤列车的头等车厢和站台在下班高峰时间连续发生7起爆炸，造成约200人死亡，700多人受伤。

7月13日 “哥伦比亚革命武装”在哥伦比亚乔科省与巴拿马边境的里奥苏西奥原始森林地区绑架170人，其中10人被杀。

＊美联社报道，自称阿布·阿尔哈迪德的人给克什米尔“当前新闻通讯社”打电话宣布，查谟和克什米尔的“基地”组织当天成立，名为“查谟和克什米尔分部”。

7月14日 格鲁吉亚南奥塞梯自治州茨欣瓦利市发生遥控炸弹爆炸，2人死亡，4人重伤。

＊巴基斯坦卡拉奇发生自杀式爆炸，3人死亡，其中包括什叶派领导人阿拉马·哈桑·图拉比。

7月16日 阿富汗帕克蒂亚省首府发生一起自杀式爆炸袭击事件，4人死亡，23人受伤。

7月18日 俄罗斯公布其认定的恐怖组织名单：1. 高加索圣战者联合部队最高军事协商委员会（车臣，头目巴萨耶夫）；2. 伊奇克里亚和达吉斯坦民族大会（车臣，头目巴萨耶夫、乌杜戈夫）；3. “基地”组织（阿富汗，头目本·拉丹）；4. 安萨尔联盟（黎巴嫩）；5. 圣战组织（埃及）；6. 伊斯兰团伙（埃及）；7. 穆斯林兄弟会（埃及）；8. 伊斯兰解放党（国际）；9. 虔诚军（巴基斯坦）；10. 伊斯兰武装组织（巴基斯坦）；11. 塔利班运动（阿富汗）；12. 土克斯坦伊斯兰党（前乌兹别克斯坦伊斯兰运动）；13. 社会改革协会（科威特）；14. 伊斯兰遗产复兴协会（科威特）；15. 双圣地组织（沙特）；16. 大叙利亚军队；17. 伊斯兰圣战组织。

7月22日 据《亚洲时报》报道，美国国会政府审计办公室一份报告称，过去5年美国为反恐战争投入的军事和外交等费用达4300亿美元。

7月26日 印度阿萨姆邦火车站发生手榴弹爆炸，3人死亡，4人受伤。

7月28日 巴基斯坦基达的一家银行附近发生摩托车炸弹爆炸，15人受伤。

7月31日 阿富汗贾拉拉巴德市一座清真寺遭汽车炸弹袭击，8人死亡，16人受伤。

＊菲律宾发生3起枪杀案，一名记者和2名左翼人士死亡。

＊哥伦比亚反政府武装制造3起炸弹爆炸，共造成18人死亡。

8月

8月1日 泰国陶公、也拉、北大年三府均发生手机遥控爆炸，至少有40枚炸弹在政府办公地、工厂及公路附近爆炸，共3人受伤。

*欧盟宣布，不将黎巴嫩真主党列入恐怖组织名单。

8月2日 斯里兰卡政府军与“猛虎”组织在东北部港口亭可马里交火，打死40名“猛虎”成员，另有70人受伤。

8月3日 美国财政部以为“基地”等组织融资为由，宣布对总部设在沙特阿拉伯的国际伊斯兰救助组织官员穆吉勒及该组织驻印度尼西亚和菲律宾的分支机构实施制裁，其在美国的所有资产被冻结。美财政部在声明中说，穆吉勒以国际伊斯兰救助组织沙特分支机构负责人的身份作掩护，为多个激进组织提供经济援助，有“百万美元先生”之称，该组织曾将捐款转给“基地”、“阿布沙耶夫”和“伊斯兰祈祷团”等恐怖组织。

*阿富汗坎大哈省一个市场发生自杀式炸弹爆炸，21人死亡，13人受伤。

8月6日 俄罗斯车臣共和国内务部发言人说，7月以来，已有100名协助过车臣非法武装的人员向政府自首。

8月7日 斯里兰卡的15名海啸重建人员在办公室被枪杀。

8月8日 俄罗斯达吉斯坦共和国发生两起炸弹爆炸，3人死亡。

8月9日 尼日利亚南部石油产区的4名外国工人被绑架。

8月10日 英国警方宣布挫败一起企图通过手提行李携带炸药炸毁英国飞往美国的航班的图谋，逮捕了24名恐怖嫌疑人，其中多为在英国出生的亚裔青年。警方查获的爆炸物含有液体化学物质，装有爆炸物的行李涉及6架飞机。

*印度查谟及克什米尔轻步兵团的3名士兵由于向“虔诚军”提供过遥控引爆装置被捕。

8月11日 英国媒体称，与英国航班未遂爆炸案有关的7名嫌犯事前已在巴基斯坦落网。巴基斯坦外交部女发言人阿斯拉姆表示，巴在破获此案中发挥了重要作用。

8月12日 意大利展开反恐行动，逮捕40人，114名非法移民被驱逐。

8月13日 摩尔多瓦蒂拉斯波尔市的一辆电车发生炸弹爆炸，2人死亡，10人受伤。

*泰国陶公府发生枪击和遥控炸弹袭击事件，2人死亡，14人受伤。

8月14日 斯里兰卡科伦坡的一辆汽车在马欣达·拉贾帕克萨总统官邸附近爆炸，7人死亡，8人受伤。

＊美国福克斯电视台两名记者史蒂夫·琴坦尼和奥拉夫·威格在加沙遭绑架，美方支付了200万美元赎金，人质于19天后获释。

8月16日 英国、法国、德国、芬兰、葡萄牙和斯洛文尼亚六国的内政部长和欧盟官员商讨如何应对航空业面临的恐怖威胁。

8月19日 北约和阿富汗军队在阿富汗坎大哈省打死71名塔利班分子。

＊土耳其阿勒省的天然气主管道发生爆炸并引发火灾。

8月20日 俄罗斯驻肯尼亚大使瓦列里·叶戈什金，在蒂卡市高速公路上遭抢劫并受重伤。

8月21日 俄罗斯莫斯科东部的“切尔基佐夫”市场的咖啡屋发生爆炸，12人死亡，包括1名中国人，48人受伤（有6名中国人）。俄警方以“民族仇视情绪”为由逮捕3名大学生嫌犯。3名嫌犯供认其动机是不喜欢亚洲人，并曾预谋在莫斯科的8个市场实施爆炸。

8月22日 英国炸机未遂案的11名嫌犯在伦敦法庭接受审讯，其中8人被控策划谋杀和准备从事恐怖活动。

＊泰国陶公府穆斯林聚居地有5人在枪击中死亡。

＊澳大利亚法庭裁定，巴基斯坦裔的澳籍建筑师法希姆·哈立德·洛迪的三项恐怖罪成立，被判20年徒刑。

8月24日 中国与哈萨克斯坦举行的联合反恐演习“天山一1号(2006)”在阿拉木图州展开。

8月28日 土耳其的两个城市发生4起爆炸，至少造成3人死亡，28人受伤，包括2名俄罗斯人、4名以色列人和1名约旦人。“库尔德自由之鹰”宣布对系列爆炸事件负责。

＊阿富汗一名男子在赫尔曼德省首府拉什卡尔加一个市场引爆自杀式炸弹，造成17人死亡，47人受伤。

＊美国“十大通缉犯”之一的邪教“摩门教末世圣徒教会”头目沃伦·杰夫斯在内华达州被捕。

8月31日 泰国也拉府的22家银行遭连环爆炸袭击，2人死亡，28人受伤。这些土制炸弹被放在营业厅的垃圾桶或报刊架下，由手机遥控引爆。

9月

9月1日 土耳其舍尔纳克的军事基地遭遥控炸弹袭击，3名士兵死亡。

＊塞内加尔一辆国际红十字会的汽车发生爆炸，1人死亡、3人受伤。

9月2日 驻阿富汗北约部队和阿政府军击毙200多名塔利班分子。

9月3日 土耳其凡省恰塔克市中心一家茶馆附近发生遥控炸弹爆炸，16人受伤。

＊埃及安全部门称，已逮捕95名“基地”组织嫌犯，其中25人当天在尼罗河三角洲的达曼胡尔市落网，另外70人两个月前在北部港口城市亚历山大落网。

9月4日 菲律宾政府军在霍洛岛同阿布沙耶夫武装交火，14人死亡，77人受伤。

＊一名枪手在约旦安曼的罗马广场向西方游客开了14枪，造成1死6伤，其中有英国、荷兰、澳大利亚和新西兰人。

9月5日 丹麦粉碎一起“有史以来最严重的恐怖阴谋”。丹麦情报机构负责人芬德森称，9人因涉嫌发动袭击被捕，他们年龄在18—33岁之间，均居住在移民聚集区。

＊印尼2005年巴厘岛爆炸案要犯阿卜杜尔·阿齐兹被巴厘省法院判处8年监禁。

＊黎巴嫩西顿市发生炸弹爆炸事件，2名军事情报官死亡。

9月6日 俄罗斯北奥塞梯和印古什交界地区发生装甲车被炸事件，4名军人死亡，5人受伤。

9月7日 菲律宾政府军在苏禄岛与阿布沙耶夫武装分子发生激战，打死80名阿布沙耶夫分子，58人受伤。

＊巴基斯坦俾路支省勒克尼镇的公共汽车站发生炸弹爆炸，4人死亡，13人受伤。

9月8日 联合国大会通过《全球反恐战略》文件，这是192个成员国首次就打击恐怖主义的全球战略达成一致。《全球反恐战略》文件由一份决议和一个行动计划组成。决议说，恐怖主义是国际和平与安全面临的最严重的威胁之一，因此要“坚决和明确地强烈谴责各种形式的恐怖主义，不论其在何处发生、何人所为和何种目的”。决议强调，为最终达成全面的国际反恐公约，成员国将尽一切努力来解决悬而未决的问题，包括制定“恐怖主义”的法律定义。行动计划包括各成员国在打击恐怖主义方面的原则承诺和具体措施，如执行所有联大和安理会有关打击恐怖主义的决议、在打击恐怖主义的过程中遵守包括《联合国宪章》在内的国际法、消除滋生恐怖主义的因素、继续加强和发挥联合国的作用、实现千年发展目标等。

＊美国驻阿富汗首都喀布尔的使馆附近发生自杀式袭击，一辆装有炸

药的汽车撞上一辆美国军车，造成包括2名美军士兵在内的16人死亡。

9月9日 印度马哈拉施特拉邦纳西克地区马勒冈的一个穆斯林墓地发生3起自行车炸弹爆炸，32人死亡，70人受伤。

9月10日 一家阿拉伯网站播放“基地”组织发布的录像带。录像带中说，“9·11”事件的策划是在“充满兄弟情意和献身精神的环境中借助神的保护完成的”，劫机者“用鲜血书写了现代史上最辉煌的一章”。在录像中，本·拉丹还表达了对塔利班的谢意：“你们顶着国际压力，允许我们进行战备和训练。”

* 第六届亚欧首脑会议在赫尔辛基讨论加强合作和应对安全威胁的问题。会议新闻公报称，反恐战略应包括系列措施，如反对激进化、切断恐怖资金供应渠道、加强不同宗教间的对话等。

* 阿富汗帕克蒂亚省省长哈基姆·塔内沃尔乘车驶出官邸时，遭自杀式汽车炸弹袭击，塔内沃尔等3人死亡，另有3人受伤。

* 巴基斯坦俾路支省首府奎达一家饭馆外发生自行车炸弹爆炸，14人受伤。

* 4名法国游客在也门舍卜沃省被部落成员绑架，绑架者要求政府释放其被关押的亲属。4名人质后获释。

9月11日 欧盟委员会主席巴罗佐表示，欧盟在防止恐怖分子煽动激进情绪、扩充力量方面还做得不够；在防止不法之徒获得炸药、保护重要基础设施及确保交通安全等方面也缺乏有效措施。欧盟将继续与美国密切反恐合作，但应坚持尊重人权等基本原则。

* 美国副总统迪克·切尼在“9·11”5周年前夜说，美仍在全力抓捕本·拉丹。中央情报局局长迈克尔·海登表示，5年来“基地”的领导层已被摧毁，5000余名恐怖分子已被捕或被击毙。

9月12日 美国驻叙利亚首都大马士革的使馆遭袭。上午10时许，4名歹徒驾两辆装有炸药的汽车用冲锋枪和手雷掩护试图冲进使馆，叙安全部队进行阻拦，交火中造成5人死亡（包括4名歹徒），11人受伤。中国驻叙使馆1名参赞被流弹擦伤脸部。

* 土耳其亚巴克尔省巴哥拉区的一个汽车站发生爆炸，10人丧生，14人受伤。

9月13日 在哈萨克斯坦首都阿斯塔纳召开的第二届世界和传统宗教领袖大会通过宣言。宣言呼吁各宗教团体积极开展对话，反对一切形式的恐怖主义；呼吁齐心协力，消除产生恐怖主义的社会根源，以维护人类的尊严和民族的团结。

* 俄罗斯联邦中央银行第一副总裁安德烈·科兹罗夫和司机在“斯巴达克”足球场遭枪击身亡。

9月14日 俄罗斯外交部抗议美国的非政府组织詹姆斯敦基金会“宣传恐怖主义活动”。詹姆斯敦基金会在美国首都华盛顿举行北高加索问题大会，并邀车臣非法组织头目马斯哈多夫的前任特使瓦恰加耶夫与会。

9月16日 泰国宋卡府合艾市发生摩托车炸弹连环爆炸，4人死亡，70多人受伤。6枚炸弹先后在购物中心、停车场、公共厕所、餐厅和宾馆附近爆炸。

9月18日 索马里南部城市拜多阿，发生两起连环爆炸，11人死亡。当优素福总统的车队驶近议会大楼时，一辆装有炸药的汽车在附近爆炸，总统幸免于难，但其弟遇害。

*阿富汗3个地区发生自杀式袭击事件，共造成17人死亡。

9月20日 约旦军事法庭以策划安曼连环爆炸案为由，判处1名女犯和6名男犯死刑。法庭裁定女被告萨吉达·里沙维和6名缺席受审的嫌犯，阴谋实施恐怖行动、非法拥有武器和爆炸物的罪名成立。

9月21日 俄罗斯车臣格罗兹尼发生袭击事件，5名警察身亡。

9月22日 中国和塔吉克斯坦举行代号为“协作—2006”的联合反恐演习。

*德国磁悬浮列车发生重大事故，造成23人死亡，10人重伤，这是世界上磁悬浮列车首次发生人员伤亡事故。

9月23日 巴基斯坦旁遮普省德拉加齐汗一个汽车站发生自行车炸弹爆炸，2人死亡，20人受伤。

*比利时驻印度使馆女官员德索娃在新德里住宅遭印度司机行刺身亡。

9月24日 菲律宾国防部长阿韦利诺·克鲁斯向马来西亚和印尼政府提出建议，将三国间的合法航运活动纳入指定的海上通道，同时对航行在这些指定航道以外的一切船只进行严格盘查，以防范“伊斯兰祈祷团”的跨境活动。

*俄罗斯圣彼得堡医学大学的印度学生辛吉遭4名光头党分子行刺，身中7刀不治死亡。

*斯里兰卡海军击沉9艘“猛虎”组织的船只，打死其成员70人。

9月25日 巴基斯坦媒体报道，“基地”组织头目本·拉丹因重病已将领导权交给扎瓦赫里和儿子穆罕莫德。俄罗斯新闻网称，本·拉丹因患严重的脊柱疾病将权力交给扎瓦赫里，其女婿阿布·卡玛和儿子哈姆兹将给予协助；“基地”组织已成立以扎瓦赫里为首的11人组成的新委员会。沙特的“可靠情报”显示本·拉丹病得非常严重，且可能已死于伤寒。

*索马里“伊斯兰法庭联合会”在首都摩加迪沙召开记者会称，为阻止非洲联盟派遣部队支援临时政府，已攻占南部港口城市基斯马尤，并将

对肯尼亚国境实施封锁。

9月27日 格鲁吉亚以“从事间谍活动”为由扣押5名俄罗斯军人，但很快释放其中1人。两天后格宣布将4名俄军官拘押两个月，俄总统普京称格的举动是国家恐怖行动。同年10月2日格释放另外4人。

9月28日 土耳其多乌巴亚泽特市通往伊朗的一段天然气管道发生爆炸。

＊委内瑞拉外交部长尼古拉斯·马杜罗在联合国安理会上指责美国根据不同标准定义恐怖分子。马杜罗要求美国移交77岁的路易斯·波萨达·卡里莱斯。卡里莱斯是中情局人员，被控1976年策划古巴客机爆炸案，导致73人丧生。

9月30日 印度警方称，已完成对孟买火车连环爆炸案的调查。孟买警察局局长在新闻发布会上说，袭击由巴基斯坦情报署策划，“虔诚军”及其在印度的组织执行。巴方对此予以否认。

10月

10月2日 加拿大在全国25个机场安装500台监控仪器，以防控恐怖袭击等活动。

＊阿富汗首都喀布尔发生一起自杀式爆炸，6人死亡，包括3名北约士兵。

10月4日 英国与爱尔兰政府共同组成的独立监督委员会称，爱尔兰共和军的重要组织架构已解体，无力再从事暴力活动。

＊加拿大金融交易分析中心一份报告称，2005年发现50亿加元的可疑资金交易，其中2.5亿加元被怀疑与恐怖活动有关。该中心向政府传递了168条可疑信息，其中134条与洗钱有关，33条与恐怖活动有关。

10月6日 英国《金融时报》报道，根据新协议，美国反恐机构将能更方便地获得欧盟飞往美国的乘客的个人信息。

＊国际原子能机构称，2002年以来，恐怖分子走私放射性物质的案件已超过300起。

＊2名德国记者在阿富汗巴格兰省被杀害。

10月7日 俄罗斯女记者安娜·波利特科夫卡在莫斯科公寓的电梯内被枪杀。

＊阿富汗塔利班高级发言人阿卜杜勒—哈伊·穆特马恩对法新社记者说，奥马尔还活着，仍在领导圣战。

＊泰国省宋卡府发生枪袭事件，2人身亡。

10月9日 索马里伊斯兰派别联盟领导人谢立夫宣布，鉴于埃塞俄比亚一再侵犯索领土，将对其发动圣战。

10月10日 阿富汗首都喀布尔发生一起炸弹袭击，13人受伤。

＊菲律宾北哥打巴托省先后发生4起手机遥控炸弹爆炸事件，发生在礼堂、银行和购物中心等地，造成6人死亡，30人受伤。该省省长称，凶手是“摩洛伊伊斯兰解放阵线”的头目、印尼人杜尔马丁。

10月11日 尼日利亚一伙人袭击并占领该国南部的英荷壳牌公司的一石油平台，将60名工人扣为人质。次日所有人质获释。

＊斯里兰卡政府军与“猛虎”组织在贾夫纳半岛发生激战，53人死亡，224人受伤。

＊美国司法部副部长麦纳提称，加利福尼亚州大陪审团，以叛国罪缺席起诉“基地”组织的美籍成员、28岁的亚当·贾达恩。

＊德国内政部证实，德未来3年将增加反恐资金1.32亿欧元，主要用于监控互联网。

10月12日 英国恐怖嫌犯、34岁的迪伦·巴罗特在法庭对12项指控供认不讳，包括其2000—2004年间企图在英美制造系列袭击。11月7日，迪伦·巴罗特被判处40年监禁。

＊美国国防部宣布，向阿富汗移交16名关塔那摩监狱囚犯，向摩洛哥移交一名囚犯。美国防部称，迄今美已移交335名囚犯给外国政府，包括伊拉克、阿富汗和沙特阿拉伯等国家。

＊保加利亚在黑海城市布尔加斯举行代号为“暗影2006”的反恐演习。

＊阿富汗霍斯特省发生两起袭击事件，19人受伤。

10月14日 驻阿富汗的意大利记者加布里埃莱·托尔塞洛在搭乘公共汽车途中被绑架。

＊苏丹政府和“东部阵线”在厄立特里亚首都阿斯马拉签署《阿斯马拉和平协议》，宣告结束持续十多年的武装冲突。

10月15日 斯里兰卡海军在北部海域击沉一艘猛虎组织的船只，4人死亡。

＊阿富汗赫拉特市发生炸弹袭击，2人死亡，3人受伤。

＊西班牙媒体报道称，涉嫌参与“9·11”袭击和策划马德里火车爆炸案的“基地”要员穆斯塔法·塞特马里安现被关押在中央情报局的秘密监狱。美国认为他是“基地”组织西班牙分支的创始人。他是西班牙籍叙利亚人，现年48岁，2005年10月在巴基斯坦被捕。

10月16日 秘鲁“光辉道路”创始人古兹曼因犯恐怖罪被判终身监

禁。其情人和追随者埃林娜·伊帕拉吉雷也被判终身监禁。

＊斯里兰卡一海军车队（24辆）在加勒港口哈巴拉纳地区遭“猛虎”组织自杀式袭击，103名官兵死亡，150名官兵受伤。

＊俄罗斯塔斯社高管阿纳托利·沃罗宁在莫斯科寓所遇刺身亡。

10月17日 美国总统布什签署恐怖嫌犯待遇法。此法规定加速对“9·11”恐怖嫌犯的审讯进程。

10月18日 斯里兰卡“猛虎”组织成员假扮成渔民，对加勒港的海军基地发动自杀式袭击，引爆2只渔船，3人丧生，11人受伤。

10月19日 位于哥伦比亚首都波哥大的陆军大学内发生汽车炸弹爆炸，4人死亡，23人受伤。

10月20日 泰国宋卡府一间茶叶店发生炸弹爆炸，3人死亡，13人受伤。

10月21日 美国原世贸中心旧址发现36名遇难者的遗骸，使上周以来新发现的遇难者总数达到150人。

10月24日 美国俄亥俄州的异教团体头目杰弗里·伦德格兰因1989年谋杀5人，被执行静脉注射死刑。

＊为庆祝穆斯林开斋节，印尼释放2名2002年巴厘岛爆炸案嫌犯，另有9名嫌犯获得减刑。

＊美国官员确认，参与1998年美驻肯尼亚及坦桑尼亚使馆爆炸案的“基地”分子穆赫辛·穆萨·迈德瓦利·阿特瓦已于2006年4月在巴基斯坦北瓦济里斯坦部落地区死亡。

10月25日 巴拿马首都巴拿马城的一辆公交车发生爆炸，18名乘客死亡、18人受伤。

10月26日 巴基斯坦一列火车在俾路支省首府奎达遭袭，2名乘客受伤。

10月27日 日本决定将《反恐特别措施法》延长一年，继续为在印度洋活动的美国军舰等提供服务。

＊印度警方挫败一起企图攻击软件城市班加罗尔的阴谋，逮捕2名巴基斯坦籍嫌疑人。

＊阿富汗乌鲁兹甘省提林库特的一辆客车遭路边炸弹袭击，14人丧生、3人受伤。

＊哥伦比亚梅塔省省会维利亚维森西奥陆军驻地，发生汽车炸弹爆炸，2人死亡，4人受伤。

10月28日 法国对外安全总局情报官证实，此前报道本·拉丹已死的消息不真实，他可能仍隐藏在巴基斯坦与阿富汗交界地区。

＊伊拉克安全部队逮捕前“基地”组织伊拉克分支领导人阿布·穆萨

卜·扎卡维的私人摄像师哈立德·哈亚尼。

＊巴基斯坦俾路支省首府奎达警察局附近发生自行车炸弹爆炸，1人死亡，12人受伤。

＊驻阿富汗的一支北约车队在乌鲁兹甘省遭路边炸弹袭击，1名士兵死亡，10人受伤。

10月29日 斯里兰卡政府与“猛虎”组织在瑞士日内瓦举行和谈未果。

10月30日 “打击核恐怖主义全球倡议”大会在摩洛哥首都拉巴特开幕。中国政府代表张炎指出，防止和打击核恐怖主义已成为现实任务，国际社会有必要采取有效措施，认真应对。

＊巴基斯坦根据美国提供的情报，空袭邻近阿富汗边境的一所宗教学校，打死80人。据称“基地”二号人物扎瓦赫里当时在那个“训练营”。

＊印尼警方在东爪哇逮捕3名马来西亚籍恐怖嫌犯。

11月

11月1日 黎巴嫩真主党领袖纳斯鲁拉称，真主党已就交换囚犯之事与以色列展开间接谈判。真主党今年7月12日抓获两名以兵。

11月4日 泰国陶公府的两家卡拉OK厅数分钟内先后遭土制炸弹袭击，6人受伤。

11月5日 俄罗斯情报总局局长瓦列金·科拉别尔尼科夫称，7年来在车臣歼灭了3000多名武装分子，逮捕1500多名非法分子。

＊阿富汗塔利班分子在帕克蒂亚省绑架4名国际移民组织雇员。

＊印度东北阿萨姆邦高哈蒂（古瓦哈提）市发生两起爆炸，10人死亡、13人受伤。第一起在市中心的商场，第二起在郊区一座石油设施附近。

11月6日 意大利一家法院以恐怖罪判处2004年马德里火车爆炸案嫌犯、埃及人鲁巴伊·奥斯曼·赛义德·艾哈迈德10年监禁。

＊墨西哥革命制度党总部、联邦选举法庭和加拿大丰业银行在墨西哥城的建筑相继发生自制炸弹爆炸。墨西哥5支游击队联合组织声明对此事负责。

＊尼日利亚政府说，意大利石油公司在尼日尔三角洲地区巴耶尔萨州的石油设施遭袭，48人被绑架。

＊伊朗公开绞死“神的士兵”组织的6名恐怖分子。该组织涉嫌制造2006年3月锡斯坦省22人被杀案等。

＊根据欧盟新规定，成员国各机场将实施严格的安检，旅客携带的液态物品不得超过100毫升，并要放在透明袋内。

11月7日 荷兰阿姆斯特丹市一家印刷厂发生爆炸。

11月8日 尼泊尔七党联盟政府与反政府组织领导人达成和平协议。协议决定，在联合国的监督下，反政府武装本月24日实行人枪分离，枪械入库。

＊巴基斯坦军队驻白沙瓦的营地发生自杀式袭击，42名士兵死亡、20人受伤。“巴基斯坦塔利班”声称对事件负责。

＊以色列军队向巴勒斯坦加沙地带发射多枚炮弹，18名平民死亡。巴勒斯坦伊斯兰抵抗运动（哈马斯）和民族解放运动（法塔赫）号召成员向以色列发动自杀袭击。

11月9日 泰国也拉府6家汽车行及两家摩托车行几乎同时遭炸弹袭击，13人受伤。

11月10日 印控克什米尔斯利那加一清真寺外发生手榴弹袭击，5人死亡，30人受伤。

11月11日 黎巴嫩政府中的5名什叶派穆斯林阁员辞职，包括2名真主党人。

＊尼日利亚的意大利阿吉普石油公司的设施遭袭。

＊印尼首都雅加达的美国“艾德熊”快餐店发生爆炸，1人受伤。

＊美国白宫发言人斯诺说，真主党和伊朗依然是全球恐怖主义的核心。

11月12日 阿富汗政府军在帕克提卡省打死60多名塔利班人员。

11月13日 菲律宾逮捕受过“伊斯兰祈祷团”训练的炸弹专家布拉赫·普拉东，他现为“摩洛伊斯兰解放阵线”成员。

＊“基地”组织二号人物扎瓦赫里的助手、沙特人阿卜·凯斯在阿富汗霍斯特省被联军逮捕。

＊巴基斯坦俾路支省奎达市一家快餐店外发生自行车炸弹爆炸，2人死亡、6人受伤。

＊科威特法院宣布，维持对4名“基地”组织嫌犯的死刑判决，包括2名科威特人和2名贝都因人，法院将另外2人的死刑改为终身监禁。上述6人均为科威特“半岛雄师旅”成员。

＊澳大利亚外长唐纳和印度尼西亚外长维拉居达分别代表两国政府在印尼罗姆博克岛签署《安全合作框架协议》，亦称“罗姆博克条约”。根据条约，双方将在国防、执法、反恐、情报、海事、航空、防止大规模杀伤性武器扩散、突发事件等领域进行合作。

11月15日 尼日利亚南部一伙武装分子对当地的石油设施发动袭

击，并与尼海军交火，2人死亡。

＊印度和巴基斯坦外交秘书级（副部级）会谈发表联合声明，双方同意建立3人组成的联合反恐机构，负责讨论反恐措施和定期交换有关情报。

11月17日 2004年马德里“3·11”事件主谋鲁巴伊·奥斯曼·赛义德·艾哈迈德被从意大利引渡到西班牙，并面临该国4万年的徒刑。艾哈迈德被称为“埃及的穆罕默德”，“3·11”事件3个月后在米兰被捕。

11月18日 斯里兰卡政府军在北方省与“猛虎”组织交火，19人丧生。

11月19日 伊朗议会通过议案，要求所有到伊的美国公民留下指纹备案。

＊尼日利亚警方在拉各斯机场截获一件装有炸药的行李。

＊斯里兰卡总统拉贾帕克萨说，不会屈服“猛虎”组织的威胁，将继续打击恐怖活动。一年来，政府和“猛虎”组织间的冲突升级，3000多人在冲突中死亡。

＊泰国陶公府发生枪击和爆炸事件，5人死亡，10多人受伤。

＊1名中国学生在俄罗斯圣彼得堡市遭袭受伤。

11月20日 印度一列客车在西孟加拉邦首府加尔各答以北的贝拉库巴站附近发生爆炸，10人丧生，70人受伤。炸弹被放在一节车厢内。

＊德国北威州埃姆斯代滕城一名18岁的青年头戴防毒面具，身绑炸药闯入曾就读过的中学开枪扫射，造成27人受伤。肇事者事后自杀身亡。

11月21日 德国警察逮捕6名恐怖嫌犯，他们涉嫌收买机场职员企图在飞往以色列的航班上安放行李炸弹。

＊黎巴嫩工业部长、反叙利亚基督徒人物杰马耶勒在贝鲁特被暗杀。3名狙击手拦截了其银色轿车，用消音自动枪支进行扫射，杰马耶勒头部中弹，不治而亡。

＊尼泊尔政府与尼共（毛派）签署和平协议，宣布历时11年的内战结束。

＊阿富汗坎大哈省一名女议员遭袭，其丈夫中弹身亡。另外，2名巴基斯坦记者在赫尔曼德省采访时被塔利班绑架，26日获释。

＊巴勒斯坦两名意大利人遭绑架，但于当晚获释。

＊在冈比亚首都班珠尔经营中餐馆的徐建忠被4名黎巴嫩人和2名尼日利亚人绑架。两天后徐建忠获释，绑架嫌疑人被捕。

11月22日 尼日利亚阿吉普石油公司的7名意大利员工凌晨在尼日尔三角洲作业时遭部落人员绑架。尼军方开展营救，解救5人，其余1人死亡，1人重伤。

＊巴勒斯坦哈马斯下属武装派别“卡桑旅”的一名妇女，在加沙北部贾巴利亚难民营附近引爆炸弹，炸伤4名以色列士兵。

＊俄罗斯北高加索反恐指挥部宣布，35人向车臣当局自首，包括几名非法组织头目。

11月25日 路透社报道，已出现国际私人反恐组织“守夜”。“守夜”负责人多米尼克·怀特曼称，其工作已使埃及出生的神职人员阿布·哈姆扎·马斯里被判刑。该组织由退休的间谍、军官、反恐专家和银行家组成。2005年多米尼克·怀特曼与两名商人成立“守夜”组织，现已有30多名成员，分散在从印度到美国的全球各地。“守夜”主要通过监视网上聊天室获得情报，并将其交给有关政府，如美联邦调查局和英国警方。

＊阿富汗首都喀布尔及卢格尔省各发生一起自杀式炸弹袭击，4人受伤。

＊俄罗斯达吉斯坦共和国军警击毙包括“基地”组织驻北高加索代表阿布—哈夫斯在内的5名恐怖分子。

＊中非共和国政府宣布，反叛组织“争取联合民主力量联盟”头目米歇尔·阿农·德洛克·若托蒂亚已在贝宁落网。

11月26日 泰国也拉和陶公两府发生多起枪击事件，7人死亡，6人受伤。

＊阿富汗帕克提卡省一家餐馆发生自杀式炸弹爆炸，9人死亡，20人受伤。

11月27日 斯里兰卡“猛虎”组织领导人普拉巴卡兰称，政府在泰米尔民族问题上若不拿出任何解决办法，泰米尔人只有通过战斗寻求独立建国。

11月28日 尼日利亚埃多州首府贝宁城酋长埃黑马巴的住宅发生汽车炸弹爆炸，1人死亡，3人受伤。

＊驻阿富汗北约部队在卢格尔省遭路边炸弹袭击，2名士兵死亡，2名士兵受伤。

＊叙利亚一名青年男子持伪造证件在边界检查站制造自杀式爆炸，1人死亡，2人受伤。

＊德国警方在罗森海姆及埃伯斯贝格地区拘捕7名新纳粹嫌疑分子，缴获各式武器、弹药和纳粹宣传品。

11月29日 黎巴嫩真主党新闻官侯赛因·拉哈尔指出，美国情报部门官员关于真主党为伊拉克什叶派武装“迈赫迪军”培训2000名武装人员的说法毫无根据。

11月30日 索马里地拜多阿郊外发生一起自杀式汽车爆炸，12人死亡，多人受伤，3辆汽车被毁。

＊埃及最高国家安全法院宣布，判处参与2004年西奈半岛塔巴爆炸案的3名被告死刑，2人被判终身监禁，8人分别被判处5—15年不等的有期徒刑。

12月

12月1日 伊拉克的“基地”组织呼吁成员对约旦国王阿卜杜拉实施暗杀。

＊斯里兰卡国防部长格塔巴亚·拉贾帕克萨的车队在科伦坡遭到三轮车自杀性炸弹袭击，2人死亡，14人受伤。国防部长有惊无险。

12月4日 英国《苏格兰人报》报道，英国为应对恐怖分子利用核、生物或化学武器发动袭击，已在苏格兰爱丁堡建立特殊训练基地。

12月5日 泰国也拉府的一个集市发生土制炸弹袭击，2人死亡，18人受伤。

12月6日 阿富汗坎大哈市发生一起自杀式袭击，一家美国保安公司的8名员工死亡。同天，加拿大军队驻坎大哈的营地附近也发生自杀式爆炸，3人丧生，4人受伤。

＊土耳其的一辆军车在舍尔纳克省遭遥控炸弹袭击，3名士兵死亡，14人受伤。政府认为是库尔德武装所为。

＊英国伦敦警察局称，俄罗斯前特工利维年科中毒死亡为谋杀事件。利维年科于2006年11月23日死亡，其体内检测出放射性物质“钋—210”。

＊泰国陶公、也拉两府发生爆炸和枪击事件，6人死亡，3人受伤。

＊斯里兰卡总统拉贾帕克萨发表电视讲话称，将根据新颁布的“预防和禁止恐怖主义及特定恐怖行为措施”全面打击恐怖主义，任何危及主权和领土完整的行为都被定为恐怖行为，并禁止任何个人、团体及组织从事恐怖活动，违者将受到严厉惩罚。

12月8日 北约驻阿富汗的一辆军车在乌鲁兹甘省首府塔林科特遇路边炸弹袭击，2名翻译死亡。塔利班声称对此负责。

12月9日 土耳其警方逮捕一伙恐怖嫌犯，其中1人是“基地”组织土耳其分支机构的头目。

＊阿富汗帕克蒂亚省莱贾·曼加尔发生路边炸弹袭击，6名士兵死亡。

＊巴基斯坦俾路支省本杰古尔地区发生一起炸弹爆炸，1人死亡，4人受伤。

12月10日 斯里兰卡军方和“猛虎”组织在拜蒂克洛地区交火，12人被打死，51人受伤。

＊不明身份者在加沙地带开枪袭击巴勒斯坦内政部长萨伊德·塞亚姆的车队。

＊阿尔及利亚首都阿尔及尔近郊，一辆外国工程人员的班车遭遇土制炸弹爆炸，1人死亡，9人受伤。

＊北约部队在阿富汗查布尔省巡逻时遭路边炸弹袭击，2名士兵受伤。

＊3名在俄罗斯符拉迪沃斯托克（海参崴）的朝鲜人遭光头党袭击，2死1伤。

12月11日 泰国也拉和陶公两府发生枪击事件，1名警察死亡，1名律师受伤。

12月12日 联合国调查黎巴嫩前总理哈里里遇刺案的首席调查官泽格·布拉默茨称，已确定嫌犯和证人名单，哈里里案与黎巴嫩两年来发生的14起谋杀和未遂谋杀案有联系。

12月13日 巴勒斯坦哈马斯政府的一名法官被人从车里拖出后射杀。哈马斯称是法塔赫“行刑队”所为。

12月14日 巴勒斯坦总理哈尼亚的车队经过埃及和加沙边境时遭到以色列军队拦截，两人受伤。哈尼亚回到加沙，但未能带回筹集到的3500万美元援助资金。

＊阿富汗查布尔省首府卡拉特发生一起自杀式炸弹袭击，4人死亡，26人受伤。

12月15日 阿富汗帕克蒂亚省首府加德兹市发生一起自杀式汽车炸弹袭击事件，1名士兵死亡，5人受伤。

12月16日 秘鲁阿亚库乔省发生伏击警车事件，7人死亡。警方说，可能是“光辉道路”所为。

＊泰国也拉府的4名穆斯林平民遭枪杀。陶公府一对夫妇在车里被杀害。

＊巴勒斯坦民族解放运动与巴伊斯兰抵抗运动在加沙多个城镇发生冲突，20人受伤。

12月17日 阿富汗赫拉特省发生针对美军的自杀式炸弹袭击，1人死亡，3人受伤。

12月18日 巴基斯坦北部举行的历时8天的“友谊—2006”中巴联合反恐军事演习结束。

＊半岛电视台播放“基地”二号人物扎瓦赫里的录音带。扎瓦赫里说：“试图通过选举解放伊斯兰国家，或想把巴勒斯坦交给犹太人的人，

不能解放巴勒斯坦，只能使圣战局势更加严峻。”

12 月 19 日　美国总统布什计划扩大美军规模，以应对反恐战争的长期挑战。

12 月 20 日　印度曼尼普尔邦的叛军与政府军发生激战，4 人被打死。印度的“邦”乱表现在四个方面：一是东北部各邦想谋求独立；二是西北部地区恐怖组织活动频繁；三是印度教与穆斯林混居的邦宗教矛盾加剧；四是内陆经济不发达邦的杀人、谋财绑架案不断。

＊巴基斯坦俾路支省奎达市警察局附近发生一起自行车炸弹袭击事件，10 人受伤。

12 月 22 日　巴勒斯坦哈马斯政府外交部长马哈茂德·扎哈尔在加沙的宅邸遭袭。1 人死亡，1 人受伤。袭击者为当地望族。

12 月 23 日　驻阿富汗联军在靠近巴基斯坦边境地区炸死塔利班领导人奥马尔的高级助手毛拉阿赫塔尔·穆罕默德·奥斯马尼。其卫星电话泄露了他当时的所在方位。

12 月 24 日　埃塞俄比亚总理梅莱斯说，由于索马里伊斯兰法院联盟部队一再侵犯埃塞俄比亚领土，政府决定向该组织宣战。

12 月 25 日　法国和美国情报机构透露，一批伊斯兰恐怖分子阴谋在圣诞期间袭击英法海底隧道。该阴谋在巴基斯坦策划并指挥，策划者可能是巴基斯坦裔英国人。

＊埃塞俄比亚新闻部称，索马里教派武装因无法抵御埃塞俄比亚国防军和索马里过渡政府军发动的反攻，教派武装遭受重大损失。索马里一周来的冲突已造成 1000 多人丧生和 3000 人受伤。

＊俄罗斯强力部门在切尔克斯克市展开行动，击毙 2 名车臣恐怖分子，逮捕 1 人。

12 月 26 日　巴基斯坦的白沙瓦机场附近发生汽车炸弹爆炸，1 人死亡，2 人受伤。

12 月 28 日　泰国教育部官员说，泰国南部 2004 年发生暴乱以来，有 110 所学校被纵火，71 名教职员遭杀害。陶公府的学校遭袭最多，其次是也拉府和北大年府。

12 月 30 日　西班牙“埃塔”在马德里机场制造一起汽车炸弹爆炸，26 人受伤，2 人死亡。事先有人以“埃塔”名义打电话告知，炸弹被放在停车场的汽车内。西班牙官方称爆炸“毫无疑义，系埃塔所为，政府立即中断与其的和谈”。

12 月 31 日　泰国首都曼谷市中心晚 6 时许的半小时内接连在 7 个地方发生炸弹爆炸，共造成 3 人死亡，30 多人受伤，其中有 6 名外国人。爆炸地点包括纪念碑、电话亭和商业网点。这些炸弹多被放置在垃圾箱内。

中国对外关系大事记

1月

1月8—9日 玻利维亚当选总统胡安·埃沃·莫拉莱斯·艾玛对中国进行访问。

1月9日 北约秘书长夏侯雅伯在新年吹风会上表示，2006年北约将加强与中国的接触。他说，中国的政治、经济以及军事实力均在上升，与中国加强对话和接触“具有重要价值”。

1月10—18日 朝鲜劳动党总书记、国防委员会委员长金正日对中国进行非正式访问，并在湖北、广东、北京等省市参观考察。

1月12日 2005年，中俄贸易额达291亿美元，比上年增长37.1%，高出全国外贸增幅14个百分点。

* 中国与印度在北京签署了“加强石油与天然气合作”备忘录。

* 中国政府首次发表对非洲政策性文件：《中国对非洲政策文件》。

1月19—21日 希腊总理卡拉曼利斯对中国进行正式访问。中国国务院总理温家宝与卡拉曼利斯举行了会谈，双方签署了建交以来的首份联合声明：《中华人民共和国和希腊共和国关于建立全面战略伙伴关系的联合声明》。温家宝建议双方：1. 继续保持高层交往势头，扩大议会、政党、地方及民间交流。2. 加强政治对话与磋商，及时就重大国际和地区问题协调立场。3. 发挥双边经贸混委会和即将成立的经贸合作论坛等机制的作用，认真规划两国经济技术合作的发展方向，调整和优化贸易结构，采取切实措施鼓励和支持企业相互投资。4. 充分利用各自的文化优势，开展形式多样的人文交流活动，为维护世界文明多样性和保护人类文化遗产做出新的贡献。5. 进一步提高在奥运领域的合作水平，为办好2008年北京奥运会，传播和弘扬奥林匹克精神共同努力。卡拉曼利斯说，希腊是海运大国，希望双方加强航运和港务合作，促进经贸关系；两国旅游合作充满商机，希望两国政府为此提供便利；两国都是文明古国，应将文化和教育交流作为优先合作领域；希望双方在举办奥运方面开展富有成果的合作。卡拉曼利斯强调，希腊政府坚定奉行一个中国政策，反对“台独”。会谈后，双方出席了经贸、文化等领域合作文件的签字仪式。

1月22—24日 沙特国王阿卜杜拉对中国进行国事访问，与中国国家主席胡锦涛举行会谈。两国元首积极评价中沙关系，一致同意进一步加强两国务实合作，推动两国战略性友好合作关系深入发展。胡锦涛建议双方：1. 增进互信，深化政治关系。2. 互利互惠，加强能源合作。3. 优势互补，扩大经贸合作。4. 发展友谊，加强人文交流。阿卜杜拉说，沙方愿与中方深化高层交往与政治对话，保持在国际和地区事务中的沟通与磋商，充分利用双方经贸混委会等机制，促进在经贸、能源、基础设施等领域的互利合作，鼓励两国人文交流。双方还就中东、海湾地区局势交换了看法。会谈后，两国元首共同出席了两国政府关于石油、天然气和矿产领域开展合作的议定书，第三届中沙经济、贸易、投资和技术合作混委会会议纪要，以及中沙职业培训合作协议等合作文件的签字仪式。

1月23日—25日 美国常务副国务卿佐利克访华，分别与中国国务院总理温家宝、外交部长李肇星举行会谈。

1月26日 伊朗最高国家安全委员会秘书拉里贾尼访华。

1月27日 世界卫生组织第117届执委会在审议将于5月举行的第59届世界卫生大会临时议程时，未将涉台议题列入议程。这是世卫组织首次在执委会会议上未将涉台议题列入大会议程。

1月31日 美国总统布什发表国情咨文，首次提到中国和印度是美国经济方面的“新竞争对手”，今后在美国的外交、军事方面，中印两国的分量将增大。

＊中国外交部长李肇星出席在英国伦敦举行的阿富汗问题国际会议。李肇星在发言中表示，中方愿本着互利共赢、共同发展的精神，向阿富汗提供长期帮助，与阿开展长期合作。他代表中国政府做出四点承诺：1. 2006年中方将向阿提供8000万元人民币的无偿援助，将给予阿多数对华出口商品零关税待遇。2. 支持阿政府打击恐怖主义的努力，将增加对阿国防、警务执法人员的培训。3. 参与国际合作，与阿邻国一道，落实《喀布尔睦邻友好禁毒宣言》，支持上海合作组织在阿周边建立禁毒“安全带”的努力，开展替代种植等禁毒合作。4. 支持有实力、信誉好的企业赴阿承包工程，参与阿重建，在基础设施、电力、矿产、交通等领域投资。

2月

2月2—9日 中国外交部长李肇星应邀对瑞士、奥地利、挪威、摩纳哥和法国进行正式访问。3日，李肇星在与欧盟“三驾马车”——轮值主席国奥地利、欧盟委员会对外关系委员会、欧盟理事会外长会晤时表示，今年双方应重点做好以下工作：1. 为第九次中欧领导人会晤做好准备；2. 妥善应对新的贸易争端，保持中欧经贸合作的发展势头，在欧盟承认中国的完全市场经济地位问题上尽快取得进展；3. 加强中欧在高科技领域的合作，尽早启动中欧科技年活动的筹备；4. 在伊朗核危机、中东局势、联合国改革等国际和地区热点问题上加强沟通与合作；5. 欧盟应履行理事会的有关承诺，尽早解决中方在有关问题上的合理关切。欧方表示，将与中方共同努力使中欧第九次领导人会议取得更多成果；欧方期待双方尽早启动伙伴合作协定的谈判，达成一个涉及双方全面合作的协定；希望双方通过采取具体措施加强在贸易、民航、环保、旅游等领域的合作；欧盟将在给予中国完全市场经济地位等问题上继续做出努力。

2月5日 中共中央对外联络部副部长张志军在慕尼黑安全政策会议上发表了《中国的和平发展与世界》的演讲。张志军说，中国的安全政策有三个目标：一是保持中国自身的稳定与发展；二是维护周边地区的和平与稳定；三是促进国际安全对话与合作。

2月6日 俄罗斯外交部发表声明，谴责陈水扁近期“台独”言论，重申俄在台湾问题上的一贯立场，反对任何形式的“台湾独立”。声明指出，台湾当局最近的一系列言论引起俄方“严重担忧”。

2月9日 中国银行开平支行贪污案的两名主要嫌疑人外逃4年后被美国司法部起诉。

2月10—11日 中国外交部副部长戴秉国同日本外务省事务次官谷内正太郎在日本举行第四次中日战略对话会议。

2月12—18日 多哥总统福雷·埃索齐姆纳·纳辛贝对中国进行国事访问。

2月14日 美国贸易代表署发布了中国入世四年来第一份全面评估对华贸易关系的报告：《美中贸易关系：进入更大责任和执法新阶段》。报告在回顾、展望对华贸易政策发展三阶段的基础上提出了美国对华贸易政策的3项核心原则、6项目标以及建议采取的10项主要措施。报告认为对华贸易的三阶段是：第一阶段（1986—2001年），美国对华贸易政策的中心工作是与中国谈判基本的贸易协定，将中国带入以规则为基础的世界贸易体系；第二阶段（2001—2005 年），美国对华贸易政策关注的首要问题是督促中国与全球贸易体系结合，遵守入世承诺；第三阶段（2006 年以后），中国容易履行的对世贸组织的承诺已经完成，剩余的全部是难度较大的承诺，且中国在世界贸易体系中的地位迅速提升，对美国贸易和全球经济平衡的影响力与日俱增。3 项核心原则是：推动日益开放、以规则为基础的国际贸易体系；为美国人民赢得该体系的经济利益；追求更平等、更持久的机会及能够为美国创造就业的贸易关系。对华贸易的 6 项目标是：参与；执行和守诺；美国贸易法执法；进一步的市场准入和改革；促进出口；积极确定和解决贸易问题。10 项建议是：1. 强化美国贸易代表署的执法能力，组建对华执法特别工作组，以便更好地确保中国履行贸易义务；2. 强化美国贸易代表署获得中国贸易体制和政策综合信息的能力；3. 强化对华贸易谈判能力；4. 就对华贸易增强与其他贸易伙伴的协调；5. 强化美国与亚洲其他经济体的贸易关系；6. 通过美中商贸联委会等高层对话机制增进对中国监管体制改革的关注；7. 提高对华高层会谈的效率；8. 扩展、强化美中对话议题，包括中国全球体系、市场准入、电信标准、金融服务业等问题；9. 就对华贸易政策加强美国政府内部协调；10. 就对华贸易政策加强政府与国会之间的协调。

2 月 14—18 日 缅甸政府总理梭温对中国进行正式访问。

2 月 15 日 3 名在巴基斯坦俾路支省的中国工程技术人员遭枪击身亡。

2 月 19—23 日 巴基斯坦总统穆沙拉夫对中国进行国事访问，与中国国家主席胡锦涛举行正式会谈。双方强调，进一步巩固和发展睦邻友好、互利合作的中巴战略合作伙伴关系，是两国外交政策的既定方针，两国将继续采取积极措施不断深化和充实中巴关系的内涵。中国全国人大常委会委员长吴邦国、国务院总理温家宝和全国政协主席贾庆林分别会见了穆沙拉夫总统。

2 月 19—26 日 英国副首相兼内阁首席大臣约翰·普雷斯科特对中国进行正式访问。在京期间，中国国务院总理温家宝、全国政协主席贾庆林、国务委员唐家璇等分别与其举行会谈。普雷斯科特还赴宁波、上海和成都参观访问。

2 月 21 日 日本贸易振兴机构发表的中日贸易统计数据显示，2005 年日本与中国内地的贸易总额达 1893 亿美元，比上年增长 12.7%，连续 7 年创历史最高纪录。

* 中国常驻联合国代表王光亚出席安理会会议，听取安理会下属的 3 个反恐委员会的工作报告。王光亚强调，恐怖主义威胁时刻存在，没有一

国能独善其身，坚决反对一切形式的恐怖主义是各国共同承担的义务，也是安理会深化反恐合作的基础。

2月22日 日本民主党外交及防御部门会议通过了题为“同中国构筑稳定、协调关系”的对华政策草案。该草案的基础是日本民主党成员前原诚司一贯主张的“中国威胁论”。

2月22—23日 德国外长施泰因迈尔访华。

2月24日 日本经济产业大臣二阶俊博对中国进行访问。温家宝总理两年来首次与日本政府阁员举行会谈。

2月28日 中国常驻联合国副代表张义山在联大发言，提出了中国在联合国维和问题上的四项主张：第一，应加强部署维和行动的前瞻性研究；第二，应对维和行动的模式、理论等进行总结、提高和创新。维和部队应注意进行系统对比和分析，结合实际情况和需要提出改进建议，包括优化特派团组织结构，改进指挥体系，科学界定任务范围，有效管理财政资源，加强快速军事部署能力等，以切实提高维和行动的效能；第三，应切实改进维和行动的内部管理，加强监督与协调，完善人事、财务等相关制度，强化人员岗前和任务中培训；第四，所有会员国应从维护全球和地区和平、安全与稳定的战略高度出发，本着政治诚意，向维和行动及其改革提供及时和充分的政治、资金和人员支持。张义山说，中国是联合国维和行动的坚定支持者和参与者。迄今共向联合国15项维和行动派出5000多人次，目前有1000余名维和人员在13个维和任务区执行任务。

3月

3月3日 日本外务省2006年版裁军白皮书《日本的裁军及不扩散核武器外交》针对中国增强军备，首次写进了“这是与日本的安全直接相关的课题”这种表明强烈担心的话。而在2005年版防卫白皮书中日本谈到中国时仅说：“在军事方面要关注各国动向。”裁军白皮书说：“在亚洲存在军备在扩大、缺乏军事透明度的国家，这是令周边地区担心的因素。”

3月6—7日 中日第四轮东海问题磋商在北京举行。

3月9日 中国国务院发表《2005年美国的人权纪录》，指责美国“粗暴侵犯别国主权和人权”。

3月11—17日 中印边界问题特别代表第七次会晤在印度举行。

3月14日 美国商务部长古铁雷斯在亚洲协会发表讲话时警告说，如果北京不迅速、有效地处理美中两国间的经济摩擦，美国可能被迫对美中经济关系重新做出评估。古铁雷斯特别提出：中国对知识产权保护不力是令美商界、国会和政府极为担心的。

3月15—16日 第七届中国—东盟联合合作委员会会议在广西南宁举行。

3月17日 美国坦承对中俄"非常紧密"关系感到担忧。美国国防部助理部长罗德曼在美中经济安全审议委员会举行的一次有关中国军事现代化的听证会上说，最近出现的一些进展引起五角大楼的关注。"去年，中国和俄罗斯进行了军事演习，我们希望能以观察员的身份参加，但是中国拒绝邀请我们。还有香港警方进行的演习，我们过去也曾经参加过，但是他们现在不让我们参加了。"

3月19—25日 多米尼克总统尼古拉斯·利物浦对中国进行非正式访问。

3月20日 中国对美国《国家安全战略报告》中涉华错误言论表示强烈不满，并向美方提出严正交涉。

3月20日—4月2日 中国政协主席贾庆林对越南、印尼、马来西亚进行访问。

3月21日 中国财政部长金人庆与俄罗斯联邦外交部长拉夫罗夫在北京宣布建立中俄财长对话机制，并共同签署了《中华人民共和国财政部和俄罗斯联邦财政部关于启动中俄财长对话机制的谅解备忘录》。中俄财长对话机制级别为部长级，每年一次，在中俄两国轮流举行。两国财政部为主要牵头单位，必要时邀请其他部门参加。对话主要议题包括中俄宏观经济形势、财政政策、金融改革以及在国际财政金融领域的合作等，双方还将开展相关考察和培训活动。首次中俄财长对话会议将适时启动。

* 中国"俄罗斯年"开幕式在北京人民大会堂举行。

3月21—22日 俄罗斯总统普京对中国进行国事访问。访华期间，胡锦涛和普京举行了会谈，两国元首全面探讨了深化中俄战略协作伙伴关系问题。胡锦涛表示，中方愿与俄方一道，着力从以下几个方面进一步加强两国的战略协作和务实合作：第一，把增进政治互信作为发展双边关系的长期任务，加强在涉及对方核心利益问题上的相互支持。第二，把深化务实合作作为中心环节，通过改善贸易结构，推动大项目合作，增加相互投资，推进两国在贸易、能源、高新技术产业、基础设施建设、跨界水资源利用和保护等领域的合作，不断提高两国经贸合作的整体水平。第三，把协调两国经济发展战略作为深化合作的努力方向。第四，把扩大人文交流与合作作为中俄世代友好的重要基础，持之以恒，常抓不懈。双方要密切配合，精心组织，精心实施，共同搞好"国家年"活动。普京说，俄罗斯政府在台湾问题上坚定不移地支持中国政府，中国政府有实现国家统一的权利。中国已成为俄罗斯的第四大贸易伙伴，俄方对双边经贸关系非常满意。俄方希望双方加强交通运输和银行领域合作，以适应贸易量增加的需要，进一步扩大机电产品对华出口，继续在航天、移动通讯等领域扩大合作。会谈后，双方签署了《中华人民共和国与俄罗斯联邦联合声明》，两国元首出席了外交、投资、交通、通讯、银行等领域合作文件的签字仪式，以及“俄罗斯年”开幕式和中俄经济工商界高峰论坛开幕式。

3月23日 外交部发言人秦刚就有关日本提交修订联合国会费比额的建议答记者问时表示，日本提出的这项建议是企图以所谓的“支付责任”概念否定各国公认的“支付能力”原则。中国政府对此坚决反对。秦刚说，首先，日本建议的实质是将权力与会费挂钩，为“以钱买权”铺路。这将从根本上动摇各国主权平等这一《联合国宪章》规定的基本原则，严重损害广大发展中国家的利益。其次，“支付能力”原则是确定联合国会费比额的基本原则，长期以来被实践证明行之有效，也最能凝聚各方共识，不容改变。第三，中国经济虽不断发展，但人均收入还很低。即便如此，中国目前会费比额名列第九，并一直忠实履行联合国财政义务，按期缴纳会费，还在维和摊款方面承担了其他国家削减下来的份额，对联合国财政做出了重要贡献。随着中国经济的发展，中方还愿做出更大贡献。第四，会费比额问题事关联合国能否有效履行其职能，也涉及广大会员国的利益。

3月23—24日 新一届中日友好21世纪委员会第四次会议在日本京都举行。

3月27—29日 罗马尼亚总统特拉扬·伯塞斯库对中国进行国事访问并与中国国家主席胡锦涛举行会谈。会谈后，两国领导人出席了两国关于海关事务的合作与行政互助谅解备忘录的签字仪式。访问期间，全国人大常委会委员长吴邦国和国务院总理温家宝分别会见了罗马尼亚总统伯塞斯库。

3月28日 英国外交部发表题为《应对变化中世界的主动外交》的白皮书，阐述了未来10年英国的外交工作重点，提出需要和中国等国家建立战略关系。

*美国商务部长古铁雷斯访华，与中国商务部长薄熙来举行会谈，双方就中美经贸关系焦点问题以及第17届中美商贸联委会等议题交换了意见。

3月30日—4月1日 由日本国际贸易促进协会会长、前日本首相桥本龙太郎等26人组成的日中友好七团体访华团对中国进行访问。31日，中国国家主席胡锦涛会见了日本日中友好七团体负责人，双方就加强中日民间交流、促进中日关系的改善和发展等进行了友好的谈话。胡锦涛说，近年来，中日关系出现困难局面，责任不在中国方面，也不在日本人民，症结在于日本个别领导人坚持参拜供奉有甲级战犯的靖国神社，伤害了包括中国人民在内的受害国人民的感情，损害了中日关系的政治基础。胡锦涛强调，中国政府在对日关系上的立场是明确的、一贯的、坚定不移的。中国政府将始终从战略高度和长远角度看待中日关系，致力于两国和平共处、世代友好、互利合作、共同发展；中国政府将坚持《中日联合声明》等3个政治文件的原则，继续本着“以史为鉴、面向未来”的精神，通过平等协商，妥善处理两国间存在的问题，维护中日友好的大局；中国政府将坚定奉行“与邻为善、以邻为伴”的周边外交方针，积极推进双方在广泛领域的交流与合作，增进两国人民之间的友好感情。只要日本领导人明确做出不再参拜供奉有甲级战犯的靖国神社的决断，我愿就改善和发展中日关系与日本领导人进行会晤和对话。

3月31日　美国贸易代表办公室公布2006年度《关于外国贸易障碍的全国贸易评估报告》，列举了外国设置的不公平贸易壁垒。在这份712页的报告中，有关中国的部分占了71页。报告认为，在美国年度贸易障碍中，中国名列榜首。贸易官员认定中国对美国出口产品设置了多方面贸易障碍，但不愿说明是否会就其中的任何障碍诉诸世界贸易组织寻求解决。

4月

4月1日　中国常驻联合国代表王光亚大使担任安理会轮值主席。4日，王光亚大使召开安理会首次全体磋商，通过了安理会本月工作计划。在随后举行的记者吹风会上，王光亚说，据4月份的日程安排，安理会本月工作重点将放在非洲及中东问题上。

4月1—8日　中国国务院总理温家宝对澳大利亚、斐济、新西兰、柬埔寨进行正式访问，并出席在斐济举行的“中国—太平洋岛国经济发展合作论坛”首届部长级会议开幕式。

4月2日　《中华人民共和国与日本国政府海关互助与合作协定》在北京签署。协定共14条52款，涵盖了中日海关间互相提供执法协查、开展情报交换、技术交流和人员培训等多个方面。

4月2—7日　土库曼斯坦总统萨·阿·尼亚佐夫对中国进行国事访问。中国国家主席胡锦涛与尼亚佐夫举行了会谈。胡锦涛说，中方愿本着以下原则，与土方一起，共同推动中土关系全面深入向前发展：1. 坚持相互尊重、平等相待。2. 坚持互利双赢，扩大经贸合作。3. 坚持互信互助，加强安全合作。共同防范和打击“三股势力”，维护各自国家和本地区的安全与稳定。4. 坚持互学互鉴，拓展人文交流。5. 坚持相互协调，密切国际合作。会谈后，两国元首共同签署了《中华人民共和国和土库曼斯坦联合声明》，并出席了中、土经济合作等方面7个文件的签字仪式。

4月3日 中国国务院总理温家宝在澳大利亚总理霍华德举行的欢迎宴会上，发表了题为《坚持走和平发展道路 促进世界和平与繁荣》的重要演讲。温家宝指出，中国正以实际行动在世界上发挥着负责任的作用，概括地说，表现在以下10个方面：1. 中国高度重视发展社会生产力和提高人民的物质文化生活水平，致力于促进人类进步事业；2. 中国通过总结实践经验，正在走一条科学发展之路；3. 中国奉行独立自主的和平外交政策，根据事情本身的是非曲直确定自己的立场；4. 中国坚定地维护世界和平，是国际体系的参与者、维护者和建设者；5. 中国坚持与邻为善、以邻为伴，做周边国家的好邻居、好伙伴；6. 中国主张和平解决争端，在处理热点问题上发挥建设性作用；7. 中国积极参与反恐和防扩散合作，努力维护全球安全与战略稳定；8. 中国切实履行入世承诺，致力于建设公平、自由的国际贸易体制；9. 中国认真落实联合国千年发展目标，向发展中国家提供真诚无私的援助；10. 中国奉行防御性的国防政策，推进国际裁军和军控事业。

* 温家宝在堪培拉澳大利亚议会大厦与澳大利亚总理霍华德举行会谈。两国总理一致同意发展两国21世纪互利共赢的全面合作关系，并在此框架下达成以下共识：1. 建立两国领导人定期互访和会晤机制，及时就双边关系中的重大问题交换意见。2. 全面推动经贸合作，本着互谅互让的原则，加快推进自由贸易区谈判，争取在1至2年内取得实质性进展，为全面达成一个互利互惠、符合双方利益的协议奠定基础。3. 建立长期、稳定、健康的能源矿产资源供求关系和公平合理的价格机制，并从贸易合作逐渐拓展到上游开采、新能源、可再生能源、清洁能源及相关技术的合作。4. 在和平利用核能的原则下，开展铀矿合作。5. 进一步加强文化、教育交流，增进相互了解与友谊。6. 加强在重大国际和地区问题上的对话与磋商，共同致力于亚太和平与繁荣。双方还就伊朗核问题、两国在亚太经合组织内的合作等问题交换了看法。会谈后，双方共同出席了《中澳和平利用核能合作协定》、《核材料转让协定》、《中澳关于刑事司法协助的条约》等双边合作文件的签字仪式。

4月4日 美国国土安全部部长迈克尔·切尔托夫访华。

* 中国与乌克兰首次能源合作研讨会“中国—乌克兰能源圆桌会议”在乌克兰驻华大使馆举行。

4月4—5日 中国国务院总理温家宝对斐济进行正式访问。访问期间，温家宝会见了斐济总统约瑟法·伊洛伊洛·乌鲁伊温达，与恩加拉塞总理举行了会谈。双方就两国关系及共同关心的国际和地区问题深入交换意见，达成了广泛共识。会谈取得以下成果：1. 两国决定建立和发展“中斐重要合作伙伴关系”；2. 斐济承认中国的完全市场经济地位；3. 建立中斐经贸联委会；4. 两国将在国际和地区事务中相互支持、相互配合。会谈后，双方共同出席了两国政府经济技术合作协定等双边合作文件签字仪式。双方还发表了《中华人民共和国政府和斐济群岛共和国政府联合新闻公报》。

4月5日 中国国务院总理温家宝开始对新西兰进行正式访问。这是中国总理在近18年来对新西兰进行的首次访问。温家宝与新西兰总理克拉克举行会谈，双方就深化两国合作进行了务实和建设性的讨论，达成以下重要共识：1. 确立中新21世纪互利共赢的全面合作关系。2. 建立两国领导人年度会晤机制。3. 争取在1—2年内达成一个全面、平衡、高质量、为双方所接受的自由贸易区协定。4. 扩大在农业、畜牧业等领域的相互投资。5. 将生物、信息技术等作为两国新的合作方向，早日建立中新科技联委会。6. 共同致力于打击有组织的跨国犯罪。7. 加强在东亚峰会和太平洋岛国组织中的协调与配合。会谈结束后，两国总理共同出席了《中新刑事司法协助条约》、《中新政府文化协定》等双边合作文件的签字仪式。

4月5—6日 “中国—太平洋岛国经济发展合作论坛”首届部长级会议举行，中国同8个太平洋岛国签署了经济发展合作行动纲领。中国国务院总理温家宝出席会议开幕式并发表了题为《加强互利合作 实现共同发展》的讲话。

4月5—10日 也门总统阿里·阿卜杜拉·萨利赫对中国进行国事访问。

4月7—8日 中国国务院总理温家宝对柬埔寨进行正式访问。访问期间，温家宝同洪森首相举行了会谈，会见了诺罗敦·西哈莫尼国王、参议院议长谢辛和国民议会议长韩桑林。两国领导人就加强双边关系及共同关心的国际和地区问题深入交换了意见，达成广泛共识。会谈后，温家宝与洪森共同出席了两国政府经济技术合作协定等双边合作文件的签字仪式，以及中方援建的柬政府办公大楼奠基仪式和甘再水电站象征性开工仪式。两国政府决定建立中柬全面合作伙伴关系。双方同意：1. 巩固传统友谊，增进相互信任。2. 推进经贸合作，实现共同发展。3. 拓展合作领域，推进全面合作。4. 扩大政党、议会交往，交流治国理政经验。5. 扩大两军交往，加强非传统安全领域合作。6. 加强双、多边协调，维护共同利益。

4月10—15日　格鲁吉亚总统米哈伊尔·萨卡什维利对中国进行国事访问并与中国国家主席胡锦涛举行会谈。双方就双边关系和共同关心的国际及地区问题深入交换意见。会谈后，两国元首签署了《中华人民共和国和格鲁吉亚关于进一步发展友谊与合作的联合声明》，还出席了中格经济技术合作协定等合作文件的签字仪式。

4月11日　第17届美中商贸联合委员会全体会议在华盛顿举行。会议由美国商务部长卡洛斯·古铁雷斯、美国贸易代表罗布·波特曼与中国国务院副总理吴仪共同主持。美国农业部长迈克·约翰斯也出席了会议。美商务部长古铁雷斯在会议结束后举行的记者会上说，中国承诺提高美国在中国的市场准入和加强知识产权执法，美国对此表示欢迎。

4月12日　美国总统布什会见中国国务院副总理吴仪。双方讨论了有关4月11日进行的美中商贸联委会年度会议的问题。

4月12—18日　新加坡国务资政吴作栋访华。

4月13—16日　首届世界佛教论坛在中国浙江省舟山市普陀山举行，论坛通过《普陀山宣言》。该宣言指出，和平是人类的永恒期盼，和谐更是人类向往的美好境界。"世界和谐，人人有责。和谐世界，从心开始"。这次论坛是新中国建国以来在内地举办的首次世界性宗教会议。来自37个国家和地区的高僧、学者以及外国政要围绕"和谐世界，从心开始"的主题，就"佛教的团结合作"、"佛教的社会责任"和"佛教的和平使命"三个分议题进行了深入的探讨和交流，并达成了广泛共识。

4月15日　日本外相麻生太郎在广岛县吴市发表演说时表示，今后日本对华日元贷款仅限于环境保护方面。

4月15—22日　菲律宾参议院议长富兰克林·德里隆率菲律宾参议院代表团访华。

4月17日　日本贸易振兴会发表年度报告称，2005年日本对华直接投资达65.30亿美元，创历史最高记录，比上一年增加19.8%。

4月18日　中美代表在华盛顿签署了《中华人民共和国政府与美利坚合众国政府关于在进出对方国境的本国航班上部署空中警察并开展相关合作的谅解备忘录》。这是两国在中美中长期反恐交流与合作机制下开展合作的一项重要成果，有助于加强往来于中美之间商业客机的安全。

4月18—21日　中国国家主席胡锦涛对美国进行国事访问并与美国总统布什举行会谈。两国首脑就中美关系和共同关心的重大国际和地区问题深入交换了意见。胡锦涛说，中美关系已超越双边关系的范畴，越来越具有全球影响和战略意义。中美双方不仅是利益攸关方，而且更应该是建设性合作者。双方应共同努力，全面推进中美建设性合作关系。中方坚持在一个中国原则的基础上维护台海和平稳定，促进两岸关系改善和发展。

我们将以最大的诚意、尽最大的努力争取和平统一的前景，但我们绝不容忍"台独"。布什表示，美国政府在台湾问题上的立场没有变化。美国坚持一个中国政策，理解中方在台湾问题上的关切，不希望看到台湾当局单方面改变台海现状的行动损害中美关系。双方同意从战略高度和长远角度看待和处理两国关系，全面推进21世纪中美建设性合作关系。双方同意共同推进互利双赢的中美经贸关系，并表示应该从两国和两国人民的根本利益出发，通过平等协商妥善解决存在的一些分歧和摩擦。双方同意加强两国在军事、执法、科技、教育、文化、青年等领域的交流合作，并就反恐、防扩散、禽流感防治、能源、环保、抗灾救灾以及维护亚太地区安全稳定等重大问题继续开展对话和合作。双方将继续推动朝鲜半岛核问题六方会谈进程，继续为和平解决伊朗核问题而努力。

4月18—30日 中国国家主席胡锦涛对美国、沙特阿拉伯、摩洛哥、尼日利亚、肯尼亚进行国事访问。

4月19日 中国常驻联合国代表王光亚向联合国秘书长安南交存了中国参加《制止向恐怖主义提供资助的国际公约》的批准书。公约将于批准书交存30天后对中国生效。中国第十届全国人大常委会于2006年2月28日决定批准该公约。《制止向恐怖主义提供资助的国际公约》于1999年12月9日在第54届联合国大会获得通过，并于2002年4月10日生效。

4月19—21日 世界贸易组织对中国贸易政策进行入世以来的首次审议，与会各成员代表高度评价中国经济发展取得的成就。审议大会主席、哥伦比亚驻世贸组织大使克劳迪娅·乌里韦表示，中国在审议中的表现受到所有世贸组织成员的肯定。

4月20日 中国国家主席胡锦涛在出席由美中贸易全国委员会等12家友好团体共同举行的宴会时，就发展中美关系提出6项主张：第一，增进了解，扩大共识，构筑长期稳定的中美建设性合作关系。第二，把握机遇，开拓思路，巩固和扩大经贸合作基础。第三，恪守原则，履行承诺，在中美三个联合公报的基础上妥善处理台湾问题。第四，密切磋商，迎接挑战，加强在重大国际和地区问题上的沟通和协调。第五，相互借鉴，取长补短，不断加强两国人民的友好交流。第六，相互尊重，平等相待，正确看待和处理彼此的差异。

4月22日 正在沙特进行国事访问的国家主席胡锦涛同沙特国王阿卜杜拉举行会谈。双方就加强两国各领域友好合作、推动两国战略性友好合作关系继续发展达成重要共识。胡锦涛指出，以互利共赢为原则，加强务实合作，是中沙关系顺利发展的一条宝贵经验，现阶段双方合作应围绕以下重点开展：1. 扩大企业间的投资和合作。2. 深化能源合作，扩大原油贸易，探索在储油设施、炼油、石化和销售方面的合作。3. 扩大双边贸易规模，丰富进出口商品的种类。4. 促进文化、教育等人文领域的交流，增进两国人民的相互了解和友谊。5. 完善合作机制建设，充分发挥双方各种合作机制的作用。阿卜杜拉说，沙特希望同中国发展真诚的友谊，开展全方位、多领域的合作。双方还就地区形势及巴以冲突和伊拉克问题交换了意见。

＊中国国家主席胡锦涛在沙特首都利雅得会见了海湾合作委员会秘书长阿提亚，双方就加强中国同海湾合作委员会及其成员国的关系交换了意见。

4 月 24 日 正在摩洛哥进行国事访问的中国国家主席胡锦涛同穆罕默德六世国王举行会谈。双方表示，中摩关系已进入新的发展阶段，将共同努力推动两国各领域友好合作继续深入发展。双方还就中非关系等共同关心的国际和地区问题交换了意见，同意在中非合作论坛框架内进一步加强合作。会谈后，双方共同出席了双方经贸、科技、文化、卫生、旅游等领域合作协议的签字仪式。

4 月 25—28 日 芬兰总理马蒂·万哈宁对中国进行正式访问。

4 月 26 日 上海合作组织成员国国防部长会议在北京举行。会议就当前国际和地区形势，在上海合作组织成立 5 年来所取得的成就基础上加强成员国防务部门之间的合作等有关问题进行了讨论，并就实质问题达成一致意见。

4 月 26—27 日 中国国家主席胡锦涛对尼日利亚进行国事访问，同尼日利亚总统奥巴桑乔举行了会谈。双方同意在总结经验基础上，共同谋划两国关系发展战略规划，推动中尼战略伙伴关系不断深入发展。会谈后，双方出席了双方经贸、文化、卫生等领域合作文件的签字仪式。访问期间，胡锦涛会见了尼日利亚国民议会参议长纳马尼和众议长马萨里。胡锦涛还在尼日利亚国民议会发表了题为《为发展中非新型战略伙伴关系而共同努力》的重要演讲。就发展中非关系，提出 5 项建议：第一，政治上增强互相信任。第二，经济上扩大互利共赢。第三，文化上注重互相借鉴。第四，安全上加强互相合作。第五，国际上密切互相配合。

4 月 27—29 日 中国国家主席胡锦涛对肯尼亚进行国事访问，与肯尼亚总统齐贝吉举行会谈。双方表示将共同致力于发展中肯长期稳定、互利互惠的友好合作关系，继续深化双方在各领域的友好合作。胡锦涛和齐贝吉还出席了双方关于经贸、文化、教育等领域合作文件的签字仪式。

4 月 29 日 中国全国人大常委会通过决定，批准中国与西班牙的引渡条约，这是中国与欧美发达国家之间的第一个引渡条约。在中国所有对外引渡条约中，该条约也首次出现了涉及死刑犯引渡问题的条款。

5月

5月7日 第五次中日战略对话在北京举行。中国外交部副部长戴秉国和日本外务省事务次官谷内正太郎分别率团参加。

5月8日 中国外交部长李肇星出席中、美、俄、英、法、德6国外长在纽约举行的关于伊朗核问题会议。李肇星说，中方坚决维护国际核不扩散体系，维护中东地区和平与稳定。国际原子能机构理事会的有关决议和安理会主席声明应得到切实执行。希望伊朗与国际原子能机构全面合作，澄清有关遗留问题，以恢复国际社会的信任。李肇星强调，当前形势下，国际社会仍应坚定不移地致力于通过外交谈判和平解决伊朗核问题，有关各方均应保持冷静和克制，为恢复有关谈判创造必要的条件和气氛。

5月9日 中国外交部长李肇星在纽约出席了联合国安理会苏丹问题外长会议。

＊中国以146票当选为首届人权理事会成员。

5月10日 美国副国务卿佐利克对众议院国际关系委员会表示，美中关系是美国在目前及可预见的未来的一项首要工作。他说："除了对付伊斯兰政治极端主义及恐怖主义之外，如何应对中国日益扩大的影响是21世纪美国外交面临的中心议题之一。"佐利克指出，美中关系正在全球和国家两个层面展开。在国家层面上，美国对中国在人权、个人自由及政治改革等方面的状况深切关注。而在经济、贸易及市场准入方面，美中双方各自有其关注的问题。佐利克还说："一个更富影响力的中国比大部分国家更有能力帮助维持和平、繁荣及开放的国际体系，中国已从该体系中获益。"

＊台中社报道，台湾"总统"陈水扁在拉美之行的回程途中出人意料地在利比亚做过境停留，与利比亚政要商谈互设代表处，落实双边经贸、渔业、观光、科技、石化等实质合作关系。利比亚官方宣布，未来将给予台湾旅客免签证优惠。陈水扁表示，访利不是过境，是正式访问，对方的接待规格，令他非常满意。

5月11—18日 塔吉克斯坦外交部长纳扎罗夫访华。

5月13日 台"中央社"报道，今天是世界法轮大法日，加拿大总理哈珀公开致贺函给加拿大法轮功学会，总理公开写贺函祝贺世界法轮大法日，这在加拿大尚属首次。

5月15—16日 俄罗斯外交部长拉夫罗夫访华，与中国外交部长李肇星举行会谈。双方表示两国外交部将保持密切沟通与合作，共同落实两国领导人就深化中俄战略协作伙伴关系以及在重大国际和地区问题上达成的共识，确保年内两国领导人一系列重要互访和接触取得成功，推进在重点领域的合作。双方表示愿积极配合，在2007年年底前如期完成两国边界勘界工作，并依法鼓励和规范两国间正常的人员和贸易往来。双方还就国际和地区形势以及上海合作组织的发展交换了意见，重申继续保持磋商与合作，以外交和谈判方式妥善解决伊朗核问题，共同推动朝鲜半岛核问题六方会谈取得进展。访问期间，中国国家主席胡锦涛会见了拉夫罗夫。

5月17日　中国全国人大常务委员会委员长吴邦国开始对罗马尼亚、摩尔多瓦、希腊和俄罗斯进行访问，并出席在莫斯科举行的上海合作组织成员国议长会议。

5月17—25日　中国外交部长李肇星对墨西哥、巴哈马、科威特、卡塔尔、阿联酋和巴林6国进行正式访问，并在毛里塔尼亚作技术停留。访问墨西哥和卡塔尔期间，李肇星分别出席中国—墨西哥政府间两国常设委员会第二次会议和亚洲合作对话第五次外长会议。

5月18日　中日第五轮东海问题磋商在东京举行。

5月19—23日　联合国秘书长安南正式访华，这是安南就任以来第7次访华。中国国务委员唐家璇与安南举行会谈，就联合国作用及改革、中东局势、伊朗核问题以及苏丹达尔富尔问题等交换了看法。中国国家主席胡锦涛、国务院总理温家宝分别会见了安南。

5月22日　中国国务院总理温家宝与来访的德国总理默克尔举行会谈，就中德关系、中欧关系及共同关心的国际问题交换了意见。温家宝就深化中德关系，进一步扩大合作提出建议：第一，加强政治对话与磋商，年内正式启动首届中德副外长级战略对话，继续密切两国在国际事务中的配合与协调。中方支持德国在联合国等多边机构内发挥更大作用。第二，充分发挥高技术对话论坛、经济合作联委会、环境论坛等机制的桥梁作用，推动两国在能源、基础设施、服务贸易以及中小企业的合作。第三，促进文化、教育交流，办好“国家文化年”，鼓励高校和职业教育合作，增加互派留学生的名额。第四，在平等和尊重的基础上开展人权对话，增进相互了解。默克尔表示，德方愿与中方保持高层交往，开展战略对话，在重大国际和地区问题上加强磋商与协调。德方希望进一步提升两国经济、技术合作水平，在经贸、交通、航空、技术转让、知识产权保护等方面加强合作。德方鼓励双向投资和两国企业间的合作，愿推动双方磁悬浮交通合作取得成功。德方将积极促进双方在文化、教育、科技、法治建设等领域的交流与合作。会谈结束后，双方共同出席了双边合作文件的签字仪式，以及第四届中德高技术对话论坛并致辞。

*第 59 届世界卫生大会在日内瓦开幕，大会再次否决了极少数国家提出的涉台提案。

5 月 23 日 美国国防部公布了 2006 年度《中国军力报告》。报告对中国的远程战略进攻武器给予了前所未有的关注，并再次拿中国军事透明度和国防开支问题大做文章。

*中国外长李肇星在卡塔尔首都多哈与日本外相麻生太郎举行会晤。双方同意，中日关系对双方都是最重要的双边关系之一。为推动两国关系改善和发展，应加强两国战略对话，共同努力清除政治障碍；应深化经贸关系，开辟节约能源保护环境等领域的合作，扩大共同利益；应进一步扩大两国国民尤其是青少年友好交流，增进相互了解和友谊；应继续开展两国副外长级安全对话及两军交流，增进互信。

5 月 24 日 中国外长李肇星出席在卡塔尔首都多哈举行的亚洲合作对话第五次外长会议。

5 月 28 日—6 月 2 日 印度国防部长慕克吉访华，两国签署了《中华人民共和国和印度共和国防务领域加强交流与合作的谅解备忘录》。

5 月 29 日—6 月 3 日 东帝汶总统夏纳纳·古斯芒访华。

5 月 30 日—6 月 6 日 朝鲜外务相白南舜访华。

5 月 31 日—6 月 1 日 中阿合作论坛第二届部长级会议在北京举行。这是论坛首次在华举办部长级会议，会议由中国外长李肇星，阿盟外长理事会轮值主席、阿联酋外交事务国务部长穆罕默德和阿盟秘书长穆萨共同主持，22 个阿拉伯国家的外长、部长或代表及中国有关部委负责人与会。

6月

6 月 3 日 美国国防部长拉姆斯菲尔德在新加坡说，中国在世界体系中是一个非常重要的利益攸关方，美中两国一直在加强政治、经济及军事合作，以增强彼此间的谅解。

6 月 4 日 中国驻美洲国家组织常任观察员周文重大使率领中国政府代表团出席在多米尼加首都圣多明各召开的美洲国家组织第 36 届年会的成员国与观察员国对话会并发言。

6 月 6—19 日 中共中央政治局常委李长春对乌兹别克斯坦和保加利亚、瑞士、挪威 3 国进行正式友好访问。

6 月 7 日 中国外交部副部长张业遂与欧盟轮值主席国奥地利外交部国务秘书温克勒尔为首的欧盟“三驾马车”代表团在北京举行中欧第二轮

战略对话会。

6月9—10日 吉尔吉斯斯坦总统巴基耶夫访华，并与中国国家主席胡锦涛举行会谈。双方一致同意，扩大友好交流，加强务实合作，永做好邻居、好朋友、好伙伴。就中吉关系，胡锦涛建议：1. 恪守双边条约，巩固传统友谊。使中吉世代友好、永不为敌的理念牢牢植根于两国人民心中。2. 保持高层交往，加强政治关系。两国领导人、政府、立法机构、政党可通过多种方式，开展多层次交流，增进相互了解和信任。3. 深化务实合作，实现互利双赢。双方应抓住机遇，深挖潜力，优化贸易结构，改善贸易和投资环境，扎实推进交通、通讯、矿业、建材等重点领域大型合作项目。4. 扩大人文交流，拓宽友好基础。5. 加强安全合作，维护地区安宁。双方在涉及对方核心利益的重大原则问题上，要继续相互支持与协作，共同打击包括“东突”恐怖势力在内的“三股势力”和跨国犯罪。6. 密切多边合作，促进和平稳定。会谈后，双方签署了《中华人民共和国和吉尔吉斯斯坦共和国联合声明》，双方还出席了中吉经济技术合作协定等13个合作文件的签字仪式。

6月10日 中国财政部长金人庆出席八国集团财长与中国、印度、巴西、澳大利亚、韩国和尼日利亚财长的对话会。

6月13日 世界经济论坛北京代表处成立仪式在钓鱼台国宾馆举行。北京代表处是世经论坛在瑞士境外设立的首家代表机构，也是中国政府批准的首家境外基金会驻华代表机构。世经论坛是世界著名的论坛性经济组织，被称为“非官方的国际经济最高级论坛”，在国际事务中发挥重要影响。

6月15日 中国国家主席胡锦涛在上海会见了出席上海合作组织成员国元首会议的俄罗斯总统普京。

6月16—17日 中国国家主席胡锦涛赴哈萨克斯坦阿拉木图市出席“亚洲相互协作与信任措施会议成员国领导人第二次会议”。胡锦涛发表了《携手建设持久和平、共同繁荣的和谐亚洲》的重要讲话。

6月17—24日 中国国务院总理温家宝对埃及、加纳、刚果共和国、安哥拉、南非、坦桑尼亚和乌干达等非洲7国进行正式访问。

6月17—18日 中国国务院总理温家宝对埃及进行正式访问，与埃及总理纳齐夫举行会谈，就中埃与中阿关系交换了意见。双方同意采取以下措施推动两国关系的发展：1. 保持两国政府、议会、政党间的往来，加强战略对话，及时就双边关系及重大国际问题交换看法。2. 探索经贸合作的新领域、新途径，实现双边贸易的均衡发展。3. 加强在文化、教育、科技、卫生、旅游等领域的交流，增进相互了解。4. 密切在国际和地区事务中的磋商与协调，共同推动国际关系民主化，促进文明对话，构建和谐世界。会谈结束后，双方共同签署了《中埃关于深化战略合作关系的实施纲要》，并出席了两国政府经济技术合作协定、两国外交部建立战略对话机制的谅解备忘录和两国政府关于建设农村小学校的谅解备忘录等双边合作文件的签字仪式。两国总理还出席了中国援建的埃及苏伊士经济区投资服务大楼等项目揭幕仪式。

6月18日 中印两国签署协议，同意重新开放自1962年中印战争以来一直关闭的乃堆拉山口。协议允许居住在边境地区的两国公民进行多达28项内容的边境贸易。

6月18—21日 阿富汗总统哈米德·卡尔扎伊访华，与中国国家主席胡锦涛举行了会谈。会谈后，两国元首共同签署了《中阿睦邻友好合作条约》，并出席了《中阿贸易和经济合作协定》等合作文件的签字仪式。访华期间，全国人大常委会委员长吴邦国、全国政协主席贾庆林分别会见了卡尔扎伊。卡尔扎伊还访问了新疆维吾尔自治区。

6月21—22日 中国国务院总理温家宝对南非进行正式访问，与姆贝基总统举行会谈。双方签署了《中华人民共和国和南非共和国关于深化战略伙伴关系的合作纲要》。为落实好《纲要》的任务，双方同意：1. 密切政治交往，充分发挥“国家双边委员会”等机制的作用，及时就双边关系中的重大问题交换意见。2. 扩大和提高经贸合作的规模和质量，鼓励双向投资。拓展在农村发展、人力资源开发、基础设施建设等领域的合作。3. 加强人文交流，共同在南非举办好“感知中国”大型文化活动，增进相互了解和友谊。4. 在重大国际和地区问题上加强对话与磋商，在联合国和国际贸易、金融体系内密切协调与配合，共同维护发展中国家权益，促进世界和平与发展。会谈后，双方出席了在经贸、医疗卫生、质检、文化等领域双边合作文件的签字仪式，并共同会见了记者。

6月21—26日 塞内加尔总统阿卜杜拉耶·瓦德对中国进行国事访问。

6月26日 参加联合国人权理事会首届会议的中国代表团在会上指出，国际社会必须清醒地认识到发展权的重要性以及发展中国家面临的发展困境。

6月27日 中国国家主席胡锦涛与来访的老挝人民革命党中央委员会总书记、国家主席朱马利·赛雅贡举行会谈。双方一致同意，继往开来、携手努力，多做实事、深化合作，推动两党两国全面友好合作关系迈上新的台阶。

6月27—29日 澳大利亚联邦总理霍华德对中国进行工作访问。访问期间，两国总理在深圳进行会晤，并共同出席广东液化天然气项目投产庆典。

7月

7月3—8日 印度共和国议会人民院议长查特吉率印度议会代表团访华。全国人大常委会委员长吴邦国与查特吉举行了会谈，双方就发展中印战略合作伙伴关系和共同关心的问题深入交换了意见，达成重要共识。

7月3日 全国人大常委会副委员长路甬祥和日本国会众议院运营委员会委员长佐田玄一郎在北京共同主持了中国全国人大和日本国会众议院合作委员会第二次会议。中国全国人大与日本国会众议院于2004年建立定期交流机制。合作委员会第一次会议于2005年4月在东京举行。

7月4日 中共中央总书记、国家主席胡锦涛会见来访的日本民主党党首小泽一郎。

7月6日 中国和黑山共和国建立大使级外交关系。

7月8—9日 中日第六轮东海问题磋商在北京举行。

7月8—15日 欧洲议会议长博雷利对中国进行正式友好访问。

7月13日 朝鲜最高人民会议常任委员会委员长金永南在平壤会见了中国友好代表团团长、国务院副总理回良玉。

7月15日 中国常驻联合国代表王光亚说，中国代表团对联合国安理会关于朝鲜试射导弹问题的第1695号决议草案表示欢迎。决议对朝鲜试射导弹表示严重关切和谴责，要求朝方重新做出暂停导弹试验的承诺。

7月16日 中央军委副主席郭伯雄上将抵达洛杉矶对美国进行访问。

7月16日—17日 中国国家主席胡锦涛在俄罗斯圣彼得堡出席八国集团与发展中国家领导人对话会议，并分别与美国总统布什、俄罗斯总统普京、意大利总理普罗迪，法国总统希拉克会晤。胡锦涛主席还同出席对话会议的印度、巴西、南非、墨西哥和刚果（布）5个发展中国家领导人举行集体会晤。会议主要讨论能源安全、传染病防控、教育、非洲发展和贸易等问题，同时讨论了全球化以及反恐、防扩散和共同关心的国际及地区问题。

7月17日 中国国家主席胡锦涛同俄罗斯总统普京、印度总理辛格，在俄罗斯圣彼得堡举行会晤。三国领导人就加强三国合作及亚太地区形势、反恐合作、打击跨国犯罪等问题交换了看法。

7月17—22日 瑞典国王卡尔十六世·古斯塔夫对中国进行国事访问。

7月19日 中国外交部长李肇星在钓鱼台国宾馆与瑞典外交大臣、第60届联大主席埃利亚松举行会谈。

7月20日 据联合国世界粮食计划署公布的一份报告显示，在结束了26年接受粮食援助的历史后，中国已经崛起为世界第三大粮食捐赠国。2005年，中国向全世界十多个国家捐赠了共计57.7万吨粮食，其中绝大部分通过铁路运往朝鲜。2005年，中国的粮食援助比上年激增了260%，占当年增加的全部粮食援助的一半以上。

7月20—21日 法国外交部长菲利普·杜斯特—布拉齐对中国进行正式访问。

7月21日 中日第十次安全对话会在北京举行。

7月26日 以色列空袭黎巴嫩造成包括中国维和人员杜照宇在内的4名联合国观察员不幸遇难。中国外交部发言人发表谈话指出，中方对此深感震惊，并予以强烈谴责。

7月26—27日 中国外长李肇星赴马来西亚首都吉隆坡出席第七次东盟与中日韩（10+3）外长会议、东盟与对话国外长非正式会议和第13届东盟地区论坛外长会议。会后，李肇星还对密克罗尼西亚联邦、萨摩亚、纽埃、库克群岛、汤加、斐济、瓦努阿图、巴布亚新几内亚进行正式访问。

8月

8月3日 中国驻日大使王毅在东京开幕的北京东京论坛第二届会议上阐述了中国政府的对日政策，为推动两国关系尽快走出目前的僵局，王毅建议从四个方面做出努力：一是增进相互了解；二是克服政治困难；三是重建彼此信任；四是实现互利双赢。中日关系的走向具有超越双边范畴的重要意义，改善两国关系也是亚洲各国和国际社会的殷切期待。双方应加强优势互补，寻求互利双赢，共同构筑一个更加合作、和谐和开放的亚洲。

＊美中经济与安全评估委员会举行题为《中国是负责任的利益攸关方吗?》听证会。美国务院亚太副助理国务卿柯庆生在会上做了主题演讲，这是他就职后第一次就中美关系做出公开宣示，柯庆生表示，1. 中国现在还不是一个负责任的利益攸关方；2. 中国很有可能成为负责任的利益攸关方；3. 美国不会遏制中国。

8月6日 中国中东问题特使孙必干开始访问叙利亚、黎巴嫩、以色列、埃及和沙特，就地区形势特别是黎以冲突等问题与有关各方交换看法，为尽快缓解中东地区紧张局势作出努力。

＊中国和乍得恢复两国大使级外交关系。

8月7—12日 由参议院临时议长特德·史蒂文斯和参议员丹尼尔·井上健率领的美国国会参议院代表团访华。

8月9—10日 中美全球事务论坛第二次会议在北京召开。会议重点讨论了中美两国在能源安全和清洁能源、公共卫生、人道主义援助、环境保护与可持续发展、国际发展合作及打击贩卖人口等领域开展的活动及双方在全球范围内加强合作的潜力。中国外交部部长助理崔天凯与美国副国务卿多布里扬斯基分别率领由中国外交部、美国国务院等两国有关政府机构组成的代表团参加会议。

8月15日 日本首相小泉纯一郎再次悍然参拜了供奉有二战甲级战犯的靖国神社。这是他出任首相以来第六次参拜靖国神社，也是时隔21年来日本领导人首次于8月15日参拜靖国神社。中国外交部对此提出强烈抗议。

8月21日 位于莫斯科东部的切尔基佐夫市场发生爆炸事件，造成10人死亡，包括7名中国人在内的55人受伤。这个市场集中了大量在莫斯科从事商贸生意的中国同胞，3名嫌疑犯已被正式拘捕。

＊智利总统巴切莱特宣布批准与中国政府签署的双边自由贸易协定。

8月22—27日 委内瑞拉总统查韦斯对中国进行访问，这是查韦斯第四次访华。中国国家主席胡锦涛与查韦斯举行会谈。双方一致同意，进一步深化两国各领域互利合作，推动中委共同发展的战略伙伴关系再上新台阶。会谈后，两国元首出席了中委高级混合委员会第五次会议纪要等合作文件的签字仪式。

8月22—26日 越南共产党中央委员会总书记农德孟对中国进行正式友好访问。访问期间，中共中央总书记、国家主席胡锦涛与农德孟总书记举行了会谈，全国人大常委会委员长吴邦国、国务院总理温家宝和全国政协主席贾庆林分别会见了农德孟总书记。双方相互通报了各自党和国家的情况，并就两党两国关系及共同关心的国际和地区问题深入交换了意见，取得了广泛共识。除北京外，农德孟总书记还前往辽宁、广西等地参观访问。双方签署了《中越两国政府经济技术合作协定》和《中国进出口银行向越南锦普火电厂一期30万千瓦燃煤电站项目提供贷款的协议》。

8月24—26日 中国和哈萨克斯坦在哈萨克斯坦阿拉木图州和中国新疆维吾尔自治区伊宁市举行代号为“天山－1号（2006）”的联合反恐演习。这是上海合作组织框架内中哈执法部门首次举行的联合反恐演习。

8月27日—9月2日 贝宁共和国总统博尼·亚伊率代表团对中国进行国事访问。

8月28日—9月9日 中国全国人大常委会委员长吴邦国对巴西、乌拉圭、智利三国进行正式友好访问，并访问总部设在巴西圣保罗的拉美议会。

9月

9月2日 中央军委副主席、国务委员兼国防部长曹刚川开始对保加利亚、匈牙利、罗马尼亚和白俄罗斯4国进行正式友好访问。

9月3—9日 卢森堡大公亨利对中国进行国事访问。访问期间，胡锦涛、温家宝等中国领导人会见了亨利，就双边关系和共同关心的地区和国际问题交换看法。除北京外，亨利还访问了山东和上海。

9月9—16日 中国国务院总理温家宝对芬兰、塔吉克斯坦进行正式访问，对英国、德国进行工作访问，并出席第九次中欧领导人会晤、第六届亚欧首脑会议和上海合作组织成员国总理第五次会议。

9月10—11日 中国国务院总理温家宝出席在赫尔辛基举行的第六届亚欧首脑会议，与会领导人就加强多边主义和应对安全威胁、地区形势及热点问题、文化与文明对话、可持续发展的环境与能源安全、全球化和竞争力及亚欧会议未来发展等议题进行了讨论。会议通过《第六届亚欧首脑会议主席声明》、《第六届亚欧首脑会议关于气候变化的宣言》和《亚欧会议未来发展赫尔辛基宣言》。中国将于2008年10月在北京举办第七届亚欧首脑会议。

9月11—13日 马尔代夫总统穆蒙·阿卜杜勒·加尧姆对中国进行国事访问。

9月12日 中国国务院总理温家宝同芬兰总理万哈宁举行会谈。双方重点探讨了如何在新形势下进一步推动中芬在双边和多边领域的交流与合作。温家宝提出：1. 密切高层往来与政治对话。2. 扩大贸易、增加相互投资。3. 深化科技合作，促进科研机构在前沿学科和高层次人才培训等方面的合作。4. 加强在节能、环保等方面的经验交流。

*2006年中欧工商峰会在赫尔辛基举行，中国国务院总理温家宝出席峰会并发表了题为《坚持互利共赢加强合作创新》的演讲。

*第61届联合国大会总务委员会举行首次会议，一致决定拒绝将冈比亚等极少数国家提出的所谓“台湾在联合国代表权”等提案列入本届联大议程。这是自1993年以来，联大总务委员会连续第14次明确拒绝类似提案。

9月13日 正在英国进行工作访问的中国国务院总理温家宝与英国

首相布莱尔在伦敦举行会谈，双方同意从战略高度和长远角度加强两国合作，推动中英全面战略伙伴关系取得新的发展。双方对两国首轮战略对话、经贸关系和在重大国际和地区问题上的良好沟通与协调表示满意，同意保持高层交往的良好势头，运作好两国总理年度会晤机制，及时就涉及两国关系的重要事宜交换看法，继续做好双边关系互动小组的工作；双方同意努力提高经贸合作水平，增加相互投资，支持中小企业开展合作；双方同意通过启动可持续发展高级别对话机制，加强在能源安全、气候变化、环保和可持续发展领域的合作，推进中、英、欧盟三方在近零排放发电技术等领域的合作；双方同意扩大教育、文化、青年交流和在举办奥运会方面的合作。英方重申坚定奉行一个中国政策。会谈后，双方签署了关于成立中英能源工作组、中英气候变化工作组谅解备忘录等合作文件。

＊中国国务院总理温家宝抵达德国汉堡，开始对德国进行工作访问并出席中德总理定期会晤。访问期间温家宝与德国总理默克尔在柏林举行会谈，这是两国总理本年度第二次会晤。双方就进一步推动两国务实合作和共同关心的重大国际问题交换了意见。为保持中德关系发展的良好势头，温家宝建议：完善两国政府和议会的磋商机制，搞好首轮战略对话；深化经贸、投资、技术合作，为两国中小企业开展合作提供支持和便利；增加在文化、体育、青年方面的往来。中方欢迎德国在华举办系列文化活动，愿适时在德国举办“中国文化年”。默克尔表示，德方将与中方一道，共同推动双边关系的发展和各领域的合作。双方同意加强知识产权保护、高科技企业发展和自主创新等领域的合作。温家宝表示，明年上半年，德国将担任欧盟轮值主席国和八国集团主席国，希望德国为推动中欧关系及国际和地区热点问题的解决做出贡献。会谈后，两国总理还出席了中德双方关于青年交流、文化交流、医药和生物技术、知识产权保护等合作文件及公司间合作协议的签字仪式。

＊中国国务院总理温家宝在汉堡出席中欧论坛第二次会议开幕式并发表了题为《开创中欧关系合作、共赢、和谐的新局面》的演讲，全面阐述了中欧关系的现状，勾画了双方关系未来发展的前景。

9月13—18日 意大利总理普罗迪对中国进行正式访问。

9月14—16日 中国国务院总理温家宝对塔吉克斯坦进行正式访问。

9月15日 中国国务院总理温家宝出席上海合作组织会议并发表讲话。温家宝建议：第一，加强立法和政策协调，创造良好的贸易投资环境。第二，深化经济技术合作，尽快启动多方参与、共同受益的网络性项目。第三，多渠道解决资金瓶颈问题。

9月15—16日 中国外交部副部长杨洁篪率中国政府代表团出席在

古巴哈瓦那举行的不结盟运动第14次首脑会议。

9月17—23日 中国外交部长李肇星率团出席第61届联大一般性辩论，并于9月24—27日对圣卢西亚、安提瓜和巴布达进行正式访问。

9月18日 正在纽约出席第61届联大会议的中国外交部长李肇星分别会见了美国国务卿赖斯和墨西哥外长德韦斯，并出席了中国、印度、巴西、南非和墨西哥5国外长会议。5个发展中国家外长就落实发展中国家领导人圣彼德堡会晤共识、联合国有关问题、国际发展合作和南南合作等问题进行了讨论，同意共同推动发展中国家联合自强、协调合作，维护共同利益。

＊中国国家原子能机构主任孙勤率团出席国际原子能机构大会第50届常会。孙勤在会议中发言，全面阐述了中国政府对有关问题的立场。他建议：第一，大力加强技术合作活动。第二，继续建立和推广核安全文化，继续着力抓好旨在保护人类和环境的核安全文化建设，制定和适时更新有利于促进核工业发展的安全标准，协助成员国提高自身的核安全水平。第三，继续为核不扩散和核安全提供有力保障。第四，为解决热点核问题发挥积极作用，通过国际原子能机构和各成员国的共同努力，在国际原子能机构框架下讨论和妥善解决诸如朝核、伊核、核燃料供应以及打击核恐怖主义等问题。

＊中国外交部发言人秦刚说，美国国务院所谓"2006年度国际宗教自由报告"涉华部分，继续无端指责中国的宗教和民族政策，违反国际关系基本准则，干涉中国内政。我们对此表示强烈不满和坚决反对。我们要求美方改弦易辙，正视自己国内存在的宗教自由等问题，停止利用宗教问题干涉中国内政。

9月18—19日 中国全国人大常委会和俄罗斯联邦会议联邦委员会在中国哈尔滨市共同举办"中俄立法机构圆桌会议"。这是2006年在中国举办的"俄罗斯年"国家级大型项目之一。中国全国人大常委会委员长吴邦国和俄罗斯联邦委员会主席米罗诺夫出席开幕式并致辞。

9月19—22日 美国总统特别代表、美国新任财政部长保尔森首次访华。中国国务院副总理吴仪与保尔森会谈，双方就加强中美经贸合作，推动中美建设性合作关系发展交换了意见，决定启动中美战略经济对话机制。访问期间，胡锦涛主席、温家宝总理分别会见了保尔森。

9月19—28日 中国国务院副总理曾培炎对匈牙利、比利时、爱尔兰、挪威4国进行正式访问。

9月20日 为因应中国经济崛起后中德两国衍生的贸易纠纷，鼓励德国企业前往中国，德国政府正式提出针对中国的外贸战略白皮书，呼吁中国开放市场，尊重知识产权，要求中国的能源外交必须尊重国际机制。

＊中国外交部长李肇星出席联合国安理会“联合国与区域组织及其他政府间组织在维护国际和平与安全方面的合作问题”外长会议。会议讨论了加深联合国与各区域、次区域组织在预防冲突、部署维和、战后重建、联合反恐等方面合作等问题。

9月22日 77国集团和中国外长年会在纽约联合国总部举行，会议就国际经济与发展领域的重要问题，包括贸易、发展筹资、南南合作、千年发展目标、联合国经社领域改革等协调立场。中国外交部长李肇星出席会议并发言。

＊中国和塔吉克斯坦两国军队首次举行代号为“协作－2006”的联合反恐军事演习，演习在塔吉克斯坦哈特隆州库利亚布市举行。这是中国军队首次组织部队赴境外与外军进行联合军事演习。

9月23—26日 中国外交部副部长戴秉国与日本外务省事务次官谷内正太郎在东京举行第六次中日战略对话。

9月23—28日 立陶宛总统瓦尔达斯·阿达姆库斯对中国进行国事访问。

9月26日 中国国务院总理温家宝致电日本新任首相安倍晋三，表示中方愿与日方一道，在中日三个政治文件的原则基础上，为发展两国睦邻友好合作关系做出不懈努力。同日，李肇星外长致电麻生太郎，对他连任日本外相表示祝贺。

10月

10月4日 欧盟委员会贸易发言人说，欧盟通过了对中国和越南产皮鞋的正式反倾销方案，将从10月7日起对中国产皮鞋征收16.5%的反倾销税，为期两年。

10月5日 美国商务部官员证实，近几个月来，该部主管敏感科技出口许可工作的工业与安全局的计算机系统遭到中国黑客的进攻，迫使该局更换数百个高端微电脑工作站，并禁止员工上网工作。

10月8—9日 日本首相安倍晋三访华，这是安倍自9月26日就任日本首相以来访问的第一个国家。中国国家主席胡锦涛会见了安倍晋三，双方就中日关系及其他共同关心的问题交换了意见。胡锦涛说，中日双方必须从战略高度和长远角度来审视和把握两国关系，坚持和平共处、世代友好、互利合作、共同发展的大目标，坚定不移地推动中日关系长期健康稳定发展。就此，胡锦涛建议：加强政治互信；深化互利合作；扩大人员交往；加强两国在地区和国际事务中的沟通与协调，共同构筑全方位、宽领域、多层次的中日友好和互利合作的新格局。胡锦涛强调，中国坚定不移地走和平发展道路，坚持“与邻为善、以邻为伴”的周边外交方针，中方希望并欢迎日本继续走和平国家的道路，在地区和国际事务中发挥建设性作用。安倍表示高度重视日中关系，高度重视胡锦涛主席就发展日中关系提出的十六字方针，愿按照日中间三个政治文件的精神和原则，从战略高度为日中关系改善和发展做出贡献。安倍表示，日本历史上曾经给亚洲人民造成了巨大的损害和痛苦。在深刻反省历史的基础上，坚持走和平发展道路是日本的既定政策，不会改变。安倍重申日本将按照日中联合声明坚持一个中国政策，不搞“两个中国”、“一中一台”，不支持“台独”，反对单方面改变台海现状。访问期间，两国发表了联合新闻公报。双方同意，在政治、经济、安全、社会、文化等领域促进各层次交流与合作。1. 以能源、环保、金融、信息通信技术、知识产权保护等领域为重点，深化互利合作。2. 在经济领域推进部长级对话、相关部门之间的磋商和官民对话。3. 以 2007 年中日邦交正常化 35 周年为契机，通过举办中日文化、体育交流年，大力开展两国人民尤其是青少年交流，增进两国人民之间的友好感情。4. 通过中日安全对话和防务交流，增进安全领域互信。5. 年内启动中日学术界共同历史研究。

10 月 9 日　美国历史最悠久的智库之一布鲁金斯学会在华盛顿和北京分别设立中国政策研究中心。该中心将由高盛公司前总裁约翰·桑顿出资，桑顿承诺未来 5 年内每年提供 250 万美元的资金。这是布鲁金斯学会首次设立专门研究某个国家的中心，也是它在美国境外的首个研究中心。

＊中国外交部就朝鲜进行核试验发表声明说，朝鲜无视国际社会的普遍反对，悍然实施核试验，中国政府对此表示坚决反对。

10 月 10 日　中国、越南和老挝在北京签署了《中华人民共和国、越南社会主义共和国和老挝人民民主共和国关于确定三国国界交界点的条约》。

10 月 10—15 日　巴布亚新几内亚总督保莱阿斯·马塔内对中国进行访问。

10 月 11—19 日　中国国家主席胡锦涛的特别代表、国务委员唐家璇对美国、俄罗斯、朝鲜进行工作访问。

10 月 12 日　美国总统布什在白宫会见了中国国家主席胡锦涛的特别代表、国务委员唐家璇。布什强调美中两国在维护东北亚和平稳定方面应更好地合作，美方坚持通过外交方式，寻求和平解决朝核问题的途径。同日，唐家璇还与美国务卿赖斯、总统国家安全事务助理哈德利就朝核试、东北亚局势和六方会谈等问题深入交换了意见。

10月13日 韩国总统卢武铉对中国进行工作访问。中国国家主席胡锦涛与卢武铉举行会谈。双方一致同意，不断深化中韩全面合作伙伴关系，为维护和促进朝鲜半岛及东北亚和平、稳定与发展而共同努力。

10月15日 中国外交部发言人刘建超就联合国安理会一致通过关于朝鲜核试验问题的第1718号决议发表谈话说，中国坚决反对朝鲜核试，坚持半岛无核化目标，反对核扩散，主张通过对话和谈判和平解决朝核问题，维护半岛和东北亚和平与稳定。这也是国际社会的共同期待。根据上述立场，中国积极参与了安理会决议草案的磋商。我们主张，安理会的行动既要表明国际社会的坚定立场，又应为通过对话谈判和平解决问题创造有利条件。我们呼吁有关各方保持克制和冷静，采取慎重和负责任的态度，共同防止局势进一步恶化，并争取尽快打破僵局、重启六方会谈进程。中方愿为此继续同有关各方一道不懈努力。

10月15—17日 日本国会参议院议长扇千景率参议院代表团访华。

10月19日 朝鲜劳动党总书记、国防委员会委员长金正日在平壤会见了中共中央总书记、国家主席胡锦涛的特别代表、国务委员唐家璇。唐家璇向金正日转达了胡锦涛的口信。双方就中朝关系和当前半岛局势等问题深入交换了意见。

10月19—22日 中日友好21世纪委员会新一届委员会第五次会议在青岛举行。

10月20—21日 美国国务卿赖斯对中国进行访问并与中国外交部长李肇星举行会谈。双方就中美关系、朝鲜半岛核问题、伊朗核问题和苏丹达尔富尔问题等交换了看法。访问期间，中国国务院总理温家宝会见了赖斯。

10月22日—11月3日 中国全国政协主席贾庆林对英国、立陶宛、爱沙尼亚、乌克兰进行正式友好访问。

10月24日 欧盟委员会发表第6份对华政策文件和首份对华贸易与投资政策文件。

10月25日 联合国主管政治事务的副秘书长甘巴里来华进行工作访问。

10月25—28日 法国总统希拉克对中国进行国事访问。中国国家主席胡锦涛与希拉克举行了会谈，双方一致表示，遵循双方共同确定的原则和方向，不断深化两国各领域互利合作，推动中法全面战略伙伴关系深入发展。就此，胡锦涛建议：1. 保持两国高层领导人和各级别的经常会晤与交往，加强和完善双边战略对话机制，积极落实中法地方政府合作论坛后续工作，继续搞好今明两年中法青年交流活动。2. 深化两国经贸，特别是能源、航空、航天、交通等重点领域的合作，提高双方在通信、金融服务、农业和食品加工、环保以及中小企业领域的合作水平，争取提前实现两国年贸易额达到 400 亿美元的目标。3. 大力开展文化、教育、司法交流。4. 密切两国在国际事务中的协调与合作，共同应对全球性挑战，推动建立持久和平、普遍繁荣的和谐世界。希拉克说，法国高度重视全面加强同中国的友好合作，希望与中国发展具有典范意义的伙伴关系。法方愿与中方保持各级别交往与磋商，将继续广泛参与中国的现代化建设。法国对双方在核电、航空、铁路等重点领域的合作前景充满信心，希望双方在电信、金融、农业、环保等领域拓展合作，并以北京奥运会、上海世博会为契机寻求合作。法国主张法中开展文明交流与对话，加强文化、司法及青年交往。法方愿同中方在国际事务上保持协调与合作。就中欧关系，希拉克表示，法国将继续推动欧盟早日解除欧盟对华军售禁令，法国支持欧盟承认中国完全市场经济地位。会谈后，两国元首共同签署了《中法联合声明》，出席了科技、能源、铁路运输、航空、航天等领域双边合作文件的签字仪式。

10 月 26 日 新加坡总理李显龙抵达广州进行访问，并参加 30 日在广西南宁召开的中国—东盟建立对话关系 15 周年纪念峰会。

10 月 26—27 日 英国副首相约翰·普雷斯科特访华。

10 月 27—28 日 候任联合国秘书长、韩国外交通商部长潘基文访华。

10 月 29 日—11 月 4 日 比利时众议院议长赫尔曼·德克罗率团访华。

10 月 30 日 中国—东盟建立对话关系 15 周年纪念峰会在中国广西南宁举行。会议发表了《中国—东盟纪念峰会联合声明》。温家宝出席会议并发表《携手奋进，共创中国—东盟关系的美好未来》的讲话。

10 月 31 日 中国与欧盟的高级官员在布鲁塞尔商定，进一步加强双方在区域政策方面的对话与经验交流，打造区域政策双边合作的“路线图”。

＊根据中方建议，中、朝、美六方会谈团长在北京举行非正式会晤。三方就继续推进六方会谈进程坦率、深入地交换了意见。三方一致同意近期举行六方会谈。

＊中国国务院总理温家宝在南宁举行的第三届中国—东盟商务与投资峰会上发表演讲时提议，中国与东盟在经贸合作方面：第一，进一步扩大贸易规模。第二，积极深化投资合作。第三，不断提高经济技术合作水平。第四，努力建设高质量的中国—东盟自由贸易区。第五，稳步推进次区域开发合作。

11月

11 月 1—2 日　中非合作论坛第五届高官会在北京召开。

11 月 3 日　中非合作论坛第三届部长级会议在北京召开。会议审议并通过了《中非合作论坛北京峰会宣言》（草案）、《中非合作论坛—北京行动计划（2007—2009 年）》（草案）和中非合作论坛北京峰会日程（草案），决定将上述草案提交北京峰会审议。会议决定论坛第四届部长级会议将于 2009 年在埃及举行。24 个国际和地区组织的代表作为观察员列席会议开幕式。

11 月 4 日　中非领导人与工商界代表高层对话会暨第二届中非企业家大会在北京召开，中国国务院总理温家宝在开幕式上就全面提高中非合作水平提出 5 点建议：扩大中非贸易规模、加强中非投资合作、提高对非援助水平、促进中非企业合作和增加对非人才培养。

11 月 4—5 日　中非合作论坛北京峰会召开。中国国家主席胡锦涛作为论坛共同主席国元首在会上发表了重要讲话，就进一步发展中非新型战略伙伴关系，中国愿同非洲国家在以下领域加强合作：第一，深化平等互信的政治关系；第二，拓展互利共赢的经济合作；第三，扩大相互借鉴的文化交流；第四，推动均衡和谐的全球发展；第五，加强相互支持的国际合作。中国政府将采取以下 8 项政策措施。1. 扩大对非洲援助规模，到 2009 年使中国对非洲国家的援助规模比 2006 年增加 1 倍。2. 今后 3 年内向非洲国家提供 30 亿美元的优惠贷款和 20 亿美元的优惠出口买方信贷。3. 为鼓励和支持中国企业到非洲投资，设立中非发展基金，基金总额逐步达到 50 亿美元。4. 为支持非洲国家联合自强和一体化进程，援助建设非洲联盟会议中心。5. 免除同中国有外交关系的所有非洲重债穷国和最不发达国家截至 2005 年底到期的政府无息贷款债务。6. 进一步向非洲开放市场，把同中国有外交关系的非洲最不发达国家输华商品零关税待遇受惠商品由 190 个税目扩大到 440 多个。7. 今后 3 年内在非洲国家建立 3—5 个境外经济贸易合作区。8. 今后 3 年内为非洲培训 15000 名各类人才；向非洲派遣 100 名高级农业技术专家；在非洲建立 10 个有特色的农业技术示范中心；为非洲援建 30 所医院，并提供 3 亿元人民币无偿援款帮助非洲防治疟疾，用于提供青蒿素药品及设立 30 个抗疟中心；向非洲派遣 300 名青年志愿者；为非洲援助 100 所农村学校；在 2009 年之前，向非洲留学生提供中国政府奖学金名额由目前的每年 2000 人次增加到 4000 人次。峰会主题是“友谊、和平、合作、发展”。峰会通过《中非合作论坛北京峰会宣言》和《中非合作论坛—北京行动计划（2007—2009年）》。埃及总统穆巴拉克、阿尔及利亚总统布特弗利卡、南非总统姆贝基、几内亚比绍总统若奥·贝尔纳多·维埃拉、利比里亚总统埃伦·约翰逊—瑟利夫、塞舌尔总统詹姆斯·阿里克斯·米歇尔等多国领导人在出席中非合作论坛北京峰会前后分别对中国进行国事访问。

11月5日 中国分别与阿尔及利亚、苏丹、中非、塞拉利昂签署承认中国完全市场经济地位的谅解备忘录。

11月7日 中国与欧盟在北京举行第21届中欧经贸混委会，双方就进一步发展中欧经贸关系达成八项共识：1. 双方同意就完善1985年《贸易与经济合作协定》总体原则及相关问题的谈判做好充分准备，争取在年底前就谈判职责范围达成一致，认真推进《伙伴合作协定》的达成；2. 遇到贸易摩擦时，通过友好磋商的方式给予解决；3. 广东、江苏两省知识产权投诉举报服务中心分别与中国欧盟商会开展知识产权保护技术和经验交流；4. 设立中欧经贸合作网站，促进中欧企业特别是中小企业间的合作；5. 在服务贸易方面，开展司局级的交流与对话；6. 在混委会下成立农业贸易、高科技和中小企业工作组；7. 启动钢铁贸易非正式对话；8. 在“中欧贸易项目”框架内建立可持续贸易专家小组。会后双方还签署了《关于加强知识产权保护合作的谅解备忘录》等协议。

11月8日 日本自2006年以来第二次提出中国增加联合国会费份额的动议，日本称中国所承担的联合国会费份额应从2006年的2.1%上升到3.9%，而日本自己所承担的份额则应从2006年的19.5%下降到15.3%。

＊中美举行第三次战略对话。

11月9日 中德举行首轮战略对话。

＊中方候选人、原世界卫生组织助理总干事、香港特区前卫生署长陈冯富珍女士被选为世界卫生组织新任总干事。这是中国首次提名竞选并成功当选联合国专门机构最高领导职位。

11月9—10日 俄罗斯联邦政府总理弗拉德科夫对中国进行正式访问。中俄总理第11次定期会晤达成以下共识：1. 继续保持两国领导人之间的密切交往，及时就双边关系和重大国际问题交换看法，提出指导性意见。2. 将地方发展战略纳入到中俄整体关系发展框架之内，尽早就签署协调两国地方发展战略政府间协议进行磋商。3. 积极推进两国油气、核能合作。同时，积极落实即将签署的《中俄机电产品贸易2007—2008年行动计划》，大力改善贸易结构，提高机电产品和高科技产品在双边贸易中的比重。4. 以签订《中华人民共和国与俄罗斯联邦政府关于鼓励和相互保护投资的协定》为契机，扩大相互投资，带动双方的大项目合作和生产加工领域的合作。5. 充分发挥双边贸易敏感商品预警和磋商机制的作用，规范贸易秩序，妥善处理合作中出现的问题，确保两国经贸关系健康有序发展。6. 以大项目为支撑，推动两国中长期科技合作。7. 促进教育、文化、卫生、体育等领域的交流，推动互设文化中心。8. 加强环保合作，本着友好、负责的态度解决两国跨界水资源的利用和保护问题。9. 保护对方企业在各自国家的合法权益，为对方人员出入境、居留提供便利。会晤后，温家宝和弗拉德科夫共同出席了《中华人民共和国与俄罗斯联邦政府关于鼓励和相互保护投资的协定》，以及两国有关部门关于和平利用核能中期合作谅解备忘录、教育合作协议等双边合作文件的签字仪式。

11 月 11 日　中越两国政府在越南首都河内举行中越双边合作指导委员会首次会议。中国国务委员唐家璇与越南副总理兼外长范家谦共同主持。

11 月 12—15 日　意大利副总理兼外长马西莫·达莱马对中国进行访问。

11 月 13 日　中国商务部长薄熙来与美国商务部长古铁雷斯在北京举行会谈，双方就中美经贸关系的广泛议题深入交换了意见。中方提出 6 点建议：1. 以平等互利双赢为基础，扩大和深化双边经贸合作，抵制贸易保护主义；2. 政府间加大贸易促进力度，为企业经贸往来提供便利，在扩大合作中促进双边贸易的平衡发展；3. 双方在落实第 17 届中美商贸联委会共识方面已取得积极进展，应继续发挥联委会各工作组及磋商机制的作用；4. 在联委会高技术与战略贸易工作组框架下继续磋商；5. 加强知识产权保护和透明度方面的合作；6. 加强在农产品贸易方面的互利合作。古铁雷斯表示，中美经贸关系对两国关系及未来都很重要，美国内政治因素的变化不会影响中美经贸关系发展的大局。美方愿与中方共同努力，保持双边经贸关系始终朝着积极、正确的方向迈进。他说，贸易不平衡问题关系中美经贸关系的长远发展，希望通过发展而不是限制中国对美出口来实现双边贸易平衡。中方在知识产权保护方面已取得积极进展，希望中方进一步加强知识产权执法，促进双方开展更深入的合作。

11 月 15—17 日　中共中央总书记、中国国家主席胡锦涛对越南进行国事访问。同越共中央总书记农德孟、越南国家主席阮明哲举行会谈。双方就两党两国关系和共同关心的重大国际和地区问题深入交换了意见，双方一致表示将坚持长期稳定、面向未来、睦邻友好、全面合作的方针，全面推进新时期的中越关系。会谈后，胡锦涛、农德孟、阮明哲共同出席了关于经贸合作、人力资源培训、卫生检疫等领域双方合作文件的签字仪式和中国—越南经贸合作网站开通仪式。

11 月 16 日 正在越南河内参加亚太经合组织第 18 届部长级会议的中国外交部长李肇星会见了日本外相麻生太郎，双方就中日共同历史研究问题达成一致：应基于中日联合声明等 3 个政治文件的原则及正视历史、面向未来的精神，开展中日共同历史研究；各自成立由 10 名学者组成的委员会，设置“古代史”和“近现代史”两个小组，由中日双方轮流主办会议，双方确认，委托中国社会科学院近代史研究所和日本国际问题研究所负责具体实施；年内举行第一次会议，争取在中日和平友好条约缔结 30 周年的 2008 年内发表研究成果。

* 中国外交部长李肇星、商务部长薄熙来在越南河内出席了亚太经合组织第 18 届部长级会议，并就有关问题阐述了中国的立场和主张。同日，李肇星还出席了亚太经合组织主权成员非正式外长会，就朝核问题、伊朗核问题、伊拉克问题、苏丹达尔富尔问题等介绍了中国政府的立场。

* 美国国务卿赖斯在接受采访时表示，中国的军力发展“有时似乎超出了中国所扮演的地区角色”。赖斯列举了美国对中国的种种“担心”：迅速增长的中国经济、人民币币值、人权和知识产权以及军队规模。

11 月 17 日 中国国家主席胡锦涛在越南首都河内出席亚太经济合作组织领导人非正式会议，并发表题为《推动共同发展谋求和谐共赢》的重要讲话。

* 中国和哈萨克斯坦合作委员会第三次会议在北京举行。

11 月 18 日 中国国家主席胡锦涛在出席亚太经济合作组织第 14 次领导人非正式会议期间分别会见了美国总统布什、俄罗斯总统普京、韩国总统卢武铉、印尼总统苏西洛、新西兰总理克拉克、巴布亚新几内亚总理索马雷。

* 中国国家主席胡锦涛在越南河内会见了日本首相安倍晋三。胡锦涛说，当前中日关系发展正处于重要时刻。两国面临着开创全方位、宽领域、多层次互利合作新格局的共同课题。为此双方要：1. 明确两国关系的发展方向。2. 增进两国国民的友好感情。3. 扎实推进互利合作。4. 共同促进亚洲和平、稳定、发展。5. 妥善处理历史和台湾等敏感问题。安倍建议双方早日启动经济部长级会议，就经贸合作进行协调；启动能源部门政策对话，加强节能、环保等领域合作；共同推动人员往来，加强旅游合作；落实共识，启动关于历史问题的共同研究；共同努力，加强磋商，使东海成为和平、友好、合作之海；加强日中韩三方合作，促进三国投资、环保、旅游等领域交流；加强协调，共同推进东亚区域合作。安倍表示，日本将继续按照日中联合声明确定的原则处理台湾问题，这一立场没有变化。双方还就朝鲜半岛核问题交换了意见。

11 月 19—20 日 中共中央总书记、国家主席胡锦涛对老挝进行国事访问，与老挝人民革命党中央委员会总书记、国家主席朱马利举行会谈、并分别会见了老挝国会主席通辛·坦马冯、政府总理布阿索内·布帕万，还探望了党和国家前主席坎代·西潘敦。双方相互通报了各自党和国家的情况，就两党、两国关系及共同关心的国际和地区问题深入交换意见，达成了广泛共识。双方决定从战略高度重视和深化中老经贸合作，继续本着“平等互利、讲求实效、形式多样、共同发展”的原则，扩大经贸合作规模，进一步提高合作质量和水平。双方签署了《中老两国政府经济技术合作协定》等合作文件。

11月19—23日 保加利亚总理谢尔盖·斯塔尼舍夫对中国进行正式访问，并与中国国务院总理温家宝举行会谈。会谈后，两国总理共同签署了《中华人民共和国和保加利亚共和国政府联合声明》，出席了中保经济合作协定等双边合作文件的签字仪式。

11月20日 中国外交部发言人姜瑜就美国将中国列入国际宗教自由“特别关注国家”名单表示强烈不满和坚决反对。

11月20—23日 中国国家主席胡锦涛访问印度，同印度总理辛格举行会谈。双方就发展中印战略合作伙伴关系达成重要共识。为推动两国战略合作伙伴关系发展，胡锦涛建议：1. 加强对话磋商，增强政治互信。2. 深化经贸合作，实现互利双赢。3. 拓展务实合作，扩大共同利益。4. 促进人文交流，巩固友好基础。5. 推进边界谈判，保持边境安宁。6. 加强多边合作，维护共同利益。辛格表示，印度以互利合作的眼光而不是相互竞争的态度来看待和处理印中关系。印方希望两国保持高层交往，继续增强政治互信；为双边经贸合作确定新目标，扩大经贸往来，推动贸易多元化，开展能源资源合作，印度欢迎中国增加在印度投资；加强科技合作、文化交流和人员往来；加强在联合国、世界贸易组织等多边舞台的合作。辛格表示，希望通过友好协商尽早解决边界问题。会谈后，双方出席了两国关于投资促进和保护、卫生检疫、人力资源开发、林业、文物合作、互设总领事馆等文件的签字仪式。

11月22—27日 蒙古总理米耶贡布·恩赫包勒德访华。

11月23日—26日 中国国家主席胡锦涛对巴基斯坦进行国事访问，同穆沙拉夫总统举行会谈。胡锦涛还会见了总理肖卡特·阿齐兹、参议院主席伊拉希·巴赫什·苏姆罗和国民议会议长乔杜里·阿米尔·侯赛因。24日，中国商务部长薄熙来和巴基斯坦商业部长胡马云在伊斯兰堡签署了《中华人民共和国政府和巴基斯坦伊斯兰共和国政府自由贸易协定》。

11月28—29日 中朝美六方会谈团长在北京举行非正式会晤。三方通过多轮三边和双边磋商，就推进六方会谈进程坦率、深入交换了意见。三方同意共同努力，争取下一阶段六方会谈早日召开并取得积极进展。

＊首届中国—阿拉伯友好大会在苏丹首都喀土穆举行。会议决定设立隶属于大会的常设机构，其总部设在喀土穆。

11 月 29 日 中国人民解放军总参谋长助理章沁生在东京与日本防卫厅事务次官守屋武昌举行了中日第七次防务安全磋商。

12 月

12 月 1 日 中国国家主席胡锦涛会见世界卫生组织候任总干事陈冯富珍女士。

12 月 3—9 日 格林纳达参议院议长肯尼·拉尔辛和众议院议长劳伦斯·约瑟夫对中国进行正式访问。

12 月 4—8 日 塞浦路斯总统塔索斯·帕帕佐普洛斯对中国进行国事访问。

12 月 10—14 日 《联合国反腐败公约》第一次缔约国会议在约旦举行。中国外交部副部长李金章、监察部副部长陈昌智率团参加会议。

12 月 11 日 第 13 次中加外交部官员政治与安全磋商在北京举行。

12 月 14—15 日 中美首次战略经济对话在北京举行。中国国务院副总理吴仪和美国财政部长保尔森分别作为两国元首的特别代表共同主持，双方围绕“中国的发展道路和中国经济发展战略”的对话主题，就城乡均衡发展、中国经济的可持续增长、促进贸易和投资、能源、环境和可持续发展等 5 个专题、11 个分议题进行了深入讨论。双方商定，第二次中美战略经济对话将于 2007 年 5 月在美国首都华盛顿举行，对话将围绕创新和教育、中美经贸关系发展两个方面开展。

12 月 16 日 中国、印度、日本、韩国和美国五国能源部长会议在北京举行。会议围绕能源安全和战略石油储备、能源结构多样化和替代能源、投资和能源市场、国际合作的主要挑战和优先领域、节能和提高能效等五个专题展开了广泛、深入的讨论。在达成一系列共识的基础上，会议发表了《中国、印度、日本、韩国、美国五国能源部长联合声明》。中印日韩美人口总和达到 28.5 亿，石油消费总量占世界的 45.2%，在能源领域既有共同的利益，也面临共同的问题。

12 月 18—22 日 第五轮六方会谈第二阶段会议在北京举行，会议发表《主席声明》说，各方回顾了六方会谈形势的发展和变化，重申通过对话和平实现朝鲜半岛无核化是各方的共同目标和意志，重申将认真履行在 2005 年 9 月 19 日共同声明中做出的承诺，同意根据“行动对行动”原则，尽快采取协调一致步骤，分阶段落实共同声明。

12月19—23日 哈萨克斯坦总统纳扎尔巴耶夫访华，与中国国家主席胡锦涛举行会谈。会谈后，两国元首签署了《中哈21世纪合作战略》、《中哈经济合作发展构想》，并出席了中哈两国政府涉及经贸、能源、铁路、文化、教育等11项合作协议的签字仪式。

12月26日 中国国家主席胡锦涛、全国人大常务委员会委员长吴邦国分别会见日本众议院议长、日本国际贸易促进协会会长河野洋平。

12月26—27日 中日共同历史研究委员会第一次会议在北京举行，双方一致同意根据两国外长今年11月在河内会晤时所确定的框架，即本着中日三个政治文件所确定的原则，以及正视历史、面向未来的精神开展共同历史研究。会议确定了工作程序和范围，决定把研究委员会分为"古代史"和"近现代史"两个小组，会议决定明年3月和12月再次开会，最后一次会议定在2008年6月。

12月31日—2007年1月8日 中国外交部长李肇星对贝宁、赤道几内亚、几内亚比绍、乍得、中非、厄立特里亚和博茨瓦纳等非洲7国进行正式访问。

美国大事记

1月

1月1日　针对台湾“总统”陈水扁的2006年元旦祝词，美国国务院表示，美国很认真地看待陈水扁在两岸关系上的“四不”承诺，期待陈水扁在进一步推动“宪改”时遵守这些誓言。美国敦促台北和北京直接对话。

1月4日　美国国务院高级官员史蒂文·曼在华盛顿的一个研讨会上表示，美国强烈反对修建连接伊朗、巴基斯坦和印度的天然气管道，但亚洲开发银行专家认为该项目可行。

*美国《纽约时报》记者詹姆斯·里森在《国家战争——中情局和布什政府秘史》一书中说，2004年中情局曾故意向伊朗提供其中存在隐秘缺陷的核弹设计方案，希望该缺陷破坏伊朗的核计划。但受雇向伊朗提供该方案的俄罗斯人把中情局的计划泄露给了伊朗人，而伊朗人则可能已靠该方案获得了制造核弹的信息。

1月4—5日　美国参议院临时议长、参议院美中交流小组主席史蒂文斯在夏威夷与中国全国人大常委会副委员长兼秘书长、全国人大中美（参议院）交流机制主席盛华仁举行了交流机制主席会晤。双方在坦诚、友好的气氛中就美中关系和两国议会交流等问题深入交换了意见，达成广泛共识。

1月5日　美国总统布什在以强化外语教学为主题的美国大学校长“语言峰会”上致词指出，“国家安全语言倡议”是一个重要计划，它不仅关乎教育，而且关乎美国的国防、外交、情报工作；美国的长期战略目标是，让该计划有助于在全世界传播自由。根据该计划，联邦政府将首期拨款1.14亿美元。该会议由国务卿赖斯和教育部长斯佩林斯在国务院共同主持召开，国防部长拉姆斯菲尔德、国家情报局局长内格罗蓬特等出席。

1月7日 受“超级说客”杰克·阿布拉莫夫案件牵连，美国国会众议员、共和党人汤姆·迪莱正式宣布辞去众议院共和党“督导”职务，但保留众议员职位。阿布拉莫夫于本月3日承认自己犯下共谋、欺诈和逃税3项重罪，并开始协助调查众多议员涉嫌收取贿赂的情况。

1月7—12日 美国国务卿赖斯访问印度尼西亚和澳大利亚。在印尼期间，赖斯同印尼官员讨论美国支持印尼民主进程、合作对付禽流感、援助印尼海啸后恢复工作以及恢复两国军事合作等问题。在澳大利亚参加亚太环境大会期间，赖斯同与会的中国、韩国、日本和印度等国官员讨论了朝鲜核问题。

1月8日 英国《观察家报》报道，美国管理的关塔那摩监狱再爆丑闻，监狱的医生将绝食的犯人捆绑着，强行用管子给这些犯人灌食。

1月9日 美国国防部女发言人罗丝安妮·林奇称，美国为伊拉克战争的花费约为45亿美元/月，还不包括新武器和装备的采购。美国迄今为伊拉克战争已花费了1730亿美元。

＊美国海军陆战队开始与日本陆上自卫队进行代号“铁拳”的实战演习，这是双方首次在美国本土举行演习，也是首次进行两栖登陆训练演习。演习持续至27日，训练模拟的场景是日本西南群岛遭到进攻。

1月9—12日 美国太平洋舰队举行了一次反潜艇演习。此次演习的战船和战机指挥施泰因德尔上校称：“这个地区确实存在着威胁。我们需要经常训练以备遭遇这种威胁。”

1月12日 美国国务卿赖斯在国务院就伊朗核问题举行的记者会上表示，伊朗拆除核封条是一个挑衅性举动，这表明伊朗政权有意将核问题升级，选择了与国际社会对抗的道路。

＊美国驻西班牙大使馆向西班牙政府通报了美国政府不批准西班牙向委内瑞拉出售一批军用飞机的决定，其理由是，“查韦斯政府破坏了民主机制”，在那个地区制造不稳定。由于这批飞机部分设备使用了美国的技术，因此向第三国出售必须得到美国的批准。

＊台湾《自由时报》报道，美国国会日前发表《中国海军的现代化和对美国海军的影响》报告。该报告指出，中国正寻求成为世界头等潜艇强国，美军必须加强反潜能力，并扩大海军规模因应。

1月17日 美国众议院议长丹尼斯·哈斯特尔特提出一系列游说改革措施，包括禁止国会议员参与由私人机构资助的旅行。这是在美国政坛接连出现几个与非法游说活动有关的丑闻之后国会采取的行动之一。

1月18日 美国国务卿赖斯与到访的欧盟负责外交与安全政策的高级代表索拉纳在华盛顿举行会晤后表示，美国和欧盟三国拒绝伊朗提出的与欧盟三国重开谈判的提议。

＊美国国务卿赖斯在华盛顿乔治敦大学发表演讲，阐述她的“转型外交”的大致轮廓。她认为，布什确定的“支持民主运动最终达到推翻暴政的目的”这一战略，需要“一种大胆的外交，它不仅要分析这个世界，而且还要力图改变它”。“推进‘改变世界的外交’的目的是，与世界上更多的伙伴协作，使一些国家成为在国际体系中负责任地行动的民主国家。不是家长式的民主，而是基于伙伴关系的民主。”她称：“21世纪，印度、中国、巴西、埃及、印度尼西亚、南非等日益抬头的国家将逐渐汇集成历史的潮流。”

＊美国、朝鲜的六方会谈谈判代表希尔和金桂冠在北京举行会晤，双方讨论了美国帮助朝鲜取缔制造假钞、洗钱和贩毒公司的问题。

＊美国总统布什在白宫会见一些在美伊拉克人后说：“对萨达姆的审判将是今年一个令人关注的时刻，届时，世人将看到这个屠夫，这个亲自虐待或者下令虐待许多人的人将依法受到他应得的惩罚。”

＊美国众议院美中工作组两位负责人共和党议员马克·柯克和民主党议员里克·拉森结束对中国的首次访问，两人提出了一些促进两国文化和军事交流的建议。

1月19日 美国国务卿赖斯与韩国外交通商部长官潘基文在华盛顿举行了首次美韩部长级战略对话，双方就驻韩美军的“战略灵活性”达成原则协议。

＊路透社报道，美国情报分析人员经鉴定证实，卡塔尔半岛电视台今天播放的一盘据称出自“基地”组织头目本·拉丹的讲话录音是本·拉丹的声音。录音说，“基地”组织愿意同美国人达成一项有条件的停火协议。对此，美国白宫发言人麦克莱伦说：“我们不会与恐怖分子谈判，而是要消灭他们。”

1月20日 路透社报道，美国在过去两年里已投入数百万美元悄悄支持伊朗国内的一些项目，而今年的专项拨款将多达1000万美元。美国负责这项工作的国务院民主、人权和劳工局的埃丽卡·巴克斯—拉格尔斯说：“我们这么做的目的是支持伊朗国内希望扩大言论自由、参政权利、妇女权利和新闻自由的那些人。”

1月23日 正在日本访问的美国副国务卿佐利克在东京就日中关系问题表示，“缓和紧张关系的一个方法是基于非政府间对话的努力。不仅限于日中之间，包括美国在内的历史学家也应对二战中以及其他时期的历史状况进行查证。”他表示，“对这一问题，必须从超越历史和更为广泛的角度去看待。”他认为，“它反映出中国和日本的民族主义问题，它反映出中国正在崛起成为大国。它同时还反映出该地区有关国家的某种不安。”

1月24日 正在中国访问的美国副国务卿佐利克同中国总理温家宝举行会晤。佐利克在记者招待会上说："我们就安全和经济改革以及中国的开放等一系列问题交换了看法。"他说，中国可以在国际体系中发挥非常积极的作用，从核不扩散到能源安全再到反恐。

1月25日 美国驻墨西哥大使加尔扎向墨西哥政府呈交外交照会，批评墨西哥边境治理不力导致暴力事件频发，要求墨西哥政府严肃查处墨美边境上发生的暴力事件。

1月26日 美国总统布什在白宫举行的新闻发布会上说，伊朗拥有民用核计划的前提条件是用于核发电的核燃料应在俄罗斯生产并由国际原子能机构检查人员负责交运，在核发电中产生的废料将由俄罗斯收集后运回俄罗斯处理。布什还表示，美国正在努力通过外交方式告诫伊朗政府：伊朗拥有核武器是不能被接受的。

1月28日 美联社报道，根据一项改进防护措施以使美国免受放射及核装置威胁的总统令，美国国土安全部正在地处内华达州沙漠的核装置试验机构进行一项耗资3300万美元的研究项目，以完善那些可以更精确地探测核装置及"脏弹"的设备。

1月29日 美国国务卿赖斯在赴伦敦参加中东问题会议途中表示，美国不会给在立法委选举中获胜的巴勒斯坦伊斯兰抵抗运动（哈马斯）掌控下的巴勒斯坦政府任何财政援助，并要求包括阿拉伯国家在内的其他国家也停止资助哈马斯。

1月30日 美国国务院副发言人埃尔利在国务院例行记者会上主动就美台关系及其两岸政策发表声明，对陈水扁发表新春谈话中的言论表示感到"意外"，认为陈提出"以台湾名义加入联合国"就是在单方面改变台海现状。

1月31日 美国总统布什晚间在国会参众两院联席会议上发表2006年度国情咨文。他说，美国必须在全球事务中发挥重要作用，从多方面保持竞争力，努力建设一个"有同情心的、正派的和有希望的社会"，并提出了增强美国海外竞争力的措施。

*美国副国务卿佐利克同正在美国访问的日本自民党代理干事长逢泽一郎举行了会谈。佐利克表示期待日美强化同盟关系。

2月

2月1日 美国总统布什谴责伊朗总统内贾德针对以色列的"威胁性

言论”，并表示，以色列是美国的坚强盟友，如果有必要，美国将在军事上保卫以色列，抵御伊朗的进攻。

*美国联邦储备委员会新任主席本·伯南克宣誓就职，成为美联储建立以来的第14位主席，任期4年。

2月2日 美国和韩国开始关于自由贸易协议的谈判。美国贸易代表罗布·波特曼称，美韩贸易会谈是“15年来我们进行的商业上最重要的自由贸易谈判”。

*美国驻联合国大使博尔顿说，美国反对日本提出的一项旨在增加6个安理会成员国的联合国改革折衷议案，美国只愿意让日本一个国家加入。博尔顿强调，为了保持安理会的效率，即使扩大也应该小范围扩大。

2月3日 美国国防部在其网站上公布2005年度《四年防务评估报告》。该报告长达92页，规划与评估美军未来20年战略目标、作战模式、兵力部署和部队建设，提出要将美军的战略重心从大西洋向太平洋转移，同时把特种作战部队兵力增加15%，大幅度提升美军“远程打击能力”。报告第一次将中国明确定位为“最具潜力的军事竞争者”，并提出相应的防范与反制措施。

*美国国务院宣布，委内瑞拉驻美国大使馆公使兼参赞杰妮·菲格罗达·弗里亚斯为不受欢迎的人，限令其在72小时内离开美国。美国务院发言人麦科马克指出，此举是对委内瑞拉一天前驱逐美国驻委内瑞拉大使馆海军武官约翰·科雷亚中校的报复。

2月4日 美国总统布什在发表周末例行全国广播讲话时表示，面对崛起中的中国和印度的竞争，美国不能关起门来实施经济保护主义。美国必须继续带领世界，在人类智慧和创造力领域寻求突破创新。布什表示，这正是他在国情咨文中提出“美国竞争力方案”的原因。

2月6日 美国中央司令部主要战略策划者马克·金米特准将在伦敦的国际战略研究所发表演讲时详细阐述了美国重新部署军队的计划。该计划涵盖西起埃及东到巴基斯坦、北起哈萨克斯坦南到乌干达的大片地区。

2月8日 美国财政部外国资产管理处冻结了总部设在伦敦的4个团体和5名个人的美元资产，据说他们和某个与“基地”有关的组织有联系。美国还要求联合国“基地”组织制裁委员会对这些个人和团体采取制裁措施。

2月9日 美国《基督教科学箴言报》报道，美国政府正在研发一套可以采集大量数据的巨型计算机系统，其核心是一套名为“分析、传播、直观化、深入理解和语言强化”系统（简称ADVISE系统）。该系统可以把从博客和电子邮件中收集到的信息与政府档案和情报资料综合在一起，从而总结出恐怖分子活动的规律。该系统已有部分投入运转，其余部分正在研发中。

2月10日 美国国务院发言人麦科马克说，美国驻俄罗斯大使威廉·伯恩斯已要求俄方澄清普京向哈马斯领导人发出邀请的意图，敦促俄罗斯作为“中东危机四方调停小组”成员能与其他成员发出相同的信息，即要求哈马斯停止暴力活动并承认以色列。

*美国商务部今天公布的数据显示，2005年，美国贸易逆差达到7258亿美元，比2004年增加了17.5%，创下历史最高纪录。其中对华贸易逆差达到2016.3亿美元，比2004年增长24.5%。同日，美国贸易代表波特曼指出，敦促中国让人民币升值和加强当地执法取缔盗版美国影音产品均有助于减少美国贸易逆差。

2月11日 美国国防部长拉姆斯菲尔德开始对北非突尼斯、阿尔及利亚和摩洛哥三国为期三天的访问。这是他出任国防部长后对这三个国家的首次访问。拉姆斯菲尔德在前往突尼斯的飞机上说，美国想加强同三国的军事关系，帮助其与恐怖活动作斗争。他称突尼斯和摩洛哥是“长期的朋友和反恐活动中的建设性伙伴”。

2月13日 美国白宫向国会提交的2006年《总统经济报告》说，中国的汇率管理制度是引起中国及全球经济不平衡的部分因素。

2月14日 美国贸易代表波特曼主持记者会，介绍美国贸易代表办公室向国会递交的对中国贸易“彻底检讨报告”，这是中国入世以来，美国提出的第一份对华贸易检讨报告。

*美国航母编队和印度海军在斯里兰卡海域进行联合军事演习。

*美国《华盛顿邮报》报道，美国国家反恐中心保存着一个国际恐怖嫌犯及其资助者的名单，共有32.5万个名字，这一数量比2003年秋天增加了4倍多。

2月16日 美国国务卿赖斯发表讲话号召巴西、西班牙和智利等国组成联合阵线，反对“委内瑞拉对民主进行挑战并同古巴和伊朗保持密切关系”。

*美国国务卿赖斯在参议院预算委员会作证时表示，伊朗构成的威胁不仅仅在于企图制造核弹，“他们还在全世界支持恐怖主义。事实上，他们是恐怖主义的大庄家”。赖斯称，将伊朗问题提交联合国安理会是一场胜利。

*法新社报道，美国商会公布2005年对900家成员公司的半数进行的调查结果显示，在华美国公司大都生意兴隆，多数企业赢利。另外，如今美国企业进入中国市场更容易，在华设立独资公司的手续也简化了。

2月17日 美国国务院发言人麦科马克在新闻发布会上要求巴勒斯坦归还美去年向巴提供的5000万美元的经济援助，因为“美国不希望这笔钱落入哈马斯领导的政府手中”。

＊美国农业部就美国上个月向日本出口不合格牛肉事件发表调查报告说，牛肉加工厂工人和政府检查人员的失误导致不合格的牛肉被出口到日本。报告表示，美方将增加检查人员数量，并加强对检查人员的培训，强化对出口牛肉的检查。

2 月 19 日 美国财政部命令美国各家银行冻结俄亥俄州一个名为“慈善之心”的非政府组织的资金，因为该组织与有哈马斯背景的“圣地基金会”和有“基地”组织背景的“全球救济基金会”有关联。

2 月 20—24 日 美国国务卿赖斯对中东地区进行访问，先后访问了埃及、沙特阿拉伯、黎巴嫩等国，并出席了一个在阿联酋举行的地区会议。赖斯此行旨在推进民主、封锁哈马斯、遏制伊朗。赖斯在与埃及领导人的会谈中批评埃及监禁反对党领导人，要求埃及加快民主改革的步伐。23 日，赖斯闪电式地访问了本不在行程计划中的黎巴嫩，会见了主张改革的黎巴嫩总理西尼乌拉以及当地的基督教派、逊尼派和什叶派穆斯林领导人。赖斯没有会见黎总统拉胡德，她对随行记者说，黎巴嫩“需要一个向前看并且捍卫黎巴嫩主权的总统”。

2 月 23—3 月 3 日 驻日美军和日本自卫队进行“图上军事演习”，在演习中设想了日、中两国的军事行动，重点在导弹防御和海上警备活动等方面。

2 月 24 日 美国国务院举行“世界互联网自由对策委员会”首次会议，有关部委负责人出席会议。该委员会是国务院组建的一个特别小组，以便协调美国在应对因特网政治审查制度方面的外交政策，并关注以网络为工具镇压异见者和限制信息在网上传播等问题。

＊美国在台协会理事会正式宣布任命薄瑞光为理事主席，施蓝旗女士为执行主任。薄瑞光曾担任美国驻越南大使、美国在台协会台北办事处处长、美国驻上海总领事及美国驻韩国大使馆副馆长等职。

2 月 27 日 针对台湾“总统”陈水扁 27 日宣布终止“国统会”和“国统纲领”的谈话，美国白宫和国务院都发表了重申“一个中国”政策的声明。美国务院副发言人埃尔利称，美国的理解是，“国统会”并没有被“废除”，而只是被“冻结”。

3月

3 月 1 日 美国总统布什在前往印度和巴基斯坦访问途中在事先没有

对外界宣布的情况下突访阿富汗，在阿富汗总统府与阿总统卡尔扎伊进行了简短会谈并举行联合新闻发布会。这是布什就任总统以来首次访问阿富汗。

3月2日 正在印度访问的美国总统布什和印度总理辛格在新德里联合召开的新闻发布会上宣布，双方已就民用核能合作协议达成一致。同日，美国国防部发表声明说："帮助满足印度在防务领域的需求，提供印度所谋求的重要武器和技术，这是我们的目标。"

＊美联社报道，机密录像显示，美国总统布什在去年"卡特里娜"飓风来袭之前就接到了负责救灾的联邦政府官员有关暴风雨可能冲垮大堤的警告，而布什并未引起重视，只是向州官员们保证："我们已经做好了充分准备。"

＊美国国务院副发言人埃尔利就台湾"终统"问题发表声明，要求台湾当局毫不含糊地确认2月27日的举动没有废除国统会、没有改变现状，并确认其所作相关承诺依然有效。

3月3日 美国国防部依据美国法官2006年1月的裁决于今日首次公布关押在关塔那摩美国海军基地监狱嫌犯的身份信息，这些身份信息是散落在317份、总共达5000多页的军方听证会记录中的。

＊美国加利福尼亚州地方法院判处美国前共和党众议员兰迪·坎宁安8年零4个月的监禁，罪名是收受总价值240万美元的贿赂。坎宁安受贿案是美国国会历史上少见的大案，坎宁安也成为40年来被判入狱时间最长的前国会议员。

3月4日 正在巴基斯坦访问的美国总统布什与巴总统穆沙拉夫举行会谈。在会谈后双方共同举行的记者会上，布什高度赞赏巴基斯坦不遗余力地打击恐怖主义，表示将加强两国在反恐领域的情报交流，以便"找到恐怖分子的藏身之处并将他们绳之以法"。随后发表的联合声明说，两国将为推进战略伙伴关系而展开定期战略对话。

3月6日 美国最高法院一致裁决，美国大学必须让军队的招聘人员获得与其他雇主相同的接触学生的机会。这一裁决为美军招兵人员赢得了大学毕业生招聘权斗争的胜利。

＊美国常驻联合国代表博尔顿和国务院发言人汤姆·凯西分别表示，美国反对允许伊朗进行小规模浓缩铀活动，因为即便所谓小规模的浓缩铀研究计划也会使伊朗有可能弥补它目前所存在的技术性缺陷。

3月7日 美国助理国务卿帮办史蒂文斯和财政部助理部长帮办丹尼尔·格拉泽在纽约与朝鲜外务省美洲局局长李根举行会晤，讨论朝鲜涉嫌洗钱、制造假币及重启六方会谈等问题。

＊美国总统布什和国务卿赖斯在华盛顿会见来访的俄罗斯外长拉夫罗

夫，赖斯在会晤后与拉夫罗夫共同举行的记者招待会上表示，美国对俄罗斯的民主感到担忧。

3月8日　美国参议院口头表决一致通过一项禁令，禁止国会议员及其助手接受游说人员的宴请和礼物，这是在美国曝出阿布拉莫夫贿赂议员的丑闻之后，参议院就修改游说法作出的首个重大决策。

＊美国众议院拨款委员会以压倒性多数通过一项修正案，否决阿联酋迪拜港口世界集团对美国6大港口运营权的收购。

＊美国国务院发表人权报告，报告中对香港的政治体制和在解决宪法问题时征求北京意见的决定提出了批评。报告称，香港基本法“大大限制了立法委员会”影响政策的“能力”。

＊美国白宫发表声明，为美印核协议进行辩解，并告诫其他国家不要退出《不扩散核武器条约》，因为“任何退出《不扩散核武器条约》的举动都将表明该国意欲寻求核武器，从而将导致其无法获得用于和平目的的核技术”。声明称美国“无意帮助”印度发展原子武器计划。

＊美国国防部导弹防御局说，美国和日本在导弹防御合作计划下联合研制的实验拦截导弹今天在夏威夷考爱岛附近的演习中进行了首次试射，且试射没有出现明显问题。

＊讨论驻日美军调整问题的美日协商会议在夏威夷举行。

3月9日　美国国务卿赖斯、东亚及太平洋事务助理国务卿希尔、太平洋司令部总司令法伦等官员分别在众议院国际关系委员会、军事委员会的听证会上就中国问题作证。

＊驻韩美军司令贝尔在参加众议院军事委员会听证会时表示，朝鲜日前发射的是精确度和机动能力都得到大幅提高的固体燃料短程导弹，这表明朝鲜的导弹技术已有“质的飞跃”。贝尔还表示，朝鲜半岛一旦发生战争，美、韩两国能够迅速结束朝鲜半岛的冲突。

3月10日　美国总统布什在全国报业协会政府事务会议上发表讲话，再次呼吁伊拉克各方尽快组成一个民族团结政府，以便增强伊拉克民众对未来的信心。布什承认当前的伊拉克局势十分紧张。

＊美国总统布什签署已获国会参众两院通过的延长《爱国者法》法案，赋予联邦政府更多进行反恐调查的权力。《爱国者法》允许政府调查人员在某些情况下无须受到法官监督即可获得电子信息或记录。

＊美国纽约商品交易所4月份交货的轻质原油期货价格每桶下跌51美分，收于59.96美元，为2月17日以来的最低收盘价。

3月12日　美国《华盛顿邮报》报道，在2006财政年度的头5个月，美国陆军国民警卫队已招募新兵2.6万名，征兵人数超过目标7%，是13年来征兵最顺利的一年，改变了连续3年招募不足的状况，部分原因是任命了 3100 名警卫队员为“招募助理”，他们每招募到一名新兵可挣到 2000 美元。

3 月 16 日 美国白宫发布布什就任总统以来的第二份《国家安全战略报告》，布什声称“美国正处于战争之中，这是一份我们面对（恐怖主义）严重挑战所要求的战时国家安全战略”，并重申对恐怖分子和敌对国家实行先发制人军事打击的战略，将伊朗视作美国可能面临的最大威胁与挑战。报告列出美国安全战略的两个优先目标：一是进行并赢得反恐战争，二是在世界上推广自由以取代“暴政”，并说这二者是不可分割的。

3 月 18 日 美国国务卿赖斯、澳大利亚外长唐纳和日本外务大臣麻生太郎在澳大利亚首都悉尼举行美、澳、日三方安全对话，焦点是讨论伊朗核问题、伊拉克战争、中国的国防建设和中日关系。赖斯称，如果中国的国防建设不更加公开化，美方担心中国会成为“消极力量”。三方会后发表了联合声明。

3 月 20 日 美国国防部导弹防御局负责人亨利·奥伯林说，美国大力研发的针对敌方导弹的分层防御系统已经“度过了重大难关”，今年该系统将进行 3 次有难度的试验。他说：“我相信，如果我们不得不启用该系统，它一定能正常运转。”

3 月 22 日 美联社报道，新解密的文件显示，美国情报机构自 1946 年以来利用间谍和密探、舰艇、U－2 飞机、卫星以及国家安全局的通讯窃听等手段，跟踪法国的原子弹试验，密切监视法国的核武器能力。

3 月 24 日 美国白宫发言人麦克莱伦说，美国将与欧盟采取一致行动，对白俄罗斯总统卢卡申科及其他人实施旅行限制和经济制裁。麦克莱伦表示“谴责任何践踏公民权利的行为”。

3 月 25 日 美国和韩国开始举行为期一周的年度大规模军事演习，旨在检验美、韩指挥官在战时部署美军海外增援部队的能力。

3 月 28 日 美国国务卿赖斯在参议院听证会上表示，美国有很多处置伊朗的手段，包括激化伊朗人民和政权之间的矛盾，投入美元推动伊朗民主，由联合国安理会采取“其他措施，进一步孤立伊朗政府”。

＊美国国务卿赖斯在国会听证会上表示，对于改善缅甸的人权状况，美国需要中国、印度和东盟的协助，需要“继续力促该地区国家在缅甸问题上采取公开和更积极的态度”。

＊美国总统布什在白宫宣布，白宫办公厅主任卡德已经辞职，卡德的职位将由白宫行政管理和预算局局长乔舒亚·博尔滕接替。博尔滕曾经在国会山、华尔街及白宫任职。

＊美联储宣布，将联邦基金利率从 4.5％提高到 4.75％，从而使利率达到最近 5 年来的最高点。这是自 2004 年 6 月以来连续第 15 次以相同幅

度提息，也是美联储25年来持续时间最长的加息周期。

3月28—29日 美国商务部长古铁雷斯访问中国，分别与中国国务院副总理吴仪及商务部长薄熙来会晤，双方就中美经贸关系及第17届中美商贸联委会交换了意见。29日，古铁雷斯在北京参加由美国中国商会和美中贸易全国委员会联合举办的早餐会时表示，美中之间的贸易已经构成世界上最重要的经济关系之一，美国从与中国的贸易中受益匪浅，希望现有的合作关系“能确保以建设性的方式发展下去”。古铁雷斯说，目前中美贸易关系存在三大问题：贸易赤字、市场准入和知识产权保护。

3月29日 美国国务院通过电子邮件向中东地区的美国外交官和其他官员发送指令，命令他们立即切断与哈马斯任命的政府部长或者那些为这些部长效力的人的联系，不管这些人是否为哈马斯成员；但可以与巴勒斯坦民族权力机构主席阿巴斯、其办公室工作人员以及巴勒斯坦立法委员会中的非哈马斯成员进行接触。这项政策在阿巴斯宣布以哈马斯为首的政府成立之后立即生效。

3月30日 美国商务部长古铁雷斯和日本经济产业大臣二阶俊博在东京发表共同声明，提出了促使中国政府和产业界重视保护知识产权和打击盗版行为的具体对策。

3月30—31日 美国总统布什与墨西哥总统福克斯以及加拿大总理哈珀在墨西哥坎昆举行第二届“北美安全与繁荣联盟”首脑会议。会议重点讨论了边境安全与移民问题。在会议闭幕之际发表《共同声明》，表示将在更大范围内合作，以进一步推动北美地区的安全与繁荣。

3月31日 美国政府根据国会要求发布《关于外国贸易壁垒的全国贸易评估报告》，称有60个国家及欧盟、阿拉伯联盟和南部非洲关税同盟3个贸易集团对美国出口商品设立不正当壁垒，并指出对美国制成品、农产品和服务出口损害最大的一些做法。而且，批评中国部分占用了整个报告的1/10篇幅。

4月

4月1日 美国副国务卿伯恩斯打电话给伊朗驻联合国大使贾瓦德·扎里夫，表示愿意向发生地震灾害的伊朗提供援助。这是20多年来没有外交关系的美伊之间罕见的直接接触。

4月2日 美国国务卿赖斯和英国外交大臣斯特劳同机抵达巴格达对伊拉克进行访问。赖斯表示，她、斯特劳与伊拉克领导人展开讨论表明了目前伊拉克需要建立民族团结政府的紧迫性。

4月3日 美国国务院副发言人埃尔利向记者表示，他注意到澳大利亚与中国签署的对华售铀协定包含了安全保障方面的条款，以确保中国不将澳核燃料用于其核武器计划。此外，中国是《不扩散核武器条约》的成员，因此澳中签署的协定符合各项合理的标准。

4月4日 美联社报道，美国国防部回应美联社的起诉而公开的第二批关塔那摩囚犯听证会记录显示，有更多的囚犯在没有任何指控的情况下一直被秘密关押，时间最长达4年之久。国防部发言人惠特曼说，有关机构通过审讯这些人得到了很多信息。

4月5日 美国总统国家安全事务助理哈德利在全国亚洲问题研究所举办的论坛上说，布什总统提出一项基于“三项基本设想”的东亚战略，这三项设想是：保持与日本和韩国这样的传统盟国的关系；与“伙伴们”合作解决区域性和全球性问题；鼓励中国成为国际体系中的一个“负责任的利益攸关方”。

4月6日 美国国务院发言人麦科马克宣布，尽管美国承诺要与新成立的联合国人权理事会合作，但它不会谋求在该机构拥有一个席位。麦科马克表示，美国已经领导、并将继续领导联合国和整个世界的人权运动。

4月7日 美国国务院发言人麦科马克宣布，由于哈马斯领导的巴勒斯坦政府没有满足中东问题有关四方的要求，即停止暴力、承认以色列生存权及恪守巴以双方业已达成的协议，美国将中止对巴新政府的一切直接经济援助。他还强调，美将通过联合国渠道加大对巴人道主义援助。

4月10日 美国助理国务卿、美国朝核问题六方会谈首席谈判代表希尔在日本参加由中、朝、韩、美、俄、日六方参加的“东北亚合作对话会议”，会议重点讨论朝鲜核问题。同日，美国国务院发言人麦科马克表示，此次“东北亚合作对话会议”的性质为“学术会议”，“这不是一个六方会谈的场合”。

＊美国环境保护局局长斯蒂芬·约翰逊在北京会晤了中国国家环保总局局长周生贤，双方签署了一项关于有害废弃物治理的协议。

4月11日 据美国广播公司与《华盛顿邮报》联合进行的民意测验，只有38%的公众满意布什的工作表现，这是自布什当选总统以来最低满意度。只有35%的选民满意国会的表现，这是9年来的最低支持率。

＊美国商务部部长古铁雷斯、贸易代表波特曼与中国国务院副总理吴仪在华盛顿共同主持了第17届中美商贸联委会，美国农业部长约翰斯参加。双方就诸多经贸议题坦诚、深入地交换了意见并达成广泛共识。

4月12—14日 美国六方会谈首席谈判代表、助理国务卿希尔访问韩国。

4月13日 美国总统布什在全美中小企业会议上表示，美国很重视中国这个贸易伙伴，但也期盼中国履行承诺。他说："世界上有一个国家可以向世界展现它真的有心要成为遵守游戏规则的贸易伙伴，那就是中国。"布什指出，中国需要让自己更加透明化，切实保护知识产权，同时应采取更多措施处理与其他国家贸易失衡的问题，并实施以市场为导向、更具弹性的汇率政策。

* 根据彭博新闻社和《洛杉矶时报》联合举行的民意测验，50%的美国人赞成中国应该按照自己的步伐实现让人民币变得更加灵活的目标，而不是被迫做出调整以降低对美国巨大的贸易顺差，对这一问题持反对态度的只有26%。

4月14日 美国财政部外国资产管理处发布公告指出，根据美国法律，哈马斯作为"恐怖主义实体"而被查禁，而这个组织现在控制着巴勒斯坦民族权力机构的资产，"因此……除非得到特许，禁止美国人与巴勒斯坦民族权力机构进行商业交易，并禁止他们转让、支付、提取、出口或以其他方式处理巴勒斯坦民族权力机构拥有股权的任何资产"。

* 针对伊朗宣布成功完成铀浓缩，美国国务院发言人麦科马克表示，美国将考虑对伊朗实施具有针对性的制裁措施，包括冻结资产和签证限制。

* 美国国务院主管西半球事务的助理国务卿香农与中国外交部拉美司司长曾钢在北京举行拉美事务对口磋商。这是中美战略对话框架下双方首次就拉美问题进行磋商。双方就拉美地区形势、各自对拉美国家关系及对拉美政策、中美在拉美事务中的合作等议题广泛深入交换了意见和看法，一致同意将这一磋商机制化。

4月17日 由美国电影协会、美国国家地理学会与中国国家广播电影电视总局、中国驻美大使馆等联合举办的"2006美国中国电影节"在美国首都华盛顿和洛杉矶两地同时举行开幕式。

4月18日 中、美两国政府的代表在华盛顿签署《〈中美科技合作协定〉延期议定书》和《谅解备忘录》、《卫生健康医药科学合作谅解备忘录》、《美利坚合众国政府与中华人民共和国政府关于在进出对方国境的本国航班上部署空中警察并开展相关合作的谅解备忘录》。

4月18—21日 中国国家主席胡锦涛对美国进行国事访问。从西部波音和微软公司所在地西雅图，到首都华盛顿，再到东部耶鲁大学所在地纽黑文，政府官员、议员、工商、学术、工人、学生等各界人士为胡主席举行了32场活动，聆听了胡主席的6次重要演讲。20日，美国总统布什在白宫南草坪举行盛大的官方欢迎仪式，欢迎胡主席抵达白宫。布什在欢迎辞中说，美国欢迎一个和平、繁荣并支持国际制度的中国的兴起。布什说，作为国际体系中的利益攸关方，我们两国有很多共同的战略利益，"胡主席和我"将讨论如何推进这些利益，以及中国和美国与其他国家负责任地合作解决共同面临的挑战。美国将同中国加强在经贸、安全、禽流感防控等领域的合作。布什在同胡锦涛的会谈中表示：中国是伟大的国家，国际地位显著上升；中国是维护世界和平的关键伙伴，对世界和平发挥着日益重要的影响。布什表示，美国政府在台湾问题上的立场没有变化。美国坚持一个中国政策，理解中方在台湾问题上的关切，不希望看到台湾当局单方面改变台海现状的行动影响中美关系。布什表示，扩大自由公平的中美贸易符合中美共同利益。20日，美国副总统切尼、临时参议长史蒂文斯等国会议员和总统国家安全事务助理哈德利先后同胡锦涛在其下榻的国宾馆举行了会晤。切尼表示，美中建立了良好、稳固、健康的关系，在当今世界，美中关系事关重大，我支持美中建立战略关系。国会议员们就加强中美在能源、环保、航天等领域的合作向胡锦涛谈了他们的看法。

＊美国国防部发言人惠特曼表示，美国近年来对部队进行装备更新，以因应高科技远征战争，同时调整全球军事部署，将军力重心从欧洲东移至亚太和南亚地区，这主要是为了防范中国军力扩张所造成的不确定因素。

4月19日 美国纽约商品交易所原油期货价格连续第三天收于历史最高水平，5月份交货的轻质原油期货价格每桶收于72.17美元，是纽约商交所该种原油期货的最高收盘价，盘中一度上攻至72.40美元的历史最高交易价格。

4月21日 美国驻华使馆负责签证事务的总领事迈克尔·里甘说，美国政府去年总共给304374名中国游客、商界人士、学生及其他人发了签证，这超过以往100年间的任何一年。他说中国申请签证的人数每年增长大约15%，"这反映了中国的经济增长及两国关系的发展"。

＊美国国防部说，关塔那摩监狱近30%的在押人员被宣布无罪可以释放，但他们仍未获释。这是因为美国的政策规定不能把人驱逐、遣返或引渡到他们可能遭到拷问或迫害的国家，因此美国政府无法安排他们返回自己的国家。

4月23日 美国前太平洋舰队司令布莱尔率领顾问团抵达台湾观察台军"汉光"演习。

＊美国白宫发言人麦克莱伦说，美国情报部门认为最新出现的"基地"组织头目本·拉丹录制的录音磁带是可信的。"本·拉丹正在四处逃亡，压力很大。"

＊美国国防部官员透露，国防部长拉姆斯菲尔德批准了美军迄今为止

最雄心勃勃的全球反恐计划。这项计划规定，在伊拉克和阿富汗等交战区以外的地方，美国军队，尤其是特种作战部队将在打击恐怖主义的持续行动中发挥比原来大得多的作用。

4月24日 美国国防部长拉姆斯菲尔德与日本防卫厅长官额贺福志郎在华盛顿举行会谈，双方就驻冲绳美军转移到关岛的经费问题达成协议，日本将承担其中61亿美元的费用，占所需费用总额的59%。此次转移是对驻日美军部署进行大规模调整的一部分。

*正在卡塔尔首都多哈出席第10届国际能源论坛的美国能源部长博德曼敦促中国和印度建立战略石油储备系统。他还提到，美国正是借助石油储备调控了“卡特里娜”飓风灾害后的市场油价。

4月26日 美国国防部长拉姆斯菲尔德和国务卿赖斯先后抵巴格达对伊拉克进行突然访问，他们共同和伊拉克新领导人举行会谈，推动伊拉克尽快组成民族团结政府。赖斯是当天结束对土耳其的访问后抵达伊拉克的。她表示将力促伊拉克新总理马利基成立“一个没有制造分裂的宗派人士参加的新内阁”。

*美国国务卿赖斯对美国广播公司说，伊朗让国际机构检查该国核设施其实是缓兵之计，目的在于避免联合国的惩罚。此外，赖斯接受多家电视台记者采访时表示，如果安理会不迅速采取行动迫使伊朗停止铀浓缩活动，美国及其盟国不会再等下去了。

*美国“人权观察”等组织联合公布《虐囚和问责》人权报告称，对发生在伊拉克、阿富汗和关塔那摩基地的虐囚事件，美国并没有认真调查和处理。美国国防部对该报告回应说，美国国防部对囚犯进行了12次大规模调查评估，没有一次调查结果说明国防部“纵容、认可或者默许虐待囚犯”

4月27日 美国财政部发言人托尼·弗拉托称赞中国上调金融机构贷款基准利率是“积极”的，并重申，在人民币币值方面，美国希望中国展现更大的灵活性。

4月28日 美国国务院公布的反恐年度报告及由全国反恐中心统计的数据显示，2005年全球恐怖主义袭击事件的数量增加了4倍，达到1万余起，其中伊拉克的袭击事件占到总数的30%。报告称伊朗是最活跃的支持恐怖主义的政府。该报告新增了对反恐战争的“战略评价”，指出：“总的来说，我们仍然可能处在一场持久战的第一阶段。”

*美国司法部公布的一份提交国会的报告显示，2005年联邦调查局利用《爱国者法》赋予的权力向银行、电话公司和因特网服务商发出数以千计的传票，在国家安全调查中，电子监控和搜查令状的使用率提升了15%。

＊美国导弹防御局发言人里克·莱纳说，国防部今天在夏威夷附近的太平洋导弹靶场用一枚远程导弹对其导弹防御体系进行了测试。这枚导弹能够采取对抗措施干扰雷达监测系统。测试没有发射拦截导弹，参加测试的只有雷达和光学传感器。

＊美国政府公布“特别301”年度贸易评估报告。该报告称，共有13个国家对美国的知识产权侵害最为严重，包括中国、俄罗斯、阿根廷、伯利兹、巴西、埃及、印度、印度尼西亚、以色列、黎巴嫩、土耳其、乌克兰和委内瑞拉。

4月29日 美国纽约数万名群众走上街头，举行反战集会和游行，要求立即将美国军队撤出伊拉克，强烈反对美国对伊朗采取军事行动。

5月

5月1日 以墨西哥裔移民团体“3·25联盟”为主要组织者发起的“反对严苛移民法”、“反对在美墨边境修建‘隔离墙’”、“要求大赦非法移民”的示威游行与集会在全美举行，参加游行活动的人次达上百万，其中绝大多数是墨西哥移民。

＊美日两国安全磋商委员会会议（“2+2”会谈）上午在美国国防部召开，美国国务卿赖斯、国防部长拉姆斯菲尔德和日本外相麻生太郎、防卫厅长官额贺福志郎出席会议，会后发表了驻日美军整编最终报告以及“2+2”会谈联合文件。美、日决定通过驻日美军整编，在全球范围内扩大和加强日本自卫队与美军的合作。

5月4日 美国白宫发言人麦克莱伦在新闻发布会上说，布什总统当天与正在得克萨斯州奥斯汀参加世界信息技术大会的马来西亚总理巴达维讨论了伊朗核问题、国际能源价格、能源替代及中东和平进程等问题，双方都表示应以外交方式解决伊朗核问题，并主张伊朗必须遵守联合国安理会以及国际原子能机构有关中止铀浓缩活动的要求。

5月5日 美国副总统切尼在立陶宛维尔纽斯举行的“黑海及波罗的海地区峰会”上演讲，指责俄罗斯限制人权并利用其丰富的能源敲诈世界。

＊美国国务院发言人麦科马克表示，陈水扁要求过境美国所产生的风波不会影响美台关系。同日，正在访台的美国前助理国务卿帮办艾因霍恩对媒体称，台“外交部”3日有关陈活动事宜的5点声明“非常有建设性，显示台湾能充分理解美方的立场”。

5月6日 美国副总统切尼结束了对哈萨克斯坦为期两天的访问，访问期间双方签署了一系列协议。切尼在与哈总统纳扎尔巴耶夫会晤后的记者招待会上表示，哈萨克斯坦是美国在中亚地区的重要战略伙伴，美国将与哈在反恐、维护地区安全及能源领域扩大合作。美国对哈独立以来在政治和经济领域取得的成就表示赞赏，表明将继续支持哈的民主改革。

*美国反恐特使亨利·克伦普顿在阿富汗对记者说，尽管巴基斯坦方面抓获了很多“基地”组织成员，但是巴政府在反恐方面做得还远远不够，巴基斯坦的一些土地现在已经成为藏匿恐怖分子的天堂。

5月7日 美国总统布什在德国电视一台播出的一则专访中表示，他愿意关闭设在古巴关塔那摩基地的美军监狱，但需要等到美国最高法院就该监狱里的犯人应接受民事法庭还是军事法庭的审判一事作出裁决后再作决定。

*美国副总统切尼在克罗地亚古城杜布罗夫尼克表示，美国将大力支持克罗地亚、阿尔巴尼亚和马其顿三个《美国—亚得里亚宪章》的缔约国加入北约。切尼并高度评价上述三国参与美国和北约在阿富汗、伊拉克的军事行动。

5月8日 美国总统布什向新闻界宣布，他已下令紧急购买4万吨粮食并快速运送到苏丹达尔富尔地区，此外他还将请求国会批准向达尔富尔地区提供价值约2.25亿美元的食品援助。

*美国财政部负责管理外国资产的办公室宣布正式开始对朝鲜的附加经济制裁措施：设在美国境内的美国国内公司和外国公司均不得拥有、租借和经营任何悬挂朝鲜国旗的船只，也不得为悬挂朝鲜国旗的船只承接保险业务。

5月9日 美国宇航局和印度空间研究组织在印度南部城市班加罗尔签署谅解备忘录，双方将合作进行月球探测。

*美国国务卿赖斯就伊朗总统内贾德8日给美国总统布什的信函作出表示说，在信中找不到就核问题或者任何此类问题进行接触的契机。

5月9—15日 美军太平洋司令部总司令法伦在中国访问。在结束访问后，法伦表示，美、中军方已经就建设性接触的原则达成了一致。

5月10日 美国副国务卿佐利克在美国众议院国际关系委员会就美中关系问题作证，在谈到中国经济发展所取得的成就和面临的挑战时称，“如何应对中国日益崛起的影响是美国21世纪外交政策的一个核心问题”。他再次表示美的政策目标是让中国成为一个“负责任的利益攸关方”。谈到陈水扁过境美国受挫风波时，他说美国必须慎重处理有关问题，美国不能助长“台独”倾向，因为“‘台湾独立’就意味着战争”。

*美国财政部向国会正式提交了每半年一次的国际经济和汇率政策报

告，决定不将中国列为汇率操纵国。

* 美联储决定将联邦基金利率即商业银行间隔夜拆借利率从4.75%提高到5%。这是美联储自2004年6月以来连续第16次以相同幅度提息。

5月11日 美国参议院通过了一项一揽子减税法案，决定在今后5年内减税700亿美元。此前一天众议院已通过了该法案。

* 美国国防部长拉姆斯菲尔德在《费加罗报》发表文章说，美国对俄罗斯利用其能源作为政治武器以及中国军费开支缺乏透明度感到担心。他说，美国现在将重点放在伊拉克和阿富汗，但美国将来的政策取决于中、俄等大国的选择。

5月12日 美国国务院发言人麦科马克在新闻发布会上说，美国拒绝联合国秘书长安南提出的美国与伊朗进行直接谈判的建议。麦科马克说，美国支持欧盟三国与伊朗进行谈判，也支持俄罗斯提出的解决伊朗核问题的方案，但欧盟三国和俄罗斯的努力都受到挫折，就是因为伊朗一直没有采取建设性、严肃认真的态度，而是故意拖延并继续在民用核计划掩护下试图研制核武器。麦科马克称，伊朗面临着两种选择：要么与国际社会合作，要么继续同国际社会对抗并变得更加孤立。

* 台湾《联合报》报道，美国太平洋舰队司令加里·拉夫黑德上将日前在美国国务院的外籍记者中心表示，美军现在的全球部署是能够“在任何时间、对任何地点的任何情况”作出快速反应，在因应台海冲突上，美军能够完成交付任务。拉夫黑德同时称，美国希望与中国军方共同交流、运作，继续促成中国军队透明化。

5月15日 美国国务卿赖斯发表声明，宣布美国决定全面恢复同利比亚的外交关系，重开美国驻利比亚首都的黎波里的使馆，并将利比亚从“支持恐怖主义国家”名单上删除。

* 美国总统布什在白宫向全国发表电视讲话，表示将在美国与墨西哥边境部署6000人的国民警卫队，以控制南部边界的非法移民潮。

* 埃菲社报道，美国国务院透露，美国已经将委内瑞拉列入反恐斗争“不积极合作者”名单，并禁止向委内瑞拉出售美国武器。

5月16日 美国总统布什和澳大利亚总理约翰·霍华德会晤并随后在白宫召开联合新闻发布会。

* 美国广播公司和《华盛顿邮报》进行的民意调查显示，布什总统的支持率为33%，反对率为65%，创下该项民意调查25年来美国总统的支持率最低和反对率最高的历史纪录。

* 即将接替波特曼出任美国贸易代表的苏珊·施瓦布在参议院财政委员会举行的任命听证会上表示，中国在允许外国银行和其他金融服务提供

商在华开展业务方面的行动“缓慢得让人失望”。

5 月 23 日　美国国防部发表《中国军力年度报告》指出，中国正在迅速扩大军事力量，因此得以与美国展开竞争，并对该地区其他国家构成潜在威胁。报告称，中国在军事现代化方面取得的进步速度快、规模大，这表明中国着眼的不仅仅是台湾问题。

＊美国总统布什与到访的以色列总理奥尔默特会晤并联合举行记者招待会。

5 月 24 日　美国导弹防御局成功进行了首次通过海上发射的导弹对在飞行最后阶段的弹道导弹进行拦截的试验，该试验旨在证明目标导弹在落地前几秒钟内是否可以被直接击毁、或是被离它很近的爆炸摧毁。

5 月 24—26 日　美国贸易副代表卡兰・巴蒂亚访问台湾，与台湾官员举行了两天的“贸易与投资架构协定”会谈，讨论包括医药、知识产权、农业和通讯等在内的贸易问题。他是 6 年来访问台湾的级别最高的美国官员。美国在台协会在巴蒂亚抵达台湾时发表声明称，巴蒂亚访台显示美台间坚实强劲的关系，美方希望加强与台湾的合作，以确保成功完成多哈回合贸易自由化谈判。巴蒂亚在台北美国商会发表讲话时呼吁台湾取消对中国大陆的贸易限制。

5 月 25 日　美国总统布什与到访的英国首相布莱尔在白宫举行会谈，并召开联合记者招待会。布什在记者会上承认，美国在处理对伊拉克实施占领的问题上犯下了一系列的错误，从而造成战斗更加困难并对美国在海外的形象造成了更大的损害。布什表示，美国“最大的错误”就是阿布格里卜监狱丑闻。

＊美国贸易发展署署长阿斯奇女士与中国海关总署副署长孙松璞分别代表两国政府在北京举行知识产权保护合作项目签字仪式。根据项目安排，中、美两国政府相关部门将派出知识产权保护专家，对来自中国海关管理层和口岸海关一线关员，就有关知识产权保护国际规则，中、美以及其他主要国家知识产权保护的法律法规、知识产权边境保护的专业知识、具体措施以及执法经验做系统介绍。

＊负责美国安然公司财务丑闻案的陪审团宣布，安然公司创始人、前董事长肯尼斯・莱和前首席执行官杰弗里・斯基林犯有欺诈等多项罪行。

＊针对联邦调查局 20 日晚间对众议员杰斐逊办公室的搜查行为，美国总统布什承认这个问题在美国的政治史上没有先例，同时命令司法部将此次突击性搜查寻获的文件封存 45 天。但他仍然强调，针对杰斐逊的调查必须进行下去。同日，美国国会议员纷纷抗议联邦调查局的搜查行为，指责这样的行为违背了宪法中分权的原则。

5 月 26 日　美国参议院批准对空军四星上将、现任国家情报总局副局长迈克尔·海登接任中央情报局局长的提名。海登将成为近25年来首位出任中情局局长职务的现役军人。

5月30日 美国财政部长约翰·斯诺辞职，总统布什在白宫宣布，提名高盛公司董事长亨利·保尔森接替斯诺出任财长。

5月31日 美国总统布什在会见卢旺达总统卡加梅后答记者问说，美国传达给伊朗的信息是：1. 伊朗不能有核武器，2. 伊朗中止核活动必须得到证实。在这个基础上，美国将与伊朗进行谈判。布什表示通过外交手段解决伊朗核问题非常重要，美国在解决这一问题上将采取主导性姿态。

＊2004年被从哥伦比亚引渡到美国的哥伦比亚大毒枭拉米罗·洛佩斯—伊米托拉在纽约被判40年有期徒刑。洛佩斯—伊米托拉“是在美国被起诉的犯罪情节最为严重的海洛因走私者之一”。

6月

6月1日 美国白宫拒绝了朝鲜提出的让六方会谈美国代表团团长希尔到平壤进行谈判的建议，并称六方会谈是解决朝鲜核危机的唯一途径。

6月2日 美国、中国、英国、俄罗斯、法国和德国在维也纳达成一项突破性协议，在伊朗中止铀浓缩活动的前提下向其提供一套优惠方案，同时也威胁伊朗如拒绝服从就要采取惩罚。美国副国务卿伯恩斯说，美国对此次会议“非常满意”。

＊美联社报道，一度被怀疑为中国充当间谍的前美国核科学家李文和控告美国政府侵犯其隐私的案件今天获得和解，李文和将从美国政府和5家新闻机构获得超过160万美元赔偿。

6月3日 美国国防部长拉姆斯菲尔德在新加坡说，美国政府认为中国在世界体系中是一个非常重要的利益攸关方，美、中两国一直在加强政治、经济及军事合作，以增强彼此间的谅解。他表示，中国完全有权决定自己的军事开支规模，但应增加透明度，以消除外界对其威胁的担忧。他说，美国尽管面临伊拉克问题，但有能力履行对亚太地区安全的承诺，包括应对中国军事力量日益增长的挑战。

＊美国国务院发表声明指出，台湾陈水扁家庭卷入弊案事件属于台湾人民的内部事务，美国相信台湾的民主社会强韧稳固，也期望台湾的行政官员将能依据“宪法”和法律，厘清所有事实。

＊美联社报道，5月3日美国发生了一起最大的信息泄露案件，退伍

军人事务部一名数据分析人员位于马里兰州阿斯彭山的住所遭窃，存有5万名现役海军和国民警卫队人员个人资料（包括姓名、出生日期和社会保险帐号）等信息的复制资料的笔记本电脑和磁盘被盗。

6月4—5日 美国国防部长拉姆斯菲尔德应越南国防部长范文茶的邀请对越南进行访问。他表示，美越双方已经商定，将扩大双边所有级别的军事交流，并通过不同方式进一步加强两国的军事关系。此前拉氏在新加坡表示，美国无意谋求越南境内基地的使用权。

6月7—9日 美国在台协会主席薄瑞光在其就职后首次访台。薄明确表示，“终统”风波“到此为止”。“一没有”是后来加上去的，并未碰到宪法问题，和其他“四不”有本质不同。薄表示，必须持续注意台湾的宪法改革，特别是“如果宪改涉及主权问题”。在陈水扁与薄瑞光会晤重申“四不”后，薄称赞此举是“相当正面的做法”，可以维持两岸稳定。美国务院也在网站上发表声明，表示美国政府乐于听到“陈水扁总统”再次重申其“四不”承诺。薄瑞光没有会晤“副总统”吕秀莲。

6月8日 美国驻伊拉克大使哈利勒扎德、驻伊联军最高指挥官凯西与伊拉克政府总理马利基在联合记者招待会上宣布，美伊联军7日晚上在对巴格达东北部的巴古拜城进行的空袭中，击毙“基地”组织在伊拉克的头目阿布·穆萨卜·扎卡维及其7名同伙。

*美国参议院通过投票表决批准苏珊·施瓦布担任布什政府贸易代表。

6月9日 美国驻华使馆向在华美籍人士发表警告说，据未经证实的情报显示，恐怖分子可能会对美国在华利益既得者发动袭击。

*在伊朗宣称加快了铀浓缩活动以后，美国总统布什说，伊朗有“几周而不是几个月的时间”同意停止敏感的核活动，否则将受到联合国安理会的制裁。布什在戴维营与丹麦首相拉斯穆森会晤，双方讨论了如何通过外交途径解决伊朗的核僵局问题。

6月12日 美国海岸警卫队宣布，目前停泊在青岛港的“急流”号是海岸警卫队自二战以来访问中国的第一艘主力舰，目的是展开执法方面的交流。

6月13日 在“基地”组织发誓要发动“动摇敌人”的大规模袭击之际，美国总统布什乘“空军一号”突访伊拉克，并与伊总理马利基举行了短暂的会晤。这是布什自2003年11月以来首次访问伊拉克，也是伊拉克新政府成立以来美伊两国政府领导人的首次会晤。布什表示，美国将“全力支持”伊拉克新政府，以实现让伊新政府能够“管理自己、维护自己、保卫自己”的目的。

*美财政部依据第13382号总统行政命令，以向伊朗扩散导弹技术及

相关零部件为由，宣布对长城公司、中国仪器进出口公司、北京海立科技公司和LIMMT经贸公司和长城公司在美子公司实施制裁，并冻结了这些公司的在美资产。

＊美国全国反恐中心主任斯科特·雷德在一份提交给参议院的书面报告中说，虽然执法部门成功地瓦解了某些袭击阴谋，但是美国国内出现土生土长的恐怖组织仍然对美国当局构成“严峻挑战”，这些组织得到了“基地”组织的鼓励和道义支持。

6月15日 美国国防部官员表示，自2003年3月伊拉克战争开始以来，已有2500名美军士兵在伊拉克死亡，1.8万多人在执行任务时受伤。

＊美国国土安全部向国会提交长达160页的评估报告说，在遭遇“9·11”恐怖袭击近5年后和遭遇“卡特里娜”飓风危害10个月后，美国多数城市和州仍然没有做好应对天灾人祸的准备。报告说，应急计划的缺陷包括反应指导方针过时和不协调，是造成“国家重大隐忧”的原因。

＊美国总统布什在白宫举行仪式，宣布将夏威夷岛的西北诸岛置于美国环境保护之下。这是世界上最大的海洋保护区，比美国所有的国家公园加起来还大。

6月16日 美国国务院发言人麦科马克对记者说，美国支持上海合作组织已经阐明的目标，即加强合作、推进各国打击恐怖主义、改善基础设施、扩大该地区国家的繁荣以及打击毒品犯罪活动。但他指出，上合组织在实践中出现了一些与上述目标“背道而驰的事态发展”，包括该组织去年的阿斯塔纳峰会发表声明，呼吁为以美国为首的多国部队撤离阿富汗设定时间表，以及伊朗以观察员身份出席2006年峰会。但他表示，他不认为上合组织是反美的。

6月19日 美国国务卿赖斯在国务院宣布，美国副国务卿罗伯特·佐利克已经辞职。赖斯赞扬佐利克担任副国务卿以来所做的工作，称佐利克是她的“好朋友”。

＊美国总统布什与俄罗斯总统普京通电话，讨论伊朗核问题和朝鲜可能试射导弹问题，双方一致同意应在敦促伊朗中止铀浓缩活动问题上保持团结，并在朝鲜试射导弹问题上保持接触。

＊美国白宫发言人斯诺发表声明说，美国和俄罗斯已决定将1992年两国签署的关于销毁大规模杀伤性武器的《合作减少威胁计划》再次延长7年，即至2013年。

＊美国财政部宣布，冻结白俄罗斯总统卢卡申科在美国的个人资产，并禁止美国个人或公司与卢卡申科进行任何商业往来。

＊6月19日起，美军3个航空母舰战斗群、2.2万名官兵在关岛海域进行代号为“勇敢之盾”的军事演习。此次演习有3个特点：这是越战后

规模最大的一次演习，越战后首次出现将 3 个航空母舰部署在同一海域；首邀中国高层观摩团观摩；从演习阵容上看，演习具有明显的攻势战略含义。

6 月 20 日 美国国防部官员表示，因担心朝鲜发射导弹，美国已经激活了陆基导弹防御系统拦截器。

6 月 20—21 日 美国总统布什在奥地利访问，并参加欧盟—美国首脑会议。布什此行一方面为巩固在处理伊朗问题上形成的“统一战线”，另一方面就能源安全、经贸合作、全球挑战等问题与欧洲交换意见。美国关塔那摩监狱及“黑狱问题”成为会议议程之外的焦点。21 日，布什在新闻发布会上说，伊朗提出的在 8 月 22 日之前回应六国一揽子新方案的时间太长，伊朗不应该花这么长时间来考虑一项“合理交易”。欧美首脑会议结束后发表的《维也纳峰会声明》强调了双方在伊朗核问题上的共识。

6 月 21 日 美国总统布什拒绝了朝鲜常驻联合国副代表韩成烈 20 日提出的朝与美直接对话的要求。同日，美国常驻联合国代表博尔顿在接受 CNN 采访时表示，如果朝鲜准备试射的导弹穿越日本领空，美国将视之为对国际和平与安全的绝对威胁，美国将不会接受。

6 月 22 日 美国国防部导弹防御局宣布，当天在夏威夷考爱岛附近举行的海上导弹防御系统演习中，舰载截击导弹成功截获了一枚中程导弹弹头。这是美军方利用舰载截击导弹第 7 次成功拦截导弹目标。

6 月 23 日 美国财政部长斯诺证实，作为美国反恐工作的一部分，美国在“9·11”事件后不久即启动一项金融跟踪的秘密计划，从一个称为“环球银行金融电信协会”的国际体系搜集金融记录。该电信协会总部设在比利时，负责处理 200 多个国家 7800 家金融机构的来往金融信息。

*美国贸易代表施瓦布任命克莱尔·里德女士为美国贸易代表办公室对华贸易执行处首席顾问。对华贸易执行处是贸易代表办公室在今年初成立的新单位，是贸易代表办公室唯一针对单一国家成立的贸易监督机构。

6 月 27 日 美国海军第七舰队旗舰“蓝岭”号两栖指挥舰驶入上海码头进行访问。

6 月 27—28 日 美国国务卿赖斯在前往莫斯科出席八国外长会议途中访问了巴基斯坦和阿富汗。在会见了巴基斯坦总统穆沙拉夫和外长卡苏里后，赖斯在与卡苏里联合举行的记者招待会上说，“美国在反恐战争中拥有巴基斯坦和阿富汗两个好朋友和好战士”，美、阿、巴“应该像过去几年那样团结合作，为实现消除‘基地’组织和塔利班威胁的目标而努力”。

6 月 29 日 美国总统布什在白宫同来访的日本首相小泉纯一郎举行

了两小时会谈，双方讨论了双边与全球性问题，发表了题为“21世纪的新的日美同盟”的联合文件。

*美国联邦最高法院以5票对3票通过判决，认为布什在“9·11”事件之后设立的军事法庭违反《日内瓦公约》和美国的军事规定，军方被迫停止法庭运作。

*美联储决定将联邦基金利率上调至5.25%，这是自2004年6月以来连续第17次以相同幅度提息。

6月30日 法新社报道，中情局一位官员说，中情局对据称来自“基地”组织领导人本·拉丹讲话的新录音带进行研究后认为，该录音带确实是拉丹真声。

7月

7月3日 美国白宫发言人斯诺宣布了一项总额约为50亿美元的向巴基斯坦出售武器的计划，其中包括36架新F—16先进战斗机，以及与之匹配的500枚中程空对空导弹。斯诺说，巴基斯坦是美国主要的非北约盟国之一，这一军售计划体现了美国对于和巴基斯坦保持长期关系的承诺。

7月4日 美国国庆日之际，美国“发现”号航天飞机在佛罗里达州肯尼迪航天中心成功发射。这是美国航天飞机第一次在国庆日点火发射。

7月5日 针对朝鲜试射导弹事件，美国总统布什与中国、韩国、日本和俄罗斯领导人通电话时表示，朝鲜试射导弹是“严重的挑衅行为”，布什强调需要在联合国内和其他地方对此做出一致的强烈反应。同日，美国国务卿赖斯在记者招待会上也说，美国会在六方会谈的框架内解决问题，并明确表示美国不会答应朝鲜举行美朝双边会谈的要求。美国白宫和国务院发言人分别表示，对朝事务的真正外交重心在朝鲜周边地区，该地区国家应该联合起来，构成“外交努力的核心”。

7月7日 美国联邦调查局宣布，美国同6个国家的有关部门合作，破获了一起恐怖分子策划炸毁纽约地铁隧道的阴谋。据报道，这一阴谋是通过追踪互联网聊天室发现的。

7月7—9日 美国助理国务卿希尔访问中国、韩国和日本，与各国官员讨论如何以最佳方式对朝鲜5日向日本海试射导弹的行动作出反应的问题。希尔在与六方会谈韩方代表团团长千英宇举行会谈后表示，无论是正式的，还是非正式的六方会谈，只要朝鲜重返，在此框架内可以进行双边对话，并且在此框架内可以解决所有的问题。

7月8日　美国《纽约时报》和英国《卫报》报道，美国中情局官员透露中情局已经在2005年年底解散了成立于1995年的专门负责追捕本·拉丹的机构“亚历克情报站”。

*美国海军发言人透露，装备了最先进作战武器系统的美国海军制导导弹驱逐舰“马斯廷”号当天抵达日本横须贺基地，并将长期部署在这一基地，以因应朝鲜的导弹威胁。

7月10日　由美国国务卿赖斯和商务部长古铁雷斯负责的“支持自由古巴委员会”起草的一份报告建议，在未来2年中斥资8000万美元，旨在让古巴发生权力“过渡”而不是权力交替。该报告还包括一个促使古巴政权变动的秘密计划，同时涉及委内瑞拉对美国国家安全利益的“威胁”。

*美国国防部长拉姆斯菲尔德抵达塔吉克斯坦，与塔方讨论阿富汗的战事、两国军事合作等问题。据美国防部一位高级官员透露，拉氏还将与塔方讨论在塔建军事基地的可能性。

7月11日　美国国防部公布由国防部副部长英格兰7日签署的一份备忘录，要求军方审查所有有关的指示、规定和政策等，以确保它们符合《日内瓦公约》有关条款的标准。

*美国国防部长拉姆斯菲尔德抵达阿富汗首都喀布尔，媒体称拉姆斯菲尔德此行是为了就“进一步遏制暴力冲突、加强北约在阿富汗的作用”等问题与阿方进行磋商。

*美联社报道，美国国务院的电脑系统在过去数周遭到大规模的黑客攻击。调查者们相信，黑客窃取了敏感的美国信息和密码，在政府非保密电脑上设置非法入口，以便随时进入。目前网络已经恢复正常。

7月12日　据路透社报道，美国军方宣布当日在新墨西哥州沙漠成功进行了战区高空区域防御系统（THAAD）的试验。该系统是一种拦截战术导弹的防御系统，也是美国战区导弹防御系统（TMD）的重要组成部分。

7月13日　美国总统布什在与德国总理默克尔举行联合记者招待会时表示，美国仍寻求通过外交手段解决伊朗核问题，但这一任务将“十分艰巨”。他表示，美国不排除与伊朗进行进一步协商。

*美国《纽约时报》网站报道，经过几个月的抵制，白宫终于同意允许一个秘密情报法庭审理国家安全局的窃听计划是否合法。这项窃听计划规定可以在未经批准的情况下对怀疑与恐怖分子有联系的美国人实施窃听。

*美国在联合国安理会否决了一项受到阿拉伯国家支持的决议案。这

项决议案要求以色列停止在加沙地带的军事进攻。这是联合国安理会近两年来首次有决议案遭到否决。

＊美国纽约市场石油价格本日又创新高。原油期货价格上涨了1.75美元，以每桶76.7美元收盘，在盘后交易中又上涨了1.7美元，达到每桶78.4美元。

7月15日　美国总统布什在俄罗斯圣彼得堡与俄罗斯总统普京举行会谈。双方强调，稳定中东形势、反对伊朗和朝鲜拥有核武器、防止大规模杀伤性武器扩散等是两国共同的目标。双方宣布，两国决定共同发起《反核恐怖全球倡议》，以更加有效地应对日趋严峻的核恐怖威胁。

＊在联合国安理会通过关于朝鲜试射导弹问题的决议后，美国常驻联合国代表博尔顿警告说，美希望朝鲜“全面、无条件、立即”履行这项决议，否则，美国及安理会其他成员国随时有机会再次要求安理会采取进一步行动。

＊美军太平洋司令部总司令法伦在越南访问，与越南副总理兼外交部长范家谦、国防部长冯光清等高级官员举行了会晤。法伦说，美国和越南决定逐步加深双方的防务关系，计划开展联合研究和搜救演习。法伦说，他提议加快实施包括为越南军官进行语言训练在内的联合计划，同时继续在寻找越战中美军失踪人员遗骸和清除地雷和炸弹方面进行合作。

7月16日　美国总统布什在俄罗斯圣彼得堡出席八国集团同发展中国家领导人对话会议期间同中国国家主席胡锦涛会晤，双方就中美关系和共同关心的重大国际及地区问题深入交换了意见。布什说，胡锦涛主席2006年4月对美国的访问非常成功，取得了重要成果；美方重视美中关系，愿不断加强两国合作，积极发展两国关系。布什还说，中国的经济增长有利于扩大美国产品的出口市场，美中经贸关系是互利双赢的；美方重视中国在市场准入和知识产权保护等方面的明确表态，愿不断扩大美中经贸关系。同时，布什重申美方坚持一个中国政策，反对任何可能导致“台独”的单方面行动的立场。

7月17日　美国“发现”号航天飞机在圆满完成13天飞行任务后顺利降落在佛罗里达肯尼迪航天中心。“发现”号在国际空间站工作了9天，这是美国航天飞机的第18次飞向国际空间站。

7月17—27日　美国纽约市皇后区西北部，包括长岛等地发生大停电事故，波及超过2.5万户居民。

7月19日　美国总统布什否决了参议院通过的一项“干细胞议案”。布什说，“这项法案支持为了给其他人带来医疗利益而夺走无辜者的性命”，该立法“跨越了道德界限”并且是错误的。这是布什担任总统5年半以来首次行使否决权。

7 月 20 日 美国总统布什在白宫会见了中国中央军事委员会副主席郭伯雄上将。双方就国际与地区安全、中美两国两军关系等问题交换了意见。

*美国空军成功地发射了一枚携带着模拟弹头的洲际弹道导弹。这枚名为“民兵 III”的导弹是美国第一种安装分导式多弹头的洲际弹道导弹。

7 月 21 日 据共同社报道，美国和日本 21 日签署协议，加强双方在核不扩散、防卫和安全领域的伙伴关系。根据该协议，两国计划研发能够有效而准确测量钚的技术。

7 月 22 日 美国总统布什在每周广播讲话中谴责黎巴嫩真主党引发了黎巴嫩南部危机，他强调要平息发生在黎巴嫩南部的冲突就必须对付发动袭击的恐怖组织以及支持它的国家。布什指责伊朗和叙利亚支持真主党，同时敦促以色列在空袭黎南部地区时尽最大的可能避免造成平民伤亡。

7 月 24 日 美国白宫发言人斯诺指责世界贸易组织其他成员在多哈回合谈判中让步不够而导致谈判中止。斯诺表示，美国仍愿意在多哈回合谈判方面保持灵活性。

7 月 24—25 日 美国国务卿赖斯访问中东，并分别与黎巴嫩总理西尼乌拉、以色列总理奥尔默特和巴勒斯坦民族权力机构主席阿巴斯等举行会谈。赖斯表示，解决以、黎冲突的方案必须有持久和延续性的效果，必须“保证事态不会后退到从前的状态”。赖斯在出访途中谈到了停火条件应包括：黎巴嫩政府必须在其领土拥有完全主权，真主党不能获准利用黎领土“把黎巴嫩和整个地区拖入战争”。赖斯说，美国正在努力促使中东地区实现“紧急而持久”的停火。

7 月 25 日 美国总统布什与到访的伊拉克新总理马利基举行了会谈。这是马利基 2006 年 5 月就任伊总理以来首次访美。布什说，“帮助伊拉克新政府取得成功符合美国的利益”，美国是不会离弃伊拉克的。布什并同意向伊拉克增派美军和提供更好的武器装备。

*捷克国防部发言人扬·佩谢克发表声明称，美国导弹防御局的一个军事专家小组当天完成了在捷克历时一周的实地考察工作，目的是为美国的导弹防御基地选址。

7 月 27 日 美国一份国会报告称，“9·11”事件后，美国为加强防卫而签署的数十亿美元的国土安全合同，因大幅浪费、资金使用不当和贪污腐败被染上污点。

*美国国会两院联合经济委员会公布一份题为《中国维持经济发展须攻克五大难题》的研究报告称，中国经济持续发展面临五大挑战：人口发展趋势不利、腐败以及法制不健全、国有企业财务状况不佳、银行业务不

完善、金融失衡。联合经济委员会主席吉姆·萨克斯顿指出，解决这些问题“需要进行重大的结构改革”。

7月28日 美国总统布什在白宫会见来访的英国首相布莱尔并举行联合记者招待会。布什表示，希望联合国安理会通过决议，授权在黎巴嫩南部部署一支多国部队。

*正在马来西亚出席东盟地区论坛会议的美国国务卿赖斯主持召开了一次讨论东北亚安全的十国会议，朝核会谈除朝鲜外其他5国以及澳大利亚、加拿大、马来西亚、印度尼西亚和新西兰的外长参加了会议。与会国认为六方会谈仍然是解决朝核问题的最好形式，希望能尽早恢复。

*正在马来西亚出席东盟地区论坛会议的美国国务卿赖斯和日本外相麻生太郎举行双边会谈，讨论如何贯彻联合国安理会通过的谴责朝鲜试射导弹的决议，双方一致同意对朝鲜采取追加制裁措施。

*美国国防部安全合作局提出向阿拉伯国家出售价值46亿美元的武器的计划，其中包括用以保护沙特阿拉伯重要基础设施的价值高达29亿美元的军火，向阿拉伯联合酋长国出售价值8.08亿美元的UH－60M“黑鹰”直升机，向阿曼出售价值4800万美元的“轻标枪”反坦克导弹，向巴林出售价值2.52亿美元的“黑鹰”直升机，约1.56亿美元为约旦的1000辆M113A1装甲运兵车进行升级服务。

7月29日 美国贸易代表施瓦布和巴西外交部长塞尔索·阿莫林在里约热内卢会晤后表示，两国将尽力挽救世界贸易组织多哈回合谈判。施瓦布表示，美国愿意削减部分农业补贴，但前提是欧盟也必须相应削减其农业补贴。

7月31日 美国总统布什表示，联合国安理会当天通过的有关伊朗核问题的决议是强有力的，他对此表示欢迎。

*美国总统布什批准向中国出口200万磅（约合90.72万公斤）用于生产塑料制品的散装石墨，并认为这不会被证明对美国航天发射行业不利。

*美国加利福尼亚州州长施瓦辛格同英国首相布莱尔签署控制温室气体排放合作协议。施瓦辛格说，由于“没有看到联邦政府在环保方面显示领导力”，“加利福尼亚不再等待”。

8月

8月1日 美国国务卿赖斯与到访的以色列副总理佩雷斯举行了会

谈。会谈结束后，赖斯在美国广播公司的节目上说，黎巴嫩境内的停火“本周完全有可能实现”。

＊美国新任财政部长亨利·保尔森在哥伦比亚大学商学院发表演说，这是他自上任以来的首次重要讲话。他表示支持强势美元政策。

＊英国《泰晤士报》网站报道，经过评估，美军决定关闭美国科罗拉多深山夏延山中的设施。自1966年以来，这里作为北美防空司令部的数据处理与监控中心，主要用于跟踪监视弹道导弹、远程轰炸机和太空飞行器。该处关闭后将处于一种“热待命”状态，必要时可在数小时内重新投入使用。

8月2日 美国国务院称，美国已驱逐两名吉尔吉斯斯坦外交官，以报复该国上月将两名美国外交官“无理”驱逐的行为。

8月3日 美国国务院发言人麦科马克在新闻发布会上宣布，国防部长拉姆斯菲尔德和国务卿赖斯已经批准了一项向黎巴嫩军队提供培训和装备的计划，目的是帮助黎军队在以色列与黎真主党的冲突缓解后控制黎全境。

＊美国新任国务院负责东亚及太平洋事务的助理国务卿帮办柯庆生（托马斯·克里斯坦森）在国会美中经济和安全评估委员会作证时表示，不应该将中国在全球的崛起视为对美国的一个威胁，“这种崛起是一个挑战，同样也是机会”。他指出，现在中国还不是负责任的利益攸关方，但中国取得了明显成功和作出了努力，他对中国将成为负责任的利益攸关方表示乐观。他认为，美国当前对华政策的核心是：1.“积极接触，在最大程度上扩大共同利益与相互合作的领域”，美国不会遏制中国，但会帮助中国将其日益增长的影响力引导到正确的方向。2.美国也会有自己的应变计划，以防止中国“走向另一条路”。

8月4日 美国国会美中经济和安全评估委员会举行了“中国获取资源的活动以及对美国能源安全保障影响”的听证会。美国能源部助理部长帮办弗雷德里克森女士到会作证指出，中国海外石油投资对世界能源市场的影响还有限。

＊美国宣布制裁7家外国公司，包括两家印度公司、两家国有的俄罗斯公司，朝鲜矿业发展公司、朝鲜富强贸易公司和古巴遗传和生物工程中心。理由是他们向伊朗出口禁售物品。

8月5日 美国国务院发言人麦科马克就乌克兰选举局势说：“我们是橙色革命的坚决拥护者，因为它代表了一种呼声，呼吁举行公平自由的选举并让民主落地生根。”他说：“就像我们会同其他任何民选政府进行合作一样，我们也将同亚努科维奇政府合作。”

8月9日 美国助理国务卿鲍彻对乌兹别克斯坦进行访问，他是美、乌关系自2005年恶化以来首位访乌的美国高官。鲍彻分别会晤了乌总统卡里莫夫、外交部长诺罗夫。他还在新闻发布会上强调，2002年卡里莫夫首次访美时两国总统签署的乌美战略伙伴关系和合作基础的政治声明，仍然是双方合作的框架和基础。鲍彻说，美国对乌关于建立中亚无核区的声明表示欢迎并愿意提供全面协助。

＊以美国参议院临时议长史蒂文斯、参议员井上健为共同主席的美参议院美中议会交流小组和以全国人大常委会副委员长盛华仁为主席的中国全国人大中美（参议院）议会交流小组在中国桂林举行了正式会晤。双方就中美关系、台湾问题、中国的和平发展道路、中美经贸关系、能源问题以及当前国际和地区形势、人民币汇率、环境和资源保护、防务和安全问题、禽流感防治等议题充分交换了意见，取得了广泛共识。双方一致认为，胡锦涛主席和布什总统就全面推进21世纪中美建设性合作关系达成的一系列重要共识，为中美关系的健康稳定发展指明了方向，应认真逐步落实。11日，中国全国人大委员长吴邦国接见了史蒂文斯一行。双方表示将共同努力，采取措施巩固和加强交流机制。

＊美国众议院国际关系委员会主席亨利·海德率领的国会代表团抵达韩国首都首尔访问。代表团成员罗拉巴克尔对韩国在开城工业园区等项目上与朝鲜开展经济合作表示不满，称这类合作将给朝鲜进行核武器和导弹的开发提供资金支持。

8月9—10日 美国副国务卿葆拉·多布里扬斯基与中国外交部部长助理崔天凯在北京共同主持中美全球事务论坛第二次会议，中、美双方就能源安全与清洁能源、公共卫生、人道主义援助、打击贩卖人口、环保与可持续发展、国际发展合作等议题进行了讨论，并探讨了双方在全球范围内加强合作的潜力。

8月11日 美国驻印度大使馆发出警告说印度的两大城市新德里和孟买可能会遭受恐怖袭击。

8月12日 美国总统布什在得克萨斯州自家农场发表声明，对联合国安理会一项旨在结束黎巴嫩危机的决议表示赞扬，同时指责真主党、伊朗和叙利亚在该地区启动了“人们都不想看到的战争”。

8月13日 美国国土安全部宣布，由英国进入美国的航班的安全警戒级别从最高级“红色”降为次高级“橙色”。

8月14日 美国和菲律宾海军官兵约2000人开始在吕宋岛以西海域正式展开为期一周的海上战备和训练联合演习，以加强双方在海上保安及反恐事务上的协调与作战能力。

8月14—16日 美军2006空间和导弹防御年会暨展览会在亚拉巴马州亨茨维尔举行，导弹防御局局长奥伯林中将概述了扩大与国际伙伴在导弹防御方面合作的计划。美国空军航天司令部新任司令奇尔顿在会议上呼吁大力增强针对其他国家的发射物的追踪和识别能力，以防备将来可能出现的针对美国卫星的袭击。

8月15日 美国宇航局正式成立“搜寻录像带行动小组”，以搜寻纪录了1969年登月的“阿波罗11号”飞船从发射到返回的整个过程的共计1.3万盘的原始录像带。负责搜寻的主管官员纳夫茨格坚持认为，这些录像带并没有真正丢失，只是现在不知道具体放在什么地方了。

8月16日 台湾《中国时报》报道，美国在台协会台北办事处处长杨苏棣指出，台湾争取美国企业支持美台双边自由贸易协定最有效的方法，就是解除两岸贸易、投资和通航的限制。

8月18日 美国国土安全部移民统计办公室宣布：2005年共有112.2万外国人获得美国绿卡，其中中国大陆7万人，名列全球第三，仅次于墨西哥和印度，另外还有来自台湾9100人、香港3700人。2005年共有60.4万名绿卡持有者归化美国，其中来自中国大陆的近3.2万，排名全球第五，来自台湾的有8300人和香港的4000人。中国移民最大的聚居州依次为加州、纽约州、得克萨斯州和伊利诺伊州，中国移民最多的城市是洛杉矶、纽约和旧金山。目前居住在美国的非法移民大约1100万，其中来自中国大陆的有23万，中国非法移民5年间增加21%。

8月21日 美国总统布什与中国国家主席胡锦涛通电话，双方讨论了朝鲜问题、双方经济关系等。布什继续寻求中国在朝核六方会谈问题上提供帮助，强调继续合作的必要性。胡主席表示希望两国加强在经济领域的对话与合作，使两国经贸关系保持强劲发展势头。

＊美国和韩国在韩国境内开始举行为期12天的2006年度“乙支焦点透镜”联合军事演习，8000多名美军和2万名韩军官兵参加演习。

8月22日 美国国会美中经济和安全评估委员会再度就中国问题举行听证会，主题是“中国的金融体制和货币政策：对美国汇率、资本市场和利率的影响”。同日，美国贸易代表施瓦布在美国C－SPAN电视台专访节目中赞赏中国最近打击盗版软件的举措。

8月23日 美国国务院以发言人名义发表简短声明说，伊朗就伊核问题六国方案作出的答复并没有满足联合国安理会第1696号决议提出的条件，即要求伊朗全面、可核查地中止与铀浓缩和再加工有关的活动。

8月25日 美国驻华大使馆临时代办谢伟森在北京代表美国政府向中国红十字会捐款25万美元，用于帮助中国遭受台风“桑美”袭击的民众。

8月27日 美国国防部长拉姆斯菲尔德在阿拉斯加同俄罗斯国防部长伊万诺夫举行秘密会谈后说，国防部正在考虑一项计划，准备用常规弹头代替一些洲际弹道导弹上的核弹头，以便对恐怖分子发起先发制人的打击。他希望俄罗斯也考虑同样的计划。

8月28日 美国副总统切尼在“全国海外战争老战士会议”上发表长篇讲话。切尼说应对恐怖分子，美国需要“新战略”。“新战略”的四个组成部分是：美国决心在袭击发生之前就制止它，美国要取攻势；美国决心不给恐怖分子避风港，“不放过任何支持、保护并窝藏恐怖分子的人或政府”；美国要努力制止大规模杀伤性武器的扩散，不让它们落入恐怖分子之手，同时要制止任何发展此类武器的图谋变成现实；美国决心不让恐怖分子控制任何一个国家将之变成进攻基地。

* 美国常驻联合国代表博尔顿在出席安理会就苏丹问题的磋商后对记者表示，“如何对待伊朗问题当然不仅仅局限于安理会”，可以设想在安理会之外实施制裁，美国事实上也已单方面对伊朗采取了制裁，而其他国家政府也有可能这样做。

* 正在北京访问的美国贸易代表施瓦布与中国商务部长薄熙来就知识产权、市场准入、缩减贸易逆差等议题举行了会谈。施瓦布敦促中国采取更多的行动开放市场并打击盗版行为，并帮助重启陷入僵局的世界贸易组织多哈回合谈判。他称“现在是中国更多地发言的时候了”，并断言“若多哈谈判失败，中国必然是一个主要输家”。

8月29日 美国拒绝了伊朗总统艾哈迈迪—内贾德当天提出的关于他与美国总统布什就一些国际问题进行电视直播辩论的建议，并称伊朗方面提出这样做的目的是企图转移国际社会的视线。同日，美国务院发言人凯西说，美国向伊朗前总统穆罕默德·哈塔米发放了下周赴美的私人访问签证。哈塔米将是自美国与伊朗断绝外交关系以来，访问美国的地位最高的伊朗人。

* 美联社报道，搭载海基型SM—3拦截导弹的美国“夏洛”号“宙斯盾”巡洋舰进驻日本横须贺军港。

8月31日 美国总统布什在盐湖城举行的“美国军团第88届全国会议”上发表演讲，这是他为纪念“9·11”五周年而拟定发表的系列讲话的第一个。美国副总统、国务卿、国防部长、国土安全部长全都同时到场为布什总统助势，这在美国政坛上极为罕见。布什声称，反恐战争是“一场21世纪的意识形态决战”，他将伊斯兰极端主义比作“20世纪法西斯主义、纳粹主义的继承者”。布什说，“中东，尤其是伊拉克是这场反恐战争的中心战场”。他将“恐怖分子”分成三类：如“基地”组织一类的“极端化的逊尼派追随者”；如真主党之流的得到叙利亚和伊朗指导的“极端化的什叶派追随者”；还有就是自由社会“本土生长”的“恐怖分子”。布什宣布放弃在中东奉行了半个世纪的维持现状的政策。布什阐述了美国

"反恐"新战略：第一，动用一切手段对"恐怖分子"采取攻势。第二，告诉其他国家，包庇"恐怖分子"就是美国的敌人。第三，通过支持自由的力量来打败敌人的意识形态，只有"促进民主才是确保安全的确实有效的途径"。

9月

9月1日　美国导弹防御局宣布，美国当日成功地对弹道导弹防御系统进行了试验，从加利福尼亚州范登堡空军基地发射的陆基拦截导弹在空中击中了从阿拉斯加州科迪亚克发射的靶弹。这是美第一次利用拦截作业参数、雷达及发射控制系统，击落可能攻击美国的远程导弹。

9月4日　美国助理国务卿希尔到访日本，与日外务省亚大局局长佐佐江贤一郎就如何促使朝鲜重返六方会谈、暂缓核试验等交换了意见。

＊路透社报道，美国和巴基斯坦海军开始在阿拉伯海举行代号为"灵感联合行动06"的一系列演习，以提高联合反恐能力。

9月5日　美国白宫公布《打击恐怖主义国家战略》报告，报告声称：在打击全球恐怖主义方面取得了进展，承认美国仍面临一些挑战，如恐怖分子网络变得更加分散，开始更多地依赖规模较小的组织；恐怖分子利用因特网技术"在没有人身接触的情况下聚集支持力量和从事宣传"等。报告提出将"通过有效民主推进自由和人类尊严"作为打赢反恐战争的长期战略，短期的四大任务包括："防止恐怖网络袭击"、"防止流氓国家和恐怖分子盟友使用大规模杀伤性武器"、"防止流氓国家对恐怖分子的支持和庇护"、"防止恐怖分子控制那些可作为基地和导弹发射场的国家"。报告还称，美国必须加强的反恐战略包括让所有主权国家对发生在其领土上的事情负责，巩固反恐联盟与伙伴关系，以及继续开发反恐领域的专门技术。

9月6日　美国总统布什承认，中央情报局在世界各地确实设有监狱，这是布什政府首次承认中情局设有秘密监狱。

9月10日　美国海军太平洋舰队"钟云"号宙斯盾导弹驱逐舰与在美国访问的中国海军舰艇编队在夏威夷附近海域首次举行海上通信和联合编队演练。

9月10—12日　第五届"美台国防工业会议"在美国科罗拉多州丹佛市举行。

9月11日　美国总统布什在白宫总统办公室发表全国电视讲话，纪念“9·11”事件5周年。布什敦促美国人撇开分歧，将反恐战争进行到底。布什承认伊拉克前总统萨达姆·侯赛因与“9·11”恐怖袭击事件无关，但表示萨达姆政权是一个明显的威胁。

9月12日 位于大马士革市中心的美国驻叙利亚大使馆遭到武装袭击，一名叙利亚警察丧生，美国使馆没有人员受伤。

9月13日 美国劳工部部长赵小兰和访美的中国劳动和社会保障部部长田成平举行会谈，双方会后签署了加强相关合作的联合声明。

9月14日 美国总统布什与到访的韩国总统卢武铉举行会晤，布什在会晤后表示，朝鲜拒绝参加六方会谈“实际上强化了（各方组成的）联盟”，这些国家“决意通过和平手段解决此问题，但也认识到这个被核武器武装的国家对该地区构成了威胁”。

*美国众议院国际关系委员会举行“日本与邻国关系”听证会，美资深议员对日本某些领导人的错误历史观和由此导致的东北亚邻国关系紧张提出了尖锐批评，并明确要求下任日本首相停止参拜靖国神社。

*美国国会美中经济与安全评估委员会举行中国武器扩散情况听证会，美国助理国务卿葆拉·德萨特和国防部助理部长罗德曼在听证会上表示，中国在经济和科学领域里的进展加上它和伊朗、朝鲜的关系，使得中国在美国的防扩散努力中扮演着至关重要的角色。罗德曼说，“中国的行为在我们看来是充满危险的短视做法”，要求中国重视考虑与伊朗和朝鲜的关系。

9月15日 美国副国务卿约瑟夫和俄罗斯副外长谢尔盖·基斯利亚克在华盛顿主持战略安全问题对话首次专家级会晤，这一对话是美、俄新的双边合作机制。美国国务院发表书面声明说，该对话今后将讨论“美国和俄罗斯在21世纪遇到的并且引起双方关切的诸多挑战”，“这一对话反映了‘冷战’结束后俄美关系的性质，以及两国在共同关心的领域携手工作的能力”。

*路透社报道，美国、欧盟和加拿大15日首次在世界贸易组织内提出针对中国的诉讼，它们寻求该组织成立一个小组，以解决与中国在汽车零部件问题上的争端。

*美国国务院公布的2006年度国际宗教自由报告称，中国在尊重宗教自由方面仍然“很差”。报告还称，中国2005年开始实施的宗教改革基本没有给现状带来任何变化。

9月18日 美联社报道，数百名美军官兵同140名印度官兵在夏威夷举行代号为“备战训练”的联合演习。2006年的演习由美军太平洋司令部主办，是4年来该项演习中规模最大的。

9月19日 美国总统布什在第61届联大会议上发表演讲，称“直接对整个大中东地区的人民讲话”。布什称美国将坚定地同阿富汗、伊拉克和黎巴嫩站在一起，“帮助你们的民主取得成功”，使其成为“中东地区数百万人民的希望之光”。布什重申，美国将继续寻求通过外交途径解决伊朗核问题。他呼吁苏丹政府尽快同意在达尔富尔地区部署联合国维和部队。

9月19—22日 美国财政部长保尔森就建立中美战略经济对话机制事宜访问中国。20日，保尔森与中国国务院副总理吴仪举行了会谈，并共同发表《关于启动中美两国战略经济对话机制的共同声明》。《声明》指出，中美战略经济对话机制将“主要讨论两国共同感兴趣和关切的双边和全球战略性经济问题”；对话一年两次，轮流在两国首都举行；美方代表由保尔森出任，中方由国务院副总理吴仪出任；中美商贸联委会、经济联委会和科技联委会等现有双边对话、磋商机制维持不变，继续为推动两国经贸合作发挥积极和重要作用。美国总统布什发表声明对此表示欢迎。22日，中国国家主席胡锦涛和总理温家宝分别会见保尔森。保尔森说，美中经济是当今世界最重要的双边经济关系之一。在两国元首的共同重视和支持下，美中双方建立和保持建设性的战略经济对话机制，讨论重要和长期性的经济问题，有助于增进了解，减少经济安全风险，促进经贸合作以及美中建设性合作关系的发展，这对美中两国和世界都有利。

9月20日 美国众议院特别情报委员会公布题为《“基地”组织：一个伊斯兰极端主义威胁的多张面孔》的报告，这是该委员会针对美国面临的威胁发布的系列报告之一。该报告称，目前“基地”组织仍是个最大威胁，但布什政府对来自“基地”组织的威胁、国外伊斯兰极端分子的好战性和国内潜在的极端主义威胁的认识程度都“明显不够”。

＊美国国会—行政部门中国委员会发布《2006年中国人权报告》。

＊美国白宫新闻秘书斯诺表示，美国对泰国发生的军事政变表示失望，并呼吁泰国尽快恢复民主。他同时表示，美、泰自由贸易协定谈判的进程取决于民主的恢复情况。

9月21日 美国助理国务卿希尔在联合国大会间隙主持了美国与加拿大、澳大利亚、日本、韩国、印度尼西亚、新西兰和菲律宾共同举行的会议，讨论东亚安全问题和朝鲜核计划问题。希尔明确表示，该会谈并非有意取代六方会谈。希尔在记者会上说，美国已经向朝鲜提议，如果朝鲜重返六方会谈，美朝双方可以成立一个双边工作小组来处理金融问题。

9月22日 美军太平洋司令部总司令法伦说，美国海军与中国海军舰艇编队20日在加利福尼亚南部海域进行了一场演习，这是两国军事关系方面一个不算太大但值得注意的里程碑。法伦说，他希望两国军队之间的关系更密切。这次演习是美中两国海军舰船首次在海上搜救训练行动中直接合作。

9月23日 美国国务卿赖斯在联合国和利比亚外交部长阿卜杜勒—拉赫曼·沙勒加姆会晤，要求利比亚落实对其实施的恐怖袭击中的美国受害者的赔偿。赖斯还敦促利比亚“本着人道主义原则”释放被指控使利比亚儿童感染上艾滋病病毒而被关押的5名保加利亚护士和1名巴勒斯坦医生。这是自美、利2006年5月全面恢复外交关系以来赖斯与沙勒加姆的首次会晤。

9月24日 据《华盛顿邮报》和《纽约时报》等美国多家媒体报道，美国一份名为《全球恐怖主义趋势对美国的影响》的最新国家级情报评估报告认为，伊拉克战争导致了新一轮极端主义浪潮的兴起，使恐怖威胁更为严重。这份报告是2003年美国发动伊拉克战争以来，美国情报界对全球反恐形势所作的第一份正式全面评估报告。报告由国家情报局长亲自牵头，汇集所有情报机构的意见，历时两年多完成。

9月25日 美国纽约商品交易所油价在亚洲电子交易时段走低，盘中一度跌至每桶59.94美元，为半年来的最低点。

＊正在中国访问的美国国家航空和航天局长格里芬在记者会上说，美国一直寻求同中国就民用空间项目进行合作，但不会寻求广泛参与由中国军方主导的空间计划。此外，美国尚不打算立即邀请中国加入国际空间站计划。

9月27日 美国总统布什在白宫与巴基斯坦总统穆沙拉夫和阿富汗总统卡尔扎伊举行会晤并共进晚餐，布什敦促巴、阿两国总统撇开分歧，加强合作打败恐怖主义这个共同的敌人。

9月28日 美国国务院发言人麦科马克宣布，鉴于泰国发生军事政变，美国将暂停除卫生领域外的对泰援助，美国还将中止对泰军事人员的培训。美国希望以此敦促泰国尽快恢复民主选举。

＊美国国务院发言人麦科马克在国务院例行记者会中宣读声明称，美国很严肃看待陈水扁“总统”过去数度重申宪改不会涉及领土定义等主权议题的承诺。他说，当前，陈“总统”能否履行承诺，是对其领导能力、政治家风范与是否值得信赖的考验。

9月29日 美国参议院一致通过2007财政年度的国防预算，该预算从10月1日开始，总额为4480亿美元。其中基本开支总额为3780亿美元，美军在伊拉克和阿富汗的军费为700亿美元。民主党议员在该预算案中加入了一项条款，要求政府不得在伊拉克兴建永久性基地。联邦众议院已于26日通过这项预算案。

＊美国关闭驻冰岛的凯夫拉维克军事基地，这标志着自第二次世界大战以来美国在该地区的军事存在宣告结束，同时也将使冰岛成为没有军队

的国家。

*来自佛罗里达州的美国共和党重量级众议员马克·福利因为被揭露和一名16岁的男孩有淫秽电子邮件往来而辞职。

9月30日 美国总统布什签署美国国会当天刚刚通过的《支持伊朗自由法》，该法包括一系列制裁措施，这些制裁是针对同伊朗继续进行核合作并向伊朗出售先进武器的国家的。这项法案还授权总统向在伊朗推广民主的个人与组织提供经济和政治上的支持。

10月

10月1日 美国政府新建核司法鉴定中心，它将隶属于美国国土安全部下设的国内核检查局。该中心旨在建立一个针对全世界的核及放射性物质的司法鉴定数据库，从而帮助美国官员迅速确定“脏弹”的来源，并采取对策。该中心会设法与国际上的有核国家开展合作，收集相关信息和材料。

10月3日 美国国务院发言人麦科马克在开罗发表声明说：“朝鲜如果进行核试验，会严重破坏我们对朝鲜作出的承诺的信任，并将对亚洲地区和世界的和平与稳定构成不可接受的威胁。”

*美国国务院发言人凯西在新闻发布会上对俄罗斯采取了进一步制裁格鲁吉亚的措施表示失望，指出，“我们非常希望俄罗斯重新考虑自己的决定”。

10月4日 美国白宫发表声明说，总统布什表示，他希望日本首相安倍晋三即将展开的日本新外交“有助于维护地区安全”。声明说，日本与中国进行合作，“对于应对我们在亚洲面临的共同挑战至关重要”，其中包括朝鲜核问题。

10月5日 美国国务卿赖斯飞抵巴格达，对伊拉克进行先前未经宣布的访问。

10月6日 美国、俄罗斯、中国、英国、法国、德国六国的外长或代表在伦敦就伊朗拒绝暂停铀浓缩活动举行了磋商。

*美国《华盛顿邮报》报道，美国商务官员说，通过中国因特网服务器活动的黑客对美商务部负责控制军民两用产品及技术出口的工业和安全局的电脑系统发动了一次蓄意的攻击，迫使它更换了数百台工作站，使雇员们在一个多月的时间里不能正常上网。

10月9日 美国总统布什发表声明说，朝鲜宣布进行第一次核试验是“不可接受”的挑衅行为，对全球和平与安全构成威胁，他要求联合国安理会立即对此做出反应。布什还说，核武器或核材料的转让将对美国构成“严重威胁”，朝鲜要对“这种行为的后果负全部责任”。同日，美国常驻联合国代表博尔顿向联合国安理会提交了针对朝鲜核试验的决议草案。

10月10日 美国国务卿赖斯在接受有线电视新闻国际公司（CNN）采访时表示，美国不会攻击朝鲜。赖斯拒绝与朝鲜进行直接对话，还排除了日本在朝鲜进行核试验之后研发核武的可能。

10月12日 美国总统布什、国务卿赖斯、总统国家安全事务助理哈德利分别会见了中国国家主席的特别代表、国务委员唐家璇，就朝核试、东北亚局势和六方会谈等问题深入地交换了意见。

10月13日 美国总统布什签署一项法案，决定对任何向朝鲜提供与生产核武器等大规模杀伤性武器相关技术和服务的外国人实施制裁。

*美国总统布什签署一项《国家太空政策》法令，要求美国不得签署可能限制美国在太空自由行动的一切协议，并准备切断“敌视美国利益”的所有国家进入太空的途径。这是美国近10年来首次对其太空学说进行修正。布什政府已向国会以及包括俄罗斯在内的各国政府通报了这一文件。

10月16日 美国国家情报局在其网站上发表简短声明说，上周搜集的空气取样中包含放射物质，证实朝鲜确实进行了地下核爆炸。声明并证实，爆炸当量不足1000吨，属于比较小型的核爆炸。《纽约时报》网站报道说，使用的核燃料是从其小型核反应堆里获取的钚。

*美国总统布什在接受“福克斯新闻”的电视采访时表示，将伊拉克分成库尔德区、什叶区和逊尼区将带来更大的混乱，他反对这样做。

10月17日 美国总统布什签署了一项在美备受争议的有关拘押和起诉反恐战争嫌犯的法案，该法案将使针对恐怖分子的中央情报局秘密监狱、严刑逼供和军事审判合法化。布什在白宫的签字仪式上表示，他签署的是“一项保护美国人生命的法案”。

*美国国务院发言人凯西在例行简报会上就记者关于“美方是否支持陈水扁的‘第二共和宪法’议题”回复说，美国期待任何涉及两岸关系的议题，是透过对话而非以片面行动来提出。他重申美国不支持任何走向台湾独立的步骤，国营事业改名或台湾驻外机构改名的动作具有走向“台独”的意思，所以美国不支持。

*美东部时间17日7时46分（北京时间17日19时46分），美国人口普查局大厅内的“人口时钟”显示，美国人口总数达到3亿。这一数据是美国人口普查局根据人口出生率与死亡率，以及移民入境人数而推算出来的。美国人口普查局将人口增长的主要原因归于移民人数的增长。统计

数字表明，在新增人口中，合法的与非法的移民高达40%，其中西班牙裔拉美移民又占了多数。

＊美国总统布什与即将出任下届联合国秘书长的潘基文在华盛顿举行会谈，讨论朝鲜核试验和如何实施联合国对朝制裁决议的问题。布什向潘基文表示了他“不让金正日威胁地区和平的决心”。

10月18—19日 美国国务卿赖斯访问日本和韩国。赖斯在东京的记者招待会上称美国将动用“所有”军事力量来回应针对其盟友日本或韩国的任何袭击。19日晚，赖斯与韩国外交通商部长官潘基文、日本外相麻生太郎在韩国首都首尔举行了会谈。三方就如何履行联合国安理会第1718号决议等问题进行了磋商，一致认为，无论朝鲜的核试验成功与否，三国都不会承认朝鲜是有核国家。三方表示绝不容忍朝鲜拥有核武器，并将通过密切协调，采取战略性对策。三方确认将不会放弃以对话手段解决朝核问题，并将为外交解决朝核问题进行积极努力。

10月20日 美国国务卿赖斯访问中国，20日分别会晤中国国家主席胡锦涛、国务院总理温家宝、国务委员唐家璇和外交部长李肇星。双方介绍了在朝鲜半岛核问题上的立场和主张，还就伊朗核问题和苏丹达尔富尔问题等交换了看法。

＊美、韩第38次安全协商会议在华盛顿举行，会后发表了含有14项内容的新闻公报。美国国防部长拉姆斯菲尔德在会谈后与韩国国防部长尹光雄举行的联合记者招待会上表示，《美韩共同防御条约》现在仍像1953年刚签署时那样牢固。美国重申致力于对韩国的安全和防务承诺，其中包括继续向韩国提供“核保护伞”的承诺。

10月21日 美国国务卿赖斯在俄罗斯访问，分别会晤了俄罗斯总统普京和俄外长拉夫罗夫。双方就朝鲜核试验问题及核不扩散问题交换了意见，讨论了伊朗核计划、中东局势和俄美关系等问题，还就即将举行的俄美首脑会晤相关事宜进行了讨论。

＊美国白宫发言人吉尔马说，总统布什同副总统切尼、国防部长拉姆斯菲尔德、总统国家安全事务助理哈德利、负责美军中东地区事务的美国中央司令部司令阿比扎伊德等高级官员于当日举行会议，讨论美国对伊拉克政策。吉尔马说，这次会谈主要集中在敌人现状、美军在伊拉克面临的挑战和如何实现美在伊的战略目标等问题。布什说将在“策略上做出必要的改变”以改善伊拉克日益严峻的安全形势。

10月23日 美国国务卿赖斯在华盛顿与国际原子能机构总干事巴拉迪举行会谈。

10月24日 美国驻伊拉克大使哈利勒扎德和美军驻伊拉克最高指挥官乔治·凯西将军举行联合记者会。两人都猛烈抨击了伊朗和叙利亚，批评这两个伊拉克邻国试图瓦解美国为稳定伊拉克付出的努力。哈利勒扎德说，美国提出要求伊拉克政府制定减少暴乱和稳定政治局势时间表一事已经得到激进的反美伊斯兰教士穆克塔达·萨德尔的同意，伊拉克政府已经同意在年底前制定一个时间表。

10 月 25 日 美国敏感问题中心公布的报告估计，此次中期选举的总费用达到了 26 亿美元，是美国有史以来最"昂贵"的中期选举。共和党利益代表者在竞选上的投入再次超过了民主党，但两党竞选经费的差距相对缩小：共和党 14 亿美元，民主党 12 亿美元。

10 月 26 日 据台湾中央社报道，美国在台协会台北办事处处长杨苏棣举行记者会表示，美国认为台湾需要在今年秋天、立法院此会期通过"军购案"，现在是通过"军购案"的最好时机。杨苏棣声称，美国想帮助台湾强化防卫，"不是要帮助台湾离中国越来越远，而是相信强大、自信的台湾在与中国大陆讨论各项议题时，除了可以谈经贸问题外，也可以更有立场谈及政治议题"。

＊美国六方会谈首席谈判代表、助理国务卿希尔重申，如果朝鲜重返六方会谈，美将和它举行直接双边对话。希尔日前在接受香港《亚洲周刊》专访时表示，一旦朝鲜输出核武技术，美国将立即对它发动军事打击。他称，"9·11"事件以后，任何核扩散都与美国的国家安全直接相关。

＊美国总统布什签署在美墨边界修建防护设施的法案。该法律授权联邦政府在 1100 多公里长的美国与墨西哥边界上修筑或安装防护墙、摄像头、运动物体探测器以及其他类型的障碍物，以阻挡非法移民涌入美国。

10 月 28 日 美国总统布什与伊拉克总理马利基举行电视会议，并在会后发表联合声明称，双方同意建立一个由伊拉克国家安全顾问、两国国防部长和内政部长、美军指挥官乔治·凯西以及美驻伊大使组成的工作组，就"最好地实现"治理伊拉克的目标提出建议。

10 月 29 日 以美国为首，由澳大利亚、巴林、英国、法国、意大利等参加的海军训练演习在波斯湾巴林附近的海域开始举行。演习是根据"防扩散安全倡议"项目而进行的，旨在打击大规模杀伤性武器及其运载系统和相关材料的走私活动。这是美国总统布什于 2003 年 5 月推出这项倡议以来，第一次在波斯湾进行此类演习，也是第一次有中东国家参与的演习。

10 月 30 日 美国参谋长联席会议主席彼得·佩斯和俄罗斯的高级军事官员在莫斯科会晤，双方讨论了双边军事关系。这是佩斯自去年出任该职以来首次访问俄罗斯。

＊美国国会美中经济与安全评估委员会发表年度报告称，中国可能并

不愿意或准备在一个支持和平与稳定的国际体系中扮演负责任的角色。该报告提出了44项建议，其中包括呼吁美国支持台湾加入各种国际组织。报告称，美国国会应加大对布什政府的压力，在世贸组织内挑战中国“不公平的贸易做法及货币政策”，并鼓励美国贸易代表办公室就侵犯知识产权问题向中国施压，报告呼吁美国确立“更有效的计划”来收集中国大规模发展军力的情报。

* 美国国务院发言人麦科马克发表声明，对中国国务院总理温家宝提出与东盟加强军事合作表示欢迎。声明说，此举显然是“就共同安全问题展开更加广泛对话的一部分”，“这种军事对话和接触可以增加透明度和促进稳定。我们鼓励中国在实现军事现代化的同时，在军事战略、原则和预算方面更加开放”。

* 美国国防部发言人说，在伊拉克的美军人数已经升至15万，是自2006年1月以来人数最多的，其原因是军队轮换有重叠。

10月31日 美国总统布什对新闻界说，他对中国、朝鲜和美国三方同意于近期恢复朝核问题六方会谈表示欢迎，对朝核问题取得进展感到非常高兴。布什表示，他要为此感谢中国。布什表示，美国将向该地区派遣工作队，与其伙伴国共同确保联合国安理会就朝鲜核试验问题通过的决议得以执行，以及确保即将恢复的六方会谈取得成效，并实现可核实地消除朝鲜核武器及核武器计划的目标。

11月

11月2日 曾担任驻伊拉克美军最高指挥官的陆军中将桑切斯1日提前退役。桑切斯在接受当地一家报纸采访时承认，阿布格里卜监狱的虐囚丑闻是导致他提前退役的主要原因。

11月4日 美国《陆军时报》、《海军时报》、《空军时报》和《海军陆战队时报》等刊物撰文要求国防部长拉姆斯菲尔德下台，称其伊拉克战略已经失败。

11月5—9日 美国负责政治事务的副国务卿伯恩斯和负责军控及国际安全事务的副国务卿约瑟夫在日本、中国和韩国访问，为新一轮六方会谈做准备，并讨论联合国对朝鲜制裁措施的实施问题。

11月7日 美国举行中期选举，改选国会全体众议员、1/3参议员和部分州长。11月9日结果揭晓。民主党大获全胜，共和党惨败。在参众两院，民主党分别以51席对49席、229席对196席夺回国会多数党地位，赢得了国会参、众两院的控制权。这将是民主党12年来首次同时控制参众两院。民主党还在州长角逐中拿到了多数州的州长职位。11月16日，美国民主党众议员选出了该党众议院领袖，66岁的南希·佩洛西赢得了一致的支持，成为众议院第一位女议长；温和派众议员斯滕尼·霍耶当选为众议院多数党领袖。媒体报道说，霍耶与佩洛西关系紧张，尽管霍耶自2002年以来一直是佩洛西的副手。

11月8日 美国副国务卿伯恩斯在北京与中国外交部副部长杨洁篪共同主持第三次“中美战略对话”。双方就中美关系和共同关心的重大国际、地区问题交换了意见。双方表示，在国际形势发生复杂深刻变化的背景下，中、美两国发展健康稳定的建设性合作关系意义重大。双方要积极落实两国元首达成的各项重要共识，加强在广泛双边领域的互利交流与合作，就重大国际和地区问题保持密切沟通与协调，为促进亚太地区和世界的和平、稳定与繁荣继续共同努力。双方一致认为，中美战略对话有助于两国增进互信、扩大共识、拓展合作，推进中美建设性合作关系向前发展。

＊美国总统布什宣布，正式撤换因伊拉克问题备受指责的国防部长拉姆斯菲尔德，提名前中情局局长罗伯特·盖茨接任。现年63岁的盖茨，拥有博士学位，曾先后在美国中央情报局和白宫国家安全委员会任职26年，是布什家族的好友，现任美国得克萨斯农业机械大学校长。

＊美国国务卿赖斯在回答记者提问时说，美国对中国的影响力在全球扩展并不担忧，“中国应该在全球负有责任，因为它不仅是个发展中国家，也是一个大国”。

11月10日 美国和日本开始举行2006年规模最大、为期一周代号为“年度演习18G”的海军联合演习。美国“小鹰”号航空母舰及其战斗群、“宙斯盾”巡洋舰参加了这次军演。美国海军少将道格·麦凯恩说，美国正在努力提高海军跟踪和拦截朝鲜向日本发射的导弹的能力，“宙斯盾”巡洋舰参与此次演习是该努力的一部分。

11月11日 美国《纽约时报》报道，美国防部的最新数据显示，从2005年9月到2006年9月，美国共签订了价值210亿美元的军售合同。订购数额最大的是巴基斯坦。

＊美国在联合国安理会的表决中否决了阿拉伯各国支持的谴责以色列在加沙地带进行袭击的决议草案，并称其“片面”且“偏颇”。

11月13日 美国总统布什在与以色列总理奥尔默特会谈后对媒体表示，伊朗必须停止铀浓缩活动，否则将面临“经济后果”和被国际社会孤立，美国也不会直接与伊朗谈判。

＊美国商务部长古铁雷斯率领一个由25家美国企业代表组成的代表

团在中国举行贸易会谈，旨在促进美国对华出口。

11月13—15日 美国太平洋舰队司令拉夫黑德海军上将访问中国，他说，他在访华期间要了解中国海军建设的意图和海军的某些作战理念。他还希望军事交流能帮助中美两国年轻一代的军事将领建立个人感情联系，此举有助于在"误解的时期"避免冲突。15日，他参观了中国海军在广东湛江的基地，并登上"湛江"号导弹驱逐舰及"玉林"号导弹护卫舰参观。

11月14日 美国总统布什和副总统切尼在白宫会见美国汽车工业领袖。布什表示，美国汽车工业正面临"严峻抉择"，政府和三大汽车生产商在如何应对美国汽车所面临的挑战方面有许多共同看法，都"主张减少对进口石油的依赖性"等。布什还呼吁其他国家向美国汽车产品开放市场。

＊路透社报道，美国太平洋司令部总司令法伦将军证实了《华盛顿时报》有关上个月美国战舰与中国潜艇在太平洋上遭遇的一篇报道。法伦说，一艘中国潜艇在非常近的距离被美国一个航母战斗群侦察到。法伦敦促美中双方加强军事交流，他说："这样我们才能摆脱冷战思维，向前发展，并真正扩大对话。"

＊美联社报道，美国司法部在美国上诉法庭第四巡回庭提交的卷宗上指出，新反恐法也同样适用于那些在美国被逮捕和拘押的外国人。这意味着在美国逮捕的外国公民可能会因涉嫌恐怖活动而无限期被拘押，并且不能在民事法庭上就拘押提起上诉。

11月15日 美国总统布什和俄罗斯总统普京在莫斯科机场举行了短暂会晤，触及了对伊朗采取贸易和国际制裁的问题。

11月16日 美国总统布什在新加坡国立大学发表亚洲政策演说，谈到21世纪亚洲共同面对的挑战，警告朝鲜不要扩散核武器，发誓要加强与日本等亚太国家的防务合作，呼吁亚洲国家打破多哈回合谈判僵局并慎重考虑美方提出的"亚太自由贸易协定"构想。

＊美国货币主义经济理论掌门人、1976年诺贝尔经济学奖得主米尔顿·弗里德曼逝世，享年94岁。弗里德曼是里根政府经济政策顾问委员会的成员，他的理论在尼克松政府、福特政府和里根政府都受到重视。

11月18日 对越南进行首次访问的美国总统布什在亚太经合组织领导人非正式会议间隙会见澳大利亚总理约翰·霍华德之后说，美国在越南的惨痛失败带来的教训之一就是美国在伊拉克需要耐心。布什是越南战争之后第二位访问越南的美国总统。

＊美国总统布什在越南河内亚太经合组织领导人非正式会议间隙会见韩国总统卢武铉，布什表示，如果朝鲜放弃核计划，美国可以考虑开始与

朝鲜讨论有关安全安排和经济援助问题。布什在会谈中试图说服韩国全面执行联合国安理会关于制裁朝鲜的决议，完全接受旨在防止大规模杀伤性武器及相关设备扩散的“防扩散安全倡议”。

11月19日　美国总统布什与中国国家主席胡锦涛在越南河内亚太经合组织领导人非正式会议期间举行会晤。布什在会晤时说，美中关系是美国对外政策的重要组成部分，美国致力于保持同中国的良好关系。布什同意胡锦涛关于两国加强各领域合作的建议，表示愿意同中国进行各种战略对话和各层次交往。布什说，美中共同努力、加强合作，有助于世界安全和人类繁荣，有助于重大国际和地区问题的解决。布什表示，两国之间大量的商业往来意味着贸易纠纷在所难免，但可以在“相互尊重的精神和希望解决问题的意愿中”加以解决。布什还表示，支持胡主席关于鼓励中国成为一个消费者国家、而不是存款者国家的想法，这将给美国制造商和农民带来利益。两位领导人还在解决朝鲜问题的“方向和下一步措施”上达成了一致。

＊美国海军和中国海军在中国南海海域进行了海上联合搜救演习，内容包括高频通信、队形变换和水中搜救等方面。

＊美国和俄罗斯签署了俄罗斯加入世界贸易组织的双边协议。同日，美国总统布什表示，美国决定解除因为俄罗斯战斗机制造商苏霍伊飞机军事工业集团向伊朗出售被禁货物而向该公司实施的制裁。

11月27日　美国总统布什与中国国家主席胡锦涛通电话，双方就中美关系和共同关心的问题交换了意见。

＊美国助理国务卿、六方会谈美国代表团团长希尔抵达北京，与有关方面磋商重启六方会谈事宜。这是他一周内对北京的第二次访问。

11月28日　美国总统布什在拉脱维亚首都里加参加北约首脑会议。

＊美国洛杉矶联邦法官奥德丽·柯林斯裁定，布什总统在“9·11”事件后颁布的一项用于冻结恐怖组织财产的行政命令的部分内容违反了宪法，因为它未对总统向恐怖组织名单添加内容的权力进行任何明显限制。

＊正在英国访问的美国财政部长保尔森在英国工业联合会年会上表示，美中经济关系目前“相当紧张”，“部分原因是美国人普遍感到，美中贸易的好处没有得到公平和公正的分享”。保尔森说，人民币币值被低估其实只是美中经济关系中的“短期问题”之一，美希望中国增加人民币汇率的灵活性，因为解决类似的短期问题可以增加相互的信任感。他强调，美中战略经济对话必须采取“长远措施来增强中国加快改革的能力，包括加快法治建设、进一步开放市场等”。

＊美国总统布什提名的国防部长人选罗伯特·盖茨在递交给参议院军事常设委员会的陈述中表示，美国军队“必须保持抵御中国大陆对台湾使

用武力或强制手段，帮助台北进行自卫的能力”。盖茨称赞北京“改善防扩散行为”和“增强透明度”的做法。盖茨还表示希望部署尚未完成的导弹防御系统，以抵御像朝鲜这样的国家。

11 月 29 日 美国国家核安全局发表声明说，研究结果显示，用于制造美国核弹头和核弹的钚的可靠性可以达到大约 100 年，比原先认为的时间要长得多。但声明还表示，他们不同意有关钚的研究结果意味着“更换核弹头计划”没有实施的必要。声明说：“钚的衰变是多样性的，它可能对整个（武器）系统的可靠性产生影响。”

11 月 30 日 美国总统布什和伊拉克总理马利基在约旦首都安曼举行了长达两个半小时的会谈，双方讨论了伊拉克安全形势以及如何摆脱伊困境，恢复伊的稳定等一系列问题。会晤后，双方在联合记者招待会上宣布，双方一致同意以美为首的联军必须加快向伊拉克安全部队移交承担全国安全责任的进程。双方还重申维护伊拉克的统一，反对任何肢解和分裂伊拉克的阴谋。布什再次重申，只要伊拉克政府需要，美军将继续驻守在伊拉克，直到全部完成使命。

*美国国务卿赖斯抵达耶路撒冷与以色列总理奥尔默特会晤。此前，赖斯在约旦河西岸杰里科与巴勒斯坦民族权力机构主席阿巴斯进行了会晤。

*美国国务院发言人凯西在例行记者会上说，在六方会谈正式恢复之前，联合国第 1718 号决议案仍然必须确实遵守，各国仍应继续实施对朝鲜的各项制裁与限制措施。同日，美国商务部长古铁雷斯在一份书面声明中公布了美将寻求禁止向朝鲜出口的奢侈品清单。

12月

12 月 1 日 美国国务卿赖斯参加了在约旦举行的第三届“未来论坛”会议。

12 月 2 日 美国国务院发言人希罗尼默斯回应古巴国务委员会第一副主席劳尔·卡斯特罗提出的与美国对话的建议时表示，美国同古巴关系的任何深入接近都取决于“古巴政权和古巴人民之间关于古巴民主的对话”、以及古巴政府在政治开放和民主过渡方面迈出具体步伐的意愿。美国保持对古巴的外交政策不变，“需要作出改变的是古巴政府”。

12 月 4 日 美国总统布什在白宫会见伊拉克什叶派政党伊拉克伊斯兰革命最高委员会领导人阿卜杜勒·阿齐兹·哈基姆。双方就解决日益严重的伊拉克教派冲突交换了意见。布什在会谈结束后的新闻发布会上重申美国支持伊拉克总理马利基为国家统一所做的努力。

＊美国宇航局网站公布“重返月球”计划，其核心目标是在月球上建立永久基地，并以此为跳板，为人类登陆火星甚至探索更遥远的太空做准备。美宇航局表示，“重返月球”计划欢迎其他国家、非政府组织及商业团体的参与，2007年将是美国就该计划与世界其他国家进行“广泛对话”的一年。

＊美国南方司令部司令、陆军上将班茨·克拉多克出任美军驻欧洲司令部司令，同时担任北约盟军最高司令，以接替即将退役的海军陆战队上将詹姆斯·琼斯。

12月5日 美国国务院发言人麦科马克对委内瑞拉通过和平投票选举查韦斯继任总统表示欢迎，并指出与查韦斯政府建立合作关系的可能性。麦科马克还表示，应该对媒体报道的大选中违规操作的情况进行调查。

12月6日 由美国前国务卿贝克和民主党议员汉密尔顿共同牵头的“伊拉克研究小组”经过数月调研，于今日提交了伊拉克问题研究报告和政策建议。该报告指出，目前伊拉克局势极其严峻且日益恶化，若得不到及时控制，伊拉克政府将陷入崩溃，教派冲突将蔓延到整个中东地区。报告提出了79项建议，包括：立即发起外交攻势，打造一个建设性的国际机制，帮助伊拉克稳定局势；转变美军的使命，由战斗任务转为支援性任务；着重于对伊军的培训与顾问职能等。报告建议到2008年的第一季度，除特种部队和快速反应部队外，美国可以撤出全部战斗旅。

12月7日 美国总统布什在白宫会见到访的英国首相布莱尔，双方就美国“伊拉克研究小组”的报告交换了意见。会谈结束后，布什在与布莱尔联合举行的新闻发布会上称该报告是一份“建设性的报告”，“这一报告对伊拉克形势做出了非常严峻的评估”。布什承认，在遏制伊拉克教派冲突，解决巴勒斯坦和以色列争端，推动中东和平进程方面，美、英两国正处在最艰难的时期。

＊美国国土安全部和能源部发表声明说，为防止核武器和核物质被偷运至美国并被用于“核恐怖活动”，将从明年起实施一项名为“货物安全构想”的新计划，在韩国、巴基斯坦以及新加坡等6国的6个主要港口设置放射性物质及核物质探测仪。一旦检测出危险情况，国土安全部和港口所在国的官员将同时收到警报。

＊美国国防部宣布，今天在太平洋海域进行的导弹防御试验失败，两枚拦截导弹中有1枚未能从美国的“宙斯盾”巡洋舰上成功发射。美国国防部导弹防御局将失败的原因归咎于巡洋舰上的“系统安装不当”。

12月8日 美国总统布什宣布对朝鲜实施制裁，下令切断与朝鲜的核合作和财政援助。

12月9日 美国国会两院分别于8日晚和9日凌晨通过了与越南建立永久性正常贸易关系的法案。

12月11日 美国财政部长保尔森和贸易代表施瓦布分别在美国《华盛顿邮报》和英国《金融时报》网站发表文章指出，未来5年是中美关系关键时刻，未来5年期间中国所作出的决定将对全球产生长远影响。

＊美国贸易代表办公室公布向国会提交的年度报告，该报告称赞中国在某些领域取得了进步，但同时称中国的记录"明显喜忧参半"，指责中国没有履行5年前加入世贸组织时所作出的承诺。报告同时表示，如果中国不改善在开放市场方面的记录，美国将毫不犹豫地寻求经济制裁。

12月12日 根据美国商务部公布的数字，美国2006年前10个月的贸易逆差总计已达6434亿美元，中美贸易总额达到2809.85亿美元。美国最大的贸易伙伴仍是加拿大，中国在2006年10月份取代墨西哥成为美国第二大贸易伙伴。

＊美国国务卿赖斯在与到访的澳大利亚外交部长唐纳举行会谈后向记者表示，美国不会为即将举行的朝核问题六方会谈达成协议设定最后期限。赖斯说，根据六方在去年9月达成的协议，如果朝鲜履行"放弃所有核武器和现有核计划"的承诺，朝鲜相应地将获得经济援助、能源援助及安全保证。

12月13日 美国国会政府问责局公布的一份报告说，美国的太平洋领地关岛、塞班岛、美属萨摩亚和大西洋上的美属维尔京群岛由于对几个关键行业的依赖、资源短缺和政府超支，面临着严重的经济挑战。报告说，与美国商界建立联系是解决其中一些难题的关键。

12月14—15日 美国总统布什的特别代表、财政部长保尔森在北京与中国国家主席胡锦涛的特别代表、国务院副总理吴仪共同主持首次中美战略经济对话。该对话的主题为"中国的发展道路和中国的经济发展战略"。保尔森在闭幕式上说，双方就美中两国经贸关系可持续发展、市场开放及鼓励投资、环境保护、能源效率等问题进行了深入、富有成效的讨论。参加此次对话的美国代表团主要成员还有卫生与公众服务部部长莱维特、能源部部长博德曼、商务部部长古铁雷斯、劳工部部长赵小兰、贸易代表施瓦布、环境保护署署长约翰逊、联邦储备委员会主席伯南克等。15日，中国国家主席胡锦涛、国务院总理温家宝分别会见了保尔森。

12月15日 美国电影协会、商业软件联盟、美国出版商协会、英国出版商协会与中国国家版权局在北京签署《关于建立网络版权保护协作机制的备忘录》。

12月16日 美国能源部长博德曼和中国国家发改委主任马凯在北京签署了两国政府《关于在中国合作建设先进压水堆核电项目及相关技术转让的谅解备忘录》，中国将引进西屋公司 AP1000 技术，建设 4 台核电机组。

* 美国和中国、印度、日本、韩国五国能源部长在北京举行会议，旨在加强主要石油进口国之间的合作。会后发表了联合声明。美国能源部长博德曼表示，他打算鼓励中国将战略石油储备用于对付供应中断而不是操纵世界石油价格，希望中国在强化能源安全时更依赖于世界能源市场，而不是并购手段。

* 据古巴共产党机关报《格拉玛报》报道，美国国会议员代表团一行 10 人 15 日抵达古巴，并于 16 日分别与古巴领导人举行会谈。这是自 1959 年古巴革命胜利以来规模最大的美国国会代表团访问古巴。代表团由众议院国际关系委员会的成员、亚利桑那州共和党议员杰夫·弗莱克和马萨诸塞州民主党议员威廉·德拉亨特率领。

12月18日 美国总统布什签署了关于美国和印度开展民用核能合作法案，并在签署法案的仪式上表示，该法案“将帮我们面对 21 世纪的能源和安全挑战”。“美国和印度是天然伙伴，曾使两国产生隔阂的对抗已经不复存在”。美国在真正向印度提供核材料之前，还需要核供应国集团、国际原子能机构以及美国国会的再次通过。

* 罗伯特·盖茨宣誓就任美国国防部长。盖茨说，伊拉克是他最优先考虑的事。他警告说，“美国在伊拉克的失败将是灾难”，还将损害美国的信誉并在未来几十年让美国人处于危险之中。他并发誓不再让阿富汗成为极端分子的避难所。

12月18—22日 美国助理国务卿希尔在北京参加关于朝鲜半岛核问题第五轮北京六方会谈第二阶段会议。会议期间，希尔同朝方代表团团长单独进行了 4 次会晤，但未取得进展，朝鲜坚持要求先讨论金融制裁问题而导致双方无法就贯彻去年的朝鲜弃核协议等“紧迫问题”展开讨论。希尔表示，六方会谈增强了中美两国的关系，六方会谈可以作为将来推动中美合作的一个样板。

12月19日 美国国务院宣布，美国今日起将中止对斐济的财政援助和武器销售，对参加 12 月 5 日军事政变、推翻斐济民选政府的军队官员和其他官员拒发签证，禁止他们访问美国。

* 美国财政部在一份提交给国会的报告中说，美国的主要贸易伙伴中没有任何一个符合可被认定为操纵货币汇率国家的“技术要求”。报告说，人民币汇率机制的灵活性与 2005 年相比提高了，但这种灵活性还远没有达到所需要的程度。报告还认为，中国的货币政策是中美经济关系中的一

个核心问题。

12月19—20日 美国财政部助理部长帮办丹尼尔·格拉泽和朝鲜贸易银行总裁吴光哲率领的谈判代表团在北京举行了双边会谈，讨论美对朝金融制裁问题。格拉泽表示，该谈判短期无法取得进展。

12月20日—23日 美国新任国防部长罗伯特·盖茨与参谋长联席会议主席彼得·佩斯一同访问伊拉克。22日，盖茨对媒体说，美国向海湾地区增派海军，并不是针对伊朗行为作出的反应，而是向所有国家发出信息：美国将在该地区"长期"呆下去。23日，盖茨和佩斯返回华盛顿后向总统布什汇报情况，盖茨对伊拉克领导人解决教派暴力冲突的计划给予积极评价。国务卿赖斯、国家安全顾问哈德利等人参加了会议。

12月21日 美国国务卿赖斯表示，六方会谈的目的是确保朝鲜半岛无核化，我们不能偏离这一目标。朝鲜不应在六方会谈中把取消美对朝金融制裁问题与其采取弃核的行动联系起来，这是"两个独立的问题"，而且美、朝已经在六方会谈外展开了金融制裁问题的磋商。赖斯还指出，朝鲜迄今还未让美国相信，它对弃核的态度是严肃认真的，而这正是美方在六方会谈中所"试探"的。

12月22日 美国"发现"号航天飞机圆满完成了13天太空之旅，载着7名宇航员在佛罗里达州肯尼迪航天中心安全降落。"发现"号在9日晚发射，在太空飞行了约852.8万公里、并与国际空间站进行了对接。这是美国航天飞机4年来首次恢复夜晚发射。

12月23日 美国国务卿赖斯发表声明说，美国呼吁所有国家立即采取行动执行联合国对伊朗制裁决议。她说，对伊制裁决议向伊朗政府发出了一种强烈信号，即伊朗应接受其国际义务、中止敏感的核活动并接受美及其他国家此前提出的协商解决方案。

＊美国军方说，美军19日在阿富汗与巴基斯坦接壤的边境地区发动空袭，炸死了塔利班高级军事指挥官奥斯马尼。奥斯马尼是美国2001年攻入阿富汗推翻塔利班政权以来联军声称击毙或抓捕的最高级别的塔利班领导人。

12月26日 美国第38任总统杰拉尔德·福特去世，享年93岁。福特是美国历史上唯一未经选举产生的总统。美国现任总统布什称福特是一位"伟大的美国人"，他在尼克松总统因水门事件不光彩地辞职之后帮助美国走出了阴影。

12月28日 路透社报道，美国国务院副发言人凯西在一份书面声明中表示，缅甸的局势仍然"很严峻"，依然存在针对少数民族的暴力活动、强制性劳工、毒品走私和关押政治犯等现象。这对地区的稳定构成了威胁。

12月30日　法新社报道，美国总统布什发表声明称，处死萨达姆·侯赛因是通往建设伊拉克民主道路上的一个“重要里程碑”，但此举并不能终结伊拉克国内的暴力事件。

12月31日　据美联社统计，自美国发动伊拉克战争以来，美军在伊拉克战争中的死亡人数已突破了3000人。

俄罗斯大事记

1月

1月1日 在俄罗斯停止对乌克兰天然气供应、双方能源冲突升级后，乌总统尤先科表示，俄明显在利用天然气问题向积极与欧洲发展更密切关系的乌政府施加经济压力，其提出的价格过高，乌不能接受。他强调，俄乌天然气冲突实际上是乌克兰独立之战，乌克兰人民不会屈服。

1月2日 摩尔多瓦总统弗·沃罗宁在摩首都基什尼奥夫举行的会议上宣布，由于与俄罗斯天然气工业公司没有达成新的天然气供应合同，俄已于1日停止向摩供应天然气。摩政府已成立能源安全问题作战指挥部，应对在天然气供应问题上出现的复杂形势。

＊在俄罗斯切断对乌克兰的天然气供应后，乌召开内阁会议，总统尤先科在会后宣布，愿意接受俄天然气公司提出的所有条件，包括在2006年第二季度以新价购买天然气。同时，乌还呼吁俄重返谈判桌，进行新的谈判。

1月6日 俄罗斯海关发表文告称，2005年俄海关、内务部对空运入境货物的"灰色清关"采取了严厉打击，在全国各口岸和中心城市取缔非法清关公司30多家，11名内部人员涉案被起诉，莫斯科的中国商人和市场也受到强烈冲击。报道称，由于俄强力部门打击和取缔"灰色清关"的力度越来越大，在莫斯科市场做投机生意的华商越来越少。

＊继乌克兰后，保加利亚也因输入的天然气价格与俄罗斯发生争执。保能源部长奥夫查罗夫说，保加利亚拒绝俄罗斯天然气产业公司提高向保供应的天然气价格。奥夫查罗夫说，俄要求重新谈判通过保加利亚把天然气输送到土耳其、希腊与马其顿的付款方法。

＊俄罗斯总统普京在视察俄西伯利亚雅库茨克地区时透露，俄将在

2006年夏天开始泰舍特—纳霍德卡的太平洋输油管道一期工程建设，该石油管道将为中国、日本以及亚太其他地区供应石油。

1月9日 莫斯科人权委员会主席亚·普罗德表示，莫斯科是“光头党”活动最严重的城市。在圣彼得堡市、沃洛聂日市、顿河畔罗斯托夫市和沃洛格达市“光头党”的活动也非常猖獗，在奥列尔、库尔斯克和弗拉基米尔的情况也不容乐观。目前俄境内约有5万名“光头党”成员。

＊俄罗斯驻日本大使洛修科夫接受日本共同社专访时表示，解决日、俄争议最大的北方四岛领土问题的根基正在萎缩，对早日解决领土问题持悲观态度。洛修科夫指出，和中日、韩日关系恶化一样，领土问题迟迟无法解决的症结在于历史认识的不同，希望日本能够采取更为务实的行动。

＊据中俄官方统计，中、俄两国贸易额在2005年前11个月比2004年同期增长37.3%，达到265.29亿美元。中国对俄出口增长幅度为46%，达到119.3亿美元。俄对华出口增长30.8%，达到145.9亿美元。中、俄双方领导人都表示，希望到2020年双边年贸易额可达到600—800亿美元水平。

1月10日 俄罗斯工业和能源部公布的数据显示，2005年俄石油产量达到4.7亿吨，比上年增长2.4%，创1991年以来的新高。石油出口量为2.51亿吨，较上年减少1%。2005年俄共生产3196万吨汽油、5997万吨柴油、5644万吨取暖用油和820万吨航空燃料油，生产天然气6404亿立方米，比上年增长1%。出口天然气1525亿立方米，较上年增长8%。俄油气资源丰富，石油和天然气储量分别占世界总储量的13%和35%。

1月11日 俄罗斯总统普京在哈萨克斯坦出席哈总统纳扎尔巴耶夫的就职典礼期间，与乌克兰总统尤先科举行会晤。普京表示，在天然气问题上最重要的并不是价格，而是双方这次确定了市场化的结算机制，所以不排除未来俄会降低向乌出口天然气价格的可能性。尤先科表示，乌保证俄向欧洲出口的天然气经过乌境内时不会出现间断，同时乌将履行双方不久前签署的有关天然气方面的协议。

＊俄罗斯外交部发表声明，强烈谴责当天发生在莫斯科市中心的歹徒袭击犹太教堂事件。声明说，那些企图破坏俄社会和谐、煽动民族与宗教仇恨的人的阴谋不会得逞。俄将继续对反犹太主义和排外势力予以坚决打击。俄联邦委员会（议会上院）国际事务委员会主席马尔格洛夫当天表示，对民族极端主义势力“光头党”持纵容态度是不能被允许的。俄社会有权要求政府采取严厉措施打击“光头党”。

1月13日 俄罗斯国家统计局对外公布的数据显示，2005年俄通胀水平为10.9%。这是近13年来俄通胀水平最低数值。

1月14日 俄罗斯外长拉夫罗夫表示，俄将以市场价格向所有国家供应天然气。他指出，俄的天然气价格将只根据需求国距离俄远近以及天然气购买数量而改变，天然气出口转向市场价符合所有国家的利益。他还表示，在俄与乌克兰天然气争端初期，俄天然气工业公司就试图以市场价格向所有能源需求国出售天然气，不存在任何优惠条件。

* 俄罗斯达吉斯坦共和国内务部证实，警方当天在谢尔戈卡拉区进行的特别行动中，发现阿比多夫躲藏在乌拉希村一所废弃的房屋内，并在随后的交火中将其击毙。阿比多夫曾于2002—2005年间在达境内制造了多起恐怖事件。

1月16日 俄罗斯总统普京在与来访的德国总理默克尔会谈后表示，俄国家杜马不久前通过的非政府组织法不会损害俄境内外国非政府组织的正当权益。如果外国非政府组织的活动符合俄注册时所声明的目标，其活动在上述法律生效后将不会受到任何影响。俄政府将关心并支持它们的工作。普京还表示，在俄非政府组织法获得国家杜马通过之前，俄司法部长率领代表团前往欧洲理事会征求欧盟国家对该法律草案的意见。近日俄总统普京签署的一项有关《非政府组织法》的法律，规定了国外非政府组织和社会团体在俄设立机构的一整套程序，并对俄非政府组织接受国外资助进行了严格限制。该法规定，在俄注册的外国非政府组织必须向俄说明所从事活动的内容，通报资金来源、用途和提供经费机构的相关情况；接受国外资助的俄境内非政府组织也必须如实申报资金来源和用途。如果这些非政府组织的活动与俄宪法相抵触并对俄国家利益构成威胁，其注册资格将立即被取缔。

1月17日 俄罗斯武装力量总参谋长巴卢耶夫斯基警告波兰，不要参加美国的导弹防御系统计划，否则波兰将会“引火烧身”，使自己重新置于核打击中心。波兰新总理马尔钦凯维奇日前在施政纲领中表示，希望波兰成为美导弹防御系统的一部分，这是波兰首次公开表示希望美在本国建立反导系统。五角大楼官员已对波兰南部的喀尔巴阡山区进行“踩点”，探寻可建立拦截基地的地点。

* 俄罗斯外长拉夫罗夫表示，现在提出对伊朗进行制裁还“为时尚早”，制裁不是解决伊核问题的“最佳办法”，也不是“唯一方法”，不应让某些权宜的政治考虑干扰该问题的解决进程。

1月18日 欧盟负责外交与安全政策的高级代表索拉纳说，俄罗斯已建议推迟将伊朗核问题提交联合国安理会，欧洲国家正在与俄方商谈这一建议。俄的立场是，安理会召开一次特别会议，就伊核问题的局势进行讨论，然后回到维也纳继续讨论，等待2006年3月国际原子能机构理事会会议。

1月22日 俄罗斯检察官已开始对当天发生在俄南部地区的两起天然气管道爆炸事件展开调查，并称这是两起蓄意破坏事件。这两起天然气管道爆炸事件导致俄向格鲁吉亚和亚美尼亚两国的天然气供应中断。

1月23日 俄罗斯情报部门表示，英国驻俄大使馆有4名外交官在俄从事间谍活动。俄当局在莫斯科郊外发现一个伪装成石头的高科技通讯装置，一名英国外交官被发现在这块"石头"附近，秘密下载情报。对于俄方的指控英国外交部予以否认。

＊俄罗斯石油运输公司发表声明说，该公司已成立子公司来专门负责落实远东输油管道项目。声明称，这一名为"远东输油管道项目管理中心"的子公司在伊尔库茨克州的安加尔斯克市注册，曾担任过俄石油运输公司建设和战略发展局局长的阿·别兹韦尔霍夫被任命为该子公司总经理。根据计划，远东输油管道一期工程将于2008年11月8日正式交付使用，其年输油能力将达3000万吨。

1月25日 俄罗斯总统普京建议建立国际核能中心体系，以提供包括铀浓缩活动在内的核燃料循环服务。普京表示，这不仅能解决伊朗的核问题，而且能够改变世界核能的获取途径，在不破坏核不扩散体制的前提下，保障所有需要原子能的国家平等地获取它。普京还表示，准备在俄领土上建立一个国际核能中心。

1月27日 俄罗斯司法部通知莫斯科地方法院，取消人权研究中心的注册登记，理由是该中心已有5年未向主管单位报告工作纪录。俄媒体分析说，这是英国使馆外交官员"石头间谍案"后，俄司法部对与西方关系密切的非政府组织采取的行动。

1月30日 俄罗斯新闻局公布的2006—2008年俄经济社会发展中期计划显示，2008年俄石油年产量将增加至4.9亿吨。俄还将实施一系列完善石油运输设施的项目，其中包括扩大波罗的海石油管道系统的输送能力，以及2008年完成东西伯利亚至太平洋沿岸输油管道（远东输油管道）一期工程建设。

1月31日 俄罗斯总统普京在举行的年度记者会上透露：军事方面，俄最新导弹技术可以穿透任何导弹防御系统。俄测试了独一无二的导弹系统，这些系统并非专为应对美国的导弹防御系统而研制，美国的导弹防御系统存在与否不会对俄方导弹系统构成影响。外交方面，普京认为俄罗斯与中国的协作已成为加强国际战略稳定的重要因素，中、俄在2010年实现贸易额600亿美元的目标没有问题。经济方面，作为能源大国，俄不会放松对国有能源企业的控制，但无意让其垄断油气行业。

＊俄罗斯总统普京表示，巴勒斯坦伊斯兰抵抗运动（哈马斯）在巴立法委员会选举中获胜是对美国中东外交的沉重打击。他呼吁哈马斯放弃极

端行为，承认以色列的生存权。他认为只有各方共同努力才能够解决全球的复杂问题。俄从未把哈马斯视为恐怖组织，但不意味着俄赞成哈马斯所做的一切，希望哈马斯让巴勒斯坦人民感觉到其执政所带来的积极成果。

2月

2月1日 俄罗斯外交部发言人对格鲁吉亚向南奥塞梯冲突地区增派军警提出坚决抗议，认为这种挑衅行动将会导致紧张局势升级。他说，格方以南奥塞梯特克维阿维村发生一起交通事故为由，公开向该地区增派500多名军警，目的是挑起俄维和部队士兵动用武器。俄对格军方的挑衅行为表示坚决谴责。

*俄罗斯联邦委员会（议会上院）议员、前驻华大使罗高寿表示，最近几年俄罗斯与中国各方面的合作进展顺利，今后俄同中方的合作仍将是俄外交的优先领域。俄中在经贸领域的合作进展尤为迅速，2005年两国贸易额达291亿美元，创历史新高，2006年和2007年互办“国家年”活动将有助于两国人民，特别是青年之间的相互了解。

2月6日 俄罗斯外交部发表声明说，台湾当局最近的一系列言论引起俄方“严重担忧”。陈水扁1月29日发表的谈话完全违背了他本人以前作出的承诺。声明指出，在需要为台湾海峡两岸恢复对话进行不懈努力的情况下，台当局的言论显然是“挑衅性的”，不利于维护该地区和平与稳定，也将对整个亚太地区产生“最严重的后果”。声明强调，俄的原则立场是：世界上只有一个中国，台湾是其不可分割的组成部分，俄反对任何形式的“台独”，不接受“两个中国”或“一中一台”。

2月9日 俄罗斯总统普京到访西班牙，在举行的新闻发布会上称，他不认为哈马斯是恐怖组织，而且俄正与哈马斯保持着联系，并打算于近期邀请该组织领导人访俄。普京指出，哈马斯是通过民主、合法的选举上台执政的，其他国家必须尊重巴勒斯坦人民的选择，并强调在巴勒斯坦问题上国际社会不应只对巴方提出要求，以色列方面也须做出应有的积极回应。在目前巴以关系僵持、中东局势前景不明之际，俄此举引起国际社会的极大关注。

2月13日 俄罗斯武装力量总参谋长巴卢耶夫斯基表示，俄向中国提供武器和军事装备不会对邻国造成战略威胁。他表示，俄向中国提供的武器主要是防御性质的武器，未来俄考虑扩大与中国的军事合作力度，提升俄中军人在培训方面的相互协作，更好地完成联合作战任务。2005年俄武器出口达到创纪录的61.26亿美元，计划2006年达到55亿美元，2007年达到70亿美元。从2000年起，俄军火出口额逐年增加。2000年为36.8亿美元，2001年为37亿美元，2002年为48.2亿美元，2003年为54亿美元，2004年为58亿美元。通过2000年组建的"俄罗斯国防出口公司"的出口数额分别为：2001年为33亿美元，2002年为40亿美元，2003年为50.75亿美元，2004年为51.2亿美元。

2月14日 俄罗斯内务部官员向媒体透露，俄军方在一次行动中击毙了车臣非法武装头目阿布杜尔扎科夫。阿布杜尔扎科夫是车臣非法武装重要头目巴萨耶夫的亲信，由巴萨耶夫直接指挥，自2000年以来一直被通缉。他涉嫌杀害7名车臣平民，并参与一系列恐怖活动。

2月16日 俄罗斯空军总司令米哈伊洛夫大将与吉尔吉斯斯坦国防部长伊萨科夫在比什凯克举行会谈，双方就修改和补充关于俄驻吉坎特空军基地协议的问题达成一致意见。双方同意对关于俄驻吉坎特空军基地协议作出一系列修改和补充，其中包括：允许吉国防部使用基地用于空中运输；基地所在机场将作为备用机场，以便在吉首都的玛纳斯国际机场不能使用的情况下发挥民用运输作用；俄军将在基地培训吉空军飞行员等。

＊俄罗斯总统普京签署了《关于打击恐怖主义措施的命令》，决定成立全国统一的国家反恐委员会，以协调各联邦执行权力机关、各联邦主体执行权力机关及地方自治执行权力机关的反恐活动，并向总统提出相关的反恐建议。命令还规定成立国家反恐委员会下属的联邦指挥部，联邦安全局局长任国家反恐委员会主席，各联邦主体最高领导人任分委会主席。国家反恐委员会拥有广泛权力，可作出有关组织、协调、完善和评估国家机关反恐活动的决议等。

2月18日 俄罗斯总统打击恐怖主义和跨国有组织犯罪问题代表萨福诺夫说，在巴勒斯坦伊斯兰抵抗运动（哈马斯）赢得巴勒斯坦大选后，将哈马斯孤立于国际社会之外的做法达不到预期目的。他说，应给巴勒斯坦新政权一个在特殊局势中"展示自己的机会"，通过对话寻找对各方都有利的途径，而不是向他们"关闭大门"。萨福诺夫还说，俄强调巴勒斯坦当局必须保证以色列的安全，取消那些"让人无法接受"的做法。

2月20日 俄罗斯国防出口公司15日召开董事会，对2005年的防务出口工作进行总结。在2005年度，俄国防出口公司的出口纪录连续第3年再创历史新高，达到52亿美元，比原计划超出了近10亿美元。其中，海军装备出口约占52%，空军装备出口约占44%，其余为陆军装备出口。

2月21日 俄罗斯政府副总理兼国防部长伊万诺夫表示，2008年前俄军合同制军人人数将占总人数的70%，此举将大幅提高俄常备部队战斗力，同时使义务兵服役期限缩减到 12 个月。他说，2005 年有 40 支常备部队转为合同制，目前上述部队共有 4.2 万名合同制士兵和军士服役。根据计划，2006 年还将有 20 支部队转为合同制，人数为 3.1 万多人。他表示，2005 年提高军人工资和调整军人个人收入所得税只是部分改善了军人的待遇。

＊俄罗斯有关当局规定，在乌拉尔地区工作的中国劳工不得超过 7000 人，雇佣中国劳工的雇主必须办理劳工卡和其他一些必要手续。

2 月 22 日 据俄罗斯国家统计局公布的数据显示，2005 年俄吸引的外国直接投资达 130.72 亿美元，比上一年增长了 38.8%。到 2005 年底为，俄吸引的外国直接投资总额累计已达 536.51 亿美元。截至 2005 年底，对俄投资总额排在前 10 位的依次为卢森堡、塞浦路斯、荷兰、英国、德国、美国、法国、维尔京群岛、瑞士和巴哈马。

2 月 27 日 俄罗斯前总理卡西亚诺夫宣布，计划近期创建俄新的反对派社会运动，并将参加 2008 年总统选举。他说："距离俄权力更迭只有 24 个月，我不会改变自己的信念，不会放弃自己的计划。最近一两个月内，我将会和战友们一起创建一个新的社会政治组织，为维护宪法而继续斗争。这一运动将联合所有对今日国家现状不满、希望一个强大的俄罗斯而不是强大的官僚体系的人。"

3月

3 月 1 日 俄罗斯宣布将按照《国际禁止化学武器公约》中规定的期限，在 2012 年前销毁所有储备的化学武器。目前俄是世界上拥有化学武器最多的国家。俄工业和能源部长赫里斯坚科透露，俄现储存有 4 万吨化学武器。按计划，2007 年 5 月前俄将销毁 8000 吨化学武器，占总量的 20%；到 2009 年将销毁现存总量的 45%；到 2012 年所有化学武器将全部被销毁。他说，销毁全部化学武器的费用将达 1710 亿卢布，其中 1600 亿卢布将由俄联邦财政支付。

3 月 2 日 俄罗斯当局再次要求英国引渡流亡大亨别列佐夫斯基，罪名是颠覆俄罗斯政府。别氏三年前在英国获得政治庇护，其资产总额约达 14 亿美元。2006 年 1 月他对媒体说想取代普京的"违宪政权"。英国外相斯特劳警告他，鉴于他的言行，英国当局有可能重新审查他的难民身份。

＊俄罗斯与伊朗官员日前在莫斯科举行会谈，就允许伊朗在俄境内进行铀浓缩的一项折衷计划展开谈判。俄官员说，谈判没有取得突破。这次

谈判的目的是平息伊朗与西方国家在伊朗核活动问题上发生的争执。双方官员在一项联合声明中说，伊朗原则上同意俄提出的一项协议，未来将继续进行磋商。但伊首席谈判代表拉里贾尼说，伊朗拥有为本国核反应堆提炼浓缩铀的主权。

3月3日 俄罗斯外长拉夫罗夫告诫到访的哈马斯代表团，必须尊重中东问题协调四方提出的要求，即承认以色列的地位，遵守停火协议，放弃用武力解决政治问题等。他还表示，赢得选举后的哈马斯必须将自身改造成为一个政党，并将其军事组织合并到巴勒斯坦的安全架构中。

3月4日 车臣共和国议会当天任命拉姆赞·卡德罗夫出任车臣总理。小卡德罗夫是被炸身亡的车臣前总统艾哈迈德·卡得罗夫的儿子，也是车臣安全武装力量的首领。据称，卡氏领导的武装力量承担镇压车臣分离主义势力的主要任务，减轻了俄军压力。俄政府对卡当选表示欢迎，认为他出任车臣总理是车臣在饱经战乱后实现正常化的重要组成部分。

3月6日 俄罗斯总统普京签署俄联邦反恐法。新法规定，情报部门可以在开展反恐行动的区域内对电话交谈进行监听、对电子通信设备进行监控。如果发生恐怖分子劫持飞机准备袭击重要建筑或人口密集场所，防空部队可以拦截被劫持的飞机。俄军可派遣军人参加境外的反恐行动。新的反恐法对动用武装力量参与反恐行动及在反恐行动中使用武器装备作出了详细规定。俄联邦新反恐法案2月26日获得俄国家杜马通过，俄联邦委员会于3月1日批准了这项法案。

＊俄罗斯生态、技术和原子能监督局当天宣布，远东输油管道泰纳线一期工程项目的国家生态鉴定已获批准。这标志着远东输油管道项目可以步入实施阶段。由于管道某些地段距贝加尔湖只有800米，参与这一生态鉴定的专家有不少人反对该方案。负责该管道建设的俄石油管道运输公司副总裁格里戈里耶夫说，远东输油管道通过国家生态鉴定是一个标志性的和期待已久的决定。

3月7日 俄罗斯外长拉夫罗夫到访美国，与美国务卿赖斯会谈，双方表示继续坚持停止伊朗境内浓缩铀活动的立场。布什总统也将与拉夫罗夫举行会晤，预计双方在伊朗问题以及巴勒斯坦激进组织哈马斯问题上会有分歧。

3月8日 俄罗斯经济发展与贸易部部长格列夫宣布，俄将限制外国公司在俄从事39种经济活动。包括限制外国公司从事武器生产，核材料生产，核设施建设及战略矿藏开发等。今后还将挑选其他行业列入限制名单。而外国公司购买这些行业的控股额必须得到许可。暂时还没有最终的法律草案文本，但确定的方法已与俄工业和能源部协商。

3月10日 俄罗斯与欧盟签署了一项加强太空领域合作的计划，内容包括卫星通讯、未来运输系统及新技术开发等。俄欧将组建一个高层次的政治“太空对话”机构，同时将建立一个永久性的工作团队，负责全方位的太空合作事宜。

3月11日 俄罗斯、乌克兰及摩尔多瓦因德涅斯特河东岸地区实施出口检查制度而导致局势紧张，大批德涅斯特河东岸地区货物被挡在边界，造成当地俄族居民重大损失。俄政府准备下周召集相关国家商讨此事。德涅斯特河东岸地区是摩尔多瓦的一部分，1990年当地俄族人宣布成立“德涅斯特沿岸共和国”，但未得到国际社会承认。目前乌、摩都是亲西方政府，从而使“德涅斯特沿岸共和国”问题变得更为敏感和错综复杂。

3月13日 俄罗斯政府第一副总理、中俄“国家年”俄方组委会主席梅德韦杰夫发表致中国社会各界书称，俄中央及地方政府、社会组织等对在中国举办“俄罗斯年”表现出很高的积极性，提出260多项活动，内容涵盖俄中多层次合作的所有领域。这些活动将推动俄中关系实现实质性飞跃、广泛传播有关俄罗斯的各种知识、加深中国对俄的了解。希望“俄罗斯年”将进一步巩固两国人民友谊，确保两国经贸及投资合作大幅度增长，进一步深化俄、中人文交流。

3月14日 俄罗斯外长拉夫罗夫与到访的叙利亚外长穆阿利姆会晤后表示，只要巴勒斯坦伊斯兰抵抗运动（哈马斯）严格遵守国际准则，俄将尽一切努力保障该组织的活动。他说，中东问题有关四方（美国、俄罗斯、联合国和欧盟）提出和平解决巴以冲突的目标，哈马斯不能与此目标背道而驰，否则巴以无法实现和平共处。俄将与巴以双方积极合作，努力推进中东和平进程。

3月15日 俄罗斯国家杜马国际事务委员会主席科萨切夫就台湾问题发表谈话，重申俄坚持一个中国立场，反对“台独”。他表示，俄将毫不动摇地遵守2001年7月16日签署的《俄中睦邻友好合作条约》，坚持一个中国的立场，认为台湾是中华人民共和国领土不可分割的一部分。他指出，不久前台湾当局宣布终止“国统会”运作和“国统纲领”适用，实际上是放弃“国统会”和“国统纲领”。中方和国际社会对此表示担忧，俄也同样表示忧虑。

* 俄罗斯原子能署署长基里延科与到访的美国能源部长博德曼举行会晤，讨论能源安全问题。美正式邀请俄参加“全球核能伙伴计划”，得到俄积极响应。基里延科高度评价该项目对俄美今后在和平利用核能方面继续合作的意义。双方还讨论了在严格遵守核不扩散制度条件下建立旨在保证所有国家和平利用廉价核能的国际合作机制问题，以及核能设施反恐安全问题。

* 俄罗斯和阿塞拜疆就里海大型天然气管道铺设计划发生争执。俄一名高级外交官表示，在里海铺设大型天然气管道会给该地区带来严重风险。他说，铺设天然气管道应该由里海周边所有国家共同协商，包括确定何时铺设管道。阿塞拜疆则反驳说，在里海铺设天然气管道不会造成任何问题。据悉，该管道可使阿将其丰富的天然气资源通过格鲁吉亚和土耳其直接输送到西欧。目前，阿出口的大部分石油必须通过俄境。

3 月 16 日 俄罗斯中央银行公布的最新数据显示，截止 2006 年 3 月，俄黄金外汇总额达到 2017 亿美元。2005 年以来俄黄金外汇储备持续快速增长。2005 年初，俄黄金外汇储备为 1245 亿美元，年底已增至 1822 亿美元，增幅高达 46.3%。从 2006 年初至今，俄黄金外汇储备的增幅已超过 10%。目前俄黄金外汇储备跃居世界第五位，仅次于日本、中国大陆、中国台湾和韩国。

3 月 18 日 俄罗斯内务部副部长、北高加索地区反恐行动指挥部负责人叶杰列夫说，俄在北高加索地区消灭了非法武装的大部分中高级头目。俄内务部自 2003 年开始负责领导北高加索地区反恐行动，迄今在该地区打死了约 800 名非法武装分子，抓获约 2500 名非法武装分子及其帮凶，另外还有 182 人自愿放下武器向当局投降，其中包括已毙命的车臣非法武装头目马斯哈多夫的私人卫队长图尔拉耶夫和“车臣国防部长”哈姆彼耶夫等人。

3 月 20 日 俄罗斯总统普京当天致电卢卡申科，祝贺他再次当选白俄罗斯总统。普京说，白总统选举结果表明，选民对卢卡申科奉行的旨在进一步提高人民福利的方针给予了信任。俄白具有牢固的友谊，双方正在积极开展多方面的一体化协作。普京相信，俄白两国通过共同努力一定能在建设联盟国家道路上取得实质性进展，并保证两国不断以民主的方式向前发展。俄外交部也发表声明说，白总统选举符合公认的各项准则，其选举结果的合法性毋庸置疑。

* 俄罗斯外交部对美国近日公布的“国家安全战略报告”发表评论说，某些外来势力正加紧在俄的邻国推进民主进程，这种“试图在其他国家人为地强行培植民主的做法不仅不会取得成功，而且将败坏民主思想本身的名声”。俄外交部指出，每个国家应当根据本国具体的历史和政治条件，走自己的民主之路。任何人不能，也不可能独揽对民主的解释权。美这一新文件表明，它非常急于在俄的邻国扮演“民主教师爷”的角色。

* 俄罗斯政府新闻处宣布，俄罗斯与中国将联手打击跨国犯罪和非法移民活动，并成立移民问题工作组。在俄总理弗拉德科夫签署的一项决定中指出，俄联邦移民局将在近期与中方举行会谈，并以俄政府名义签署一份有关成立相关工作组的议定书。据悉，成立移民问题工作组是为加强两

国在解决移民问题上的相互协作，包括在规范移民流动、调节对外劳动移民和确保移民合法权益等方面开展合作。

* 俄罗斯总理弗拉德科夫签署命令，从 4 月 1 日起俄石油出口税达到创纪录的每吨 186.4 美元，而此前石油出口税最高水平为每吨 179.6 美元。俄政府根据乌拉尔牌石油在国际市场上的价格，每两个月公布一次石油出口税标准。2006 年 1 月 1 日至 2 月 28 日乌拉尔牌石油在国际市场的平均价格为每桶 58.13 美元，根据该价格标准，俄确定 4 月 1 日至 5 月 31 日石油出口税为每吨 186.4 美元。

3 月 21 日 应中国国家主席胡锦涛邀请，俄罗斯总统普京抵达北京，开始对中国进行为期两天的国事访问。访问期间，胡锦涛和普京举行了会谈，两国元首全面探讨了深化中俄战略协作伙伴关系问题，并就共同关心的重大国际和地区问题广泛、深入地交换了意见。全国人大常委会委员长吴邦国和国务院总理温家宝也分别会见普京。两国元首共同签署了《中俄联合声明》。两国政府签署了 22 个合作文件，涉及政治、外交、能源、金融等领域。

3 月 22 日 俄罗斯国家杜马议员指出，美国等西方国家拒不承认白俄罗斯总统大选结果是“公然向白俄罗斯施加压力”，这种干涉白俄罗斯内政的做法应予以谴责。杜马当天讨论了与白总统大选局势有关问题，认为 300 多名俄观察员参与监督了白俄罗斯大选进程，大选是民主和透明的，没有任何严重违反规定的现象发生。

3 月 23 日 俄罗斯副总理兼国防部长伊万诺夫为普京总统访华专门撰文。他在文章中说，俄中在军事领域的关系日益牢固，两国领导人高度重视双方的军事技术合作。俄中军事技术合作的经济指标逐年增长，已在两国贸易额中占到相当大的比重。同时，俄中军事合作并不会威胁“第三国”的利益，两国也无意在该地区建立新的军事政治联盟。俄中有着共同的目标和任务。他相信今后俄中将朝着这一目标迈进。

* 俄罗斯拒绝了联合国安理会的一项声明草案，声明的目的是迫使伊朗停止其被指称的核武器计划。俄外长拉夫罗夫说，草案包括一些实际上为制裁伊朗奠定基础的要点。此前，安理会五个常任理事国的特使在纽约举行了会议，非正式讨论由英、法两国提出的声明草案。中国也反对安理会的这项声明草案，理由是它将导致对伊朗采取严厉行动。

3 月 24 日 俄罗斯空军总司令米哈伊洛夫大将宣布，新一代的苏－34“鸭嘴兽”战斗轰炸机已交付俄空军试用。今后，俄军现役的图－22M 远程轰炸机和苏－24M 前线轰炸机将逐渐被苏－34 所取代。根据与“奇卡洛夫”航空生产联合体签署的 3 年期合同，到 2010 年前，俄空军将装备一个团的苏－34 战斗轰炸机。苏－34 的最大起飞重量约 39 吨，高空时的最大飞行速度为1900公里/小时，低空时的最大飞行速度约1400公里/小时，最大航程4000公里。该机装备有一门30毫米口径机炮，还可使用多种导弹及制导和非制导炸弹。

3月28日 俄罗斯政府副总理兼国防部长伊万诺夫当天说，俄军有权对包括在俄境外的恐怖主义进行先发制人的打击。他说，前不久俄国家杜马通过的反恐法正式允许在俄境外使用国家武装力量。

＊俄罗斯政府副总理兼国防部长伊万诺夫表示，有关俄在伊拉克战争期间向伊方提供情报的说法是"完全荒唐的"。他说，伊战已结束3年，但当地局势并没有像原先预料的那样。现在之所以会出现这种说法，是为了转移人们的注意力。俄外长拉夫罗夫27日曾表示，美国散布这种消息是"出于政治动机"。

3月29日 全俄罗斯社会民意调查中心于2006年3月在俄罗斯46个州、边疆区和共和国对1600人展开民意调查，结果显示74%的人认为，普京2008年任期结束后，其接班人应继续坚持他的路线，不要过多倾向欧美国家。约81%的人认为，普京实行了能提高俄在世界的地位和巩固国家主权的方针政策。但只有21%的人认为在实施既定方针时普京取得了完全的成功，9%的人认为没有成功。71%的人认为下任国家元首应恢复社会公正并提高民众的生活水平。76%的人认为未来总统应执行更强硬的政策，彻底与寡头作斗争，恢复国家在经济发展中的作用。

＊俄罗斯政府对700种非俄生产的高新技术设备免除关税，这在俄历史上还是头一次。这些免税商品包括农业、石油天然气、食品、轻工业、木材加工、航空、造船、印刷以及电子领域内使用的高新技术设备。高关税阻碍了企业发展，俄某些设备的关税甚至达到20%—30%。直到2001—2002年，政府才将400种设备的进口关税从15%下调到5%—10%。俄经济发展与贸易部部长格列夫强调，政府不应挣企业用来更新设备的钱。

＊俄罗斯总统普京在莫斯科与俄商界人士会晤时批评美国故意设置障碍，阻碍俄罗斯加入世界贸易组织。他说，俄收到美方就俄入世问题重新进行谈判的问题清单，俄认为这些问题已经解决。他批评美国故意使谈判进程倒退。普京表示，俄希望加入世界贸易组织，但加入世贸组织必须符合俄利益并有利于俄经济发展。

3月30日 俄罗斯外交部发表声明，重申南千岛群岛（日本称北方四岛）是俄联邦不可分割的部分。声明认为，日本要求归还南千岛群岛是企图改变第二次世界大战结果。声明指出，俄注意到日本文部科学省对日本高中教科书相应章节所作的修改，这些修改涉及日本与俄及亚洲邻国关系中的历史问题。

＊俄罗斯总统普京在俄核武器计划会议上宣布，根据目前的国际形势，俄将保持足够的核武器，维持强大的核威慑，以维护国家安全。普京说："对目前国际形势及其发展前景的分析促使俄考虑把核威慑作为维护其安全的主要力量。保持最低限度数量的核武器，确保核威慑，将继续是我们最重要的政策重点之一。"他还透露，俄政府正在研究制定2007年到2015年的武器计划。

3月31日 俄罗斯陆军新闻局局长科纳申科夫表示，俄与格鲁吉亚双方当天在俄南部城市索契签署了2项协议，对俄从格撤除军事基地的期限以及俄军事基地武器装备从格运出程序做出了明确规定。

＊俄罗斯总统普京表示，2005年俄武器出口额超过60亿美元，创下原苏联解体后武器出口新高。俄武器出口额超出了2005年计划出口目标的20%。普京说，俄武器订单比上一年增加了61%，客户群也进一步扩大。他同时表示，目前俄向61个国家出售武器，亚洲国家仍是俄武器的最大买家。20世纪80年代，原苏联每年出口价值200亿美元的武器。

4月

4月1日 美国《外交》杂志发表文章称，美已拥有绝对核优势，可以轻松对俄实施首次核打击。文章在俄媒体及军政各界引起强烈反响，并被质疑是"挑衅行为"。

4月3日 俄罗斯军事技术合作总局局长德米特里耶夫透露，2005年俄武器装备出口额达到61.26亿美元，为近年来最高。在2005年俄武器装备出口中，海军装备占总额的45.2%，空军装备占38.3%，印度仍是俄武器装备的主要进口国。俄目前与世界82个国家开展军技合作，除了传统的伙伴以外，东南亚的马来西亚、越南、印尼，北非的阿尔及利亚，中东的阿联酋，拉美的委内瑞拉、智利等国是俄近年来拓展武器出口的主要对象。

＊联合国最新发表的人口报告指出，俄罗斯到2005年为止共吸纳移民1210万，占世界总移民人口的6.4%，仅次于美国，居世界第二位。美国到2005年为止吸纳移民3840万，占20.2%，居世界第一位。排在第三、四位的是德国和乌克兰。俄罗斯从1991年开始就成了国际移民潮的中心，除了原苏联解体后变成"外国人"的俄罗斯人大量回归之外，还与其比较宽松的移民政策有关。

＊俄罗斯能源工业总调度局公布的数据显示，2006年第一季度，俄

共开采天然气1747亿立方米，比2005年同期增长1.2%。其中，俄天然气工业股份公司天然气开采量为1465亿立方米，同比增长2%。2005年，俄石油产量为4.7亿吨，天然气产量为6406亿立方米，分别比2004年增长2.4%和1%。

* 俄罗斯武装力量参谋总长巴卢耶夫斯基表示，俄已放弃追求与美国维持军力不相上下的目标，但会保持“足够吓阻力量”以捍卫本身的安全。他说：“我们不会勒紧裤带，追求与美国或北大西洋公约组织保持势均力敌，那是不切实际作法。”但他又说：“北约拥有400万武装部队，俄军只有113万官兵，但明显足够了。”

4月3日 俄罗斯国防部发表国防白皮书，赞赏分别同中国和印度实施的大规模联合军事演习“水准很高，规模之大前所未有”。白皮书透露，俄计划推进军备现代化进程，2006年的军备预算将是2005年的1.5倍，军人工资也将提高15%。白皮书建议，油价高涨让俄经济飞速发展，政府应大力推进军队改革，逐步从现行的征兵制度向雇佣兵制度过渡。白皮书同时指出，2005年俄军共有1064名士兵死亡，其中26%、即276人死于自杀，为此应对军队加强管理。

4月5日 俄罗斯联邦海关总署宣布，俄海关部门第一季度为联邦财政征收了6048.8亿卢布，超额完成原计划的13.9%，这包括2006年3月份俄罗斯海关部门向联邦财政交纳的2318.3亿卢布，这比原计划多出了418亿卢布。

* 俄罗斯与塔吉克斯坦武装部队结束了在位于塔首都杜尚别近郊军事训练场举行的为期3天的大型联合反恐演习。塔国防部总参谋长纳德罗夫表示，此次演习的核心内容是武装部队在大炮和飞机的火力支援下打击大批恐怖分子。参加演习的有俄驻塔军事基地官兵及塔武装部队官兵共1100多人。演习动用了各种火炮和装甲车100余辆，还有2架强击机和2架武装直升机。

* 中国与俄罗斯签署了三个石油天然气合作文件：《中石油与俄罗斯天然气工业公司关于从俄罗斯向中国供应天然气的谅解备忘录》、《关于中石油与俄罗斯石油公司在中国、俄罗斯成立合资企业深化石油合作的基本原则协议》《中石油和俄罗斯管道运输公司会谈纪要》，但签署协议只是一系列磋商的开始，中、俄在能源合作方面的谈判还会持续很长时间。

* 俄罗斯民众聚集在国家杜马（俄罗斯议会下院）门前，抗议俄外交官遭阿根廷警察殴打。俄外交部发言人米哈伊尔·卡梅宁说，一名俄罗斯外交官3月5日遭到阿根廷警察的攻击和殴打。尽管俄方随后提出了抗议，但阿根廷方面没有对此正式道歉，也没有惩处当事人。

* 俄罗斯黑海舰队司令部发表声明，指责乌克兰船只“奥斯卡”号仍

未停止非法窃取俄海军海底通信光缆的犯罪行为。根据俄乌双方达成的《俄罗斯黑海舰队在乌克兰境内驻留条件协议》，在涉及舰队驻留地区生态安全等问题时，乌环保机构必须在每个季度开始前的一个月内，就沿岸水域生态检查计划等与黑海舰队司令部进行协商。2005 年 8 月，乌船只“奥斯卡”号曾在相同水域从海底截断、捞起黑海舰队 1700 米长的通信光缆，舰队司令部向塞瓦斯托波尔市检察院提起诉讼，要求乌调查该事件。

＊美国商务部副部长大卫·桑普森在华盛顿称，俄罗斯国内生产总值近 8 年持续增长，年均增幅达 6%。目前俄黄金外汇储备已达 1850 亿美元，居世界第五位。目前俄罗斯的年外贸顺差高达 1200 亿美元以上，其国内生产总值位居世界第 12 位。桑普森指出，俄罗斯正在提前偿还外债，主要的国际信贷机构都将俄罗斯国家债券列为“可以进行投资”的等级。

4 月 6 日　俄罗斯经济发展与贸易部部长格列夫指出，2006 年要加大整治“灰色清关”力度，要求俄海关在两个星期内制定出报关价格管理办法，坚决打击虚假报关，要在 2006 年底前将“灰色清关”的比例降到 15%。近年来“灰色清关”占俄进口贸易比例很大，其中家电、电子产品和手机的灰色进口已占到 85%，这不仅与俄入世的努力极不协调，且由此造成联邦财政巨大损失。据统计，俄财政因“灰色清关”每年至少损失 100—200 亿美元。

＊俄罗斯中央银行公布的最新数据显示，2005 年以来俄国家管理机构所借外债比例下降，银行和其他非金融机构借款比例增加，俄外债借款人和借款期限等结构发生明显变化。尽管 2005 年以来俄加快偿还主权外债，但数据显示截至 2005 年底俄外债总额不但没有降低，而且比上年同期增长了 20%，达 2585 亿美元。俄外债增加的主要原因是非金融机构的借款增加，从 764 亿美元增长到了 1260 亿美元。俄非金融机构外债在俄外债总额中所占比重从 36%上升到 49%。

＊俄罗斯联邦旅游署和俄驻华大使馆在京召开俄旅游资源推介会，宣布从现在开始，俄全境将对中国游客实行免签制度。自 2005 年 8 月 25 日“俄罗斯游”正式对中国游客开放，但只限边境及一些规定的区域。根据中俄双方协议，中国公民只要持有效出国护照，在国家旅游局指定的旅行社参团报名，就可免 413 元人民币签证费。但免签旅游启动后，据俄边防部门数据显示，2004 年赴俄旅游的中国游客为 28 万人次，而 2005 年这个数字下降到 20 万人次。

＊俄罗斯民族政治和地区研究中心主任、莫斯科人权局专家穆科梅利表示，目前俄存在着巨大的劳动力缺口，2007 年劳动力资源的数量还将减少约 30 万人。而再过 10 年，劳动力每年将减少 100 万。要解决劳动力不足的问题，只能吸引外国移民。他说，外来移民可成为遏制俄人口自然

生产率下降趋势的最重要因素，也是补充俄罗斯劳动力不足、维持经济发展，特别是地区经济发展的重要力量。

4月8日 塞内加尔籍28岁的留学生桑巴·兰普萨尔·萨勒与同伴从圣彼得堡一家夜总会出来时，被一名躲在附近的歹徒用一把印有纳粹标志的散弹枪打死。一个自称“自由党”的组织在互联网上发布信息，扬言“对这个城市的清洗还将继续”。俄总检察院表示，此案将作为一起种族主义谋杀案来处理。数据显示，2006年俄已发生40多起种族主义暴力事件，7人死亡，79人受伤。2005年种族主义暴力事件共造成28人死亡，366人受伤。

4月10日 据俄罗斯《消息报》报道，为保住战略地位十分重要的远东地区，俄政府正在秘密制定一个规模空前的移民计划，打算在未来若干年内向该地区移民1800万。俄考虑从中国、韩国及日本引进部分移民。近年，俄日益看重远东地区，但令俄不安的是该地区的人口不断下降。据联合国有关组织预测，在未来15年内，俄远东地区人口将减少150万。2015年前，远东地区的人口可能缩减到450万人。

4月11日 来自非洲、亚洲及拉丁美洲的留学生约3000人当天在俄罗斯第二大城市圣彼得堡举行游行，抗议最近发生的一系列种族袭击事件，呼吁普京总统出面解决。

4月12日 俄罗斯联邦消费者权益和公民平安保护监督局局长奥尼先科表示，俄禁止进口格鲁吉亚和摩尔多瓦的葡萄酒没有任何政治含义。经化验室系统分析证实，这些葡萄酒的许多指标不符合卫生标准。他说，俄一旦确信进口的葡萄酒产品质量有保障，就会立即解除对两国葡萄酒的禁令。俄卫生防疫部门说，3月份抽检结果显示，从格、摩两国进口的葡萄酒有60%以上不符合规定的卫生和居民饮用安全标准。

* 俄罗斯外长拉夫罗夫发表声明指出，俄希望伊朗核问题通过政治和外交途径解决。他说，以武力解决伊朗核问题的方案是不存在的，武力解决方案只会在中东造成极其危险的态势。所有欧盟国家和参加伊朗核问题谈判的各方都主张，必须通过政治和外交途径解决这一问题，美国总统布什前不久也强调了这一立场。他指出，伊朗从未声称自己将力求拥有核武器，而是希望和平利用核能。俄的主要任务是制止违反《不扩散核武器条约》的行为。

4月13日 俄罗斯总统普京在克里姆林宫接受包括巴勒斯坦在内的8国驻俄大使递交的国书时表示，几十年来俄罗斯人民和巴勒斯坦人民之间建立了相互尊重的关系，俄希望巴以冲突能够得到全面公正的解决。他强调，巴以双方必须在中东和平“路线图”计划的基础上恢复和平进程，以实现建立与以色列和平共处的、独立的巴勒斯坦国的最终目标。他表示，俄准备继续向巴政府提供帮助。巴勒斯坦驻俄大使穆涅姆感谢俄对巴勒斯坦人民的一贯支持。他说，没有独立的巴勒斯坦国，中东就不可能有和平、安全和稳定。

4月14日 俄罗斯总理弗拉德科夫表示，目前从西西伯利亚至中国的天然气管道铺设路线尚未敲定。他说，该项目处于初始阶段，将进行包括生态鉴定在内的所有必要鉴定。此前，普京总统在3月底访华时签署了一系列旨在发展两国经济联系的双边文件，其中一份文件是俄天然气工业股份有限公司和中国石油天然气集团公司所签署的天然气供应备忘录。目前还没有确定准确供货量，但预计俄罗斯将每年向中国出口至少300亿至400亿立方米天然气。

4月15日 俄罗斯国家杜马主席、“统一俄罗斯”党主席格雷兹洛夫在该党理事会上说，俄的目标是在世界市场上获得经济主权，该党将担负起实现国家10—20年战略发展规划的责任。他指出，经济主权是获得政治主权最重要的条件，俄应在保护国家最重要部门不受侵害和最有利的条件下进入全球市场，不仅是国防工业部门，那些国家和社会最需要的服务行业也可以进入全球市场。他强调，俄应有明确的加入世贸组织的立场，客观地权衡利弊。

4月16日 据美国之音报道，有1000多名俄民众在首都莫斯科举行示威，抗议政府对全国媒体的控制。失去工作的几位著名新闻工作者参加了这次抗议活动，期间示威者高举捍卫新闻自由的标语。这次抗议活动是在官方控制的石油巨头俄罗斯天然气工业公司接管私营的NTV网络电视台5周年之际爆发的。自从那次接管以来，其他俄罗斯电视网络系统也被政府控制，并大力压制了批评政府的消息。

4月17日 俄罗斯国防部新闻官员谢多夫否认西方媒体关于俄制S—300防空导弹系统将经白俄罗斯转口到伊朗的报道。他说，俄罗斯向白俄罗斯提供S—300防空导弹系统是根据两国建立联盟国家的计划实施的。根据双方协定，这种防空导弹系统不能向第三国转口。他说，西方媒体关于俄向白俄罗斯提供这种防空导弹系统将被转口到伊朗的报道完全是谎言。

＊俄罗斯伊尔库茨克州和乌斯季奥尔登斯基布里亚特自治区选举机关公布的公决结果显示，绝大多数选民赞成将这两个联邦主体合并为一个联邦主体—伊尔库茨克州。上述两个联邦主体16日就合并问题举行公决。统计结果显示，伊尔库茨克州和乌斯季奥尔登斯基布里亚特自治区分别有68.85％和99.45％的选民参加了投票，其中分别有89.67％和97.74％的选民同意这两个地区合并。按照有关法律，只要半数以上参加公决的人投赞成票，即可实施合并。

＊俄罗斯外长拉夫罗夫在莫斯科会见了中国外交部部长助理崔天凯。双方主要就伊朗核问题交换了意见。双方一致同意加强在伊朗核问题上的沟通与合作，共同推动通过谈判和外交方式妥善解决伊朗核问题。拉夫罗夫说，在当前形势下，各方应加大外交努力，避免伊朗核局势进一步升级。

＊俄罗斯工业和能源部部长赫里斯坚科在出席俄工业和能源部与俄工商业者联盟联席会议时指出，目前与远东输油管道一期工程建设相关的国家鉴定工作已经结束，负责管道建设的俄石油管道运输公司将于近期正式开始这一输油管道建设。远东输油管道项目一期工程包括铺设从泰舍特至斯科沃罗季诺的管线，以及在佩列沃兹纳亚湾建设相关港口输油设施。根据计划，远东输油管道一期工程将于2008年11月正式交付使用，其年输油能力将达3000万吨。

4月18日　俄罗斯海军太平洋舰队滨海地区各兵种联合部队开始在日本海海域举行大规模实弹射击演习。演习由俄太平洋舰队滨海地区各兵种联合部队司令奇尔科夫任总指挥。演习中，导弹舰将进行抵御海上攻击演练、实施导弹和火炮射击、反潜舰将搜索和“摧毁”假想敌潜艇、反潜航空兵飞机和直升机将搜寻假想敌水面舰艇。同时，俄太平洋舰队岸防部队将在大型登陆舰的帮助下完成在克列尔克半岛海军陆战队靶场登陆演练。

4月20日　俄罗斯再次敦促伊朗停止提炼浓缩铀，以结束国际间在伊朗核计划问题上出现的僵持局面。拉夫罗夫外长说，全世界都希望看到伊朗采取紧急和具体的步骤。本月18日，联合国五个常任理事国和德国高级官员就伊朗问题举行会谈，但未就是否对其进行制裁达成协议。俄罗斯和中国仍然反对制裁，倾向于让国际原子能机构来处理此问题。

4月22日　俄罗斯外交部中东和北非司副司长奥列格·奥泽罗夫表示，俄反对对伊朗实行制裁或对其使用武力，任何对伊朗施压的做法只能进一步恶化当前的核僵局。俄坚决支持通过外交而非武力解决伊朗核问题，“进一步增强对伊朗的压力可能会起到相反的效果”。

4月23日　俄罗斯车臣非法武装发言人莫夫拉季·乌杜戈夫近日在非法武装的网站上发表声明说：“我们的最小目标—不投降，已经实现。我们现在有了不同目标，那就是全面战争，你能到处都发现敌人的那种战争，机动小组和单兵将参加这场战争，他们能自主行动向敌人后方发动袭击，而不必等待命令，我们不依靠袭击规模的大小，而是依靠袭击的效果，这就需要在俄罗斯任何地点发动袭击，而不仅仅是在高加索地区。”

4月24日　俄罗斯副外长格鲁什科表示，俄承认乌克兰加入北约的权利，但乌加入北约不利于俄罗斯的安全，也不利于俄乌关系，同时也将影响俄乌两国在俄罗斯—北约理事会框架内的关系。俄认为，主权国家有权自由选择保障自己国家安全的方法和途径，其中包括加入或不加入军事同盟。但为了所有国家的利益，这种选择不应使欧洲出现新的分界线。

4 月 25 日 俄罗斯南部联邦区内务总局新闻处称，近日俄在南部联邦区举行高级别万人反恐大演习，来自俄各强力部门一万多人、90 多个指挥机构和 50 支部队参加了此次演习，其中还包括中国反恐专家。此次反恐演习旨在检验俄国家杜马批准的反恐法，促进各强力部门联合作战能力。

＊据俄罗斯国家统计局联邦服务处的数据显示，2006 年 3 月份俄罗斯工业生产率与 2005 年同比增长 4.1%。而在 2006 年 1—3 月份俄罗斯工业生产率与 2005 年同期相比提高 3%。

＊据俄罗斯中央银行新闻中心对外公布的数据显示，2006 年 1—2 月份俄外贸总额与 2005 年同期相比提高 35.1%，总数达到 620 亿美元。2006 年前两个月俄出口总额为 431 亿美元，与 2005 年同比增长 41.7%，进口总额为 189 亿美元，与 2005 年同比增长 22.2%。而同期俄外贸盈余为 242 亿美元，2005 年同期外贸盈余为 149 亿美元。

＊俄罗斯副总理兼国防部长伊万诺夫对美国要求各国停止向伊朗出售军事武器的禁令做出正面回应。他表示，俄将继续履行此前与伊朗签署的军售协议，继续向伊朗出售防空导弹系统。美国上周呼吁所有国家停止对伊朗的一切武器出口，并结束与伊朗之间的全部核合作项目，进而对德黑兰施加压力，以使其停止铀浓缩活动。

4 月 26 日 俄罗斯安全会议秘书伊万诺夫表示，恐怖主义和毒品走私是中亚国家面临的共同问题，需要中亚国家共同努力。他说，中亚地区的恐怖主义和毒品走私活动具有跨国性质，这些活动还受到中东地区局势、伊朗核问题以及伊拉克和阿富汗政局等因素的影响。对此，俄与中亚国家的安全部门制定了一系列维护地区安全与稳定的措施，其中包括将安全会议秘书会晤定期化。

＊据俄罗斯地面飞行控制中心发布的消息，经过 2 天飞行后，俄罗斯“进步 M－56”货运飞船于莫斯科时间 26 日 21 时 41 分（北京时间 27 日凌晨 1 时 41 分）与国际空间站尾部的“星辰”号服务舱完成自动对接，为其送去了约 2.5 吨货物。飞船自 24 日晚上发射到与空间站完成对接，共绕地球飞行了 34 圈。飞船为国际空间站送去的货物中大部分是燃料、氧化剂、科研设备、食品和水。

＊俄罗斯总统普京参加在托木斯克举行的旨在加速发展俄西伯利亚地区经济的会议，要求当地加快基础设施建设，带动经济发展。托木斯克、布里亚特和图瓦等州的州长参加了这次会议。

4 月 27 日 俄罗斯经济发展与贸易部副部长科列巴齐表示，2006 年第一季度俄国内总产值与 2005 年同期相比较上涨了 4.4%。2006 年 3 月份俄国内总产值与 2005 年同期相比提高了 5.6%，但 2006 年 2 月份国内总产值的增长只有 1.4%。他认为，俄国内总产值的增长首先要归功于俄建筑领域投资的增加。按俄预测，2006 年俄国内总产值增长将达到 6%。

* 俄罗斯外交部发言人卡梅宁发表声明，对北约在俄罗斯—北约理事会将于 28 日在保加利亚首都索非亚举行非正式会议前夕仍未批准《欧洲常规武装力量条约修改协议》表示不满。他说，该条约是欧洲安全和俄罗斯—北约关系的基石，目前条约虽在形式上依然有效，但已不符合欧洲的实际情况，只有尽快批准《欧洲常规武装力量条约修改协议》，才能使这一条约真正有效。

* 俄罗斯总统普京与到访的德国总理默克尔在俄罗斯托木斯克市举行会谈，双方表示将进一步深化两国在能源等多个领域的合作。普京说，俄天然气工业股份公司当天与德国巴斯夫公司签署了南俄气田的开发合作协议。根据该协议，巴斯夫公司将拥有南俄气田不超过 35%的股份。这是俄首次向外国合作伙伴开放本国气田，该合作项目是俄欧公司间合作的典范。俄德两国当天共签署了 8 个大型投资项目合作协议，内容涉及能源、交通、通信、航空和航天等领域。

* 俄罗斯宣布东西伯利亚—太平洋石油管道（泰纳线）建设工作已经准备就绪，一期工程将于 28 日正式开工。

4 月 28 日 俄罗斯舆论基金会最新调查结果表明，2006 年前 3 个月，近半数俄罗斯人收入虽然有所增加，但工资增幅明显低于物价上涨幅度，居民实际收入没有增加，绝大多数居民抱怨物价飞涨，物质状况恶化。调查表明，在个人收入方面，38%的人指出他们近期的物质状况明显恶化，45%的人表示自己的实际收入没有增加，只有 15%的人认为自己的物质状况得到改善，主要是 25 岁以下的年轻人和首都莫斯科的市民。

* 俄罗斯外长拉夫罗夫与北约 26 个成员国的外长举行了双边非正式协商，双方在白俄罗斯政局、北约扩大以及美国在东欧驻军等问题上分歧严重。拉夫罗夫表示，俄的立场是，任何国家都会出现问题，解决问题的方法是接触和对话，孤立白俄罗斯的结果“将适得其反”。他强调，西方应以对话而不是孤立的方式与白俄罗斯打交道。

4 月 29 日 俄罗斯外长拉夫罗夫与伊朗外长穆塔基通了电话，双方讨论了国际原子能机构总干事巴拉迪提交伊朗核问题报告后的局势。拉夫罗夫强调，伊朗迫切需要采取有助于恢复国际社会对其核活动信任的具体步骤，其中包括暂停与各种科研有关的铀浓缩活动，与国际原子能机构进行全面合作，尽快弄清与伊朗核活动有关的所有疑问，并采取具体步骤恢复国际社会对伊朗的信任。

5月

5月8日 俄罗斯工业和能源部部长赫里斯坚科反驳了美国副总统切尼上周对俄罗斯的指责，认为西方应该承认俄在市场原则和民主方面取得的进步。他呼吁各国领导人在俄2006年夏季即将主办的八国集团峰会上共同努力，制订一个确保全球能源安全的计划。他说，俄已摆脱了苏联时代给予邻国能源价格补贴的安排，转而采用市场机制。

＊俄罗斯总统普京对西伯利亚地区的经济发展现状表示不满，认为该地区能源出口仍以原料为主，基础设施十分落后，能源开采浪费和能源产品深加工工业停滞不前，影响当地经济发展。西伯利亚地区的总产值近几年在俄各地区中的排名一直保持下降趋势，每年仍需联邦政府帮助。普京强调，该地区必须进行有效的经济一体化进程，最大程度地融入到俄整体经济当中，同时多向其他经济快速发展的地区学习。

5月9日 俄罗斯职能部门开始在全国各大海关采取打击走私的行动。位于莫斯科、纳霍德卡、符拉迪沃斯托克、布良斯克和亚罗斯拉夫州的一些公司已被列入海关部门整顿范围。此次行动主要针对来自中国、土耳其和乌克兰的走私商品。截止目前已有10人被拘捕。在俄境内被扣留的走私商品总值超过1000万美元。2005年俄海关部门查获重大走私案件530起，而在2006年1—4月份查获的走私案件已达173起。

5月10日 俄罗斯总统普京向联邦会议发表国情咨文。重点谈了国内问题，而相对“淡化处理”对外政策。普京强调，人口问题是“最尖锐的问题”，并提出三项具体举措：禁止进口和生产酒精代用品以降低人口死亡率；实行有效的移民政策；以更加优惠的政策鼓励生育，提高生育率。此外，普京指出，当前世界冲突地区明显扩大，恐怖主义威胁依然存在，并有大规模杀伤性武器扩散的极大危险，俄作为核大国，对世界和地区安全负有责任，因此建设一支现代化的军队“极其重要”。

＊俄罗斯安全会议秘书伊万诺夫警告说，对伊朗采取任何军事行动都将会严重破坏该地区及地区以外的局势。俄过去和现在都主张通过政治和外交途径解决伊朗问题，只有在联合国安理会协商一致的基础上才能有效地解决伊朗问题。他说，联合国安理会所有常任理事国共同的战略目标是加强不扩散核武器制度，不新增有核国家。

＊俄罗斯武装力量总参谋长巴卢耶夫斯基在布鲁塞尔表示，目前俄武装力量总人数为113.4万人，这一数字将在2016年前降至100万。此前，俄政府副总理兼国防部长伊万诺夫也表示，俄在加大装备投入的同时，仍继续裁减军队人数，改革兵役制度，走精兵之路，今后5年内，俄军人员将减至110万人。

5月12日 据俄罗斯最新一项社会调查显示，俄罗斯人对西方好感下降、对中国的好感明显增强。有13%的俄罗斯人认为，国家应致力于巩固同中国的关系，而2005年6月，持这种观点的人仅占7%。主张加强与美国关系的人由2005年的12%降至8%。三年前，45%的受访者希望俄加强与西方关系，37%的人主张巩固同独联体国家和亚洲的关系。现在，这两个数字发生了变化，分别为32%和54%。此外，15%的人称来自美国和北约的威胁更加危险。2002年，48%的人认为，与北约接近符合俄利益。现在这个比例仅为26%。

＊据俄罗斯国家统计局对外公布的数据显示，2006年4月俄通货膨胀率为0.4%，2005年同期这个指数为1.1%。2006年前4个月俄通货膨胀率为5.4%，2005年同期为6.5%。

＊俄罗斯总统普京撤掉17名腐败高官，其中包括俄联邦安全局3名负责反恐和反走私的将军级副局长；内务部6名高级警官；俄总检察院2名高级官员、俄海关总署2名副局长以及俄联邦委员会4名成员也在被解职之列。

＊据国际反腐败机构的调查显示，2005年俄腐败现象达到了4年来最严重的程度，在该机构公布的世界廉政国家名单中，俄在159个国家中排名第126位。俄总检察长乌斯基诺夫说："腐败是俄罗斯10年改革留下的祸根，与恐怖主义一样是俄罗斯之大害。"他指出，俄80%以上的官员有腐败行为。行贿受贿在俄工商界尤为严重。据INDEM基金会统计，俄工商企业2005年向俄政府官员的行贿金额几乎达到了4年前的10倍。

＊俄罗斯总统普京表示，他不打算指定自己的接班人，而将在2008年表明支持某个总统候选人。他说，他很早就开始考虑在他之后由谁来领导国家的问题，现在仍在考虑。但他说，只有俄公民才能对总统候选人做出选择，如果现在就开始选定接班人，可能会引起负面反应。

5月15日 俄罗斯总统普京与巴勒斯坦民族权力机构主席阿巴斯在俄南部城市索契举行会谈，双方讨论了俄向巴提供财政援助、为巴培训外交官，以及在中东和平"路线图"计划基础上恢复巴以对话及和平进程的前景等问题。此前俄已向巴提供了1000万美元的紧急援助。

5月16日 中国外长李肇星与到访的俄外长拉夫罗夫举行会谈，并签署了中俄政府关于成立移民问题联合工作组的协议书等协定。两国外长积极评价中俄关系的发展，对“俄罗斯年”活动在华顺利进行感到满意，一致表示两国外交部将保持密切沟通与合作，共同落实两国领导人就深化中俄战略协作伙伴关系以及在重大国际和地区问题上达成的共识，确保两国领导人一系列重要互访和接触取得成功，推进在重点领域的合作。

5月17日 俄罗斯国家杜马通过一项法案，规定杜马议员不得随意变更自己的党派属性和政策倾向。根据新法案，杜马议员在议会工作期间必须是自己当选时所代表的政党成员，如违反这条规定，将被解除议员资格，但如果议员宣布退党而成为无党派议员时可以继续留任。同时该法案要求联邦各主体的地区立法机构也执行这一政策。

*据车臣共和国警方透露，一支车臣军警车队17日上午行至库尔恰洛伊地区一个村庄附近时，遭不明身份的恐怖分子袭击，造成5人死亡，6人受伤。随后，当地军警投入搜捕袭击者的行动。另外，俄南部的达吉斯坦共和国军警16日采取专门行动，击毙2名恐怖分子，其中包括1名恐怖分子头目。

5月19日 莫斯科郊区一座公寓附近当天夜里发生命案，一位33岁的李姓中国公民身中数刀死亡。据目击者说，一批青年持刀袭击了这名中国人。2006年20多名来自亚洲、非洲和中亚的人士在俄遭到种族主义攻击。国际人权组织“国际特赦”2006年5月初发表的报告指出，俄的种族主义已失去控制。俄当局对外国和少数民族人士受攻击事件采取睁一眼、闭一眼的态度。

5月22日 俄罗斯外交部发表声明表示，俄愿意与伊拉克新政府密切合作，并为伊尽快实现局势稳定提供必要的帮助。声明说，伊新政府的成立是伊政治生活中的重要事件，标志着伊拉克过渡阶段的结束。俄希望新政府领导人能够将国家引向民族和解之路，代表伊拉克全体公民的意愿并赢得广泛的社会支持。

5月25日 俄罗斯自然资源部呼吁国家杜马重新审查位于库页岛的该国最大的两个外资石油项目，认为20世纪90年代签署的库页岛石油天然气开发合作开采协议缺乏实效，有损俄国家利益。美国埃克森美孚公司和荷兰皇家壳牌公司等已对这两个项目投入巨资。

6月

6月2日 俄罗斯总统普京在莫斯科郊区的总统官邸会见了包括日本

“共同社”在内的G8各国主要通讯社的代表，就日本北方四岛领土问题表示出积极态度，称“日本是俄罗斯的重要伙伴，俄罗斯愿意解决过去遗留下来的问题”。

* 俄罗斯经济与贸易发展部发言人马约罗娃证实，俄美双方已就其他所有市场准入问题达成协议，但在开放金融市场问题上仍僵持不下。俄允许外国资本进入俄银行业和保险业，但禁止外国银行和保险公司在俄境内直接开设分支机构，这一立场遭到美方强烈反对。马约罗娃强调，俄在上述问题上不会做出让步。

* 俄罗斯总统普京下令解除总检察长乌斯季诺夫的职务。俄官员对外称，乌因健康原因申请辞职。6年来，乌斯季诺夫一直是俄打击金融寡头势力的先锋人物，被认为是普京的得力助手。据悉，俄前寡头霍多尔科夫斯基、古辛斯基等最终被扳倒，并被俄司法机关审判也有乌氏功劳。

6月3日 4名俄罗斯驻伊拉克大使馆外交官遭不明身份武装分子劫持。6月19日一个与“基地”组织有关的伊拉克恐怖组织通过“莫斯科—48小时”节目，宣称对劫持事件负责，该组织要求俄政府从车臣撤出全部军队并释放关押在高加索的所有武装分子。俄外交部后来证实，4名外交官已经遇害。

6月10日 常驻北京的俄罗斯商务代表采普拉克夫表示，在俄对华出口商品中，除石油、石油产品和原木这三类原材料商品继续保持强劲增长外，其他所有对华出口商品都大幅下降。2006年头4个月，俄机械设备对华出口数量减少了53.3%。俄对中俄经贸结构正在大幅度向有利于中国的方向倾斜感到不安。

6月16日 俄罗斯总统普京和伊朗总统内贾德在出席上海合作组织峰会期间举行会晤。普京表示，伊朗政府同意就联合国安理会5个常任理事国和德国最近共同提出的建议展开谈判。他说，伊总统对有关建议作出了积极反应。此前内贾德宣布，伊、俄在处理伊朗核争端问题上的立场十分接近。

6月17日 俄罗斯与白俄罗斯开始在白境内举行代号为“联盟盾牌—2006”的联合首长司令部演习。两国强调，演习的主要目的是评估两国军队保护联盟国家安全的能力。据悉，约8800名军人参演，其中俄派出约2000名军人、40多辆坦克、约180辆装甲战车和30套齐射火箭炮。

6月23日 车臣非法武装新领导人多卡·乌马罗夫在网上发表声明：“我们打算大幅扩大军事行动的区域，不仅在高加索地区，而且在俄罗斯的许多地区开展军事行动，并将在2006年夏完成行动准备”，但表示将停止攻击平民。

6月29日 俄罗斯当局拒绝发放入境签证给西藏流亡精神领袖达赖喇嘛。俄佛教徒对此表示不满和愤怒，三个信奉藏传佛教的共和国卡尔梅克、布里亚特和图瓦的宗教领袖联名向普京总统发出公开信，要求他亲自出面干预。同时，三个共和国在俄联邦委员会的代表联名要求俄外交部作出解释。

6月30日 俄罗斯联邦安全局局长帕特鲁舍夫宣布，俄将悬赏1000万美元征集情报，搜捕杀害俄驻伊拉克外交官的凶手。他表示，俄国家反恐委员会将负责协调有关特工部门的工作，以完成普京总统下达的消灭杀害俄驻伊外交官凶手的任务。

7月

7月1日 俄罗斯卢布从7月1日开始成为可自由兑换货币。俄政府希望，卢布将来能成为世界各国的储备货币之一，成为国际贸易的结算工具，并希望卢布的吸引力将会不断增大。俄已完成所有准备工作，先是对公民放开了卢布自由兑换外汇的数量，提高了允许出境携带卢布的数量，然后又允许公民在国外银行开设账户。

7月7日 俄罗斯联邦委员会当天全票通过决议，授予总统普京向海外派遣武装部队或特工人员打击恐怖分子的权力。

7月9日 据俄罗斯交通部透露，当地时间早晨8点，一架载有200名乘客的俄空中客车310客机在西伯利亚伊尔库茨克机场降落后失去控制，冲出跑道后撞上一座建筑，并失火燃烧，部分乘客逃生，事故已造成150人丧生。

7月10日 俄罗斯联邦安全局局长帕特鲁舍夫称，俄安全局特工凌晨将正在印古什共和国纳兹兰地区运送炸药，企图在俄主办八国集团（G8）会议期间制造大规模恐怖活动的车臣头号恐怖分子巴萨耶夫炸死。俄当局指控巴萨耶夫是2004年别斯兰人质案及一系列恐怖袭击的主谋。

7月15—17日 俄罗斯以东道主身份在圣彼得堡主办八国集团（G8）峰会。会议主题是能源安全、传染病防控、教育、非洲发展和贸易等问题。中国国家主席胡锦涛于16日抵达圣彼得堡出席八国集团与发展中国家领导人对话会议。

7月23日 俄罗斯政府副总理兼国防部长伊万诺夫表示，俄已同委内瑞拉签订了一笔价值超过10亿美元的军火交易合同，俄将向委内瑞拉出售30架苏-30战斗机和30架直升飞机。俄军备问题专家认为，俄委签署这笔合同，意味着俄在南美洲军火市场上取得了重大突破。

8月

8月4日　俄罗斯政府将向中国出租农业及农业用地的消息在俄境内引起轩然大波。有俄媒体警告说："中国加速了经济上占领俄罗斯领土的进程。""莫斯科之声"广播电台主办的一次快速民调显示，有70%的人认为出租林地是俄政府的一大错误。

8月16日　日本北海道根室湾中部渔协所属的"第31吉进丸"号捕蟹船，在北海道根室半岛海域贝壳岛附近遭俄罗斯边防巡逻艇枪击并被扣留。4名船员中有1人死亡。

8月21日　莫斯科东部的切尔基佐夫市场发生爆炸，造成60多人伤亡，伤者中包括7名中国人。俄警方称，这是一起因种族仇恨而引发的极端行为。23日，俄罗斯检察官指控2名俄罗斯学生从事以种族歧视为动机的这次谋杀事件。

8月23日　俄罗斯普尔科夫航空公司发布消息称，俄一架图-154客机在乌克兰上空坠毁，机上170人全部遇难。

8月25日　中国东北松花江支流遭受新的污染，引起俄罗斯关注和不满。俄远东地方领导人表示，中国经济的快速发展不应牺牲俄利益，俄应尽快同中国签订有关生态损失赔偿协议，以便类似事件发生时，有向中国索赔的依据。

8月27日　在俄罗斯达吉斯坦共和国首府马哈奇卡拉，警方开枪打死了躲藏在一所房屋中的4名非法武装人员。同日，在车臣以西的印古什共和国反叛武装开枪扫射了一辆军车，并打死了3名俄罗斯士兵。

8月29日　"俄罗斯生活党"领袖、联邦委员会主席谢尔盖·米罗诺夫在莫斯科举行记者招待会并宣布，"俄罗斯生活党"、"俄罗斯祖国党"和"俄罗斯退休人党"正式合并。他表示，三党领袖商定，合并后保留"所有三个党派现有的政治、组织和人员潜力"。"祖国党"主席亚历山大·巴巴科夫声明："我们的目标是一致的，即组建新的重要的政治力量，这个新的政治力量应当比每一个单独政党都强大。"

8月30日　俄罗斯外交部就日本39艘渔船27日进入千岛群岛海域提出抗议，声称这是一起挑衅行为。俄外交部警告说，这一争议可能影响俄日关系，并要求日本当局采取紧急、有效措施防止类似事件再次发生。

自从两周前一名日本渔民在两国有争议水域被俄边防巡逻艇打死后，该地区局势持续紧张。该事件引起日本愤怒，日俄双方均向对方提出抗议。19日，俄方将船员遗体移交给日方，但仍扣押船长和2名船员。日本要求俄尽快交还被扣船员。

9月

9月1日　2006年上半年俄罗斯石油出口收入500亿美元。目前流入俄的石油美元每年以60%的速度增长。2006年上半年俄向国外出口的石油总量比2005年同期减少了0.1%，仅为1.249亿吨。但因石油价格上涨，出口总额仍创纪录。6月份出口石油的平均价格比5月份上升了22.9%，每吨达432.7美元。出口部分占俄石油开采总量的53%，2005年是55%。2006年上半年，俄政府的石油税收也创新高，从8月1日起，出口原油税将达到破纪录的每吨216.4美元，从8月20日开始俄还将增加对石油产品和一些石化产品的税收。

*俄罗斯远东哈巴罗夫斯克边疆区行政长官伊沙耶夫因松花江污染事件表示反对俄中战略合作，这引起莫斯科的高度重视。伊沙耶夫认为，俄政府并未尽全力通过外交途径避免远东地区陷入环保灾难，他还对中国刻意封锁有关污染事件的消息表示强烈不满。

9月13日　当天晚上，41岁的俄罗斯中央银行第一副行长科兹洛夫看完球赛后，突遭两名杀手射击。保镖头部中弹丧命。科的头部、胸部和腹部多处中弹，后在医院去逝。科自2002年4月担任央行第一副行长，主管央行最敏感的银行监管业务，包括吊销商业银行的许可证、打击洗钱等。

9月15日　美国国务院表示，美国与俄罗斯15日签署了一项转换过量武器级钚用途的协议，使这些钚无法被恐怖分子或“流氓国家”拿来制造核武。根据协议，美俄两国将各自处理转换34吨武器级钚。

9月17日　俄罗斯总统普京表示，俄将始终贯彻能源供应渠道多样化的政策。俄西伯利亚至太平洋沿岸的油气管道正在兴建中，俄计划在近年内扩大对亚太地区的能源出口，俄至北欧的输气管道也已开始铺设。此外，俄罗斯、保加利亚、希腊三国领导人本月初已决定加快实施三国输油管道工程项目，铺设从保加利亚布尔加斯至希腊港口亚历山德鲁波利斯的输油管道。

9月27日　格鲁吉亚警方以“从事间谍活动”为由，扣留多名俄驻格军官。此举激怒了俄罗斯，俄罗斯总统普京谴责这是“国家恐怖主义”，并下令对格全面制裁。

9月28日 首届“中俄友好战略对话”在北京举行，该对话机制的启动旨在通过民间渠道促进中俄战略协作伙伴关系深入发展。“中俄友好战略对话”是中国“俄罗斯年”中的一项重要活动，由中国国际友好联络会与俄罗斯安全、国防和司法学院联合举办。全国政协副主席李贵鲜和俄联邦委员会副主席尼古拉耶夫出席会议并致辞。“中俄友好战略对话”为期一天，来自中、俄两国的50余名专家学者就地区安全、反恐和能源合作等战略议题进行了研讨。

10月

10月2—3日 格鲁吉亚以涉嫌间谍罪逮捕4名俄罗斯军官引发两国关系紧张。3日在莫斯科威胁以经济封锁方式对格制裁的压力下，格鲁吉亚释放了被捕的4名俄军官。

10月7日 俄罗斯《新报》女记者安娜·波利特科夫斯卡娅在其租住的莫斯科市内寓所楼道被枪杀。波从1999年第二次车臣战争时期就因大量报道并批评俄军在车臣的军事行动而闻名，被视为当局的反对派。俄罗斯总统普京得知波遇害后感到十分气愤，称这“是一桩极为残忍的恶劣案件”，是直接针对俄罗斯现政权的，承诺将尽一切努力缉拿凶犯。《新报》认为这是一起雇凶杀人案，悬赏2500万卢布征求涉案线索。

10月25日 俄罗斯内务部第一副部长切卡林透露，自2006年初至今，俄内务部各分局共查处了185起带有极端主义倾向的犯罪活动。目前俄境内活跃着约80个散布伊斯兰激进思潮的国际极端主义团伙。年初以来，活跃在鞑靼斯坦共和国、巴什基尔共和国、乌里扬诺夫斯克州、萨马拉州和奥伦堡州的一些极端主义团伙的大型恐怖主义窝点被端掉，其中41人因积极从事极端主义活动而被捕。

11月

11月9日 俄罗斯总理弗拉德科夫访问中国，与国务院总理温家宝举行第11次定期会晤。俄总理访华期间，两国签署了17项经贸协议，其中尤以能源合作最令人瞩目。俄副总理茹可夫表示，俄中能源合作带动了双方在各个领域的合作。俄将努力实现向中国提供石油和天然气的承诺。此外，中俄两国还将在今后5年内每年投资100亿美元沿两国共同边界修建发电厂，以满足中国经济对能源的需求。

11月13日 俄罗斯外长拉夫罗夫与伊朗最高国家安全委员会秘书阿里·拉里贾尼会谈，双方围绕伊朗核问题进行了详细讨论。俄重申了原则性立场，即必须在国际法基础上根据国际原子能机构检查员中立和非政治化的专业评估来解决问题，并考虑不扩散核武器条约相关各方的权利和义务。

11月16日 俄罗斯政府决定，从2007年1月1日起，禁止外国劳工在俄从事酒类和药品贸易。2007年第一季度，在俄市场和商亭从事零售贸易的劳工中，外国人所占比例不应超过40%。从2007年4月1日起，禁止外国人在俄从事商品零售贸易。

＊俄罗斯政府确定了2007年外国公民在俄务工配额。明年俄向与之不存在免签关系的国家公民提供的务工配额为30.8万人，向与之存在免签关系的国家（主要是独联体国家）公民提供的务工配额为600万人。这将是俄罗斯首次对独联体国家公民来俄务工实行配额制度。目前在俄境内工作的外国公民大约80%来自独联体国家，主要集中在莫斯科市和莫斯科州。外国务工者主要从事建筑、贸易、农业、林业和交通等行业。

＊全俄罗斯舆论中心公布的最新调查结果显示，俄第一副总理梅德韦杰夫的支持率大幅上升，由10月份的9%猛增至11月中旬的17%，超过另外一位可能的总统接班人、副总理兼国防部长伊万诺夫的支持率，成为多数俄罗斯人心目中最有可能的总统接班人。梅德韦杰夫主要负责社会政策领域，取得了令人瞩目的成绩，特别是近期，他在国家经济适用房、全民教育、人口增长等方面的一系列举措得到了广大民众的支持。

＊俄罗斯总统普京表示，俄应继续保持战略遏制力量，并大力发展常规力量，以确保国家长期战略安全和应对局部冲突的能力。他说，俄战略遏制力量应能确保消灭任何潜在的敌人。为此，俄不应走过去追求核弹头数量的老路，而应注重战略遏制武器的质量。他指出，仅靠战略遏制力量保证国家安全是不够的，还必须建立一支有效的常规力量。

11月18日 俄罗斯总统普京同日本首相安倍晋三在河内举行会晤时表示，俄愿意继续同日本就和平条约开展对话，探索双方均能接受的解决方案。他表示，“我们双方对俄日双边政治关系状况的评价是吻合的，即俄日双边政治关系处在高水平”。普京强调，俄将为俄、日发展各方面的合作创造必要条件。

11月19日　俄罗斯经济发展与贸易部部长格列夫与美国商务代表施瓦布在越南首都河内签署了俄加入世贸组织的双边协定，从而为俄入世扫清了主要障碍。然而，俄美签署贸易协定并不意味着俄实际已跨进世贸组织大门，这只是俄迈出的具有里程碑意义的一步。此后，俄还须同格鲁吉亚和摩尔多瓦等国就俄加入世贸组织问题继续进行谈判。格副国务部长列扎瓦表示，格暂不打算支持俄加入世贸组织。格强调，在俄格经济关系中存在的诸如俄禁止从格进口一些产品等问题得到解决之前，格不会支持俄入世。

11月20日　俄罗斯联邦移民局局长罗莫达诺夫斯基表示，移民是一个很敏感的问题，"唐人街"等外国移民聚居区对俄罗斯社会来说是不可接受的。俄政府不会允许外国移民小区在俄罗斯境内发展，也不允许"唐人街"在俄罗斯出现。

11月22日　俄罗斯总统普京在英国《金融时报》上发表题为《欧盟无需惧怕俄罗斯》的文章，称无论从精神、历史，还是文化层面，俄都是欧洲大家庭的天然成员。认为近年俄与欧盟已成为重要的政治及经济合作伙伴，双方间的关系正变得日益成熟。

12月

12月5日　俄罗斯外长拉夫罗夫就正在巴黎举行的伊朗核问题六方会谈发表声明说，俄赞成禁止向伊朗提供浓缩铀技术、材料和服务的主张。但西方国家主张对伊朗实施制裁的做法只能使局势进一步激化。

12月6日　俄罗斯总统普京表示，俄应加大对国内极端主义的打击力度。他说，尽管俄制定了打击极端主义行为法，但极端主义犯罪依然存在。当前的主要任务是消除极端主义存在的土壤。俄国家杜马主席格雷兹洛夫主张，应加大相关法律对极端主义犯罪行为的量刑力度，严惩教唆未成年人参与极端主义犯罪的行为，关闭宣传极端主义思想的网站。

12月12日　俄罗斯外长拉夫罗夫表示，俄不会与任何国家或国家联盟为敌。俄不会同伊斯兰世界发生争执，也不会加入任何新的"神圣同盟"。俄在现代国际舞台上扮演着愈加积极的角色，"离开俄罗斯或者违背俄罗斯的意愿无法解决任何一个重要的国际问题"。他强调，俄有诚意开展建设性对话和平等合作，避免冲突、始终不渝地捍卫自己的国家利益。

12月16日　由俄罗斯前世界象棋冠军卡斯帕罗夫领导的联合公民阵线、前总理卡西亚诺夫、利蒙诺夫领导的民族布尔什维克党和俄罗斯人民民主联盟等反对派在莫斯科联合组织数千人的政治游行，抗议政府在民主方面的倒退，要求普京总统辞职。

12 月 19 日　俄罗斯联邦安全局局长帕特鲁舍夫说，2006 年俄成功制止了 300 多起恐怖活动，缴获 200 多个爆炸装置及大批弹药。俄特工部门在北高加索地区采取了 119 次特别行动，击毙了包括巴萨耶夫、赛杜拉耶夫及“基地”组织驻北高加索代表阿布·哈夫斯等在内的 100 多名非法武装分子。此外，俄边防军还阻止了一批非法武装分子偷越国境，反恐成效显著。他还透露，俄有关部门 2006 年加强了对北高加索等地区出入线路的监控，目前已在北高加索地区设立了 37 个边防哨所，2007 年还将增设 35 个。

12 月 20 日　俄罗斯总统普京说，远东的现状威胁俄罗斯国家安全。他认为，“远东与整个俄罗斯经济、信息和交通领域联系松懈。该地区包括交通走廊在内的自然竞争优势的利用都极为无效”，“这一切都对我国在亚太地区的政治和经济地位以及俄罗斯国家整体安全造成威胁”。他主张制定远东综合发展战略。

12 月 22 日　俄罗斯总统普京指出，近年来俄死亡人口要比出生人口多出 1120 万。人口快速老龄化也令人担忧。他说，从 2007 年开始，俄将开始实行一系列用于改善人口状况的补贴和优惠制度。根据自愿移居俄罗斯的计划，2007 年有 12 个地区将开始接收返回祖国的同胞。

日本大事记

1月

1月1日 日本首相小泉纯一郎发表新年讲话称，他将在 2006 年“进一步推动与其他国家，包括邻国之间的友好关系”，但日本外交的基础仍是“日美同盟和国际合作”。

＊日本明仁天皇在新年致词中表达了对二战受害者的悼念，成为第一个公开悼念在那场战争中死去的外国人的日本天皇。明仁说：“310 万日本人在战争中死亡，很多的外国人也成为受害者。”“我们不会忘记在战争中死去的人们。”

＊由日本东京三菱银行与日本联合银行合并组成的世界第一大银行——三菱东京联合银行正式开始营业。4 日，该行决定向中国的中国银行出资 3 亿美元。日本银行向中国银行出资尚属首次。

1月3日 日本外相麻生太郎访问印度，与印度总统卡拉姆、总理辛格和外长艾哈迈德举行会谈。双方就开展旨在磋商安全问题的“战略对话”达成协议，并一致同意就东亚共同体设想和联合国改革等问题加强磋商与合作。双方还发表一项联合声明，一致同意扩大两国能源、信息技术等领域的合作，并就裁军与防止核扩散问题每年举行会议。

1月4日 日本首相小泉纯一郎对记者说，作为一个国家的领导人，他有权对本国的阵亡者表达敬意，参拜靖国神社仅仅是为了表明日本决不再发动战争的决心，“我不理解外国政府为何要对一个宗教上的问题进行干涉，并试图把它变成外交问题”。他表示，随时准备与中韩领导人举行会晤，但认为恢复高层接触取决于北京和首尔。另外，小泉还重申，日美防务关系比日本与其他国家的关系更重要，美国是世界唯一一个把他国对日本的攻击视同对自己攻击的国家。

1月5日 《读卖新闻》网站报道，为在冲之鸟岛（冲鸟礁）兴建发电厂，日本政府成立了一个调查小组，对岛屿四周的水质、海底地形、海流等进行调查。该项建设经费将达数百亿日元。

＊日本商界领导人呼吁日本政府改善日中关系，担心两国之间的裂痕加深会损害商业关系。经团联会长奥田硕在新年记者招待会上说："如果这种局面持续很长时间，日中之间的问题会变得更加严重"，"作为在中国经商的人，希望我们的商业活动能够帮助两国的政治关系升温"。

1月6日 自民党建议政府允许利用太空进行防卫。自民党政务调查会宇宙开发特别委员会决定，自本月起对和平利用太空问题进行集中审议，并在2006年夏天建议政府对"和平利用太空"的原则进行修改。太空开发"只能用于和平目的"的原则是日本宇宙开发事业团（现宇宙航空研究开发机构）于1969年成立时设定的。当时，政府针对太空的利用作出了"非军事"的解释。时至今日，政府一直严格限制利用太空进行防卫。

＊日本内阁官房长官安倍晋三在新闻发布会上表示，日本将不参加德国、巴西和印度再度向联合国提出的有关安理会改革的议案。"因为我们认为这时再提交议案无利可图。""他们没有可能获得联合国大会2/3多数成员的支持。"

1月7日 日本内阁官房长官安倍晋三在日本电视台节目中被问及若就任首相是否参拜靖国神社的问题时，表示有意继续参拜靖国神社。8日，安倍晋三在接受富士电视台专访时又说："认为参拜靖国神社与军国主义有关的批评意见是一种误解"，"我们应努力去消除它"。他说，"中国人民由于对历史的记忆，很容易感到痛苦"，"我认为日本在消除这种误解方面做得还不够"。安倍指出，参拜靖国神社并不是为了羞辱中国，不能让围绕靖国神社的争论影响两国关系的其他方面，包括不断发展的经贸关系。

1月9日 日本外务省亚大局局长佐佐江贤一郎和中国外交部亚洲司司长崔天凯在北京举行非正式会谈，就包括东海问题在内的中日关系等问题进行了协商。但双方未能消除在东海油气开采权问题及日本驻上海总领事馆官员自杀事件上存在的分歧。

1月9—13日 日本首相小泉纯一郎访问土耳其，与土耳其总理埃尔多安举行会谈，就援助伊拉克重建、伊朗核问题及联合国改革等问题交换了意见，双方一致同意为推动中东和平进程加强合作。这是1990年海部俊树首相访土后日本首相再次访土。

1月9—29日 日本陆上自卫队与美国海军陆战队首次在美国本土举行代号为"铁拳"的"联合夺岛"演习。

1月10日 日本政府人士表示，日本计划在2007—2010年之间从美国购买36枚海基拦截导弹，作为日本导弹防御项目的一部分部署在“宙斯盾”舰上。

＊日本外相麻生太郎表示，日本正在另行探索有望得到美国支持的联合国改革方案，并预言巴西、德国和印度争取安理会常任理事国席位的最新努力不会成功。

1月11—13日 日本防卫厅长官额贺福志郎访问英国，与英国国防部长里德举行会谈，就日本自卫队从伊拉克撤军及援助伊拉克重建等问题交换了意见。额贺福志郎在英国还表示，日本意欲让自卫队在国际协作行动中扮演更为主动的角色。此外，他还提到，日本最早将在2007年购入美国“食肉动物”或是“全球鹰”型无人驾驶侦察机。这两个机型都能从日本的防空识别圈内，通过远距离监视搜集朝鲜及中国等地的图像情报。

1月13—15日 日本防卫厅长官额贺福志郎访问俄罗斯，与俄副总理兼国防部长伊万诺夫举行会谈，就如何扩大日俄间的防卫交流、中国军事现代化的动向及朝核问题交换了意见。额贺福志郎对俄向中国出口武器表示担忧，要求俄尽量顾及东亚地区的军事平衡并确保中俄军事合作的透明度。此外，双方还签署了扩大防卫交流和对话的备忘录。13日，额贺福志郎在俄对记者称，日本和美国将于2006财政年度实现导弹防御信息网络一体化。

1月13日 日本内阁府发表2004年度国民经济结算报告表明，2004年日本人均名义GDP为35922美元，在经合组织成员国中排名第11。日本于1984年进入前10名，并曾在1993年名列第1。

1月14日 日本共产党第24届党大会结束，议长不破哲三以75岁高龄为由辞职，志位和夫与市田忠义分别留任委员长和书记局长，议长一职暂时空缺。

1月15日 日本政府和自民党决定，在内阁新设“对外经济合作战略会议”（暂称），决定政府开发援助的综合战略和基本方针，目的是在战略上有效地实施政府开发援助。

1月15—19日 日本防卫厅长官额贺福志郎访问美国，与美国国防部长拉姆斯菲尔德举行会谈，协商调整驻日美军和驻伊自卫队等问题。额贺福志郎提议发表一个强调加强日美同盟的新日美安全联合宣言。他说，1996年的日美安全联合宣言以及据此于1997年修订的日美防卫合作指针，“完善了与防卫体制相关的法律”，但“随着驻日美军调整，恐怕有必要发表一个新宣言，表明日美在21世纪的新同盟关系的前景”。

1月18日 日本农林水产大臣中川昭一在记者招待会上说：“日本面临着军事威胁”，“具体说来，威胁来自朝鲜和中国”。

1月20日 日本首相小泉纯一郎在日本国会发表施政演说时表示，日本将在相互理解和信赖的基础上，致力于同中、韩建立“面向未来的关系”。小泉表示，日本与中韩两国在经济、文化和体育等广泛领域交流频繁。尽管日本同中韩两国在部分问题上存在意见分歧和对立，但他们是日本的“重要邻国”，日本将加强与他们的合作。

1月23日 美国副国务卿佐利克访问日本，与小泉纯一郎首相和麻生太郎外相举行会谈。佐利克对因小泉参拜靖国神社而日益紧张的日中关系表示担心，对此小泉表示不会放弃参拜靖国神社，同时强调：“我不相信中国威胁论，中国的经济发展是机会。”佐利克则表达了美国希望成为日中改善关系中间人的意图。

1月28日 日本外相麻生太郎在名古屋发表演讲时称，日本天皇应该参拜靖国神社。麻生还称中国反对小泉纯一郎参拜靖国神社的效果只能适得其反。中国越反对，小泉变得越不能不去参拜靖国神社。所以，在参拜靖国神社问题上，中国最好保持沉默。日本裕仁天皇曾在二战结束后参拜靖国神社，但在1978年甲级战犯的牌位移入靖国神社以后停止了参拜。明仁天皇没有参拜过靖国神社。

1月31日 日本政府举行内阁会议，确定了提交国会的政府答辩书的内容（政府对议员询问的书面回答）。答辩书说，政府不认为中国有侵略日本的意图，没有把中国视为威胁。

* 美国常驻联合国代表约翰·博尔顿在纽约接受《朝日新闻》独家采访时暗示，难以支持日本正准备积极提出的“增常”新草案。新草案主张将安理会成员国从15个扩大到21个，其中亚洲、非洲各获两席，南美洲、欧洲各得一席。

* 日本经济产业省资源能源厅发表的石油统计快报表明，日本2005年从中东地区进口原油的比例增加了1.3个百分点，达到了90.25%，这是1968年以来时隔37年日本从中东进口原油再次超过90%的比例。

2月

2月2日 社民党常任干事会通过“社民党宣言案”，提出自卫队“现状明显违宪”，应缩小自卫队，将其改编成警备国境、救助灾害、进行国际合作的组织，以实现非武装的日本。该党在1994年社会党时代曾一度承认自卫队合宪。

2月3日 美国白宫前国家安全委员会亚洲事务高级主任格林接受日

本共同社记者采访时表示，美国虽然承认小泉纯一郎首相参拜靖国神社属于“日本的内政问题”，但日本是民主国家，更是美国的同盟国，“日本应从战略角度看待这个问题”。格林说，日中和日韩关系是关乎美国亚洲外交战略的重大课题。格林还表示美国希望日本能在亚洲发挥领导作用，现在日美两国是“利益共有者”的关系。日本能否创造亚洲的未来，也是美国的战略利益所在。

2月4日 日本外相麻生太郎在日本福冈市发表演讲时美化日本占领中国台湾时进行的殖民教育，并称台湾是“国家”。麻生太郎在谈到日本在中国台湾的殖民教育时称，正因为台湾的教育水平迅速上升，识字率也大大提高，台湾今天才成为教育水平极高的“国家”。他说：“我觉得我们的前辈还是在那里干了些像样的事。”

2月4—8日 日本和朝鲜在北京举行政府间磋商。双方代表在5天的闭门会议中就绑架、邦交正常化及安全问题进行了讨论。双方的观点和立场存在很大分歧，日本再次强调“不解决绑架问题，就不会实现邦交正常化”，朝鲜则坚持“绑架问题业已解决”。朝日两国自1991年1月至2002年10月先后举行了12次旨在实现关系正常化的谈判，本次会谈是时隔3年后两国首次举行政府间会谈。

2月7日 日本首相小泉纯一郎在众议院预算委员会接受议员质询时，就如何弥合日中之间历史认识上的分歧表示，将来日本和中国可以开始共同研究历史。他说：“日中除一个时期之外都保持着友好关系。但是，因一个问题而损害整体的友好关系是不能令人满意的。”

*日本外相麻生太郎再次要求俄罗斯归还二战结束时占领的北方四岛，表示这个旷日持久的争端有损两国关系。麻生还表示，希望日本要求归还岛屿成为一项国家运动。

*日本《产经新闻》报道，从1月底开始，连续发生了几起俄罗斯边防当局的船只和飞机侵犯日本领海、领空的事件，日本已就此向俄方提出严正抗议。

2月10—11日 第四轮中日战略对话在日本举行，双方着重就如何处理影响两国关系发展的突出问题坦率交换了意见。

2月17日 日本外务省决定4月成立“日中经济室”，作为负责与中国经济谈判和构建对华经济战略的专门机构。

2月21日 日本贸易振兴会发表日中贸易统计显示，2005年日中贸易总额为1893亿美元，比上年增加了12.7%，连续7年创历史新高。但增长率与上年的26.9%相比大幅下降。贸易逆差为287亿美元，为历史最高。

2月21—22日 “中日执政党交流机制”第一次会议在北京举行。

中联部部长王家瑞和日本自民党政调会长中川秀直、公明党政调会长井上义久分别做了主旨发言。王家瑞强调，解决中日关系问题的核心就是首先搞好政治关系，参拜问题是关系到中日关系能否健康稳定发展的一个大局和全局性问题。日方代表表示，日本执政党愿保持与中国共产党的交流沟通，共同探讨推动日中关系走出僵局的具体措施。

2月21—23日　日本经济产业大臣二阶俊博访问中国，与商务部长薄熙来举行会谈。这是自2004年以来中日首次举行部长级会谈。双方就增进双边经贸合作，特别是加强在环保、节能领域双向投资合作交换了意见并达成共识。国务院总理温家宝和国务委员唐家璇分别会见了二阶俊博，并强调日方正确处理历史问题的重要性。

2月22日　日本民主党外交和安全会议负责人举行会议，通过了题为《与中国构筑稳定的协调关系》的对华政策草案，指出中国已部署了实际上把日本纳入射程的核导弹和弹道导弹，"很多国民感受到了威胁"。虽然草案称"并不是把中国视为国家威胁"，但同时强调，如果以增强军事力量为背景，在外交场合把本国的主张强加于人，那么"就可以认为是现实的威胁"。

＊针对日本外相麻生太郎最近发表的一系列言论，俄罗斯外交部指责他试图将两国关于正式结束二战敌对状态的和平协议的外交磋商变成"长期的公开辩论"。俄罗斯外交部发表声明说："如果日本方面真的有兴趣寻求双方都可以接受的方式解决这一问题，它就应该避免发表从伙伴的角度完全无法接受的公开言论。"

2月24日　日本警察厅统计显示，2005年一年间破获的外国人犯罪件数达47874件。其中，中国人犯罪高居首位，约占总数的36%。

2月26日　"台湾独立建国联盟"日本本部在东京召开"2·28事件59周年纪念会"，3名日本陆海空自卫队退役将领应邀发表演讲，提出台湾须更新装备以维持制空权和制海权，有效阻止中国对台动武的野心。

2月27日　自民党政调会长中川秀直在一个政策论坛上发表讲话说，日中还没有做好形成克服两国之间根深蒂固的分歧所需的"成熟关系"的准备。他说："我们已进入了一个亚洲以前从未经历过的时代，这是一个两个地区超级大国希望在平等基础上构建双边关系的时代。"但是这"需要时间"，"中日两国在心理和战略上都还没有做好准备"。他说："我们必须意识到中日关系的重要性，必须发展一种新的思维，以便与中国建立战略伙伴关系，采取既不'反华'也不'亲华'的立场。"

2月28日　日本外务省发言人就陈水扁决定终止"国统会"运作和"国统纲领"适用发表谈话，重申日本关于台湾问题的立场没有任何改变。这位发言人说，日本不希望两岸发生军事和政治对立，期望双方通过直接对话和平解决问题。基于这一观点，日本“不支持任何一方改变现状的尝试”，以免导致两岸紧张局势进一步加剧。

＊日本首相小泉纯一郎会见正在访日的伊朗外长穆塔基，再次确认阿兹德甘油田开发是“非常重要的项目”。小泉表示希望伊朗停止浓缩铀的研究和开发活动，以“获得国际社会的信任”，但穆塔基表示伊朗不会放弃和平利用原子能的权利。

3月

3月2日　日本警察厅长官漆间严敦促日本的高技术设备制造商在向中国出口技术设备时要提高警惕，称“这些精密设备可能会被转用于研制核武器”。他说，制造商往往注重商业利益，但是他希望这些高技术设备制造商要考虑到国家利益。他所指的是最近受严查的涉嫌向中国非法出口高技术产品的日本公司。

＊众议院通过日本政府2006年度预算，总额为79.686万亿日元，比上年度减少3%，为4年来的首次减少。作为国家政策经费的一般支出为46.366万亿日元，连续两年减少。

3月5日　《每日新闻》发表舆论调查结果显示，65%的日本成年人表示应对1947年制定的宪法作出修改，27%的人反对修宪。其中62%的人认为，日本应继续遵守宪法第九条的第一句，也就是放弃战争的内容。21%的人认为，日本应修改宪法第九条的第二句，也就是不准日本拥有军队和发动战争的内容。而绝大多数人反对对宪法第九条作出任何修改。1982—2004年期间所做的民意调查显示，修宪支持率为20%—40%。但自2004年以来所做的3次民意调查显示，支持修宪的人都在60%左右。

3月6—7日　中日第四轮东海问题磋商在北京举行，双方同意将就各自提出解决这一问题的建议进行研究，然后再举行会谈。协商结束后，日方代表称在日中分界线这个法律问题上，双方都难以作出让步。

3月7日　自民党政调会长中川秀直对英国《金融时报》说，日本和中国需要建立一种“平等基础上的战略伙伴关系”。他说：“亚洲还没有两个大国在平等基础上建立战略伙伴关系的先例。我们希望与中国建立这样一种关系。我们将以此为目标。”

3月7—11日　日美在夏威夷就驻日美军调整问题进行磋商。日本政府预计，日本将为驻日美军调整承担总额超过3万亿日元的费用。

3月8日　日本与美国在夏威夷外海联合试射常规的“标准一3”型

海基防空导弹。该导弹装有日本单独研发的具有特殊保护性能的新型拦截导弹的鼻锥，从美国海军“宙斯盾”驱逐舰上发射，以确认其性能，试射没有出现明显问题。这是两国首次共同试射包括日本负责研发的技术产品在内的新型拦截导弹系统。五角大楼发言人说，这次试射是“导弹防御合作计划中一个重要的里程碑”。日本首相小泉纯一郎说：“这显示我们的技术能力有了很大的提高。我希望双方能够继续进行开发工作。”

＊日本内阁官方长官安倍晋三在记者招待会上就中国提出的共同开发钓鱼岛附近天然气田的新建议称：“这个建议我们不能接受。尽管我们需要仔细研究中方建议的内容，但我认为这和我国以往立场不一致。”安倍晋三还表示，今后视中方态度，日方可能会被迫进行钻探。外相麻生太郎也在记者招待会上明言：“尖阁群岛（钓鱼岛）无论是从历史上、还是从国际法上看，都是无可争议的日本领土，我们不希望与中国共同开发。”

3月9日　日本外相麻生太郎在参议院明确称台湾为“国家”。他说：台湾是一个“民主主义已经相当成熟、自由主义经济也得以充分渗透的法治国家。从多种意义上讲，台湾都是与日本拥有共同价值观的国家”。

＊法新社援引有关报道说，日本外相麻生太郎 2005 年 12 月访美期间，在与美国副总统切尼、国防部长拉姆斯菲尔德举行会谈时表示，“如果中国和朝鲜（对日本）构成安全威胁”，日本应拥有核武器以进行反制。

3月10日　日本外务省提议削减本国向联合国缴纳的巨额会费，大幅提高中国和俄罗斯的会费。

3月14日　中国总理温家宝在记者招待会上就进一步推进中日关系提出三点意见：1. 继续进行政府之间的战略对话，以消除影响中日关系的障碍；2. 加强民间交往，增进相互了解和信任；3. 稳定和发展两国的经贸关系，扩大互利双赢的合作。他还说，日本领导人多次参拜供有二战甲级战犯的靖国神社，极大地伤害了中国人民和亚洲人民的感情。

＊日本首相小泉纯一郎就温家宝讲话表示，他一直谋求与邻国建立友好关系，并暗示他不会改变自己在参拜靖国神社问题上的立场。他称，参拜“不该成为一个政治问题，不该成为一张外交牌。尽管双方之间存在靖国神社问题，我仍然希望加强与中国的友好关系”。

＊日本外相麻生太郎在参院预算委员会回答议员有关中国提高军费问题的质询时，指责中国军费增长“内容不透明”，并称这种增长可能会使别国“认为很受威胁或感到恐怖”。

3月15日　日本外相麻生太郎称，中国海洋石油总公司在东海两个天然气田的全面开采工作已经启动，在这个时候日本应采取对抗措施。麻生太郎还说，日本不能接受中国最新提出的联合开采东海资源的建议，称这一建议“与日方的主张是相悖的”，而且“不值得讨论”。

3月16日 日本前首相中曾根康弘和前官房長官福田康夫在韩国出席“日韩合作委员会”综合会议时拜会了韩国总统卢武铉。会见时，卢武铉强调了历史问题的重要性，谴责小泉纯一郎参拜靖国神社。

＊自民党部分议员成立“亚洲战略研究会”。在成立大会上，前首相宫泽喜一强调，如何与中韩及东南亚各国展开对话，是“事关国家利益的问题”。众议院议长河野洋平说：“近几年日中之间政治关系一筹莫展，没有比这更糟糕的状况了。日本之所以‘入常’失败，与中国反对有很大关系。”

3月17日 日本经济产业大臣二阶俊博就日中围绕东海油气田开发问题的磋商对记者表示，“通过磋商解决这一问题是非常积极的态度，这并非是对中国唯命是从”。他间接批评了主张采取对抗措施的外相麻生太郎。另外，对中方要求在钓鱼岛周边海域进行共同开发的提议，二阶表示将详细研究提案并认真讨论如何答复。

＊自民党决定，针对东海油气田开发问题，自民党将向本届国会提交《有关海洋建筑物的安全水域法草案》，并力争使其通过。该法案的目的在于，保护日方在本国专属经济水域等进行试开采时的设施和船舶的安全。

＊韩国青瓦台发言人金晚洙说，卢武铉总统不会与日本首相小泉纯一郎举行首脑会晤，除非小泉承诺不再参拜靖国神社。

3月18日 日本、美国、澳大利亚在悉尼举行首次战略对话，日本外相麻生太郎、美国国务卿赖斯、澳大利亚外长唐纳出席会议。会谈的重点是伊拉克战争、伊朗核危机及中国力量的崛起。会后三国发表联合声明称：“在亚太地区支持发展、巩固民主和加强合作框架是我们特别关注的焦点。我们对中国在该地区建设性的举动表示欢迎。”

3月19日 日本首相小泉纯一郎在日本防卫大学毕业典礼上说：“近几年来，有些国家在不透明的情况下发展它们的军事力量”，暗示中国秘密扩军。

＊日本经济产业大臣二阶俊博在富士电视台节目中，批评外相麻生太郎主张在东海油气田开发问题上对中国采取对抗措施：“外相必须谨慎行事。如果喜欢强硬，请到中国去强硬行事好了。”他说：“负责政治事务的人必须努力把中国拉到对话席上来。”

3月20日 日本《产经新闻》刊登该报电话调查的结果显示：26.8%的人表示对中国怀有亲近感，67.8%表示没有亲近感，5.4%表示不清楚。在回答“为改善与中国关系应该最优先解决的问题是什么”时，认为是参拜靖国神社问题的占43.4%，认为是东海油气田开发问题的占23.4%。

3月22日 日本首相小泉纯一郎表示，日本政府准备今后5年在科研领域增加4万亿日元（约合341.2亿美元）预算，以加强日本的科技竞争力，应对美国和中国等科技大国的挑战。

3月23日 外务省向自民党外交事务联席会议提交2006年版日本外交蓝皮书，提出中国在国防费用的增加额度和军事实力的现代化等方面，仍有不透明部分。这是日本政府首次在外交蓝皮书中公开要求中国增加军力透明度。

*外务省决定推迟原定3月末举行的2005年度对华日元贷款内阁议定程序。外务省担心，在日中关系因小泉首相参拜靖国神社和东海油气田问题而一筹莫展的情况下，决定对中国予以政府开发援助（ODA）很难得到执政党的理解。

*日本政府在首相官邸召开“关于大陆架调查和海洋资源的相关省厅联络会议”，确认2006年度预算拨出118亿日元对大陆架进行调查。调查的主要目的是收集数据，以便向联合国提出有关大陆架海底资源开发的范围。

*日本官房长官安倍晋三表示，日本不会改变继续推进伊朗南部阿扎德甘油田开发的计划。他说，阿扎德甘油田的开发对于日本寻求稳定能源供应极为重要，日本将根据兼顾稳定石油供应和防止核扩散的原则来处理这一问题。他还表示，日本没有与美方官员就阿扎德甘油田的开发进行过磋商。

*《读卖新闻》董事长渡边恒雄敦促下任首相就日本在二战期间犯下的罪行道歉。渡边恒雄说，政府应就日本在二战时期罪责展开调查，追究犯下暴行的人的责任，是“非常重要的”。他说，政府从1995年开始所作的道歉都是“半心半意”的。

*经济产业省产业结构审议会召开通商政策会议，发表了内容为展望通商贸易各领域前景的“全球经济战略”报告，提出日本应在东亚地区经济统一问题上发挥主导作用、引进海外资本和优秀人才，建设开放并充满魅力的日本。

3月25—26日 首届“日中财务对话”在北京举行，双方就税务和财务等广泛领域活跃地交换了意见。对话中，日方建议中国实行更为灵活的汇率制度，要求人民币进一步加大改革力度。

3月26日 蒙古总理米耶贡布·恩赫包勒德访问日本，与小泉纯一郎首相举行会谈，双方就加强“日蒙综合战略合作伙伴关系”等问题深入交换了意见。

3月27日 防卫厅正式废除“统合幕僚会议”（参谋长联席会议），由“统合幕僚监部”（总参谋部）取而代之。由此，日本陆海空自卫队正式使用新的统一指挥命令系统，这意味着日本陆海空三军一体化进程正式启动，自卫队向“正常军队”迈出了历史性的一步。

＊日本防卫厅智囊机构防卫研究所发表《2006 年东亚战略评估》报告称，中国不断增强的军力和它可能动用武力平息台湾独立运动是东亚主要的不稳定因素。尽管中国推行“睦邻外交”，然而它也大大提升了自己的军事能力，尤其是动用武力控制台湾的能力。

3 月 28 日 日本政府正式决定放弃今春向联合国大会提交将联合国安理会由目前的 15 国扩大至 21 国的新决议案，并将上述决定正式通知了同样谋求“入常”的德国、印度和巴西的常驻联合国代表。

3 月 29 日 外务省公布有关日中关系的意识调查的结果显示，认为“应改善日中关系”的人占 77.9%，而 12%的人认为“保持现状就可以”，只有 1.5%的人回答“比现在更差也没关系”。

3 月 30 日 由日本前首相桥本龙太郎率领的 7 个日中友好团体代表团抵达北京对中国进行为期 3 天的访问。中国国家主席胡锦涛在会见 7 团体负责人时表示，只要日本领导人明确作出不再参拜靖国神社的决断，愿就改善和发展中日关系与日本领导人进行会晤。

＊文部科学省公布了年度教科书审定结果，一批高中教科书中有关领土争端和日本二战罪行的内容被强令修改，以“与日本政府立场保持一致”。这些修改包括把钓鱼岛和独岛（日本称竹岛）称为“日本领土”，粉饰二战日军强征“慰安妇”，模糊“南京大屠杀”事件死亡人数等。文部科学省此次审定的教科书，将从 2007 年春天开始使用。

＊日本新任驻华大使宫本雄二在接受共同社采访时否认“中国威胁论”。宫本雄二说：“中国显然不是显著威胁。至于是不是‘潜在威胁’也应通过各种状况进行综合判断，我觉得现在中国也还没到这个程度。另外，我觉得中国在国际上的许多负面影响都是由军费不透明造成的。要想被国际社会所接受，就必须加大军事方面的透明度。”

＊日本经济产业大臣二阶俊博和美国商务部长古铁雷斯在东京发表共同声明，表示将采取对策，促使中国政府和产业界重视保护知识产权和打击盗版行为。二阶俊博还提议通过美、日、中三边商务会谈，找出保护知识产权的对策，但古铁雷斯婉拒这一提议，表示中国目前还未达到能与美、日一起协商的阶段。

＊中国外交部发言人秦刚就日本媒体炒作日本驻上海总领馆馆员自杀事件回答记者提问说，中方要求日方停止一而再、再而三地挑起破坏中日关系气氛的事端，并表示原日本驻上海总领馆馆员自杀事件与中国政府无关。

3 月 31 日 日本政府决定对印度增加贷款额度，总额达 1554.58 亿日元，比上年度增加 16%，是历年来最高的金额。若以国别区分，印度已是连续三年获日元贷款最多的国家。印尼名列第二，达930亿日元，越南排名第三，为908亿日元。

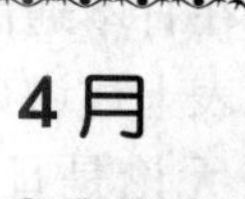

4月

4月2日　日本外相麻生太郎在富士电视网访谈节目中再次渲染“中国军力威胁论”，指责中国军费支出迅速增长并缺乏透明度，使得“周边国家感到威胁”。

4月3日　日本贸易振兴会发表报告说，尽管日中两国关系日趋紧张，但2005年日本对华投资仍增长19.8%，达到创记录的65亿美元，而同期的美、韩等国对华投资出现下降。

4月4日　日本内阁官房长官安倍晋三在接受《日本经济新闻》采访时指责中国增加军费开支。他说：“中国是一个破坏稳定的因素，其军事开支连续18年达到两位数增长。”安倍还批评中国拒绝高层会谈，他说：“日本出口商品到中国，在那里投资，带来共同利益”，“对话不应因为一个问题而停止”。

*经济产业省提出“东亚经济合作（EPA）”设想，中心内容为建立以自由贸易协定为支柱的一揽子经济合作关系，对象国包括日本、东盟10国、中国、韩国、印度、澳大利亚、新西兰共16个国家，参加人口为30亿，GDP为9.1万亿美元（2004年），约占世界GDP的1/4。其规模可与北美自由贸易区和欧盟匹敌。谈判从2008年开始，争取在10年内缔结协定。

*经合组织开发委员会（DAC）公布2005年DAC加盟22国政府开发援助实际状况。日本政府开发援助额比上年增加了46.8%，为131亿美元，连续5年排在第二位。

4月5日　韩国《中央日报》披露了日本外务省1月25日拟定的题为《与朝鲜半岛相关的动向》的报告。该报告分析，“卢武铉总统为避免自己成为跛脚鸭，在任期内不会放弃强硬的反日论调”，因为“在韩国反日有助于提高政权的支持率”。对此，日本外务省官员鹿取克章于当天会见记者时避免就文件的真实程度做出答复，但他称：“日韩关系是日本最重要的双边关系之一，同韩国建立面向未来的关系，这是日本的基本立场。”

*韩国对日本称卢武铉为跛脚鸭的报告提出抗议，韩国外交通商部长官潘基文对记者说：“如果消息属实，政府将作出强硬回应。”韩国政府当

天召见日本驻韩使馆公使，正式要求将这一报告提供给韩国。

4月7日 日本农林水产大臣中川昭一对建议与中国达成自由贸易协定一事提出异议。他说，日本不应谋求同那些不能保证日本公民安全的国家达成自由贸易协定。中川是在日本通商产业省本周公布了一项关于建立东亚自由贸易区的建议之后发表上述讲话的。

＊日本外相麻生太郎说，无论是日本还是中国都不应在东亚谋求霸权。麻生说："由于这两个国家同属一个地区，发生摩擦是不可避免的。但是，我们两个国家不管怎么说还是在没有战争的情况下共同生活了"，如果任何一个国家"谋求霸权"，那就会出现问题。他还说："中国正面临一些难题，如环境保护、贫富差距、城乡差距等。三四十年前我们也面临过类似问题。我们可以同中国交流经验。"

4月9日 日本民主党新任代表小泽一郎在日本 NHK 电视节目中说："小泉纯一郎首相坚持参拜靖国神社的做法是错误的。甲级战犯对发动战争负有主要责任，本来就不应该被供奉在纪念为国捐躯者亡灵的靖国神社中。"

4月10日 美国《国际展望》报道，2005 年底，日本三菱重工完成了 300 辆 90 式主战坦克的批量生产工作，其生产线现已停止运行。与此同时，日本正在实施车辆现代化及翻新改造项目。到 2015 年，预计日本陆上自卫队将翻新改造 90 式主战坦克，确保其保持世界先进水平。

＊民主党代表小泽一郎谈到日本外交政策时称："中美两国都有霸权主义的成分，做法相似。"他说："光靠美国无法解决对华的问题，日本必须自已站稳脚跟。"他对小泉政权断绝与中国首脑会谈的外交姿态进行了批评，表明有必要主动推进对华外交。

4月12日 日本外务省一名高级官员表示，日本将继续推动修订联合国会费比例的工作，并谴责中俄企图撤销日本提出的增加中俄会费、减少日本会费的提案。

4月13日 自民党高村派会长高村正彦发表该派针对 9 月自民党总裁选举的、题为《安心和有梦的日本》的政策建议。高村在政策建议中严厉指责了小泉首相的亚洲外交，称"（现在的亚洲外交）绝对不敢恭维。中国和印度是世界上最有发展前景的国家，日本作为与这两国距离最近的先进工业国具有得天独厚的优势，我们应该利用这种优势展开外交"。

＊《读卖新闻》记者获悉自民党谷垣派的政策建议原稿——现财务大臣谷垣出马竞选自民党总裁时的基本政策。建议认为，现在日本与亚洲各邻国的外交正处于一种异常状态，提出日本应改进目前这种状态，寻求邻国的理解，以改善日中关系为契机，重建亚洲外交。

4月14日 日本内阁官房长官安倍晋三宣布，日本决定在日韩两国有争议的竹岛附近海域进行海洋勘测。对此，韩国外交通商部立即发表声明提出抗议，要求日本立即中止考察计划，并表示将运用一切可能的手段加以阻止。

4月16日 日本政府决定，原则上终止对华政府开发援助（ODA）中无偿资金合作部分，并计划把这部分资金转移到印度。

4月17日 针对中国日前禁止船舶在"日中中间线"部分海域航行一事，日本官房长官安倍晋三在会见记者时说："已（向中方）表明了日方的忧虑。此举可能损害我国主权，也可能违反《联合国海洋法公约》的相关规定，因此已要求中方尽快就详细的事实作出明确答复。"小泉首相也向记者表示"希望冷静应对"。日本政府官员称，中国3月1日发出对东海部分海域实施禁航公告以来，并未针对此事向日本政府发出正式通告。

4月18日 日本海上保安厅两艘勘测船从东京出发，前往"竹岛"周围海域展开勘测活动。日本已有30年未在该海域进行过勘测。

4月19日 韩国总统卢武铉宣布，面对日本对"独岛"日趋咄咄逼人的主权要求，韩国正在考虑放弃在该岛问题上坚持了数10年的低调外交。卢武铉指出："把小泉首相参拜靖国神社、历史教科书、在独岛问题上的挑衅行为等综合起来看，这是有国粹主义倾向的企图将侵略史正当化的行为"，"很难把它仅仅看成是专属经济海域纠纷"。同日，卢武铉亲自主持内阁部长会议，与会者一致同意对日本海洋勘测船以勘察海道为名欲硬闯韩国专属经济海域一事采取断然措施。

＊韩国外交通商部长官潘基文表示，韩国将采取一切手段捍卫它对独岛的所有权，反对日本宣称独岛为其所有的说法。

＊日本官房长官安倍晋三在新闻发布会上说："在日本专属经济水域内进行科学调查，在国际法上没有问题，希望调查能够圆满进行。"安倍说："日本愿以平和的态度消除这场纷争。有鉴于此，日本正在与韩国进行接触。"日本首相小泉纯一郎已下令有关部门冷静应对此事。日本媒体报道，韩国态度之强硬超出了日本政府的预料。

4月20日 日本外务省事务次官谷内正太郎与韩国驻日本大使罗钟一在东京举行非正式会谈，就如何解决日本计划海上勘测两国间有争议海域所引起的激烈纷争进行磋商。日方说，进行勘测的原因是即将于6月举行的一个国际海洋会议将考虑韩国的一个提议——以韩国名字为海床地理特征命名。所以，为了提交反对意见，日本需要勘测该区域。谷内提出，只要韩国政府不在国际海道组织海底地名小组委员会会议上要求把18个韩国拟定的海底地名确认为国际公认名称，日本政府就可以放弃测量计划，但韩国对此予以拒绝。

4月21日 韩国外交通商部第一次官柳明桓说，首尔准备以武力阻止日本在有争议的水域进行海洋调查。

＊日本不同党派的96名国会议员集体参拜靖国神社。日本内阁大臣和副大臣没有参与这次参拜活动，但有6名政务官参加了此次参拜活动。

4月21—22日 日本外务省事务次官谷内正太郎紧急赴韩与韩国外交通商部第一次官柳明桓围绕海洋勘测争端举行副外长级会谈。经过激烈的讨价还价，在谈判即将破裂时却出现戏剧性变化，双方最终达成协议。日方同意取消在竹岛（韩国称独岛）周围海域实施海洋勘测的计划，而韩方则承诺暂不在2006年6月于德国举行的国际海道组织海底命名小组委员会会议上申请更改海底地名。双方还决定，在5月举行局长级会谈，磋商日韩专属经济区划界问题。

4月23日 日本防卫厅长官额贺福志郎与美国国防部长拉姆斯菲尔德在华盛顿举行会谈并达成协议，计划将驻扎在日本南部冲绳岛的部分美国海军陆战队转移到关岛，东京将承担其中61亿美元的费用，约占所需费用总额的59%。此次转移是对驻日美军部署进行大规模调整的一部分。转移海军陆战队所需费用大约为100多亿美元。美国早些时候建议日本支付全部费用的75%，但日本最初表示只支付这笔费用的1/3。

4月25日 韩国总统卢武铉在青瓦台总统府通过媒体发表10分钟直播讲话，强烈谴责日本宣称对独岛（日本称“竹岛”）拥有主权。他说，面对日本“实质挑衅”，韩国“不惜一切代价，哪怕牺牲”也不放弃独岛，韩国将动员所有本国力量和外交资源，应对日本的“无理要求”，迫使日本纠正错误。

＊针对卢武铉总统的讲话，日本首相小泉纯一郎在东京接受媒体采访时表示：“我们希望冷静回应，把韩国与日本之间的友好关系作为大前提。”他还坚持对话有利于解决日韩之间的问题，“应该举行首脑会晤”。

4月28日 韩联社公布一项民意调查结果显示，90%以上的韩国人支持韩国总统卢武铉采取强硬行动，对抗日本就韩日之间有领土争议的岛屿再三提出的主权要求。大约75%的受访者还表示，卢武铉应继续推迟和日本首相小泉纯一郎进行会谈，直到东京不再对独岛提出主权要求并且对二战期间日本所犯罪行真诚道歉。

＊日本外相麻生太郎批评韩国总统卢武铉把岛屿主权争端和历史问题相联系。麻生说：“日本在竹岛上的立场是领土问题，不是历史问题。我认为把历史和领土问题混为一谈是错误的。”

＊日本执政党的21名新议员参拜靖国神社，并要求首相小泉纯一郎在8月15日即日本二战战败纪念日当天参拜靖国神社。参拜靖国神社的21名议员全都来自由83名自民党新当选议员组成的一个被媒体称作是

“小泉之子”的团体。

＊内阁府发表的国民经济统计表明，2004 年度日本“国家财富”（国民所持有的土地、房产等国内资产和对外净资产减去负债部分）与上年比减少了 0.3%，为 2647 万亿日元，系连续第 7 年减少。

4 月 29 日　日本内阁府公布“有关自卫队和防卫问题的舆论调查”的结果显示，认为日本有可能卷入战争的受访者比例比 2003 年调查时高出了 1.8 个百分点，达到了 45%，同时刷新了历史纪录。关于卷入战争的原因，有 77.4%的人认为是日本“存在国际性的紧张和对立”，29.8%的人认为因为“联合国的功能不健全”，还有 19.1%的人认为因为“自卫队的能力不够强”。调查中，面对有关日本和平和安全的多个国际问题，受访者最关心的是“朝鲜半岛局势”（63.7%），其次是“国际恐怖组织的活动”（46.2%）、“中国军力的现代化和海洋活动”（36.3%）以及“大规模杀伤性武器和导弹等军备的管理和裁军问题”（29.6%）。

4 月 29 日—5 月 3 日　日本首相小泉纯一郎访问埃塞俄比亚和加纳，与埃塞俄比亚总理梅莱斯、非洲联盟主席科纳雷、加纳总统库福尔分别举行会谈，表明日本注重发展与非洲各国的关系，愿向非洲提供经济援助，并寻求非洲国家支持日本入常。小泉还在位于埃塞俄比亚首都亚的斯亚贝巴的非盟总部就日本非洲政策发表演讲，宣布日本将实行一揽子“非洲和平与发展新行动计划”，为非洲控制非法小武器和轻武器的扩散、反恐行动及防止各类传染病提供人力、物力及资金援助。这是日本首相首次访问这两个非洲国家，也是继森喜朗首相以后，第二位首相访问撒哈拉沙漠以南非洲国家。

5月

5 月 1 日　中国国务委员唐家璇在钓鱼台国宾馆会见正在访华的日本自民党干事长武部勤一行。唐家璇表示，中日互为重要近邻，在新形势下，维护中日关系的健康稳定发展，符合两国人民的根本利益和国际社会的共同愿望。武部勤表示，日方十分重视日中关系，认为两国关系的发展对维护亚洲和世界和平具有极为重要的意义。日本将吸取历史教训，坚持走和平发展道路。

＊日美两国政府在美国国防部召开由外务、防卫负责人出席的日美安全磋商委员会会议（“2+2”会谈），发表了驻日美军整编最终报告以及“2+2”会谈联合文件。两国政府决定通过驻日美军整编，在世界范围内扩大

和加强自卫队与美军的合作，联合文件还称日美同盟合作“进入新阶段”。

＊日本副外相盐崎恭久抵达韩国首尔进行为期两天的访问。韩国外交通商部长官潘基文在1日会见盐崎恭久时说，独岛问题的背景是历史问题，而日本恰恰忽视了独岛问题与历史问题有关。韩日1965年关系正常化至今，日本仍没有解决历史问题，韩国对此感到忧虑。盐崎恭久表示，日方理解卢武铉特别讲话中所表达的韩国国民的心情。

5月3日 正在美国参加“2＋2”会谈的日本外相麻生太郎在战略与国际问题研究中心发表以东亚为主题的演讲时说，要实现东亚地区的稳定与繁荣“离不开中国作为负责任的利益攸关方的合作”。他提出了建立东亚共同体这个新的多国区域合作框架的三项基本原则：1. 尊重自由、民主和人的尊严；2. 消除狭隘的国家主义主张；3. 提高政治、经济和军事领域的透明度，建立相互信赖关系。麻生在演讲中还特别强调：“日美同盟在实现东亚稳定与繁荣的过程中，将发挥不可替代的作用。”他表示，中国国防费用的增加“让日美两国和其他国家感到担心”，“成为真正的民主国家”是中国“将来的必由之路”。

＊远东国际军事法庭（亦称“东京审判”）开庭60周年。此前，日本朝日新闻社于4月15日和16日以全国3000人为对象进行的舆论调查结果显示，70%的受访者不知道东京审判的内容。在20几岁的年轻人中，更是有90%的人不了解东京审判。同时，也有69%的受访者认为，日本就战争原因进行追究的努力还不够。

5月3—5日 日本首相小泉纯一郎访问瑞典，与瑞典首相佩尔松举行会谈，就联合国改革等问题交换了意见。

5月4日 日本与俄罗斯在符拉迪沃斯托克附近海域举行边防军海上联合反恐演习，主要演练联合搜索、跟踪和扣留被恐怖分子劫持的船只并解救人质等科目，同时还演练对遇险船只及人员提供救助等项内容。美国、韩国和中国派观察员观摩演习。

5月7—9日 第五轮中日战略对话在北京举行，双方着重就当前中日关系及共同关心的问题交换了意见。

5月9日 日本经济同友会发表《对今后日中关系的建议》，敦促小泉纯一郎首相慎重考虑参拜靖国神社问题。建议认为日中领导人会谈难以举行“极其令人担忧”，指出小泉参拜靖国神社已成为恢复领导人互访的障碍。

5月12日 政府与自民党制定了“经济发展战略大纲”，提出到2015年的10年里，日本要实现实际年平均2.2%的经济增长，就必须加快技术革新，提高生产力，加强与亚洲地区的合作。大纲的中心思想是：1. 加强与经济高速增长的亚洲地区及“金砖四国”（BRICs，巴西、俄罗斯、印度、中国四个新兴市场国家群）的合作；2. 使日本成为世界最高的技术中心；

3. 提高服务产业的生产力，使之成为与制造业并驾齐驱的第二大经济动力；4. 振兴地方经济与中小企业。

5月14日 民主党干事长鸠山由纪夫在滋贺县长滨市发表讲演，批评小泉首相参拜靖国神社是“政治上的愚蠢之举”。鸠山特意指出：“连美国都发出了决不希望日本因靖国神社问题而影响同中韩关系的指责。”

5月17日 日本首相小泉纯一郎、外相麻生太郎和官房长官安倍晋三分别会见到访的联合国秘书长安南，就日本入常与联合国安理会改革、日中和日韩关系等问题交换了看法。安南要求日本改善因小泉参拜靖国神社和竹岛主权等问题而不断冷却的日中、日韩关系。另外，安南在会见公明党代表神崎武法时说：“如果日本能够像德国一样，双边关系就很容易改善了。日本最好也能够反省战争责任，向受害国表达歉意。”安南于5月16—19日访问了日本。

＊日本国会通过一项法案，要求抵达日本的外国人留下照片和指纹，以防止恐怖分子入境。新的立法将允许日本驱逐任何被其视为恐怖分子的外国人，并要求驶往日本的飞机和船只在抵达前递交乘客名单。

＊《读卖新闻》报道，日本政府对美国众议院国际关系委员会主席亨利·海德批评小泉首相参拜靖国神社一事反应较为冷静，认为“是个人见解”。小泉在16日会见记者时说：“日本国内对此问题毁誉参半，美国是自由国度，当然也是毁誉参半了。”但自民党内则有人担心此问题将给日美关系带来阴影。

5月18日 中日在东京举行第五轮东海问题磋商，但未能达成一致意见。

5月22日 日本前首相森喜朗在东京记者俱乐部谈到小泉纯一郎首相参拜靖国神社导致日中关系恶化的问题时说：“我们重要的邻国中国和韩国对日本不采取合作解决问题的态度十分不满，我希望下任首相能够改善同中韩的关系”，并要求下任首相在靖国神社问题上自律。

5月23日 中国外长李肇星与日本外相麻生太郎在卡塔尔首都多哈出席“亚洲合作对话第五次外长会议”期间举行会谈。双方一致认为，为推动两国关系的改善和发展，应加强两国战略对话，共同努力清除政治障碍；应深化经贸关系，开辟节约能源保护环境等领域的合作，扩大共同利益；应进一步扩大两国国民尤其是青少年友好交流，增进相互了解和友谊；应继续开展两国副外长级安全对话及两军交流，增进互信。双方还一致同意在东海油气田问题上加速磋商进程，以和平方式解决问题。

＊日本外相麻生太郎与韩国外交通商部长官潘基文在卡塔尔出席亚洲合作对话外长会议期间举行双边会晤，双方同意就重新划定海上边界问题举行会谈。

＊日本经济产业大臣二阶俊博收到一封夹带着剃刀刀片的信，威胁他不要讨好北京。信中写道："不要迎合中国，你在拱手出让日本的资产和财富。"信中还写道："我们敦促你自裁谢罪。"

5月26日 日本内阁官房长官安倍晋三与到访的印度国防部长慕克吉举行会谈。安倍邀请印度参加"日美澳战略对话"，慕克吉对此作出积极回应，称参加日美澳战略对话"非常有意义"。慕克吉还强调："日本和印度的关系必须得到进一步加强。"

＊日本财务大臣谷垣向国会提交的《2005年末对外借贷报告》表明，日本对外净资产余额比上年减少了2.7%，为180.6万亿日元，仍连续15年为"世界最大债权国"，并与排在第二位的瑞士有很大差距。

5月26—27日 "第四届日本—太平洋岛国峰会"在日本冲绳县名护市举行，日本与太平洋岛国论坛的16个成员国和地区的首脑出席会议。会议通过了名为《冲绳伙伴关系》的宣言，呼吁为建设更加繁荣的太平洋地区而加强彼此间的合作关系。小泉纯一郎首相在宣言中表明，日本要从2006年度开始在3年时间内为太平洋岛国论坛的成员提供450亿日元（约合4.1亿美元）的政府开发援助。宣言表示支持日本成为联合国安理会常任理事国。除首脑宣言外，日本、澳大利亚和新西兰作为援助国还单独发表了一项联合宣言，指出南太平洋各国由于分别接受了来自中国或台湾的援助，并分别与两岸建立了外交关系，这容易造成新的紧张局势，因此"我们只支持负责任、有透明度的援助国给予的支援"。

5月27日 日本经济产业大臣二阶俊博与中国商务部长薄熙来在东京举行会谈，双方一致同意在原油价格不断高涨的情况下，日中展开合作，以使中国掌握日本的节能技术。双方还一致同意，为使贸易顺利进行及加强产业合作，将开始为制订日中经济合作中长期计划进行协商。在东海油气田开发问题上，双方重申要加紧协商。

5月28日 日本海上保安厅宣布，日本将和中国、韩国、俄罗斯、美国、加拿大在太平洋北部海域举行联合军事演习。此次演习由日本海上保安厅提议，目的是保证北太平洋到印度洋海上运输线的安全，阻止大规模杀伤性武器流入。这是北太平洋沿岸主要国家首次共同举行多边演习。

5月29日 日本首相小泉纯一郎与国会议员、皇室成员以及外交人员一起参拜了位于皇宫附近的千鸟渊无名士兵墓，墓里埋葬着大约35万名二战阵亡的日本无名士兵的遗骸。

5月30日 日本经济产业省资源能源厅制订了以推广核能利用、确保能源供给为目标的中长期"核能立国计划"大纲。大纲包括：准备投资新建、扩建和改建核电站，并开展核能产业国际支援行动；从2006年度起电力公司为建设第二个核废料处理场进行准备；到2025年完成快中子增殖反应堆示范堆的建设并开始运行，示范堆建设费用超过普通反应堆的部分由国家负担；积极参加美国倡导的“全球核能伙伴”计划。

6月

6月2日 日本防卫厅长官额贺福志郎出席在新加坡召开的“亚洲安全会议”时表示，日本希望与中国进行军事交流，以缓和近来两国间的紧张关系。他说：“我们正在考虑进行防务等领域内的交流，本地区的安全需要日本和中国的相互协调”，“希望双方能以防务交流为起点改善关系”。

6月4—7日 台湾行政院大陆委员会主任委员吴钊燮访问日本，并与日本政界人士及学界专家就两岸关系、日中台关系等交换了意见。

6月5日 日本与中亚四国及阿富汗在东京举行外长会议，并通过了一项包括反恐及能源合作等内容在内的“行动计划”，主要内容有：1. 开始研究中亚经阿富汗向印度洋运送石油和天然气问题；2. 东京与中亚国家在打击恐怖主义和毒品贸易方面展开合作；3. 在“中亚＋日本”对话框架内定期举办峰会。此外，日本还保证要积极协助中亚国家克服贫困和发展经济。日本外相麻生太郎、吉尔吉斯斯坦、塔吉克斯坦、乌兹别克斯坦的外长和哈萨克斯坦特使出席了会议，阿富汗外长作为客人应邀参加。这是日本与中亚举办的第二届外长会议，首届会议于2004年底在哈萨克斯坦首都阿斯塔纳举行。

6月6日 由日本首相小泉纯一郎牵头、外相麻生太郎等有关内阁成员组成的“海外经济合作会议”召开会议，决定解冻2005年度（2005年4月1日至2006年3月31日）对华日元贷款，把2006年3月底内阁会议决定暂时搁置的2005年度对华日元贷款额定为740亿日元，这一数额比上年度减少大约120亿日元。

6月5日 日本经济产业省综合资源能源调查会汇总出台了长期能源政策——“新国家能源战略”报告：1. 要确立能源安全保障目标；2. 要统一解决能源及环境问题；3. 要为克服世界性能源供求问题做出积极贡献。具体目标是：1. 节省能源，将整个国家的能源效率提高30%，主要通过开发节能技术和修改节能标准来实现。2. 降低对石油的依赖程度，提出到2030年要将对石油依赖程度由目前的50%降低到30%。3. 确保资源供应，将来自日本控股油田的石油进口比率由目前的15%提高到40%，主要是通过确保自主开发油田权益及培养核心企业来实现。4. 推进核能开发，将核能发电的比率提高到30%—40%，确立核燃料循环利用体制。5. 加强国际合作，在亚洲推广日本节能模式，增强在石油储备方面的合作。6. 克服资源与环境的制约，推进新能源技术的开发。

6月8—14日 日本天皇明仁和皇后访问新加坡、马来西亚、泰国东南亚三国。访问中，天皇呼吁日本应“正确理解”历史。

6月9日 日本政府召开内阁会议，正式决定向国会提交防卫厅升格为“防卫省”的法案。法案主要有两方面内容：1. 修改《防卫厅设置法》，把防卫厅升格为“防卫省”，防卫厅长官升级为“防卫相”；2. 修改《自卫队法》，把日本自卫队的海外行动从原先的“附带任务”抬高到“基本任务”。

6月12—13日 日本与韩国在东京举行第五轮专属经济区划界谈判，这是自2000年双方第四次谈判破裂以来，时隔6年后重开谈判。但是，谈判没有取得任何突破。

6月13日 日本内阁会议决定向印尼提供3艘巡逻艇，以支持印尼反恐和打击海盗犯罪的行动。这是日本政府第一次利用政府开发援助（ODA）向外国提供武器。日本内阁官房长官安倍晋三当天发表谈话说，这3艘巡逻艇的用途仅限于反恐和打击海盗，而且未经日本政府许可不得转让给第三者，因此与日本的“武器出口三原则”并不抵触。

6月15日 由上百名国会议员组成的日本超党派议员团体“考虑建立国立追悼设施之会”通过一项提议，敦促政府修建不带宗教色彩的新悼念场所，取代靖国神社。该团体于2005年11月成立，由自民党前副总裁、资深议员山崎拓牵头，共有约135名成员。

6月20日 日本首相小泉纯一郎举行记者会正式宣布，日本陆上自卫队将从伊拉克撤军，但他同时强调将扩大航空自卫队在伊拉克的活动范围，承担更多的运送驻伊美军、联合国工作人员以及物资的任务。自2004年1月起，在近两年半的时间内，日本先后派遣了10多批陆上自卫队官兵到伊南部从事供水、修复学校和道路设施、兴建医院等工作。陆上自卫队原打算在伊拉克南部停留至12月14日。

* 日美台安全讨论会——“为台湾海峡的和平与稳定的安全对话”在东京举行，日美台现职国会议员、前政府高官及前将官等在会上就如何加强合作应对“中国威胁”进行了讨论。

* 日本外相麻生太郎和美国驻日大使在东京签署加强合作开发弹道导弹防御系统的协议，允许两国从现在开始共同开发新一代弹道导弹防御系统。日美还签署了协议附加文件，约定日本在未来9年内，为联合开发弹道导弹系统分担10—12亿美元的费用，美国则付出10—15亿美元。

* 日本最高法院第二法庭作出终审判决，认定日本首相小泉纯一郎参拜靖国神社并没有给原告造成法律意义上的利益侵害，驳回原告的赔偿请

求，维持二审判决。

6月23日 日本外相麻生太郎在接受日本时事通讯社采访时说，政府应重新审查靖国神社的宗教法人团体地位，将其变成由国家参与管理的机构，以便政治领导人再去参拜的时候不会引起争议。

6月24日 财务省发表统计报告表明，截止2005年末，日本政府借款（国债及借款）为827万亿日元，比上一年度增加了46万亿日元，增长率为6%，再创历史新高。

6月25日 日本自卫队军官团抵达北京进行为期两周的访问。日本前防卫厅长官石破茂以顾问身份随团访问，并表示希望通过自卫队军官团的此次访问，与中国军队官员进行交流，促进两国间的军事交流。

＊中国首次举行纪念日侨遣返活动。因日本在第二次世界大战中战败，留在中国东北地区的约105万日侨被遣返回国，至今60周年。纪念活动在遣返船出发地葫芦岛市举行。国务委员唐家璇以及外交部副部长武大伟与日本前首相村山富市以及当年被遣返的约200人参加了纪念活动。

6月26日—7月28日 美军在夏威夷附近举行两年一度的“环太平洋”多国军事演习，日本防卫厅派遣护卫舰部队、航空部队和潜艇部队及1200名自卫队官兵参加演习。日本“雾岛”号宙斯盾级驱逐舰参加了美国海基弹道导弹拦截试验，协助美军舰对目标导弹进行跟踪。

6月29日—7月1日 日本首相小泉纯一郎访问美国，与美国总统布什举行会谈。双方讨论了反恐、朝鲜和伊朗核问题、捍卫民主自由、共同在亚洲促进地区安全与繁荣以及加强两国在全球的经贸合作等议题。双方一再强调两国是“维护新世纪全球安全的坚定盟友”，并需要强化这种同盟关系。会谈中，布什再度关切小泉的对华外交政策。会谈结束后，两国首脑发表了题为《21世纪的新的日美同盟》的联合文件，称赞日美关系是“历史上最为成熟的两国关系之一”，并强调自由、人权、民主等“日美共同价值观”。文件还称“牢固的日美合作会激发中国的活力，有助于维持东北亚的和平与安宁”。

7月

7月1日 日本外相麻生太郎与乌克兰外交部长鲍里斯·塔拉修克在基辅举行会谈，麻生对乌克兰对华武器出口问题表示担忧。

7月2日 韩国海洋调查船启程前往日、韩两国有主权争议的独岛（日本称“竹岛”）附近海域进行海流调查，韩国海上警卫队派出船只随行护航。3 日，日本内阁官房长官安倍晋三要求韩国停止这一举动，并威胁采取行动，包括外交抗议和派出舰艇拦截。

＊民主党代表小泽一郎在访华前接受朝日电视台采访，再次强调日中双方都需要为建立信赖关系而努力，同时主张日、美、中三国关系应建立以日本为中心的等边外交。小泽说："（日美中三国关系）必须是正三角形，而日本位于顶点。"

7 月 3 日　民主党代表小泽一郎访问中国，与胡锦涛主席及其他中国政府高级官员举行了一系列会谈，并就两党设立定期协调机构达成协议。小泽一郎表示希望中日共同努力，推动中日关系尽快回到健康稳定发展的轨道。

＊日本财务省发表日本政府年度财政决算概要显示，在 2006 年 3 月底结束的 2005 财政年度里，日本政府的税收总额达到 49.654 万亿日元，比当初预算多出近 5 万亿日元，比前一个财年增加 7.6%。其中，企业所得税总额比前一个财年增长 16%，个人所得税总额增长 6.2%，消费税总额增长 6.1%。由于税收总额大幅增长，日本政府 2005 财政年度出现 9009 亿日元的财政盈余。

7 月 4 日　日本外相麻生太郎针对民主党代表小泽一郎称日本与美中两国的关系"必须是等边三角形，日本处于顶点位置"的说法反驳说："从未把日美中关系设想为等边三角形。原则上拥有共同价值观的是日美，等腰三角形还说得过去，不认为会是等边三角形。"

7 月 5 日　日本官房长官安倍晋三就朝鲜向日本海试射数枚导弹一事宣布，日本已向朝方提出"严正抗议"。日本首相小泉纯一郎说，日本正在考虑对平壤的导弹发射采取一系列应对措施，但同时表示需要进行对话，不进行对话是解决不了问题的。

＊日本政府召开安全保障会议，针对朝鲜试射导弹决定了 9 项制裁措施，包括从 5 日起在半年内禁止朝鲜"万景峰"号客货两用轮在日本靠港。日本还决定禁止朝鲜政府工作人员进入日本，并停飞日朝间的班机。

＊韩国海洋调查船结束在独岛（日本称"竹岛"）附近海域的海流调查。调查期间，日本巡逻艇一直在 1.5 公里外监视，并进行警示广播，要求韩方停止调查。韩国海洋警察厅的两艘警备艇始终为调查船护航，但双方船只没有直接接触和发生冲突。

7 月 6 日　日本防卫厅长官额贺福志郎承认日本仍缺乏实际拦截来袭导弹的能力。他表示，原定从 2007 年度开始部署的"爱国者—3"导弹将提前于 2006 年年底前开始部署。

7 月 7 日　朝鲜负责与日本进行邦交正常化谈判的大使宋日昊在平壤对日本记者说，美日带头扬言制裁朝鲜，因此朝鲜才发射导弹。他表示，日本与朝鲜的关系已迈入对决局面，情况比朝鲜与美国的关系更糟。日本官房长官安倍晋三对此则表示遗憾和愤怒。

＊日本正式向联合国安理会提交了要求对朝鲜实施制裁的决议草案，要求朝鲜停止研制导弹的活动，呼吁各国采取必要的举措，阻止向可能会有助于朝鲜推行其导弹和其他大规模杀伤性武器计划的终端用户提供资金、材料、物品和技术。

7月8—9日 中日第六轮东海问题磋商在北京举行。双方确认了维护东海局势稳定的重要性，就各自共同开发方案交换了意见。此外，双方还就建立旨在应对东海不测事态的海上热线联络机制达成原则共识，并同意成立一个石油天然气开发技术专家小组，讨论油气资源开采技术问题。

7月9日 日本外相麻生太郎表示，日本有权攻击朝鲜以保护自己的公民不受朝鲜核导弹之害。他说，在受到攻击前先发起攻击的权利在宪法规定的范围以内，至少在目前的形势下是为了保证日本公民的安全。

＊日本防卫厅长官额贺福志郎在接受电视台采访时说，根据日美同盟的分工，日本以防御为主，对敌方基地的任务由美方承担，“但是出于保护国民出发，如有必要作为独立国家，日本理应拥有一定攻击能力”。额贺进一步说，在日本面临攻击的情况下，应该讨论拥有先发制人攻击导弹发射基地等设施的能力。

7月10日 日本政府发言人说，日本正在考虑一个问题：根据日本和平宪法，对朝鲜导弹基地实施先发制人的打击是不是一种可以接受的自卫方式。官房长官安倍晋三说：“我认为，应该从保护日本国民和国家的角度来研究这种可能。”

7月10—13日 台北市长马英九访问日本，与日本外相麻生太郎等政界人士举行会谈，与官房长官安倍晋三进行了电话交谈，并以“台湾海峡的战争与和平”为题在东京发表演讲，针对两岸关系提出了“五要”措施。

7月11—15日 日本首相小泉纯一郎访问以色列、巴勒斯坦、约旦三国，并与各国首脑举行会谈。小泉表示日本愿为推动中东和平进程作出贡献，为中东发展提供援助。他提议建立日本、以色列、巴勒斯坦、约旦四方协商框架，协商经济合作、走向共同繁荣等问题，建立起“和平与繁荣的走廊”。

7月12日 《每日新闻》报道，根据首相小泉纯一郎的提议，日本将利用国会休会的假期展开“战略外交”，从11日开始，陆续派遣内阁成员访问与日本关系比较薄弱的重点国家。首先是在首相和内阁成员从未访问过的82个国家内选取了20个出访目标，并通过内阁官房将这些国家分配给各省厅。

7月15日 俄罗斯总统普京在八国集团峰会外围的一次记者招待会上表示，在日本所寻求的从西伯利亚到太平洋沿岸的输油管线建设项目问题上，俄认为不适宜就此提供国家担保。普京说，日方希望日俄两国在此问题上达成政府间协议，但俄方认为这只是一个纯粹的商业项目，对此予以国家担保是不合适的。普京表示，获得用以延建此条管线的资金并不困难，问题是如何获得管线营运所需的原油供给。

＊日本央行决定，将无担保隔夜拆借利率目标从零上调至0.25%。此举标志着日本告别了2001年起长达5年的零利率时代，已经摆脱了通货紧缩的阴霾，并且克服了长期的经济不景气局面；同时也反映出日本央行官员对长久实行超宽松货币政策最终会导致经济过热的担忧。

7月16日 台湾“中华欧亚基金会”与日本世界和平研究所联合举办主题为“中国的发展与今后之亚洲”的“台日论坛2006年台北会议”，日本与台湾的政界及学界人士出席会议。台湾“行政院长”苏贞昌应邀致词称，必须重新思考台日交流体制，加强高层互访，以增进实质合作。

＊日本首相小泉纯一郎在出席八国集团峰会间隙，与德国总理默克尔举行会谈，对欧盟解除对华军售禁令的计划表示“强烈反对”。小泉说：“考虑到对东亚安全产生的影响，我对欧盟解除对华军售禁令的计划深感担忧。”默克尔则说：“在解除对华军售禁令问题上，欧盟应慎重对待。”

7月17日 日本首相小泉纯一郎在圣彼得堡国际媒体中心会见记者时，针对因朝鲜发射导弹，日本国内许多人主张“攻击敌人基地”一事说：“我们是专守防御。完全没有对别国发动先发制人攻击的意图。”不过他说：“有必要保持日本自己的遏制力，以便不让对方产生错误看法，以为即便攻击日本也不会遭到抵抗。”

＊驻扎在伊拉克南部塞马沃的日本陆上自卫队最后一批部队乘飞机抵达科威特，至此总数约600人的日本驻伊陆上自卫队完成了从伊拉克的撤离。日本防卫厅长官额贺福志郎在科威特城称，他认为日本应通过一项永久性法案，允许在必要时向海外派遣自卫队。

7月19日 结束中国之行回国不久的民主党党首小泽一郎表示，日本必须解决因靖国神社问题而与邻国产生的争端，以重新赢得它们的信任。他认为，如果不能赢得邻国的信任，日本就不要指望在贸易、商业和安全问题上发挥地区领导作用。

7月20日 《日本经济新闻》报道，昭和天皇曾于1988年对靖国神社合祭甲级战犯表示强烈不快，他对时任宫内厅长官的富田朝彦说，“自那以后我就没有参拜。这是我的意愿”。上述内容是日本经济新闻社从获得的富田笔记中得知的。昭和天皇曾8次参拜过靖国神社，最后一次是在1975年。自1978年甲级战犯被合祭于靖国神社之后，昭和天皇再也没去参拜过。1989年继位的现任天皇明仁也从未前往靖国神社参拜。

＊日本首相小泉纯一郎说，已故昭和天皇对战犯的看法不会影响他参拜靖国神社的决定。小泉说："天皇也对参拜有各种各样的想法。在参拜问题上没有对错之分，个人有权作出自己的决定。"

＊日本官房长官安倍晋三有意回避对昭和天皇讲话的评论，当被问及对参拜靖国神社的看法时，安倍仍以一贯的论调回答说："我参拜靖国神社一直是为祭奠为国而战的人们，向他们表达崇敬之意。这种心情没有任何改变。"安倍同时就甲级战犯的战争责任问题重申日本政府的立场，他说："远东军事法庭认定被告犯有反和平罪的判决是事实。我国在《旧金山和约》里接受了判决结果，所以日本政府不会对判决提出异议，认为其非法。"

＊美国前副国务卿阿米蒂奇在接受日本《产经新闻》专访时称，中国政府反对日本首相小泉参拜靖国神社是不正当的，美国在靖国神社问题上不应向日本施压。阿米蒂奇援引美国总统布什的话说，中日关系比参拜靖国神社更复杂。他指出，中日关系恶化的主要原因在于历史上首次在东亚这个地方出现两个实力强大的国家，因此才会引发安全保障、领土争端等许多问题。另外，阿米蒂奇表示，靖国神社旁设立的军事博物馆"游就馆"部分展品的说明与历史有出入，伤害了美国和中国人民的感情。

＊日美宣布，驻日美军将从8月开始在日本冲绳县的嘉手纳美国空军基地等地部署"爱国者—3"型陆基拦截导弹，其中部分导弹系统将在今年年底前开始运作。这将是日本境内首次部署这种导弹，标志着日美联手建立"战区导弹防御系统"的计划开始进入实际部署阶段。

7月21日　中日第10次安全与防务政策问题磋商在北京举行，双方就朝鲜试射导弹及朝核问题、加强军事对话等交换了意见。

＊日本防卫厅长官额贺福志郎在日本全国新闻俱乐部发表讲话说，日本应考虑拥有打击海外敌人军事基地的能力，但否认日本正在考虑制定对敌基地进行先发制人军事打击的政策。

7月23日　《朝日新闻》报道，日本官房长官安倍晋三已决定不在终战纪念日8月15日参拜靖国神社。他在担任自民党干事长的2004年、担任代理干事长的2005年都是在终战纪念日进行参拜的。

7月24日　日本媒体公布最新民意调查结果显示，逾半数日本人不希望下任首相参拜靖国神社。《每日新闻》民调结果显示，54%的人反对下届首相参拜靖国神社，33%的人支持，17%的人没有表态。《每日新闻》说，该报自1月起就这一问题展开的持续民调结果表明，反对新任首相参拜靖国神社的日本人越来越多。《日本经济新闻》公布的民调结果与之近似，53%的人反对新首相参拜靖国神社，28%的人表示支持，另有19%的人未表态。

7月25日 正在美国访问的日本国会议员、自民党前干事长山崎拓在华盛顿传统基金会发表演讲时说，根据宪法，日本不能对朝鲜进行先发制人的打击，但根据日美安保体制和条约，有这样一种可能性，即美国如果判断朝鲜半岛局势非常危险，而这种状况可视为对日本的直接武装攻击，或者会导致区域性危机，美国也许会选择发动先发制人的打击。

＊约280名日本陆上自卫队士兵从科威特乘包机抵达东京羽田机场，这是运送自卫队士兵归国的3架航班中的最后一班。这标志着日本在伊拉克的人道主义任务，也是日本自卫队自二战结束以来规模最大、最危险的海外部署行动宣告结束。

7月27日 正在吉隆坡出席东盟地区论坛会议的日本外相麻生太郎与韩国外交通商部长官潘基文举行会谈。潘基文强调，日本领导人一再参拜靖国神社对韩国和日本这两个邻国的关系极为不利。麻生太郎表示，将立足于他个人和官方的观点，努力以适当的方式处理这个问题。

＊正在吉隆坡出席东盟地区论坛会议的中国外长李肇星会见日本外相麻生太郎，表示中方希望与日方一道，为打破中日关系政治僵局做出不懈努力。麻生说，发展面向未来的日中友好关系是两国的共识。

＊《亚洲周刊》报道，日本经济产业省将中国航天科技集团等14家中国企业和机构列入贸易管制黑名单，要求凡是涉及向管制名单中的企业和机构出口设备或技术，都必须先报经济产业省审批，违者将被处以行政或刑事重罚。

7月28日 正在吉隆坡出席东盟地区论坛会议的日本外相麻生太郎和美国国务卿赖斯举行双边会谈，讨论如何贯彻联合国安理会通过的谴责朝鲜试射导弹的决议，双方一致同意对朝鲜采取追加制裁措施，并表示支持中国进行化解朝鲜危机的努力。

＊日本经团联会长御手洗富士夫在夏季研讨会上说，在参拜靖国神社问题上，首相应尊重民意、妥善处理，并希望下任首相在参拜问题上慎重行事。

8月

8月1日 日本内阁会议通过2006年度《防卫白皮书》，提出在新形势下，日本应该拥有“新防卫力”，即：1. 应付反恐；2. 参加联合国维和活动；3. 支援国家建设；4. 参加国内外救灾；5. 提高与外国在安全方面的信任度。白皮书首次提出，为完成这些任务，需要把防卫厅升格为“防卫省”，并把自卫队维持国际和平活动从原来的附带任务提升为主要任务。另外，白皮书强调要密切关注中国的军事动向，对中国不断增加防务支出“感到担忧”，并要求中国提高防务政策及军力方面的透明度。白皮书同时强调了日美同盟的重要性，首次用一个章节的篇幅专门阐述日美军事合作关系，重申日本政府希望美军维持在东亚地区的威慑力。白皮书还对朝鲜进行核武器及导弹研发表示了严重担忧。

8月2日 由日本经济界和学术界有识之士创建的“言论NPO”与北京大学公布了在日中两国进行的联合舆论调查结果。调查结果显示，关于目前的日中关系，中方有41%的受访者、日方有69%的受访者均回答“不好”。但对关系恶化的责任所在，日方35%的受访者认为应归咎于中国，15%的受访者认为应归咎于日本。而中方98%的受访者都认为责任在日本。另外，日方受访者中高达43%的人认为中国是“令人感到军事威胁的国家”，仅次于朝鲜（72%）。

＊日本前海上自卫队第五航空群司令官川村纯彦接受台湾中央社专访时指出，中国大陆不断增加对台湾的导弹部署，加速海空军现代化，台海的军事均势已逐渐朝有利于大陆的方向倾斜。川村称，日、美、台必须加强三边安全合作态势，而台湾如何以某种方式参与建构三边合作关系是重要课题。

＊日本遗族会在东京举行正副会长会议，决定将在9月自民党总裁选举后正式研究从靖国神社分祭甲级战犯的问题。日本遗族会是日本战殁者遗属的全国性组织，拥有数百万会员，一直是自民党的重要支持团体之一。

＊日本航空与航天机构（JAXA）宣布，日本争取在2020年实现登月，并计划于2030年在月球建立基地。JAXA希望明年能发射一颗月球轨道卫星，之后再发射无人飞行器登陆月球，采集月球土地样本。

8月3日 日本外相麻生太郎突然访问伊拉克，并与伊拉克外长霍希亚尔·兹巴里举行会谈。麻生表示，日本政府将向伊拉克提供价值35亿日元的低息贷款以继续支持伊拉克重建。

＊日本官房长官安倍晋三在东京举行的“东京—北京论坛”上致词说：“我认为日中关系是最重要的双边关系”，必须强有力地驱动政治和经济这两个车轮，把日中关系推向一个新高度”。在会上，安倍还与中国驻日大使王毅会面，并说：“经常被一些中国人挂在嘴边的‘日本军国主义复活’几乎超出了所有日本人的想像，那是根本不可能的。希望中国能够正确认识日本，建设性地看待日中关系。”他提出，不应让个别问题影响日中关系的整体发展，日中两国需要通过直接对话形成对彼此的正确认识。

8月4日 日本媒体披露，日本官房长官安倍晋三2006年4月15日秘密参拜靖国神社。对此，安倍没有确认或否认，但宣称参拜属于“个人行为”。他说：“我不会告诉你们，我是否已经拜访过那里，也不会说我将来是否会继续参拜，因为这一问题已经变成一个外交和政治问题。”

8月6日 台“总统府”公共事务室宣布，原本受邀参加日本前首相桥本龙太郎葬礼的“总统府”秘书长陈唐山因公务繁忙不能前往，改由民进党主席游锡堃参加。日本与台湾的媒体称，陈水扁原本希望由陈唐山代表出席，但日本政府对这种层次的重要官员出席表示为难，要求台湾改派层次较低的官员出席。

＊《日本经济新闻》报道，目前在海外工作的日本人中，以在中国工作的人数为最多。据日本外务省统计，在中国工作的日本人数量2005年首次超过在美国工作的日本人，中国成了日本企业海外工作的首选。

8月8日 正在印尼访问的日本防卫厅长官额贺福志郎与印尼国防部长苏达索诺举行会谈，双方讨论了中国军费开支大幅增加的问题。苏达索诺强调，在印尼看来，随着经济的发展，中国增加国防预算是正常现象，最重要的是不要让中国感到它在被其他国家逼入绝境。额贺福志郎声称，中国的发展和繁荣也给日本带来了繁荣，不过日本对中国军力在过去18年的发展感到担忧，主要问题是中国军方缺乏透明度和不开放。

＊中国外交部发言人刘建超与日本外务省发言人坂场三男在东京举行两国外交发言人磋商，就如何引导舆论交换意见。

8月10日 日本内阁官房长官安倍晋三、外相麻生太郎、财务大臣谷垣祯一、经济产业大臣二阶俊博和农林水产大臣中川昭一举行会议，决定向出口石油和其他能源资源的国家提供政府开发援助（ODA），以加强同这些国家的关系，确保日本的能源安全。安倍在会后举行的记者会上说，日本将着重为中国和印度的节能提供援助，以帮助这两大能源消费国提高能源利用率。

＊日本贸易振兴会发表的“2006年版贸易振兴会贸易投资白皮书”表明，2005年日本的对外直接投资比上一年增加了46.8%，为455亿美元，是15年来的最高水平。

8月10—11日 日本首相小泉纯一郎访问蒙古，与蒙古总理米耶贡布·恩赫包勒德举行会谈，就双边关系、能源合作以及包括朝核、导弹和绑架问题在内的东北亚地区安全形势交换了意见。此外，米耶贡布·恩赫包勒德重申蒙古支持日本加入联合国安理会常任理事国的立场。在最近两个月中，以前首相森喜朗为首，日本国会议员约有80人先后对蒙古进行了访问。外务省有关人士强调说，“蒙古的地下资源对日本的资源外交而言不可忽略”。

8月11日 《读卖新闻》报道，该报7月8、9两日进行的有关中国问题的舆论调查结果显示，65%的受访者认为中国“不可信赖”，是自1988年以来进行的6次调查中最坏的结果。但对于“今后亚洲地区最有影响力的国家”的选项，选择中国的最多，占受访者的57%，远远超过占第二位的美国（14%）和占第三位的日本（10%）。此外，对于“将对日本构成军事威胁的国家”这一多项选择问题，有44%的人选择了中国，仅次于选择朝鲜的人数（78%）。

8月12日 日本时事社进行的舆论调查结果显示，超过一半国民认为应该拥有攻击敌人基地的能力。另外，针对在出现有可能遭受敌国攻击的情形时日本是否应该发动先发制人攻击的问题，回答“不应允许”的人为53.5%，而回答“应该允许”的只有26.4%。

＊50名中国台湾原住民在东京参加烛光游行，强烈要求靖国神社归还台湾原住民的祖灵，并要求日本政府正视历史，向台湾原住民道歉和赔偿。

8月14日 日本贸易振兴会驻北京办事处官员说，2006年上半年日本在中国的投资额（除金融部门的投资之外）为22.4亿美元，比2005年同期减少了31.4%。其主要原因是，对华投资最多的日本制造商放慢了在中国投资的步伐。

8月15日 即将于9月卸任的日本首相小泉纯一郎参拜靖国神社。这是小泉纯一郎自2001年4月就任首相以来第6次参拜靖国神社，但在“8·15”参拜还是头一次。另外，17名内阁成员中的2人——国家公安委员会委员长沓挂哲男和农林水产大臣中川昭一，也分别参拜了靖国神社。

＊美国白宫女发言人达娜·佩里诺对记者说，日本首相小泉纯一郎参拜靖国神社是日本内政，美国不会介入，但希望日本与邻国“争取通过外交与合作解决这一问题”。

＊日本共同社在小泉纯一郎参拜靖国神社之后，在全国进行了紧急电话舆论调查。对下任首相是否应参拜靖国神社，44.9%的人认为不应参拜，39.6%的人认为应该参拜。有60.4%的人认为，最好把靖国神社合祭的二战甲级战犯另行分祀。

8月15—17日 日本农林水产省副大臣宫腰光宽以“私人”名义访问台湾，并在访问期间与台湾“总统”陈水扁、“行政院长”苏贞昌以及主管农业事务的农委会主委苏嘉全等高级官员举行了会晤。这是日台断交以来，日本访问台湾官员中级别最高的一次（虽然过去也曾有副大臣级私人访台，但是与台湾“总统”会谈还是首例）。

8月16日 一艘俄罗斯巡逻艇在北方四岛附近海域向一艘日本渔船开枪射击，一名日本船员被打死，其余船员及船只被扣留。日本政府就此向俄方提出抗议，俄驻日临时代办米哈伊尔·加卢金说，日本渔船“非法进入”俄方水域。这是自1965年以来日俄首次在两国有争议的海域发生枪击致死事件。

8月22日 台湾“陆军司令”胡镇埔以“观光”名义访问日本，并于24日在日本静冈观摩了日本陆上自卫队举行的一次大规模实弹演习。日方称，日本没有以官方名义邀请胡镇埔观摩这次军演。

*日本官房长官安倍晋三决定，在自民党总裁选举中提倡推行以改善日中关系为主要内容的战略性亚洲外交。具体来说，是考虑在环境领域创设旨在推动日中共同研究的机构和交流基金。另外，安倍还将提出以下目标：1. 增加接收中国和亚洲其他国家的留学生；2. 加快缔结经济合作协定的速度，力争建立长期稳定的友好关系。

8月28—29日 日本首相小泉纯一朗访问哈萨克斯坦，与纳扎尔巴耶夫总统举行了会谈。双方一致表示，要进一步加强在经济、政治及其他各领域的合作，并签署了联合声明及关于推动两国政府在和平利用原子能领域合作的谅解备忘录。这是日本首相首次访问中亚地区。

8月29—30日 日本首相小泉纯一朗访问乌兹别克斯坦，与卡里莫夫总统举行了会谈。双方就合作开发乌兹别克斯坦铀矿资源达成一致。两国首脑发表联合声明，宣布要加强经济和环境领域的合作。卡里莫夫表示支持日本成为联合国安理会常任理事国。

8月29日 日本共同社报道，日本外务省已制订了雄心勃勃的计划，在今后10年里，将增加2000名外交人员编制（现有编制为5500名）和30个驻外使馆。外务省官员说，近年来，日本外交接连遭受重创，尤其在“入常”问题上不断碰壁，所以“加强日本外交能力迫在眉睫”。

8月30日 日本自民党防卫政策研究小组委员会批准了有关向海外派遣自卫队的永久性法案“国际和平合作法案”，提出自卫队在海外活动未必要以联合国决议及国际机构提出的要求为前提，目的是使日本能“自主地积极为国际和平做贡献”。

9月

9月3日 日本内阁官房长官安倍晋三在自民党总裁竞选辩论中表示，日中两国应恢复因靖国神社问题而一度中断的高层会谈。安倍说，日中双方应避免情绪化，以冷静解决这一问题，“为达到这一目标，我认为双方自然要举行领导人会晤和其他层级的会谈”。“遗憾的是，中方宣示只要日首相继续参拜靖国神社中方就不会举行两国领导人会晤。我认为这是一种错误的想法。只有对话才能改善双边关系。”

9月5日 日本官房长官安倍晋三在自民党一次集会上表示，未来的日本外交应更加积极自信。日本目前在世界上有相当大的影响力，但过于内敛，“缺乏迎合国际社会期望的意愿”。此外，安倍还说：“我认为我们应该把制定新宪法提到下一个政治日程上来，而且我们也应当考虑根据政府现行对宪法的解释或是新的解释使行使集体自卫权成为可能。”

9月5—9日 日中经济协会会长、新日本制铁公司总裁千速晃率日本商界代表团访华，并与中国政府及商界领导人举行会谈，双方就环境和能源等问题交换了意见。中国总理温家宝5日会见代表团一行。代表团成员包括日本经团联会长御手洗等130位公司总裁和通商产业省官员。

9月6日 日本天皇的次子文仁亲王的夫人纪子生下一名男婴，这是1965年以来日本皇室出生的第一个男性继承人。这名男婴将是仅次于德仁皇太子和文仁亲王的第三顺位的皇位继承者。

*《产经新闻》报道，日本经济产业省将募集1000名企业界人士组成政府公开访华团，参加中国湖南省9月26—28日举办的中部贸易投资博览会。通常企业参加涉外访问都是由经济团体或业界团体主办，政府动员民间企业组成访问团却十分罕见。

9月7日 日本内阁官房长官安倍晋三在记者招待会上就记者要求他澄清其日本二战史观与前首相村山富市1995年向亚洲人民道歉的声明有何不同时说，村山的声明是日本政府在二战结束50周年之际发表的，“我认为没有必要每当政府出现变动时，都发表这样的声明”。安倍说：“在过去60年里，日本基本上已发展成为一个和平民主的国家，同时诚实地反省（二战期间）许多日本人遭受了巨大痛苦，日本也给许多国家的人民造成巨大苦难并留下了伤疤”，“不过对这场战争的历史评价问题，应当留给学者们去研究”。

9月10日 日本全国性电视台富士电视播放了9月5日在帕劳对台湾“总统”陈水扁的专访。陈水扁称，目前台日关系为30年来最好的一段时期，他期待台日能够缔结准军事同盟，并表示有意邀请日本首相小泉纯一郎在卸任后访问台湾，出席10月台湾高铁的通车典礼。

*日本首相小泉纯一郎出席于芬兰首都赫尔辛基举行的第六届亚欧首脑会议，并在全体会议上要求各国一致对待朝鲜发射导弹及绑架问题，并推动反恐多边合作框架。

9月11日 日本内阁官房长官安倍晋三在与他的两位竞争对手、自民党总裁候选人——日本外务大臣麻生太郎和财务大臣谷垣祯一进行电视辩论时表示，他可能继续秘密参拜靖国神社，但这类参拜活动将是“非正式”的，因此“我认为不必正式宣布”。

＊日本成功发射第三颗间谍卫星，这是2003年日本卫星发射失败以来的第一次发射。

9月12日 日本自民党前副总裁山崎拓在东京接受新加坡《联合早报》采访时说，虽然小泉首相参拜靖国神社，可他并不存有军国主义思想。但安倍晋三不同，他的历史观以及战争观，恐怕将带领日本回归战前走军事大国路线。他说：“小泉纯一郎在位5年，防卫费并没增加。轮到安倍上台，我认为他会展开全方位扩军。”他说：“目前，日本政界正出现世代交替，战后出生的议员不断增加”，“安倍属于战后一代，在其主张的政策中，总是在强调‘力学’，主张强势。明显的他将更重视防卫，而将外交放在第二位。”

9月14日 安倍晋三在东京发表演讲时主张日本“必须改变外交政策”。他说：“过去，为了取悦外国，日本常常在外国设定的赛台上表演相扑；为了得到我们的国家利益，还必须遵守他们的规则。作为一个发挥领导作用的国家，日本应该参与制订规则、创建机制、推行更自信的外交政策的事务。”他说：“必要时，我们必须坚持自己的主张，为了能做到这一点，重要的是使日本成为负责任的联合国安理会常任理事国。”

＊美国众议院国际关系委员会举行“日本历史听证会”，题目为《日本与邻国的关系：面向未来》。听证会所涉及的内容包括：日本首相小泉纯一郎参拜靖国神社等由日本历史问题引起的与韩、中等国关系恶化的问题，以及美国在与此相关的亚洲地区上的利害关系等。这是美国国会首次因担心日本与邻国间的紧张关系而举行的听证会。

9月15日 奥姆真理教教主麻原彰晃被终审判处死刑。2004年，麻原彰晃以操纵东京地铁沙林毒气事件和杀害坂本堤律师全家等13宗命案被判处死刑。其后，他的辩护律师提出上诉。最高法院支持东京高等法院的裁决，驳回了上诉，维持原判。

9月16日 日本自民党公布《宇宙基本法案》的草案，提出修改过去的政策，允许日本自行研制军用的高性能侦察卫星。

＊日本防卫厅长官额贺福志郎访问蒙古，与蒙古国防部长米希格·索诺姆皮勒举行会晤，讨论双边防务合作和涉及中国的地区问题。

＊“第二届日台亚太未来交流论坛会议”在东京举行。李登辉向会议发表题为《全球化与台日的未来》的录像讲话，称台日“面临中国新奴役制度崛起的挑战”，必须联合“阻止中国霸权扩张”，鼓动日本率先废除“一个中国”的政策。

9 月 18 日 日本《赤旗报》报道，日本防卫厅决定从 2007 年度开始研发一种酷似美国战斗装甲车“斯特瑞克”的新型步兵战车，其特征在于具有高度的路面机动性，可以利用运输机空运并拥有能够击毁轻型坦克的火力。

*日本在国际原子能机构大会第 50 届常会上，提出“国际原子能机构供给燃料登记制度”。目前，许多国家都在进行发电用核燃料的开发，而这可能导致可转用于军事的核技术扩散。因此，国际原子能机构总干事巴拉迪提出了一个构想，即让有关各国放弃核燃料的独自开发，由核技术拥有国向这些国家提供核燃料。日本认为按照巴拉迪提案，未来只有现在出口核燃料的 6 个国家可以出口核，而拥有高水平核技术的日本却不在其中，因而提出反对意见。日本新方案的内容是，由拥有核技术的国家事先登记可以提供的技术，然后由国际原子能机构根据需要来分配出口。

*俄罗斯决定取消“萨哈林一2”石油天然气项目的环境许可。日本官房长官安倍晋三说，萨哈林项目延期可能伤害两国的外交关系。“萨哈林一2”石油天然气项目投资 200 亿美元，英荷壳牌石油公司占股 55%，日本三菱商事占股 20%，三井物产占股 25%。计划从“萨哈林一2”项目购买液化天然气的日本企业包括东京电力、东京天然气等 8 家公司，这些公司都签订了约 20 年的长期购买合同。8 家公司总计购买量每年超过 400 万吨，占日本天然气需求量的一成。

9 月 19 日 日本政府根据联合国安理会针对朝鲜发射导弹通过的决议，在内阁会议上批准了对朝鲜实施金融制裁的措施，其核心内容是：作为《外汇和外国贸易法修改案》的适用对象，对被怀疑与朝鲜导弹、大规模杀伤性武器开发有关的团体、个人在日本国内金融机构设立的账户实行限制，对这些账户向国外汇款和取款行为实行许可制度，事实上冻结了这些账户。

*民主党众参两院议员组织的“日本台湾安保经济研究会”与台湾“群策会”成员在东京举行座谈会。日本参议员田村秀昭强调，台湾和日本亟须进行军事交流，以应对“目前共同面临的中国威胁”。

9 月 20 日 日本内阁官房长官安倍晋三高票当选日本自民党第 21 任新总裁，成为首位二战后出生的自民党总裁。

9 月 23—26 日 中日在东京举行第六次战略对话，双方都表达了改善和发展两国关系的积极愿望，并就如何消除政治障碍交换了意见。

9 月 25 日 自民党新总裁安倍晋三确定了自民党新一届领导班子。中川秀直出任干事长，中川昭一、丹羽雄哉分别担任政调会长、总务会长。

9月26日 自民党新总裁安倍晋三在日本众参两院全体会议上（第165次国会临时会议）当选为日本第90任、第57位首相，成为二战后最年轻和首位战后出生的日本首相。

＊安倍晋三在首相官邸举行就任后的首次记者招待会，宣布成立“建设美丽国家的内阁”。他说：“我希望继续推行强势外交”，“希望日本成为美丽的国家，受到世界各国的信任和尊重”。安倍承诺要致力于修复与邻国之间的紧张关系，称中国是最重要的合作伙伴。他说：“对日本而言，和平发展的中国是最重要的国家。日本是一个亚洲国家，我将进一步加强同中国、韩国和俄罗斯之间的关系。”安倍还表示将继续加强日美关系。他说：“日美联盟是我们的外交和安全政策基础。”

＊在日本新内阁中留任外相的麻生太郎说，日本一直对举行日中领导人会谈持开放态度，“日中关系已经在经济领域达到最好时期，我们之间的文化交流也已达到二战结束以来的最高峰。既然我们有了新首相安倍晋三，我们将努力使新首相同中国国家主席胡锦涛举行会谈”。

＊世界经济论坛发表《2006年世界竞争力报告》表明，日本的国际竞争力已从2005年的第10位上升到第7位。1995年日本的国际竞争力曾在世界上排名第4。在被调查的9个领域里，日本在“技术革新”、“初级教育”方面都排在第一位。

9月27日 日本新防卫厅长官久间章生在接受日本时事社采访时说，中国日益增长的军费开支“在某种程度上（对日本）是一个威胁”。他说：“无论日本的防务开支有多少，如果中国在核武器和导弹上花费那么多的话，日本都无法与之竞争。但他们不可能袭击日本，因为我们与美国结成了同盟。这个（与美国的）安全条约很重要。”29日，久间章生表示要更正这一说法，改口称中国不断提升的军力与其说是一种威胁倒不如说是一大困扰。他说，尽管中国的军力在不断提升，但中国并未对日构成威胁，因为中国无意攻击日本。“我不是在散布中国威胁论。”但他声称，中国应增加其军事能力的透明度，“否则，日本人民会有所忧虑”。

9月28日 日本首相安倍晋三与韩国总统卢武铉举行电话会谈，一致同意发展两国的友好合作关系，并在合适时机举行首脑会晤。

9月29日 日本首相安倍晋三在国会众议院全体会议上发表当选首相后的首次施政演说，阐述了新政府的内政外交政策。在外交政策方面，安倍强调将对外开展自主性外交，努力加强日本同中韩等亚洲邻邦的“互信关系”，同时表示将加强日美安全同盟。在内政方面，安倍表示，希望日本能尽快采取行动修改二战后制定的和平宪法，并表示将着手研究行使集体自卫权的问题。

10月

10月2日 日本首相安倍晋三在众议院全体会议接受自就任首相以来的首次质询时表示，原则上继承1995年“村山谈话”精神以及小泉首相在2005年终战纪念日发表的“小泉谈话”精神。安倍还表示将“通过在所有可能的层次和领域开展对话与合作”，与中、韩建立向前看的关系。但他同时表示，在靖国神社问题上仍坚持原有立场。

10月3—4日 日本首相安倍晋三的国家安全保障问题辅佐官小池百合子访问美国，并同美国总统布什的助理兼国家安全顾问哈德利举行会谈。

10月4日 美国白宫副发言人发表声明，对日本首相安倍晋三本月8—9日访问中韩表示欢迎。声明指出：“布什总统因安倍首相访问中韩而增加了勇气。”美国政府在其他国家首脑举行会谈前发表声明是异乎寻常的。

10月6日 日本3个主要经济团体的领导人相继对安倍首相重开与中国和韩国的首脑会谈表示欢迎。

＊日本政府召开内阁会议，决定将《反恐特别措施法》期限再延长一年。相关修正案当日被提交国会审议，预计将在本月内获得通过。美国“9·11”事件后，日本国会于2001年10月通过了有效期为两年的《反恐特别措施法》。根据这部法律，日本从2001年12月开始向印度洋派遣海上自卫队，支持美国、英国等多国部队武力推翻阿富汗塔利班政权，随后继续为在印度洋活动的美英等多国海军舰艇提供燃料及后勤保障服务。《反恐特别措施法》期限曾于2003年10月和2005年10月分别被延长两年和一年，此次是该法律期限第三次被延长。

＊日本国际石油开发公司就伊朗阿兹德甘油田开发问题与伊朗达成协议，将该公司所持有的75％权益中的65％转让给伊朗方面，因而该油田的开发主导权也由日本转向伊朗。阿兹德甘油田位于伊朗与伊拉克接壤的西南部边境地区，石油埋藏量为260亿桶，是20世纪80年代以后发现的世界第二大油田，开发成功后日产量可达26万桶，相当于日本原油进口的6％。

10月8—9日 应中国国务院总理温家宝的邀请，日本首相安倍晋三正式访问中国。胡锦涛主席、温家宝总理分别与安倍晋三举行会谈。胡锦涛就实现中日关系长期健康稳定发展提出了加强政治互信、深化互利合作、扩大人员交往及加强两国在地区和国际事务中的沟通与协调，以共同构筑中日友好和互利合作的新格局等四点建议。安倍表示，日方高度重视胡锦涛主席就发展日中关系提出的十六字方针，愿按照日中间三个政治文件的精神和原则，从战略高度为日中关系改善和发展作出贡献。安倍表示，日本历史上曾经给亚洲人民造成了巨大的损害和痛苦。在深刻反省历史的基础上，坚持走和平发展道路是日本的既定政策，不会改变。日方和他本人将按照两国就克服影响两国关系的政治困难、促进两国关系健康稳定发展的共识妥善处理历史问题。中日双方还发表联合新闻公报，主要内容有：1. 日方邀请中国领导人访问日本，中方原则同意；2. 双方同意两国领导人在国际会议场合经常举行会谈；3. 加快东海问题磋商进程，坚持共同开发大方向；4. 年内启动中日学术界共同历史研究。

10月8日 正在访华的日本首相安倍晋三在与中国领导人会谈后召开的记者会上表示，两国就改善双边关系达成共识，并就共同关心的国际议题建立战略互惠关系取得一致。针对参拜靖国神社问题，安倍说，他不会公开宣称是否已经参拜过靖国神社，也不会表示是否将这样做，因为这一直是一个外交和政治问题，他将本着双方需要克服政治困难和促进双边关系顺利发展的观点，“以适当的方式”处理此问题。安倍表示：“我认为我已赢得了对方的理解。”安倍还说，他邀请胡锦涛和温家宝访日，二人表示同意，今后将由两国外交部门进一步协商。

10月9日 韩国总统卢武铉与到访的日本首相安倍晋三举行会谈。双方一致认为，保持日韩友好合作关系不仅对日韩关系十分重要，而且有助于东北亚的和平与共同繁荣，一致同意为建立“面向未来”的双边关系而努力。安倍晋三在会谈中表示，以前参拜靖国神社并非出自拥护特定政治目的，由于目前这一事件已经成为政治外交问题，因此今后要“慎重”考虑。会谈后，卢武铉在记者招待会上表示，两国领导人同意，韩、日双方不能仅仅纠缠于历史问题，而应该以面向未来的态度推动双边关系发展。但他同时指出：“历史问题如果不能得到合理的解决，就有可能成为破坏未来东北亚互信和稳定的根源。”

＊日本官房长官盐崎恭久下午1时在首相官邸召开紧急记者招待会，对朝鲜宣布实施核试验提出严重抗议。他说：“如果情况属实，不仅对我国，对东北亚和国际社会的和平与安全都是一次重大威胁。”日本外相麻生太郎也于同一天表示，平壤的核试验一经证实，日本将考虑对朝鲜实施进一步的制裁。

10月10日 日本首相安倍晋三在日本众议院回答各党代表质询时表示，日本的无核三原则没有一点改变。针对日本国内可能会因朝鲜进行核试验而出现主张拥有核武器的意见，安倍说：“我们不打算改变我们的政策，即拥有核武器不是我们的选择”，“我们的无核武原则不会改变”。

＊日本众议院全体会议针对朝鲜进行核试验通过一项决议，表示绝不能容忍朝鲜开发核武器，要求朝鲜立即放弃一切核武器及核计划，无条件早日重返六方会谈。

10月10—11日 日本共同社在安倍晋三首相访问中韩两国后进行了一次紧急电话民意调查，结果显示，有56.6%的被调查者认为首相不应该参拜靖国神社，比安倍内阁刚刚成立时的51.3%高出5.3个百分点。相反认为应该参拜的人比上次下降0.4个百分点，降为32.6%。另外，当问及如何评价安倍首相出访中韩两国一事时，回答“给予肯定”和“一定程度上给予肯定”的总数超过了83.2%，远远超过了回答“不怎么肯定”和“不给予肯定”的13.1%。但调查同时显示，认为日中、日韩关系将会走向好的方向的人只有35.9%，回答“不好说”的人则达到48.7%。

10月11日 日本政府在首相官邸召开有关阁僚会议和安全保障会议，决定针对朝鲜进行的核试验，日本单独启动追加制裁措施。13日，内阁会议实施对朝追加制裁措施，内容主要包括禁止所有朝鲜船只进入日本港口，以及全面禁止进口朝鲜产品。上述措施从14日起开始执行，期限为半年。

＊日本政府向联大负责裁军和国际安全事务的第一委员会提交了一份要求全面废除核武器的核裁军决议草案，对朝鲜进行核试验表示谴责。从1994年起，日本政府已连续13年每年向联合国提交一份要求全面杜绝核武器的决议草案，并获得通过。

10月12日 日本防卫厅长官久间章生在参议院预算委员会会议上说，鉴于朝鲜进行了核试验，日政府决定把用于海上导弹防御的SM－3导弹的配备时间从2007年年末提前到2007年年中。

10月14日 日本参议院国土交通委员长大江康弘在一次演讲中表示，台湾与日本有着共同的自由、民主、人权与法治价值观，是日本的重要战略伙伴，日本应早日制定《与台湾关系法》，并强调“台湾是日本的生命线”。

10月15日 针对朝鲜宣布进行核试验一事，日本自民党政调会长中川昭一在朝日电视台一个政治讨论节目中表示，有必要讨论日本拥核问题。同时他又强调，自己并没有鼓吹日本应该拥有核武器，日本政府现在也不会放弃“无核三原则”。这是有史以来，自民党领导层中首次有人在公开场合提议讨论拥有核武问题。对此，日本防卫厅长官久间章生表示，目前没有这种讨论，也没有必要讨论核武装。“最好的做法就是在美国核保护伞下，根据日美安保条约行事。”日本首相安倍晋三也在大阪府茨木市重申，即使朝鲜宣布拥有核武，日本也将继续遵守“无核三原则”的国策。

＊应日本联合执政的自民党和公明党的邀请，中共中央对外联络部部长王家瑞率领中国共产党代表团离京赴日，参加中日执政党交流机制第二次会议。

10月15—17日 日本参议院议长扇千景应中国全国人大常委会委员长吴邦国的邀请访问中国，就两国国会定期交流交换意见。

10月16日 美国助理国务卿、朝核问题六方会谈代表希尔抵达日本，与六方会谈日本首席代表佐佐江贤一郎举行会谈。双方一致同意对宣称成功进行核试验的朝鲜迅速采取强硬制裁措施。

＊日本首相安倍晋三对记者说：“我们坚持无核三原则的政策不会有任何改变，政府不会讨论核问题。”安倍还表示，日本政府不会允许美国在日本部署核武器，作为对朝鲜威胁的一种威慑力量。日本内阁官房长官盐崎恭久也在记者会上表示，日本没有任何改变“无核三原则”的计划，“根据原子能基本法和核不扩散条约，日本不会拥有核武器”。

10月17日 《产经新闻》报道，为对付日本周边海域的中国潜艇，日本防卫厅决定着手研究具有反监测能力和耐冲撞结构的新一代高科技潜艇。报道称，防卫厅计划从明年度开始研究和试制，并在2010年度进行试验，预计在2014年度完成。

＊日本防卫厅长官久间章生在日本众议院安全保障委员会上表示，日本海上自卫队船舰在对美国舰艇进行补给之际，若美舰遭到攻击的话，将视同日本自身也遭受攻击，自卫队应战是一种“正当防卫”，这有别于日本和平宪法所禁止实施的集体自卫权。

10月18日 日本外相麻生太郎在日本众议院外交委员会会议上称，不应排除有关日本是否应该拥有核武器的讨论。他表示是否允许拥有核武器和是否允许讨论这个问题是两回事。不过，麻生重申，日本政府仍将继续奉行“不制造、不拥有、不引进核武器”的无核三原则。对此，日本首相安倍晋三再次重申，日本不寻求制造核武器，关于日本核政策的争论已经结束。

＊美国国务卿赖斯访问日本，与安倍晋三首相及麻生太郎外相举行会谈。赖斯明确表示：“美国完全拥有向韩国和日本等盟国提供安全保证和遏制力的意愿和能力”，重申美国保护日韩两盟国免受常规武器和核武器双重威胁的立场不变。赖斯同时表示，正因朝鲜核试验这一新情况的发生，目前有必要加强东北亚地区的战略关系。麻生太郎在会谈后对记者说，日本政府现在绝对没有准备拥有核武器的意愿。他说：“现在没有拥有核武器的必要，因为日美安全框架将起到保卫日本的作用。美国国务卿

赖斯刚刚确认了这一点。”

10 月 19—21 日 由中日两国专家组成的“新日中友好 21 世纪委员会”会议在青岛举行，中日双方委员就如何建立“战略性互惠关系”进行了广泛讨论，其内容涉及能源、环境方面的合作，文化科技交流，东亚安全等。

10 月 22—24 日 伊拉克石油部长侯赛因·沙赫里斯塔尼访问日本，与日方官员就加强两国能源合作以及伊拉克的政治、经济形势举行了会谈。双方签署“日本与伊拉克加强合作、共同开发石油和天然气”的联合声明。

10 月 23 日 《读卖新闻》报道，日本防卫厅与航空自卫队初步决定在冲绳的宫古岛设置新型无线电波监测设施，以提升电子情报的侦察及搜集能力。此项举措主要是针对近年来中国军机舰艇在东海、台湾海峡等地的频繁活动。宫古岛距钓鱼岛约 180 公里。

10 月 24 日 日本外相麻生太郎在日本国会答辩时说：“讨论我方应如何应付我国周边变化中的环境，是非常自然的事。我不支持压制有关我国应拥有核（武器）还是恪守无核三原则的辩论。”但他同时强调，日本政府并不支持拥核，日本政府将继续恪守“无核三原则”。但他又辩称，自 20 世纪 60 年代日本政府开始奉行这些原则以来，地区安全环境已经发生了变化。

10 月 25 日 日本防卫厅长官久间章生说，日本不应轻率讨论是否该拥有核武器问题。“我们拥有先进技术和（发射）导弹的能力，所以我们可能有制造核武器的潜力，但我们不打算这么做。”久间说：“我来自长崎，我希望长崎是地球上最后一个遭受核袭击的地点。”久间认为，日本的最佳选择是依靠美国提供的“核保护伞”，而不是自己发展核武器。

10 月 27 日 日本首相安倍晋三在谈到日本是否要拥有核武器的问题时说：“政府和党的机构不议论这个问题，这一点是明确的。除此以外的议论属于言论自由，显然不能封堵言论。”他同时强调，政府坚持无核三原则的方针不变。

* 美国驻日本大使托马斯·希弗表示，美认为日本不需要研制核武器，但也不会试图阻止日本国内关于这一问题的讨论。此外，希弗还敦促日本今后在导弹防御计划中承担更多责任。

* 香港前往钓鱼岛宣示主权的“保钓 2 号”因在钓鱼岛附近水域遭日本舰艇发射高压水炮袭击受损，决定返回香港。

10 月 29 日 日本首相安倍晋三首次检阅日本海上自卫队。安倍晋三乘坐“鞍马”号护卫舰检阅了在东京西南相模湾海域举行阅兵式的海上自卫队。参加阅兵的部队包括 48 艘舰船、9 架直升机以及 7900 名自卫队员，演习内容包括发射反潜导弹以及海上加油等。安倍在检阅时发表演讲说，朝鲜的导弹与核计划对东北亚及国际社会的安全构成了极大的威胁。"我会推动必要的立法，让国际维和行动成为日本自卫队的主要任务之一。"

10月30日 日本内阁官房长官盐崎恭久重申，日本将奉行"无核三原则"，即"不制造、不拥有、不引进核武器"。并表示，日本政府及自民党都不会对日本是否应发展核武器进行正式讨论。

＊日本智库"日本国际论坛政策委员会"提出一份报告，敦促日本首相安倍晋三采取行动，与中国建立更牢固的关系，并建议日中两国早日建立热线。

＊陈水扁通过视讯系统与日本政界、学界、媒体人士对话，呼吁日本与台湾建构战略对话，特别是台日安保对话，并期待日本国内能推动美国《与台湾关系法》的日本版，形成并建立台、美、日三方的安保机制。

＊受日本宗教团体邀请，达赖喇嘛抵达日本，开始进行为期14天的访问。访问期间，达赖在广岛市和二十日市发表演讲，并进行了一些宗教活动。日本官员称，日本政府同意达赖入境，条件是访日期间不进行任何政治活动。

10月31日 日本首相安倍晋三接受美国有线电视新闻网（CNN）等媒体采访时表示，在促进亚洲地区发展方面，日本和中国应成为负责任的伙伴。尽管日中两国有时可能成为对手，但两国应该认识到，在经济领域它们基本上相互需要。此外，安倍还表示将在他任期内实现修改宪法。安倍称，宪法第九条是现行宪法中"与时代不相称的典型条文"，无论从保卫日本还是从为国际社会做贡献等角度看，都应该予以修改。这是安倍上台以来首次谈及修宪的具体内容。

＊总务省发表国势调查确定值表明，到2005年10月1日，日本总人口为1.27767994亿人，比2004年减少2.2万人，为战后以来首次出现减少趋势，表明日本已开始进入"人口长期减少时代"。从人口结构上看，65岁以上的高龄人口占整个人口的20.1%，创历史最高记录。

11月

11月1日 日本首相安倍晋三接受美国《华尔街日报》专访时表示，希望日中双方进行合作，在东海有争议的尖阁群岛（钓鱼岛）附近着手实施天然气田开采计划。他说，日本和中国都是能源进口国，"因此最好的办法是进行合作，而不是试图抢夺对方的能源”。安倍还提到，与中国签署自由贸易协定“在我的视线范围之内”，但前提条件是中国须更好地保护知识产权。他还表示，日本必须在国际事务中扮演更加积极的角色。

11月2日 美国国务卿赖斯接受媒体专访时指出，美国反对东北亚国家和地区走核武之路，这些国家和地区发展核武只会使形势更不稳定。赖斯说，她两周前访问亚洲时提醒各国，美国对日本与韩国都做出安全防卫的承诺，美国将持续守诺，并尽一切能力。希望相关国家信赖美国提供的安全网，以面对任何威胁，例如朝鲜核试验。

11月5日 韩国外交通商部长官潘基文访问日本，与日本首相安倍晋三及外相麻生太郎举行会谈，商讨如何协调执行联合国对朝决议和重启六方会谈等问题。潘基文还对日本政治家最近发表的有关东京应就开发核武器问题进行讨论的言论表示担忧。

11月6日 日本外相麻生太郎会见到访的美国负责政治事务的副国务卿伯恩斯和负责军控和国际安全事务的副国务卿约瑟夫。麻生在会见后说，日美双方在朝鲜问题上达成三点共识：第一是不承认朝鲜是核国家，第二是日本不放松对朝鲜的广泛制裁，第三是朝核六方会谈是唯一“实现朝鲜放弃核武器这一目标的途径”。

11月7日 《日本经济新闻》报道，日本企业对中国的直接投资开始减少。2006年前三个季度日本企业对华直接投资为32.7亿美元，与2005年同期相比下降了30%。

11月8日《日本经济新闻》报道，日中两国政府原则上同意创设“日中经济部长会议”，以期在广泛的经济领域内推动相互合作。“日中经济部长会议”的宗旨是有效推动经济领域的对话，两国希望它与首脑会谈、副外长级综合政策对话一道成为日中之间的主要对话渠道。

＊日本政府向联合国提交一项新动议，要求增加中俄两国2007—2009年的会费份额，称此举旨在使联合国会员国的贡献与其“地位和责任”相称。动议建议将2006年中国的联合国会费份额从2.1%增加到3.9%，将日本的会费份额从19.5%降至15.3%。

11月10—16日 日本和美国在日本周边海域举行今年规模最大的一次海军联合演习，大约有10艘美国军舰、90艘日本军舰和170架日本飞机以及一万多名官兵参加演习。

11月11日 日本政府发表新国土形成计划概要。具体目标是以东北和北陆等各个经济圈为单位，加强与亚洲等的海外经济交流，形成一个“不过度依赖东京的自立性经济圈”。新计划力争在北海道和冲绳以外的8个地方经济圈扩展和建立空中航线和物流网，以吸引海外旅游者及促进日本国内有竞争力的产品出口。

11月14日 日本政府在一份答复议员质询的声明中说，从“法理”出发，日本宪法“允许”出于自卫目的，拥有“最低限度”的核武器。

11月15日 日本首相安倍晋三接受新华社驻东京记者专访时说，日本与中国保持并进一步发展友好关系，对维护本地区的和平与发展乃至世界的和平与发展非常重要。应发展两国战略性互惠关系，走出单纯的友好关系阶段。安倍还说，日中互惠关系还有更大的潜力，中国的发展对日本来说也是机遇。

11月16日 日本国会众议院以多数赞成通过《教育基本法》修正案，该法案强调“爱国心”和“传统”等理念。日本许多团体和教师认为，这种做法让人联想起战前和军国主义教育。当时，日本军国主义政权通过发布“教育敕语”等法令，向中小学生灌输为天皇献身的“道德观”。

＊日本外相麻生太郎与中国外交部长李肇星在越南河内出席亚太经合组织部长会议期间举行会谈，就双边关系及共同关心的地区问题交换了看法，并就中日共同研究历史问题达成共识，一致同意通过两国学者对中日2000多年交往史、近代不幸历史以及战后60年中日关系发展史进行共同研究，增进相互理解。双方决定，各自成立由10名学者组成的委员会，设置“古代史”和“近现代史”两个小组，由中日双方轮流主办会议。

11月18日 中国国家主席胡锦涛与日本首相安倍晋三在越南河内出席亚太经合组织领导人非正式会议期间举行会晤，双方承诺进一步努力改善中日关系，并一致同意成立一个部长级会议，加强两国在贸易、投资、能源、科技和环保领域的合作。胡锦涛在会谈中指出，历史和台湾问题事关两国关系的政治基础，应得到妥善处理。双方应本着互利互惠原则，坚持谈判对话，搁置争议，共同开发，加快东海磋商进程，争取早日解决这一问题。安倍晋三说：“中日关系正进入一个重要阶段。两国领导人应把两国关系的发展引向正确的方向，这很重要。”安倍在会谈中承诺，日本不会谋求自己研发核武器。安倍还邀请胡锦涛明年访问东京。另外，两国领导人还就朝核问题交换了意见，同意共同努力使六方会谈取得具体成果。

＊日本首相安倍晋三与美国总统布什在越南河内出席亚太经合组织会议期间举行会谈，双方一致表示要在安保和经济领域强化同盟关系，并达成以下协议：1. 为推进导弹防御系统加快合作速度；2. 扎扎实实实施驻日美军整编；3. 积极举行经济领域的副部级磋商。另外，在朝核问题上，双方重申将继续为重启六方会谈而努力，并一致认为“主席国中国的作用是重要的”。这是安倍就任首相后第一次举行日美首脑会谈。

＊日本首相安倍晋三与俄罗斯总统普京在越南河内出席亚太经合组织

会议期间举行会谈。

＊日本首相安倍晋三与韩国总统卢武铉在越南河内出席亚太经合组织领导人非正式会议期间举行会晤，双方一致同意推动中日韩领导人于12月在菲律宾宿务东亚首脑会议期间举行三方首脑会谈。

＊日本时事社发表民意调查结果显示，反对日本核武化的人达68.9％，持肯定意见的为22.1％；针对日本推动导弹防御系统，表示赞成的达71.8％，反对的只有15％。

11月21日 日本首相安倍晋三暗示应该“研究”利用日本的导弹防御系统击落以美国为目标的导弹是否属于行使集体自卫权的问题。安倍就“福田讲话”指出：“讲话是建立导弹防御系统时的政策性判断，是个别的判断”，暗示可以修改这个谈话。日本政府于2003年决定和美国合作构建导弹防御系统时，当时的官房长官福田康夫根据内阁会议决定发表谈话指出，日本的导弹防御系统只为防卫本国领土，不会用于防卫第三方，从而符合日本不行使集体自卫权的承诺。

＊日本防卫厅长官久间章生说，日本的导弹防御系统不会拦截袭击第三方的导弹，日本“专守防卫”的基本政策不会改变。他说，日本的导弹防御系统可以用来抵御以日本为直接攻击目标的导弹，但不会对攻击其他地方的导弹作出反应。

＊日本首相安倍晋三在东京会见到访的丹麦首相拉斯穆森时表示，中国的经济发展对日本乃至整个世界来说都是一大机遇，“但与此同时，有必要密切关注其军事建设长期以来缺乏透明度的问题”。他重申，日本反对欧盟解除对华武器禁运。拉斯穆森说，丹麦对日方的请求表示理解。

11月21—23日 日本前首相森喜朗访问台湾，并会见了台湾“总统”陈水扁及“前总统”李登辉。森喜朗称，今后他将为日台关系发展而努力。

11月22日 日本政府成立探讨构建日本版“国家安全委员会”问题的“强化官邸国家安全职能会议”。首相安倍晋三任会长，首相安全保障辅佐官小池百合子任代理会长，成员包括现任内阁官房长官盐崎恭久、前内阁安全保障室长佐佐淳行、防卫厅前参谋总长先崎一、军事专家小川和久等人。

＊金融厅发表日本六大金融集团旗下9大银行9月中期结算情况表明，到2006年9月末，9大银行的不良债权比率为1.5％，比3月下降了0.3个百分点，不良债权余额合计为3.9万亿日元，减少了7000多亿日元。9大银行不良债权比率最高是在2002年3月，达到了8.4％。这次统计结果表明，各大银行的不良债权问题已经基本解决。

11月24日 日本防卫厅长官久间章生在国会答辩时说，日本可以在

"紧急情况"下允许载有核武器的美国舰艇通过日本领海，这并不违反日本无核三原则。

11 月 27 日 从综合海洋政策角度考虑日本安全的"海洋国家日本的前进道路——日本海洋政策的应有状态"学术研讨会在东京举行。研讨会报告了中国利用巨额援助向太平洋岛国快速渗透的情况，并对日本海洋政策落后于周边国家的现实表明了担忧。

11 月 29 日 "中日第七次防务安全磋商"在东京举行。双方就国际与地区安全形势、国防政策与军队建设、两国两军关系以及其他共同关心的问题交换了意见。双方一致同意，建立中日防务热线，加强在安全领域的对话，进一步推动包括高层互访在内的两国防卫交流的发展。

11 月 30 日 日本外相麻生太郎在日本众议院安全保障委员会称，日本完全有能力制造核武器，但这并不意味着日本目前已有制造核武器的计划。他说："日本宪法第九条并不禁止拥有自卫所需的最少量的武器，甚至是核武器，只要将之保持在限制之内。"

＊日本众议院以压倒性多数通过了日本防卫厅升格为防卫省的相关法案。法案规定：从 2007 年 1 月起，防卫厅正式升格为防卫省，防卫厅长官随之升格为防卫大臣；把国际紧急援助活动、联合国维和行动、根据周边事态法进行的后方支援活动等自卫队的"附属任务"升格为"基本任务"，写入自卫队法中。

＊日本自卫队在美国新墨西哥州布利斯地区的麦格雷戈兰奇成功试射了一枚新型"Chu－SAM"地对空防御导弹。这种导弹可用于拦截飞机、空对地导弹和巡航导弹。

＊日本外相麻生太郎在日本国际问题研究所主办的专题讲座上发表题为《建立"自由与繁荣之弧"——拓宽的日本外交地平面》的演讲，其中提出了奉行"有价值的外交"、"形成自由与繁荣之弧"等新计划。他把重视"民主主义"、"自由"、"人权"、"法治"、"市场经济"等"普遍价值观"的外交命名为"有价值的外交"，并明确提出了联合欧亚大陆外围新兴民主主义国家、建立"自由与繁荣之弧"的方针。

12 月

12 月 2—3 日 第八届中日韩环境部长会议在北京举行，就共同加强三国环境合作等问题深入交换了意见。

12 月 4 日 《日本经济新闻》报道，日本防卫厅着手开发超小型无人驾驶侦察机，以 5 年后实用化为目标，用来侦察入侵日本的敌情，以确保日本自卫队员的安全。开发费用预计约为 870 万美元。

* 日本厚生劳动省召开研讨国际业务人事和政府开发援助成效的工作小组会议，考虑形成跨省厅的应对体制。日本政府因受到上月世界卫生组织总干事败选的影响，所以开始检讨如何培育精通国际事务并拥有国际人脉的人才。这是日本政府首次召开这样的会议。日本厚生劳动副大臣武见敬三表示，日本确实还未建立一个培养国际事务人员的体系。中国的影响力增加，而日本的发言权在下降，日本今后应该与包括中国在内的发展中国家确立合作关系，并在国际社会中重新凸显自身的存在。

12 月 8—10 日 日本首相安倍晋三对菲律宾进行国事访问，并与阿罗约总统举行会谈，就反恐及东亚合作等问题交换了意见。

* 日本内阁批准将日本航空自卫队在伊拉克的活动期限延长至明年 7 月底。日本内阁官房长官盐崎恭久在新闻发布会上说："由于美国和多国部队还在继续为伊拉克提供帮助，我国也需要承担起与我们地位相符的责任。"

12 月 9 日 日本内阁府公布其 10 月 5—15 日就日外交关系现状进行的年度民调结果，显示日本民众对中国的好感度比 2005 年上升了 1.9 个百分点，达到 34.3%；认为日中关系良好者的比率也上升了 2 个百分点，达到 21.7%。而在 2004 年和 2005 年，这两个数字都是连年下跌。同时，对中国态度不友好者的比率下降了 1.8 个百分点，为 61.6%。

* 日本外相麻生太郎与中国外交部长李肇星在菲律宾宿务举行会谈，双方就东海问题、共同历史研究、六方会谈、援助项目等问题交换了意见。另外，麻生再次邀请中国国家领导人 2007 年春天访问日本。

12 月 13 日 日本外相麻生太郎在议会外交事务委员会会议上说，可以沿北方四岛的第一个岛屿划一条线，将整个地区分成两个部分。麻生说："如果我们将北方领土分成两部分，我们将获得约 25%的择捉岛和另外三个岛屿。"麻生表示，如果与俄罗斯的谈判仅集中在岛屿的数量上，那么这一谈判永远都不会有结果。麻生还补充说，这一争端必须在普京总统的任期于 2008 年 5 月结束前解决。

12 月 13—16 日 印度总理曼莫汉·辛格访问日本，与安倍晋三首相等政府官员举行会谈，并在日本国会发表演讲，提出印日共建横跨亚洲的"繁荣弧"。辛格称日本和印度是"亚洲最大并且最为发达的民主国家"，"牢固的印日关系将成为建设开放和包容的亚洲、推动该地区和平与稳定的一个重要因素"。他说："我们的伙伴关系有可能创造一条横跨亚洲的有利和繁荣的弧线，为建立亚洲经济共同体打下基础。"

12 月 14 日 日本参议院全体会议通过日本防卫厅升格为防卫省的相

关法案，由此该法案正式生效。从 2007 年 1 月起，防卫厅将正式升格为防卫省。

＊日本外相麻生太郎与到访的老挝副总理兼外交部长通伦·西苏利举行会谈，建议日本与湄公河流经的 5 个东南亚国家举行部长级会议，以共同商讨该地区的发展问题。

12 月 15 日 日本外相麻生太郎说，日本并没有考虑通过把北方四岛一分为二的做法解决同俄罗斯的领土纠纷，他 13 日在国会的说法只是一个理论上的讨论，否认东京将向莫斯科提出这一建议。

12 月 16 日 《读卖新闻》公布该新闻社与美国盖洛普市场及民意调查公司实施的“日美共同舆论调查”，结果显示，在日本，认为对华关系“良好”的计 23%，与 2005 年调查相比增长了 12 个百分点。虽然认为“不好”的共计 50%，但同比下降了 22 个百分点。关于对中国的“信任度”，日本回答“信任”的计 21%，与 2005 年相比增长了 5 个百分点，回答“不信任”的计 68%，同比减少了 4 个百分点。关于美中在政治领域哪个对日本更重要的提问，回答“美国”的为 48%，回答“中国”的为 36%。关于在经济领域重视美中哪一个的提问，在日本回答“中国”的为 62%，回答“美国”的为 25%。

12 月 17 日 日本外相麻生太郎重申日本不承认朝鲜为核国家，他说：“六方会谈原本就是要阻止朝鲜成为有核国。”

＊自民党政调会长中川昭一在曾经遭到原子弹轰炸的长崎参观了当地的核爆纪念馆，并发表演讲说：“从人道主义的观点来说，我真的不能原谅美国投掷原子弹。美国 1945 年使用原子弹轰炸日本是一种犯罪行为，是不可原谅的。”中川强调，各方应该竭尽所能，确保大规模杀伤性武器不再被使用，同时继续履行《不扩散核武器条约》。但他同时在讲话中再次暗示，日本该讨论是否应该拥有核武器。

12 月 19 日 日本首相安倍晋三表示，他希望日本明年能通过立法，允许对修改宪法进行全民公投。他说：“我希望在我任职期间修改宪法，尽管这是一项历史性任务。首先，我希望国会能通过一项关于公投的立法。”根据日本法律，对宪法进行全民公投需要进行特别立法。

＊日本靖国神社决定，对于战史博物馆“游就馆”所展示的历史记述中涉及中国的内容进行部分调整。神社将从 2007 年 1 月 1 日起换上新的展示内容。将被修改的与中国相关的展示内容有三部分：1. “从日俄战争到满洲事变”；2. “满洲的历史”；3. “支那事变”。修改后的具体表述还未最终确定，但对存在因表述不足而给人造成“误解”的部分，打算采用“更加柔和的措辞”。

12 月 20 日 财务省发表 2007 财政年度政府预算案，预算总额达到了 82.91 万亿日元（约合 7025 亿美元），比 2006 财年的 79.68 万亿日元增长 4 个百分点。其中防卫费为 4.798 万亿日元（约合 406 亿美元），比 2006 年度减少 0.3%，但其中有关导弹防御的开支则增长 30%，创下 1070 亿日元（约合 9 亿美元）的新纪录。日本内阁同时还通过现年度的追加预算案，包括追加 76 亿日元（约合 6440 万美元），用以提前部署导弹防御系统，以及追加 45 亿日元（约合 3813 万美元），以提高电子战预警机 EP3 的性能。此外新预算案计划将政府开发援助总额降至 7293 亿日元，比 2006 年度下降了 4%，这已是连续第八年下降。

12 月 21 日 政府发表日本与文莱经济合作协定框架协议，至此日本已与 8 个国家签署了经济合作协定，其中一些已经生效。2005 年日本从文莱的进口额为 2500 亿日元，其中 78%是液化天然气，占日本液化天然气进口的一成，在已签署经济合作协定的国家中，文莱是仅次于印度尼西亚的第二大能源合作国。

12 月 22 日 日本首相安倍晋三表示，除非朝鲜对国际社会的要求作出回应，否则“国际社会很可能提高对朝鲜的压力”。安倍强调，六方会谈仍然是目前解决朝鲜问题的最佳框架，日本将继续努力推动尽早恢复六方会谈。

＊日本外务省宣布，日本外相麻生太郎与美国驻日临时大使多诺万已在东京签署了《地理空间情报合作官方文件》。根据这一文件，日美两国将共享各自所掌握的其他国家的地形、航道等地理情报。文件规定双方有义务对情报进行保密，严禁向第三方提供相关的情报。

＊日本外务省和财务省在商议 2007 年度财政预算案时决定，日本将于明年在马拉维、博茨瓦纳、马里、立陶宛、波黑等 6 个国家新设使馆，并在全球各使领馆聘用更多当地员工。此举将使日本使馆的总数到 2008 年 3 月达到 123 个。日本外务省说，鉴于中国在发展中国家中的影响力越来越大，日本需要增设对外代表处。

12 月 23 日 第 61 届联合国大会通过决议，规定了 2007—2009 年联合国会费分摊方案。根据这一方案，日本今后 3 年所承担的会费比例将下降大约 3 个百分点，由目前的 19.4%降至 16.6%，仍是承担联合国会费第二多的国家。而中国、俄罗斯等安理会常任理事国的会费比例均略有上升。承担会费最多的美国仍保持 22%的最高分摊比例不变。

12 月 24 日 日本外相麻生太郎在电视新闻节目中表示，应继续维持旨在解决朝核问题的六方会谈机制，目前没有比六方会谈更好的机制。麻生是在被问到在本阶段六方会谈无果而终之后有关各方是否应重新考虑当前的谈判机制时作出上述回答的。

12 月 25 日 《产经新闻》刊登了一份题为《关于核武器国产的可能

性》的日本政府内部文件的要点。这份文件是政府内部专家悄悄进行调查后于9月20日制订的，文件得出的结论是："即使没有法令和条约上的制约，利用国内现有的核设施和核燃料，在一两年之内实现核武器的国产化也是不可能的。要想试制出小型弹头，至少需要3—5年的时间以及2000—3000亿日元的预算，并需要动员数百名技术人员。如果在不进行核试验的情况下进行开发，时间和费用将进一步增加。"

＊日本政府成立跨部门反谍报措施工作小组，其成员包括日本政府所有省厅的高级官员，并直接向首相安倍晋三办公室负责。成立工作小组的目的是商讨策略以确保国家机密不被外国间谍窃取。工作小组于26日举行了首次会议。

12月25—27日 日本众议院议长兼日本国际贸易促进会会长河野洋平应中国国际贸易促进会的邀请访问中国，并与中国国家主席胡锦涛等领导人举行会谈，讨论改善两国关系的问题。

＊"日本国际石油开发"取得了在利比亚开发油田的权利。近几年日本相继失去了在中东沙特阿拉伯和科威特等中立地区的石油权益，在伊朗阿兹德甘油田的权益也大幅度缩小，这一权利的获得表明日本又加快了中东地区开发资源的步伐。

12月26—27日 中日共同历史研究委员会第一次会议在中国社科院举行，中日各10名共20位学者出席会议。会议主要确定了开展共同历史研究的工作程序、范围、议题等，并就共同努力"缩小历史认识上的差距"达成一致。但在讨论中，中日双方的侧重点并不相同。中方强调，应首先研究二战中的历史问题，日方则把共同研究的重点放在"战后60年日中关系发展史"上，希望这段历史能够得到中国的肯定。

＊韩国外交通商部长官宋旻淳访问日本，并与日本首相安倍晋三、外相麻生太郎举行会谈。

12月26日 台湾驻日代表许世楷就中日共同研究历史问题称，此项研究若有涉及台湾的部分，台湾都不承认。许世楷称，他正考虑明年的"台日文化交流年"，是否成立一个"台日历史研究会"，"因为我们不需他国来替我们研究历史"。

＊日本官员敦促中国等新兴捐助国融入传统体系，在对非援助的内容和动机方面，与日本等传统捐助国保持更为友善和合作的态度。日本外务省官员说："巴西、俄罗斯、印度和中国这些国家都在增加它们的援助，但却没有融入传统捐助国的框架体系"，虽然日本对此表示欢迎，但"它们究竟在那里做些什么还缺少透明度"。

＊政府行政改革推进总部发表一项决定表明，政府将合并政府系统的4个金融机构，于2008年10月设立一个统一的新政策金融机构，名为

“日本政策金融公库”。原来的4个金融机构为“国民生活金融公库”、“农林渔业金融公库”、“中小企业金融公库”及“国际合作银行”。

＊经济财政咨询会议（议长为安倍晋三）决定了安倍政权第一个新经济中期方针“日本经济的发展方向与战略”，提出通过改革制度、提高生产力等经济增长战略，争取在2007年起的5年里实现实际经济增长率2%的目标。

12月26—31日 日本靖国神社“游就馆”闭馆重新布展，对部分展示内容进行调整。此次修改除按预定计划调整日美开战的相关叙述外，还将更换包括“满洲事变”和日中战争等关于中国的展示内容。相关人士称：“游就馆的展览是为了对抗自虐史观，但如果走过了头，就会形成对别国攻击性的表现。新展览试图在这一方面有所缓和。”但是，展览将依然维持不承认“侵略战争”的方针。

12月28日 台湾“总统”陈水扁接见日本“台湾国会关系研修团”成员时表示，美国有国内法《与台湾关系法》，而台日关系密切友好绝对不亚于台美关系，因此期盼日本版的《与台湾关系法》能持续推动，与美国的《与台湾关系法》一样，成为日本的国内法。陈水扁说，台湾、日本与美国是最佳的价值同盟和经贸安全伙伴，台湾海峡的和平及亚太地区的安全与稳定更是台日美三方的共同利益。

12月29日 日本《朝日新闻》报道，日本政府已确定应美国的要求签署《军事情报一般保密协定》，该协定包括有关保守防卫秘密的一揽子规定。协定签署后，将有助于提高日美军事情报共享程度。

东北亚大事记

1月

1月1日　朝鲜《劳动新闻》、《朝鲜人民军》和《青年先锋》联合发表题为《满怀伟大抱负与信念，争取更大飞跃》的新年社论，强调要以“苦难行军”精神战胜一切困难；树立以军事为重的社会风气；在经济方面力争使人民生活发生根本性变化。社论认为美国是民族统一的基本障碍，号召全民族团结一致粉碎来自美国的新战争挑衅，维护朝鲜半岛的和平与安全，提出“自主统一、反战和平、民族大团结”的口号。

1月2日　韩国总统卢武铉改组内阁，金雨植任副总理兼科技部长官、李钟奭任统一部长官、丁世钧任产业资源部部长官、李相洙任劳动部长官。3日，丁世钧辞去开放国民党议长和国会代表职务。4日，柳时敏被任命为保健福利部长官。

1月3日　韩国政府对外经济合作基金委员会审议通过“2006—2009年对外经济合作基金运用计划”，将该基金的规模从2002—2005年的8970亿韩元增加到19400亿韩元，其中9600亿韩元集中向越南、印度尼西亚、菲律宾等东盟国家提供。

1月4日　韩国外交通商部长官潘基文针对日本首相小泉纯一郎就其参拜靖国神社进行辩解一事答记者问说，在历史问题上，日本政府应努力赢得有关国家的信任和尊敬，日本领导人更应诚恳地倾听周边国家在历史问题上的立场，端正对历史的认识态度。韩国政府希望韩日关系尽快解冻，恢复正常，实现各方面的交流与合作。

1月5日　韩国统一部称，2005年韩朝贸易规模达到10.56亿美元，同比增长51.5%。南北双方自1989年开始贸易交流，累计贸易额已达60.48亿美元。

1月6日 柳在乾当选为韩国执政党开放国民党议长。

1月9日 朝鲜外务省发言人答朝中社记者问，明确表示鉴于美国最近采取针对朝鲜的制裁举动，与美国就解除核威慑进行对话是不可能的，要朝鲜回到六方会谈也是不合理的。

*国家主席胡锦涛会见访华的韩国国会议长金元基。胡锦涛积极评价两国立法机构为两国关系发展做出的贡献，希望双方继续推动中韩全面合作伙伴关系再上新台阶。金元基表示愿全面加强双方各层次友好交流与合作，为促进两国关系向前发展提供强大动力。金元基议长还与人大常委会委员长吴邦国举行会谈，就两国议会合作进行磋商，并签署了全国人大与韩国国会的合作协议。根据协议，双方每年会晤一次，轮流在两国举行。

1月10日 韩国国立首尔大学调查委员会举行记者会，发表黄禹锡研究小组最终调查报告。报告称，黄禹锡研究小组不仅没有成功培植出"与患者基因相一致的胚胎干细胞"，通过体细胞复制的胚胎干细胞也不存在，黄禹锡主张的核心技术的实用性也难被认证。另外，从2002年11月到2005年11月期间，有四家医院向黄禹锡研究小组提供了从129名女性身上提取的2061个卵子。但克隆犬"斯纳皮"的确是通过一条名叫"泰伊"的狗的体细胞克隆出来的。

*朝鲜、越南政府签署《2006年标准、质量管理部门合作协议书》。

1月10—18日 朝鲜劳动党总书记、国防委员长金正日对中国进行非正式访问。胡锦涛总书记与金正日举行会谈，并设宴款待金正日一行；全国人大常委会委员长吴邦国、国务院总理温家宝分别会见了金正日。金正日还到湖北省武汉市和宜昌市以及广东省广州市、珠海市和深圳市等地进行考察。据新华社报道，金正日说：通过考察参观，目睹了中国的变化，对中国促进的经济社会全面协调可持续发展等政策体会更深。朝方十分注意发展经济，愿意进一步加强同中国的交流与合作，更好地探索符合本国国情的发展道路。

1月11日 韩国国务总理李海瓒主持召开国政问题政策调整会，决定撤销黄禹锡"首席科学家"称号，要求监察院对政府向黄禹锡提供的研究资金去向进行监察，责成保健福祉部对黄禹锡研究中涉及伦理道德部分的问题进行调查，同时声明黄禹锡造假事件不会影响韩国政府对生命科学研究的支持。韩国首尔大学校长郑云灿就此事向国民正式道歉；美国《科学》杂志以主编名义发表声明，撤销黄禹锡研究组2004年和2005年在该杂志发表的论文。12日，黄禹锡在记者会上表示接受国立首尔大学调查委员会的调查结果，承认女性研究员有偿提供卵子的事实，对在《科学》杂志编造论文给韩国社会和国民带来的损失向国民表示道歉。

1月17日 韩国"国民中心党"正式成立，辛国焕、李仁济、金洛圣、柳根粲、郑镇硕等5位国会议员参加“国民中心党”。忠清南道知事沈大平和辛国焕为该党共同代表，李仁济为最高委员。

1月18日 朝核问题六方会谈朝鲜首席代表、副外相金桂冠与美国首席代表、美国国务院亚太事务助理国务卿希尔在北京会晤，双方讨论了美国对朝金融制裁的解决方案以及重启陷入僵局的六方会谈等问题。

*韩国总统卢武铉发表题为《以负责的态度迎接未来》的新年电视演讲，提出新年执政方向是消除两极分化和加强国民团结。他强调解决两极分化的关键是创造就业机会，呼吁缩小大中小企业差距、正式工与临时工的差别，要求社会各界从战略角度出发，解决私企问题、青年和高龄失业者问题以及低生育率和老龄化问题，强调国民应改变观念和行为模式，共同建设负责任的社会。

*韩国外交通商部长官潘基文拜访联合国秘书长安南，呼吁联合国为解决朝鲜核问题和维护朝鲜半岛的和平做出努力。双方还就联合国改革等问题交换了意见。

1月19日 韩国外交通商部长官潘基文和美国国务卿赖斯在华盛顿举行首次韩美战略对话。双方讨论朝鲜半岛局势、韩美同盟关系等问题，并就驻韩美军的“战略灵活性”问题达成了“原则协议”。韩方表示尊重驻韩美军随美国军事战略调整发挥“战略灵活性”，美方则表示尊重韩方希望在调动驻韩美军时不让韩国介入地区争端的立场。驻韩美军“战略灵活性”是指驻韩美军不再专注朝鲜半岛防务，成为干涉半岛以外事务的战略预备队。

1月25日 韩国总统卢武铉在新年记者会上表示，不同意美国国内部分人士提出的对朝鲜政治体制施压使其崩溃的观点。他认为如果美国政府要以这种方法解决朝鲜问题，韩、美之间将会产生意见分歧。在对日外交纠纷问题上，卢武铉总统表示将通过多方面的努力促使日本政府接受韩国政府的正当要求。

*宋闵淳被任命为韩国总统府统一外交安保首席秘书。

1月26—27日 韩国外交通商部长官潘基文出席瑞士达沃斯论坛，参加了以“国际机构的有效运营方案”和“关于联合国改革的新思考”为主题的会议，就国际机构有效运营方案和联合国改革方案表明了韩国政府立场。潘基文还与主要国家及国际机构人士就国际事务中的合作方案和朝核问题等进行磋商。

1月28日—2月6日 韩国外交通商部长官潘基文访问加纳、刚果、英国和法国。访问加纳（1月28—30日）和刚果（2月2—3日）期间，潘基文拜会加纳总统库福尔和刚果总统恩格索，并分别与两国外长举行会谈，讨论能源等领域的双边合作方案。1月31日至2月2日，潘基文出席在伦敦举行的“支援阿富汗阁僚级会议”，会上介绍韩国政府为阿富汗尽快实现安定和重建所做的努力及未来的支援计划。潘基文访问法国（2月4—6日）期间，与法国外长布拉齐会晤，并在巴黎政治大学以《东北亚和平繁荣和韩国的作用》为主题发表演讲。

2月

2月4日 朝鲜外相白南舜设宴欢迎访朝的印尼总统特使苏特里斯纳那一行。白南舜在致词中说，印尼总统派特使访朝有助于两国友好关系进一步发展，将给朝鲜半岛的和平与稳定带来极大的影响力。7日，朝鲜最高人民会议常任委会委员长金永男会见了苏特里斯纳。

2月4—8日 朝鲜、日本在北京举行邦交正常化谈判。朝、日双方分别组成3个工作小组，按照绑架问题、邦交正常化问题以及安全问题的顺序，分别进行了双边谈判。由于双方在如何处理日本侵略历史等很多问题上始终分歧严重，谈判未能取得实质性成果。朝、日两国自1991年1月至2002年10月先后举行了12次旨在实现关系正常化的谈判。

2月6—9日 印度总统卡拉姆对韩国进行国事访问。7日，与卢武铉总统举行首脑会谈，双方就进一步发展双边友好合作关系、朝核问题等交换了意见。会后双方参加了两国“科学技术合作协定”和“相互支持海关业务协定”的签字仪式。8日，卡拉姆在韩国国会发表演讲，表示希望扩大印韩两国间的科学技术合作，共同开发民用产品，开拓国际市场。

2月7—11日 以韩国国会统一外交通商委员会委员长林采正为团长的开放国民党议员团访问朝鲜。林采正此行是与朝方商讨开放国民党下属的开放政策研究院与朝鲜劳动党下属的祖国统一研究院进行学术交流的相关事宜。10日，朝鲜最高人民会议常任委员会委员长金永南会见了林采正。

2月8—10日 韩国国务总理李海瓒访问塞内加尔。9日，与塞内加尔总理萨勒举行会谈，就韩国企业参与塞内加尔国家经济发展事业等两国经济合作及发展双边友好关系等问题进行磋商。李海瓒还拜访塞内加尔总统瓦德，就增进两国友好关系方案进行讨论。

2月9日 朝鲜朝日会谈大使宋日昊在北京接受记者时表示，解除对朝金融制裁是朝鲜参加六方会谈的前提条件，只有美国放弃对朝鲜的威胁，朝鲜才能重新回到六方会谈。

＊朝鲜外务省发言人答朝中社记者问，称朝鲜积极参与国际防止洗钱

活动，没有证据认为朝鲜制造假币。

2月10—13日 韩国国务总理李海瓒前往南非共和国，参加11—12日在约翰内斯堡举行的第七届进步首脑会议。李海瓒在会上向各方说明了韩国政府对朝鲜半岛问题主要政策。李海瓒强调，朝鲜只有在获得各国经济援助后才能自立，但前提条件是必须放弃核武器开发计划。13日，李海瓒拜会了南非总统姆贝基和前总统曼德拉。

2月14日 韩国统一部公布2006年度业务计划，出台"继续推动南北对话，扩大经济合作，力争形成南北经济共同体"的对朝合作新政策。具体内容包括：继续推动开城工业园区开发项目、金刚山旅游项目和南北铁路公路连接工程3大合作项目；正式启动农业、水产业、林业、轻工业和矿业5大领域的合作。

2月17日 韩国国家安全委员会举行会议，决定2006年安保政策目标是实现朝鲜半岛和平制度化，为此选定6大课题：解决朝核问题并为朝鲜半岛和平体制带来转机；圆满结束有关韩美同盟调整协商；在建立持续可信赖关系上进一步发展南北关系；积极解决对朝人道主义援助问题；国防改革要取得明确成果；提高国民对国家安保政策的信任。会上，卢武铉总统正式任命统一部长官李钟奭为国家安全委员会常任委员长。

2月18日 郑东泳当选韩国执政党开放国民党议长。

2月19—20日 德国外长施泰因迈尔访问韩国。19日，与韩国外交通商部长官潘基文举行会谈，就增进两国的友好合作关系、朝鲜核问题、欧盟局势、伊朗核问题、中东问题和联合国改革方案等广泛交换意见。双方一致认为，通过外交努力解决伊朗核问题非常重要。伊朗也有必要对解决核问题作出富有诚意的姿态。施泰因迈尔还拜访了韩国总统卢武铉。

2月20日 自由民主联盟（简称"自民联"）解体，与大国家党合并。自民联由金钟泌（曾任韩国国务总理）于1995年创立，曾为韩国第二大在野党，1998—2001年金大中政府时期成为联合执政党，2004年曾与大国家党和新千年民主党联手弹劾现任总统卢武铉。

＊千英宇被任命为朝核问题六方会谈韩国代表团团长。

＊朝鲜与叙利亚政府在大马士革签署"航空合作协议"。

2月21日 朝鲜外务省发言人发表声明，指责美韩之间就驻韩美军实施"战略灵活性"达成的协议进一步加剧了朝鲜半岛的紧张局势并引发新的军备竞赛，称朝鲜将加强自身的军事威慑力以应对这一局面。声明认为美韩达成这一协议的目的，在于为向朝鲜发动"先发制人"的军事打击消除障碍，并为韩国成为美国亚太战略的前哨和后勤基地铺平道路。

2月21日 朝鲜劳动党中央委员会书记金基男会见了以开放国民党国会议员李华英为团长的韩国政党青年委员会代表团。

2月21—23日 朝鲜、韩国第7次南北红十字会会谈在金刚山举行。双方同意离散亲人问题还包括：确定那些在战争及战争之后没有任何消息者的生死问题；决定在“6·15”共同声明6周年之际，举行人数为200名的离散亲人“特别相逢”；约定6月份在金刚山举行第8次南北红十字会会谈。

2月22日 罗马教廷正式宣布，教皇本笃十六世任命韩国首尔大教区长郑镇奭大主教为红衣主教。继金寿焕1969年被教皇保罗六世任命为红衣主教后，郑镇奭是第二位被罗马教廷任命为红衣主教的韩国人。目前韩国有天主教信徒450万。

2月26日 韩国外交通商部发表2006年度5大政策目标，包括“旨在东北亚的和平繁荣的均衡实用外交”、“符合国家实力的先进外交”和“与国民共享的开放外交”等。为此，外交通商部拟定了包括朝核问题进展、发展韩美伙伴关系等25个课题，并拟在年内促成韩美副部长级和部长级战略对话会议；推进与加拿大、墨西哥的自由贸易协商谈判进程；在中南美、东南亚、欧洲与北美建立自由贸易网络据点。

2月27日 朝鲜、韩国举行第4次离散亲人视频相逢活动。南北各40户家庭通过光缆连接的可视会议系统进行了视频会面。

2月27—28日 朝鲜、韩国举行第11次铁路与公路连接业务接触。双方对进行铁路试运行后尽早开通连接南北两地铁路等问题没有达成一致意见，认为有必要就上述问题继续协商。

2月28日 朝鲜外务省发言人就伪钞问题表示，“朝鲜是印制及流通伪钞的受害者”。发言人强调，美国“从源头切断以美元进行银行汇款和信用卡结算等国际社会公认的正常金融交易，擅自扣押朝鲜账户的出入资金”，“在这种情况下，朝鲜只能进行现金交易”。美国没有任何根据指责朝鲜洗钱并使用伪钞，“如果美国有意保护本国货币，就不该把假钞问题与朝鲜联系在一起，而应解除对朝鲜的金融制裁”。“朝鲜完全依靠自己的技术、资金和原料制造了核武器。在经济金融领域和美国没有任何依赖关系，美国的任何制裁对朝鲜都不起作用。”

3月

3月1日 韩国总统卢武铉在“3·1独立运动”纪念仪式上发表演讲说，过去一年日本在参拜靖国神社、历史教科书和独岛（日本称竹岛）等问题上的态度没有大的改变。日本要成为“正常国家”和“世界领导国家”，必须“按照人类的良知和道理行动，赢得国际社会的信赖”。

3月2日 韩国总统卢武铉改组内阁。金明坤任文化观光部长官、卢俊亨任情报通信部长官、金成珍任海洋水产部长官。

＊韩国外交通商部长官潘基文针对陈水扁准备废除国家统一委员会和统一纲领一事，在新闻发布会上再次阐明了韩国政府支持“一个中国”的原则立场，呼吁两岸应通过对话和平解决有关问题，称韩国不愿看到因任何一方试图改变两岸关系而对地区经济带来负面影响。

＊韩国与新加坡签署的双边自由贸易协定（FTA）开始生效，两国91.6％的贸易量将适用特惠关税。朝鲜开城工业园区的产品也被认为是“韩国产品”，享受特惠待遇。韩、新两国于2005年8月4日正式签署了自由贸易协定。

3月2—3日 朝鲜、韩国第3次南北将军级军事会谈在板门店朝鲜一侧举行。双方未能在防止西海冲突及开设共同渔场等问题上达成协议，也没有确定下次将军级军事会谈日程。这是2004年6月以来双方举行的首次将军级军事会谈。

3月6日 韩日两国外交部门在东京举行战略对话。双方同意为共同研究历史和归还二战期间被强征的韩国劳工的遗骨而努力，决定扩大两国民间和青少年交流，为推动朝核问题六方会谈恢复开展密切合作。

3月6—9日 韩国总统卢武铉对埃及进行国事访问。7日，与埃及总统穆巴拉克举行会谈，双方一致同意在贸易、投资和文化等领域进行实质性合作。双方在会谈后举行的记者会上表示两国将共同努力推动巴以和平进程，防止中东地区出现新的紧张因素；认为必须实现伊拉克局势的和平与稳定。穆巴拉克还表示，埃及呼吁韩朝双方加强对话，保证朝鲜半岛的和平与稳定。

3月7日 朝鲜、美国双方人员在纽约美国驻联合国代表处就伪钞等问题进行接触。美方解释称对汇业银行的措施不是对朝制裁，也与六方会谈无关。朝鲜则表示，如果美国继续对朝施压，其不可能重返六方会谈。

＊朝鲜外务省发言人表示，美国国务院在《国际毒品控制战略报告》中指责朝鲜介入毒品非法交易，完全是“捏造”事实，是“企图谋害朝鲜、向朝鲜施压的行为”。发言人强调，朝鲜从法律上严格禁止使用、交易和生产毒品，今后也将更加严格地执行《毒品管理法》，并采取更为彻底的防范措施。

＊陪同卢武铉总统访问埃及的韩国产业资源部长官丁世钧与埃及通商产业部长穆罕默德就扩大两国之间贸易、投资以及加强中小企业合作方案进行了协商，并签署了双边投资合作协定。

3月9—11日 韩国总统卢武铉访问尼日利亚，与尼日利亚总统奥巴桑乔举行首脑会谈。双方签署了合作开采两个海上油田的合同。这两个油田预计可产石油20亿桶。开采成功后，韩国可得到其中的12亿桶，相当于韩国一年半的石油消耗量。另外，卢武铉还发表"韩国政府关于促进非洲发展的动议"，宣布韩国在未来3年内将把对非洲的政府发展援助提高3倍，达到1亿美元；在2008年以前为非洲大陆培养1000名经济和科技方面的人才。

3月11—14日 韩国总统卢武铉访问阿尔及利亚，与阿尔及利亚总统布特弗利卡举行首脑会谈。双方就两国在能源与资源领域等实质性的合作方案进行了协商，还签署了能源与资源合作协定和原油储备扩大谅解备忘录。

3月13日 朝鲜外务省发言人发表谈话，指出美国自身存在严重的人权问题，没有资格评论别国人权状况。谈话称美国对朝鲜人权问题指手画脚严重干涉了朝鲜内政，是出于孤立和扼杀朝鲜的政治目的。朝鲜将采取各种措施保卫本国的自主权。

＊韩国总理李海瓒就"3·1"节打高尔夫球事件向国民表示道歉。14日，卢武铉总统受理了李海瓒的辞呈。

3月15日 权武承任韩国公平交易委员会委员长、李治凡任韩国环境部长官。

＊韩国京义线和东海线出入境事务所同时举行竣工仪式。京义线事务所于2004年9月动工修建，东海线出入境事务所则于同年6月先期动工，两座事务所先后于2006年1月23日和27日投入试运营。朝韩双方曾在2000年7月举行的第一次南北部长级会谈上讨论了京义线和东海线公路的连接问题，韩国并于2002年11月和2003年8月先后建成东海线公路临时出入境设施和京义线公路临时出入境设施，用于南北出入境业务。

3月16日 韩国统一部长官李钟奭在首尔大学发表题为"南北关系展望"的演讲称，韩国政府对朝鲜的政策目标是建立朝鲜半岛和平体制，当朝核问题顺利获得解决，则进入到讨论和平体制的阶段，将可签署和平协定。但李钟奭提出了两个条件：一是在签署协定过程中不能提到驻韩美军问题，美军将继续留守韩国；二是南北警戒线需由南北军队共同管理。

3月17日 韩国、朝鲜和俄罗斯铁路代表在俄罗斯举行西伯利亚横跨铁路国际会议并达成协议，将着手动工连接从俄罗斯哈桑到朝鲜罗津约66公里的铁路工程，同意设立合作体并定期举行会议，商讨连接南北铁路和西伯利亚横跨铁路的事宜。

3月20—21日 韩、美在首尔举行第七届韩美未来安保政策构想会议，重点商讨了驻韩美军基地的转移和军事任务的转换以及未来两国指挥权的研究方案等问题。

3月20—24日 朝鲜、韩国第13次南北离散亲人相逢活动分两批在金刚山举行。因使用“脱北”、“截获”等词汇，朝鲜提出禁止MBC（文化广播公司）和SBS（首尔电视广播公司）记者进行采访。对此，韩国共同采访团决定中止对第13次南北离散亲人相逢活动的采访，并于23日离开金刚山。24日，韩国统一部发言人就记者团采访受限、离散亲人相逢活动未能圆满进行表示遗憾。此前，朝鲜要求韩国记者团道歉，韩国政府认为此事违反自由采访原则，无法接受。

3月21日 朝鲜外务省发言人在记者会上谴责美国“国家安全战略报告”（NSS）中“谩骂朝鲜为暴政，试图以先发制人的方式颠覆朝鲜制度”的言论。发言人认为美国仍然没有改变敌朝政策，“朝鲜人民军也可以选择先发制人，达到最有效和实际的自我防御”。发言人说，如果美国真心希望寻找解决朝鲜半岛核问题的现实方法，就应该从战略角度出发，与朝鲜在核领域进行合作才是明智之举。布什政府对举行朝核问题六方会谈实际上毫不关心。即使六方会谈得以重开，美国也不会履行2005年9月第四轮六方会谈达成的《共同声明》所规定的义务。

* 韩国总统卢武铉与到访的柬埔寨首相洪森举行首脑会谈，双方就加强双边友好合作关系的方案、韩国企业在柬埔寨进行开发等经济合作事项以及朝鲜半岛等地区局势等问题进行了讨论。两国还签署了《对外合作基金事业施行协定》和《两国旅游协定》。

3月23日 韩国总统卢武铉通过韩国五大门户网站与国民进行网络对话称，各阶层收入和财产的不同是两极分化现象的原因所在。政府将拟定并实行相应的对策方案。在韩美自由贸易协定问题上，卢武铉表示，韩国不会在不利条件下与美国进行谈判。开放农业市场后，韩国政府将会推行强有力的政策，保护国内农业。

3月25—31日 韩美在韩国举行代号为“RSOI”的2006韩美联合战时增援训练军事演习与代号为“秃鹫”的军事演习。韩美联合战时增援训练始于1994年，韩国方面参加这一军演的有国防部、联军参谋本部等，美国方面则有驻韩美军司令部和增援部队等。“秃鹫”训练是韩美联合野外机动军事训练，共有2万名军人参加，美国核动力航空母舰“亚伯拉罕·林肯号”也参加了此次演习。23日朝鲜外务省发言人发表谈话，对此予以谴责。

3月27日 朝鲜人民保安省对在日拐骗、绑架朝鲜公民的4名日本人犯发布了逮捕令。该省发言人称：日本右翼势力始终对已解决的“绑架问题”抓住不放，蓄意散布“制裁”言论，进行反共和国、反总联活动。朝鲜视其为侵犯朝鲜国家主权和人身安全、颠覆朝鲜现行制度的行为。根据朝鲜民主主义人民共和国刑法和刑事诉讼法有关规定，对日本的“非政府组织”成员李英华等 4 名日本人发布逮捕令。朝鲜要求日本政府通过外交途径将 4 人移交朝鲜政府。

3 月 28 日 朝鲜外务省发言人发表谈话，认为 3 月 23 日大阪数十名警察机动队员对大阪的朝鲜商工会和朝鲜同胞经营的商店、民房等 6 处地点进行强制性搜查，是一起在日本政府操纵下对在日朝鲜公民进行镇压的严重的侵权行为。发言人强调：“日本的这种恶劣行为是侵犯共和国主权的行为，朝鲜绝不能容忍这种行为继续下去，由此产生的后果全部由日方承担。”

＊韩国统一部长官李钟奭和世界卫生组织总干事李钟郁在首尔签署一项援助协议。韩政府在今后两年内通过世卫组织将向朝提供 2500 万美元，用于提高朝医疗人员技术水平以及产妇、婴儿的保健能力等。

3 月 29 日 中国、韩国和日本在韩国举行金融监督合作研讨会，一致决定合作建立“对冲基金监控体系”，防范可能出现的风险，避免 20 世纪 90 年代末的悲剧重演。

＊韩国总统卢武铉与来访的乌兹别克斯坦总统卡里莫夫举行首脑会谈，双方就增进贸易和投资、共同开发能源、矿物等两国实质性合作方案，以及东北亚和中亚的地区局势等问题交换了意见。双方同意将两国关系进一步发展为“战略性伙伴关系”，还同意共同勘探乌兹别克斯坦 2 座油田和 1 座天然气田，共同开发 1 座天然气田和金、铀、锌等矿产资源，并扩大对乌兹别克斯坦境内 20 万高丽人的援助。

3 月 30 日 韩国外交通商部发表声明指出，日本中学地理、历史和公民教科书中印有歪曲史实的“独岛是日本领土”的字句，是为了美化日本政界人士参拜靖国神社、隐瞒过去侵略行为。韩国政府为维护领土主权，将做出强有力的回应。

4月

4 月 4—6 日 中国国务委员兼国防部长曹刚川上将访问朝鲜，与朝鲜人民武力部部长金一哲举行会谈，双方就发展和巩固中朝两国及两国军队之间的传统友谊以及共同关心的问题交换了意见。朝鲜国防委员会第一副委员长赵明禄、朝鲜最高人民委员会常务委员金永男分别会见了曹刚川一行。金永男表示希望双方继续加强交流与合作，为巩固和发展朝中友好关系做出新的努力。

4 月 5 日 据日本媒体报道，日本外务省在一份内部分析报告中称：

"韩国现政府欲在余下任期内继续靠推行对日强硬政策来提高支持率"，指责韩国政府允许游客到独岛（日本称"竹岛"）旅游是"过激示威"等。对此，韩国外交通商部长官潘基文在记者会上表示，该报告严重歪曲了韩国政府为促进韩日关系发展所做出的努力；韩日关系冷却的责任在于日方对历史的错误认识，但日方却把责任推给韩国，并污蔑韩国政府将双边关系问题用于国内政治，对此韩方深表遗憾。如果该报告书确实存在，韩国政府将严肃应对。韩国外交通商部亚太局局长李赫也召见日本驻韩公使，要求确认报道的真实性。

4月6日 朝鲜外务省发言人发表谈话，谴责日本把独岛视为自己领土。发言人说，无论从历史的角度，还是从国际法的立场来看，独岛都是朝鲜的固有领土。日本称独岛为日本领土，是出于"侵略性领土扩张野心"。历史教训表明，对日本的领土扩张野心决不能置之不理。日本应以史为镜，理性地处理问题，立即停止领土扩张的图谋。

＊韩国总统卢武铉与访韩的克罗地亚总统梅西奇举行会谈，双方同意互设常驻大使馆，扩大两国在旅游、文化方面的交流，发展双边互惠合作关系。梅西奇是两国1992年建交以来首位访韩的克罗地亚总统。

4月7—15日 韩国外交通商部长官潘基文出访丹麦、奥地利、俄罗斯、梵蒂冈、斯洛伐克、希腊等欧洲6国。访问期间，潘基文分别与各国外长举行会谈，就双边及多边合作进行深入讨论。在与俄罗斯外长会谈中，重点讨论韩俄在重启六方会谈上的合作方案，并就两国开展能源合作以及从中亚再移居到俄罗斯的高丽人取得国籍等问题同俄方进行磋商。此外，潘基文还会晤了斯洛伐克总统加什帕罗维奇、希腊总理卡拉曼利斯和梵蒂冈国务卿索达诺枢机主教。

4月10—18日 庆祝"太阳节"第24届"4月之春庆典"在平壤举行。世界29个国家、53个艺术团体共600多人参加这次庆典（包括100多名海外朝鲜裔艺人）。

4月10日 朝中两国政府在平壤签署"2006—2008年度文化交流计划"。

4月11日 朝鲜民主主义人民共和国最高人民会议第11届4次会议在万寿台议事堂召开。会议讨论并通过了《朝鲜民主主义人民共和国内阁工作报告和主体94（2005）年国家预算执行情况案》、《关于朝鲜民主主义共和国主体95（2006）年国家预算》和朝鲜民主主义人民共和国最高会议决议《发展科学技术，促进强盛大国的进程》。

4月13日 朝鲜副外相金桂冠出席在东京举行的东北亚合作对话会议时指出：如果美国不希望朝鲜增强核遏制能力，则要为朝鲜创造出席六方会谈的条件。解决该问题须通过协商途径，而非高压手段。美国在利用伪钞事件大做文章，朝鲜将最大限度地采取强有力的回应措施，抵御来自美国的压力。只要美国全面解除金融制裁措施，朝鲜就会立即参加六方会谈。朝鲜为了实现朝鲜半岛无核化已做出所有让步。

＊朝鲜负责日朝邦交正常化谈判的大使宋日昊在平壤会见日本媒体代表团，就日本政府通过 DNA 鉴定认为横田惠的丈夫极可能是同被朝鲜绑架的韩国人金英男一事，表示拒绝接受日方的 DNA 鉴定结果。这是朝鲜政府高官首次就此 DNA 鉴定结果发表意见。

4 月 15 日　韩国外交通商部就日本调查船将在 6 月 30 日以前在独岛周边海域进行测量一事召见日本驻韩国大使大岛正太郎，强烈要求日本取消在没有获得韩国政府同意下擅自侵入独岛海域进行测量的计划；表示如果日本强行对独岛海域进行探查，韩国将根据联合国海洋法和韩国海洋科学调查法的条例，动用所有力所能及的力量加以阻止。大岛正太郎表示，日本将要测量的地点属日本经济海域，但会把韩国政府立场转达给日本政府。

4 月 15—19 日　中国国防部长曹刚川上将应韩国国防部长官尹光雄邀请访问韩国。17 日，卢武铉总统在青瓦台会见曹刚川一行，双方就共同关心的问题交换了意见。当天，曹刚川还同尹光雄举行会谈，双方同意为预防在朝鲜半岛西海上发生偶发性冲突，两国开设西海舰队司令部和空军防空部队间的紧急联络网，定期举行两国海军海上搜救训练演习。这是自 2000 年迟浩田前国防部长访韩后，中国国防部部长首次访韩。

4 月 17—19 日　柬埔寨国王西哈莫尼对朝鲜进行国事访问。朝鲜最高人民会议常务委员会委员长金永男与西哈莫尼举行了会谈。

4 月 15—19 日　由帕帕里加总书记率领的希腊共产党代表团访问朝鲜。朝鲜劳动党中央委员会书记崔泰福与帕帕里加举行会谈。

4 月 18 日　韩国国防部发表《2006—2022 年基本国防政策》，提出韩国未来三大国防政策基调：创造可构筑朝鲜半岛和平机制和支持渐进式统一的战略环境；发展可灵活应对现实和潜在威胁的国防力量；确立符合国家和社会发展趋势的先进国防管理体制。“创造战略环境”是在对朝关系及与周边国家的关系上主导性地解决问题。为实现这三大政策，国防部还制定了 17 个领域的目标和推进计划，内容涉及发展对外军事政策、改善军队结构和战斗力体系、人力培训、国防信息化等。韩国防部还首次将“战争计划”修订为“防卫计划”。韩方解释“防卫计划”是涵盖军事和非军事领域的总体计划，即防卫、戒严、国家动员及行动策划等。

＊朝中社报道，朝鲜劳动党总书记、国防委员长金正日向在日朝侨子女赠送 2.35 亿日元的教育支援金和奖学金。金日成主席和金正日委员长向在日同胞赠送教育经费和奖学金累计共 152 次，达 457.68 亿日元。

4月19日 韩国国会以182票赞成、77票反对、3票弃权、2票无效的结果通过了韩明淑国务总理任命动议案。韩明淑成为韩国首位女性国务总理。韩明淑出生于平壤，曾就读于梨花女子大学，担任过金大中政府的首任妇女部长官，并在现任政府中担任过环境部长官，为第16届、17届国会议员。

＊韩国总统府发言人说，韩国总统卢武铉在部长会议上表示要敦促日本立即取消在韩国经济专属区的测量计划，通过外交途径解决问题。韩国政府表示，韩国将对日本官员参拜靖国神社、编纂歪曲史实的历史教科书和妄言独岛为日本领土等行为采取应对措施。如果日本强行对独岛海域进行测量，韩国将加强应对态势。

4月20日 韩国外交通商部长官潘基文召见日本驻韩国大使大岛正太郎，指出日本的测量计划是对大韩民国主权的挑衅。如果日本测量船强行进入韩国经济专属区进行测量，韩国将根据国内法和国际法予以坚决抵制；若日本撤回测量计划，则可通过外交途径与日本进行协商。

4月21—22日 韩日两国外交部次官就东海海道测量纠纷问题举行谈判。日本决定中止原定于6月30日结束的海道测量，韩国同意暂缓提出相关更名申请。此前，韩方认为虽然国际海道测量组织正式发行的“海底地名册”把北纬36度，东经130度附近海域称为“对马盆地”，但未获得国际机构的正式公认，因此准备于6月在德国举行的“海底地名小组委员会会议”上向国际海道测量组织正式提交申请书，将其命名为“郁陵盆地”。日方主张是日本先使用“对马盆地”一名，并计划在该区域进行航道测量。

4月21—24日 朝鲜、韩国在平壤举行第18次南北部长级会谈，并发表联合新闻公报。主要内容有：南北经济合作促进委员会第12次会议将于5月举行；南北共同开发民族资源；开通南北铁路与公路；在轻工业和地下资源方面进行合作；尽早履行“9·19”共同声明，为和平解决核问题积极合作；为纪念“6·15”共同宣言，南北派遣代表团参加民族统一庆典活动；为缓和朝鲜半岛的紧张气氛，要在保障和平对策上进行合作。双方同意7月11—14日在韩国釜山举行下次会谈。

4月23日 菲律宾参议院议长德里隆率菲律宾国会代表团访问朝鲜。朝鲜最高人民会议议长崔泰福会见德里隆一行，双方签署了两国政府间文化合作协议。

4月25日 韩国总统卢武铉通过电视发表“韩日关系特别谈话”，指出日本妄想霸占独岛，是否定韩国解放和独立的行为，是企图将日本犯罪的历史正当化的行为。在独岛问题上韩国不再实施“平静外交”，将采取公开而严正的措施；韩国不再要求日本做出新的道歉，但要求日本必须按照过去的道歉内容拿出实际行动，必须终止美化侵略历史和污蔑韩国主权及韩国国民自尊心的行为。卢武铉表示希望日本勇于摆脱帝国主义侵略的黑暗历史，期待日本下决心走上21世纪东北亚和平繁荣及世界和平之路。

4月28日 韩国国务总理韩明淑在忠武公诞辰461周年纪念仪式上谈到日本歪曲历史和最近对独岛的拥有权问题时表示，最近日本对独岛发出挑衅、编纂歪曲史实的历史教科书、参拜靖国神社等一些列行径是阻碍未来韩日关系和东亚合作秩序的决定性因素。忠武公李舜臣是朝鲜历史上抗击倭寇侵略的民族英雄。

*现代汽车集团会长郑梦九因涉嫌贪污和渎职，被韩国大检察厅逮捕。韩国大检察厅称，郑梦九涉嫌通过集团子公司筹集了1380亿韩元的秘密资金，并通过非法手段，使集团蒙受了4000多亿韩元的经济损失。

4月29日 韩国外交通商部长官潘基文在韩国KBS电视一台时事节目中表示，独岛问题不会引起韩日两国的法律纠纷。他说，按照目前的情况，即使将独岛问题提交到国际法院也难以获得解决。韩国将独岛问题视为历史问题，不会容忍把独岛、专属经济区等问题卷入法律纠纷。

5月

5月1日 韩国劳动运动团体代表团访问朝鲜，参加在平壤举行的五一劳动节的纪念活动。

5月7—9日 韩国总统卢武铉访问蒙古，与蒙古总统恩赫巴亚尔举行首脑会谈，双方就加强两国在资源和技术方面的合作达成了协议，同意将两国关系发展成为“睦邻友好合作伙伴关系”。

5月8日 韩国派驻伊拉克北部埃尔比勒地区的部队结束维和任务，开始分批回国。同时韩国也开始缩减在伊部队兵力，采取结束维和任务回国的兵力多、派出兵力相对少的缩减方式。2004年韩驻伊部队人员为3200余名，现为2200余名。

5月9日 中国、朝鲜两国在平壤举行“经济贸易技术协助委员会第二次会议”。会议主要讨论了发展朝中两国之间经济合作和贸易关系问题。

5月10—12日 韩国总统卢武铉访问阿塞拜疆，与阿塞拜疆总统阿利耶夫举行首脑会谈，双方就韩国参与阿塞拜疆的原油、天然气共同开发事业以及增进两国实质性合作关系，扩大两国贸易、投资和在IT领域的合作等进行了协商。韩阿两国还签署了航空协定等10多项谅解备忘录及韩国参与里海中南部依纳姆油田开发项目的谅解备忘录。这是两国自

1992 年建交以来首次举行首脑会谈。

5 月 11 日 联合国世界粮食计划署亚洲地区局长东尼·本伯利在宣布，该组织决定向朝鲜提供粮食援助，但援助规模从过去的 650 万人份减少到 190 万人份。

5 月 11—13 日 朝鲜、韩国在开城举行第 12 次朝鲜半岛南北铁路公路连接问题的务实性接触，就列车试运行问题达成协议，决定于 25 日上午 11 点进行列车试运行。计划开通的路段是：京义线为开城站至汶山站、东海线为金刚山站至巨津站。

5 月 12 日 韩国国务总理韩明淑发表《告国民书》，表示政府不希望在平泽美军基地转移问题上与市民再次发生武力冲突，希望市民举行和平示威。她承认政府在过去 50 年来两次强行收购了属于平泽居民的土地，给当地居民带来不便。但政府将竭尽全力通过对话与协商解决有关问题。5 月 2 日，约有 2000 名“反对美军转移基地”团体在平泽举行示威活动，与设置铁丝网的韩国防部驻军发生冲突。

＊历时 5 个月的黄禹锡事件调查工作结束。首尔中央地方检察厅认为黄禹锡主导了论文造假，并擅自挪用政府与民间团体提供的巨额研究经费，非法购买了用于研究的卵子等，因此决定将根据《特定经济犯罪加重处罚法律》对黄禹锡以欺诈、违反生命伦理等罪名进行不拘捕起诉。

5 月 12—14 日 韩国总统卢武铉访问阿拉伯联合酋长国，与哈利法总统进行首脑会谈，双方就韩国企业参与迪拜人造岛屿建设等大型开发计划以及加强工厂建设、房地产、信息通讯等方面的合作进行了讨论。阿拉伯联合酋长国是韩国两大原油进口国家之一。

5 月 13—14 日 朝鲜和叙利亚在平壤举行两国经济共同体第 4 次会议。会议总结了前次会议议定书履行情况，讨论研究了两国之间的经济贸易、科学技术部门加强合作等相关问题。

5 月 15 日 朝鲜最高人民会议常任委员会委员长金永南在平壤万寿台议事堂会见了正在朝鲜访问的毛岸英烈士亲属友好访问团。金永南表示“我们不会忘记中国人民用鲜血支持了我们的正义事业”，朝鲜武力部设宴招待毛岸英烈士亲属友好访问团。

5 月 16 日 韩国总统卢武铉与来访的联合国秘书长安南就韩日关系等国际部题交换了意见。卢总统表示日方应拿出诚意，正确认识历史，以缓和处于僵局的韩日关系。卢武铉还向安南解释了韩国政府为改善南北关系和朝鲜人权问题而做出的努力。安南表示支持旨在解决朝核问题的六方会谈，并希望早日重开六方会谈。

5 月 16—18 日 朝鲜、韩国在板门店举行第 4 次南北将军级会谈，双方就铺设军事热线电话、改善防止西海海上发生冲突的措施、设定西海共同捕捞区域以及铁路公路通行军事保障协议等问题进行了磋商，但没有取得结果。

5 月 16—20 日 大韩红十字会总裁韩完相访问朝鲜，与朝鲜红十字会中央委员长张在彦就如何进一步加强韩朝红十字会的交流与合作等问题举行会谈。19 日，朝鲜最高人民会议常任委员长金永南会见了韩完相一行。韩完相向朝鲜红十字综合医院转赠价值 25.2 亿韩元的药品和医疗设备。

5 月 17 日 马来西亚外长赛义德访问朝鲜，与朝鲜外相白南舜就共同关心的国际问题交换了意见。

5 月 18 日 韩国财政经济部发表《外汇自由化促进方案》，宣布将提前 3 年实行外汇自由化计划。根据该方案，政府将允许个人和企业在 100 万美元的范围内任意购买用于投资的海外房地产，并于 2008 年全面废除对海外房地产投资金额的限制。为了防止资金外流，财政经济部要求购买海外房产的个人和企业每两年提交是否继续拥有海外房地产的证明。

5 月 19 日 以朝鲜劳动党中央委员会书记金基南为团长的朝鲜劳动党代团访问古巴，与古巴共产党代表团举行会谈并签署相互交流协议。

5 月 22 日 世界卫生组织（WHO）总干事李钟郁因突发脑血栓去世。24 日，韩国政府向李钟郁颁发了国民勋章——“无穷花勋章”。

5 月 23—24 日 韩国外交通商部长官潘基文参加在卡塔尔多哈举行的第五届亚洲合作对话会议（ACD）。23 日，与中国外长李肇星就两国关系和共同关心的地区和国际问题举行会谈，双方一致认为将继续共同努力，积极落实两国领导人达成的共识，推动中韩全面合作伙伴关系不断发展。当天，潘基文还与日本外相麻生太郎会面，双方就恢复两国关系、划定专属经济水域界线谈判、重启六方会谈和解决绑架问题的合作方案等交换了意见。

5 月 24 日 朝鲜以“没有军事保障措施”和“韩国国内政局不稳”为由，通知韩国取消原定 25 日举行的京义线、东海线列车试运行。韩国统一部发表声明，认为这是不妥当的行为，朝方应对此事负责。26 日，朝鲜南北长官级会谈首席代表权浩雄电话通知韩国南北长官级会谈首席代表李钟奭，指出韩国应对试运行被取消负全责。

5 月 26 日 韩国总统卢武铉会见访韩的中国商务部部长薄熙来。卢武铉说，中国的发展对韩而言是机遇也是挑战。韩方将努力解决妨碍韩中经贸关系发展的各种问题，促进两国通过进一步深化经济合作实现双赢。薄熙来表示，要深化双方在农业、钢铁、汽车、通信、流通、科技和节能环保等领域的合作，促进贸易与投资的便利化。同日，薄熙来还同韩国通商交涉本部部长金铉宗及产业资源部长官丁世钧举行了会谈。薄熙来希望韩国能够积极改善中韩劳资问题和中国长期驻韩人员的签证问题，放宽对外国投资企业的优惠措施标准；丁世钧则希望中方改善因中央与地方政府政策不统一给在华韩资企业造成的困扰。

＊韩国外交通商部长官潘基文访问卢旺达，与夏尔·穆里甘德外长就扩大两国友好合作方案等问题进行协商。

＊朝鲜南北军事会谈代表团发言人发表谈话，指出导致南北铁路连接路段列车试运行被推迟的原因有三：第一，保障朝鲜半岛持久和平的首要任务是重新确定西部海区军事分界线；第二，韩方没有按照同时开工、同时竣工和同时运行的原则完成必要的工程；第三，韩方没有表现出诚意，在列车试运行时应采取军事保障措施。

5月29日 由韩国前统一部长官丁世铉为团长的“金大中前总统访朝工作团”在开城与朝方有关部门接触，双方同意金大中前总统于6月27—30日通过陆路访问朝鲜。

5月30日 韩国首尔中央地方法院对前大宇集团总裁金宇中进行一审宣判，判处金宇中有期徒刑10年，追缴21.4484万亿韩元，并罚款1000万韩元。但对其贿赂政治人士嫌疑，则判决无罪。此前，金宇中因涉嫌做假账（20万亿韩元）、欺诈贷款（9.8万亿韩元）、将财产转移到国外等，被拘留起诉。

5月31日 世界银行总裁沃尔福威茨在韩国开发研究院（KDI）与大韩贸易投资振兴公社（KOTRA）联合召开的论坛上称赞韩国的经济发展模式，认为“韩国经济发展所显示的力量为东亚以及世界希望取得成功的国家提供了发展动力”。30日，韩国总统卢武铉会见沃尔福威茨，表示韩国政府具有对外援助的坚定意志，已与国民在对外援助问题上取得了共识，沃尔福威茨则希望韩国与世界银行等机构继续进行合作，并向有关国家传授经济发展的成功经验。

5月30日—6月6日 朝鲜外相白南舜访华，分别与温家宝总理、李肇星外长会晤，就朝鲜半岛核问题、中朝关系等交换了意见。李肇星表示，中朝两国各领域交流与合作活跃，中方愿同朝方继续努力，推动中朝关系不断向前发展。白南舜则表示，发展朝中友好合作关系是朝党和政府坚定不移的方针，朝方将为此尽最大努力。白南舜还前往广州和深圳进行访问。

5月31日 韩国进行地方选举。在全国16个大城市、道行政长官选举中，大国家党赢得12个席位；民主党获得2个席位；无党派候选人取得1个席位，开放国民党仅得到1个席位。在230个市、郡、区地方行政领导人选举中，大国家党占据了155个席位，开放国民党仅占19个席位，其余被民主党、民主劳动党、国民中心党和无党派人士瓜分。在地方各级议会选举中，大国家党占据约75%的席位，开放国民党获得的席位仅约占10%。

6月

6月1日 朝鲜半岛能源开发组织（KEDO）在纽约举行执行理事会，决定正式停止轻水反应堆项目。这是自1995年12月KEDO与朝鲜签署向朝鲜提供轻水反应堆的协议10年6个月后、自1997年8月开始动工8年10个月后，轻水反应堆项目正式结束。

＊朝鲜外务省发言人发表声明称：如果美国已经做出真诚实施六方会谈共同声明的政治决定，朝将再次邀请六方会谈美国代表团团长希尔访问平壤，“以便他当面向我们说明情况”。声明强调美国在解决重要问题时如果拒绝与另一方进行面对面的谈判，将很难找到永久性解决问题的方法。

＊开放国民党议长郑东泳辞职，表示要对该党在地方选举中惨败承担责任。

6月3—6日 朝鲜、韩国在韩国济州岛举行南北经济合作促进委员会第12次会议，重点讨论轻工业、地下资源开发、开城工业园区等经济项目的合作问题，并签署相关协议。根据协议，韩国将向朝提供轻工业原材料，朝鲜则向韩国提供地下资源开发权及其产品，允许韩国企业人员和专家对其地下资源进行调查，并保障其人身安全。轻工业原材料和地下资源开发合作将待列车试运行条件成熟后生效。

6月5日 韩国政府决定将独岛划为韩日海上经济专属区基线，并以此为基础与日本谈判划分海上专属经济区问题。1996年韩日相继宣布设立200海里专属经济区，至2000年韩日就海上专属经济区划分问题先后进行了4次正式谈判。

6月5—9日 韩美自由贸易协定首轮谈判在华盛顿举行。双方对17个自由贸易项目中的11个分科项目进行了谈判，并达成一揽子协议。但在农业、卫生检疫、纺织品、医药品和医疗设备等领域没能达成协议，在开城工业园区产品原产地问题和汽车税制改革等问题上仍有明显分歧。

6月6—8日 韩国国务总理韩明淑访问法国，会见法国总统希拉克，并与法国总理德维尔潘就深化两国全面伙伴关系举行会谈。韩明淑还出席了韩法建交120周年庆祝活动，并参观了韩国独立运动时期上海临时政府巴黎委员会旧址。

6月8日 韩国空军表示，7日晚上8点20分在东海上空进行夜间训练的一架 F－15K 战斗机坠毁，2 名飞机驾驶员因无法及时脱险身亡。F－15K 战斗机是美国波音公司在美空军现役 F－15E 战斗机基础上为韩空军定制的，该机的突出优势是作战范围更广、航电性能更先进、攻击能力更强。

6 月 9—10 日 韩国国务总理韩明淑访问葡萄牙，与葡萄牙总理苏格拉底举行会谈。双方同意进一步推动双边合作关系，定期举行政策协商会议；将举行经济共同委员会会议和文化共同委员会会议以推动两国实质性的合作关系。韩明淑还与葡萄牙总统席尔瓦举行会谈，说明韩国政府和平解决朝鲜核问题所作出的努力。

6 月 11—12 日 韩国国务总理韩明淑访问保加利亚，这是两国建交后韩国总理首次到访。韩明淑与保加利亚总理谢尔盖·斯塔尼舍夫举行会谈，双方同意加强两国在信息通信技术领域的合作，将民间经济合作委员会升级为民间和官方经济合作委员会，改善贸易结构，到 2010 年将两国贸易额由 2005 年的 2 亿美元扩大到 10 亿美元。两国总理还签署了《投资保障协定》。

6 月 12—13 日 韩日在东京举行第 5 次海上专属经济区划界谈判。双方未能缩小分歧，但原则同意尽快举行下一次海上专属经济区划界谈判。

6 月 13 日 朝鲜外务省发言人发表谈话，指出“绑架问题”是在朝日双方处于敌对状态的特殊时期发生的，朝鲜已经对此正式表示“遗憾”，并保证不再发生类似事件，同时也从人道主义立场出发，真诚地解决了日本方面提出的各种问题。因此，“绑架问题”是“已经完全解决了的问题”。而日本视“绑架问题”为“未解决的问题”，是歪曲事实、误导舆论，是使问题“国际化”的“不讲诚信的背信弃义行为”。发言人强调，朝日关系的本质是被害者和加害者的关系，首先要解决的问题是日本向朝鲜作出令人信服的赔礼道歉和补偿。

6 月 13—14 日 韩国国务总理韩明淑访问德国，与德国总理默克尔举行会谈。双方同意继续加强两国实质性合作，一致认为和平解决朝鲜核问题对稳定朝鲜半岛乃至国际社会的和平具有非常重要的意义。双方还深入讨论了两国在国际社会上的合作方案。韩明淑总理还会见了德国前总统魏茨泽克，就德国统一、德国的历史处理问题以及朝鲜半岛局势等问题交换了意见。

6 月 14—17 日 朝鲜半岛“6·15”民族统一大会在韩国光州广域市举行。大会通过《致海内外同胞的联合呼吁书》，指出《南北共同宣言》发表 6 年来，朝鲜半岛民族依据本民族联合起来实现统一的宣言精神，推动南北关系由不信任和对抗走上和解、合作、和平与统一的道路，开辟了自主统一的新时代。朝韩政府、民间代表以及海外代表400人出席大会。朝鲜政府代表团团长金英大强调，双方应摧毁政治制度和信念对抗的最后障碍，采取实际措施，承认和尊重对方的思想、信念和制度。韩国政府代表团团长李钟奭在致辞中说，双方应共同努力将南北关系推向不可逆转的和平与合作阶段。

6月19—30日 朝鲜、韩国第14次南北离散亲人相逢活动在金刚山举行。

6月21日 “金大中韩国前总统访朝工作团”团长、前统一部长官丁世铉在记者招待会上宣布，因朝鲜涉嫌将要试射导弹，金大中前总统难以在本月底访问朝鲜。丁世铉强调朝鲜邀请金大中访朝仍有效，南北双方将通过工作会谈重新协商访问日程。

6月21—22日 朝鲜、韩国在开城南北经济合作事务所举行第2次开城工业园区建设业务接触。双方主要就简化开城工业园区通行及通关手续方案、保障提供劳动力以及修建劳动者的住宿设施等问题交换了意见。

6月25日 朝俄信息技术产业展示会在平壤开幕。

6月26—27日 韩国外交通商部长官潘基文访华。27日，与同中国外长李肇星会晤，双方就朝试射导弹及朝鲜半岛局势等共同关心的问题交换意见。潘基文表示：“有必要加强外交努力，使朝鲜放弃导弹试射计划，重返六方会谈。”李肇星表示：“中国已向朝表明了对该问题的关注。不能因为这个问题使紧张局面激化或使局势恶化。”“当务之急是使朝鲜早日重返六方会谈。现阶段应该把努力重点放在让朝鲜放弃发射导弹上。”双方还就加强合作、2007年成功举办“韩中交流年”活动等交换了意见。潘基文还与中国国务委员唐家璇举行了会谈。

6月26—27日 朝鲜、韩国在开城就预防临津江水灾进行工作接触。双方商讨建立防洪预报体系等有关方案，并对减灾措施进行具体协商。

6月27日 朝鲜内阁副总理全胜勋率朝鲜政府代表团访问古巴，与古巴政府代表团就今后继续加强和发展两国之间友好合作关系及相互关心的问题举行会谈。29日，古巴共产党中央委员会第一书记、古巴国务委员会主席卡斯特罗会见了全胜勋一行。

6月28日 韩国首尔中央地方法院批准因涉嫌触犯“特定经济犯罪加重处罚法”而被拘禁的郑梦九的保释申请。保释金为10亿韩元。

6月28—29日 第3届中韩高层财经对话会在首尔举行，共有80名韩中两国商界人士参加了会议，会议主题是“中国‘十一五’规划与中韩企业合作”。

6月30日 韩国总统卢武铉与来访的多米尼加总统费尔南德斯举行首脑会谈。费尔南德斯表示希望韩国积极参与多米尼加电力设备领域；卢武铉表示同意加强两国在该领域的合作。

7月

7月3日 日本外相麻生太郎打电话给韩国外交通商部长官潘基文，要求韩方不要在两国专属经济区重叠的独岛周边海域进行海流调查。潘基文拒绝了日方的要求。

7月5日 朝鲜分别在江源道安边郡和咸镜北道花台郡大浦洞的发射场向东海发射了6枚导弹，其中包括5枚中短程导弹、1枚“大浦洞—2”远程导弹。

＊韩国政府发表声明，对朝鲜不顾韩国的警告，强行发射导弹一事表示遗憾，认为朝鲜发射导弹是不明智之举，将使韩国国民对朝鲜持有否定看法，南北关系将进一步陷入困境。朝鲜应尽快回到六方会谈中去，通过对话解决有关问题。朝鲜必须对此次发射导弹的行为承担责任。

7月6日 朝鲜外务省发言人答朝中社记者问，称朝鲜相继发射多枚导弹是为了加强自卫与国防力量，是朝鲜军队正常的军事训练。朝鲜没有加入导弹技术管制协定，而且导弹发射演练与六方会谈无关。作为主权国家，为增强自主国防力量，朝鲜将继续进行导弹发射试验。

＊韩国总统卢武铉与美国总统布什进行电话交谈，一致认为朝鲜发射导弹是挑衅行为，并就通过外交手段解决朝鲜导弹问题达成了一致意见。

7月6—8日 印度尼西亚总统尤多约诺的特使、总统政治顾问纳纳·苏德雷斯纳访问朝鲜。朝鲜外相白南舜、最高人民会议常任委员会委员长金永南先后会见了苏德雷斯纳。苏德雷斯纳向金永南转交了尤多约诺总统写给金正日国防委员长的亲笔信。

7月8日 朝鲜常驻联合国副代表韩成烈在接受韩国记者电话采访时表示，解除澳门汇业银行的资金冻结是重开对话的最基本条件。朝鲜发射导弹是正常的军事演习。

7月10日 中、朝两国政府在平壤签订经济技术合作协定。

＊中、韩两国在首尔签署中韩旅游合作谅解备忘录。

7月11日 朝中社称，出席第7次非洲国家首脑会议的津巴布韦总统、贝宁总统、加纳总统、坦桑比亚总统、南非总统、冈比亚总统近日在冈比亚首都班珠尔会见了朝鲜外务省副相金亨俊率领的朝鲜代表团，各国总统一致表示坚决支持朝鲜人民的正义事业，并强调今后继续促进和加强与朝鲜的双边关系。

7月11—13日 朝鲜、韩国在韩国釜山举行第19次朝鲜半岛南北部长级会谈。由于双方未能缩小意见分歧，会谈破裂。此次会谈没有发表新闻公报，没有拟定下次会谈日期。

7月10—14日 韩美自由贸易协定第二轮谈判在韩国首尔举行。双方同意把商品领域的开放（谅解）细分为5个阶段：立即废除关税；3年内废除关税；5年内废除关税；10年内废除关税；其他方式（敏感项目）等。双方同意在同时交换纤维和农业领域开放方案的前提条件下，最晚于8月初交换各自商品的开放方案。

7月10—15日 中国国务院副总理回良玉率中国政府友好代表团访问朝鲜，参加在朝举行的《中朝友好合作互助条约》签订45周年纪念活动。13日，朝鲜最高人民会议常任委员会委员长金永南和国防委员会赵明禄分别会见了回良玉一行，双方就朝鲜半岛和东北亚地区形势交换了意见。金永南说，签订条约45年来，两国的友好关系在各个领域得到全面发展，今后将继续加强和发展传统的朝中友好合作关系。回良玉说，中国将永远成为朝鲜的友好邻邦、好同志、好伙伴。朝鲜内阁总理朴凤柱与回良玉举行了会谈。

7月11—15日 朝鲜最高人民会议常任委员会副委员长杨亨燮率朝鲜政府代表团访华，参加在华举行的《朝中友好合作互助条约》签订45周年纪念活动。国家主席胡锦涛在会见杨亨燮一行时表示，在新形势下，中方愿同朝方一道，坚持继承传统、面向未来、睦邻友好、加强合作的方针，进一步落实两国领导人达成的重要共识，继续推进双方各领域务实合作，为本地区和世界的和平、稳定与发展做出新的努力。中国全国人大常务委员长吴邦国会见了杨亨燮副委员长一行。

7月13—14日 第9次“韩美安全政策构想会议”（SPI）在韩国举行。美方向韩方通报，鉴于韩国军队的作战指挥能力明显提高，愿在2010年向韩国移交“战时作战指挥权”。这是美国首次向韩国通报移交“战时作战指挥权”的时间。20世纪50年代初朝鲜战争爆发后，美军掌握了朝鲜半岛的军事指挥权。1994年，韩国收回了和平时期的军事指挥权，但战时作战指挥权仍由驻韩美军掌握。此前，韩国政府计划于2011—2012年间收回战时作战指挥权。

7月15日 联合国安理会通过第1695号决议，要求朝鲜暂停导弹试验，并尽早恢复六方会谈。

*韩国和新加坡在马来西亚的马六甲海域举行反海盗联合演习。

7月16日 朝鲜外务省发表声明，强烈反对联合国安理会日前通过的有关朝鲜试射导弹的决议，认为朝鲜试射导弹是正常军事训练的一部分，没有违反任何国际法。安理会决议“使朝鲜的尊严和自主权受到了严重侵害，使形势变得极度紧张，使朝鲜半岛和东北亚地区的和平与安全受到严重破坏”，朝鲜将使用一切手段和方法加强自卫的战争遏制力量。

＊鉴于朝鲜试射导弹以及联合国通过对朝决议，并考虑到最近的南北关系状况，韩国政府决定政府代表团不参加具有庆祝意义的“8·15”纪念活动。

7月18日　韩国总统卢武铉任命权五奎为经济副总理兼财政经济部长官、全君杓为国税厅厅长。

7月19日　朝鲜红十字会中央委员会委员长张载彦致信大韩红十字会主席韩完相，通告取消原定“8·15”金刚山离散家族相逢活动。

7月21日　韩国总统卢武铉和胡锦涛主席通过电话协商决定，为解决朝鲜核问题和导弹问题，将加强外交努力，使六方会谈早日重启。两位首脑还达成协议，将通过两国外交官员之间的协议，谋求上述问题的解决方案，并将于28日在马来西亚首都吉隆坡举行的东盟地区论坛外长会议上，同六方会谈其他相关国家进行多方面接触，加强两国在外交方面的努力。

7月21日　朝中社报道，朝鲜各地近日遭受暴雨袭击造成数百人死亡和失踪，房屋和公共建筑被破坏，公路、铁路和桥梁被冲毁，生命财产损失严重。其中平安南道阳德郡、新阳郡、成川郡等地多人死亡和失踪，6200多座房屋和490多座公共建筑遭破坏，200多处公路、铁路和桥梁被冲毁，电力和通信设施被毁坏。江原道元山市等地也有6000多座房屋和200多座公共建筑部分或全部遭破坏。

7月22日　胡锦涛主席致电朝鲜劳动党总书记、国防委员会委员长金正日，就朝鲜部分地区遭受严重洪涝灾害一事表示慰问。26日，金正日回电表示感谢。

＊朝鲜最高人民会议常任委员会委员长金永南在万寿台议事堂会见以总社长奥古宁为团长的“俄罗斯铁道”股份公司代表团。奥古宁向金永南转交了普京总统给金正日国防委员长的亲笔信。

7月26日　韩国外交通商部长官潘基文和李肇星外长在马来西亚举行双边会谈。潘基文高度评价了中国在联合国安理会通过对朝决议过程中做出的外交努力，并向中方表示韩国支持中方的决定。

＊韩国举行国会议员补选，执政党开放国民党惨败。目前在国会中议席中，开放国民党占142席，大国家党126席，民主党和民劳党分别为12席和9席。

7月27日　朝鲜外相白南舜访问马来西亚，并出席在那里举行的第13届东盟地区论坛外长会议。马来西亚总理巴达维在国会大厦会见了白南舜外相一行。

7 月 27 日 韩国外交通商部长官潘基文和日本外相麻生太郎在马来西亚举行会谈，就朝鲜导弹问题及重开六方会谈等有关问题交换了意见，还就韩日领土争端问题进行了讨论。这是韩日因独岛问题而关系疏远的情况下首次举行外长会谈。

7 月 21 日 俄罗斯株式会社社长亚库宁率代表团抵达朝鲜，与朝鲜铁道相金勇三举行会谈。23 日，双方在就朝鲜罗津至俄罗斯哈桑之间的铁路进行改造事宜签署备忘录。

7 月 28 日 韩国多功能“实用卫星 2 号”（又称“阿里郎 2 号”）在俄罗斯莫斯科东北方的普列谢茨克航天发射基地发射成功。该卫星具有拍摄和发送一米级（把宽竖各一米大的物体标志为一个点）的高清晰度影像资料的功能，还具备国土监测、构筑国家地理信息系统、监视和分析自然环境和灾害情况以及资源勘探等多项功能。

7 月 28 日 朝鲜最高人民会议常任委员会委员长金永南在万寿台议事堂会见以“伊朗和朝鲜友好议员团”主席班德佩为团长的伊朗国会代表团。班德佩说，在两国领导人的关心下，两国友好合作关系得到加强和发展，伊朗政府愿意继续扩大和发展两国友好关系。

＊朝鲜最高人民会议议长崔泰福会见瑞士全国妇女理事会国际关系委员长巴鲁尼率领的瑞士全国妇女理事代表团。

7 月 31 日 朝鲜“6・15 共同宣言实践朝鲜委员会”通报韩国，因朝鲜地区发生严重水灾，暂停原定于 8 月 14 日开始的《阿里郎》演出。8 月 1 日，通知韩国取消原定举行的“8・15”庆典活动。

8月

8 月 1 日 新加坡总统黄金辉在会晤到访的朝鲜外相白南舜时表示，两国从 1960 年开始建立友好合作关系，是历史悠久的老朋友。新今后也将一如既往地通过经济、贸易领域继续增进和发展双边关系。

＊朝鲜祖国和平统一委员会发言人答朝中社记者问时认为，韩国 7 月 28 日发射的“阿里郎 2 号”卫星是“针对朝鲜的军事卫星”，是使地区形势激化的严重挑衅行为。

8 月 2 日 蒙古总统恩赫巴亚尔在会见前来参加金日成主席访蒙 50 周年和蒙古建国 800 周年纪念活动的朝鲜对外联络委员会委员长文在哲时强调，蒙古和朝鲜是具有传统友谊的友好国家，今后两国将继续通过各个领域的友好合作，增进和发展双边友好合作关系。

*因涉嫌抄袭论文，韩国副总理兼教育部长官金秉准在上任仅13天后正式宣布辞职。

8月7日 韩日两国政府组成调查团，开始对在日本占领韩国时期被强征到日本的韩国人遗骨进行调查，并负责将其送回韩国。

8月7—9日 韩国外交通商部长官潘基文访问日本，参加日本前首相桥本龙太郎的葬礼。9日，与日本外相麻生太郎举行会晤，就东海海洋调查、六方会谈重开方案等问题交换意见。潘基文还与官房长官安倍晋三进行交谈，双方认为韩日两国保持面向未来的合作关系至关重要，同意在联合国安理会对朝鲜决议案问题上保持合作，并向朝鲜敞开对话大门。

8月8日 韩国总统卢武铉任命金成浩为新任法务部长官。

8月9日 朝鲜政府和津巴布韦共和国近日签订了保健领域合作协定。

*朝鲜"6·15共同宣言实践朝鲜委员会"致电韩方，对韩国民间团体向朝提供的物资援助表示感谢，并表示希望韩国提供用于修复水灾地区的物资援助，主要包括水泥和钢材等建筑材料以及卡车、粮食、医药品等物资。这是自上月中旬朝鲜遭受水灾后，首次向韩国提出援助请求。

8月10日 韩国联合参谋本部表示，韩国军队首次参加在蒙古举行的"可汗探索"军事演习，进行指挥参谋及野外战术等军事培训。"可汗探索"军事演习是美军和蒙古军队于2003年开始举行的联合军事演习。从2006年起，包括韩国在内的23个国家派军人参加这项以维和为活动内容的军事演习。

8月13日 朝鲜第一座东正教教堂正式举行宗教仪式。该教堂位于平壤东部，在俄罗斯东正教会和朝鲜东正教委员会的共同主持下于2003年开始修建，总建筑面积约300平方米。2003年，朝鲜成立东正教委员会，并派4名朝鲜大学生前往莫斯科宗教学校学习。2005年5月，俄罗斯东正教会为两名朝鲜大学生举行了担任辅祭教职的按手仪式。

8月15日 韩国总统卢武铉在"8·15光复节"庆典上致词指出，韩国须克服两个问题：一是国家分裂。强调不能只依赖于周边大国的意志行动，要尊重决定命运的自主权，引导朝鲜迈向开放之路，通过民族团结，建立以韩国为中心的和平秩序。朝鲜必须无条件重返六方会谈，与会方必须以多种形式进行相互对话。二是东北亚地区潜在的对峙状态。提出解决对峙状态的重点在于对日本霸权主义提高警惕。日本必须以实际行动解决独岛、历史教科书和参拜靖国神社等问题，不要重蹈覆辙。

*韩国外交通商部发言人发表声明，对日本首相小泉不顾国际社会反对参拜靖国神社表示强烈抗议。发言人称小泉此举不仅使韩日关系陷入低谷，也破坏了东北亚地区的相互友好合作关系。日本必须为地区和平做出

努力，且应该在国际社会上做出负责任的行动。韩国政府还召见日本驻韩大使大岛正太郎，韩国驻日本大使罗锺一也前往日本外务省，就小泉首相参拜靖国神社表示严重抗议。

8 月 19 日 韩国、朝鲜在金刚山举行南北红十字会务实性接触，韩决定通过大韩红十字会向朝鲜提供 10 万吨大米、10 万吨水泥、5 万吨钢筋、100 辆卡车、50 辆挖掘机等建设装备、8 万张毛毯以及 1 万个紧急救护箱和医药品。大韩红十字会计划从 8 月 30 日至 10 月中旬分 40 多次向朝提供上述救灾物资。首批对朝救灾物资于 8 月 30 日在仁川港启运。

8 月 20 日 朝鲜最高人民会议大议员、朝鲜劳动党中央委员会部长林东玉去世，享年 70 岁。

8 月 21 日 韩国政府宣布，韩国国家情报院日前抓获了名叫郑经学的朝鲜"直派间谍"。韩国国情院称，郑经学 1995 年 12 月在泰国改为泰国国籍，1996 年 3 月至 1998 年 1 月期间 3 次潜入韩国，涉嫌对战时攻击目标等韩国主要设施进行拍照。韩国国情院 7 月 31 日在首尔市区的某饭店将准备离开韩国的郑经学拘捕，并查获郑经学携带的菲律宾护照、伪装身份证明以及美元等物品。这是卢武铉政府 2002 年成立以来，韩国首次抓获朝鲜间谍。

8 月 22 日 韩国第一颗军民两用通讯卫星"无穷花五号"在夏威夷南边太平洋赤道公海上成功发射升空。它将在地球上空 36000 公里的地球同步轨道上，以朝鲜半岛、日本、中国和菲律宾为对象，提供卫星通讯服务。

8 月 24 日 韩国外交通商部长官潘基文提出改善韩日关系的三大前提：1. 不再参拜靖国神社；2. 不再歪曲历史教科书；3. 不再主张对独岛的主权。

8 月 26 日 朝鲜外务省发言人说，美国总统布什最近发表声明称要切断"无赖国家"的资金链，美国财政部则派出官员到越南等东南亚国家进行游说，呼吁这些国家停止与朝鲜的金融往来，并追查朝鲜在蒙古、俄罗斯等 10 多个国家的银行开设的账户，目的是"破坏朝鲜形象，切断朝鲜的对外经济交往"，是"严重侵犯朝鲜自主权和尊严的强盗行为"；朝鲜已制定完备的法律和法规，绝不是美国所称的"违法国家"和"伪造货币国家"；解除金融制裁不是钱的问题，是与六方会谈以及履行六方会谈《共同声明》"直接相关的政治问题"，也是"检验美国对朝鲜政策有无变化的一个标尺"。

8 月 29 日 韩国国务总理韩明淑就"海洋故事"事件正式向国民道歉。她宣布政府对非法赌博游戏事件负有责任，并保证将所有事实调查清楚。韩国文化观光部前任长官、现任执政党非常对策委员会常任委员郑东采也宣布辞去党内职务。31 日，卢武铉总统就此一事件再次向国民表示“歉意”。“海洋故事”是一款非法成年人赌博游戏，因非法大幅调高赔付比率，吸引了众多赌博玩家和电子游戏厅业主。该游戏使韩国赌博中毒者达 300 多万人，顾客群体扩大到主妇、学生，导致家庭破裂、破产、失业和自杀等严重的社会问题。

*第 14 届国际劳工组织（ILO）亚太地区大会在韩国釜山举行。本届大会的主题是“在亚洲创造理想的工作岗位”。

8 月 30 日 韩国企划院预算处发表“远景 2030—共同的希望”报告，规划了韩国未来远景：到 2030 年，韩国人均国民收入（目前为 1.6 万美元）将提高到现在的 3 倍，达 4.9 万美元，国家竞争力（以瑞士洛桑管理学院的排名为准）从 2005 年的第 29 位提升到第 10 位，国民生活质量从目前的第 41 位提升到第 10 位。

8 月 31 日 朝鲜政府和越南政府在平壤举行第 6 次经济、科学合作大会。会议讨论了加强朝越在经济、科学技术领域进行协助及发展贸易等问题。

*韩国三星电子公司在“2006 三星 4G 论坛”上首次公开演示了 4G 技术。其中包括在以 60 公里时速行驶的汽车内进行 100Mbps 的数据传输和超高速移动通信服务的无缝切换；多个用户同时以 1Gbps 的速度下载 32 个频道的 HD 广播，并且同时使用超高速互联网上传下载、可视电话、论坛直播等。

9月

9 月 3—5 日 韩国总统卢武铉访问希腊，与希腊总统卡罗洛斯·帕普利亚斯举行会谈，就增进两国在海运、造船、旅游、港口现代化等领域的合作方案进行了讨论。

9 月 4—5 日 韩日在首尔举行第 6 次海上专属经济区划界谈判。日方主张双方在专属经济区重叠海域进行海洋科学调查时应事先通告对方，韩方则不承认日本提出的“重叠海域”说法，要求日本在获得韩国政府同意后方可在韩国专属经济区内进行海洋调查。双方在专属经济区划界问题上的基本立场没有改变。

9 月 5—7 日 韩国总统卢武铉访问罗马尼亚，与罗马尼亚总统伯塞斯库举行会谈，双方讨论了韩国企业参与罗马尼亚核电站建设、加强科技通信领域的实质性合作等问题，并就朝核问题交换了意见。

9月7—8日 韩国总统卢武铉访问芬兰，与芬兰总统哈洛宁举行首脑会谈，双方对在科学信息技术领域建立合作伙伴关系方案进行协商，并讨论了朝鲜半岛等地区局势问题。

9月7—10日 韩美在西雅图举自由贸易协定第三轮谈判。双方除在服务贸易方面取得部分共识外，在农产品贸易、反倾销、开城工业园区产品的原产地等问题上仍各持己见。

9月11日 朝鲜最高人民会议常任委员会委员长金永南在平壤万寿台议事堂接受中国新任驻朝鲜大使刘晓明递交的国书。金永南表示，加强和发展朝中友谊符合两国人民利益，有利于东北亚乃至世界的稳定、安全与发展。发展朝中友谊是朝鲜党和政府一贯立场。刘晓明表示，不断巩固和发展中朝友好合作关系是中国党和政府坚定不移的方针。

＊出席在芬兰赫尔辛基举行的第6届亚欧首脑会议期间，韩国总统卢武铉与法国总统希拉克举行首脑会谈，双方一致认为朝鲜半岛的稳定不仅对东北亚，对于全世界和平也十分重要。另外，双方还就两国在经济、贸易、外交等各方面加强交流与合作达成了协议，并决定按照2004年达成的协议合理解决《外奎章阁》图书返韩问题。卢武铉还希望在和平解决朝鲜核问题及维护朝鲜半岛的和平等方面，法国政府能够担任建设性角色。

＊在亚欧首脑会议期间，韩国总统卢武铉与德国总理默克尔举行会谈，双方就加强两国间的贸易、投资、信息通信和科学技术等方面的合作达成了协议。

9月12日 朝鲜外务省与蒙古外交部在平壤签署合作条约议定书。

9月12—15日 韩国总统卢武铉对美国进行工作访问，与美国总统布什在白宫举行韩美首脑会谈。双方肯定了韩国提出的重启六方会谈的方案，并就与其他参加国共同寻求解决方案等问题达成了协议。卢武铉在会谈后的记者会上表示，两国正在协商解决朝鲜核问题的共同解决方案，但由于内容复杂，至今尚未得出最后结论。

9月14日 朝鲜劳动党代表团与英国共产党代表团举行会谈，双方通报了本党的活动情况，并就加强和发展两党友好关系及相互关心的问题交换了意见。

＊中国外交部发言人在新闻发布会上表示："苏岩礁并非国际法上的岛屿，而是东中国海北部水面下的一个暗礁。""几年前，韩国计划在苏岩礁建立综合海洋科学基地。中国曾提出反对意见。这是因为此暗礁所处海域正好与两国所主张的专属经济区重叠。"发言人强调韩国在苏岩礁单方面采取的行动是毫无法律效力的。

9月16日 朝鲜最高人民会议常任委员会委员长金永南在古巴举行的第14届不结盟运动首脑峰会上谴责了美国对朝实施金融制裁的做法，

强调“只要美国不解除制裁，我国就决不会重返六方会谈”，“我们已被美国逼到了事态无法预测的程度。作为遏制力，我国只能拥有核武器”。另外，金永南在会议期间还与伊朗总统、蒙古总统、阿尔及利亚总统分别举行了会谈。

9月18—26日 韩国国务总理韩明淑出访阿酋联、利比亚、哈萨克斯坦、乌兹别克斯坦。韩明淑与利比亚政府就韩国企业参与利比亚输油管建设工程达成了协议，与乌兹别克斯坦政府就韩国长期向乌供应铀取得了共识。这是韩国总理首次访问利比亚、哈萨克斯坦和乌兹别克斯坦。

9月27—28日 第10次韩美“安保政策构想会议”（SPI）在美国举行。会议宣布2004年10月开始的“韩美同盟未来目标共同研究”结束。

10月

10月2日 朝鲜、韩国在板门店南北军事分界线北方一侧的“统一阁”进行南北军事工作会谈首席代表接触，由于双方坚持各自的立场没有取得结果。

10月3日 朝鲜外务省发表声明，称由于美国政府单方面撕毁朝美框架协议书，严重威胁朝鲜的主权与生存权，朝鲜不得不退出不扩散核武器条约。今后朝鲜科学研究部门将进行切实保证安全的核试验。声明还承诺朝鲜绝不会首先使用核武器，不允许用核武器进行威胁和核扩散；朝鲜将为实现朝鲜半岛无核化、推动世界核裁军与彻底废除核武器进程尽最大努力。

10月4日 韩国外交通商部发言人称，韩国政府对朝鲜进行核试验的计划表示高度关注，并为此感到遗憾。韩国政府再次重申不会容忍朝鲜拥有核武器的立场。

10月5日 朝鲜劳动党中央委员会委员、朝鲜劳动党军事委员会委员、朝鲜最高人民会议常任委员会代议员、朝鲜人民军次帅白鹤林去世，享年87岁。

10月6日 联合国安理会发表主席声明，对朝鲜将进行核试验深表忧虑，要求朝鲜取消计划中的核试验，立即无条件重返六方会谈。声明还警告朝鲜如果无视国际社会的劝阻坚持核试验，安理会将采取进一步的行动。

10月7日 韩国外交通商部部发言人发表声明，表示支持联合国安理会有关朝核试验的主席声明。声明说：“朝鲜如果强行推动核试验，将会激起国际社会的指责，并因此面临联合国宪章规定的集体行动。朝鲜应清楚地认识到核试验不会对朝鲜产生任何帮助。”

10月9日　朝鲜宣布10月9日上午安全和成功地进行了地下核试验。同时称此次核试验是经过精密科学研究和计算后进行的，不会造成放射线污染等任何危险。

＊韩国政府发表声明，指出朝鲜核试验单方面废止了1991年韩朝发表的《朝鲜半岛无核化共同宣言》，违背六方会谈共同声明和联合国安理会1695号决议，是令人无法容忍的挑衅行为，对朝鲜半岛，乃至整个东北亚地区的安全与和平构成严重威胁，朝鲜应对由此引发的包括南北关系倒退在内的所有问题负全部责任。声明还敦促朝鲜立即废除与核武器相关的所有计划，重返核不扩散条约，作为国际社会中负责任的一员遵守国际规范。

＊日本首相安倍晋三访问韩国，与韩国总统卢武铉举行首脑会谈。双方认为朝鲜进行核试验将给国际社会的和平与稳定带来严重的威胁，两国绝不能容忍，也将坚决地应对此问题。在会谈后的记者会上，卢武铉称，韩国政府难以继续推行包容性政策，也难以继续主张包容性政策对解决朝鲜核问题会更有效。安倍表示，朝鲜声称已成功进行核试验，是严重违背2002年的平壤宣言、2005年的六方会谈共同宣言以及2006年7月安理会关于朝鲜问题的决议案的行为，是对国际社会为防核扩散努力的挑战，因此国际社会应坚决应对。

＊韩国总统卢武铉与美国总统布什通电话，双方就两国在战略上共同应对朝鲜核试验后的形势达成共识，一致认为韩美在朝鲜核问题上应采取相同的立场，联合国采取的措施及两国与盟国的战略应对措施都十分重要。

10月10日　朝鲜最高人民会议代表团团长李钟赫在比利时布鲁塞尔举行的欧盟议会会议上强调，朝鲜进行核试验是美国对朝鲜施压造成的结果。朝鲜不需要每次采取行动时都要看别人的脸色，所有的国家都在追求本国的利益，没有一个国家能代替朝鲜争取利益。在人权问题上李钟赫表示，每个国家的传统和社会经济发展情况不同，人权不能用单一的标准衡量，不能拿人权问题作为对一个国家施压和制裁的理由。

＊韩国国防部长官尹光雄主持召开全军主要指挥官会议。会议认为朝鲜进行核试验是危害朝鲜半岛乃至东北亚和平与稳定的重大威胁和不可容忍的挑衅行为。会议讨论了目前韩国的安保情况和军队的戒备状态，决定维持目前的警戒等级。韩国的警戒等级分为5个等级，韩国军队从1999年发生延坪海战以后一直维持三级警戒。三级警戒将在国家安保面临重大威胁时启动，在国家利益面临明显危险时升高一个等级。

10月11日 朝鲜外务省发言人发表谈话，表示朝鲜虽然进行了核试验，但通过对话和协商实现朝鲜半岛无核化的立场"至今没有变化"，强调实现朝鲜半岛无核化是已故金日成主席的"遗训"，也是朝鲜的"最终目标"。朝鲜已做好对话和协商方面的准备。

＊朝中社报道朝鲜内阁近日召开全体会议，讨论了有关电力、煤炭、金属工业生产以及2006年的秋收等问题。会议要求"决定性地增加电力、煤炭和金属工业生产"，大力开展节约用电和回收废铁活动，加强技术管理和设备管理，提高经济效益；同时还要准备充分的资金确保国家有更多的粮食储备。

＊朝鲜与古巴政府在平壤举行第25届经济及科学技术协作会议。会议讨论了加强和扩大双边经济、科学技术协作、贸易等问题。

10月14日 联合国安理会一致通过了关于朝鲜核试验问题的第1718号决议。决议对朝鲜核试验表示谴责，要求朝方放弃核武器和核计划，立即无条件重返六方会谈，并决定针对朝方核武器、导弹等大规模杀伤性武器的相关领域采取制裁措施。决议强调有关国家应严格履行义务，保持克制，不要采取任何可能加剧紧张局势的行动，继续通过政治和外交努力寻求解决问题，争取尽早恢复六方会谈。

10月14日 韩国外交通商部长官潘基文正式当选为联合国第八任秘书长。潘基文在联合国大会上发表受任演说表示，将以效率和改革开启一个符合时代要求的新的联合国。12月14日，潘基文在纽约联合国总部宣誓就职。潘基文将于2007年1月1日正式就任联合国秘书长，任期5年。

10月16日 朝鲜举行"打倒帝国主义同盟"成立80周年纪念报告会。朝鲜最高人民会议常任委员长金永南做了纪念报告。金永南还强调明年的"太阳节"和建军节要隆重庆祝。

10月17日 朝鲜外务省发言人发表声明，表示"强烈谴责和坚决拒绝接受"联合国安理会第1718号决议；称朝鲜进行核试验是"为了对付美国日益严重的核战争威胁和制裁、施压阴谋"，是"主权国家自主的、合法的权利"；联合国安理会的决议是根据美国的脚本通过的，是对朝鲜的"宣战公告"；"朝鲜作为一个负责任的有核国家，绝对不会首先使用核武器，也不会进行核转移"；朝鲜将坚持通过对话和协商实现朝鲜半岛无核化的原则立场。

＊美国总统布什与联合国秘书长当选人潘基文就朝鲜核试验有关对策和联合国安理会对朝鲜制裁决议的有关履行方案交换了意见。布什表示，绝对不能容忍朝鲜国防委员会委员长金正日威胁东北亚地区的和平，同时祝贺潘基文当选联合国秘书长，并表示美国政府将全力支持潘基文。

＊韩国地质资源研究院继13日之后，再次修正了朝鲜核试验的震源

地。新发布的震源地理位置为北纬 41.275 度，东经 129.095 度。

10 月 18 日　朝鲜和叙利亚在大马士革签署“两国民事、刑事案件法律互助条约”。

10 月 19 日　朝鲜劳动党总书记、国防委员长金正日会见了中国国家主席胡锦涛的特使、中国国务委员唐家璇。唐家璇向金正日转达了胡锦涛总书记的口信，并赠送了礼物。双方还为进一步巩固和发展两国的友好合作关系及就维护朝鲜半岛的和平与安全及相互关心的国际问题交换了意见。

＊韩美军方在美国举行第 28 次军事委员会会议（MCM）。会议评估了朝鲜核试验后急剧变化的朝鲜半岛及东北亚安保局势，讨论了应对朝鲜核威胁的韩美军事协作方案。

10 月 20 日　韩美在华盛顿举行第 38 届安保协议会议（SCM）。韩国国防部长官尹光雄与美国国防部长拉姆斯菲尔德出席会议，双方签署了包括 14 项内容的联合声明。韩美两国就“2009 年 10 月 15 日到 2012 年 3 月 15 日之间迅速结束向韩国军队移交作战指挥权的工作”达成协议。为强调美国对韩国的核伞保护，还将“扩张威慑”（extended deterrence）概念写入了联合声明中。“扩张威慑”是指美国为遏制敌国对同盟的攻击，不仅可以使用原来的战术核武器，还可以使用战略核武器。

10 月 23—27 日　韩美自由贸易协定第四轮谈判在济州岛举行。双方在立即废除 1000 个工产品的关税等问题上取得共识，并决定成立工作小组讨论汽车领域的安全标准问题。但在农业和纺织品领域，双方都拒绝对方提出的修改案，开城工业园区产品的原产地问题等没能获得进展。

10 月 24 日　韩国国防部长官尹光雄向卢武铉总统提交辞呈。

10 月 25 日　韩国统一部长官李钟奭在记者会上称要辞去统一部长官一职。

10 月 26 日　朝鲜最高人民会议常任委员会颁布政令：取消原电力煤炭工业省，新成立电力工业省和煤炭工业省。

＊朝鲜和蒙古政府在平壤签署了 2006—2008 年度文化交流计划书。

10 月 27—28 日　候任联合国秘书长、韩国外交通商部长官潘基文访华。中国国家主席胡锦涛在会见潘基文时说，相信潘基文在任职期间定会充分发挥才智，在联合国发挥重要作用，为促进世界和平和共同发展做出重要贡献。潘基文在与中国外长李肇星会谈中表示，中韩之间有着很好的关系，作为候任联合国秘书长，希望把这种关系带到联合国去。

10 月 31 日—11 月 4 日　由韩国民主劳动党代表文成贤、权永吉和鲁会灿等 13 位议员组成的韩国民主劳动党代表团访问朝鲜。朝鲜最高人民会议常任委员会委员长金永南会见了文成贤一行。

11月

11月1日 韩国总统卢武铉提名李在祯为统一部长官、宋旻淳为外交通商部长官、金章洙为国防长官、金万福为国家情报院院长。

11月4日 朝鲜外务省发言人答朝中社记者问，称朝鲜从来没有邀请日本参加六方会谈。虽然朝鲜对日本参加六方会谈感到不满，但是考虑到与其它与会国的关系，才对日本采取了容忍态度。

11月5—6日 候任联合国秘书长、韩国外交通商部长官潘基文访问日本。5日，与日本外相麻生太郎会晤，双方决定加强两国间的合作，促使六方会谈取得实际进展。6日，潘基文拜会日本首相安倍晋三，双方就解决朝鲜核问题和重开六方会谈等问题交换了意见。安倍晋三表示，韩日两国关系非常重要，并对潘基文对增进韩日两国关系做出的努力表示感谢。

11月6日 韩国总统卢武铉与到访的尼日利亚总统奥巴桑乔举行首脑会谈，双方就能源、资源、工厂建设、信息通信领域的合作等问题深入进行了讨论。

11月6—11日 联合国亚太经社理事会（UNESCAP）交通部长会议在韩国釜山举行。与会各方签署了《泛亚铁路网政府间协议》。根据协议将动工修建连接韩国、中国、俄罗斯等亚洲28个国家、全长8.1万公里的国际铁路。

11月8日 首届韩非论坛在韩国首都首尔举行。此次论坛的主题是："非洲的潜力和韩非经济合作关系"、"非洲国家与韩国共享经济发展经验"以及"增进韩国与非洲间的相互理解"。大会还发表了《韩非论坛首尔宣言》。韩国总统卢武铉与前来参加论坛的刚果、坦桑尼亚、加纳、贝宁等非洲4国的首脑先后举行会谈，分别就资源开发等双方共同关心的问题交换意见。

＊韩国国防部宣布，韩国空军决定在2012年前从美国波音公司引进4架由波音737改装的空中预警机，以加强空中预警能力。据报道，韩国将要引进的空中预警机，可搭载2名驾驶员和6至10名技术人员，能以360度全方位同时跟踪空中和海上目标，预警半径达480公里，最大飞行高度为1.24万米，最远航程为6482公里。

11月13日 韩国政府发言人正式宣布，韩政府对于防扩散安全倡议（PSI）的目的和原则表示支持，但考虑到朝鲜半岛特殊的状况，短时间内将不参加 PSI。

11 月 14 日 日本政府决定禁止向朝鲜出口牛肉、汽车及化妆品等数十项“奢侈品”，以进一步对朝鲜进行制裁。

*韩国建设交通部长官秋秉直、青瓦台宣传首席秘书李百万和总统经济助理丁文秀向卢武铉总统呈递辞呈，表示为因政策失误导致房地产价格上升等负责。

11 月 15 日 韩国政府公布了“11·15 房地产综合政策”，其主要内容包括增加住宅的供应及加强以房地产作抵押贷款的限制。根据这项政策，今后 5 年内首都圈一带住宅的供应量从当初的 74.2 万户增至 86.7 万户。此外，由民间金融机构提供的住宅抵押贷款的上限也从目前占房屋总价 60%—70%控制到房屋总价的 50%以下。

11 月 17 日 联合国大会第三委员会以 91 票赞成、21 票反对、60 票弃权表决通过了由美国和日本联合递交的朝鲜人权决议案。

*朝鲜红十字会发言人称，朝鲜对任何制裁都视为宣战。如果日本率先采取诸如禁止朝鲜船舶进入日本港口等制裁措施，日本政府必须担负由此而发生武力冲突的责任。

11 月 17—19 日 韩国总统卢武铉参加在越南举行的第 14 次亚太经合组织（APEC）领导人会议。

11 月 18 日 伊朗总统内贾德接见到访的以崔泰福为团长的朝鲜最高人民会议代表团时说，坚决支持朝鲜人民为实现朝鲜半岛无核化而做出的积极努力。

*正在越南首都河内参加亚太经合组织（APEC）第 14 次领导人非正式会议的韩国总统卢武铉与加拿大总理哈珀举行会谈，双方同意两国在能源与资源领域的合作范围，并在签署双边自由贸易协定问题上取得共识。卢武铉希望加拿大继续对朝鲜半岛问题予以关心和支持。加拿大总理哈珀希望通过即将召开的六方会谈，一起履行“9·19”共同声明，实现朝鲜半岛无核化。

*韩国总统卢武铉与日本首相安倍晋三在河内举行单独会晤。安倍晋三认为日本人被朝鲜绑架事件对日本来说至关重要。卢武铉对此表示，日本人被绑架事件不能与六方会谈的焦点问题（朝鲜核问题）相互抵触。双方一致认为必须放眼未来，通过对话与施压的方式解决朝鲜核问题。

*韩国总统卢武铉与美国总统布什在越南举行首脑会谈，双方一致表示，决不容忍朝鲜拥有核武器，如果朝鲜放弃核武器开发，韩美两国将向朝鲜提供经济援助与安全保障。另外，双方还就在解决朝核问题过程中与有关国家进行合作等问题进行了具体协商。在防扩散安全倡议（PSI）问题上，卢武铉表示虽然韩国没有全面参加 PSI，但韩国支持 PSI 的目的与

原则。

11月19—22日 韩国总统卢武铉访问柬埔寨，与柬埔寨总理洪森举行会谈，双方就增进两国间的贸易和投资往来、韩国向柬埔寨提供各种援助等合作方案进行了磋商。卢武铉表示韩政府将对柬埔寨扩大有偿和无偿援助，2007年将以贷款方式向柬埔寨提供3700万美元的经济开发合作基金，协助柬埔寨修建公路。卢武铉是韩柬两国1997年重新建交后首位访柬的韩国元首。

11月20日 朝鲜外务省发言人就联大通过朝鲜人权决议发表声明，指出美国和欧盟等敌对势力再次捏造人权决议，是针对朝鲜的政治阴谋；美国和欧盟在指责其他国家存在人权问题前，应先解决好各自国家存在的人权问题。

＊欧盟为履行联合国安理会第1718号决议通过了对朝鲜制裁措施，主要内容包括：禁止对朝出口武器、核技术、导弹技术以及奢侈品，欧盟国家将对所有的朝鲜进出口货物进行检查。朝鲜与核、弹道导弹以及大规模杀伤性武器计划有关的人员及其家人前往欧盟地区旅行也将受到限制。

11月23日 朝鲜劳动党中央委员会政治局委员、最高人民会议代议员、朝鲜劳动党书记桂应太去世，享年81岁。

＊韩国总统卢武铉与到访的丹麦首相拉斯穆森举行会谈，双方就加强两国在能源与信息技术领域的合作达成了协议，并就朝鲜半岛、东北亚局势、韩国与欧盟的合作以及国际局势等共同关心的问题相互交换了意见。

11月28日 韩国国务会议通过“韩国延长派驻伊拉克部队期限的动议案和裁军计划”，批准韩国部队派驻伊拉克的期限延长一年，但在2007年4月前，兵力将由目前的2300人减至1200人左右。

12月

12月3—5日 韩国总统卢武铉访问印度尼西亚，与印尼总统苏西洛举行会谈。双方决定将两国间的友好关系拓展到IT、原子能、森林合作开发等领域，并签署了在政务、经贸、社会与文化等所有领域扩大合作的《关于21世纪友好合作的战略伙伴关系联合宣言》。

12月4日 韩美军方在首尔的韩美联合司令部举行了“战时气象预报任务”的移交权签字仪式。战时气象预报任务将于12月31日正式移交给韩国空军第736气象大队负责。

12月4—8日 韩美自由贸易协定第五轮谈判在美国蒙大拿州举行。

双方同意将韩方204个（贸易额3.9亿美元）和美方206个（贸易额为6亿美元）中期撤销减税品目转换为立即撤销品目，但在贸易保护和汽车、医药品等重点事项上各执己见，未能取得实质性进展。双方决定2007年1月15日起举行第六轮谈判。

12月5日 韩国2006年出口贸易突破3000亿美元大关，成为世界第11个年出口额突破3000亿美元的国家。

12月5—6日 中、日、韩三国在韩国济州岛举行“第一届韩中日观光论坛”，并发表了旨在加强三国观光研究与合作的《济州宣言》。

12月5—7日 韩国总统卢武铉访问澳大利亚，与澳总理霍华德举行会谈，双方就贸易、投资以及能源、资源、IT、科学技术等领域进行实质性合作的方案进行了磋商。卢武铉是7年来首次访澳的韩国元首。

12月6—7日 韩、中在北京就朝鲜半岛西海与南海专属经济区划界问题举行第11次海洋划界会谈。

12月7—10日 韩国总统卢武铉访问新西兰，与新西兰总理海伦·克拉克举行首脑会谈，并发表《21世纪伙伴关系联合声明》。两国首脑一致同意，建立两国财经部门之间的定期协商机制，并开始旨在韩新签署自由贸易协定的民间可行性研究。

12月15日 在多哈亚运会上，韩国代表团以58枚金牌、53枚银牌、82枚铜牌的成绩名列金牌榜第二；朝鲜代表队则以6枚金牌、9枚银牌、16枚铜牌的成绩在名列金牌榜第16位。

12月18日 乌克兰总统尤先科访问韩国，与卢武铉总统举行会谈，双方就扩大两国间贸易、投资合作、在乌克兰的3万韩国侨民问题，以及航空宇宙产业合作等问题交换了意见。自1992年两国建交后，尤先科是第二位访问韩国的乌克兰总统。

12月18—22日 第五轮六方会谈第二阶段会议在北京钓鱼台举行。与会六方经过5天的会议后宣布休会，并发表《主席声明》。《主席声明》重申通过对话和平实现朝鲜半岛无核化是各方的共同目标和意志；重申认真履行“9·19”共同声明，根据“行动对行动”原则，尽快采取协调一致步骤，分阶段落实共同声明。中国国务委员唐家璇在六方会谈宣布休会后会见了参加本阶段会谈的六方代表团团长。唐家璇表示，通过本阶段会谈，各方的主张更加明确，立场更加靠近，共识不断积累。各方重新确认了共同声明精神，重申将认真履行各自在共同声明中作出的承诺，表达了继续致力于实现半岛无核化目标和通过对话和平解决问题的意志，具有十分重要和积极的意义。19日，朝鲜与美国举行包括澳门汇业银行问题在内的金融制裁工作会议。

12月21日 联合国大会以99票赞成、21票反对、56票弃权通过朝鲜人权决议案。韩国投了赞成票。

12月23日 朝鲜人民军总参谋长金永春在庆祝金正日被推举为朝鲜人民军总司令15周年大会上说，美国企图通过各种手段迫使朝鲜单方面弃核，却根本不想取消对朝鲜的制裁。如果美国的制裁和压力继续加大，朝鲜将以更加强硬的反制裁措施应对。

12月26日 韩国国立水产科学院公布韩、中、日三国水产科技部门在中国签署有关三方交流合作相关谅解备忘录。韩、中、日三国相关机构将合作解决周边水域发生的主要问题，共同发展水产科技。

12月27日 韩国外交通商部长官宋旻淳在访日期间拜访日本首相安倍晋三。双方就相互合作方案、朝鲜核问题应对方案以及两国共同关心的事项交换了意见。

12月29日 韩国总统卢武铉和胡锦涛主席互致贺电，祝贺“2007年韩中交流年”活动开幕，并预祝活动圆满成功。

东南亚大事记

1月

1月1日 中国驻泰国使馆证实，试图从泰国前往希腊的4名中国人因使用伪造护照日前在泰国首都曼谷廊曼国际机场被泰国移民局官员拘留。这4名假护照持有者为一男三女，12月30日持伪造韩国护照过境试图前往希腊。

1月3—20日 新加坡和印度空军在印度北方邦举行第二次代号为“新印”的联合军事演习。新加坡空军共派出8架F16战斗机飞往印度的卡莱昆达空军基地参加演习。新印空军联合演习旨在“使双方空军人员能够在真实并具挑战性的环境中共同演练”。演习期间印方一自动火炮炮管15日发生爆炸，造成3名印军士兵死亡。新印空军联合演习始于2004年10月。

1月4日 马来西亚资深外交官、联合国秘书长缅甸问题特使拉扎利·伊斯梅尔因2004年后一直被缅甸军政府拒绝入境而辞去缅甸问题特使职务。

1月8日 新加坡举行代号为“北斗星5号”的该国历史上最大规模的民事紧急演习。此次演习以英国伦敦2005年7月发生的连环恐怖袭击为蓝本，模拟新加坡交通系统遭受攻击的情况，检验各机构的紧急应对机制及相互协作能力。

1月14日 泰国媒体大亨、总理他信的前好友林明达组织数千人到总理府前抗议他信打压舆论自由，其中数百人一度冲入总理府并在草坪、停车场逗留数小时。政府出动防暴警察驱散人群并逮捕40名抗议者。

1月16—20日 泰国总理他信对曼谷东北部黎逸府一个贫穷村庄展开为期5天的视察，并进行电视台24小时“真人秀”全程直播。他信在佛寺借宿，并与当地百姓一同睡帐篷、吃农家饭，与村民一起驾驶摩托车，听取他们的意见，帮助他们解决债务及被非法掠夺的土地等问题。

1月17日 泰国政府发言人宣布，政府将在南部陶公、北大年和也拉3府实施的国家紧急状态延长3个月，以维持当地治安，制止暴力事件。

＊泰国政府部门正式实施“严格禁烟令”，规定所有公务员、政府工作人员和前往政府部门联系工作的外来人员都不得在政府部门内吸烟，违者将处以2000泰铢（约50美元）罚款，相关部门主管也将被处2万泰铢（约500美元）罚款。禁令还规定政府部门不得接受卷烟厂任何形式的赞助。

1月18—23日 应印尼总统苏西洛邀请，马来西亚最高元首赛西拉汝丁和元首后端姑法茜雅抵达雅加达，展开对印尼为期6天的访问。

1月19日 印尼警方逮捕马来西亚极端分子头目诺丁（Noordin）的一名主要助手苏布尔·苏吉亚尔托（Subur Sugiarto），起获4吨可用于制造炸弹的硝酸铵。该激进分子是诺丁的死党，而诺丁是与“基地”组织有密切联系的东南亚恐怖组织“伊斯兰祈祷团”（Jemaah Islamiah）的重要人物，与多起针对西方的爆炸案有关。

1月22日 柬埔寨在全国举行参议院选举投票。根据统计结果，柬埔寨执政的人民党在首次参议院选举中获得最多议席，奉辛比克党和反对党桑兰西党分列第二和第三，具体得票数为：人民党获得45席，奉辛比克党赢得10席，桑兰西党赢得2席，高棉民主党没有赢得议席。柬参议院共有61席，其中57席由政党竞争，其余4席由国王和国民议会任命。

1月23日 泰国总理他信家族以18.8亿美元的价格，将旗下的臣那越集团49.6％的股份出售给新加坡淡马锡控股集团，创下泰国历史上最大的公司并购案。泰国舆论指责他信家族借机套取现金、偷逃税款，并将电信、通讯等战略性产业置于外国资本控制之下，危害国家安全。

1月23—25日 马来西亚最高元首赛西拉汝丁应新加坡总统纳丹的邀请，对新加坡进行为期3天的访问。访问期间他到圣淘沙游览并参观了组屋区、启奥生物医药研究园、装甲部队总部和甘榜格南王宫。

1月29日 素有“中国通公主”美誉的泰国公主诗琳通在中国农历新年下午前往曼谷耀华力路唐人街庙会给华侨华人拜年，中国文化部部长助理丁伟、中国驻泰大使张九桓参加了庙会。4位中国名厨在唐人街现场制作了60道中国名菜献给诗琳通公主，中泰两国文艺团体还表演了精彩的节目。

1月31日 缅甸制宪国民大会再次休会。本阶段会议于2005年12月5日开始举行，主要探讨军队在宪法中的地位和作用等。

2月

2月3日　印尼总统苏西洛和马来西亚总理巴达维谴责丹麦《于尔兰邮报》刊登亵渎伊斯兰教先知的漫画并被多家欧洲报章转载。但两国领导人都呼吁本国伊斯兰教徒保持冷静和理智。连日来，印尼伊斯兰教徒在丹麦驻该国使馆前举行群众示威，马国伊斯兰教党则向丹麦大使馆递交了抗议信。

2月3日　越共中央书记处决定将十大《政治报告》（草案）全文公诸于众，进行为期1个月的全民征求意见活动。

2月4日　曼谷爆发大规模反他信集会，三大反对党（民主党、泰国党和大众党）及反全球化、环保等非政府组织宣布组建“人民民主联盟”(PAD)，试图利用各自擅长的政治、经济和街头抗议等手段，走联合斗争路线，逼迫他信下台。

2月6日　印尼警方将逮捕的新加坡头号恐怖通缉犯马士·沙拉末(Mas Selamat Kastari)移交给新警方。现年45岁的沙拉末是伊斯兰祈祷团成员，曾密谋劫机撞击新加坡樟宜机场和攻击在新加坡的美军设施。他在2003年2月3日潜逃时被印尼警方逮捕。2005年刑满释放后，因再度违反移民条例而被捕。

2月10日　柬埔寨反对党领袖桑兰西回国，结束在法国长达一年的自我流放。桑兰西曾担任财政部长，是反对党桑兰西党的领袖。他在2005年2月国会撤销他的议员豁免权之后，便一直留在法国。当时，柬埔寨首相洪森起诉他诽谤。

2月14日　马来西亚总理巴达维宣布内阁改组，这次改组涉及16个部门，其中4名部长被免职，即新闻部长阿都卡迪、高等教育部长沙菲益沙礼、天然资源及环境部长阿德南和旅游部长廖麦克。这是巴达维政府自2004年全国大选及巫统党选后第一次改组内阁。

2月14—17日　缅甸总理梭温访问中国。中国将向缅甸提供870万美元的金融援助和2亿美元的贷款。

2月23日　迫于外界指责泰国总理他信徇私舞弊的压力，政府公布了证券委员会调查报告。该报告指其子攀通泰确实在售股事件中违反股市信息披露法，但“未严重到刑事处罚的地步，可处以罚款”。反对派指责该报告偏袒他信。

2月24日　泰国总理他信宣布解散下议院并确定在4月2日提前举

行大选，试图以釜底抽薪的办法，打击议会中的反对派，并通过重新大选获取执政合法性。反对派则宣布抵制大选，并要求修宪和进行政改。

* 在逮捕多名涉嫌兵变的军人后，菲律宾总统阿罗约宣布实施紧急状态，随后继续逮捕涉嫌军官和政治人物，并取缔一份反对派报纸。

2 月 26 日 泰国曼谷市爆发约 10 万人大规模示威。当晚，一辆电视直播车在转播示威游行现场时突然爆炸，使该国政治动荡更趋严重。

2 月 27 日 泰国总理他信与该国三大反对党（民主党、泰国党和大众党）的代表谈判，但因分歧太大而破裂。当日下午，反对派宣布将联合抵制 4 月 2 日的大选，并向他信发出"最后通牒"，要求他在 5 天内辞职。据泰国通讯社报道，三大反对党在修宪、进行政改等问题上与他信出现尖锐对立。

2 月 28 日 美国太平洋司令部司令法伦上将访问马来西亚并表示，美国将在与新加坡、马来西亚和印尼 2006 年 4 月签署海事安全协定后，制订美国参与相关合作的细节，协助上述国家应对马六甲海峡的海盗及恐怖分子的威胁。

* 柬埔寨国民议会包括洪森首相在内的 110 多名与会议员通过投票，一致同意恢复桑兰西、谢波和谢占尼等 3 名反对党国会议员的豁免权。

* 新加坡海军"坚韧"号坦克登陆舰在新加坡海军舰队司令陈开河的率领下抵达湛江，开始对中国海军南海舰队进行为期 4 天的友好访问。这是湛江港对外开放以来，新加坡军舰首次访问湛江。

3月

3 月 1—2 日 印尼总统苏西洛访问缅甸，会见缅甸"和发会"主席丹瑞。苏西洛认为，缅甸必须向民主迈进，并称印尼愿"以自身经验协助缅走向民主"。

3 月 3 日 泰国总理他信当晚在曼谷市中心王家田广场的泰爱泰党演讲会上向 30 万名支持者发表演说，鼓励大家踊跃参加 4 月的大选投票，并呼吁三大反对党民主党、泰国党和大众党参加 4 月的选举。演讲结束后，他信赶赴北部家乡清迈府和东北部孔敬府造势，并表示若选举得票数不过半，将自愿下台。

* 菲律宾总统阿罗约宣布取消紧急状态。

3 月 4 日 泰国数万人在首都曼谷举行反政府示威，要求总理他信辞职。这是泰国 14 年来最大规模的示威活动。

3月6—7日 应柬埔寨首相洪森的邀请，越南总理潘文凯对柬进行正式友好访问。两国发表联合公报，重申加强和发展两国睦邻友好合作关系，进一步深化双边及东盟和大湄公河次区域内互利合作，如期完成陆地边界勘界立碑工作。越欢迎柬早日加入亚太经合组织，柬则支持越尽快加入世贸组织。两国还表示要为实现“泛亚铁路”建设项目和新加坡至中国昆明铁路网做出积极贡献，尤其要推动该铁路在柬越之间缺失路段的建设。

3月7日 中国国民党主席、台北市长马英九访问新加坡，参观当年“汪辜会谈”的会址，重申“九二共识”的存在，并肯定其历史意义。马英九当天还到孙中山先生在新活动的基地“晚晴园”参访，并在孙中山铜像前流下眼泪。

3月8日 美国和马来西亚决定就消除双方贸易壁垒、达成自由贸易协定正式举行谈判。美马2005年双边贸易额442亿美元，马是美第十大贸易伙伴，美则是马最大贸易伙伴。

3月8—11日 印度总统卡拉姆率领40人代表团访问缅甸。两国签署《油气部门合作谅解备忘录》，使印公司可更深入地参与缅甸油气开采并更方便地获取缅甸天然气，双方还签署了关于边境安全合作的协议。印度承诺帮助缅设立接收印度卫星发出的土壤和矿物质数据的卫星地面接收站。对缅民主进程，印称“可在选举设施建设及议会民主培训方面提供帮助”。

3月14—18日 美国国务卿赖斯首访印尼和澳大利亚。她表示美国将印尼定位为“战略伙伴”，并推动印尼在地区问题上发挥更大作用，希望印尼加大促进缅甸民主化的力度，以与美国呼应。同时，巩固与澳大利亚的关系，让澳为美分担更多责任。

3月16日 菲律宾海关、警方和国家调查局约500人对位于马尼拉华人区的一个商场展开大规模联合执法行动，查处涉嫌通过走私渠道进入菲律宾的商品，没收价值约1亿比索的25000袋货品，其中绝大部分由来自中国的新侨民经营。

＊缅甸政府首次承认该国存在禽流感。该国官员称在北部实皆省发现H5N1病毒，但没有发现人感染。军政府欢迎国际社会提供检疫和防控援助，联合国粮农组织（FAO）等派员已进入疫区。

3月17日 台湾关闭驻文莱代表机构——“台北经济文化办事处”，称“日后是否恢复将视情势发展而定”，台湾文莱业务由驻马来西亚“代表处”兼管。台方称，“文莱是否关闭驻台湾贸易与旅游办公室，尊重文方决定”。台湾驻文代表机构设于1978年，名称为“中华民国驻文莱远东贸易文化中心”，1996年改名为“台北经济文化办事处”。

3月19—23日 新加坡总统纳丹对印尼进行为期5天的访问。双方认为，东盟各成员国必须利用相互毗邻的地理位置，加强在投资、贸易和其他领域的合作。2005年新加坡在印尼投资39亿美元，是印尼最大的投资国。

3月20—24日 中国全国政协主席贾庆林访问越南，分别会见了越共中央总书记农德孟、越南国家主席陈德良、政府总理潘文凯，还同越共中央书记处常务书记潘演和越祖国阵线主席范世阅分别举行工作会谈。

3月23—24日 马来西亚外长赛义德访问缅甸，分别会见了缅总理、外长、联邦巩固与发展协会主席、制宪国民大会召集委员会副主席，但未能会见军政府主要领导人及任何反对派成员，并提前一天结束访问。缅军人政府向他展示正在推行的民主路线图，并给他一份推动民主的行动计划书。

3月24日 泰国总理他信宣布解散国会下议院，并于4月2日举行大选。

3月25日 缅甸官方公布涨薪消息。自新财年（4月）起，上调公务员工资，从基本工人到局处级官员，工资分别上涨5—12.5倍。最低上涨5倍，涨后达1.5万缅元（13美元）/月。政府高官工资上涨10倍多，达到20万缅元（166美元）/月。

3月25—26日 泰国举行下议院选举前的提前投票，泰王首席顾问、枢密院主席柄·廷素拉暖带头参加投票。反对派则调整策略，虽仍抵制大选，但同意支持者参加投票但应投弃权票。

3月27日 缅甸军政府首度在新首都内比都（原名彬马那，现名意为“帝王之座”）举行阅兵仪式，庆祝军人节，并邀请驻仰光的外交使节、武官观礼。

4月

4月2日 泰国举行大选投票，他信领导的泰爱泰党获得57%的多数票，反对派发起投弃权票运动，最终获得42%的弃权票。在泰爱泰党独自参选的278个选区中，有41个选区（大多集中在民主党的票仓泰南穆斯林聚居区）未获20%的最低得票率，导致下议院无法召开，新一届政府无法组建。投票期间泰局势总体稳定，但南部的陶公府3个投票站遭炸弹袭击，造成9人受伤。

4月2—5日 缅甸“和发会”副主席貌埃应俄罗斯联邦总理弗拉德科夫邀请，对俄进行正式访问。此系1965年奈温之后访俄的缅甸最高领导人。双方签署了石油、禁毒和保密合作协定。俄扎鲁贝日内夫特石油公司（Zarubezhneft）和缅能源部签署石油领域战略合作谅解备忘录，俄可能入股缅甸石油天然气公司。俄联邦毒品控制与精神药物管理局与缅中央禁毒委员会签署打击毒品走私、精神药物和化学品合作协定。俄决定帮助缅建立兵工厂。俄工商委员会也与缅工商联合会签署合作协定。

4月3日 菲律宾税务局再次出动数百名工作人员搜查马尼拉华人店铺占多数的一个商城，其中100多家店铺因未开具收据遭取缔。

＊“美国之音”称：“中国公司助长缅甸非法伐木业，中国政府试图淡化中国公司非法伐木的程度。”总部设在英国的环保组织“全球见证”也称：“每7分钟就有一辆装载原木的卡车从缅甸边界进入中国”，“中国的伐木业已推进到缅甸内陆，缅甸边界附近四分之一的森林已被采伐一空”。

4月4日 泰国总理他信在泰国东岸度假胜地华欣晋见泰王普密蓬·阿杜德，随后于当晚发表电视讲话，宣布他将暂时离开总理职位，但仍任泰爱泰党主席和议员。他表示此举意在缓和连月来反对派的示威活动并争取反对派参加补选。

4月5日 他信将权力移交第二副总理奇猜后离开总理府。他信离开总理府后逛商场、打高尔夫球、到医院体检，称“心情很放松”。

4月6—9日 中央军委副主席、国务委员兼国防部长曹刚川访问越南，同越南国防部长范文茶、国家主席陈德良会见。

4月7—9日 他信连续数日召见美、英、日、俄驻泰大使，向各方解释离职原因，保证经济政策特别是涉及1700亿铢的基建项目不变，并商讨出访欧美事宜，意在倾诉原委、重申承诺和寻求支持。

4月8日 中国国务院总理温家宝对柬埔寨进行正式访问，并同柬埔寨王国政府签署联合公报。柬是温家宝总理此次出访的最后一站。此前，他应邀对澳大利亚、斐济和新西兰进行了正式访问，并出席了在斐济举行的“中国—太平洋岛国经济发展合作论坛”首届部长级会议开幕式。

＊柬、越、缅、老、泰5国同意实施泰国提出的5国共同防控禽流感的合作行动计划。此计划包括监控家禽的健康状况，防范禽流感的跨边界扩散，加强信息交流，开发疫苗和药物，建立一个针对禽流感的有效监控网。

4月12日 马来西亚总理巴达维宣布，政府在考虑到建桥的法律问题，以及人民的意见和情绪，尤其是政府反对售卖海沙及开放领空之后，决定取消兴建取代新柔长堤的“美景大桥”计划，并停止所有关于新桥的谈判。

＊柬埔寨政府在首相府举行隆重仪式，热烈欢送即将前往苏丹执行排

雷任务的130多名柬王家军官兵。柬埔寨首相洪森表示，这是柬历史上首次参与联合国维和行动，他要求参与这次行动的官兵努力克服困难，完成任务，为国争光。

4月12—18日 应中国政府邀请，新加坡国务资政吴作栋访华。中国国务院总理温家宝、全国政协主席贾庆林、国务委员唐家璇分别会见了吴作栋。吴还访问了苏州工业园区和上海，会见当地省市领导，并了解当地的发展情况。新已成为中国第七大贸易伙伴和第八大外资来源地。2005年，中新贸易额达331.5亿美元，新累计对华投资达277.4亿美元。

4月13日 马来西亚前总理马哈蒂尔对政府取消"美景大桥"计划提出批评，这标志着他与现任总理巴达维的政治争执正式爆发。

4月14—20日 泰国前总理他信以私人身份展开访问欧美行程，先后访问美国、英国、法国，向各西方大国说明情况并争取支持，但没有如愿见到布什和布莱尔。据称，他在访美时承诺将确保泰美自贸区谈判不会中断。

4月17日 泰爱泰党前高级顾问沙诺继2月份宣布退党后，宣布组建"人民忠君党"，试图吸引更多泰爱泰党党员出走。

4月18—25日 越南共产党第十次全国代表大会在河内召开，通过了政治报告、党建工作报告、新党章及"2006—2010年社会经济发展规划"，确定了党和国家未来发展任务。选举农德孟连任党的总书记，国家主席陈德良、政府总理潘文凯、国会主席阮文安等退居二线，中央领导集体实现平稳交替。大会还恢复设立中央候补委员。

4月19—20日 东盟外长非正式会议在印尼巴厘岛召开，会议未做出实质性对缅甸施压举措，这降低了缅甸近期退出东盟的可能性。

4月23日 泰国举行补选。由于反对党和部分选民继续抵制，此次补选仍未选足所缺议席。泰选举委员会秘书长表示，需补选的40个选区中，有38个选区位于民主党势力较大的泰南地区，19个选区仍由泰爱泰党独自参选，泰爱泰党最终赢得了其中15席，另有两个小党赢得8席，但仍有14个议席空缺。泰选举委员会随后宣布4月29日举行第二轮补选。

4月25日 泰国国王普密蓬·阿杜德当日晚间发表全国电视讲话，表示只有一党参选的选举不是民主选举，并强调宪法规定国会第一次会议只有在选出500名足额议员的情况下才能召开。他请求三大法院共同寻求解决这一难题的出路，以民主方式解决政治危机。选举委员会研究后宣布，本月29日举行第二轮补选，此前26日为补选候选人登记时间。

4月27日 中国和越南海军舰艇编队在北部湾海域举行首次联合巡逻，这是中国海军首次同外国海军举行联合巡逻。

*中国海南省渔船"琼海03012号"在南沙群岛附近捕鱼时，遭13

名不明武装男子开枪扫射，4 名渔民遇害。生还者称袭击船只像菲律宾船只。在中国与菲外交部交涉后，菲律宾军方 5 月 8 日称军方并未参与该事件，犯案者可能是当地海盗。一些华侨则认为，除海盗外，经常征用平民渔船出巡的菲律宾海上守望队（民兵性质组织）也可能是元凶。

5月

5 月 1 日　泰国警方起诉 5 名反对派领导人，指控其阴谋推翻民主制度、煽动骚乱、非法闯入总理府和阻断交通等。这 5 人曾组织反对总理他信的大规模街头抗议活动。

5 月 2 日　泰国民间选举监督机构“人民选举网络”以“组织非法选举，滥用职权支持他信领导的泰爱泰党”为由，对全国选举委员会提起刑事诉讼。泰国刑事法院受理了起诉。

5 月 3 日　马来西亚警方侦破从霹雳州红土坎海军基地军火库偷运大批军火到外售卖的非法集团，逮捕 32 名嫌犯，其中 15 人是军人。这些军火都是在过去数年从军火库偷运出来，然后到黑市售卖，主要为斯泰尔步枪（Steyr）和手榴弹，其中大部分军火已被追回。

5 月 4 日　美国总统布什打电话给正在得克萨斯州出席世界资讯科技会议的马来西亚总理、不结盟运动轮值主席巴达维，与其讨论伊朗核问题。布什和巴达维两人同意以外交手段解决伊朗核问题。巴达维对布什表示，伊朗可以将核能作为和平用途使用，但不能制造核武器。在电话中，巴达维也表示必须采取外交手段解决伊朗核问题。

5 月 5 日　缅甸东北军区司令下令逮捕与中国相邻的边贸口岸的 13 名海关和商务官员，口岸贸易暂时中止。

5 月 6 日　新加坡举行国会选举，执政的人民行动党以 66% 的得票率，赢得了国会 84 个议席中的 82 席，李显龙被任命为总理，人民行动党已连续执政长达 47 年。不过，人民行动党也受到前所未有的挑战：反对派向占 23 个选区的 2/3 即 16 个选区的 47 个议席发起冲击，人民行动党 18 年来第一次在提名日当天未能自动获胜；李显龙率领的宏茂桥集选区首次出现与反对党竞争的局面；人民行动党得票率总体较上届减少 9%；民主党借“国家肾脏基金（NKF）事件”攻击执政党，李光耀和李显龙陷入诉讼事务。

5 月 8 日　当日上午泰国三大法院举行联席会议，14 名法官投票裁定 4 月 2 日的大选及其后续补选无效。

＊香港《东方日报》报道，一支由2000多名官兵组成的新加坡混成旅可能参加在台湾南部举行的实兵演习。这次代号为“2006顶峰”的实兵演习属跨地区对抗演习，台陆军第298机械化步兵旅作为防御方，与新加坡部队展开城镇巷战对抗训练。

5月9日 印尼苏拉威西省望加锡一华商杀害女佣事件引发当地民众排华示威。示威持续数日，参加者达数千人，他们手持“停止压迫原住民”标语，高呼反华人口号，部分华人店铺被投掷石块。副总统卡拉紧急呼吁民众不要使用私刑并部署千余警力加强戒备，局势渐趋平稳。

＊首届东盟国防部长会议在马来西亚召开。这次会议标志着东盟首次把焦点从政治和经济议题转移到其他方面，也是东盟要在2020年前建成共同体的具体步骤。缅甸国防部长丹瑞以忙于“国内事务”为由未出席会议。东盟秘书处称缅甸无法出席会议“令人遗憾”。此次会议的主要议题是如何加强防务联系以应对恐怖主义以及如何促进海事合作。

5月11日 陈水扁专机以停机加油为借口在印尼巴淡岛降落，却直到12日才离开。台湾国民党籍“立委”邱毅称，这是陈水扁通过印尼某华商贿赂印尼高官随从及巴淡岛的行政长官所做的安排。印尼政府已下令调查何人批准陈水扁在巴淡岛过夜。

＊马来西亚政府援引2002年电影检查法令，禁映纪录片《最后一名共产党员》，理由是在执政的巫统党庆期间，不宜放映有关前马共总书记陈平的纪录片。这部纪录片长90分钟，被指反映陈平的经历。该纪录片此前已在多个国家未经删剪上映。

＊马来西亚最大的执政党巫统在新山柔佛苏丹大皇宫前操场举行党庆60周年大集会，总理巴达维呼吁马来族努力实现“2020宏愿”，并劝勉党员和各族人民保持团结与协商精神。举行党庆的地点是巫统的发源地，也是巴达维上任以来首场党庆大会。巫统前主席、前总理马哈蒂尔出席集会。

＊马来西亚政府批准世界第一个伊斯兰教房地产投资信托公司上市。马来西亚第二财长称，该房地产投资信托公司将为投资者提供一个分散投资组合的资产，也将让外国投资者可以购买马来西亚房地产，尤其是中东投资者，可免去直接购买房地产的麻烦。

5月13日 老挝外交部发言人对泰国影片《足球》提出抗议，称“电影制作方的目的是侮辱老挝人民”。该影片内容涉及老挝足球队员在冷藏箱内锻炼耐寒能力，以及为了让队员更像欧洲足球明星，把队员头发染成棕色。

＊马来西亚和印尼签署保护印尼女佣的谅解备忘录，以改善在马国工作的印尼女佣的福利，避免遭到雇主虐待。备忘录规定，马国雇主必须与印尼女佣签署合同，列明双方同意的薪水数额，且需把副本交到印尼驻马

大使馆；女佣须签署雇佣信及用自己的名字开设银行户头；合同上必须写明月薪数额，雇主不得扣押前四、五个月的薪水。

5月15日 缅甸政府进行内阁和地方军区司令的人事调整。文化部长枝昂少将，社会福利、救济和安置部长盛华少将被解职，分别由前国防部官员钦昂敏少将、前海岸军区司令貌貌瑞少将接任。合作部长与第一电力部长对调，前西部军区司令钦貌敏少将调任第二电力部长，前东南军区司令梭乃少将调任饭店与旅游部长。

＊为期12天的“金色眼镜蛇”联合军演在泰国那空那育府开幕。泰国、新加坡、印度尼西亚、日本及美国将进行联合指挥部演习、多边联合实地演习以及人道主义援助训练等。包括中国在内的9个观察员国以及一些国际组织观摩了演习。

＊经过19个党派的协商，泰国全国选举委员会宣布于10月22日举行新的下议院大选。但民主党、泰国党、大众党等三大反对党再度拒绝参会，司法机构也拒绝参加会议。

＊中国交通部国际合作司司长局成志接受《国际先驱导报》记者采访时表示，中国和马来西亚5月初就《中马海上合作谅解备忘录》进行了进一步磋商，将于7月中国交通部长访马时正式签署，内容主要包括马六甲海峡海运海事、隧道航运、安全救援、行业协会等内容。中马双方还将在共同维护有关海域的信息共享、人员培训等方面开展合作。

5月18—20日 联合国负责政治事务的副秘书长易卜拉欣·甘巴里访问缅甸，就缅甸的政治改革问题与包括丹瑞在内的军政府领导人举行会谈，还会见了昂山素季。

5月22日 泰国总理他信结束“暂离”总理岗位，重新主政，并主持召开内阁安全会议，商讨泰南安全局势。

＊越南国家主席陈德良致电中国国家主席胡锦涛，感谢中方及时救助遭受台风“珍珠”袭击的越南渔民。中国搜救船在东沙海域共救助越南遇险渔船15艘，渔民330人。

5月24日 连续几天的暴雨及其引发的泥石流造成泰国北部地区约40人丧生，数百人失踪，大批居民被洪水围困。

5月26日 到泰国访问的联合国秘书长安南当晚向泰国国王普密蓬授予联合国开发计划署“人类发展终身成就奖”，以表彰泰王在推动农业发展和消除贫困方面所做的突出贡献，并祝贺他登基60周年。这是联合国首次颁发这一奖项。

＊新加坡政府宣布，其第一家赌场综合娱乐建设项目正式开建，交由世界赌业巨头、美国拉斯维加斯金沙集团承建。金沙集团将投资超过50亿新元打造这个集赌场、酒店、商务会展、娱乐休闲为一体的超豪华娱乐

中心，预计2009年完成。

5月27日　印尼中爪哇省日惹发生里氏5.9级地震。印尼政府28日晚宣布国家进入为期3个月的紧急状态。印尼社会事务部29日称，死亡人数已升至约5000人。中国政府当天紧急提供200万美元现汇援助，欧盟委员会宣布向印尼提供300万欧元紧急援助。28日，美国宣布将紧急援助由50万美元增加到250万美元。

*缅甸政府再次把昂山素季的软禁期延长一年，招致国际社会谴责。

5月30日　马来西亚警方在东马沙巴州逮捕12名印尼极端组织“伊斯兰教之邦”（Darul Islam）成员，指控他们密谋向邻国发动恐怖袭击。被捕者中有2人是马国公民，其余均为印尼人。这是马警方5年前大规模逮捕“大马圣战组织”成员以来，取得的另一项反恐重大成就。警方缴获一批军火和文件，包括从互联网下载的制造炸弹的方法。

6月

6月2—3日　第五届亚洲安全大会在新加坡香格里拉大饭店举行。新加坡总理李显龙在开幕晚宴上表示，国家安全不仅要依靠国防和反恐，也需要国家间的相互支持与配合。在为期两天的会议上，来自亚太地区及欧洲20多个国家和地区的250多名国防部长、政府官员、安全问题专家和学者就亚太地区安全问题交换意见，并对面临的挑战进行探讨。

6月4—6日　美国国防部长拉姆斯菲尔德访问越南，成为访越的第二位美国防长，越南总理潘文凯会见了拉氏。

6月6日　美国国防部长拉姆斯菲尔德访问印尼。他在会谈中重申美愿协助马六甲海峡沿岸国家打击海盗。但印尼仍坚持马六甲海峡航道安全是沿岸国家主权问题，外国只能提供援助，不能军事介入。印尼国防部长尤沃诺·苏达索诺表示，美国不应将其反恐手段强加于他国。

6月7日　马来西亚前总理马哈蒂尔对总理巴达维做出近年来最严厉的批评，指责巴“背叛了我的信任，几乎是在我背后插刀”。巴达维的助理表示：“马哈蒂尔完全有权提出其看法。政府已注意到他的批评。”

6月9—13日　泰国举行曼谷王朝九世国王普密蓬·阿杜德登基60周年系列庆典活动。泰王9日上午在阿南达·萨玛孔王殿发表登基60周年讲话，呼吁民族团结。约30万泰国民众在市中心铜马广场和王家田广场听取国王讲话。12日，泰国皇家船队傍晚在湄南河举行巡游活动。13日，泰王和王后在大皇宫举行国宴招待各国王室成员代表。25个国家的王室成员代表觐见泰王和王后，并观看了盛大的巡游表演。

6月10—12日 中国国民党前主席连战赴新加坡参加纪念孙中山的活动。11日，连战夫妇会见新加坡副总理兼内政部长黄根成。12日出席由新加坡中华总商会所属晚晴园孙中山南洋纪念馆和华裔馆所主办的题为“同盟会、孙中山与东南亚华人”的国际研讨会，以纪念孙中山在新加坡成立中国同盟会分会100周年。连战在研讨会上呼吁两岸合作，避免对抗。

6月12日 马来西亚前总理马哈蒂尔的秘书苏菲尤索夫致函给《新海峡时报》，反驳此前关于马哈蒂尔主动要求会见巴达维的说法。5月26日，马哈蒂尔与巴达维在日本一家酒店会面约10分钟。《新海峡时报》集团副主席兼编务顾问卡里慕拉11日称马哈蒂尔主动提出会见巴达维。马哈蒂尔认为此言不实。

6月12—16日 美国与马来西亚自由贸易协议第一回合谈判在马国槟城举行。美国要求马政府加强采购过程的透明度，增加外国汽车的进口数目，以及减少金融服务业的外资股权限制。马是美第十大贸易伙伴国，2005年双边贸易额达440亿美元。据估计，两国自贸协定签订后，双边贸易额将在2010年飙升一倍。

6月13日 日本政府决定向印尼提供3艘巡逻艇。这是日本政府第一次利用政府开发援助向外国提供武器。日内阁官房长官安倍晋三称，这3艘巡逻艇的用途仅限于反恐和打击海盗，且未经日许可不得转让给第三者，因此与日“武器出口三原则”并不抵触。

6月14日 马来西亚前副总理安瓦尔向法院起诉马哈蒂尔诽谤罪，并可能在2007年初与马哈蒂尔对簿公堂。安瓦尔表示，马哈蒂尔担任总理期间，“使用警方、司法制度和媒体等手段，通过捏造鸡奸和性行为不检等罪名”将安瓦尔撤职查处。

*印尼伊斯兰祈祷团精神领袖巴希尔刑满获释。巴希尔因涉嫌参与2002年巴厘岛爆炸案等恐怖袭击被监禁两年多，美国、澳大利亚对其获释表示不满。

6月16日 缅甸8名副部长和1名高等法院法官被和发会“批准退休”。他们是国防部的钦貌温少将、宣传部的登盛和昂登、矿业部的敏登、文化部的梭温貌、边区发展部的丹吞、第一工业部的登吞、交通部的佩丹以及法官吴钦貌埃。这是军政府一个月来第二次调整内阁人员。

6月18日 柬埔寨发生多名犯人企图集体越狱事件，导致10人死亡。这是柬埔寨一周内发生的第二起越狱事件。初步调查显示，组织策划这次越狱行动并引爆手榴弹的犯人现年20多岁，是因抢劫罪被判入狱的重案犯。

6月19日 菲律宾海岸巡防队及渔业署联手在菲西南部距巴拉旺省

茫西岛约33海里的巴拉旺海域拦截了一艘木制中国渔船，并扣留船上8名中国渔民。菲渔业署官员称，这8人涉嫌非法入境、盗鱼、猎捕受保护动物等。菲西部军区司令部25日称，该船原有11人，其中3人乘小型机动艇逃亡，可能漂到邻近岛屿。

6月24—27日 越南国家主席陈德良、政府总理潘文凯、国会主席阮文安在越十一届国会第九次会议上集体提出并获准辞去国家领导人职务。26日和27日，越国会相继选出阮富仲担任国会主席、阮明哲担任国家主席、阮晋勇担任总理，并通过新一届政府成员名单。

＊菲律宾总统阿罗约签署法令，正式废除死刑，约1200名死囚自动减为终身监禁。阿罗约称，废除死刑并不表示她在打击犯罪和反恐方面的立场有所软化。

6月25日 菲律宾陆军参谋长森加上将称，军方将在帕加萨岛（中兴岛）重新修建一条飞机跑道，以便增强菲律宾军队保卫南沙群岛领土的能力。他还下令在该岛海边地区施工，建造方便船只靠岸的设施。

＊印尼和新加坡签署在印尼巴淡、宾坦和卡里摩岛共同建立经济特区的合作备忘录，将在经济特区内就投资、银行、税务、移民事务、劳工、旅游、农业、渔业、技术合作、教育和人力资源等展开全面合作。印尼早在1973年就在巴淡岛建立了经济特区，但因政策不当，发展缓慢。印尼还准备开发7个新经济特区。

6月27日 泰国最高检察院11名检察官通过不记名投票方式一致决定，就5个在大选中涉嫌舞弊的政党（泰爱泰党、国家发展党、民主党、民主进步党和国土党）正式向宪法法院提起诉讼，建议将这5个政党依法解散。

6月30日 新加坡内政部逮捕印尼恐怖组织伊斯兰祈祷团5名成员，他们均为新加坡人，其中马斯·塞拉马特是该组织在新加坡的头目，曾参与策划在新加坡发动恐怖袭击。另外4人曾在菲律宾棉兰老岛和阿富汗接受过军事训练。同时，新加坡内政部释放了5名伊斯兰祈祷团成员，原因是这5人在拘押期间采取了合作态度并积极接受心理辅导，已不构成威胁。

7月

7月1日 中国奇瑞汽车开始在新加坡销售，这是中国汽车首次登陆新加坡市场。

＊驻在珍珠港的美国海军深海打捞与救援舰“救援”号和另一艘驻在日本的美扫雷舰同时抵达越南访问一周，这是1975年越战结束以来首次。

7月1—7日 马来西亚与印度尼西亚在印尼西加里曼丹省山口洋地区举行海陆空联合军事演习。马方派出1100多名士兵、3架C－130运输机以及一些战机和舰艇。印尼出动3800多人、7艘舰艇、20多架军用飞机及一些坦克和装甲运兵车。

7月3日 联合国和柬埔寨联合设立的审讯红色高棉政权领袖特别法庭的法官宣誓就职，象征着审讯工作的正式开始。预料整个审讯工作将历时3年。

7月3—22日 新加坡和印尼两国空军举行两年一度的大型联合演习，分两个阶段进行。第一阶段是在新加坡巴耶利巴空军基地举行“指挥所演习”，第二阶段为“空中作战演习”，在印尼东爪哇的伊斯瓦尤迪空军基地举行。该演习目的是增强两国空军的防务关系及联合作战能力。两国约300名空军人员和17架军机参与演习。

7月6日 马来西亚企业巨子、马航前大股东达祖丁透露前总理马哈蒂尔一项上亿马币的金融丑闻，引起轩然大波。达祖丁称，1994年马哈蒂尔和前财政部长达因曾以每股8马币高价购入市值只有3.5马币的马航32%股权，以拯救持有马航股权的国家银行300亿马币的亏损。

7月9日 马来西亚警方在北部吉打州居林镇及槟榔屿州采取行动，破获一个重大跨国贩毒集团，起获价值约390万美元毒品，逮捕21人。该贩毒集团利用隐藏在化妆品工厂内的毒品实验室生产摇头丸等毒品，除在当地销售外，还走私到澳大利亚、日本等地。

7月10日 缅甸军队用小型武器扫射正在泰国北部边境地区飞行的一架泰国运输直升机，没有造成人员伤亡。泰国要求缅甸正式道歉。

7月11日 印尼国会通过《亚齐自治法》，赋予亚齐地方政府更大自治权，规定亚齐油气收入的70%将由本省支配，曾经从事分离主义活动的人可组建政党和参加各级政府选举。印尼政府和“自由亚齐运动”于2005年8月签订和平协议后，“自由亚齐运动”上缴了所有武器并放弃独立建国诉求。但“自由亚齐运动”等组织对《亚齐自治法》仍有异议，认为该法未能完全落实印尼政府关于亚齐自治的承诺。

＊印尼国会通过新的《国籍法》，取消了原《国籍法》中含有种族、性别和婚姻歧视的条款，规定凡出生在印尼且从未接受过外国国籍的人，均为印尼公民。印尼以前的《国籍法》是荷兰殖民统治时期制定的，存在对华人和其他少数民族的歧视。

7月12日 马来西亚政府公开有关新马大桥谈判的机密文件。马国政府说，公布谈判内容是要让马国人民了解取消建造这座大桥的原因，同时逐点驳斥前总理马哈蒂尔对政府的指责。

7月13—16日 曾参加过越战的美军太平洋司令威廉·法伦首次访

问越南，并会晤了越副总理兼外长范家谦、国防部长冯光青。

7月14日 中国外交部长李肇星和来访的柬埔寨王国副首相兼外交大臣贺南洪在北京签署《中华人民共和国政府和柬埔寨王国政府关于互免持外交和公务护照人员签证的协定》。该协定在双方完成各自的国内法律程序后生效。

＊新加坡和韩国首次在马六甲海峡举行联合反海盗演习。双方共出动8艘船只和约100名人员参与演习，模拟一艘商船遭海盗劫持，海岸警卫队立即展开救援行动。整个救援行动分海空两路进行，韩国海岸警卫队的一架直升机负责从空中出击。

7月16日 马来西亚国内事务部官员表示，该国已着手落实给予中国和印度两国民众“一年多次入境”签证。为防止这一新措施被滥用，马移民局称新措施主要面向中、印两国游客、投资者与企业家。

＊缅甸反政府武装克伦民族联盟领导人会见军政府一上校情报官。该情报官称，军政府希望举行“士兵对士兵”的会谈。

7月17日 印尼爪哇岛南部印度洋海域发生6.8级强烈地震，并引发沿岸部分地区海啸，造成600多人遇难，近300人失踪。印尼总统苏西洛20日承诺，要在2008年中期以前建立全国性海啸预警系统。

7月18日 泰国看守内阁批准继续在泰国南部陶公、北大年和也拉3府实施“紧急状态法”，时限为3个月。政府有权实施宵禁、禁止大规模集会、限制出版发行、逮捕嫌疑人员、没收可疑财产、监听电话、封锁公路、强制移民等紧急措施。

7月19日 马来西亚总理巴达维宣布收回涉及种族敏感问题的课本《种族关系》，指该教材不适合作为教学用途。马政府表示，采用该课本的博特拉大学应收回教材，高等教育部将召集各族学术界权威重新编写适合的教材。

＊2005年轰动国际的马来西亚“裸蹲受辱案”女主角事隔一年后打破沉默，以马警方行为不当和疏忽为由，向马政府索赔1000万马币。

7月20日 泰王普密蓬·阿杜德抵达曼谷斯丽拉杰医院，接受脊椎外科手术。泰王室此前发表声明称，国王右腿行走时存在问题，靠近腰部的脊椎骨因年龄原因出现变化，需手术治疗。

＊泰王普密蓬·阿杜德签署新一轮下议院选举令，决定将新的大选定在10月15日举行。

7月21日 有“屠夫”之称的前红色高棉军事指挥官塔莫在金边一间军方医院去世，终年80岁。塔莫于2006年6月29日因心脏病、肺病以及其他呼吸道疾病转入医院治疗。

7月22日 流亡泰国的马来西亚共产党前领袖陈平为返回本国而向

泰国法院提起上诉，法庭当天举行了听证会。60年前，陈平作为马共领袖，领导了反抗英殖民统治的抵抗运动，曾被大英帝国列为首要通缉犯，后一直留在泰国。

7月23日 泰国卫生部宣布，泰国中部和北部甘烹碧、那空沙旺、披集和乌太他尼4府被列为登革热"红色警戒区"。这4府今年以来共发现1187例登革热病例，其中2例死亡。

7月24日 根据菲律宾参议长德里隆与参议院金融委员会主席曼努埃尔·维拉在两年前达成的分享任期君子协定，德里隆提名维拉接任参议长一职，并获参议院通过，维拉随即上任。

* 泰国政府发言人否认了看守内阁总理他信将在10月15日大选之后暂别政坛的消息，坚称他信仍将作为泰爱泰党头号候选人参选。

7月25—28日 东盟系列外长会议和东盟地区论坛部长级会议在马来西亚首都吉隆坡举行，东盟各国签署了免签证协定。根据协定，免签证期为两周。

7月26日 泰国刑事法院宣布选举委员会3名委员违反选举法罪名成立，并判处3人各4年监禁。

* 美国国会通过决议，延长对缅甸军政府的经济制裁。

7月28日 东盟地区论坛部长级会议在马来西亚首都吉隆坡召开，各国试图借机召开以讨论核能及导弹问题为内容的六方外长会谈，但朝鲜未做出积极回应。会议发表主席声明，对朝鲜试射导弹和黎巴嫩局势表示忧虑。

* 马来西亚首都吉隆坡发生反美示威，上千人冲过安全警戒线，试图闯入美国国务卿赖斯开会的场所。这批示威人士由马来西亚总理的女婿、巫统青年团副团长凯利为首，大部分是该国执政联盟的成员。他们反对美国在以黎冲突中偏袒以色列，要求美方派出代表对话。

* 马来西亚前总理马哈蒂尔出席北部吉兰丹州一个2000多人出席的集会，在准备发表演讲时，被人以胡椒喷雾袭击。

* 缅甸官方媒体报道，早已解散的克伦族军事组织"上帝军"的首领约翰尼·托（18岁）及其9名下属已向军政府投降。

8月

8月1日 美国总统布什正式签署命令，批准延长对缅甸军政府经济制裁的决议。

* 泰国南部陶公、也拉、北大年3府发生连环炸弹爆炸事件，至少

40枚炸弹在3府各县市政府所在地、警察局、重要工厂及公路附近爆炸，造成3人受伤。

8月2日 泰国总理他信携外长、农业部长、自然资源与环境部长和陆军司令突访缅甸，会见“和发会”主席丹瑞。在会见缅甸外长时，缅甸外长表示缅正在考虑如何释放昂山素季。

8月3日 包括伊朗在内的近20个伊斯兰教国家在马来西亚首都吉隆坡举行紧急峰会并发表措辞强硬的声明，谴责以色列军事攻击黎巴嫩，并要求立即停火，呼吁成立一个驻黎巴嫩的联合国维和部队和提供适当人道援助。

8月4日 曾在6年前制造马来西亚历史上第一起邪教组织抢劫军营军火事件的奥马乌纳（Al-Mau'nah）组织头目穆罕默德·阿敏（36岁），当天在雪兰莪州双溪毛糯监狱被处决。

＊泰国国王普密蓬·阿杜德从曼谷的诗里拉医院出院，他于7月20日在该医院接受了脊柱手术，泰国王宫方面对媒体表示普密蓬国王在手术后恢复良好。

8月7日 面对前总理马哈蒂尔的连串批评，马来西亚总理巴达维首度打破沉默，直接做出回应，否认儿子卡玛鲁丁（38岁）和女婿凯利（30岁）获得政府特别照顾并获利。他解释自己一直保持沉默，主要是考虑“不想跟马哈蒂尔在报章上吵架”。

8月7—9日 泰国军队最高司令伦洛上将访问缅甸，与“和发会”主席丹瑞会谈。伦洛称，与缅方讨论了包括毒品走私和缅甸在泰劳工等跨境问题。

8月8日 泰国看守政府宣布，包括首都曼谷在内的中部及东北部29个府为禽流感疫区。政府当天还批准在各府成立“扑杀病禽行动小组”，负责扑杀染病家禽以及疫情发生地点方圆1公里以内的所有家禽。

＊英国保险公司劳埃德（Lloyd's）决定将马六甲海峡从战区风险名单上除名，印尼和马来西亚表示欢迎。马国外长赛义德指出，这是马来西亚、新加坡和印尼3国联合开展海上巡逻和空中侦察的成果，并呼吁马六甲海峡使用国协助分担安全费用。

8月10日 泰国总理他信应柬埔寨首相洪森的邀请对柬进行正式访问。两国就共同开发重叠海域油气资源的可能性、电力供应合作以及埋设两国界碑等问题达成原则一致，并签订了泰国向柬埔寨提供援助的协议。根据协议，泰将向柬提供约3450万美元的优惠贷款，修建柬旅游城市暹粒经安隆汶通往柬泰边界的公路。

8月10—12日 菲律宾外长罗慕洛访问缅甸，会见包括丹瑞在内的军政府前五号人物，意在推动缅甸“民主路线图”。

8月14—20日 菲律宾和美国海军在吕宋岛西岸举行为期一周的联合演习，以加强双方在海上保安及反恐事务上的协调与作战训练。

8月15日 俄罗斯经济发展和贸易部长格列夫与来访的新加坡贸易和工业部长林勋强，在莫斯科签署了俄新两国关于在经济特区领域开展合作的备忘录。新将向俄提供与建立经济特区有关的咨询服务。为实现天然气供应多元化，新希望获得俄的液化天然气。

8月16日 由阿罗约支持者控制的菲律宾众议院司法委员会投票驳回反对派对阿罗约提出的弹劾案。弹劾案指控阿罗约在2004年的总统选举中舞弊、贪污、违宪、违背公众信任、使用独裁手段压抑人民基本自由和权利以及默许一系列刺杀新闻工作者及活跃人士的事件。这是2005年以来，反对派对总统的弹劾行动第二次遭失败。

8月17日 泰国外长甘达提抵达蒙古，进行为期3天的访问，分别与蒙古总理米耶贡布·恩赫包勒德及外长尼亚马·恩赫包勒德会谈，签订了免除双重征税和文化交流协定。两国表示将加大经贸来往，并在联合国和地区事务中加强沟通与合作。

8月18日 正在泰国访问的中国人民解放军总参谋长助理章沁生中将与泰国国防部次长西里猜上将举行了中泰两国国防部第五次防务安全磋商。西里猜表示，泰中两国关系密切，泰政府、军队愿积极推动两国、两军关系向更高层次发展。

8月20日 新加坡总理李显龙在电视转播的国庆日集会讲话中呼吁国民多生育，政府将努力吸引更多外国移民，避免新加坡人口短缺。过去两年，新加坡政府采取减税、发放婴儿津贴以及延长产假等措施鼓励妇女生育，但收效甚微。

8月21—27日 新加坡副总理黄根成应中国国务院副总理吴仪邀请访华，并考察了苏州工业园区。在京期间，吴仪与黄根成共同主持了中新双边合作联合委员会第三次会议和苏州工业园区中新联合协调理事会第八次会议，中新同意启动双边自由贸易区谈判，这是中国与东盟国家启动的第一个自由贸易区谈判。

8月22—26日 越共中央总书记农德孟访华，这也是农德孟连任总书记后的首次出访。中共中央总书记胡锦涛和农德孟了举行会谈，吴邦国委员长、温家宝总理和贾庆林政协主席分别会见了农德孟，双方发表了《联合新闻公报》。

8月23日 第38届东盟经济部长会议闭幕。通过的共同声明称，东盟将力争比预定目标2020年提前5年，在2015年实现经济一体化。考虑到成员国间的差距，东盟将采取灵活务实的“6国先行，4国随后”政策：6个“老成员”（印尼、马来西亚、菲律宾、新加坡、泰国和文莱）提前在2015年先落实东盟经济共同体，4个“新成员”（越南、老挝、缅甸和柬埔寨）将享有更长时间的缓冲过渡期。

8月24日 泰国警方挫败一起涉嫌暗杀看守总理他信的汽车炸弹阴谋，查获70公斤爆炸物，并将司机他瓦猜·克林差那逮捕。克林差那是国内安全行动指挥部的一名尉官。事情发生后，国内安全行动指挥部副总指挥屏马尼被解职。

*缅甸房地产发展商祐玛战略控股（Yoma Strategic Holdings）正式开始在新加坡股市挂牌交易，成为在新加坡股市挂牌的第一家缅甸企业。祐玛战略控股是缅最大的房地产发展商之一。

8月24—25日 泰国副总理奇猜访问缅甸的新都内比都，就禁毒问题与缅甸总理梭温、外长念温举行会谈。

8月25日 美国贸易代表施瓦布与东盟10国贸易部长签署“贸易与投资便利安排文件”（TIFA），并计划成立联合贸易与投资委员会指导文件实施。根据文件，美国将支持包括协调贸易程序、建立东盟“共同关税体制”内容的“东盟单一窗口”计划。但施瓦布声明，美国不会因此而取消对缅甸制裁或改变对缅甸立场。马来西亚贸工部长称，该文件并非为自贸协定铺路。

8月26日 当地时间下午2时35分，泰南也拉府特别行动部队司令素提萨·巴瑟里上校的车队遭武装分子伏击，素提萨当场身亡。素提萨是泰国陆军驻也拉府最高军官，全权负责也拉府军事安全事务。他是在泰南遇难的最高级别军政官员。

8月31日 由于参与勘探缅甸海洋油气资源的韩国大宇财团与另一家军工公司涉嫌向缅提供武器技术，这两家公司在首尔的办公机构遭韩国政府调查。

9月

9月2日 根据国家主席阮明哲签署的特赦令，越南在其国庆日特赦5352名囚犯，其中包括6名外国人。

9月4日 第六届福布斯全球行政总裁会议在新加坡开幕。来自世界各地的400多名著名企业家、富豪及公司总裁等出席会议。新加坡总理李显龙在开幕式上致辞，福布斯集团总裁史蒂夫·福布斯发表演讲，香港富商李嘉诚被授予首个福布斯终身成就奖，这是福布斯全球行政总裁会议第二次在新加坡举行。

＊泰国南部也拉府发生连环爆炸案，22 家银行相继遭到土制炸弹袭击，造成 2 人死亡，28 人受伤，泰国防部指示南部 3 府加强安保措施。

9 月 4—16 日 新加坡和印尼举行一年一度的联合军演，旨在密切两国军队间的联系和提高相互间的合作。两国共有约 2000 名士兵参加了演习，主要为实战模拟演练，目的是加深两国军队的相互了解，熟悉对方的军队建设情况和训练流程。

9 月 7—22 日 由英国、澳大利亚、马来西亚、新加坡和新西兰组成的五国联防组织（FPDA）开始在新加坡举行历史上最大规模海陆空联合演习。演习代号为“大家团结”，共有 21 艘军舰、85 架飞机和 1 艘潜水艇参加，演习地域分别在马来半岛、新加坡及南中国海。演习分 3 个阶段，包括指挥策划、部队整合训练、战术演练及海上保安演习，其中海上保安演习将拦截和登临检查两艘舰船。演习还包括政府机构和红十字会参加的人道救援合作。

9 月 8 日 泰国上议院全体议员召开闭门会议，通过无记名投票方式，从泰国最高法院提名的 10 名候选人中产生了 5 名委员组成新的选举委员会，全权负责领导和组织定于 10 月 15 日举行的大选。

9 月 9 日 菲律宾与日本签署经济伙伴协定，两国相互减让货物贸易和服务贸易关税，日本还有条件地允许一定数量的菲劳工进入本国工作。该协定于 2007 年底生效。这是菲律宾对外签署的第一个双边自贸协定，也是日本继与新加坡、墨西哥、马来西亚之后签署的第四个自贸协定。

＊马来西亚前总理马哈蒂尔在老家吉打州参加巫统古邦巴素区的中央代表选举中落败。选举成绩表明，马哈蒂尔在 476 张选票中仅得 227 票，在 15 名中央代表候选人中排名第 9 而落选。此举意味着他将无法以中央代表身份出席 11 月举行的巫统全国代表大会。

9 月 11—13 日 泰国陆军司令颂提访问缅甸，在缅甸首都内比都就边境事务与丹瑞大将、貌埃副大将举行会谈。

9 月 15 日 联合国安理会以 10 票赞成、4 票反对、1 票弃权的结果通过美国提出的将缅甸问题列入议程的程序性提案。赞成国为美国、英国、法国、日本、丹麦、希腊、斯洛文尼亚、阿根廷、秘鲁、加纳；反对国为中国、俄罗斯、刚果（布）、卡塔尔；弃权国为坦桑尼亚。

9 月 16 日 泰国南部合艾市市中心 5 个地点遭到连环爆炸袭击，造成 4 人死亡，70 多人受伤。警方称袭击系当地伊斯兰极端组织所为。泰国陆军总司令颂提下令南部军方从即日起到 20 日处于高度戒备状态。

9 月 19 日 泰国陆军总司令颂提发动军事政变，将正在美国纽约参加第 61 届联大的总理他信罢黜，成立国家管理改革委员会全权接管政权，并废除 1997 年宪法、解散宪法法院和议会上下两院。

9月19—20日 2006年国际货币基金组织和世界银行联合年会在新加坡举行，上万名代表探讨全球经济如何在挑战中实现可持续增长等重要议题。国际货币基金组织总裁罗德里戈·拉托、世界银行行长保罗·沃尔福威茨和新加坡总理李显龙发表讲话，呼吁加强全球合作。

9月20日 泰国政变军方领导人颂提上午发表电视讲话称，由于政治矛盾久拖不决、经济遭受严重伤害及社会长期混乱，故决定发动政变，军方无意独自管理国家，将在君主立宪政体下尽早还政于民。颂提当天下午会见了各国驻泰使节。

＊泰国政变领导集团公布国家管理改革委员会成员名单：武装部队最高司令伦洛·玛哈沙拉暖任改革委员会首席顾问，陆军司令颂提·汶耶拉卡林任改革委员会主席，海军司令沙迪拉班·革耶暖任改革委员会第一副主席，空军司令差立·普帕素任改革委员会第二副主席，警察总监哥维·瓦达那任改革委员会第三副主席，国家安全委员会秘书长威奈·帕提亚恭任改革委员会秘书长。

＊被政变推翻的泰国前总理他信乘飞机从美国飞抵伦敦。他信系以私人名义到访伦敦，没有提出会见英国政府官员的要求。

9月21日 流亡海外的泰国前总理他信通过助手发布声明，敦促泰国所有政党共同努力，找到实现和解的途径，以尽快组织新的大选。而他则要“理所当然地休息一段时间”，以后可能从事研究工作或慈善活动。

＊以推翻他信政权为目标的民间组织泰国人民民主联盟（民盟）宣布解散。

9月22日 泰国政变军方发表声明称，已成立一个反腐特别委员会调查他信及其亲属和15位内阁成员。

9月25日 印尼加里曼丹岛与苏门答腊岛等地因种植园与林业公司在旱季烧荒，导致发生森林火灾，大火形成的浓烟波及邻近新加坡、马来西亚、泰国、文莱等国。

＊应俄罗斯副总理兼国防部长伊万诺夫邀请，新加坡国防部长张志贤开始对俄进行为期6天的访问。这是新国防部长首次正式访俄，并参观了俄防卫设施、军队单位、海军军官学校及多家防卫科技公司。

9月26—27日 新加坡内阁资政李光耀称“马来西亚和印尼华人有系统地被边缘化”，引起邻国马来西亚和印尼不满。马来西亚总理巴达维表示，马国政府已就李光耀的言论致函对方要求说明。

9月27日 柬埔寨和越南在两国边境地区的巴域—莫科巴关卡举行仪式，庆祝两国开始正式铺设界碑。柬越边界长1270公里，共需铺设353块界碑，全部铺设工作预计在2008年完成。

9月28日 位于泰国首都曼谷以东26公里处的素万那普国际机场正

式启用。该机场预计年运送旅客能力将达到 4500 万人次。

＊新加坡政府发表声明，禁止《远东经济评论》在新加坡销售。该杂志今年 7 月曾刊登一篇名为《新加坡烈士徐顺全》的文章，专访反对党领袖、民主党秘书长徐顺全，并就国家肾脏基金丑闻批评新加坡总理李显龙及其父李光耀。

10月

10 月 1 日　泰王普密蓬签署临时宪法，并任命现年 63 岁的枢密院大臣素拉育为临时总理，素拉育成为泰国历史上第 24 位总理。

10 月 2 日　缅甸"1988 一代学生"组织开展第一次公开运动，征集呼吁释放昂山素季等政治犯的签名。有超过 50 万人在呼吁书上签名，签名后来被送交联合国。

10 月 3 日　据泰国电视七台报道，流亡英国伦敦的泰国前总理他信提出辞去泰爱泰党主席职务，并推荐党副主席、前农业和合作社部长素达拉・革育拉攀代理党主席职务。

10 月 4 日　中国驻泰国大使张九桓约见泰国外交部代部长格里，转交中国总理温家宝致泰国新总理素拉育的贺电。

10 月 8 日　泰王普密蓬当晚签署御令，批准了临时内阁成员名单。除总理素拉育外，临时内阁共有 26 名成员，其中包括两名副总理，原泰国中央银行行长比蒂耶通任副总理兼财政部长，原盘谷银行常务董事长哥西任副总理兼工业部长，外交部长由前外交部次长尼・披汶颂甘担任。

10 月 9 日　以素拉育为总理的泰国临时内阁在御前宣誓就职。泰王要求内阁成员尽心工作，把国家带出危机，同时采取措施提高泰国的国际形象。

10 月 10 日　中国、越南、老挝签署《关于确定三国国界交界点的条约》，将三国交界点定为十层大山，并由三国共同出资立碑。

10 月 12 日　泰国新任总理素拉育在曼谷接见中国驻泰大使张九桓并表示，泰国新政府将继续奉行对华友好政策，期待着进一步推动两国在各领域及地区和国际事务中的合作。

＊中国总理温家宝会见越共中央政治局委员、越南公安部部长黎鸿英。

10 月 13 日　由新加坡环境及水源部倡议召开的东南亚 5 国（印尼、新加坡、马来西亚、文莱和泰国）治理烟雾污染环境部长会议在印尼苏门答腊岛廖内省北干巴鲁市召开。与会各国就如何扑灭森林大火、治理烟雾污染问题进行了探讨，决定合作监控森林火灾。

10月14—17日 中共中央军委委员、总参谋长梁光烈对柬埔寨进行为期4天的正式友好访问。柬埔寨首相洪森、副首相兼国防部大臣迪班、柬王家军总司令盖金延上将分别会见了梁光烈。双方就双边关系和军事交往等交换了意见，并为中国援建的柬王家军总医院诊所楼揭幕。

10月16日 第61届联合国大会选举安理会非常任理事国，印度尼西亚当选，任期两年（2007年1月1日至2008年12月31日）。

10月17日 中共中央军委副主席、国防部长曹刚川会见正在访华的越共中央书记处书记、越南人民军总政治部主任黎文勇。

10月19日 泰国总理素拉育和泰国武装部队最高司令本森上将在曼谷分别会见了顺访泰国的中国中央军委委员、中国人民解放军总参谋长梁光烈上将。素拉育说，发展泰中两国战略合作关系是泰国政府坚定不移的政策，希望加强双方各层次的交往，深化各领域的合作。

10月20日 由泰国国家安全委员会任命、获得泰王普密蓬批准的“泰国国民立法大会”正式宣誓就职，履行国会上下两院的职责。按照泰国临时宪法，国民立法大会有权对临时内阁政策提出疑问，但临时内阁有权拒绝回答。国民立法大会无权提出信任案或不信任案。

10月24日 泰国前上议院议长米猜·立初潘获得泰国国民立法大会过半数选票支持，顺利出任大会主席。他将在国民立法大会中行使类似国会上下两院议长的权力。

10月30—31日 中国—东盟建立对话关系15周年纪念峰会、第三届中国—东盟博览会和中国—东盟商务与投资峰会在广西南宁举行。这次纪念峰会是首次在华举办的中国与东盟10国领导人会议，在中国与东盟关系史上具有历史意义。各国领导人签署了《中国—东盟纪念峰会联合声明》，回顾和总结了双方友好关系的发展历程和成功经验，展望并规划了中国与东盟关系未来发展方向。

10月31日 缅甸最高领导人丹瑞的小女儿7月举行婚礼的录像出现在因特网上，缅甸国内外民众对婚礼的奢华感到愤怒。据报道，出席婚礼的缅甸富豪共赠送了价值5000万美元的礼物。

11月

11月1日 为期3个月的2006年国际园艺博览会当天在泰国北部城市清迈开幕，全球33个国家和地区的园艺作品参加了活动。

11月2日 新加坡第11届国会议员宣誓就职，84个选区议员和1个非选区议员再次选举阿都拉连任国会议长，这是阿第二次担任议长职位，也是新加坡总理李显龙上台后第一次改选国会，象征新加坡新时代的到来。

11 月 3 日 泰国总理素拉育向泰国国民立法大会宣布了临时政府任期内将实行的政策，确立了以“建设自足经济”为核心的施政方针：政治上，将鼓励民众参与修宪、反贪反腐；经济上，将实行以市场机制为主导的政策，贯彻由国王提出的自足经济理念，尽力确保公平原则和减少利益冲突；社会事务上，将努力建立一个有道德的、和谐愉快的社会；安全事务上，将加强军队建设，鼓励个人、社会及学术团体通力合作；外交上，将在国家利益优先原则下增强国际社会对泰国的信心和信任，与周边国家加强友好合作，加强与东盟的联系。

11 月 3—4 日 泰国武装分子连续在泰南部制造多起暴力事件，导致 7 人死亡，4 人受伤。泰南 3 府暴力事件迄今已导致 1700 多人死亡，数千人受伤。

11 月 4 日 朝鲜一艘货船抵达缅甸仰光迪拉瓦港，引起外界猜测，认为其可能装载向缅甸军政府提供的武器。缅外长予以否认，称允许该船进入港口是基于“人道主义理由”。

11 月 5 日 新加坡代表在联合国大会提出印尼林火产生霾害问题的声明引发了印尼不满。印尼驻新加坡大使馆 11 月 9 日向当地马来文报章投书，指出新加坡没有必要在联合国提出该问题。

11 月 7 日 世界贸易组织总理事会开会正式批准了有关越南加入该组织的相关文件。

＊泰国驻华使馆表示，该馆可为符合条件的中方商务人员颁发有效期为 3 年的多次入境“B”类商务签证，持该类签证可在签证有效期内不限次数出入泰国，每次入境停留不超过 90 天。

11 月 9 日 泰国国民立法大会通过一项新法案，取消今年 9 月政变期间颁布的禁止 5 人以上集会的禁令。这一法案的通过意味着政党可以开始活动，公民被准许参加集会。在辩论中，国民立法大会许多成员还要求政府尽快废除戒严法。

＊国际透明度组织公布对全球 163 个国家进行的清廉指数排行调查结果，亚洲最清廉的国家由新加坡蝉联。

＊马来西亚前总理马哈蒂尔因轻微心脏病复发，当日早上入院。医院发言人证实马哈蒂尔系因心肌梗塞入院。

11 月 9—12 日 联合国副秘书长甘巴里第二次访问缅甸，会见了军政府高层领导人以及包括昂山素季在内的反对派成员，还观摩了正在举行的制宪国民大会。

11 月 10 日 泰国国民立法大会主席米猜·立初潘在国会大厦接受中国驻泰国大使张九桓拜会，重申了泰方一贯坚持的对华友好政策，感谢中国政府对泰国国情和政治变化的理解，对中国不干涉他国内政的原则表示赞赏，并邀请吴邦国委员长在方便的时候访泰。

＊缅甸制宪国民大会通过新国旗草案，该设计为绿、黄、红三色线条，一颗白星位于一角。

＊一艘新加坡籍货轮“武兰山号”在中国舟山海域撞翻渔船，导致 6 名中国渔民失踪。该船在肇事后逃逸，后被中国海事部门追回。

11 月 11 日 中越两国政府在河内举行中越双边合作指导委员会首次会议，国务委员唐家璇与越南副总理兼外长范家谦共同主持会议。这一高层次、跨部门的双边合作指导委员会将加强对两国现有合作机制的宏观指导，总体统筹两国各领域合作，协调解决合作中出现的重大问题。

＊印尼首都雅加达一家“艾德熊”快餐连锁店发生爆炸，制造爆炸案的犯罪嫌疑人严重受伤。此次爆炸发生在美国总统布什访问印尼一周之前，引发印尼国内对于安全局势的担心。

11 月 12 日 泰国临时政府总理素拉育表示，前总理他信必须等到政府举行新一届选举后才被允许回国。

11 月 15—17 日 中共中央总书记、国家主席胡锦涛应邀对越南进行国事访问，与越共总书记农德孟、国家主席阮明哲会谈，并分别会见了越南政府总理阮晋勇、国会主席阮富仲。双方相互通报了各自党和国家的情况，并就两党、两国关系及共同关心的国际和地区问题深入交换了意见，达成广泛共识，并发表了《联合声明》。

11 月 16—17 日 泰国总理素拉育视察南部陶公府时表示，将用和平手段解决泰南问题。但 17 日陶公府即发生 3 起炸弹爆炸事件，造成 1 人死亡，25 人受伤。

11 月 16—20 日 美国总统布什访问新加坡、越南、印尼 3 国并参加亚太经合组织河内峰会。在访问印尼前，该国民众举行大规模抗议活动，强烈抨击美国在中东及伊拉克的外交政策。布什此访标志着美国与印尼在反恐领域的战略合作得到发展。

11 月 17—19 日 亚太经合组织第 14 次领导人非正式会议在河内召开，会议主题为“走向充满活力的大家庭，实现可持续发展和繁荣”，会议深入讨论支持多哈回合谈判、实现茂物目标、区域贸易安排、APEC 改革等问题，会后还发表了《河内宣言》。

11 月 17 日 印尼国防部长称，总统苏西洛已批准在未来 5 年内从俄购买总值 10 亿美元武器，“向俄罗斯购买武器可以避免对美国的依赖”。

11 月 19—22 日 韩国总统卢武铉对柬埔寨进行为期 4 天的国事访

问。卢武铉此次访柬是两国 1997 年恢复外交关系以来韩国最高领导人对柬进行的首次访问。双方签署了加强两国在外交、劳务、基础设施建设等领域合作的协议。卢武铉还请求柬代向朝鲜转达“韩国对朝鲜来说并不是威胁”的信息。

11 月 20 日 越共中央总书记农德孟、越南国家主席阮明哲、总理阮晋勇分别会见了前来出席 APEC 峰会的日本首相安倍晋三，安倍表达了改善日越关系的坚定决心，称“日越双边关系日益密切”，希望两国关系能发展成为更具战略意义的伙伴关系。

11 月 22 日 柬埔寨金边召开第四届东亚论坛，柬副首相兼外交大臣贺南洪建议 2020 年实现东亚经济一体化，全力推动东盟 10 国与中国、韩国和日本之间的合作。会议分 3 个小组讨论，共有 100 多名来自 13 个相关国家的政府官员和学者与会。

11 月 25 日 中国新华社与柬埔寨新闻社（简称柬新社）签署合作协议。根据协议，新华社每天通过卫星小站和互联网向柬新社提供新华社的法文和英文新闻。柬新社每天通过互联网（电子邮件）向新华社金边分社提供柬国内新闻。

11 月 26 日—12 月 2 日 印尼总统苏西洛先后访问日本和俄罗斯。访日期间，两国就印尼向日本供应液化天然气问题达成协议，日方承诺将帮助印尼安全利用核能，并接纳更多的印尼劳工。两国还同意原则上达成自由贸易协定，并将致力于建立能源安全伙伴关系和削减关税。访俄期间，两国签署和平利用原子能、空间技术研究等政府间协议和谅解备忘录，合作重点包括共同实施“空中发射”和俄罗斯为印尼培养首位宇航员等。俄方承诺将积极帮助印尼建首座核电站。印尼和俄还达成 10 亿美元的军购协议，未来 5 年内印尼将从俄获得喷气战斗机、攻击直升机及潜水艇等总价值 10 亿美元的武器。

11 月 27 日 美国驻联合国大使博尔顿宣布将提出议案，谴责缅甸军政府进行政治压迫和侵犯人权，但议案中没有提到制裁缅甸。

11 月 28 日 泰国内阁决定取消包括曼谷地区在内的 41 个府的戒严法，其他 35 府因安全原因仍维持戒严状态。取消戒严法的 41 个府主要集中在泰国中部地区，南部诸府仍维持戒严状态，东北部和北部地区因有大批前总理他信的支持者，仍将实行戒严法。

* 由世界著名企业联盟、美中经贸投资总商会、世界品牌组织、全球华人名牌网等机构联合主办的 2006 年世界著名品牌大会暨第三届全球品牌代表大会在泰国曼谷举行。大会主题是“推动自主品牌快速成长、促进地区经济和谐发展”，宗旨是“让世界品牌投资亚洲、让亚洲品牌走向世界”。

＊泰国驻西安领事办公室举行开设典礼，泰国成为第一个在陕西省设立外交机构的国家。领事办公室成立后，将为陕西省、甘肃省、宁夏回族自治区的中国公民申请赴泰办理签证，签证在两个工作日内即可办结。

11月28日 越南国会讨论并以多数票通过了批准越南加入世界贸易组织议定书的决议。

11月29日 《亚洲地区反海盗及武装劫船合作协定》成员国在新加坡正式设立信息交流中心，以便更有效地打击海盗活动。该信息交流中心是第一个利用本地区各国政府资源和专门知识来对付海盗的国际组织，将发挥3个主要作用，即为本地区各国政府间的信息交流及合作提供便利、对亚洲地区的海盗形势进行分析和为各国增强反海盗能力提供支持。

11月30日 两名新加坡法轮功信徒黄才华和余文忠因到中国驻当地大使馆前静坐示威，被当地法庭判定骚扰罪成立，分别处以1500新元和1000新元罚款（合975美元和650美元）。黄、余二人拒不交纳罚金，分别被判关押半个月和10天。

12月

12月2日 泰国首都曼谷举行阅兵仪式，庆祝泰国国庆暨泰王79岁寿辰。在泰国武装部队最高司令和陆、海、空三军总司令带领下，数千名官兵向国王普密蓬·阿杜德宣誓效忠，并接受检阅。普密蓬国王对参阅部队发表讲话，要求军人忠于职守，维护国家稳定和团结。

12月4日 台风“榴莲”在越南平顺省登陆，台风中心向西及西南方向掠过南部湄公河流域各省市，造成重大财产损失。

12月5日 泰国南部也拉府发生炸弹袭击事件，造成2人死亡，18人受伤，其中6人伤势严重。泰国政府总理素拉育表示，如果不能在3个月内使该地区局势得到缓解，政府可能调整现行的怀柔政策。

12月8日 中国商务部长与东盟国家的经贸部长在宿务举行会议，双方共同签署《〈中国—东盟全面经济合作框架协议〉第二次修订协议书》和《〈中国—东盟自贸区货物贸易协议〉修订协议书》，重点解决中国—菲律宾早期收获计划、中国—印尼修改早期收获计划特定产品清单、《中越货物贸易协议》等遗留问题。协议的签署有利于中国—东盟自贸区《货物贸易协议》的顺利实施。

＊菲律宾政府宣布，考虑到台风“榴莲”可能造成严重影响，原定于本月10—14日在宿务举行的东盟首脑会议、东盟与对话国系列峰会以及

第二届东亚峰会将推迟至2007年1月举行。但有消息称，除台风因素外，面临恐怖袭击威胁也是菲政府决定推迟召开峰会的重要原因。

12月11日 印尼举行亚齐特区省、市、县长选举，这是2005年8月“自由亚齐运动”与印尼政府签署和平协议以来举行的首次直选。“自由亚齐运动”以独立候选人资格参选，并赢得多数职位，该组织前领袖尤素夫以39%的得票率当选亚齐省长。印尼中央政府表示“尊重选举结果”，总统苏西洛强调“继续维持和平及安宁局面”。

12月13日 美要求安理会理事国敦促缅甸军政府释放所有政治犯。

12月14—15日 第14次向越南提供援助国际大会在河内召开，各援助国和国际金融机构在会上承诺将在2007年向越提供创纪录的45亿美元援助。

12月15日 亚齐和平国际监督团最后一批成员在印尼亚齐特区首府班达亚齐举行降旗仪式并启程撤离，标志着其监督亚齐和平协议落实情况的行动正式结束。

12月18日 新加坡陆军以4800万美元的优惠价格，从德国采购66辆经过翻新的“豹2A4”主战坦克、30辆备用坦克和保障设备。“豹2”是世界公认的整体性能最好的坦克，迄今亚洲国家中只有新加坡被准许购买。

12月18—19日 越南总理阮晋勇对柬埔寨进行为期两天的正式访问，双方同意在贸易、能源、采矿、司法等多个领域进一步加强双边合作。柬方要求越协助修建3条从柬越边界通往柬内地的公路。越方希望柬加快双方勘界工作。

12月19日 在泰国军事政变3个月之际，泰国国家安全委员会全部8名核心成员集体召开新闻发布会，陈述政变后泰国国内局势，呼吁泰国民众全民团结，维护国家稳定。

*泰国中央银行宣布实行1997年金融危机以来最严厉的金融管制措施，导致银行、能源和电信类股票价格大跌，引发股市动荡。泰国证券交易所综合指数下跌108.41点，以622.14点收盘，跌幅为14.84%，创31年来单日最大跌幅。

12月20日 泰国央行与证券公司召开碰头会后，宣布新的限制措施仅针对债券和商业票据市场的外资，不适用于投资股市的外资，泰国股市随即止跌反弹，升幅达9%，但外资撤走势头并未停止。

*美国总统布什签署给予越南永久正常贸易地位的法案，并称这是美越关系正常化进程中“具有重要意义的一步”。

*柬埔寨首相洪森提出湄公河流域的大米出口国组成一个类似石油输出国组织的“大米输出国组织”，以稳定全球大米价格，该联盟将包括柬

埔寨、越南、老挝、缅甸和泰国。湄公河流域大米年出口超过1000万吨，占全球大米年出口总量一半以上，其中泰国和越南居前列。

12月27日 中国政府向柬埔寨政府提供1亿元人民币无息贷款协议签字仪式在金边举行。根据协议，在2007—2011年的5年内，中国政府将向柬提供1亿元人民币无息贷款，用于经济技术合作。

12月29日 负责制定新宪法原则的缅甸国民大会本阶段会议在完成新宪法最后数个章节的讨论后休会。缅甸“和发会”秘书长、国民大会召集委员会主席登盛中将在闭幕式上表示，国民大会将在2007年再次复会，届时将最后确定制宪细则；国民大会确定所有制宪原则后，再由一个宪法起草委员会起草新宪法，此后将就新宪法草案举行全民公决。

12月31日 泰国首都曼谷市中心在除夕和元旦凌晨发生8起连环爆炸案，造成3人死亡，40多人受伤。这是发生在泰国首都的首例重大恐怖连环袭击案。泰国临时总理素拉育发表紧急讲话，指控他信及其支持者策划袭击事件，并要求民众提高警惕、保持冷静。流亡在外的前总理他信否认与爆炸事件有关。

南亚大事记

1月

1月1日 南亚自由贸易区协定（SAFTA）生效，标志着南亚区域合作联盟（SAARC）各成员国之间的货物自由贸易进入新阶段。根据协议，印度、巴基斯坦和斯里兰卡必须在2013年前将各自的关税降至0%—5%，而孟加拉国、马尔代夫、尼泊尔和不丹4国的期限为2018年。

＊根据双方在1988年达成的协议，印度和巴基斯坦两国外交部官员各自在本国首都向对方国家驻当地大使馆官员递交了本国的核设施清单。1988年，两国签订协议“禁止在战争期间攻击对方的核设施”，协议于1991年生效。此后每年的1月1日两国都交换一次核设施清单。

1月2日 在一次针对伊斯兰好战者的行动中，孟加拉国执法部门逮捕了63名极端分子嫌疑人。据悉，有超过2000名“孟加拉国圣战者大会党”（孟政府于2005年予以取缔）成员准备实施自杀性爆炸袭击。

＊阿富汗议会通过决议，要求跨国公司和非政府组织解释其资金用途。据阿富汗财政部数据显示，在2001—2004年间，阿富汗实际获得捐款84亿美元，但阿富汗政府只使用了其中的1/3，剩余钱款均由非政府组织开销。

1月3日 巴基斯坦总理肖卡特·阿齐兹表示，巴基斯坦和印度两国将在瓦嘎地区铺设一条光缆。阿齐兹是在“东南亚—中东—西欧－4”（SEA－ME－WE－4）成立典礼上作上述表态的。“SEA－ME－WE－4”是由16家电信公司为铺设一条通过印度次大陆和中东地区连接亚欧两洲的光缆而成立的电信联盟。

1月3—4日 日本外相麻生太郎访问印度，双方同意就核问题进行谈判，以解决两国围绕印度核战略而产生的分歧。

1月5日 斯里兰卡新外长曼加拉·萨马拉维拉首次访问美国，并与美国国务卿赖斯会谈。会谈主要讨论最近一轮的暴力冲突，他呼吁美国关闭向泰米尔伊拉姆猛虎解放组织（以下简称"猛虎组织"）提供资金的组织机构。斯外长还会见了美国参议院外交关系委员会主席、国会斯里兰卡委员会成员、美国贸易代表处官员，并积极推动美国取消对斯里兰卡纺织品的配额限制。

* 印巴两国铁路官员在新德里会谈，主要讨论"科克罗巴尔—穆纳包"铁路的具体运行方式和首次通车日期。该线路于1965年停运。

1月6日 巴基斯坦总统佩尔韦兹·穆沙拉夫表示，他希望印度能对巴方建议做出积极反应。巴基斯坦建议，印巴双方在有争议的喜马拉雅山地区实行非军事化和自治。但印方拒绝此项建议，认为禁止跨境恐怖主义是"无条件的"。

1月7日 印度总理曼莫汉·辛格宣布一项旨在保护2500万海外印度人权益的计划，该计划将于2月1日起实行。根据该计划，海外印度人将获得投票权。

* 印度政府将宣布给少数民族提供"15点计划"的福利，但司法部认为该计划违背了宪法。根据该计划，政府支出将根据人口比例分配给各个民族。

* 斯里兰卡海军一艘巡逻艇在该国港口城市亭可马里周围海域遭到一艘装满炸药的渔船袭击，爆炸导致13名士兵死亡。斯军方指责"猛虎组织"下属的海上分支"海上猛虎"发动了此次袭击，但该组织并未对此做出回应。

1月9日 尼泊尔国王贾南德拉计划邀请中国和巴基斯坦在印—尼边境特莱地区（Terai）开设领事馆，印度就此向尼泊尔政府表达强烈不满。

1月9—10日 印度外长希亚姆·瑟伦与中国外交部副部长武大伟在北京会谈。这是两国举行的第二次战略对话，第一次战略对话在2005年1月举行。双方回顾了两国战略关系的发展，中国还表示支持印度的"争常"努力。

1月10日 美国、日本、中国、印度、澳大利亚和韩国在悉尼会谈，主要讨论推动清洁能源的开发技术，以便在不牺牲经济发展的基础上解决全球变暖问题。这是"亚太清洁发展和气候伙伴关系"的第一次部长会议。

* 巴基斯坦7名士兵在北瓦济里斯坦地区遇袭身亡，这是过去几天来发生的第三起袭击巴士兵事件。7日，8名巴士兵遭火箭弹袭击死亡。8日晚，又有4名士兵遇袭受伤。

1月12日 印度石油和天然气部部长马尼·尚卡尔·艾亚尔与中国

国家发展改革委员会主任马凯就油气资源合作签署了谅解备忘录。备忘录的签署旨在促进两国在能源领域的合作，确保能源安全和稳定亚洲能源市场价格。

1月13日 斯里兰卡停火协议监督委员会位于斯东部拜蒂克洛地区的办公室遭炸弹袭击，但没有造成人员伤亡。斯里兰卡停火协议监督委员会是根据斯政府与猛虎组织2002年2月签署的停火协议而成立的，其成员来自挪威、瑞典、芬兰、丹麦和冰岛5个北欧国家。该委员会的总部设在科伦坡，在斯东部和北部设有6个地区办公室，在“猛虎组织”控制的基利诺奇镇设有联络处，其主要职责是监督停火协议的执行情况。

＊美军对靠近阿富汗边境的巴基斯坦巴焦尔地区的一个村庄进行空袭，炸毁3栋建筑物，造成18人死亡，其中包括数名妇女和儿童。美军空袭的目标是“基地”二号人物扎瓦希里，但他当时并不在遭袭的建筑物中。14日，数千名巴基斯坦人走上街头抗议美军袭击平民目标，巴外交部也向美国提出正式抗议。

1月14—15日 据孟加拉国健康部门调查显示，仅14、15日两天，就有89人死于从1月7日起开始袭击孟加拉国的寒流，其中大多数死者是未成年人和老人。2005年冬天，孟加拉国北部一场持续一周的寒潮夺走了至少200人的生命。

1月15日 阿富汗坎大哈市发生一起自杀式恐怖袭击事件。1名自杀式袭击者在1个加拿大军车车队附近引爆炸弹，造成1名加拿大外交官和2名平民死亡，另有3名加拿大士兵和9名平民受伤。塔利班宣称对这一事件负责，并扬言针对阿富汗和外国军队的进攻将会持续下去。

1月17日 孟加拉国175名军人启程前往苏丹，参加那里的国际维和任务，据称这是孟加拉国派往苏丹的最后一批维和人员。目前孟加拉国在苏丹共有1395名维和人员，其陆军少将阿克巴尔出任苏丹联合国维合部队司令。孟加拉国共有大约1万名军人在12个国家执行维和任务。到目前为止，共有63名维和人员在维和行动中丧生。

＊巴基斯坦总理肖卡特·阿齐兹主持了内阁会议，会议决定暂缓批准南亚自由贸易协定。根据南亚自由贸易协定，巴将给予包括印度在内的南亚各国以最惠国待遇。巴官方理由是“总理出访美国，无暇讨论自由贸易协定的批准”。但媒体透露，商务部建议内阁有条件批准条约，以防止印度获得最大利益。

1月18—19日 爱尔兰总理贝尔蒂·埃亨访问印度，双方签署了涉及文化、科学和技术合作的3项协定。

1月20日 印度和巴基斯坦之间开通了“阿姆利则—拉合尔”的公共汽车线路，在两国旁遮普省之间第一次实现了直达的公交服务，使得两国的民间交往又更进一步。

1月21日 尼泊尔反对党组织抗议国王的游行示威，并与军警发生冲突，导致至少25人死亡。当晚，警方与毛派武装在尼中部地区发生枪战，导致14名武装分子和6名警察死亡。

1月22日 沙特阿拉伯国王阿卜杜拉表示，沙特支持印度成为伊斯兰会议组织（OIC）的观察员，并希望巴基斯坦也能持相同立场。

1月24日 巴基斯坦政府首次允许一部印度电影在巴境内公开放映，这是40多年来印度影片首次获准在巴上映。获准放映的影片是印度1984年拍摄的一部爱情电影，片名为《索赫尼·玛希瓦尔》。

1月24—27日 沙特阿拉伯国王阿卜杜拉访问印度，双方讨论了恐怖主义、国防安全、能源问题和伊朗、伊拉克问题，并签署了联合打击犯罪的协议。阿卜杜拉的此次访印是近半个世纪以来沙特国王的首次访印，既是沙特“东向”政策的一部分，也为印度“西向”政策提供了契机。双方最后发表了“新德里宣言”，表示要在互补和相互依赖的基础上发展“战略能源伙伴关系”。

1月25日 印度和孟加拉国在孟加拉湾结束了两国第一次海岸警卫队联合演习，演习内容包括污染控制、搜救行动、反偷捕、反走私。此次演习共3天，是根据两国在2003年签署的协议进行的。

1月27日 在经过长达17个月的谈判之后，印度和以色列签署了两国第一份共同开发武器的协议，主要是研发战舰上的防空导弹。

1月28日 印法两国围绕法国退役航母“克里蒙梭号”在印度拆卸的问题进行了长时间争论，法国最终同意在航母被拆卸后，运回船上的石棉等有毒物质。

1月28—30日 阿富汗总统卡尔扎伊访问丹麦。

1月30日 阿富汗塔利班武装与平民在阿南部坎大哈省发生枪战，造成双方3人死亡，16人受伤。这是阿富汗平民和塔利班第一次直接发生武装冲突。

1月31日 巴基斯坦和印度两国政府代表在伊斯兰堡签署协议，决定恢复两国中断40多年的铁路运营。根据双方发表的联合声明，从巴基斯坦信德省的科克罗巴尔至印度拉贾斯坦邦的穆纳包之间的铁路将于2月18日起恢复运营。

1月31—2月2日 印度空军司令S·P·蒂亚吉对斯里兰卡进行了为期3天的访问。访问期间他会见了斯里兰卡总统马欣达·拉贾帕克萨和一些高级国防官员。

1月31—2月9日 印度总统卡拉姆对新加坡、菲律宾和韩国进行了国事访问，卡拉姆此行的主要议题是科技合作。他建议印度和新加坡“考虑”建设“亚洲虚拟大学网”。访菲期间，两国签署了有关军事交流、农业合作、旅游及制药方面的4项协议。访韩期间，双方就推进签署涉及双边货物贸易、服务贸易、投资和经济合作的《韩—印全面经济伙伴协定》达成共识，并在两国推进该协定的共同声明中宣布启动谈判。两国计划2007年前完成《全面经济伙伴协定》的谈判，并于2006年3月在新德里举行第一次联合工作组会议，此后每两个月轮流在首尔和新德里举行。

2月

2月1日 尼泊尔国王贾南德拉亲政满一周年，尼各地区出现大规模抗议活动，并与军警发生冲突。贾南德拉发表讲话，称“在过去的一年里，尼泊尔的安全形势有了显著提高”，并拒绝放弃“亲政”。

*为期两天的阿富汗问题国际会议在英国首都伦敦结束。来自世界70多个国家和40多个国际组织的代表出席了会议，并承诺提供约105亿美元的援助用于阿富汗重建。联合国秘书长安南、阿富汗总统卡尔扎伊、英国首相布莱尔、中国外交部长李肇星和美国国务卿赖斯等出席了会议。与会代表同意为实现阿持久和平、安全和发展继续提供援助，还签署通过了《阿富汗协议》。

2月2日 印度政府授权民用航空安全局（BCAS）执行《打击危害民用航空安全行为法》。根据该法律，受指控方要接受特殊法院的审理，且最轻判决是终生监禁。

2月8日 尼泊尔举行市政选举，这是1999年议会选举以来的第一次全民选举。贾南德拉国王称这是尼泊尔重返民主的第一步，但尼共（毛派）反政府武装和七党联盟对此进行了联合抵制。首都加德满都的投票率仅为8%左右，全国投票率只有21.22%，全国有22个城市的候选人因为没有竞争对手而直接当选。虽然亲国王党派赢得36个市长职位中的13个，但尼共（毛派）反政府武装和七党联盟均不承认选举结果。

*阿富汗发生抗议西方媒体刊登漫画讽刺穆斯林先知的暴力骚乱。游行示威在南部城市卡拉特一个美军基地外进行，数百名示威者试图冲击美军基地，警方朝示威人群开枪，打死4人，打伤11人。

2月9日 巴基斯坦西北部的一支什叶派穆斯林游行队伍遭炸弹袭击，造成23人死亡，40多人受伤。事后当地民众发生骚乱。这次游行是为了纪念阿舒拉节，阿舒拉节是什叶派穆斯林纪念殉教圣徒侯赛因的重要节日。

2月11日 印度政府要求各军种提供军队中穆斯林的人数、级别以及在一些重要岗位的角色等。政府的理由是通过研究穆斯林群众的社会、经济和教育地位，以提高“少数民族的福利”，但政府的行为遭到了很多军方人士的反对。

2月12—14日 孟加拉总理卡莉达·齐亚对巴基斯坦进行为期3天的访问，双方同意在尽可能短的时间里完成双边自由贸易区协定的谈判，以改变两国双边贸易严重滞后的局面。

2月13日 印度的核科学家将参与欧洲粒子物理研究所（CERN）的合作项目。欧洲粒子物理研究所是世界上最大的粒子物理研究中心，该物理研究所将为印度科学家提供“创新加速器技术基金”，并为印度大学生教授粒子物理课程。

*尼泊尔反政府武装尼共（毛派）庆祝创建10周年，其领导人普拉昌达表示，尼国王贾南德拉今后的结局将是流亡或者受审。

2月14日 在中国驻孟大使馆、云南大学和孟加拉国南北大学的共同努力下，南北大学孔子学院正式挂牌成立，这是南亚地区建立的第一所孔子学院。

2月15日 3名中国工程师和1名巴基斯坦司机在巴基斯坦西南部的俾路支省遇袭身亡。

2月17日 印度和巴基斯坦声明，履行对伊朗—巴基斯坦—印度天然气管道工程的承诺，并将就天然气管道问题进一步举行三方会谈。拟修建的伊巴印三国天然气管道全长约2000公里，预计耗资41.6亿美元，全部工程大约需要3年完成。

2月18日 巴基斯坦信德省和印度拉贾斯坦邦之间将开通首趟“塔尔快客”。为了表示庆祝，印度决定将签证的签发范围扩大到250名巴方记者和数十名官员。这是印巴分治以后，印度首次向巴方人员提供便利。

2月19日 巴基斯坦成功试射一枚射程为200公里的“阿布达利”地对地导弹，这种导弹可携带各种类型的弹头。

2月19—21日 法国总统希拉克对印度进行为期3天的访问，随行的还有法国外交部长、国防部长、财政和工业部长以及30家公司的总裁。双方签署的联合声明称，两国有意达成共同发展民用核能的协议。双方还签署了包括国防合作、成立军购组织等在内的9项协议。同时，印度航空还和空中客车公司签署了购买价值20亿美元的43架飞机的协议。

2月21日 挪威政府在与斯里兰卡政府和猛虎组织协商后，宣布任命瑞典人乌尔夫·恩里克松为斯里兰卡停火协议监督委员会新主席，他将于4月1日上任。

2月22—23日 斯里兰卡政府和猛虎组织在日内瓦举行会谈，这是双方3年来的首次高级别会谈，目的是讨论如何更好地落实双方业已签署的停火协议。挪威和平特使、挪威国务委员会外援大臣埃里克·索尔海姆率领挪威代表团也参加了此次会谈，瑞士外交部负责主办此次会谈。在挪威等国的斡旋下，斯里兰卡政府和猛虎组织于2002年2月签署了停火协议。斯里兰卡政府和猛虎组织在此次会谈中承诺尊重和维护停火协议，承诺采取一切措施确保今后不再发生恫吓、暴力、绑架或杀人行为，并同意于4月19—21日在瑞士举行下一轮会谈。

2月23日 伊朗负责亚太事务的外交部副部长迈赫迪·萨法里访问印度，他将与印度讨论外交和能源事务。此前的2月4日，印度一改以往政策，投票赞成将伊朗核问题提交给联合国安理会讨论。

2月26日 印度和新加坡举行代号为"2006－Simbex"的海军演习。这次演习持续10天，是两国首次在印度洋东部沿岸举行演习，也是两国第13次联合演习。演习的内容包括水上射击、反潜作战、对空作战及联合巡逻等。

2月27日 在海外援助机构的帮助下，孟加拉国将开展大规模麻疹疫苗接种活动，这次活动是孟加拉历史上最大规模的免疫活动。孟国政府希望能够给全国3300万儿童全部实现免疫，目前麻疹是孟5岁以下儿童中的第五大杀手。

*中孟双方在北京一次部长级会议上达成了双边《水资源合作备忘录》。根据协定，中国将与孟加拉国共享关于布拉马普特拉河（在中国境内称雅鲁藏布江）的水文数据和信息，以加强孟加拉国洪灾预警的能力。

3月

3月1日 美国总统布什突访阿富汗。这是布什就任总统以来首次对阿富汗进行访问，也是自2001年阿富汗战争以来，美国总统首次访问阿富汗。

3月1—3日 美国总统布什访问印度，双方于2日签署了一项核合作协议，印同意将其65%的核设施纳入国际原子能机构（IAEA）的监察之下，为两国核能合作扫清了主要障碍。美还决定向印度出售先进的战斗机。国际原子能机构总干事穆罕默德·巴拉迪和日本外务省对美印达成民用核合作的谅解表示欢迎。

3月2日 孟加拉国快速行动营和安全部队在孟东北部城市锡尔赫特逮捕了极端组织"圣战者大会党"的头目拉赫曼。自2005年8月以来，该组织在孟加拉国全境制造的爆炸已造成 26 人死亡。在此前一天开始的行动中，安全部队逮捕了拉赫曼的妻儿等共 8 人。

*美国驻卡拉奇领事馆附近的万豪酒店停车场发生一起汽车炸弹爆炸事件，造成至少 4 人死亡，另有 49 人受伤。

3 月 4 日 美国总统布什访问巴基斯坦，但双方未能就克什米尔、核能以及防务问题达成切实的成果。巴基斯坦反对党抗议美国对印度的“偏袒”政策，并要求巴基斯坦总统穆沙拉夫下台。

3 月 5 日 由 16 名印度外事服务处（IFS）实习生组成的代表团对巴基斯坦进行为期 6 天的访问，他们的访问是两国外交领域交流项目的一部分。

3 月 5—8 日 澳大利亚总理约翰·霍华德对印度进行为期 4 天的访问。印度总理曼莫汉·辛格呼吁澳大利亚支持印美核协议，并解除对印度的铀禁令。印度还希望澳大利亚能支持印度，使核供应集团各国接受印美核协议。

3 月 6 日 孟加拉快速行动营逮捕了“圣战者大会党”的二号人物西迪库勒·伊斯兰。至此，自 2005 年 8 月 17 日的系列爆炸案后，共有 921 名嫌疑好战分子被捕。

3 月 8 日 印度和智利签署了《特惠贸易协定》，以促进两国的贸易和投资。根据该协定，印度出口智利产品中的 91%以及智利出口印度产品中的 98%将从中受益。2004—2005 年，印、智贸易额是 4.47 亿美元。

*巴基斯坦总统穆沙拉夫会见到访的美国中央司令部司令阿比扎伊德将军，双方就巴基斯坦和阿富汗近期的紧张局势以及联合反恐等问题交换了意见。

3 月 8—13 日 印度总统卡拉姆对缅甸和毛里求斯进行为期 6 天的访问，这是印度历任总统对缅甸进行的首次访问。两国关系自 20 世纪 90 年代末期之后得到改善，印度和缅甸于 9 日签署了有关石油、太空和教育问题的 3 个协定。印度和毛里求斯的关系也取得了进展，印度答应帮助毛里求斯建设经济，毛里求斯同意探讨允许印度在其经济专属区开采石油和天然气的可能性。

3 月 9—11 日 印度国防部长普拉纳布·慕克吉对阿曼进行为期 3 天的访问，旨在加强印度在海湾地区的武器出口。此次访问也是两国为庆祝建交 50 周年而进行的系列高层交流活动之一。

3 月 10 日 根据孟加拉国银行和孟加拉国出口促进局的数据，廉价的中国商品使中孟双边贸易失衡更加严重。同时，中国首次取代印度成为孟加拉最大的商品进口国。

3 月 11 日 斯里兰卡猛虎组织公布了一项《泰米尔伊拉姆土地法》，

范围涉及猛虎组织控制的北部和东部地区。该土地法是猛虎组织在过去10年里所颁布的一系列法律中最近的一部法律。

3月12日 阿富汗首都喀布尔上午发生一起针对议会上院议长、前总统西卜加图拉·穆贾迪迪的自杀式炸弹袭击，导致4死2伤，穆贾迪迪本人幸免于难。穆贾迪迪曾创立阿富汗民族解放阵线，1992年担任过为期2个月的临时总统，1995年出任伊斯兰革命最高协调委员会主席，2005年12月任议会上院议长。

3月16—18日 中国国务委员唐家璇对尼泊尔进行为期3天的访问。16日，中尼两国签署了贸易协定。根据协定，所有尼泊尔商品都能免税进入中国市场。17日，唐家璇在尼泊尔中国研究中心和中国驻尼泊尔大使馆联合举行的招待会上发表题为《深化传统友谊谋求共同发展》的演讲，尼大臣会议副主席比斯塔等尼各界人士近300人出席了招待会。

3月17日 俄罗斯总理米哈伊尔·弗拉德科夫访问印度，并在新德里与印度总理曼莫汉·辛格达成协议，俄罗斯将为印度的达拉布尔核电站（TAPS）提供60吨的铀燃料，双方还决定扩大两国在民用核能、太空等方面的战略合作。另外，俄印两国还决定将两国在未来5年的双边贸易额扩大到100亿美元，并成立联合研究小组，探讨签署《全面经济合作协定》的可能性。印度还希望俄罗斯能参与到规划中的伊朗—巴基斯坦—印度天然气管道的建设过程中来。

3月18日 阿富汗东南部加兹尼省原省长卡里·巴巴以及4名保镖被武装分子枪杀。阿富汗战争前，卡里·巴巴曾积极参加反抗塔利班的斗争。塔利班政权垮台后，他支持卡尔扎伊政府，曾分别于1995年和2002年担任加兹尼省省长。

3月19日 印度负责外交事务的国务部长E·艾哈迈德在与印度驻伊朗、沙特、约旦、阿联酋、卡塔尔、巴林、阿曼和科威特等西亚国家大使谈话时表示，印度应该制定“西向”策略，重新审视与西亚国家的关系。

3月20—22日 孟加拉国总理卡莉达·齐亚访问印度，这是齐亚2001年10月组建联合政府以来第一次访问印度。双方在21日签署了修改过的双边贸易协定和打击跨境毒品走私的协定，并表示要维持两国高层政治对话。

3月21日 巴基斯坦成功试射了一枚射程为500公里的“巴布尔（HATF VII）”型巡航导弹，这是巴基斯坦自去年8月以来第二次试射“巴布尔”型巡航导弹。

3月21—22日 印度和巴基斯坦两国警方在间断17年后重开会谈，主要讨论刑事犯罪、人口走私、吸毒等问题，以及加强南盟成员国之间的警方合作。印方成员主要来自中央调查局（CBI），巴方成员主要来自联邦调查处（FIA）。双方同意迅速办理国际刑警交办案例，并同意共享刑事调查经验。

3月22日 印度和巴基斯坦两国情报机构在新德里宣布，双方将成立一个联合研究小组，在打击贩卖人口和非法移民等领域展开合作。

3月23日 阿富汗总统卡尔扎伊在土耳其安卡拉举行的“全球恐怖主义与国际合作”专题讨论会开幕式上说，恐怖主义是当今世界面临的最大威胁，必须加强国际合作才能解决。卡尔扎伊对恐怖主义有宗教特征的说法加以驳斥，认为“恐怖主义没有传统，没有宗教信仰，没有价值体系”。

3月24日 连接印度和巴基斯坦两个锡克圣城的公交线路开通，这是1947年印巴分治后该公交线路首次开通。印度总理辛格当天在印度旁遮普邦的锡克圣城阿姆利则主持了从那里到巴基斯坦旁遮普省的锡克圣城嫩加纳萨希布的公交线路开通典礼。

3月25—26日 海湾合作委员会（GCC）的6个成员国与印度在马斯喀特举行为期两天的“海湾合作委员会—印度商业会议”，双方发布了《马斯喀特宣言》，确定了双方合作的核心领域是信息技术、生物技术、旅游、工业、能源和石油化学。

3月26日 斯里兰卡猛虎组织开始拥有自己的电视频道，成为世界上第一个拥有自己电视台的恐怖主义组织。泰米尔电视网设在巴黎，格林尼治时间每天下午6点，其“泰米尔伊拉姆全国电视台”将向全欧洲播放15分钟的新闻。

3月27日 印度和法国将举行为期10天代号“伐楼拿”的空军联合演习，这是两国第8次联合军事演习。印方参加的主要有“美洲虎”攻击机、“堪培拉”侦察机，以及包括航空母舰在内的军舰。法方参加的有“戴高乐”航空母舰、“大西洋－II”号侦察机，以及驱逐舰、核潜艇等。

3月27—29日 印度贸易国务部长梅农和巴基斯坦商务国务部长沙赫率领的两国代表团在伊斯兰堡举行了第三轮经济和商业合作方面的谈判，会谈主要围绕南亚自由贸易协定进行。双方制定了实现“互相承认协定”的路线图，并同意成立标准确认工作小组和非关税贸易壁垒工作小组。巴基斯坦还宣布将自由贸易区协定的适用国家扩大到印度。

3月28日 印度总理曼莫汉·辛格今天发起成立印度公共卫生基金（PHFI），旨在加强印度的公共卫生制度。该基金将建立5所世界级的公共卫生研究所，每年培养1000名公共卫生专家，并对公共卫生的一些关键问题提供研究。

3月29日 第四届南盟国家议员会议在科伦坡举行，斯里兰卡总统马欣达·拉贾帕克萨在开幕典礼上发表讲话，呼吁南盟成员国“共同应对地区的社会和经济挑战”。

3月30日 斯里兰卡举行地方选举，此次选举被视为是对总统马欣达·拉贾帕克萨领导的执政联盟以及政府对猛虎组织政策的全民公决。共有超过1000万选民参与226个地方理事会的投票，猛虎组织活动的北部和东部地区推迟投票。执政联盟在地方选举中取得了压倒性胜利，获得了总共266个地方议会中的225个席位，主要的反对党统一国民党赢得了29个席位。

3月31日 印度和尼泊尔将《尼印过境条约》延长7年。原条约于2006年1月5日过期，因印方要求修改某些条款未能自动延期。双方围绕尼进口“敏感产品”展开了激烈谈判，尼方最后被迫同意在进口印方认定的“敏感产品”时，尼方只能使用印方指定的7条过境通道；允许印有权使用尼高速公路运输物资。

3月31—4月2日 斯里兰卡总统马欣达·拉贾帕克萨对巴基斯坦进行为期3天的访问，这是他就任总统后第二次国事访问。两国总统就双边关系进行了广泛的交谈，并签署了谅解备忘录，决定建立一个联合商业委员会以促进两国私营部门间的贸易和经济合作。

4月

4月1日 中国和尼泊尔边界第三次联合检查野外作业动员大会暨综合培训会议在拉萨举行，大会将对承担联合检查野外作业任务的中方联合检查组成员进行为期4天的培训。根据中尼两国政府达成的协议，中尼边界第三次联合检查野外作业将于2006年4月全面展开，并计划于9月底完成。双方将主要实施边界沿线全部界桩维护及精确测量工作。中尼两国政府于1979年和1988年联合进行了两次边界检查。

＊阿富汗国民议会下院来自阿富汗南部赫尔曼德省的议员达德·穆罕默德在首都喀布尔被暗杀，这是阿富汗议会成立不到半年来遇害的第一名议员。同一天，阿东北部塔哈尔省的议会议长也在当地被害，他是阿富汗议会选举后第一名遇害的省议会议员。

4月4日 “新形势下的印度—俄罗斯关系”研讨会在新德里召开，印度前总理I·K·古杰拉尔主持开幕式。在研讨会上，俄罗斯表示有兴趣成为修建伊朗—巴基斯坦—印度天然气管道的积极参与者。

4月4—6日 巴基斯坦安全部队在阿富汗边界附近展开清剿行动，

打死40名武装人员，另有4名士兵阵亡。

4月7日 “泰米尔人民论坛”亭可马里地区领导人万尼耶辛加姆·韦格尼斯瓦兰在东部港口城市亭可马里被不明身份的枪手暗杀。斯里兰卡政府发表声明，强烈谴责这起暗杀事件，并表示将对此事全力展开调查。“泰米尔人民论坛”被认为在政治上支持猛虎组织。

4月9日 巴基斯坦内政部发表声明称，有证据显示“俾路支解放军”卷入多起爆炸、袭击事件，其中包括今年2月枪杀3名中国工程师事件，政府根据1997年反恐法案将该组织定为恐怖组织。

*阿富汗南部坎大哈省发生针对政府军的连环爆炸事件，一支由5辆军车组成的车队在该省遭到炸弹袭击。随后赶往现场的阿军警在10分钟后遭到了第2次袭击。两起爆炸共造成11人受伤，其中包括5名军、警和5名平民。

4月9—13日 阿富汗总统卡尔扎伊对印度进行为期5天的访问，双方签署了3个协定，并讨论了包括塔利班在内的一些安全问题。印表示再向阿提供5000万美元的附加援助，从而使印对阿援助总额达到6.5亿美元；决定于11月在新德里主持召开“阿富汗重建地区大会”；为促进双边贸易与投资关系，印将信用贷款最高限额定为5000万美元，并成立“商业部长联合委员会”，以评估双边特惠贸易安排的执行情况。此外，印政府决定2006年起向阿提供大量奖学金，既为阿培育建设人才，同时也在阿培养亲印阶层。

4月10日 加拿大公共安全部长斯托克韦尔·戴宣布，加拿大政府已正式把斯里兰卡猛虎组织列入恐怖组织名单。

4月11日 法国与巴基斯坦联合军事演习开始举行。此次系列军演以两国海军为主。

4月12日 巴基斯坦卡拉奇一宗教集会现场发生自杀性爆炸袭击，57人丧生，其中包括逊尼温和派（巴列维支派）（Jamaat-e-Ahle Sunnat）的多名宗教领袖，这是巴近20年来最为严重的教派流血冲突。袭击表明巴国内逊尼派极端势力已将同情什叶派的巴列维支派温和势力作为打击对象。

*巴基斯坦军方出动直升机袭击了北瓦济里斯坦省一个偏远的村庄，将“基地”组织重要成员穆赫辛·穆萨·迈德瓦利·阿特瓦击毙。阿特瓦是埃及人，今年45岁，涉嫌参与了1998年8月7日美国驻坦桑尼亚和肯尼亚大使馆爆炸案。

4月13日 尼泊尔国王贾南德拉发表新年讲话。他在讲话中表示将举行议会大选，并呼吁各政党“要为建立多政党民主政体负起责任，做出贡献”。

4月17日 巴基斯坦外交部发言人表示，巴基斯坦将延迟与印度之间关于乌拉尔水坝/图布尔航运工程的谈判。巴基斯坦认为乌拉尔水坝将堵截杰赫勒姆河的水流，从而严重影响巴经济。而印度则认为此水坝不会影响水流量，而且这条长 20 千米的航运路线将有利于巴拉姆拉和乌拉尔两地的航行。

4 月 20 日 尼泊尔首都加德满都爆发 10 万人大规模示威，示威者与警察发生冲突，共造成 3 人死亡，40 多人受伤。联合国谴责尼政府使用了“过度且致命的武力”。尼反对党组织的抗议活动已经持续两周，这是尼首都发生的首例示威者被枪杀事件。

4 月 22 日 印度驻巴基斯坦高级专员梅农向白沙瓦商会做了“印巴贸易与经济联系”的讲话，表示巴对印商品制定“准许进口货单”是两国贸易关系中的最大障碍，并呼吁巴视印为“经济机遇”。

4 月 23—25 日 约 20 万尼泊尔民众 23 日冲破国王贾南德拉的戒严令，走上加德满都街头继续举行抗议活动，这场由“七党联盟”公开发起、反政府武装尼共（毛派）暗中支持的抗议浪潮已进入了第 18 天。迫于内外强压，国王终于在 25 日晚通过电视讲话宣布“还政于民”，恢复议会（这是七党联盟的主要要求之一）。“七党联盟”对此表示欢迎，抗议集会遂变成庆功大会，近 3 周的尼泊尔乱局逐渐平静下来。

4 月 25 日 一名被怀疑是斯里兰卡猛虎组织自杀突击队成员的女性“人肉炸弹”化装成孕妇混入科伦坡的陆军总部，并在陆军参谋长弗瑟加中将的车队经过时引爆了身上的炸弹，爆炸导致 9 人死亡，27 人受伤，陆军司令萨拉特·丰塞卡将军受重伤。这是斯里兰卡政府与猛虎组织 4 年前达成停火协议以来所发生的最大自杀式炸弹袭击事件。联合国秘书长安南、中国以及斯里兰卡和平进程 4 个主席方（美国、挪威、欧盟和日本）都强烈谴责了这起事件。

4 月 25—27 日 首届巴基斯坦—中国能源论坛会议在巴首都伊斯兰堡举行。会议就中国企业增强对巴石油、天然气的勘探、运输、储蓄、生产等基础建筑设施的参与，巴利用中国技术和投资开发用于发电的替代和再生能源及建立巴中能源走廊等问题进行了讨论。

4 月 26 日 乌兹别克斯坦总统卡里莫夫在塔什干会见了印度总理曼莫汉·辛格。辛格表示，印度与乌兹别克斯坦应该联合打击恐怖主义。双方还签署了 7 项协议，其中包括两国石油部门的合作备忘录。

4 月 27 日 尼泊尔国王贾南德拉正式任命 G·P·柯伊拉腊为尼泊尔新首相，这将是柯伊拉腊第 5 次出任尼泊尔首相，但他由于身体欠佳未能宣誓就职尼泊尔首相。与此同时，尼泊尔毛派反政府武装宣布停火 3 个月。

4 月 28 日 尼泊尔议会被解散近 4 年后首次召开会议，205 名议员中有202人出席了会议。根据议程，本次会议主要讨论为制定新宪法举行的国民代表大会问题。

4月30日 柯伊拉腊宣誓就职尼泊尔首相，贾南德拉国王主持了就职典礼。

5月

5月4—5日 印度和巴基斯坦举行海关联合工作小组会议，决定关闭陆上关税站。会议还决定每个月举行一次助理专员级别的联合会议，每6个月举行一次专员级别的会议，每年举行一次海关联合工作小组会议。

5月7—10日 斯里兰卡外交部长曼加拉·萨马拉维拉对印度进行了为期4天的访问。此行主要目的是向印度方面转达和平进程近况，并说服印度迫使猛虎组织回到谈判桌。

5月8日 第一届南盟各国内务部长会议在达卡举行，各国一致同意建立一个名为“南盟刑警”的论坛，以加强地区警务的合作，尤其是在打击有组织犯罪、跨境恐怖主义和毒品走私方面的合作。

5月11日 印度西孟加拉邦地方选举结果显示，印共（马）获得该邦议会294个席位中的235席，赢得了史无前例的七连胜。4—5月间，印度5个邦举行地方选举，左派政党取得不俗战绩，而印人党领导的全国民主联盟全线败北。

5月12日 斯里兰卡海军的一艘护卫艇在北部海域被猛虎组织炸沉，海军随后展开报复，炸沉了5艘猛虎组织船只，空军对猛虎组织在北部地区的目标发动了空袭。这次海战是斯里兰卡政府军与猛虎组织4年来最为严重的一次军事冲突，造成双方数十人伤亡。

5月15日 中国中央军委副主席、国务委员兼国防部长曹刚川在八一大楼会见了来访的孟加拉国陆军参谋长莫伊恩一行，中方副总参谋长葛振峰和孟驻华大使拉赫曼等参加了会见。

5月16日 法国表示将向印度提供1600兆瓦第三代压水反应堆，并称这一反应堆将优于俄罗斯技术。当前世界上在建的只有两座此类反应堆，一座在法国、一座在芬兰。

＊印度和阿曼举行了两国“军事合作联合委员会”的首次会议，决定加强两国军队的交流与合作。

5月17日 阿富汗坎大哈省发生一起针对联合国人员的自杀式汽车炸弹袭击事件，造成联合国1名当地雇员受伤。这是2001年以来在阿境内发生的首次针对联合国人员的自杀式袭击。

5月17—19日 阿富汗政府军、警察以及驻阿联军在阿南部3个省与塔利班武装发生激战，造成200多人死亡，有100多名武装分子被击毙，30多人被俘虏，其中可能包括塔利班高级领导人毛拉达杜拉。在与坎大哈相邻的赫尔曼德省，阿警察和联军17—18日两天共消灭60名塔利班武装分子，俘虏20名。

5月18日 尼泊尔议会发表声明，宣布一切国家大权归议会所有；尼皇家军队更名为“尼军”，直接受议会控制，国王不再是军队最高统帅；王位继承由议会决定；国王2002年10月“亲政”后的所有政治任命无效；尼是世俗国家，不再是“印度教王国”。尼国王地位实际虚化。

5月20—24日 在孟加拉首都达卡及其附近工业园区，成千上万的纺织工人举行示威抗议，要求加薪和改善工作条件。结果示威演变成暴动，并蔓延至全市范围，造成2人死亡，300多人受伤，数百家工厂和200多辆汽车被砸，直接经济损失7700万美元。这是孟建国以来最为严重的暴力骚乱。

5月21日 根据斯里兰卡选举委员会公布的第二批地方选举结果，执政的统一人民自由联盟在20个地方理事会中赢得6个，继续保持了3月30日第一批选举中取得的优势地位。斯里兰卡最大反对党统一国民党赢得了4个地方理事会的席位，它支持的一个独立党派还赢得了首都科伦坡的地方选举。同时，穆斯林大会党赢得了东方省的4个地方理事会，泰米尔民族联盟赢得了1个地方理事会，其余4个地方理事会被其他小党瓜分。

5月25日 印度国防部长普拉纳布·慕克吉访问日本，并与安倍晋三等日本高官进行了会谈。

5月26日 尼泊尔政府代表团与尼共（毛派）在加德满都东郊的一个度假村举行和谈。双方主要讨论了谈判进程中的行动准则，以及2005年11月尼七党联盟与毛派达成的“十二点共识”等议题。同时双方通过了“二十五点行动准则”，为举行制宪会议铺平了道路。这是10年来尼泊尔政府与反政府武装进行的第三次谈判，前两次谈判均无果而终。

5月28日—6月1日 印度国防部长普拉纳布·慕克吉访问中国，这是慕克吉就任国防部长后第一次访华。29日，双方签署了《中华人民共和国和印度共和国防务领域加强交流与合作的谅解备忘录》，这是两国的第一份国防备忘录。该文件将两国军官与专家的交流合作制度化。据透露，该协定中最大的一个亮点就是印度将购买中国30架L－15教练机，此举被认为是中印关系巨大改善的一个非常重要标志。

5月29日—6月3日 印度人力资源发展部部长阿尔均·辛格对沙特进行为期6天的访问，旨在扩大两国在高等教育和科学研究领域的联系。

5月31日 欧盟部长会议正式宣布将斯里兰卡猛虎组织列入“恐怖组织”名单，这意味着猛虎组织在欧盟25国的资产将被冻结，而分散在欧洲各地的猛虎组织人员是该组织主要的资金来源之一。在欧盟之前，美国、印度、英国等已经将猛虎组织列为恐怖组织。斯政府对此表示欢迎，猛虎组织则称此举只会导致斯里兰卡发生内战。

6月

6月6日 根据巴基斯坦总统穆沙拉夫和总理阿齐兹的有关指示，巴警方在阿塔克地区制定了旨在保护外国工程技术人员的安全计划。根据计划，阿塔克地区所有外国公司人员居住和工作的地点都将部署警察和安全人员。此外，阿塔克警方还将密切关注当地阿富汗难民的活动情况，严禁被取缔的宗教组织以及其他危害社会安全势力的活动，以维护社会安全和秩序。

＊斯里兰卡首都科伦坡郊区一所海军军营附近发生一起地雷爆炸事件，导致2人受伤。这是自2002年停火协议以来，科伦坡附近发生的第一次此类爆炸事件。

6月7—10日 尼泊尔首相柯伊拉腊对印度进行为期4天的访问，双方主要讨论了经济援助和合作、尼国内和平进程等问题。这是柯伊拉腊就任新首相后首次出国访问，陪同出访的还有一个经贸代表团。印度宣布将向尼泊尔提供10亿卢比的经济援助，并免去尼原来因购买印度武器而拖欠的债务。

6月8日 在布鲁塞尔举行的北约国防部长会议通过一项计划，准备近期向阿富汗增兵8000人。根据该计划，到7月底以前，北约领导的驻阿富汗国际安全援助部队总数将从目前的9000人增加至1.5万人。同时，北约的维和行动将向塔利班势力活动猖獗的阿南部地区全面扩展。

6月13日 巴基斯坦首次同意5000名印度锡克教徒到拉合尔市朝圣，以纪念锡克教早期宗教领袖古鲁·阿君·德乌遇害400周年。这是1947年以来巴首次允许印度锡克教徒进入巴基斯坦。

6月14—15日 “巴基斯坦—阿富汗经济联合委员会”召开会议，阿富汗要求巴基斯坦提供通道，使印度商品能进入阿富汗。但巴拒绝了阿方的要求。

6月15日 斯里兰卡中北部的阿努拉德普勒地区一辆巴士触雷爆炸，造成64人丧生，87人受伤。这是自2002年斯里兰卡达成停火协议后最为严重的恐怖袭击事件。猛虎组织否认与此事有关，并谴责这起针对平民的袭击事件。

＊印度正式宣布沙希·塔鲁尔参加联合国秘书长的竞选，这是印度第一次参与联合国秘书长的竞选。沙希·塔鲁尔现在是联合国负责新闻事务的副秘书长。

＊印度和巴基斯坦交换在对方监狱的本国公民名单。根据协议，7月31日前双方领事可看望本国犯人。

＊中国和巴基斯坦首次在巴北部地区首府吉尔吉特市和中国新疆维吾尔自治区喀什市开通长途客车线路。

6月16日 尼泊尔首相柯伊拉腊与反政府武装领导人普拉昌达举行首次会晤，双方达成了一项和平协议，以结束长达10年的战乱。协议内容还包括保证通过一部新宪法，通过选举建立包括反政府组织在内的新议会和新政府。

6月18—21日 阿富汗总统卡尔扎伊访华。中阿双方签订《中阿睦邻合作友好条约》及一系列合作文件。

6月20日 巴基斯坦西北部省份古勒姆连日来为抢水而发生多起部族冲突。巴政府不得不出动军队，才得以恢复秩序，但冲突已造成至少14人死亡。

6月21—25日 孟加拉反对党领袖谢赫·哈西娜对印度进行为期5天的访问。哈西娜与印度总理曼莫汉·辛格就双边关系和地区问题进行了讨论，并表示邻国关系不应成为国内政治议题。哈西娜还被授予“2005年特里萨终身成就奖”。

6月22日 印度商业和工业部长卡迈勒·纳特在“美印商业联合会”上发表题为“增强美印贸易：通向未来之路”的讲话，呼吁美国取消在贸易和服务领域的所有壁垒，以使印成为其最大经济伙伴。美国副总统切尼对两国核合作协议表示强烈支持。

6月23日 印度通信和信息技术部长马兰表示，印度将在“通信和宽带”领域建造“具有成本效益的”次区域网络，该网络将连接加尔各答、缅甸、孟加拉、泰国、马来西亚和新加坡。

6月24日 自5月中旬以来，1.1万多名驻阿联军和政府军在南部发动代号为“山地挺进”的清剿行动。本月15日，驻阿联军和阿政府军在坎大哈等4省发动“山地挺进”第二阶段行动。据阿国防部统计，至今已有近200名塔利班武装分子在第二阶段行动中被打死。

6月25日 巴基斯坦政府派出专家代表团前往华盛顿，同美国能源部官员就两国在能源领域的合作进行专家级会谈。

6月26日 斯里兰卡军方三号人物、陆军副参谋长帕拉米·库拉通加将军的专车遭到摩托车自杀性袭击，造成包括库拉通加将军在内的4人死亡，另有8人受伤。

6月26—27日 印度和中国的特别代表就两国边界争端举行谈判，这是两国特别代表之间的第八轮谈判。印方代表团有10名成员，团长是国家安全顾问M·K·纳拉亚南，中国代表团有11名成员，团长是外交部副部长戴秉国。

6月27日 斯里兰卡猛虎组织首席谈判代表安东·巴拉辛哈姆就印度前总理拉吉夫·甘地遭暗杀事件向印度政府表示歉意，称"这是一个巨大的悲剧"，并希望印度积极参与斯里兰卡的和平进程。但印度拒绝接受该组织的道歉，称"原谅他们就等同于认可恐怖主义、暴力和政治暗杀"。

* 首个由中国中铁十四局集团公司承建的阿富汗道路修复项目在阿北部省份昆都士正式竣工。全长232公里的昆都士道路修复工程是世界银行援助的项目。

6月29日 美国参议院外交关系委员会以16票赞成、2票反对的结果通过了《美印和平核能合作草案》，对两国的民用核能合作表示支持。此前27日，美国众议院国际关系委员会以37票赞成、5票反对、3票弃权的结果，通过议案使印度免受核机制的约束，并支持两国的民用核合作。

6月29日—7月2日 印度商业和工业部长卡迈勒·纳特参加在日内瓦举行的世贸组织小型部长会议，主要讨论农业和非农业的市场准入及工业税问题。

6月30日 印度政府释放了38名刑满的巴基斯坦平民囚犯和59名巴基斯坦渔民，巴基斯坦也释放了19名刑满的印度平民囚犯及20名印度渔民。印巴两国政府5月底在巴基斯坦首都伊斯兰堡举行的内政部副部长级会谈中达成协议，同意尽快释放被捕的对方渔民和服刑期满的平民囚犯。

7月

7月1日 印度原子能部和国际原子能机构的高级官员举行了会谈，主要讨论印度与国际原子能机构之间的安全保证协议。

7月3日 印度恢复了对斯里兰卡中断近6年的防务装备供应，决定免费向斯提供两部印度制造的"因陀罗"型防空雷达，此举意味着印度将以更大力度介入斯里兰卡国内和平进程。

＊斯里兰卡猛虎组织称，由于怀疑欧盟国家监察员的中立性，该组织要求来自欧盟成员国丹麦、芬兰和瑞典的停火监督员必须在9月1日前离开斯里兰卡。

7月3—8日 印度议长查特吉率领议会代表团访问中国，中国人大常委会委员长吴邦国会见了查特吉，双方就双边问题进行了广泛的交流，并签署了两国立法机构的首份谅解备忘录。

7月10日 印度第二大工业集团塔塔集团的执行董事罗斯林在孟加拉国首都达卡表示，对当地政府不能审批该集团的投资项目深表失望，并决定暂缓对孟加拉国30亿美元的能源投资。

7月11日 印度西部城市孟买郊区发生7起连环爆炸事件，造成至少190人死亡，600人受伤，系印近10年来最为严重的恐怖袭击。印度指责巴基斯坦的三军情报局（ISI）策划了此次爆炸，并取消了与巴基斯坦之间的外长级对话。巴基斯坦表示印度拒绝外长级对话的行为将给和平进程带来“消极”影响，并推迟了“巴基斯坦联邦商业和工业联合会”代表团对印度的访问。

＊美国国防部长唐纳德·拉姆斯菲尔德突访阿富汗，并与阿富汗总统卡尔扎伊举行会谈。拉姆斯菲尔德此行旨在商讨阿富汗日益严峻的暴力冲突和北约接管阿南部地区军事任务的计划。

7月12—16日 斯里兰卡外交部长曼格拉·萨马拉维拉访华。中国外交部长李肇星和国务院总理温家宝分别与曼加拉·萨马拉维拉举行了会谈，双方就中斯关系以及共同关心的国际和地区问题交换了意见。15日，两国外长还发表了联合新闻公报，决定将2007年宣布为“中斯友好年”。

7月16—17日 孟加拉和印度在达卡举行了为期两天的第四届“印孟边境联合工作组会议”，双方讨论长期存在的边界划分、飞地互换以及其他与1974年边界协定相关的事务。

7月16—18日 印度总理曼莫汉·辛格前往圣彼得堡，参加八国集团的首脑会议。除了谈论能源安全、健康和安全3大主题外，辛格还呼吁八国首脑关注印度所面临的恐怖主义威胁，并寻求八国集团对印美核合作协议的支持。17日，中印俄3国领导人在八国集团峰会期间举行了第一次三方领导人会晤。这是继去年3国外长举行正式三方会晤后，中印俄三边磋商中又一重要进程，标志着3国有意加强三方在重大国际问题上的政治磋商。

7月20日 联合国难民署高级专员霍普金斯女士在加德满都与尼泊尔政府就5000名西藏流亡者转移到美国定居的问题举行会谈。中国对此表示关注，并反对尼政府把藏人送往美国。目前，大约有 2 万名藏人居住在尼泊尔。

7 月 21 日 阿富汗重建小组合作与任务会议在布达佩斯召开。会议的主要目的是协调参与阿富汗重建工作的国际组织间的合作，讨论如何提高重建小组的工作效率。重建小组是指分布在阿富汗各省为当地政府及民间组织提供安全和后勤保障的小股外国军队。重建小组计划最早由美国于 2003 年发起，后来北约从美国手中接管了已有的重建小组，并设立了一批新的重建小组。目前在阿富汗各省共有这样的重建小组 25 个左右。

＊巴基斯坦西南部俾路支省 500 多名部族反政府武装分子向政府方面缴械投降。他们来自戴拉·帕各提部落区，其中包括 6 名帕各提部族上层人员。

7 月 24 日 印度签署了《打击核恐怖主义国际协定》，该国际协定于 2005 年 4 月 13 日在联合国大会上被一致通过，各国从 2005 年 9 月 14 日起开始签署。根据该协议，各国应制定相应的国内法打击使用核材料的恐怖行动。

7 月 26—28 日 孟加拉国政府将第一次参加在吉隆坡举行的东盟地区论坛外长会议，成为东盟地区论坛第 26 个成员国。

7 月 27—28 日 中国外交部副部长武大伟访问尼泊尔，并会见了尼首相柯伊拉腊、副首相兼外交大臣奥利、议长内姆旺和财政大臣马哈特。柯伊拉腊表示，尼政府不允许任何势力利用尼领土从事反对中国的活动。武大伟表示，中方推进尼中两国互利合作的政策不会改变。

7 月 30—31 日 由于此前猛虎组织停止向政府控制区超过 3 万英亩的农田供水，斯里兰卡政府军向猛虎组织位于东北部亭可马里地区的目标发动进攻，激战导致双方数十人死亡。这是自 2002 年双方签署停火协议以来，斯里兰卡政府军第一次主动出击，也是 4 年来双方最激烈的一场冲突。猛虎组织指责政府军的攻击行为几近宣战，而斯里兰卡政府则称这是“人道之举”。

7 月 31 日 尼泊尔内阁举行会议，决定修改现行王位继承人法。根据新规定，国王的第一个孩子（不论男女）将成为王位继承人。内阁会议还决定将享受王室津贴的王室家族成员减少为国王、王后、王储妃和王后的母亲。

＊北约领导的国际安全援助部队和美国领导的联军在阿富汗南部城市坎大哈举行交接仪式，国际安全援助部队正式从联军手中接管阿富汗南部 6 省的安全事务。根据 2005 年年底美国与北约达成的协议，北约从今年 7 月 31 日起向坎大哈、查布尔、赫尔曼德、乌鲁兹甘、代昆迪和尼姆鲁兹

等阿南部6省派遣部队，统一指挥在阿南部的军事行动。美军此后将继续负责阿东、中部14省的军事行动。

8月

8月1日 第27届南盟部长会议在孟加拉国首都达卡举行，会议将通过关于南盟观察员和嘉宾的指导性原则。作为南盟新成员，阿富汗作为特邀嘉宾参加会议。在开幕式之前，与会的南盟7国外长举行了非正式会议，原则上同意给予美国、韩国和欧盟观察员资格。2005年11月在达卡举行的第13届南盟首脑会议批准阿富汗为第8个成员国，批准中国和日本为观察员。因此，阿富汗、中国和日本将分别作为成员国和观察员出席定于2007年在印度举行的第14届南盟首脑会议。

8月4日 印度、巴基斯坦和伊朗同意成立一个联合委员会，并雇佣国际咨询公司来解决3国之间建设天然气管道问题。这家咨询公司是设在英国的新加坡"加夫尼·克莱因咨询公司"。

8月6日 法国非政府组织"对抗饥饿行动"的17名海啸重建援助人员被发现死在其位于斯里兰卡东北部的办公室里。斯里兰卡政府军和猛虎组织都指责对方应为此暴行负责，但斯里兰卡停火观察员指责政府军应为此事负责。

＊据《印度时报》报道，巴基斯坦已承认正在俾路支省库沙布建造一座新的大型钚核反应堆，并且承认该反应堆可用于"军事目的"。但巴方同时也表示，该反应堆的建造不会导致巴核武器的大量增加。

8月7日 阿富汗议会批准了总统卡尔扎伊新近提名的5位内阁部长人选。至此，卡尔扎伊新内阁的26位部长人选全部落实。这5名新内阁成员将分别出任经济、商业、交通、新闻和文化以及妇女等5个部的部长。

8月9日 印度马哈拉施特拉邦暴雨成灾，洪水造成约118人死亡，79人失踪，另有35万民众被迫撤离灾区。

8月9—10日 第九届孟印缅斯泰经济合作组织（BIMSTEC）成员国会议在印度新德里举行，各国没有为结束自由贸易区的谈判设定期限。

8月11日 巴基斯坦外交部声明，巴政府已逮捕7名图谋参与英国飞机恐怖爆炸的嫌疑分子。其中，2名巴基斯坦裔英国公民更被怀疑是参与策划整个未遂恐怖行动的重要疑犯。

8月13日 印孟两国边境部队举行会谈，双方同意在14日下午5点之前撤出增派部队、取消“高度戒备状态”，并遵守两国在1974年签署的陆地边境协议。

8月14日 一辆汽车在斯里兰卡国总统马欣达·拉贾帕克萨位于科伦坡的官邸附近发生爆炸，造成至少7人死亡，8人受伤。这起爆炸是针对巴基斯坦驻斯里兰卡高级专员巴沙尔·瓦里·穆罕默德的，但穆罕默德并未受伤。

8月16日 应中国外交部部长李肇星邀请，不丹外交大臣旺楚克来华参加中不边界会谈。中国国务委员唐家璇、外交部长李肇星会见了旺楚克，外交部副部长武大伟与旺楚克举行了两国边界第18轮会谈。

8月20日 作为两国《国防合作协定》的一部分，印度和新加坡举行了首次空军磋商，主要讨论两国空军的“相互支持”问题。

8月23日 阿富汗和巴基斯坦军方就沿两国边界线实施联合巡逻行动达成协议，此举旨在有效打击非法武装人员在两国边界地带的活动。

8月24—25日 印度和尼泊尔举行了为期两天的“尼印政府间委员会”会议。印度建议与尼泊尔签署“全面经济合作协议”，以加强双方的贸易和投资关系，尼泊尔表示将考虑印方建议。印度还建议尼泊尔开发其国内的水力发电潜力。

8月26日 巴基斯坦安全部队击毙了巴西南部俾路支省最具影响力的反政府部落武装头目阿克巴尔·帕格提以及至少24名部落武装人员。该省首府奎达多处地点连续两天发生骚乱，至少450人被捕。

8月26日—9月2日 尼泊尔副首相兼外交大臣奥利对中国进行访问。中国国务院总理温家宝、全国政协主席贾庆林、外交部长李肇星及西藏自治区主席向巴平措分别会见了奥利。尼方欢迎中国将青藏铁路延伸至中尼边界，中方感谢尼方坚持“一个中国”的立场。

8月27日 在阿富汗中部省份瓦尔达克首府迈丹城，中国参与修建的“迈巴公路”正式动工。“迈巴公路”总长142公里，是阿富汗中部重要通道，中铁十四局赢得54公里的修建权。

8月31日 孟加拉成立了一个名为“民族团结阵线”的新的政治联盟。该政治联盟由替代潮流党（BDB）、民族团结阵营（JOM）和塔里卡特（逊尼派分支）联合会（TF）3个政党组成。

9月

9月3日 阿富汗国防部发言人表示，在过去24小时中，北约部队与阿政府军在阿南部地区发动大规模军事行动，共打死 89 名塔利班武装分子。此次共有约 2000 名北约和阿富汗士兵参与了 2 日在阿南部坎大哈省展开的名为“美杜莎”的军事行动，这是 7 月底北约部队接管阿南部军事指挥权后发动的最大规模军事行动，有 3 名加拿大士兵在此次行动中死亡。

9月4日—6日　巴基斯坦和美国海军在北阿拉伯海举行为期 3 天的军事演习。此次代号为“灵感联合行动 06”军演的目的是提升海上阻击、反恐等军事行动能力。巴基斯坦海军派遣 2 艘驱逐舰、1 艘补给舰及 1 艘潜艇参加。美国海军派遣“企业”号航空母舰、1 艘护卫舰、1 艘驱逐舰和 1 艘潜艇参加。

9月5日　由斯里兰卡泰米尔全国联盟（TNA）议员组成的一个代表团访问印度，寻求与印度总理曼莫汉·辛格举行对话，阐述泰米尔全国联盟对斯里兰卡当前局势的看法。泰米尔全国联盟是支持猛虎组织的政党。

9月5—8日　巴基斯坦政府代表与北瓦济里斯坦的“塔利班武装”代表达成一项和平协定。依据此协定，巴军队将停止针对塔利班武装的军事打击，并重新布防在当地指定的军营和堡垒。巴政府还拆除了 12 个用以追剿“基地”与塔利班武装的检查站，双方将依据部落习俗来处理未来彼此间的纠纷与冲突。政府还将特赦北瓦济里斯坦的塔利班武装人员及“外国人”（主要指早年前来阿富汗参加圣战的阿富汗—阿拉伯人）。作为交换，这些人必须停止针对阿富汗的跨境袭击活动，停止袭击巴安全部队、政府公务员、国家财产、部落首领及记者，且不得随身携带重型武器。巴政府允许他们到阿富汗做生意或探亲访友，以及携带 AK47 等轻型武器。和平协定签订后，政府陆续释放了 132 名塔利班武装人员，并返还了收缴的武器。政府还答应向在反恐行动中遭受物质损失的部落民支付 2.3 亿卢比（380 万美元）的赔偿金。穆沙拉夫总统视此份协定为巴的一项反恐成果。

9月6日　根据国际金融公司（IFC）发布的《创业 2007》报告，印度仍是最难创业的国家之一。印度在 175 个国家中位居 134 位，南亚地区只有不丹（138）和阿富汗（162）排在印度之后。

*正在阿富汗访问的巴基斯坦总统穆沙拉夫表示，巴方将全力打击其境内的塔利班和“基地”组织等恐怖势力，确保巴、阿边境地区的安全。

9月8日　阿富汗首都喀布尔市当天上午发生自杀式汽车炸弹袭击事件。这起袭击事件发生在美国驻阿富汗大使馆附近，造成至少 16 人死亡，其中包括 2 名美军士兵，另有 29 人受伤。

*当日下午 1 点 50 左右，印度马哈拉施特拉邦（省府为金融中心孟买）西部城市马勒岗连续发生 3 起强烈爆炸，迄今已造成 32 人死亡，290

多人受伤。

9月9日 巴基斯坦铁道部宣布，将花费1.65亿卢比（约合275万美元）进行中巴铁路项目（从巴基斯坦西北边境省的赫韦利扬到中巴边境）的可行性研究。

9月10日 印度和印尼两国海军在安达曼海进行为期3周的联合巡逻，以打击海盗、走私和其他跨国犯罪。在此过程中，两国还将开展联合军演，以提高两国海军的“协同作战能力”。

9月11—13日 印度总理曼莫汉·辛格对巴西进行访问，并参加在此召开的“印度—巴西—南非”三国集团首届峰会。印总理在峰会上表示，印度非常高兴巴西和南非对印度开展国际民用核能合作努力的支持。印度商务部长卡迈勒·纳塔认为，印度、巴西和南非3国的合作将标志着“新的贸易地理”的诞生。2005年，3国间的贸易额为77亿美元。

9月12日 巴基斯坦总统穆沙拉夫在布鲁塞尔表示，经过几年重组，塔利班武装已发展成比“基地”组织更危险的恐怖势力。

9月16日 在参加第14届不结盟运动领导人会议时，印度总理辛格和巴基斯坦总统穆沙拉夫举行会谈，并联合发表了《哈瓦那宣言》，表示将成立印巴联合反恐机制。此次峰会使得因今年“7·11”孟买恐怖袭击案而中断的印巴“全面对话”进程得以恢复。更为重要的是，辛格总理第一次作为印政府领导人坚持将巴政府与恐怖分子脱钩。

*4000名联军士兵和3000名阿政府军警当日上午在阿东部和中部的帕克提卡、霍斯特、加兹尼、帕克蒂亚和卢格尔5省发动“山地狂怒”行动，以“不仅要打垮这些地区的塔利班极端分子，还要为当地经济发展创造条件”。

9月19—25日 孟加拉国的官员说，19日晚突袭孟加拉湾地区的暴风雨造成了重大灾情，导致500余艘渔船沉没，105人死亡，包括一名海军军官在内的2000多人失踪，并造成孟加拉国和印度大约37.5万人无家可归。

9月22日 巴基斯坦总统穆沙拉夫在乔治·华盛顿大学发表演讲，希望印巴对话能够上升到“首脑”级别，并称不会允许恐怖主义影响印巴对话进程。美国总统布什在白宫会见穆沙拉夫，双方就两国在经贸、教育、国际反恐等诸多领域的合作，以及巴印关系等共同关心的问题交换了意见。

9月24日 由于输电系统出现技术故障，巴基斯坦发生全国大停电，数百万人无电可用，这也是巴基斯坦近5年来遭遇的最严重供电事故。

9月25日 印度国防部长普拉纳布·慕克吉在哈佛大学发表演讲，称巴基斯坦是“全球恐怖主义的滋生地”。此前，印度总理辛格认为两国商议中的反恐机制是巴基斯坦证明其反恐立场的最后机会，而巴基斯坦总统穆沙拉夫表示印度也应承当相应责任。

＊世界经济论坛发表了《2006—2007 年全球竞争力报告》，印度列第 43 位，位列南亚各国之首。

＊巴基斯坦总统穆沙拉夫的自传在纽约上市。这本名为《火线边缘》的自传披露了巴基斯坦政局、国际反恐战争以及印巴关系等诸多内幕。

9 月 26—27 日　美国总统布什 26 日在白宫会见阿富汗总统卡尔扎伊。双方着重就加强国际反恐合作、加速阿富汗战后重建以及阿富汗与巴基斯坦合作关系等共同关心的问题交换了意见。27 日，布什总统打破美外交惯例，在白宫与巴、阿总统共进晚餐，并举行三方会晤，力促双方化解矛盾，加强反恐合作。

10月

10 月 2 日　印度和南非达成了一项战略协议，印度支持南非成为改革后联合国安理会的常任理事国，而南非则支持印度在民用核技术方面的研发工作。

10 月 8—10 日　尼泊尔政府和反政府武装领导人在加德满都举行会谈，恢复了中断近 4 个月的和平进程。会谈重点是双方武器监管、国王地位和制定临时宪法等，并就在 2007 年 6 月 14 日前举行制宪会议选举达成一致意见。

10 月 9—14 日　印度总理辛格对英国和芬兰进行为期 6 天的访问。10 日辛格在"印度—英国投资峰会"上发表演讲。12 日辛格出席在芬兰首都赫尔辛基举行的"印度—欧盟峰会"。印度和欧盟还签署了《贸易与投资协定》。辛格随行人员包括印度商务和工业部长、外交部长等高级官员以及 70 人组成的商界代表团。

10 月 13 日　由于在推动贫困人口，尤其是女性贫困人口提高经济和社会地位方面的杰出贡献，孟加拉国小额贷款创始人穆罕默德·尤努斯及其创办的农村银行获得了 2006 年的诺贝尔和平奖。

10 月 14 日　印度空军和英国皇家空军在印度的瓜廖尔空军基地举行两国 43 年以来的第一次空军联合演习。

10 月 16 日　斯里兰卡海军车队遭到被怀疑来自猛虎组织的自杀式袭击，造成至少 102 名海军人员死亡，150 余人受伤，为斯迄今最为血腥的自杀性炸弹袭击。

＊斯里兰卡最高法院裁定，该国泰米尔人聚居的东方省与北方省实行分治，并宣布1987年颁布的将两省合并的总统令无效。1987年7月，为满足泰米尔人的自治要求，斯东方省与北方省合并，一些僧伽罗党派一直要求两省分治，但本应在东方省就合并问题举行的全民公决由于战乱等原因一直未能举行。

10月17日 加拿大国际合作部部长乔西·维尔纳宣布向去年遭受地震重创的巴基斯坦增加4000万加元（约合3500万美元）援助，用于重建地震灾区的供水系统、学校和医院等。

10月19日 印度外交部汇编了一份“与印度相关性国家排序表”，主要依据各国未来10年在政治、经济、战略、文化方面对印度的重要性进行排列，共涉及与印度有外交关系的114个国家。在这份“百分制”的排序中，美国和英国名列前两位，分别为92分与86分；法、日、俄均为79分；中国以77分列第六；七至十位为孟加拉国、尼泊尔、巴基斯坦和斯里兰卡，4国分值相同。

10月20日 斯里兰卡海军和美国海军陆战队举行两国间首次联合演习，此次演习不仅对斯里兰卡政府打击猛虎组织的战争具有重要意义，而且对南亚地区的战略格局也具深远影响。美国方面共有约1000人参加了演习。

＊印度和美国签署《美印农业知识倡议》，扩大两国在农业科技方面的合作，减少印度农村贫困。

10月23日 斯里兰卡自由党和统一国民党签署了谅解备忘录，以解决北部和东部地区的冲突。统一国民党主席拉尼尔·维克勒马辛哈表示，在今后的两年时间里，统一国民党将在6个关键的国家议题上支持拉贾帕克萨政府，由两党同等数量代表组成的高层委员会将监督双方谅解备忘录的执行情况，但统一国民党仍将扮演反对党角色。猛虎组织则认为两党联盟“既不是真心的，也不是长久的”。

＊印度国防部长普拉纳布·慕克吉在印度海岸警卫队（ICG）的一次大会上发表演讲，称巴基斯坦三军情报局对印度武装部队的间谍活动应该引起“高度重视”。此前，新德里特警逮捕了两名为巴基斯坦从事间谍活动的印度军官。

10月24日 孟加拉国乡村银行和中国小额信贷发展促进会在北京共同举办小额信贷国际研讨会。今年诺贝尔和平奖获得者、孟加拉国乡村银行总裁尤努斯参加了会议，中国外长李肇星在钓鱼台国宾馆会见了尤努斯。

＊北约战机对阿富汗坎大哈省潘杰瓦伊地区的楠加瓦特村展开了长达数小时的猛烈空袭。北约维和部队宣称在空袭行动中打死48名塔利班武装人员。但美国媒体报道，阿富汗当地官员表示有80—85名当地平民被

打死，其中包括很多妇女和儿童。这是塔利班政权倒台以来，外国军队在阿富汗造成的最大规模平民伤亡事件之一。

10月25日 印度总理辛格重组内阁，国防部长普拉纳布·慕克吉被任命为新任外长。慕克吉当天表示，印度应该和巴基斯坦等邻国构建“无紧张态势的”边境地区，使地区各国能够和平共处。并称印度将根据联合机制与巴基斯坦共享反恐情报，并等待巴方做出反应。

＊印度政府以“威胁国家安全”为由，取消了中国港湾建设集团对印度克拉拉邦一港口的承建竞标活动。印度共产党书记普拉卡什·卡拉特对此提出了批评。

10月27日 孟加拉国民族主义党的执政期限结束，孟总理卡莉达·齐亚发表卸任讲话。根据宪法，孟加拉国应于当日成立看守政府，由最高法院法官领导看守政府。但由于主要的反对党人民联盟和执政党民族主义党未能就看守政府首席顾问的人选K·M·哈桑达成一致意见，总统军事秘书乔杜里宣布原定于28日下午举行的看守政府首席顾问宣誓就职仪式推迟举行。

＊中国外交部长李肇星会见了来华参加中国—巴基斯坦第二次战略对话的巴基斯坦外交秘书里亚兹。双方高度评价了中巴友好关系，表示愿共同努力，不断巩固中巴全天候友谊，深化两国全方位合作。

10月27—29日 孟加拉国两大政党孟民族主义党和人民联盟的支持者爆发大规模冲突，造成8人死亡，数千人受伤。29日，孟总统亚杰丁·艾哈迈德宣誓为看守政府首席顾问，但执政党和反对党的街头冲突仍旧继续。人民联盟及其盟党未出席宣誓仪式，但后来有条件的接受了艾哈迈德总统领导看守政府。

10月28—29日 斯里兰卡政府和猛虎组织在日内瓦国际会议中心举行谈判，谈判最后无果而终。

10月29日 英国王储查尔斯及其夫人卡米拉当日晚间抵达巴基斯坦，开始为期5天的正式访问。

10月30日 巴基斯坦安全部队凌晨对巴西北与阿富汗接壤的巴焦尔的一所宗教学校进行空袭，至少打死80名武装分子。

11月

11月2日 中国政府援建的阿富汗共和国医院新主楼工程奠基仪式在喀布尔举行。阿富汗共和国医院位于首都喀布尔市中心，即将动工兴建的主楼设计楼高10层，由中国中铁十四局集团公司承建，工期预计为18个月。竣工后，中国政府还将捐赠相应的配套医疗设备和设施。届时，该医院将成为阿富汗条件最好的医院之一。

11月2—8日 匈牙利外长金加·根茨对印度和巴基斯坦进行访问，主要讨论双边的政经关系。金加·根茨于6日访问巴基斯坦，是首位访巴的匈牙利外长。

11月5日 巴基斯坦外交部长卡苏里发表声明说，为阻止藏匿在巴境内的武装人员渗透到阿富汗，巴方有意在巴阿边界修建隔离带。卡苏里在与荷兰外交大臣博特在伊斯兰堡会谈后发表的声明中表示，巴基斯坦与阿富汗安全部队应联合监控边境地区，阻止武装人员的活动。

11月8日 巴基斯坦军方发言人证实，西北边境省首府白沙瓦以北约90公里处的一所军事基地遭到自杀式爆炸袭击，42名士兵丧生，另有20人受伤。这是塔利班武装针对10月30日巴军空袭巴焦尔一宗教学校的血腥报复行动。

＊尼泊尔政府和反政府武装尼共（毛派）凌晨最终就未来武器管理、临时政府与司法机构组建、制宪会议选举以及国王未来地位等一系列双方最关心的重大问题达成双方均能接受的解决方案。根据协议，尼共（毛派）同意在联合国监督下实现“武器入库”、“人枪分离”；尼共（毛派）将在临时议会占73个席位，仅比第一大党尼大会党少两席，与尼第二大党尼共（联合马列）平起平坐。这份协议将反政府武装正式纳入政治主流，至少在文字上标志着长达10年的政治叛乱正式结束。

11月12日 孟加拉国14党联盟开始举行无限期封锁活动，警方逮捕了1000多人，这是孟加拉历史上第一次针对看守政府举行的示威活动。14党联盟还要求总统艾哈迈德辞去看守政府首席顾问职务，重新任命无党派人士担任该职。

11月14日 印度外长普拉纳布·慕克吉表示，“阿鲁纳恰尔邦是印度的一部分”，“阿鲁纳恰尔邦”（这是中印边界东段争议集中地带，中国政府从未予以承认—编者）首席部长辛赫甚至要求中国召回驻印大使。此前，中国驻印度大使孙玉玺向媒体表示：“从我们的立场看，整个阿鲁纳恰尔都是中国的领土，达旺只是其中的一部分。”

＊根据世贸组织《2006世界贸易报告》，印度成为第6大服务出口大国，但在总商品出口排名中只位列第20名。

11月14—15日 印度外交秘书商卡尔·梅农和巴基斯坦外交秘书里亚兹·穆罕默德·汗在新德里举行会谈，双方就共建反恐信息共享和防止核冲突机制达成共识。双方一致同意，每季度举行一次陆军司令会议。这是今年7月孟买发生连环爆炸案以来，两国首次举行外秘级会谈。

11月15日 巴基斯坦国民议会（议会下院）通过了旨在对现行伊斯兰法有关强奸和通奸等条款进行修正的《妇女保护法》。该法案的通过将有利于保护妇女权益。

11月16日 巴军方当天成功试射了一枚可携带核弹头的“哈特夫－5”型中程弹道导弹。巴军方发表的声明说，这枚射程为1300公里的导弹准确地击中了目标。

11月16—19日 阿富汗总统卡尔扎伊对印度进行为期4天的访问。17日，卡尔扎伊会见了印度总理曼莫汉·辛格，就双边和地区事务进行讨论。18日，卡尔扎伊和辛格共同主持“第二届阿富汗地区经济合作会议”的开幕式。

11月17日 美国参议院以85票对12票的优势通过了印美民用核协议，否决了5个针对民用核协议的修正案。

＊巴基斯坦参谋长联席会议主席伊赫桑·哈克将军造访北约总部，与北约官员就阿富汗问题和加强双方军事合作进行了讨论。哈克将军是首位访问北约总部的巴军方高级官员。巴基斯坦与北约间的合作近来不断加强。作为其中的一部分，北约目前还在帮助培训巴军官。

＊印度与伊朗就天然气供应问题举行会谈，伊朗同意从2009年开始向印度供应25年的液化天然气，但双方在价格问题上仍存分歧。

＊俄罗斯外长谢尔盖·拉夫罗夫和印度外长普拉纳布·慕克吉在新德里的记者招待会上表示，两国都认为应该通过谈判解决伊朗核问题。

11月19日 印度在奥里萨邦军事基地成功试射了一枚可携带核弹头的“大地－2”号短程地对地导弹。

＊巴基斯坦总统穆沙拉夫在巴东部名城拉合尔与英国首相布莱尔就情报合作、打击塔利班等问题进行了会谈，之后双方发表了联合宣言，表示双方将紧密合作，打击恐怖主义和宗教极端主义。双方同意加强两国政府间的对话，并通过两国内政部组建联合工作组，加强在打击贩毒、恐怖主义、非法移民和有组织跨国犯罪方面的合作。穆沙拉夫与布莱尔签订了一项发展协议，英国同意为巴基斯坦缉毒部队提供2架直升机。

11月20日 英国首相布莱尔对阿富汗进行了为期1天的短暂访问。他在与阿富汗总统卡尔扎伊举行会谈时，重申英国将坚定地支持卡尔扎伊政府为维护国家稳定和战后重建所作的努力。

11月20—23日 中国国家主席胡锦涛对印度进行国事访问，这是中国国家元首10年来首次访印，也是中印建立战略合作伙伴关系后中国国家元首首次访印。访问期间，胡锦涛同印度领导人就进一步发展两国战略合作伙伴关系和共同关心的国际和地区问题深入交换意见。胡锦涛是在结束对老挝的访问后抵达印度的。胡锦涛会见了印度总理曼莫汉·辛格、国大党主席索尼娅·甘地、总统卡拉姆、副总统兼联邦院议长谢卡瓦特、人民院议长查特吉，以及一些左派政党领导人。两国签署了13项合作备忘录，并发表了《联合宣言》，但没有签署自由贸易协议。

11月21日 尼泊尔七党联盟政府与毛派武装在首都加德满都比兰德拉国际会议中心正式签署和平协议，宣告结束近11年的内战。谈判双方对尼泊尔的未来充满信心，包括中国在内的国际社会对此表示欢迎。自1996年2月以来，尼泊尔内战共造成1.3万人死亡。

11月21—26日 应尼泊尔大会党等执政七党联盟的邀请，中联部副部长、中国国际交流协会顾问刘洪才率中共友好代表团对尼泊尔进行为期5天的友好访问。

11月23—26日 中国国家主席胡锦涛对巴基斯坦进行国事访问，以推动中巴关系进一步发展。访问期间，胡锦涛主席分别会见了巴基斯坦总统穆沙拉夫、总理阿齐兹、参议院主席苏姆罗和国民议会议长侯赛因及巴基斯坦工商界和友好团体代表。24日，两国签署了《中华人民共和国政府和巴基斯坦伊斯兰共和国政府自由贸易协定》，25日双方发表了联合声明。胡锦涛对巴基斯坦进行的国事访问，是中国国家主席10年来首次访巴，也是对穆沙拉夫总统2006年三度访华的回访。

11月27日 斯里兰卡猛虎组织领导人普拉帕卡兰在“猛虎英烈日”发表讲话，对泰米尔民族问题长期得不到解决表示强烈不满，指责政府玩弄战争与谈判结合的把戏，认为挪威和平特使未能带来和平，表示这将迫使猛虎组织为建立独立的“伊拉姆”而斗争。普拉帕卡兰的讲话使斯安全形势更加不容乐观。

＊印度在东部奥里萨邦用“大地－2”号导弹成功地进行了一次导弹拦截试验，这是印度首次进行类似试验。印度认为这是其导弹防御领域的一个重要里程碑。

＊印度外交部长普拉纳布·慕克吉在新德里与到印度进行私人访问的巴基斯坦外交部长卡苏里举行了非正式会谈。双方表示，鉴于印巴关系的重要性，两国需要推进互信。这是普拉纳布·慕克吉出任印度外长后，印巴外长的首次会谈。

＊巴基斯坦军方发表声明说，巴基斯坦陆军和沙特阿拉伯皇家地面部队当天在巴东部旁遮普省巴哈瓦尔布尔开始举行代号为“利剑2号”的联合军事演习。此次军演为期3周。

11月28日 尼泊尔执政联盟和尼共（毛派）在联合国官员的监督下，于当晚签署了有关武器武装管理和监控的协定。协定包括武器管理协议、武器管理阶段、管理报告与确认程序、反政府武装的集结、武装人员监控、协议实施和联合国职责等7大部分。尼共（毛派）武装将集结在7

个不同的营地和21个附属营地，政府军也被限制在兵营内。联合国将监管双方武器与军事人员和2007年尼制宪会议的选举事宜。

＊斯里兰卡猛虎组织正式宣布，终止2002年2月达成的“停火协定”，重新开展“独立战争”。

11月29日—12月2日 斯里兰卡总理维克勒马纳亚克对柬埔寨进行为期4天的访问，这是斯里兰卡总理近40年来首次访柬。柬埔寨总理洪森表示，柬政府决不会向猛虎组织提供武器。

12月

12月1日 斯里兰卡首都科伦坡发生一起自杀性炸弹袭击事件，造成2人死亡，包括国防部常务秘书格沙巴亚·拉贾帕克萨在内至少14人受伤。格沙巴亚·拉贾帕克萨是斯总统马欣达·拉贾帕克萨的弟弟。

12月2日 孟加拉最大的商品展，一年一度的“达卡国际贸易展览会”开幕。受政局影响，今年仅7家外商报名参展，为历年最低。

＊中国中铁十四局集团公司在阿富汗北部巴德吉斯省的工地2日夜遭不明身份武装分子袭击，中方无人员伤亡。这是自两年前“6·10”事件以来针对中国在阿企业的最严重袭击事件。

12月4日 新加坡港务国际公司（PSAI）联合巴基斯坦AKD证券公司在当天进行的瓜达尔港运营商招标中胜出，被瓜达尔港务执行局（GPIA）选定为瓜达尔港运营商，有关经营意向书已提交联邦港口运输部等待最后的审批。

12月5日 巴基斯坦总统穆沙拉夫首次宣布，如果印度同意他提出的4点方案，巴基斯坦将准备放弃对克什米尔的主权要求。穆沙拉夫有关解决克什米尔争端的4点建议是：克什米尔现行分界线不变，但人员可以自由出入；克什米尔建立自治政府或自治区，但不能独立；巴基斯坦和印度从克什米尔分阶段撤军；印度、巴基斯坦和克什米尔派员在克什米尔建立监督机制。

12月6日 斯里兰卡政府通过了《预防和禁止恐怖主义及特定恐怖行为措施》的规定。根据规定，任何危及斯里兰卡主权和领土完整的行为都将被定性为恐怖行为。

12月9日 美国参议院通过了《2006年亨利·J·海德美印和平利用核能合作法案》，同意向印度出售民用核燃料和核技术，该法案前一天已在众议院获得通过。美国政府表示美将履行两国于2005年7月18日和

2006年3月2日达成的民用核协议的所有承诺。但印度人民党要求印政府拒绝美国国会通过的《2006年亨利·J·海德美印和平利用核能合作法案》，认为最终的法案包含羞辱性条件。

* 孟加拉总统兼看守政府首席顾问艾哈迈德命令军队进驻首都达卡和一些重要城市，以避免该国示威游行的扩大化。达卡警方也发布禁令，禁止在总统府周围举行任何形式的集会游行。

12月10日 斯里兰卡军队和猛虎组织在拜蒂克洛地区发生激烈交火，导致24名政府军士兵死亡，69人受伤，猛虎组织方面有40人死亡。自猛虎组织领导人普拉帕卡兰在11月27日“猛虎英烈日”发表讲话以来，斯政府军与猛虎组织之间的交战呈现升级态势。

12月11日 联合国开发计划署（UNDP）授予孟加拉国妇女组织“永不屈服的妇女委员会”（Durjoy Nari Shongo）“2006年红丝带奖”，以表彰该组织在防止艾滋病扩散方面所做的努力。乌克兰、泰国、津巴布韦和赞比亚4国的组织也获得了此一奖项。

12月11日—18日 中国与巴基斯坦联合举行“友谊-2006”中巴联合反恐军事演习。军演的目的是进一步巩固和深化中巴两国、两军友好合作关系，加强军事互信，交流山地反恐作战经验，提高两军联合反恐作战能力。本次演习选在巴基斯坦北部的阿伯塔巴德地区举行。

12月13—16日 印度总理辛格对日本进行为期4天的访问，双方一致同意从2007年开始就缔结经济合作协定（EPA）举行谈判，双方还表示将两国“全球伙伴关系”提升为“全球战略伙伴关系”。

12月14日 印度按照法国与西班牙的“鲉鱼”级（Scorpene）潜艇设计方案自行建造的首艘潜艇在孟买“马扎冈”造船厂举行下水仪式。印度海军将建造6艘总价值达24亿美元的“鲉鱼”级潜艇。

* 孟加拉高级法院判处孟民族党主席H·M·艾尔沙德两年监禁。艾尔沙德表示将向最高法院提起上诉，如果最高法院维持原判的话，艾尔沙德将失去2007年1月举行的大选的参选资格。

* 斯里兰卡猛虎组织的理论家和政治顾问安东·巴拉辛哈姆在伦敦逝世，享年68岁。更重要的是，巴拉辛哈姆还是猛虎组织的“对外窗户”与谈判高手。他在西方世界拥有四通八达的工作关系网，与挪威当局关系密切，谈判技巧高超，且对欧美思维与政治现实均有准确认知，他的去世对猛虎组织的国际活动是个沉重打击。

* 尼泊尔政府通过了新国徽。新国徽大致呈圆形，国徽中部底图是珠穆朗玛峰，峰顶是尼泊尔国旗，峰底依次是丘陵和平原。地貌底图上面是尼泊尔地图和男女握手图样。图案两边环绕着尼泊尔国花杜鹃，花束下方有稻穗图案。底部基座是弧形带，上面用梵语写着“母亲与祖国重于

苍天”。

＊不丹国王吉格梅·辛格·旺楚克突然宣布立即逊位，并将王位传给长子吉格梅·凯萨尔·旺楚克王储，这比原计划提前一年。26 岁的凯萨尔将成为自 1907 年不丹王室获得政权以来的第 5 个不丹国王。

12 月 16 日 尼泊尔执政联盟与尼共（毛派）就临时宪法草案达成一致。临时宪法草案包括 26 条 169 款。根据草案，国王地位问题将由 2007 年 6 月举行的制宪会议选举后的第一次全体会议决定。在过渡期内，尼首相柯伊拉腊将负责行使国家元首的所有职权。

12 月 18 日 美国总统布什签署了《海德美印和平利用核能合作法案》。同一天，印度议会就此问题举行激烈辩论。一些印度议员认为该协定约束了印度核战略的发展，是不公平的。根据协议，美国将向印度出售核燃料和核技术用于民用目的，印度则把民用核设施和军事核设施分离，同时将 14 个民用核设施置于国际原子能机构的监督之下。此外，这份核合作法案希望印度接受“永久停止核试验，停止核武器用裂变材料及核弹头的生产，并最终消除它们”。这一表述虽非硬性规定，但招致印度核科学家与反对党的尖锐批判，认为“有太多的不扩散方面的要求”，“与美国对伊朗政策存在相似性”，有损印度国家利益。印外长 19 日在议会辩论中表示，印政府没有义务对美履行 2005 年 7 月 28 日和 2006 年 3 月 2 日印美核协定之外的所有承诺。

＊孟加拉选举委员会宣布，因 2007 年 1 月 23 日是印度教传统节日，大选日期调为 22 日。此前 12 月 7 日，孟选举委员会曾将大选日期从 1 月 21 日推迟到 1 月 23 日，以确保所有政党都能参加大选。

12 月 21 日 孟加拉国人民联盟竞选大联盟在全国举行罢市，并同负责维持治安的警察和军队发生冲突，造成 100 多人受伤。这是孟自上世纪 90 年代初建立民主政制以来，首次出动军队处理政治示威事件。政府的这一行动引起了争议，许多政治家呼吁慎用军队。

＊斯里兰卡北方—东方省省长莫汉·维杰维克勒马表示，目前合并管理的东方省和北方省从 2007 年起将重新分开管理。莫汉·维杰维克勒马已被任命为东方省省长，总统拉贾帕克萨还将任命一位北方省省长。东方省与北方省是斯里兰卡泰米尔人的聚居区，1987 年合并，但斯最高法院 2006 年 10 月裁定贾亚瓦德纳总统当时颁布的合并命令未得到议会批准，因此两省应该恢复分开管理状态。猛虎组织坚决反对将两省分开管理。

12 月 25 日 印美两国签署了一份有关油气资源合作协定。根据协定，双方将在炭氢化合物领域进行“合理平衡”的信息交流和市场信息数据交换。

＊印度水力资源部官员表示，印度东北“阿鲁纳恰尔邦”水力发电厂

工程“罗希河谷发电厂”将交由日本兴建。罗希河谷的上游是雅鲁藏布江，发电厂建成后将成为“阿鲁纳恰尔邦”乃至印度整个东北地区的主要电力供应中心。

12 月 26 日 中共中央对外联络部部长王家瑞在北京会见了印度国大党书记、旅游文化部长安比卡·索妮。王家瑞表示，中国共产党与印度国大党有着长期的友好交往，我们愿进一步加强两国执政党之间的交流与合作。安比卡·索妮说，印方正在积极落实印中两国领导人达成的重要共识，并将为办好明年的“印中友好旅游年”，推进印中旅游和文化交流做出最大努力。

* 巴基斯坦外交秘书里亚兹·穆罕默德·汗在伊斯兰堡宣布，巴决定沿阿富汗边界有选择地修建隔离带并埋设地雷，以防止好战分子从阿富汗进入巴基斯坦从事武装行动。阿富汗方面随即对这项措施表示强烈反对，指责布雷修墙是不切实际的措施，而非反恐急需。

12 月 30 日 至少 35 名斯里兰卡猛虎组织成员被该组织的分离派别卡鲁纳武装打死，另有 25 人受伤。2004 年 3 月，原猛虎组织东部地区首领卡鲁纳脱离猛虎组织主流派别，之后双方不断发生冲突。

中亚大事记

1月

1月1日　哈萨克斯坦国家统计委员会公布哈人口增长情况。截止2006年1月1日，哈人口数量为1521.77万，其中城市人口874.41万，农村647.36万。人口增长中85%是自然增长，15%是移民。2005年哈自然增长人口120779人（2004年为119646人），自然增长率为8‰，与2004年持平。

1月11日　哈萨克斯坦总统纳扎尔巴耶夫在首都阿斯塔纳宣誓就职，来自70多个国家和组织的代表出席了就职仪式。在2005年12月4日举行的总统选举中，纳扎尔巴耶夫以91.01%的得票率再次蝉联总统职位。

1月12日　俄罗斯总统普京访问哈萨克斯坦。两国元首就双方在能源、宇航、投资和军事等领域合作的进展情况交换了意见，并签署了两国边界协议、建立欧亚发展银行协定等文件。双方共同出资15亿美元（俄10亿美元，哈5亿美元）建立欧亚发展银行，以推动两国经济合作以及独联体国家一体化进程。纳扎尔巴耶夫表示，2005年两国双边贸易额突破了100亿美元，比2004年增长近35%。

1月18日　哈萨克斯坦总统纳扎尔巴耶夫在议会上下院联席会议上推荐代总理艾哈迈托夫为新政府总理人选，卡里姆·马西莫夫为副总理人选。上院76名议员实到73名，下院39名议员实到37名，以超过半数的结果通过了上述人选。

1月23日　哈萨克斯坦总统纳扎尔巴耶夫签署命令，更换哈萨克斯坦国歌的乐曲和歌词。哈一直沿用前苏联国歌，歌词在1991年哈独立后修改。根据哈总统令，哈议会1月6日通过决议更换国歌，使用新国歌“我的哈萨克斯坦”。这首歌曲在哈民众中十分普及，纳扎尔巴耶夫是新国歌的词作者之一。

1月25日 欧亚经济共同体在俄罗斯圣彼得堡召开元首非例行会议，与会者签署了包括接纳乌兹别克斯坦为该组织成员国的系列议定书。该组织由俄罗斯、白俄罗斯、哈萨克斯坦、吉尔吉斯斯坦、塔吉克斯坦5国组成。俄总统普京在会后的记者招待会上说，乌加入欧亚经济共同体是此次会议的最大成果。

1月26日 土库曼斯坦国家统计部门公布，2005年土开采了630亿立方米天然气和952.2万吨石油。天然气产量比2004年（586亿）增加了8%，石油产量比2004年（960万吨）减少了0.8%；天然气出口量为452亿立方米，比2004年（420亿）增加了8%。根据2005年底签订的合同，2006年土库曼斯坦计划向俄罗斯、乌克兰及伊朗分别供应300亿、400亿和80亿立方米天然气。2005年土库曼巴什和谢伊达炼油厂共加工了687.45万吨石油，比2004年（671.8万吨）增加了2%。汽油产量与2004年的167.76万吨持平。

1月27日 吉尔吉斯斯坦司法部开始对由国外资助的非政府组织的活动展开详细调查。吉司法部认为，恐怖主义和极端主义势力很可能会借助一些非政府组织的掩护从事危害吉安全与稳定的活动。

2月

2月8日 土库曼斯坦独立后建设的第三条铁路——阿什哈巴德—卡拉库姆—达绍古兹铁路南北段成功对接。该铁路全长540公里，跨越卡拉库姆沙漠，历时6年建成。铁路建成后，自首都阿什哈巴德至北部城市达绍古兹的乘车时间只需12小时，比原来缩短一半以上。

* 麻醉品监督领域相互谅解与合作备忘录签字国外长会议在乌兹别克斯坦首都塔什干举行。会议决定在哈萨克斯坦最大城市阿拉木图建立中亚地区禁毒信息协调中心，以便进一步加强中亚国家在打击毒品生产和贩运方面的合作。1996年5月，中亚5国及联合国毒品与犯罪问题办公室共同签署了关于对非法生产、贩运和滥用麻醉药品和精神药物进行监督的相互谅解与合作备忘录。此后，俄罗斯和阿塞拜疆也签署了该文件。

2月13日 哈萨克斯坦反对派政治家萨尔森巴耶夫在阿拉木图市近郊的公路上遭枪击身亡。警方表示，除萨外他的司机和保镖也遭枪杀。哈政府成立了由内务部副部长卡瑟莫夫领导的专门调查组，负责对这起枪杀事件展开调查。

2月15日 俄罗斯空军总司令米哈伊洛夫大将说，俄将把驻吉尔吉斯斯坦坎特空军基地的军人数量从目前的135人增至260人，并将部署飞机的数量增加近2倍。此外，俄还将投入大量资金用于扩建坎特空军基地的基础设施和改善驻军的居住条件。

2月22日 哈萨克斯坦国家安全委员会主席杜特巴耶夫因萨尔森巴耶夫遇害案辞职。由于萨尔森巴耶夫之死与隶属国家安全委员会的“阿雷斯坦”（雄狮）特种部队的成员有关，被逮捕的6名嫌疑人中有5名是国安委“阿雷斯坦”特种部队成员。杜自2001年起担任国家安全委员会主席。

2月27日 吉尔吉斯斯坦议会议长捷克巴耶夫辞职。捷于2005年4月当选吉议会议长。2006年以来，吉总统和议会矛盾公开化，议会主张实行议会制政体，以限制总统权力。总统巴基耶夫对议会提出强烈批评，引起捷不满。从2月初开始，捷3次向议会提出辞职申请。

3月

3月1日 哈萨克斯坦总统纳扎尔巴耶夫发表国情咨文，阐述哈跻身世界最具竞争力50强国家之列的战略。咨文说明了未来5年的发展思路和内外政策走向。包括建设现代化的、具有竞争力的开放市场经济；自由、开放和民主的社会；作为国际社会享有平等权力和有责任感的一员；参与地区和世界经济一体化等。

3月2日 苏尔塔诺夫当选吉尔吉斯斯坦议会议长。苏现年46岁，1998—1999年任吉财政部长，2005年12月当选为吉议会宪法委员会主席。

＊哈萨克斯坦议会上院举行全体会议，选举沙布达尔巴耶夫为哈国家安全委员会主席。总统纳扎尔巴耶夫当天签署了任命书。现年55岁的沙布达尔巴耶夫曾就读于哈体育学院、原苏联克格勃高等学校和阿拉木图国立阿拜大学，曾领导过隶属哈国家安全委员会的“阿雷斯坦”（雄师）特种部队，自2002年1月起担任哈总统卫队队长。

3月4日 乌兹别克斯坦国家统计委员会公布乌人口增长情况。截止2006年1月1日，乌人口为2602.1万，同比增长1.2%（31.4万人），城市人口从938.1万增加到944.1万，农村人口从1632.6万增加到1657.9万。乌人口总数在独联体排第3位，在俄罗斯和乌克兰之后，世界排名第24。人口出生率18.5‰，在独联体内排在塔吉克斯坦之后。

3月20日 乌兹别克斯坦政府要求联合国难民署人员限期离境。2005年5月，乌发生安集延骚乱，联合国难民署帮助大批乌公民进入吉尔吉斯斯坦避难，又将其中的439人转移到罗马尼亚。乌政府认为，转移的难民中有不少涉嫌参与骚乱的"歹徒和恐怖分子"，联合国难民署此举是对乌内政的粗暴干预。

3月24—26日 土库曼斯坦与乌克兰就乌方偿还拖欠土方的2003—2005年输乌天然气债务问题展开磋商，并签订了2003—2005年输乌天然气债务结算协议。乌方确认在上述3年中共拖欠土方天然气债务1.696亿美元。其中现汇支付部分拖欠4680万美元，易货支付部分拖欠1.228亿美元。经协商，土方同意乌方以现汇支付6060万美元，以供应商品支付2770万美元，乌方还将提供价值为5830万美元的管材等其他商品冲抵欠债。乌方保证于今年8月10日前付清以商品支付的欠债。

3月29日 韩国国家石油公司、韩国煤气公司与乌兹别克斯坦国家石油天然气公司签署了一份谅解备忘录，韩方将获取乌方2块油田和2块天然气田的独家开发权。根据协议，韩国国家石油公司将与乌国家石油天然气公司合作对乌东部的两块油田进行为期6个月的初步勘探。据评估，这两块油田分别拥有3.85亿和4.35亿桶的石油储量。将由韩国煤气公司开发的两块天然气田中，一块已被证实拥有8400万吨液化天然气的储量，另一块则拥有约1.91亿吨储量。

4月

4月3—5日 哈萨克斯坦总统纳扎尔巴耶夫对俄罗斯进行为期3天的正式访问，这是纳蝉联总统后首次正式出访。访问期间两国元首就进一步加强两国战略伙伴关系进行了深入会谈，双方表示将全面推动俄哈能源、航天、军事及地区合作。2005年俄哈双边贸易额达到100亿美元，双方表示争取在短期内实现年贸易额200亿美元的目标。两国领导人表示将共同开发里海地区的石油和天然气资源，并将里海石油运输管道的输送量从目前的每年2800万吨提高到6700万吨。

4月7日 欧盟前任、现任和下任轮值主席国英国、奥地利和芬兰与中亚国家外长会议在哈萨克斯坦首都阿斯塔纳举行。哈外长托卡耶夫说，哈政府呼吁中亚国家与欧盟在反毒、边境防御以及打击恐怖主义、极端主义方面扩大合作。

4月11日 土库曼斯坦与伊朗在阿什哈巴德签订了天然气出口协议。

其中规定，土向伊供气价格为65美元/千立方米，2007年向伊供气量将增加到140亿立方米。伊方代表团团长、伊朗国家天然气公司总经理顾问穆哈麦德·莫扎拉特表示，随着备忘录的签订，土、伊在具有战略意义的天然气领域及其他领域的合作将顺利进行。

4月19日 吉尔吉斯斯坦总统巴基耶夫警告美国，如果在2006年6月1日之前不能完成基地问题谈判，吉将保留终止2001年12月4日吉美双方签署的军事基地租借协议的权利。吉自2005年夏天开始就提高基地租金问题与美方举行谈判，要求美方将租金提高到每年2.07亿美元。吉当局称，尽管美从2001年驻扎后共支付了6000万美元，但大部分钱款都已被与前总统阿卡耶夫家族有关的企业拿走。

4月21日 乌兹别克斯坦向俄罗斯归还了一批含有高浓缩铀的核废料，其中所含的铀足以用来制造两颗原子弹。这是苏联解体以来乌首次向俄归还高浓缩铀核废料。有关人员在国际原子能机构监督下，从乌核物理研究所的研究型核反应堆中取出63公斤高浓缩铀，分4批送往俄境内的马亚克核电厂。在那里将对这批核废料进行处理，使之无法用于制造核武器。

4月24日 吉尔吉斯斯坦国家安全局在哈萨克斯坦和吉尔吉斯斯坦边境逮捕了吉前总统阿卡耶夫的女儿别尔梅特·阿卡耶娃，当时阿卡耶娃正准备进入吉。根据吉相关法律规定，阿卡耶娃必须出庭接受涉及其丈夫阿季里·托伊贡巴耶夫和哥哥艾达尔·阿卡耶夫刑事案件的调查询问。

4月28日 乌兹别克斯坦最高法院宣布，“美国律师协会”驻乌代表处因违反乌法律被勒令关闭。“美国律师协会”是美非政府组织，总部设在华盛顿。该组织于1995年在乌设立代表处，主要目的是建立一个由乌兹别克斯坦、塔吉克斯坦和吉尔吉斯斯坦3个国家的30多个非政府组织组成的跨国组织，取名为“费尔干纳盆地社会利益保卫者网络”。

4月29日 吉尔吉斯斯坦反对派在首都比什凯克组织大规模反政府集会，反对派联合了20多个政党和非政府组织结成“支持改革”联盟，集会的主要组织者是吉前议长捷克巴耶夫。集会聚集了约1万多名来自吉各州的群众，抗议国家官员参与经济犯罪，并要求总统进行宪法改革。吉政府派出约5000名警力维持现场秩序。

5月

5月5—6日 美国副总统切尼访问哈萨克斯坦，与总统纳扎尔巴耶夫举行了会谈。切尼表示，哈是美国在中亚地区的重要战略伙伴，美将与哈在反恐、维护地区安全及能源领域扩大合作。美对哈独立以来在政治和经济领域取得的成就表示赞赏，美将继续支持哈的民主改革。哈美双方签署了一系列合作协议，包括哈能源和矿产资源部与美国防部就拆除哈境内大规模杀伤性武器基础设施协议的修改协议、哈财政部与美能源部在防止核材料非法转移领域合作的协议、关于两国政府在哈美经济合作框架内的谅解备忘录等。访问期间，切尼还会见了拜缅诺夫、图亚克拜等反对派领袖。

5月10日 吉尔吉斯斯坦议员雷斯佩克·阿克马特巴耶夫在首都比什凯克郊区一座清真寺外遭3名蒙面枪手伏击身亡。2006年4月阿当选议员，但因被指控犯有谋杀罪，吉中央选举委员会拒绝承认其议员地位。阿曾因组建黑帮和非法拥有武器两度入狱，最近他因涉嫌3起谋杀案接受法庭调查。其弟特内奇别克·阿克马特巴耶夫也是议员，2005年遇刺身亡。

5月12—13日 吉尔吉斯斯坦和塔吉克斯坦边境地区发生武装分子袭击边检人员事件。6名身份不明的武装分子从塔吉克斯坦越境袭击了吉境内巴特肯州的边防哨所，打死吉方两名边防士兵和一名海关人员，一名武装分子被吉边防军当场打死，随后武装分子向乌兹别克斯坦的索赫地区逃窜。塔内务部副部长拉希莫夫12日赶往吉边防哨所，确认其中一名武装分子为塔警方追捕的犯罪组织头目。13日，吉总统新闻局宣布，6名武装分子中5人被击毙，一人被俘。

5月15—17日 “中亚和南亚毒品与安全问题”工作组第二次会议在塔吉克斯坦首都杜尚别举行，会议就遏制阿富汗毒品扩散、扩大国际社会禁毒合作和加强塔吉克斯坦与阿富汗边境防御等问题进行讨论。来自20多个国家的70多名代表参加会议。塔总统拉赫莫诺夫在会议上说，2006年第一季度从阿富汗流入塔境内的毒品数量比去年同期增长26%，塔最近10年来共收缴毒品60多吨，其中一半以上是海洛因。目前，塔每年缴获的毒品量居世界第四位、独联体国家第一位。从2000—2005年，塔每年抓获的贩毒人数从1800人降至400人，吸毒者从2.9万人降至6000人。据塔官方统计，2005年塔边境地区共缴获毒品4.6吨。

5月21日 哈萨克斯坦总统纳扎尔巴耶夫抵达俄罗斯黑海城市索契与俄总统普京举行非正式会面。哈俄达成协议，将联合扩大俄天然气精炼厂产能，届时奥伦堡天然气加工厂的产量将翻番，两国将分别拥有奥伦堡天然气加工厂扩充部分50%的股权。纳表示，扩大该天然气精炼厂产能的目的是使其能处理哈萨克斯坦卡拉查加纳克的天然气。

5月25日 马来西亚国家石油公司在土库曼斯坦里海大陆架1号区

块内的季亚尔别吉尔油气田所在海域超过4900米深的海下采出工业油流，每昼夜流量达到1500吨。在历经10年的勘探工作后，马来西亚国家石油公司成为继阿联酋龙油公司后第二家在土里海大陆架采出石油的外国公司。根据马来西亚国家石油公司和土政府于1996年签署的产品分成协议，采得石油价值的60%用于抵扣开采成本，剩余40%作为利润由双方平分。

5月27日 吉尔吉斯斯坦反对派联盟“支持改革”运动再次策划大规模集会，并公布了“支持改革”运动集会指挥部的决议，提出宪法改革的“十大步骤”，要求总统必须在2006年9月前向议会提交宪法改革方案，保证集会、言论自由。

5月29日 塔吉克斯坦桑格图德1号电站工程进展顺利，已完成40%的土建工程。桑格图德水电站建在距塔首都杜尚别120公里的瓦赫什河上，装机容量67万千瓦（4个机组），年发电量27亿度，设计坝高76米。该水电站2005年4月15日正式开工，计划2009年4月15日建成，预算投资4.82亿美元，塔吉克斯坦和俄罗斯分别占25%和75%的份额。

5月30日 中国华为技术公司赢得跨国移动电话运营商VimpelCom的订单，其设备将用于建设塔吉克斯坦UMTS/GSM网络。根据合同，华为将为该客户提供统一的2.5G/3G软交换核心网络设备，新的Node B以及相关业务平台。VimpelCom目前在俄罗斯、哈萨克斯坦、乌兹别克斯坦及乌克兰等国拥有5000万以上用户。

6月

6月5日 日本与哈萨克斯坦、吉尔吉斯斯坦、塔吉克斯坦和乌兹别克斯坦等中亚4国在东京召开第二届“日本—中亚外长会议”。土库曼斯坦没有派代表参加，阿富汗派观察员与会。会议草拟了一份“行动计划”，日本将为塔吉克斯坦援建一条通过阿富汗连接中亚南北地区的公路。“行动计划”表示，日本与中亚4国一致同意寻求进行“高层首脑会晤”的可能性。此外，日本与中亚4国同意在联合国改革问题上合作，中亚4国支持日本出任联合国安理会常任理事国。

6月12—14日 由美国倡导的中亚、南亚能源一体化区域能源大会——“能源无国界”在土耳其首都伊斯坦布尔举行。会议由美国贸易发展署赞助。中亚、南亚地区国家的政府及企业界代表、美国企业代表、美国进出口银行及世行、亚行、欧行等国际金融组织和一些国际投资集团的代表出席了会议。美提出了8项基础设施建设项目，计划总投资80亿美元。

6月17日 亚洲相互协作与信任措施会议（亚信会议）成员国领导人第二次会议在哈萨克斯坦阿拉木图举行。与会领导人通过了亚信会议成员国领导人第二次会议宣言。宣言强调应恪守联合国宪章的宗旨和原则，呼吁亚洲各国加强合作，共同应对非传统威胁和挑战，并在反恐、防扩散、打击跨国犯罪、禁毒、经贸、能源及交通、通信等基础设施领域加强合作，促进不同文明对话，防止地区冲突。此次峰会期间，韩国被接纳为亚信会议正式成员，成员国由此扩大到18个。亚信成员国领导人会议4年一次，首次会议于2002年6月在阿拉木图举行。

6月18日 哈萨克斯坦发射首颗卫星“哈萨克斯坦之星”，卫星由俄罗斯“质子－K”运载火箭助推器在哈境内的拜科努尔发射场发射升空。2005年1月，哈俄政府签署了关于制造和发射哈第一颗卫星的合作协议，协议规定俄方负责卫星的设计和制造，哈方提供卫星制造所需的资金和服务。卫星主要用于通信、电视转播和信息传输，服务覆盖区域包括中亚国家和俄罗斯中部的部分地区。

6月23日 乌兹别克斯坦重返独联体集体安全条约组织。在白俄罗斯首都明斯克举行的独联体集体安全条约组织首脑会议上，乌提出希望恢复其集体安全条约组织成员国资格。该组织理事会当天决定，恢复其成员国资格。独联体集体安全条约组织前身为独联体集体安全条约，于1992年5月签署，乌为最初签约国，但1999年退出。

6月27日 伊朗总统艾哈迈迪·内贾德在作为观察员国首脑参加上海合作组织峰会后，对土库曼斯坦和塔吉克斯坦进行了为期3天的访问，并与土库曼斯坦、塔吉克斯坦签署了13项经济合作协议。

6月29日 塔吉克斯坦总统拉赫莫诺夫出席美国驻塔使馆新馆舍落成仪式。拉在仪式上说，塔对两国关系的发展表示满意，并准备进一步加强同美的伙伴关系。尽管目前塔美两国经贸额还很有限，但两国关系的发展潜力巨大。塔将积极采取措施，全力推动同美国在各领域的合作。目前，美国是为塔提供援助最多的国家。据塔官方统计，2006年前5个月，美向塔提供了1860万美元的人道主义援助，占国际社会对塔援助总额的56.1%。

6月29日 亚洲开发银行向塔吉克斯坦赠款47.1万美元以帮助塔改善教育。根据援助项目内容，塔政府将负责改革教育系统，在课程设置、教科书编撰、印制及师资培训、学校建设等方面做出重点规划和政策支持，为贫困儿童尤其是女童提供受教育的条件。

7月

7月4日 哈萨克斯坦两个亲总统的政党祖国党和团结党（阿萨尔党）宣布合并。祖国党控制哈议会两院多数席位，团结党的领袖是总统纳扎尔巴耶夫的大女儿达莉加·纳扎尔巴耶娃。两党合并后称祖国党，为哈政坛第一大党，党员超过70万。纳扎尔巴耶夫宣布，亲总统力量的联合还将继续。

＊吉尔吉斯斯坦公布了3个宪法修改草案供选民讨论，为年底的全民公决做准备。3个方案分别为总统制、议会制和总统议会制。吉总统巴基耶夫说，宪法会议多数成员认为，宪法改革的首要任务是尽快确定国家采取何种体制。

7月10日 韩国LG商事公司和韩国石油公社企业联合体在哈萨克斯坦发现新油田并已完成试开采。LG商事公司称，该矿区的原油总储量保守估计在1.7亿桶以上。该联合体7月初确定该矿区蕴藏着一个原油储量达2000万桶的大型油田。试开采出的原油几乎不含杂质，且含水量在5%以下。LG商事公司表示，这个油田距地表只有500米，开采费用比一般位于地下2500—3000米的大陆架油田要少得多。联合体计划在下半年完成对上述油田的全面钻探工作，并于2007年中期投入全面开采。

7月11日 塔吉克斯坦—乌兹别克斯坦公路修复改造工程（杜尚别至恰纳克段）开工仪式在塔吉克斯坦首都杜尚别起始段举行，塔总统拉赫莫诺夫、中国驻塔大使李惠来及塔各界人士出席。拉赫莫诺夫在仪式上表示，公路对巩固民族统一、促进国家社会经济发展、扩大贸易联系以及提高人民生活水平具有极其重要的意义。塔乌公路是塔最主要的交通干线之一，并将成为未来的国际交通干线。该项目资金全部来自于中方向上海合作组织提供的9亿美元优惠出口买方信贷。

＊吉尔吉斯斯坦驱逐两名美国外交官。吉外交部声明，由于两名美国外交官多次干预吉内部事务，吉已宣布他们为“不受欢迎的人”，并已勒令其尽快离境。吉媒体称这两名外交官是美中央情报局官员，他们长期“指导并资助”吉非政府组织领导人。

7月13日 哈萨克斯坦外交部新闻局发表公报说，哈将加入“导弹及其技术控制制度”。哈认为加入该制度可以促进该国宇航事业发展，并已为加入该制度做好充分准备。“导弹及其技术控制制度”是美国等西方7个工业国于1987年建立的集团性出口控制制度，旨在防止可运载大规模杀伤性武器的导弹和无人驾驶航空飞行器及相关技术的扩散。

7月14日 吉尔吉斯斯坦与美国达成续租玛纳斯军事基地协议。美同意向吉支付“合理补偿金”，但拒绝了吉方将基地年租费提高至2亿美元的要求。美还承诺向吉提供1.5亿美元援助。吉美双方2001年12月4日签署了租用玛纳斯军事基地协议，截止2005年底美共支付了6000多万美元的租金，但吉政府以大部分租金被阿卡耶夫家族卷走为由要求美方提高租金。吉独立以来，美共提供了8.5亿美元的援助。

7月16—25日 由美国、吉尔吉斯斯坦、哈萨克斯坦、塔吉克斯坦、阿富汗和巴基斯坦军方联合举行的“地区合作－2006”反恐演习在吉尔吉斯斯坦首都比什凯克举行。此次演习是根据吉武装部队与美国中央司令部制定的双边军事合作计划进行的，其目的是使参与地区反恐合作的国家进一步加强和完善相互协作机制，以联合应对恐怖活动造成的灾难。俄罗斯和土库曼斯坦派观察员观看了演习。

7月24日 吉尔吉斯斯坦警方在打击“伊斯兰解放党”组织的活动中，打死5名“伊斯兰解放党”组织成员。该组织扬言要采取报复行动。近5年来，吉“伊斯兰解放党”组织成员增加了3倍，极端宗教主义支持者在吉国南部地区公开进行宣传活动。吉国家安全总局局长穆苏尔曼库力·塔巴尔迪耶夫称，整个吉国，特别是吉国南部地区的局势应引起高度警惕。近期，吉警察局在南部地区频繁抓获曾参与安集延事件的“阿克罗米亚”运动组织的成员。

7月25日 美国农业部部长迈克·约翰斯在哈萨克斯坦首都阿斯塔纳参加“美国对哈萨克斯坦农业投资”商业论坛时宣布，美国支持哈萨克斯坦加入世贸组织。约翰斯表示，美认为哈是中亚地区的领袖，是美的主要战略伙伴。

8月

8月3日 美国将正在美参加国际反恐斗争培训班的6名吉尔吉斯斯坦国家安全部门工作人员驱逐出境，以报复7月11日吉以干涉国家内政为由驱逐美驻吉大使馆的两名工作人员。

8月9日 美国负责南亚和中亚事务的助理国务卿理查德·鲍彻访问吉尔吉斯斯坦，与吉总统巴基耶夫举行会晤。双方就两国在文化、经济、政治、能源开发、打击毒品走私和反恐等方面的合作进行了讨论。另外还就促进吉国的经济发展，增加美国在吉国的投资进行了磋商。鲍彻称：美国希望进一步加强美、吉两国间的友好关系，帮助吉国建立民主社会。

＊塔吉克斯坦伊斯兰复兴党主席努里去世，享年59岁。伊斯兰复兴党是塔第三大党，约有成员2.5万人，仅次于总统领导的人民民主党和共产党，也是独联体地区唯一合法的伊斯兰政党。努里1993年起任该党主席，该党曾在塔内战中与政府对抗，1997年双方达成和平协议后部分成员进入政府，努里曾担任塔民族和谐委员会主席。

＊美国负责南亚和中亚事务的助理国务卿理查德·鲍彻对乌兹别克斯坦进行为期1天的访问，他是美乌关系恶化以来首位访乌的美国高官。乌总统卡里莫夫会见了鲍彻。鲍彻强调，2002年两国总统签署的《乌美战略伙伴和合作宣言》仍然是双方合作的基础，美国尊重乌与包括俄罗斯和中国在内的周边邻国进行合作。此次访问的最大收获是确定了双方未来合作的目标和领域，美乌将继续保持在经贸、安全、打击毒品走私及防止大规模杀伤性武器扩散领域的合作。卡里莫夫认为，在两国高层交往中断相当长时间后，鲍彻此行打破了坚冰，为乌美关系的改善创造了条件。

8月10—15日 塔吉克斯坦总统拉赫莫诺夫对印度进行为期5天的国事访问。印将在塔境内建立艾尼军事基地，该基地位于塔首都杜尚别以西15公里的艾尼村，占地面积229.3公顷，可供战斗机和运输机起降。基地建于苏联与阿富汗战争时期，自1985年以来始终处于闲置状态。目前俄罗斯在此部署有5架苏－25强击机。印方将在基地内建设3个飞机库，其中两个机库用于停放印军的12架米格－29战机，另外一个机库移交塔空军使用。

8月17日 乌兹别克斯坦保护人权组织主席托列皮亚胡勒夫逃往哈萨克斯坦寻求政治避难。他在乌发生安集延事件期间为死亡者鸣冤，并针对当局的行动举行抗议活动。他说，安集延流血事件的死亡者不是当局所公布的189人，而是750人。目前他受到阿拉木图的国际人权保护组织的保护，随后将前往欧洲寻求政治避难。

8月18日 美国参议院外交委员会主席理查德·卢格访问哈萨克斯坦，分别与哈总统纳扎尔巴耶夫、副总理卡热木·马西莫夫和国家安全会议秘书玛拉特·塔金会面。卢格是美国参议院农业、林业和食品委员会代表。苏联体解体后，卢格与美国参议院武装力量委员会主席萨姆·纳恩共同制订了关于废除前苏联核武器的“纳恩—卢格法案”。根据该法案，美国对前苏联的核武器进行技术鉴定和废除，并提供资金。目前已解除了5900枚携带核弹头的战略火箭，使3万多件战略核武器安全保存。

8月23日 乌兹别克斯坦“伊斯兰解放党”分支机构头目图赫塔西诺夫落入法网。乌兹别克斯坦纳曼干州内务总局反恐处负责人透露，举报人称在纳曼干市一座废弃的房屋里藏着一个蓬头垢面、腿部受伤、形迹可疑的男子，反恐人员立即赶往指定地点将其抓获。

8月28日 日本首相小泉纯一郎访问哈萨克斯坦，这是日本首相第一次访问中亚国家。小泉在哈首都阿斯塔纳与哈总统纳扎尔巴耶夫签署了《关于日哈进一步发展友好伙伴合作关系的共同声明》。声明称，哈欢迎日本企业积极参与对哈境内的石油、铀等天然资源的勘探、开发及加工。双方还签署了关于在和平利用核能领域进行合作的备忘录。

8月29日 日本首相小泉纯一郎访问乌兹别克斯坦，与乌总统卡里莫夫发表共同声明，强调要继续发展"战略合作伙伴关系"。双方确认"民主发展、市场经济、社会保障的提高以及拥护人权诸原则对政治安定和经济繁荣至关重要"。日本通过"人才培育奖学金计划"，向乌提供3.9亿日元的无偿援助资金。

8月30日 哈萨克斯坦南哈州发生艾滋病毒大规模传染事件，有55名儿童和2名成人被感染，其中4名儿童死亡。对于致病原因的说法，一是南哈省某门诊部违规操作导致输血污染；二是使用不洁医疗器械导致交叉传染。总统纳扎尔巴耶夫随即免去卫生部长托萨耶夫和南哈省省长任尔克什耶夫的职务。哈方调集近百名专家进行调查，同时对供血者进行隔离检查，以确定感染源。

9月

9月1—2日 首届中亚国家首脑会晤在哈萨克斯坦首都阿斯塔纳举行，哈总统纳扎尔巴耶夫、吉尔吉斯斯坦总统巴基耶夫、乌兹别克斯坦总统卡里莫夫和塔吉克斯坦总统拉赫莫诺夫出席了会议。此次会晤的主要议题是咸海生态的恢复。与会元首决定重振咸海基金会，并呼吁国际社会对咸海问题给予关注，各国元首还计划在今后成立中亚国家联盟。

9月3日 吉尔吉斯斯坦总理库洛夫访问俄罗斯，吉俄签订了电力战略伙伴关系协议。双方同意由俄统一电力公司提供资金用于筹建卡姆巴拉金斯克1号水电站和2号水电站。此外，由吉电站公司、吉国家能源系统公司和俄统一电力公司共同研究在10月1日前从吉向俄输电的供货条件。双方还签订了吉俄政府间经贸和科技合作委员会第八次会议备忘录。

9月6日 吉尔吉斯斯坦南部发现5起人类炭疽病例，所有感染者已进入医院接受治疗。政府已在发生疫情的村庄设立了检疫消毒站，并对牲畜展开防疫检查。

9月8日 哈萨克斯坦、吉尔吉斯斯坦、乌兹别克斯坦3国外长和塔吉克斯坦第一副外长以及土库曼斯坦驻哈大使在哈萨克斯坦的塞米巴拉金斯克签署条约，宣布中亚地区为无核区。哈外交部发言人指出："签署条约后，所有签字国应停止生产、购买和部署核武器及其组件或其他核爆炸装置。"但他表示，该条约并不禁止和平利用核能。

9月8—9日 美国负责南亚和中亚事务的助理国务卿理查德·鲍彻访问哈萨克斯坦，讨论哈美两国合作关系并就哈国总统纳扎尔巴耶夫访美议题进行讨论。

9月9日 美军驻吉尔吉斯斯坦马纳斯空军基地失踪的女军官吉尔·梅茨格少校被当地警方找到。梅茨格称，她于5日在比什凯克中央百货商店附近遭到3名男子和1名女子绑架，绑架者用一辆中巴车将她带到比什凯克以东50公里处的一个地方，4天后她将一名绑架者打晕并趁机逃脱。

9月12日 吉尔吉斯斯坦总统巴基耶夫解除其弟扎尼什国家安全局副局长职务，扎尼什被控指使他人在反对派领导人身上藏毒。9月6日，吉反对派人士、前议长捷克巴耶夫在波兰华沙机场被捕，海关发现他携带的套娃内装有600克海洛因。捷称自己被人栽赃陷害，随后获释。吉议会专门委员会就此召开听证会，在观看机场提供的安检录像后，发现装有毒品的套娃是扎尼什下令放入捷行李中的。巴基耶夫总统已向捷克巴耶夫致歉。

9月13日 "乌兹别克斯坦伊斯兰运动"头目塔希尔·尤尔达舍夫在"9·11"事件5周年之际发表声明，指责乌、吉、塔3国总统对穆斯林犯下的"罪行"，对他们发出了暗杀威胁。尤尔达舍夫称，乌总统卡里莫夫镇压安集延骚乱，造成数百名平民死亡。吉总统巴基耶夫近来命令吉警方在南部地区发动系列行动，打死了地区恐怖主义组织"突厥斯坦伊斯兰党"头目阿洪诺夫。塔吉克斯坦当局近期也明显加强了对地区宗教极端主义团伙的打击力度。

9月15日 哈萨克斯坦首个信息技术科技园在距阿拉木图市25公里的阿拉套镇落成，纳扎尔巴耶夫总统亲自出席了科技园的开园仪式。该科技园是根据哈国总统纳扎尔巴耶夫2003年8月的命令建设的，占地350公顷，被称为哈萨克斯坦的硅谷。该科技园由国家无偿提供土地并享有免税条件，目前建成的是一期工程，已有11家公司进驻。

9月21日 俄罗斯天然气工业股份公司、哈萨克斯坦国有石油天然气公司与乌兹别克斯坦国有石油及天然气公司签订了为期3年的天然气供应协议。根据该协议，俄每年将获得来自乌的35亿立方米的天然气，而后俄将来自乌的天然气输送到哈。哈将从该公司的油田向俄输送等量的天然气，协议将于2007年1月1日生效。

9月22—23日 中国与塔吉克斯坦两国军队在塔吉克斯坦的穆米拉

克训练场进行了“协作—2006”反恐联合军演。这是中国军队首次成建制携带武器装备从空中机动至境外与外军举行联合演习。

9月25日 哈萨克斯坦总统纳扎尔巴耶夫访问美国。他表示，在经济、能源合作以及反恐方面哈美两国已经成为真正的伙伴。布什总统感谢哈在反恐战争中发挥的作用，以及在伊拉克和阿富汗战后重建中提供的帮助。布什还赞扬纳扎尔巴耶夫使哈变为一个“自由国家”，表示支持哈加入世贸组织。这是纳扎尔巴耶夫5年来首次正式访美。

9月27日 随着伦敦金属交易所铜价的上涨，哈萨克斯坦铜业公司收入增长了90%，达到22.798亿美元。股票净额利润增长124%，达到每股1.32美元。

10月

10月5日 哈萨克斯坦紧急情况部宣布，哈南部的南哈萨克斯坦州发生炭疽疫情。南哈州萨雷阿加什区3个村庄的9名居民因出现典型的炭疽病症状而进入医院接受治疗，其中两人已被确诊患皮肤炭疽病，这9名病人都曾参与屠宰牲畜。防疫人员已对460多名曾与病人有过密切接触的人员进行医学观察。

10月10日 2006年哈萨克斯坦粮食产量达到1800万吨，创哈独立后的历史最高纪录，其中800万吨用于出口。2006年哈萨克斯坦粮食播种面积为1450万公顷。2005年哈萨克斯坦的粮食产量为1350万吨，比2004年增加了9.4%。

10月12日 乌兹别克斯坦总统签署命令提高工资水平，从2006年11月1日起，提高工资、退休金、助学金和社会津贴，平均提高1.2倍。最低工资标准12420苏姆/月（1美元约合1250苏姆）；按工龄计算的退休金最低标准为24600苏姆/月；残疾儿童的补助金为24600苏姆/月；无工龄老人和丧失劳动能力公民补助金为14900苏姆/月；生小孩的母亲津贴发放到小孩2岁。

*哈萨克斯坦核工业公司与俄罗斯两家核工业公司在莫斯科签署了三家合资企业的创立文件。这三家合资企业分别是：1.“阿克巴斯套”，主要业务为在哈境内开发南扎列切诺伊铀矿和布金诺夫铀矿，为俄罗斯的核电站提供燃料；2.“铀选矿中心”，主要业务为利用现有的选矿设备在安加尔斯克加工来自哈萨克斯坦的铀矿。3.“核电站”，研究开发新型中小型核反应堆，推动产品向第三国出口。哈俄双方在上述合资企业中各占

50%的股份。

10月13日 哈萨克斯坦能源及矿产资源部长伊兹姆哈姆别托夫在新德里与印度石油部长迪欧拉会晤后称，哈已向印度合资企业石油和天然气米塔尔能源公司提供了里海萨特帕耶夫油区25%的权益，这个比例最多可增至50%。据印方估计该区域石油储量可达16亿桶。石油和天然气米塔尔能源公司是由印度国有石油和天然气公司的全资子公司与印度钢铁制造商米塔尔钢铁公司合资建立的。

10月19日 乌兹别克斯坦发生空难，一架“安—2”运输机坠毁，机上15名官兵全部遇难。

10月25日 美国向吉尔吉斯斯坦提供价值1000万美元的医疗设备，总计56个集装箱。这批医疗设备将分发到比什凯克市第一医院、国家肿瘤中心及比什凯克市创伤科研中心。

＊俄罗斯经济发展与贸易部部长格尔曼·格列夫与哈萨克斯坦总理达尼亚尔·艾哈迈托夫举行会晤，探讨修建连接欧洲与中国公路的可能性。格列夫说，俄哈两国交通部长将在一个月内制定出该计划的实施办法，其中包括物流和货物海关手续等问题的解决办法。

10月26—28日 第二届中亚与南亚电力市场会议在塔吉克斯坦首都杜尚别召开。此次会议的最大成果是签订关于中亚向巴基斯坦每年输送100万千瓦电力，并修建经喀布尔至白沙瓦输电线路的协议。

11月

11月2日 吉尔吉斯斯坦反对派联盟—“支持改革”运动在首都比什凯克进行“无限期”集会，要求总统巴基耶夫和总理库洛夫下台，并立即修改宪法。该运动由20多个政党和非政府组织联合而成，主要领导人包括前议长捷克巴耶夫、前检察总长别克纳扎罗夫等。

11月6日 塔吉克斯坦举行总统选举，包括现任总统拉赫莫诺夫在内的5名候选人参加了竞选。全国320万登记选民91%参加了投票，伊斯兰复兴党、民主党和社会民主党等反对派抵制了此次选举。

11月7日 塔吉克斯坦中央选举委员会主席博尔图耶夫宣布，现任总统拉赫莫诺夫获得了79.3%的选票，以绝对优势蝉联塔总统。

＊吉尔吉斯斯坦反对派联合48名议员强行通过宪法草案并宣称立即生效。

11月9日 吉尔吉斯斯坦总统巴基耶夫正式签署了新宪法草案。新宪法削弱了总统权力，总理由掌握议会过半数议席的政党提名，总统任命。议会由75席增至90席，任期5年，按政党和选区原则各选出45席。根据吉反对派与总统巴基耶夫的商定，2010年前仍保留现有政治体制框架，总统任期也将正常结束。

11月12日 哈萨克斯坦外交部长托卡耶夫对蒙古国进行为期3天的访问，协商加强两国经贸合作。双方签署了多项合作协议，其中包括投资保护、免除双重征税等。托卡耶夫表示，哈将向蒙投资10亿美元。

11月13日 欧盟决定延长对乌兹别克斯坦的军售禁令。在布鲁塞尔举行的欧盟外长会议通过决议，将对乌的军售禁令延长12个月，并继续禁止向乌有关人员发放进入欧盟成员国的签证。2005年5月，乌发生安集延骚乱事件后，欧盟外长会议在10月份通过决议，禁止向乌出口武器、军用设备和其他设备，同时无限期暂停在欧乌伙伴关系与合作协定框架下的所有技术性会议，禁止向乌有关人员发放进入欧盟成员国的签证。

11月14日 哈萨克斯坦总统纳扎尔巴耶夫签署命令，批准"2007—2024年哈萨克斯坦向可持续发展国家过渡方案"。该方案的目的是使哈在经济、社会、环境和政治等方面均衡发展，保持国家持久的竞争力。其最终目标是：居民生活提高到世界发达国家和最具竞争力国家的水平；到2024年人口增加到1800万，且平均寿命从现在的65岁提高到73岁。

11月15日 欧盟向塔吉克斯坦提供900万欧元的无偿援助，主要用于改善塔国家预算，加强财政监督体系。

11月17日 哈萨克斯坦总理达尼亚尔·艾哈迈托夫签署了同意亚洲铁路穿过哈国的协议。该铁路工程经过高加索、中东、中亚、近东等国家。

11月20日 中亚区域经济合作成员国达成首个中长期合作战略，并联合发表了《乌鲁木齐宣言》，重申各国的共同使命是通过中亚区域经济合作规划，以合作促发展，加快经济增长，减少贫困。亚洲开发银行行长黑田东彦称赞此次会议具有"重大历史意义"。黑田东彦说，区域基础设施网络、知识和能力建设、贸易投资和工商发展以及区域公共产品将是中亚区域合作的四大支柱。在该机制的协调下，从2006—2008年三年间，亚洲开发银行和世界银行等6家多边机构合作伙伴还将提供23亿美元的资金支持，重点用于区域交通、能源和贸易基础设施建设。

11月20日 乌兹别克斯坦统计局宣布，乌收获372.7万吨籽棉，较预计目标（360万吨）提高了3.5%。2006年乌棉花种植面积139万公顷，棉花生长和拾花季节（9—10月）气候适宜，因此超额完成了国家目标，皮棉产量达到120万吨。乌棉花产业主要是低附加值的棉纱出口，国内只消耗总产量的25%。乌计划投资12亿美元，实施100个投资项目，使其纺织工业具备国际市场竞争力。

＊印度举办国际论坛，推动土库曼斯坦—阿富汗—巴基斯坦—印度天然气管道（土—印管道）项目。18 个国家和一些国际组织代表参加了论坛。阿外长表示该管道的建设有助于巩固相互间合作，并使阿有机会发挥其中亚和南亚间能源桥梁的作用。土—印管道设计年输气 330 亿立方米，长 1680 公里，造价 33 亿美元。2002 年上述 4 国政府曾就该项目签订了框架协议，但受阿境内政治、军事局势动荡和其他经济原因影响，该项目一直处于停滞状态。

11 月 21 日 哈萨克斯坦总统纳扎尔巴耶夫访问英国，与英首相布莱尔就两国能源及金融领域的合作举行会谈。22 日纳扎尔巴耶夫还出席了在伦敦举办的“英国—哈萨克斯坦联合经济论坛”。

11 月 22 日 哈萨克斯坦农业党在阿斯塔纳召开第七次代表会议，会议决定该党与亲总统的祖国党合并。哈农业党成立 7 年来，已有 13 万多党员。农业党领导人称，该党始终支持哈总统纳扎尔巴耶夫施行的政策。哈祖国党代理主席巴合特江·朱玛胡洛夫称，这是哈国社会取得的巨大成果。哈社会日渐成熟，深刻理解了总统纳扎尔巴耶夫的现行政策，支持哈总统政策的政党都要联合起来。

11 月 24 日 哈萨克斯坦议会上下两院召开联席会议，对哈选举法进行了修改。修改后的选举法取消了原第 41 章第 6 条。原该条款规定：在未公布选举结果之前，禁止在哈境内举行任何游行示威活动。该条款是在 2005 年 4 月根据纳扎尔巴耶夫总统的要求制定并实施的。

12 月

12 月 1 日 拉赫莫诺夫当选塔吉克斯坦总统后，塔新一届政府合并和撤销了一些部委。阿基洛夫再次被任命为政府总理，57 岁的海鲁洛耶夫仍出任塔国防部长，扎里波夫任外交部长，祖胡罗夫上将任国家安全委员会主席，萨利霍夫任内务部长。

＊乌兹别克斯坦最高会议参议院（上院）批准了有关乌重返独联体集体安全条约组织的法律草案。欧亚经济共同体各国首脑索契峰会在 8 月就签署了同意吸收乌为独联体集体安全条约组织成员国的相关文件。乌最高会议立法院（下院）已于 11 月 21 日批准了乌重返独联体集体安全条约组织的法律草案，并提交上院审议。乌曾为该组织签约国，但于 1999 年退出。

12月4日 欧盟与哈萨克斯坦签署能源合作协议，加强能源安全与合作。具体内容包括增进在能源政策方面的信息交流，以及在能源运输基础设施和环保技术开发领域的合作。另外哈总统纳扎尔巴耶夫还与欧盟签署了一份和平利用核能的合作协议，为双方进一步发展核贸易确立框架。欧盟委员会主席巴罗佐说："通过这两份文件，为哈萨克斯坦和欧盟在能源领域的建设性合作打下了基础，这种合作对双方都极其有益。"

12月6日 驻吉尔吉斯斯坦马纳斯空军基地的一名美军士兵突然对一名负责为飞机加油的当地员工连开数枪，致其死亡。8日，吉尔吉斯斯坦总统巴基耶夫提出取消驻吉美军外交豁免权。吉议会15日通过一项决议，责成美方交出肇事者并要求吉政府重新审视吉美两国有关美军在吉临时部署军队的协议，以及美军军人和公民在吉的地位问题。

12月7日 吉尔吉斯斯坦总统巴基耶夫访问伊朗。伊朗财政经济部长贾法里在与巴基耶夫会见中强调两国在历史和文化方面的共性。贾法里还向巴基耶夫转交了伊朗总统艾哈迈迪·内贾德的信。他表示，伊朗准备大力发展两国双边关系，伊朗企业非常愿意向包括工业、农业以及服务业在内的吉尔吉斯斯坦各领域投资。

12月8日 塔吉克斯坦财政部表示，塔外债超过10亿美元。2005—2006年塔政府与国际金融组织及其他国家签署了一系列贷款协议，主要用于水力资源开发、交通和社会基础设施建设，其中包括2006年的三个贷款协议：1. 亚行3000万美元的塔吉边境公路修复项目二期工程；2. 欧佩克530万美元；3. 中国政府6.4亿美元的南北输变电线路和塔乌公路项目。塔主要债权人是国际金融机构，总额为5.1亿美元，其中世界银行3.07亿美元，亚洲开发银行1亿美元，国际货币基金组织5045万美元，伊斯兰发展银行4100美元，其余债务为双边政府贷款，主要国家是乌兹别克（8200万美元）、俄罗斯（3600万美元）、土耳其（1200万美元）和中国（600万美元）等。

＊印度向塔吉克斯坦提供1300万美元的无偿援助，以改造瓦尔佐布1号水电站。印度两大电机生产商计划在1号水电站重新安装两台发电机组，安装后发电能力将达到0.94万千瓦。该水电站1936年开始发电，现在年均发电量0.35万千瓦，原来可为瓦尔佐布大部分地区提供电力，近几年几乎接近停产。专家估计，到2015年瓦尔佐布梯级水电站修复后，其发电量将是原来的106%。

12月10日 欧盟宣布未来4年将向中亚国家提供3亿欧元的援助，用于实施该地区交通和通讯、边防、卫生等领域内的项目。预计塔吉克斯坦将获得总数目中的8000万欧元，部分用于实施该国的扶贫计划。

＊塔吉克斯坦接受国际货币基金组织关于以《政策支持方法》取代

《减贫和经济发展合作计划》的建议。《政策支持方法》是国际货币基金组织于2005年10月通过的，该政策主要针对那些低收入国家，以帮助他们制定国家预算和建立完善的银行系统。2006年1月国际货币基金组织执行委员会在为贫困国家减负框架内，消除了塔2005年1月以前积累的债务，总额为1.033亿美元。现在塔对国际货币基金组织的债务为4380万美元。

12月11日 日本向吉尔吉斯斯坦提供价值500万美元的消防设备。吉消防系统最近15年里没有更新过技术装备，此举将解决吉消防技术装备短缺问题。

12月14日 乌克兰总理亚努科维奇访问哈萨克斯坦，与哈萨克斯坦总理艾哈迈托夫举行会谈。会后双方发表联合声明，双方将在能源、交通、农业、航空和航天等领域加强合作，在加入世界贸易组织问题上相互支持。乌方表示，将与哈一道参与中亚交通走廊的建设。2006年头9个月，哈乌两国贸易额突破12亿美元，超出2005年全年的总额，2006年两国贸易额有望达到15亿美元。

12月18日 塔吉克斯坦总统会见了到访的法国国防部长。法防长表示，法国防部将提供700万欧元的无偿援助，法政府将提供1700万欧元的长期贷款用于塔首都杜尚别机场的改造。2004年法国曾帮塔吉克斯坦进行过一次机场改造。

＊乌兹别克斯坦宣布限制传播基督教的规定。乌政府召集犹太教、回教、基督教的领袖，宣布不可向非信徒传播基督教。同时乌政府还提高了对非注册团体的惩罚力度，如非法建立宗教组织，将处以200—600倍当事人薪水的罚款。基督徒被警告，若在他们身上搜出两份圣经或其他宗教性质的书，将被怀疑有意将多余书刊送给别人。禁止将乌官方语言的圣经带入乌境内，基督徒只允许携带一份俄语的宗教性质文章，而该文章需要经过该国特别审查团检查后才可使用。

12月19日 吉尔吉斯斯坦总理库洛夫宣布政府集体辞职，巴基耶夫总统接受了其辞职请求。

12月20日 哈萨克斯坦总统纳扎尔巴耶夫对中国进行为期5天的国事访问，与中国国家主席胡锦涛举行会谈。会谈后两国元首签署了《中哈21世纪合作战略》和《中哈经济合作发展构想》，并共同出席了涉及经贸、能源、铁路、文化、教育等领域的11项合作协议的签字仪式。除北京外，纳扎尔巴耶夫还访问了香港和澳门。

12月21日 土库曼斯坦总统尼亚佐夫因心脏骤停逝世，终年66岁。应担任代总统的议长阿塔耶夫因涉嫌刑事案件被捕，副总理兼卫生部长别尔德穆罕默多夫代行总统职责。

12月22日 土耳其军方向吉尔吉斯斯坦国防部和近卫军捐赠了价值

50万美元的军用设备。包括汽车、技术设备、高山探测器、运动及通讯设备。吉近卫军司令阿力木霍加耶夫称，吉与土耳其在军事教育方面的合作已取得极大进展。

12月25日 哈萨克斯坦宣布阿拉木图市将申办2018年冬奥会。阿拉木图市市长塔斯马加姆别托夫在会见参加多哈亚运会归来的阿拉木图籍运动员时表示，将于2011年在阿拉木图举办的第七届亚冬会将是一次高水平的赛事，这将有助于阿拉木图申办2018年冬奥会。阿拉木图曾申办过2014年冬奥会，但未获成功。

12月26日 土库曼斯坦人民委员会举行特别会议，决定2007年2月11日举行总统选举，并确定包括代总统别尔德穆罕默多夫等6人为总统候选人。其中别尔德穆罕默多夫得到了与会者的一致赞同，他表示土库曼斯坦将继续奉行已故总统尼亚佐夫制定的内外政策。

12月28日 乌兹别克斯坦提高向塔吉克斯坦出口的天然气价格。从2007年1月1日起，乌向塔出口的天然气将从目前每千立方米55美元提高到每千立方米100美元。塔天然气公司副主席绍伊莫夫说，采用新价格后天然气零售价格将不得不提高1/3。塔吉克斯坦95%的天然气须靠进口来解决。2007年塔将从国外购买大约7亿立方米的天然气。

12月30日 吉尔吉斯斯坦通过新宪法。新宪法加强了总统的权力，议会和政府的权力则有所削弱。根据新宪法，在2010年前的过渡期内，总统有权在征得议会同意后任命总理，并根据总理建议任命内阁成员。此外，总统有权控制各执法部门，还可以任命地方政府领导人。本月19日总理库洛夫及其领导的内阁集体辞职。为解决由此引发的政治危机，吉总统巴基耶夫要求议会重新修宪。

12月31日 乌克兰总理雅努克维奇希望土库曼斯坦输往乌克兰的天然气价格维持不变。雅努克维奇在和土副总理兼石油天然气部长阿塔耶夫会晤后表示，2007年土库曼斯坦将以每千立方米100美元，外加25美元管道费的价格向乌克兰供应380亿立方米的天然气。

中东大事记

1月

1月1日　在伊拉克首都巴格达发生8起汽车炸弹爆炸事件，11人受伤，但无人员死亡。这8起爆炸事件在数小时内先后发生。此外，伊警方还发现了第9枚炸弹，并将其引爆。

＊叙利亚执政的复兴党将两天前宣布与总统分裂的前副总统阿卜杜勒·哈利姆·哈达姆开除出党，并要求以叛国罪对其进行审判。

1月2日　以色列空军当日凌晨向加沙南部的一栋巴勒斯坦民族解放运动（法塔赫）的大楼发动导弹袭击。

＊土耳其驻伊拉克大使切维克兹的车队在伊首都巴格达西部遭不明身份枪手袭击。

1月3日　以色列利库德集团主席内塔尼亚胡宣布，他已要求4名属于利库德集团的沙龙政府内阁部长在将于8日举行的内阁会议上集体辞职。这4名内阁部长分别是外交部长沙洛姆、教育部长利夫纳特、农业部长卡茨和卫生部长纳维。

1月4日　伊拉克巴格达东北约100公里的穆克达迪亚地区发生一起自杀式炸弹袭击，造成至少30人死亡，数十人受伤。

＊以色列总理沙龙当日晚因再次中风被紧急送往耶路撒冷哈达萨医院抢救，副总理奥尔默特临时代行总理职权。

1月5日　伊拉克南部城市卡尔巴拉一座清真寺附近发生一起自杀式炸弹爆炸，造成至少40人死亡，50人受伤。西部城市拉马迪当天也发生了自杀袭击事件，至少造成31人死亡。

＊沙特阿拉伯伊斯兰教圣地麦加的一家旅馆意外坍塌，造成53人死亡，超过60多人受伤。

1月7日 叙利亚总统巴沙尔·阿萨德拒绝同联合国黎巴嫩前总理哈里里遇刺事件调查小组会面。

＊5名美国海军陆战队士兵在伊遇袭身亡。

1月8日 一架伊朗军用飞机在该国西北部地区坠毁，机上13人全部遇难。遇难者中有多名革命卫队高官，其中包括革命卫队陆军司令艾哈迈德·卡齐米。

1月10日 国际原子能机构女发言人梅利莎·弗莱明证实，在该机构核查人员在场的情况下，伊朗已经打开了位于纳坦兹的铀浓缩设施的封条。

1月12日 在沙特阿拉伯麦加米纳举行的“射石”活动中发生朝觐人员踩踏事故，造成至少362人死亡，其中包括4名中国朝觐者。受伤者则近300人。

＊巴勒斯坦内政部长纳赛尔·优素福在约旦河西岸城镇拉姆安拉的住所遭数名武装人员袭击，优素福没有受伤。同一天，巴总理艾哈迈德·库赖在拉姆安拉的住宅也遭到袭击，但未造成人员伤亡。

1月13日 以色列外交部长西尔万·沙洛姆当天递交了辞呈。属于前进党的司法部长利夫尼将代替沙洛姆担任外交部长。

1月15日 科威特国家元首埃米尔谢赫·贾比尔·萨巴赫去世，享年77岁。科威特内阁通过国家电视台发表声明，提名科威特王储谢赫·萨阿德为科威特新的领导人。

1月16日 以色列总理沙龙创建的前进党当天正式推举代总理奥尔默特暂时担任该党领袖职务。奥尔默特将带领该党参加3月28日举行的大选。

＊来自欧盟英、法、德3国和美国、俄罗斯、中国的高级官员在伦敦举行闭门会谈，就伊朗核问题进行磋商并达成一致立场。他们表示伊朗必须完全暂停核项目研究，但与会6国没有要求将伊朗核问题提交给联合国安理会。

＊美军一架武装直升机当天上午在巴格达以北地区坠毁，2名飞行员丧生，这是近10天来在伊拉克发生的第三起美军直升机坠毁事件。本月7日，美军一架UH－60“黑鹰”多用途直升机在伊北部尼尼微省坠毁，包括4名机组人员在内的机上12人全部丧生。13日，美国陆军一架OH－58型“基奥瓦”武装侦察直升机在尼尼微省摩苏尔附近坠毁，造成2名飞行员身亡。

1月16—17日 伊朗政府禁止美国有线电视新闻网记者在伊继续从事新闻活动。原因是该电视台在报道伊总统艾哈迈迪·内贾德的讲话时，出现了违反职业道德的错误翻译。

＊美国副总统切尼于16日抵达开罗，对埃及进行为期两天的访问。17日与埃及总统穆巴拉克举行会谈，就叙黎危机、巴以局势、伊拉克等中东地区重要问题交换了意见。

1月17日 中国政府特使外交部长李肇星前往科威特王宫白岩宫，吊唁科威特已故埃米尔贾比尔·艾哈迈德·萨巴赫。

1月18日 伊朗和伊拉克边防部队在位于有争议的阿拉伯河水域发生交火，9名伊拉克士兵被伊朗部队扣留。19日，伊拉克陆军准将阿巴斯·穆萨维称，被扣的8名伊拉克边防人员已获释，另一名在冲突中受重伤身亡的边防人员的遗体将在21日运送回伊拉克。伊拉克南部省份巴士拉省省长穆罕默德·瓦伊里证实，两伊已就这一问题达成了协议。

1月19日 伊朗总统艾哈迈迪·内贾德抵达叙利亚，进行为期两天的访问。这是内贾德自2005年8月就任伊朗总统以来对叙利亚的首次访问。

＊以色列特拉维夫一汽车站发生一起自杀式爆炸，造成至少1人死亡，20人受伤。巴勒斯坦伊斯兰圣战组织（杰哈德）声称对爆炸事件负责。

＊伊拉克选举委员会正式公布上个月举行的伊议会选举结果，什叶派阿拉伯人的“伊拉克团结联盟”赢得了议会275个席位中的128席，没有达到在议会中的绝对多数。“库尔德联盟”获得53席，逊尼派阿拉伯人的“伊拉克共识阵线”获得44个席位，另一个逊尼党派“全国对话阵线”赢得11席，前临时政府总理阿拉维领导的联盟“伊拉克团结名单”获得25席。

1月22日 伊拉克首都巴格达附近发现23具尸体，死者遇害前试图投考警察，他们都是在上周一被绑架的。

1月23日 约旦政府宣布，约旦不会因两名本国维和士兵17日在海地遇袭身亡而考虑从海地撤出本国维和部队。

＊伊朗南部石油城阿瓦士发生两起炸弹爆炸事件，造成8人丧生。伊朗总统艾哈迈迪·内贾德原定当天对此地的访问被临时取消。

1月24日 科威特国民议会一致决定，鉴于新继任埃米尔的萨阿德的健康状况，根据王权继承法的规定，免除其埃米尔之职。萨阿德本人的退位诏书当天也已送达议会。根据宪法，其权力将暂时移交给以首相谢赫·萨巴赫为首的内阁，直到产生新的埃米尔。

＊土耳其外交部长居尔在首都安卡拉公布了土耳其政府解决塞浦路斯问题的建议。这项建议共包括11项内容，其中包括土对塞开放海空港口、在联合国框架内举行有关方参加的高层谈判等。居尔表示，土耳其政府希望早日在联合国框架内解决塞浦路斯问题。

1月25日 伊拉克过渡政府总统塔拉巴尼与6个武装组织就安全问题达成“原则协议”，为伊反美武装与驻伊美军进行谈判打开了大门。6个武装组织包括“伊斯兰军”、“20革命营”、“圣战者军”以及“安巴尔革命者”等组织。

1月26日 巴勒斯坦选举委员会公布了巴勒斯坦立法委员会选举的最终结果，哈马斯以绝对优势赢得了这次选举。哈马斯共获得了巴立法委所有132个席位中的76个，超过半数10个，从而成为巴立法委的最大派别。法塔赫在选举中只赢得了43个席位。同日，巴自治政府总理库赖宣布内阁辞职，以便为在选举中获胜的党派组建新政府创造条件。巴民族权力机构主席阿巴斯当天接受了库赖的辞职。

*驻伊拉克美军当天释放了419名在押的伊拉克人，其中包括5名妇女。

*巴勒斯坦民族解放运动（法塔赫）和伊斯兰抵抗运动（哈马斯）的武装人员在加沙地带汗尤尼斯镇附近发生交火，3人受伤。这是立法委员会选举结束后巴两大派别发生的首起交火事件。

*美国国务卿赖斯、联合国秘书长安南、俄国外长拉夫罗夫、欧盟外交政策主管索拉纳与外交关系专员费瑞罗·华德纳当日在华盛顿召开会议，讨论巴勒斯坦大选后的情势并发表声明。声明没有点哈马斯的名，但认为“武装组织及好战活动，与建立民主国家间存有根本矛盾”。四方都赞扬这次选举是一次“自由、公平和安全”的选举，并呼吁各方尊重选举结果。

1月28日 驻伊拉克美国海军陆战队和伊拉克军队结束了在西幼发拉底河谷地区的近两周军事行动，摧毁了45处武器藏匿地点，逮捕了20名嫌疑分子。

*以色列代总理奥尔默特分别同联合国秘书长安南和法国总统希拉克进行电话会谈，提出了巴勒斯坦伊斯兰抵抗运动（哈马斯）赢得巴立法委选举后的以色列对哈马斯政策。奥尔默特对安南称，以对哈马斯的政策将严格遵守三项原则：哈马斯必须解除武装；必须废除其旨在摧毁以色列的信条；接受巴方同以方签订的所有协议。

*以色列看守内阁国防部长莫法兹表示，不管哈马斯未来在巴自治政府内处于何种地位，以色列不会排除对该组织领导人的暗杀行动。

1月29日 谢赫·萨巴赫·艾哈迈德·贾比尔·萨巴赫在科威特国民议会特别会议上正式宣誓就任科第15代埃米尔（国家元首）。

1月30日 巴勒斯坦警察占领加沙地带的议会大楼，发泄对哈马斯赢得巴议会选举胜利的不满。

*中国、法国、德国、俄罗斯、英国和美国外长及欧盟负责外交与安

全政策的高级代表在伦敦就伊朗核问题举行非正式磋商，决心继续为通过外交方式解决伊朗核问题做出努力。与会各方对伊朗核计划表示关切，要求伊朗在国际原子能机构的监督下，全面恢复暂停包括研发活动在内的与铀浓缩有关的活动。

1月31日 一个自称“统一和逊尼安萨尔旅”的伊拉克武装组织通过录像带宣布，该组织对24日绑架两名德国工程师的事件负责，并要求德政府在72小时内关闭驻伊使馆、撤回所有在伊德国公司、结束与伊当局的一切合作，否则将杀死人质。

*驻伊拉克美军在巴格达意外地射击了加拿大驻伊拉克大使约翰·霍姆斯的汽车，但没有人受伤。

2月

2月1日 驻加沙地带巴勒斯坦预警部队总指挥官苏莱曼的住宅遭到炸弹袭击，但没有造成人员伤亡。苏莱曼发表声明，指责哈马斯武装分子制造了这起爆炸事件，意在使巴主流派别法塔赫卷入巴内部争斗。

*埃及执政党民族民主党召开议会选举后的首次新书记处会议，并宣布了民族民主党书记处的人事变动：总统、党主席穆巴拉克之子、原担任书记处政策书记的贾迈勒出任书记处副总书记，并保留原职，总书记仍由谢里夫担任。

*代表欧盟的法国、德国、英国3国当日正式向国际原子能机构理事会成员散发关于伊朗核问题的决议草案，提议将伊朗核问题向联合国安理会报告，要求伊朗全面暂停包括研发在内的与铀浓缩有关的活动，重新考虑不要建造重水试验反应堆，以便让国际社会建立对伊和平利用核能的信心。

2月2日 黎巴嫩阿迈勒运动和真主党联合宣布，5名抵制黎巴嫩内阁的什叶派部长当天回到内阁，持续两个月的黎巴嫩内阁危机宣告结束。

2月3日 黎巴嫩外长萨鲁赫在贝鲁特召见安理会5个常任理事国驻黎大使，通报了以色列军队近日枪杀黎少年的事件。

2月4日 上千名叙利亚示威者纵火焚烧了位于首都大马士革市中心的丹麦和挪威驻叙大使馆，以报复两国媒体日前刊登和转载亵渎伊斯兰教先知穆罕默德的讽刺漫画。

*国际原子能机构理事会紧急会议在维也纳通过了欧盟方面提出的将伊朗核问题向联合国安理会报告的决议，中国对该决议投了赞成票。伊朗

总统内贾德随后下令全面恢复浓缩铀活动，同时伊核设施不再接受联合国核查人员的突击核查。

2月5日 伊朗外交部长穆塔基宣布，伊朗已经中止了所有在核问题上采取的自愿合作措施，没有义务再履行《不扩散核武器条约》的附加议定书。同日，伊外交部发言人阿塞菲表示，伊仍将按计划与俄罗斯就其提出的核问题妥协方案继续磋商，同时继续寻求通过谈判来解决伊朗核问题。

＊以色列官员表示，以方同意返还欠巴勒斯坦的4500万美元。但如果哈马斯组建新政府，以色列就将停止汇款。

2月5—6日 以色列军队5日晚至6日清晨继续实施“蓝天”军事行动，连续炮击加沙北部地区，以阻止加沙武装人员向以色列目标发动火箭袭击。

2月7日 联合国安理会正式收到国际原子能机构有关伊朗核问题的通知，这表明联合国对伊朗核问题的审议工作已经开启。

2月9日 埃及外交官胡萨姆·穆斯里在加沙被一伙巴勒斯坦武装人员绑架。10日，一个自称为“自由者旅”的武装组织宣称对绑架事件负责。11日，巴安全人士证实，胡萨姆·穆赛里当天凌晨被安全获释。

＊科威特埃米尔谢赫·萨巴赫批准了新任首相谢赫纳赛尔·穆罕默德·艾哈迈德·萨巴赫提交的新内阁成员名单。新内阁除首相外，共有15位大臣，基本保持了上一届内阁的人员配置，只对4个部委主官进行了调换。

2月10日 伊拉克选举委员会确认了伊议会选举结果，这一结果和3周前该委员会公布的统计结果没有出入。

2月11日 叙利亚总统巴沙尔宣布改组政府，任命原外长沙雷为负责外交和宣传事务的副总统，原副外长穆阿利姆为外长，原安全高官马吉德为内政部长。

＊以总理穆罕默德·本·拉希德·阿勒马克图姆为首的阿联酋新内阁向总统哈利法·本·扎耶德·阿勒纳哈扬宣誓就职。新政府由23名成员组成，包括两名副总理、两名女性部长。这是阿联酋自1971年建国以来的第七届政府。

＊也门总统萨利赫对政府进行改组。原政府总理巴贾迈勒继续留任，原内政部长升任为副总理，外交部和侨务部合并为外交侨务部，由原外长库尔比担任部长。12名原政府部长保住了职务，其他15名部长则被新人替代。政府内女部长的人数从原来的1人增加到2人。

＊伊朗总统内贾德称，德国纳粹二战时屠杀犹太人完全是一个“神话”，西方国家应该接纳犹太人，否则巴勒斯坦及“其他国家”会共同将

以色列从中东地区铲除。

2月12日 以色列代总理奥尔默特在例行内阁会议上重申，以色列将拒绝与哈马斯合作。奥尔默特说，一旦新选出的巴立法委员会宣布就职，巴民族权力机构将变成哈马斯政权。以色列不会对此视而不见，以色列反对哈马斯的立场不会改变。

2月13日 一名自杀式袭击者在伊拉克首都巴格达东部的一家银行外引爆了身上的炸药，造成至少6人死亡，42人受伤。

＊伊朗议会国家安全与对外关系委员会主席阿拉丁·布鲁杰迪说，伊朗已于当天恢复用于和平目的的铀浓缩活动。伊朗政府发言人伊尔哈姆宣布，伊朗已推迟原计划于16日与俄罗斯就伊朗核问题举行的会谈，并将于国际原子能机构理事会3月6日举行会议之前恢复工业化铀浓缩活动。

2月14日 以色列特拉维夫地方法庭以为其父亲非法筹集竞选资金为名，判处总理沙龙之子奥姆里·沙龙9个月监禁，并处30万谢克尔(约合6.7万美元)的罚金。

＊伊朗政府官员证实，该国里海海岸发现135只死于H5N1型禽流感的野天鹅，这是伊朗首次发现H5N1型禽流感。

2月15日 约旦法庭判处9名密谋袭击在该国境内的美国目标的“基地”恐怖组织成员死刑，其中包括被缺席宣判死刑的扎卡维等4人。这也是约旦第四次缺席判处扎卡维死刑。

＊以色列军队释放了一名名叫哈吉阿里的哈马斯高级领导人，他在上个月的巴立法委员会选举中当选立法委员。以军至今关押着八九千名巴勒斯坦人，其中包括14名巴勒斯坦立法委员会委员。

2月16日 伊拉克过渡政府总理贾法里的办公室发表了一份措词谨慎的声明，谴责美军在伊拉克阿布格莱布监狱的虐囚行为。声明说，伊过渡政府“强烈谴责美军的所作所为”，并对布什政府严厉谴责虐囚事件的立场表示欢迎。

2月17日 联合国秘书长安南发表声明，对伊朗政府同意于本月20日在莫斯科与俄罗斯就俄政府提出的伊朗核问题建议举行会谈表示欢迎。

＊巴勒斯坦政府已决定将美国援助的5000万美元退还给美国。这是美国政府表示不愿向哈马斯领导的巴政府提供经济援助后，巴政府作出的回应。

2月18日 新当选的巴勒斯坦立法委员会全体成员宣誓就职。约旦河西岸的巴立法委员参加了当天在约旦河西岸城市拉姆安拉举行的就职仪式。由于以色列方面的阻挠，加沙地带的巴立法委员只在加沙城通过电视会议的方式参加了就职仪式。巴立法委由132名委员组成，是巴立法机构。哈马斯占有全部132个席位中的74个席位。从属于哈马斯的议员阿卜杜勒·阿齐兹·杜韦克当选为主席。

2月19日 哈马斯宣布，正式提名伊斯梅尔·哈尼亚担任巴勒斯坦自治政府新总理。

＊以色列代总理奥尔默特在内阁会议上说，以色列将不会与哈马斯领导的政府进行接触，同时将立即冻结向巴政府移交代收资金。

＊叙利亚政府对美国决定资助叙国内反对派一事表示谴责，称此举是干涉叙利亚内政的行为。美国国务院17日宣布将给予叙国内反对派500万美元的资助，以推动“叙利亚的民主改革”。美国于2005年成立了一个用于支持中东和北非地区“民主政治活动和经济发展”的基金，这500万美元正是该基金的一部分。

2月20日 巴勒斯坦伊斯兰圣战组织（杰哈德）下属一武装派别领导人哈马德·阿布·谢里夫当天清晨在约旦河西岸城市纳布卢斯被以色列军队开枪打死。

＊欧洲犹太人大会已经决定向荷兰海牙国际法庭（ICC）提交书面诉状，就有关犹太人大屠杀的言论要求国际法庭对伊朗总统艾哈迈迪·内贾德进行审判。

＊突尼斯、苏丹、约旦、阿联酋、也门和阿尔及利亚等6国的外长和代表在阿尔及尔举行会议，商讨在以色列实施经济制裁后巴勒斯坦所面临的严峻局势以及应对措施，并为即将在苏丹首都喀土穆举行的第18届阿拉伯首脑会议作准备。阿拉伯联盟秘书长穆萨出席了会议。

＊伊朗最高国家安全委员会副秘书阿里·侯赛尼·塔什和俄罗斯安全会议副秘书索博列夫分别代表双方在莫斯科就伊朗核问题举行4个多小时的闭门会谈。双方商定将就此问题继续举行会谈。

2月20—21日 英国外交大臣斯特劳对伊拉克进行事先未公开的旋风式访问，并与伊总统塔拉巴尼举行了会谈，双方讨论了如何加快伊新政府的组建问题。这是斯特劳近期内第二次访伊。

2月21日 伊拉克首都巴格达市中心一座市场遭汽车炸弹袭击，造成至少22人死亡，28人受伤。

＊巴勒斯坦民族权力机构主席阿巴斯在加沙城正式任命哈马斯提名的总理人选伊斯梅尔·哈尼亚为巴自治政府总理，并授权他组建下届巴自治政府。

2月22日 伊拉克萨迈拉著名的什叶派宗教圣地阿里·哈迪清真寺当日上午发生爆炸，清真寺的金顶被炸毁。伊什叶派宗教领袖西斯塔尼对此表示强烈谴责，呼吁民众发起抗议。这是近期伊发生的针对什叶派目标的第三起重大袭击。

＊伊朗宣布将对哈马斯领导下的巴勒斯坦政府提供经济援助。这一决

定是在美国宣称断绝对哈马斯领导的巴政府援助后作出的。

＊身穿警方制服的武装分子从伊拉克南部什叶派占多数的城市巴士拉的一所监狱掳走并杀死了 11 名逊尼派囚犯，其中 2 名是埃及人，其余的是伊拉克人。

2 月 22—23 日　阿拉伯电视台 3 名记者在前往伊拉克萨迈拉采访时遭绑架并被杀害。

2 月 23 日　伊拉克军队在伊拉克北部城市巴古拜巡逻时遭炸弹袭击，导致 12 人死亡，21 人受伤。同日，3 辆运送工人的汽车在巴古拜镇附近被武装人员拦截，共有 47 名工人遭枪杀。

＊美国国务卿赖斯对黎巴嫩进行了数小时的短暂访问，重申支持黎为完全恢复主权所做出的努力。

2 月 24 日　俄罗斯原子能署署长基里延科抵达伊朗访问，将同伊方就俄方提出的建立铀浓缩联合企业的建议展开进一步磋商。基里延科会见了伊朗副总统、国家原子能组织主席阿加扎德等伊朗官员，并参观由俄援建的伊首座核电站—布什尔核电站。

＊沙特东部的主要炼油厂——布盖格炼油厂遭到两辆装载炸药的汽车炸弹的袭击，2 名袭击者和 3 名警卫丧生。这是沙特国内第一次出现针对炼油厂的袭击。“基地”组织在互联网上发表声明称对袭击负责。

2 月 25 日　由于什叶派宗教圣地阿里・哈迪清真寺日前遭炸弹袭击，致使伊拉克国内教派关系骤然恶化。什叶派穆斯林宗教圣地卡尔巴拉当日发生汽车炸弹爆炸事件，造成至少 8 人死亡。逊尼派穆斯林长老会会长哈里斯・达里在巴格达的住所也遭到武装人员的攻击。为此，伊政府决定继续将首都巴格达及周围 3 省的宵禁延长，白天也禁止市民出门上街。

＊伊拉克逊尼派穆斯林长老会的代表和什叶派武装组织领导人萨德尔的代表在巴格达逊尼派的阿布・哈尼法清真寺举行会谈，商讨平息教派冲突问题并达成一致，谴责日前针对阿里・哈迪清真寺的袭击，并要求立即停止不同教派之间的杀戮。

2 月 26 日　伊拉克首都巴格达南部一个居民区当天遭到迫击炮袭击，造成 15 人死亡。22 日以来，由阿里・哈迪清真寺遭袭引发的什叶派群众举行的大规模抗议和示威活动，已造成 160 多人死亡，170 余座清真寺遭到不同程度的袭击。

2 月 27 日　伊朗外长穆塔基对日本进行了为期 3 天的访问，并与日本外相麻生太郎就伊朗核问题举行会谈。麻生太郎强烈要求伊朗停止恢复了的铀浓缩活动，但穆塔基表示拒绝。

＊伊朗总统艾哈迈迪・内贾德短暂访问了科威特，与科埃米尔谢赫・萨巴赫举行会谈。这是自 1979 年伊斯兰革命以来，伊朗国家最高领导人

首次访问科威特。

＊伊朗南部胡齐斯坦省的阿巴丹和达孜福尔两座城市的政府大楼各发生一起爆炸事件，共造成 4 人受伤。

＊伊拉克安全机构宣布，伊拉克“基地”组织一名关键人物已被逮捕，是叙利亚人，名叫阿布·阿尔—法鲁克，此前他一直在资助与协调扎卡维领导的伊拉克“基地”组织。

2 月 28 日　以色列与美国日前达成协议，以色列将收紧对外武器和军事装备的出口。

＊伊朗答应哈马斯组织领导人哈利德·马沙尔，将为其提供 2.5 亿美元的财政援助，以弥补以色列、欧盟和美国可能停止向巴提供资助的亏空。

＊伊拉克前总统萨达姆和其他 7 名前政府高官再次出庭受审，萨达姆辩护律师团的两名主要律师因所提要求被法官拒绝而离开法庭。萨达姆在当天的庭审中保持沉默，但他的同母异父兄弟、伊拉克前情报机构主管巴尔赞·易卜拉欣和主审法官发生了激烈的言辞冲突。

＊伊拉克政府发表声明说，因萨迈拉什叶派穆斯林圣地阿里·哈迪清真寺遭炸弹袭击引发的教派冲突已造成 379 人死亡，458 人受伤。

＊沙特警方在对沙特首都利雅得的突袭行动中击毙了沙特基地组织分支领导人法赫德·法拉贾·阿尔—祖瓦尔以及两名协助袭击沙特炼油厂的男子。

3月

3 月 2 日　伊拉克逊尼派政党“伊拉克和谐阵线”表示，武装分子当天袭击了该政党领导人阿德南·杜莱米的汽车，打死一名保镖，杜莱米本人则幸免于难。

＊黎巴嫩亲叙利亚和反叙利亚的各政治党派在首都贝鲁特市中心议会大厦举行全国对话会议，以解决黎巴嫩目前面临的政治危机。这是近 10 多年来黎首次举行由各政治党派领导人参加的高级别全国对话会议，会议重点讨论了黎叙关系、黎与负责调查黎前总理哈里里遇害案的国际调查委员会合作、黎总统拉胡德去留以及黎真主党是否解除武装等问题。

＊以色列工党主席佩雷茨在以色列和约旦的一个边境口岸与巴勒斯坦民族权力机构主席阿巴斯举行了会谈。

＊哈马斯派出的由 6 名成员组成的代表团抵达莫斯科，将对俄罗斯展开为期 3 天的访问，主要目的是为了寻求俄对其立场的支持，进而在国际

社会上取得合法性。

3月3日 伊朗最高国家安全委员会秘书拉里贾尼在奥地利维也纳开始同代表欧盟参与伊朗核问题谈判的英、法、德3国外长举行会谈。但会谈并未取得实质性成果。

＊中国驻伊拉克使馆所在地巴格达曼苏尔饭店区域内当日中午遭到一枚迫击炮弹袭击，袭击没有造成人员伤亡，但对饭店造成一定破坏。这是中国使馆所在的曼苏尔饭店第三次遭到袭击。

3月6日 伊拉克首都巴格达东北部的巴古拜市的一个市场发生汽车炸弹爆炸事件，导致5人丧生。

＊驻巴格达的伊拉克陆军师师长杜莱米少将遭伏击，中弹身亡。他是在暴力事件中遇难的伊新军最高级别军官。

3月8日 在巴格达西部一辆被丢弃的中巴车上发现了18具尸体。受害者是被绞死或者遭枪杀，其中至少有两人看起来是外国阿拉伯人。

3月9日 土耳其东南部凡省省政府机关附近的一个购物中心前发生炸弹爆炸，造成3人死亡。

＊伊拉克政府宣布，当天绞死了13名反抗武装人员。这是萨达姆政权后伊首次对反抗武装人员执行死刑。

＊土耳其安全部队当日晚在东南部希尔纳克省遭到库尔德工人党武装人员的伏击，两人丧生，10人受伤。

3月10日 伊拉克国家安全部长阿尔·恩济公开谴责美国政府干涉伊拉克内部事务，指责美国故意拖慢伊重建的速度，而把注意力集中于自私的计划上，包括石油和“反恐”。

3月11日 约旦处决了参与2002年在约旦首都阿曼杀害美国外交官劳伦斯·福利的两名恐怖分子利比亚人萨利姆·本·苏韦德和约旦人亚西尔·法里哈特。

3月12日 以色列前总理佩雷斯和巴勒斯坦民族权力机构主席阿巴斯在约旦举行了约20分钟的会谈，主要讨论了经济问题。

3月13日 英国国防大臣约翰·里德在下议院宣布，驻伊拉克英军将减少800名士兵。

3月14日 俄罗斯安全会议秘书伊万诺夫和伊朗最高国家安全会议副秘书侯赛尼·塔什在莫斯科举行会谈。俄在会谈中重申，应借助国际原子能机构所提供的条件，继续通过外交途径解决伊朗核问题。

＊以色列军队在坦克与导弹的掩护下，强行进入约旦河西岸杰里科关押巴勒斯坦左翼组织——“解放巴勒斯坦人民阵线”领导人艾哈迈德·萨阿达特的监狱，逮捕了包括萨阿达特在内的6名囚犯。袭击造成两名巴勒斯坦警卫丧生。

＊巴勒斯坦民族权利机构主席阿巴斯就欧盟资助巴政府而非哈马斯一事会晤了奥地利总理沃尔夫冈·许塞尔，同时他还会见了奥总统菲舍尔及外长普拉斯尼克。

＊巴勒斯坦武装分子在加沙地带绑架了多名外国人质，其中包括两名韩国记者、两名为当地援助机构工作的法国妇女、两名澳大利亚教师、一名美国教授。15日，巴自治政府内政部宣布，上述遭绑架的外国人已全部获释，

＊叙利亚安全部队当天在首都大马士革西北部击毙了隶属于叙一个名为“夏姆士兵组织”的恐怖团伙的两名武装分子。

＊正在贝鲁特出席“全国对话会议”的黎巴嫩各政治党派领导人一致同意，在6个月内解除黎境内巴勒斯坦难民营外的武装，并与邻国叙利亚实现国家关系正常化。

3月15日　第30届阿拉伯国家联盟（阿盟）卫生部长理事会会议在埃及首都开罗的阿盟总部召开，会议将要完成的3项主要任务是：为防止禽流感在阿拉伯国家蔓延制定有效措施、交流经验；向巴勒斯坦、苏丹达尔富尔地区和索马里提供医药卫生援助；确定阿拉伯国家在今年5月召开的世界卫生大会上的统一立场。

＊驻伊拉克的美军在巴格达北部的巴拉特镇投掷炸弹，造成11名平民丧生。

3月16日　伊拉克正式议会在巴格达“绿区”召开首次会议，当选议员在会上宣誓就职。主持会议的议员帕切奇指出，会议没有按照宪法规定选出议长和副议长，但议会各党派同意在完成组阁磋商后选出议会领导人。

＊美伊联军发动自2003年以来最大规模的军事行动，打击盘踞于萨迈拉的伊抵抗武装。驻伊美军发表声明说，美军与伊安全部队当天调遣了50多架战机、200多辆战车和1500名士兵。

3月17日　以色列农业部证实，以色列南部内盖夫地区两个基布兹农场有大约17000只鸡和火鸡死于禽流感。另外有3名疫区或者跟病禽有密切接触的以色列人出现了禽流感症状。

＊伊朗国家警察局局长哈迈迪·穆加达姆表示，一伙武装分子伪装成警察和士兵在该国东南部锡斯坦—俾路支斯坦省（靠近阿富汗和巴基斯坦边境）的扎博勒—扎黑丹公路上伏击政府官员的车队，造成23名官员死亡。扎黑丹市市长也在袭击中受重伤。穆加达姆谴责英美两国的情报部门策划了这起袭击事件。

3月18日　黎巴嫩总统拉胡德明确表示拒绝黎反叙政党提出的要求其辞职的要求，并建议提前举行议会选举，以解决总统任期争议。

3月19日 巴勒斯坦新总理、巴伊斯兰抵抗运动（哈马斯）领导人哈尼亚在加沙向巴民族权力机构主席阿巴斯正式递交了新政府名单和执政纲领。新政府共有24名部长，其中9名是巴立法委员会的哈马斯议员，包括一名基督教人士和一名妇女。针对哈马斯决定单独组阁，法塔赫部分军人表示强烈不满，并与巴警察发生了5次冲突。法塔赫军事人员在加沙地带攻击了政府大楼，占领了一个发电厂，并在一条主要公路上设置了路障。

3月21日 伊拉克警方称，一伙武装分子闯入了巴格达北部逊尼派中心地区的一座监狱，释放了被关押在里面的33名囚犯。在激战中，10名武装分子、19名警察和1名法警死亡。

3月22日 由黎巴嫩14个党派的代表参加的全国对话会议第三阶段会议在首都贝鲁特开始举行。此阶段会议将主要讨论黎巴嫩总统拉胡德的去留以及黎巴嫩真主党是否解除武装等问题。

＊伊拉克副总理艾哈迈德·沙拉比在伊北部城市拜伊吉视察时遭到迫击炮弹袭击，沙拉比本人安然无恙。

3月24日 伊拉克东北部哈利斯镇一座逊尼派清真寺外发生炸弹爆炸，导致5人死亡。

3月25日 阿拉伯国家联盟（阿盟）秘书长穆萨在苏丹首都喀土穆表示，阿盟不考虑向伊拉克派遣伊斯兰——阿拉伯维和部队。

3月26日 正在苏丹首都喀土穆举行的阿拉伯国家联盟外长会议明确表示，拒绝以色列单方面划定边界行动，认为此举将使巴勒斯坦无法建国。

＊驻伊拉克美军在伊内政部一栋大楼的地下室发现17名被关押的外国人后采取突袭行动，拘捕了40名伊警察。

3月27日 伊拉克北部城市摩苏尔附近的一个美伊联合军事基地遭到自杀式炸弹袭击，造成至少40名伊拉克人死亡。

3月28日 阿拉伯国家联盟首脑会议在苏丹首都喀土穆举行，阿盟22个成员国的10多位国家元首以及其他成员国代表出席了峰会。

＊巴勒斯坦立法委员会主席杜韦克在拉姆安拉宣布，新总理、哈马斯领导人伊斯梅尔·哈尼亚提交的新政府组建计划在立法委获得通过。立法委132名成员中有109人参加了对新政府的信任表决，最终以71票赞成、36票反对、2票弃权的结果通过新政府组建计划。本届新政府24名阁员中包括哈马斯成员、独立人士和专家，其中总理兼青年部长哈尼亚、外交部长马哈茂德·扎哈尔、内政部长赛义德·赛亚姆均是哈马斯成员。

＊叙利亚总统巴沙尔和黎巴嫩总理福阿德·西尼乌拉在苏丹喀土穆会见，双方就黎总理于近期访问叙利亚事宜进行了磋商。这是黎总理西尼乌

拉去年6月上任以来，第二次同叙总统会晤。

＊以色列代总理、前进党主席奥尔默特当日晚在大选投票结束后宣布，前进党赢得了此次大选。他还表示，如果巴勒斯坦愿意做出让步，他准备与巴方进行和谈。

3月29日 哈马斯组建的巴勒斯坦新政府在巴民族权力机构主席阿巴斯主持下宣誓就职。由于以色列的封锁，就职仪式分别在加沙和约旦河西岸城市拉姆安拉两地举行。

＊联合国安理会一致通过由英国和美国提案的第1664号决议，要求秘书长安南就建立国际法庭审理黎巴嫩前总理哈里里遇害案的有关事宜与黎政府进行磋商。

＊联合国安理会发表一项主席声明，要求伊朗遵照国际原子能机构的要求，在30天内停止铀浓缩活动。此项声明是英、法、中、美、俄等安理会5个常任理事国经过3周的紧张磋商和辩论达成妥协后，交由安理会15个成员国一致通过的。

3月30日 德国、中国、俄罗斯、法国、英国、美国的外长或副外长以及欧盟负责外交和安全政策的高级代表索拉纳在德国柏林举行会议，就伊朗核问题进行磋商。与会各方发出紧急呼吁，要求伊朗尽快停止一切铀浓缩活动，重新回到谈判桌上来。当天法国总统希拉克在巴黎会见赖斯时对伊朗再次拒绝放弃其核计划表示忧虑。

＊约旦河西岸一犹太人定居点附近发生自杀式爆炸，造成至少4名以色列人身亡。

＊巴勒斯坦武装人员在加沙与安全机构人员发生枪战，造成3人死亡。巴自治政府总理哈尼亚召开紧急内阁会议，商讨应对加沙地带安全形势混乱的对策。

＊土耳其最大城市伊斯坦布尔发生一起爆炸事件，造成至少1人死亡。一个名为“库尔德自由之鹰”的组织宣布对爆炸负责。

4月

4月1日 美国国务卿赖斯和英国外交大臣斯特劳当天抵达巴格达进行访问，他们将与伊拉克有关方面讨论组建伊联合政府事宜。

4月3日 阿拉伯国家联盟经社理事会在埃及首都开罗举行会议，为即将于本月下旬召开的南美洲和阿拉伯国家财政部长会议做准备。

4月5日 伊拉克前总统萨达姆在最高法庭上承认，他曾经在20世纪 80 年代批准对涉嫌参与暗杀其行动的什叶派穆斯林执行死刑。

＊伊朗军队成功试射了 1 枚名为“诺尔”的空对地、空对舰导弹。该导弹能够从战斗机和直升机上发射，具备抵御电子干扰和躲避拦截导弹的能力。

4 月 6 日 以色列总统卡察夫正式授权前进党主席奥尔默特组建新政府。奥尔默特将担任以色列下届政府总理。

＊伊拉克纳杰夫什叶派圣地伊玛目阿里清真寺附近发生汽车炸弹爆炸，造成至少 10 人死亡。

4 月 7 日 国际原子能机构专家组抵达伊朗，对伊朗一系列核设施进行检查，其中包括从事铀浓缩活动的纳坦兹核设施。

＊欧盟负责对外关系事务委员瓦尔德纳女士的发言人宣布，在 4 月 10 日欧盟外长会议作出决定之前，欧盟委员会将暂停对哈马斯领导的巴政府的经济援助。

＊伊拉克首都巴格达一座名叫布拉撒的什叶派清真寺发生自杀式袭击事件，造成至少 79 人死亡，160 多人受伤，这是今年以来伊境内发生的伤亡最为惨重的袭击事件。联合国秘书长安南通过发言人发表声明，对袭击表示强烈谴责。

4 月 8 日 伊拉克巴格达南部城镇一座什叶派清真寺遭到汽车炸弹袭击，造成至少 6 名什叶派穆斯林死亡。

4 月 9 日 中国派往中东地区的第一支维和部队——维和工兵营在黎巴嫩南部驻地哈尼亚特接防。中国维和工兵营由 182 人组成，作为联合国驻黎临时部队的组成部分，部署在黎南部地区，执行排雷，修建和维护道路、建筑物、停机坪等任务，并担负对黎南部地区的人道主义救助任务。中国维和工兵营的先头部队已于 3 月 31 日抵达黎南部驻地，后续部队于 4 月 16 日抵达。

＊叙利亚一军事法庭缺席审判目前流亡法国的叙前副总统哈达姆，罪名包括煽动外国“直接入侵叙利亚”以及“阴谋夺取政治和民事权力”等。

4 月 11 日 以色列内阁正式宣布，处在昏迷之中的以色列总理沙龙永久失去履行职权的能力，由奥尔默特担任过渡政府总理。这一决定宣告了以色列政坛沙龙时代的正式结束。

＊伊前总统拉夫桑贾尼告诉新闻界，伊朗已首次成功使用离心机生产出浓缩铀。伊朗副总统、伊朗原子能组织主席阿加扎德也发表电视讲话称，伊朗 9 日起已经成功地获得纯度为 3.5％的浓缩铀，伊朗已是世界上第 8 个拥有该技术的国家。

4 月 12 日 有关伊拉克问题的阿拉伯国家外长委员会会议在开罗举

行。沙特阿拉伯、科威特、叙利亚、约旦，以及东道国埃及、上届和本届阿盟首脑会议主席国阿尔及利亚和苏丹等 7 国外长参加了此次会议。会议主要讨论援助伊拉克等问题。而伊拉克在 11 日宣布抵制此次会议，以抗议埃及总统穆巴拉克此前发表的有关伊拉克什叶派穆斯林更忠于伊朗的言论。

＊伊拉克首都巴格达东北巴古拜镇附近的一座什叶派清真寺遭到汽车炸弹袭击，至少造成 27 人死亡。

4 月 13 日 国际原子能机构总干事巴拉迪应伊朗副总统兼国家原子能组织主席阿加扎德的邀请对伊朗进行工作访问，就伊朗与国际原子能机构继续合作与交流等问题交换意见。

＊伊斯兰会议组织议会联盟第四次大会在土耳其伊斯坦布尔闭幕。大会发表的《伊斯坦布尔宣言》呼吁国际社会承认哈马斯为巴勒斯坦人民的合法代表。

＊驻伊拉克美军在伊西部安巴尔省遭袭，造成 2 名海军陆战队队员死亡，22 名士兵受伤。这是驻伊美军几周来伤亡最惨重的一起遇袭事件。

4 月 14 日 第三届支援巴勒斯坦人民权利大会在伊朗德黑兰开幕。伊朗最高领袖哈梅内伊倡议召开此会并发表主旨讲话，伊朗总统艾哈迈迪·内贾德、议长阿德勒、来自 26 个国家的议长、11 个国家的副议长以及政界和文化界知名人士约 600 人出席了开幕式。

4 月 16 日 阿拉伯国家联盟在开罗总部证实，摩洛哥外交官拉马尼被任命为阿盟驻伊拉克办事处负责人。这是阿盟在美英等国发动伊拉克战争、推翻萨达姆政府之后首次在伊开设办事处。

4 月 17 日 以色列特拉维夫发生自杀式爆炸袭击，造成至少 8 人死亡。巴勒斯坦伊斯兰圣战组织（杰哈德）和法塔赫下属的“阿克萨烈士旅”分别宣称对事件负责。这是哈马斯组建新政府以来巴武装组织首次发动针对以色列人的自杀式袭击。

4 月 19 日 哈马斯发布声明说，约旦当局对哈马斯在约境内储存武器的指责是“挑衅性的”，对约旦取消巴外交部长扎哈尔的访问表示遗憾。

＊俄罗斯武装力量总参谋长巴卢耶夫斯基说，俄方将完全履行向伊朗出售“托尔－M1”型防空导弹的合同，该型防空导弹不是战略武器，俄方将履行有关军控条约规定的国际义务并接受相关组织的监督。

4 月 20 日 巴勒斯坦哈马斯政府的财政部长表示，该政府当前仍然无法为 16.5 万名公务员支付工资，而阿拉伯国家承诺的援助款至今也没有抵达。

＊以色列司法部发表声明，称最高法院决定延长对核科学家瓦努努颁布的出国禁令一年。

＊叙利亚总统巴沙尔·阿萨德在会见来访的巴勒斯坦外长扎哈尔时签署总统令，允许因躲避内乱而逃离伊拉克的2.5万名巴勒斯坦人进入叙利亚境内避难。

4月—21日 巴勒斯坦民族权力机构主席阿巴斯21日否决了新政府内政部20日有关组建一支直属于内政部长的特种部队以及任命总署长等一系列安全措施。

4月22日 应沙特阿拉伯王国国王阿卜杜拉·本·阿卜杜勒—阿齐兹的邀请，中国国家主席胡锦涛开始对沙特阿拉伯进行为期两天的国事访问。

＊伊拉克现任总统塔拉巴尼在议会会议上获得连任，他随后任命什叶派人士贾瓦德·马利基为新总理。伊拉克议会当天还选举逊尼派官员马哈茂德·马什哈达尼为议会议长。

4月22—23日 巴勒斯坦法塔赫和哈马斯在22日两派支持者发生冲突后连夜举行磋商，并于23日宣布双方决定合作化解矛盾。

4月23日 伊拉克武装人员向伊国防部大楼发射炮弹，造成5人死亡。另有炮弹在巴格达中心地区爆炸，造成至少6名平民死亡。

＊以色列耶路撒冷地方法院裁决认定，巴勒斯坦符合一个主权国家的条件，应该被视为一个合法的主权国家。该法院院长奥孔在一份裁决书中说，巴民族权力机构具备主权国家应有的人口、领土、政府和警察部队以及独立的货币等条件，可以在整个加沙地带和部分约旦河西岸地区行使主权。巴勒斯坦和以色列应享有平等的地位，以色列不能将其法律强加在巴领土上。

＊也门首都萨那一个市场发生手榴弹爆炸，至少3人被炸死。

4月24日 位于埃及西奈半岛的红海旅游城市宰海卜当日晚发生3起爆炸，造成20人死亡和约90人受伤。3起爆炸分别发生在宰海卜旅游市场的两家咖啡馆和一家超市附近，是由定时装置引爆汽车炸弹。埃及内政部长哈比比·阿德里发表声明称，遇难的外国人分别来自德国、意大利、俄罗斯、韩国和美国。此次爆炸案是埃及西奈半岛在18个月的时间里遭受的第三次打击。国际社会当天纷纷对爆炸事件进行强烈谴责。

＊正在摩洛哥进行国事访问的中国国家主席胡锦涛就埃及西奈半岛宰海卜连续发生恐怖爆炸事件向埃及总统穆巴拉克发去慰问电。

4月25日 叙利亚总统巴沙尔和副总统沙雷在大马士革分别会见了负责调查黎巴嫩前总理哈里里遇害案的联合国调查委员会负责人、比利时检察官塞奇·布拉默茨。双方就哈里里遇害案调查的最新进展情况进行了讨论。这是布拉默茨自今年1月接替前调查委员会负责人、德国检察官梅利斯以来首次会见叙利亚总统。

4月26日 美国国防部长拉姆斯菲尔德突然对伊拉克进行访问，并会见了驻伊美军指挥官。国务卿赖斯当日紧随拉姆斯菲尔德之后突访巴格达，与拉姆斯菲尔德一道同伊新政府领导人举行了会谈，以推动伊拉克尽快组成民族团结政府。

＊埃及西奈半岛北部靠近加沙的边境地区发生两起自杀式袭击，恐怖分子袭击了一处警察局和一辆搭载着数名国际观察员的车辆。

＊半岛电视台驻埃及记者站站长阿卜杜勒·加尼被埃及安全机构逮捕。他被控进行虚假报道，混淆公众舆论，引发社会不稳定。加尼接受调查并交担保金后被释放。

4月27日 伊拉克南部的一个意大利军事基地遭炸弹袭击，造成3名意大利士兵和1名罗马尼亚人死亡。

4月28日 巴勒斯坦民族权力机构主席阿巴斯对法国进行了短暂访问，在争取恢复西方对巴援助方面取得了一定成果。法国领导人对巴人民和阿巴斯本人表示了支持。

4月29日 黎巴嫩真主党发表声明，批评美国务院最近发表的报告将其列入国际恐怖组织名单完全是美国根据自己制定的不公正标准来给他国、人民和组织（运动）定性。

5月

5月1日 中东问题有关四方（美国、联合国、欧盟、俄罗斯）“加沙撤离问题特使”沃尔芬森在新闻发布会上宣布辞职，理由是巴勒斯坦伊斯兰抵抗运动（哈马斯）执政后使他的工作难以继续。

5月2日 伊朗副总统兼国家原子能组织主席阿加扎德称，伊朗最近生产的浓缩铀纯度已达到4.8%。

＊今年1月在伊拉克被绑架的两名德国工程师获释。

＊由中国、美国、英国、法国、俄罗斯和德国6国的代表参加的巴黎会议当日晚结束，会议未能就伊朗核问题达成协议。

＊黎巴嫩政府内阁会议上决定，黎政府要求将负责调查黎前总理哈里里遇害案的国际调查委员会的工作任期于今年6月15日结束后再延长一年，黎政府认为有必要完成哈里里案的全部调查工作，并建立特别国际法庭，审判参与制造哈里里遇害案的犯罪分子。

5月4日 两名美军士兵当天在伊拉克巴格达遭路边炸弹袭击身亡。同日，巴格达闹市区一家法院附近发生汽车炸弹袭击事件，造成至少8人死亡。

＊以前进党主席奥尔默特为总理的以色列新政府宣誓就职。奥尔默特领导的新政府暂由前进党、工党、正统犹太教派沙斯党和退休者联盟4个党组成，在总共120个席位的议会中拥有67席。

5月5日 伊朗总统艾哈迈迪·内贾德与土耳其总理埃尔多安在阿塞拜疆首都巴库举行了大约一个小时的会谈。

＊以色列飞机发射导弹袭击了加沙地带一个武装组织的训练基地，炸死了至少5名巴勒斯坦武装人员。这是以新任国防部长、工党主席佩雷茨上任以来下令实施的首次定点清除行动。

5月6日 一架英军直升机在伊拉克南部城市巴士拉上空遭导弹袭击后坠毁。驻伊英军在坠毁现场与萨德尔支持者发生冲突，一辆英军坦克被烧，两名伊拉克人中弹身亡。

5月7日 伊朗议会致函联合国秘书长安南，称如果美国继续强迫伊朗中止铀浓缩活动，伊朗议会将要求政府退出《不扩散核武器条约》。

＊伊拉克南部城市卡尔巴拉和首都巴格达当天发生多起爆炸袭击事件，导致至少30人丧生。

5月8日 巴勒斯坦执政派别哈马斯和反对派别法塔赫的武装人员在加沙地带发生武装冲突，一名哈马斯成员和两名法塔赫成员被打死。这是自哈马斯执政以来双方发生的最严重的武装冲突。

＊伊朗政府发言人埃尔罕宣布，伊朗总统艾哈迈迪·内贾德已致信美国总统布什，就解决国际紧张局势提出"新方案"。这是1979年两国断绝外交关系27年来伊朗领导人首次给美国总统写信。

5月9日 中国驻埃及大使吴思科与埃及国际合作部部长法伊扎·阿布·纳贾在开罗签署了"中国援助埃及苏伊士湾西北经济特区一站式投资服务大楼立项换文"和"中国援助埃及中文学校立项换文"两项协议。这两个项目分别是两国在2004年1月中国国家主席胡锦涛访埃期间和2002年1月埃及总统穆巴拉克访华期间达成的。

＊埃及内政部发表声明宣布，埃及反恐部队当天早上在北西奈半岛的阿里什山击毙了上月底制造西奈半岛自杀式袭击事件的幕后主谋纳赛尔·哈米斯·马拉希。

＊中东问题有关四方（联合国、欧盟、俄罗斯和美国）的代表在联合国总部举行会晤，商讨巴勒斯坦局势和中东和平进程问题。会晤由联合国秘书长安南主持，埃及、沙特阿拉伯和约旦的外长与会。中东问题四方会谈成员同意暂时向巴勒斯坦提供一定援助，以帮助巴缓解财政危机。

5月10日 伊朗总统内贾德抵达印度尼西亚进行为期5天的访问。

＊10多万黎巴嫩人在首都贝鲁特市中心举行示威游行，反对政府提

出的关于经济改革的初步方案。黎工会协调机构发起并组织了此次示威游行活动。黎真主党、阿迈勒运动、阿拉伯复兴社会党、叙利亚社会民族党等以及由奥恩领导的自由国民阵线参加了这次游行示威。

5月14日　驻伊两名美军士兵在巴格达东部遭路边炸弹袭击身亡；一架美军直升机在巴格达西南方的尤索非亚被击落，机上两名美军士兵死亡。

5月15日　巴勒斯坦解放组织（巴解组织）驻黎巴嫩办事处在贝鲁特正式重开。

*美国负责国际组织事务的助理国务卿克里斯滕·西尔弗伯格抵达黎巴嫩访问并说，美国支持黎各党派开展对话、支持黎前总理哈里里遇害案国际调查委员会的调查工作。

5月16日　包括“伊拉克伊斯兰抵抗阵线”、“1920革命旅”在内的5个伊拉克武装组织发表联合声明，拒绝副总统哈希米有关敦促这些武装组织与驻伊美军对话的提议。

5月16—19日　阿联酋驻伊拉克大使馆的一位领事16日在巴格达以西的曼苏尔区被武装分子绑架。18日一个自称“伊斯兰旗帜”的武装组织宣称对绑架事件负责，并要求阿联酋在24小时内关闭其驻伊拉克使馆。19日被绑架者获释。

5月17日　巴勒斯坦自治政府内政部长、哈马斯领导人赛亚姆宣布，由该部直接领导的安全部队自当日起开始运作，以协助其他机构控制巴境内的安全局势。大约3000名忠于哈马斯的武装部队被部署到加沙地带，这是哈马斯对巴民族权力机构主席阿巴斯的最新挑战。

5月19日　埃及警方证实，一名涉嫌埃及西奈半岛宰海卜爆炸案的名叫阿拉法特·阿里的恐怖嫌犯当天在西奈半岛北部靠近巴勒斯坦加沙地带边界的拉法被炸身亡。他是制造西奈半岛连环爆炸案的恐怖组织“统一与圣战”的二号人物。

*巴勒斯坦哈马斯发言人萨米·阿布·祖赫里从埃及入境时，被查出随身携带63.9万欧元（约合630万元人民币）现金。巨款遭到扣押后，哈马斯武装人员聚集在检查站示威。哈马斯立法委员马希尔·马斯里称款项是阿拉伯国家给巴政府的捐款，将用于支付关押在以色列监狱里的巴人的补助。

5月20日　位于加沙的巴勒斯坦安全总部发生爆炸，总指挥官拉杰卜受重伤，一名保镖身亡。

*达沃斯世界经济论坛会议在埃及旅游城市沙姆沙伊赫开幕，这是由埃及首次举办的世界经济论坛会议，约有近1500名国际政界和商界重要人士与会。

5月21日 以色列内阁当日同意向巴勒斯坦移交部分被以方冻结的代收税款，以医疗援助的形式向巴民族权力机构提供约1100万美元的资金。

* 科威特埃米尔（国家元首）谢赫·萨巴赫发布敕令，解散科国民议会并在下月举行议会选举。

* 巴勒斯坦民族权力机构主席阿巴斯在埃及沙姆沙伊赫会晤了同样在此参加世界经济论坛的以色列外长齐皮·利夫尼。这是哈马斯上台以来，巴以之间首次高层会谈。

5月22日 英国首相托尼·布莱尔抵达巴格达，开始对伊拉克进行访问。

* 以色列警察逮捕了3名属于哈马斯的巴勒斯坦立法委员，其中包括一名巴自治政府负责耶路撒冷事务的部长阿拉法。

* 哈马斯下属的武装人员与法塔赫主导的警察部队在巴勒斯坦加沙街头发生严重冲突，造成一名约旦外交官死亡，11人受伤。这是近几周以来，巴勒斯坦内部发生的最严重冲突。

5月23日 黎巴嫩总统拉胡德说，鉴于以色列军队状况，黎军队和抵抗力量根本不可能抵抗得住来自以色列的进攻。在中东地区没有实现公正、全面和持久和平的情况下，目前讨论真主党武装的保留与否是可笑的。

5月24日 以色列国防军在约旦河西岸城市拉姆安拉市中心与巴勒斯坦武装人员发生冲突，打死3名巴勒斯坦人，打伤30多人，另有1名以军士兵受伤。这是一年多来以色列首次在拉姆安拉采取大规模军事行动。

* 巴勒斯坦预警部队加沙中部地区负责人纳比勒·胡德胡德当天在一起汽车爆炸事件中身亡。这是几天来在加沙地带发生的第二起巴安全高官遭遇炸弹爆炸袭击。

* 伊拉克总理马利基宣布，在国际刑警组织与黎巴嫩当地警方的协助下，他们已经将萨达姆在黎的侄子哈桑·阿尔·提克里蒂抓捕归案，他涉嫌在萨达姆倒台时对伊人民犯下了多重罪行。

5月25日 以色列总理奥尔默特和国防部长佩雷茨决定向巴勒斯坦民族权力机构主席阿巴斯的卫队提供一定数量的武器弹药，以加强对阿巴斯的保护。

5月26日 黎巴嫩南部城市西顿当天上午发生一起汽车爆炸事件，杰哈德的一名负责人马哈茂德·马吉汝布（又名阿布·哈姆扎）受重伤。这是近几年来黎境内第一次发生针对巴人员的谋杀事件。

* 伊拉克武装分子当天在巴格达枪杀了伊国家网球队教练侯赛因·拉

希德及两名队员。

5月27日 正在伊拉克访问的伊朗外长穆塔基当日在什叶派圣城纳杰夫会见了伊什叶派宗教领袖西斯塔尼。

5月28日 以色列出动战机袭击了解放巴勒斯坦人民阵线（人阵）总指挥部在黎巴嫩东部的阵地及在贝鲁特以南的纳梅地区的阵地。

5月29日 伊拉克连续发生3起炸弹爆炸袭击事件，造成22人死亡。

＊美国哥伦比亚广播公司1名摄影记者和1名录音师当天在伊拉克的一起路边炸弹爆炸事件中丧生。

＊以色列要求居住在东耶路撒冷的4名属于哈马斯的巴立法委员退出哈马斯，否则他们将失去在耶路撒冷的居住权。

5月30日 数千名巴勒斯坦政府职员在内阁大楼外举行抗议示威，要求巴自治政府向他们发放已经拖欠3个多月的薪水。这是哈马斯组阁以来政府职员发动的规模最大的抗议活动。

＊阿拉伯联合酋长国外交部长阿卜杜拉宣布，本月16日在伊拉克首都巴格达遭绑架的阿联酋驻伊拉克大使馆外交官纳吉·纳伊米已于当晚获释。

5月31日 伊拉克总理马利基当日宣布在伊南部城市巴士拉实行为期一个月的紧急状态。英国外交部当日发表声明，欢迎伊政府在英军驻守的巴士拉实施紧急状态。

6月

6月1日 哈马斯法塔赫的武装人员在巴勒斯坦加沙地带再次发生多起交火，导致一名巴民族权力机构安全官员丧生。

6月1—2日 美国、英国、法国、俄罗斯、中国和德国代表在奥地利首都维也纳举行外长会议，就有关解决伊朗核问题的一揽子方案达成共识。伊朗国家原子能组织副主席赛义迪当天表示，即使面临来自国际社会的压力，伊朗也不会停止铀浓缩活动，并将坚决发展用于和平目的的核计划。

6月2日 叙利亚安全部队在首都大马士革市中心成功阻止一伙武装分子发动的一起恐怖袭击行动，当场击毙4名武装分子。

＊巴勒斯坦自治政府总理哈尼亚当日在加沙发表讲话，要求重新研究谋求在被占领土上建立巴勒斯坦国的“狱中协议”。

6月3日　一伙武装人员在伊拉克首都巴格达西部曼苏尔区袭击了俄罗斯驻伊使馆工作人员的车辆，1名俄外交官被当场打死。

＊驻伊拉克美军训练时炮弹击中伊一小镇，造成3人死亡。这是一周内发生的第二起美军“误杀”伊平民事件。

＊伊拉克警方在巴格达以北巴古拜郊外公路旁发现8颗人头，其中一名受害人是逊尼派宗教人士。

6月4日　伊朗最高领袖哈梅内伊在德黑兰强调，伊朗不会在“威胁和贿赂”下放弃核权利，也不会寻求发展核武器。伊朗不会发动任何战争，也不希望与任何国家发生战争。

＊一伙武装分子在伊拉克首都巴格达东北部地区袭击几辆公共汽车，21人被当场打死。同日，南部城市巴士拉的一座清真寺发生冲突，造成11人丧生。

6月5日　意大利驻伊拉克军队的1辆军车遭到袭击，至少造成1人死亡。

6月6日　欧盟负责外交与安全政策的高级代表索拉纳在德黑兰向伊朗提交了6国关于解决伊朗核问题的新方案，其中包括美欧支持伊朗拥有民用核计划、支持伊朗加入世界贸易组织和允许伊朗购买民用飞机部件等主要内容。

＊巴勒斯坦民族权力机构主席阿巴斯召开巴勒斯坦解放组织（“巴解”）执委会会议，就“狱中协议”举行全民公决问题进行讨论。

6月7日　伊拉克国家电视台援引司法部消息称，政府总共释放594名囚犯，是自萨达姆政权垮台以来规模最大的释囚行动之一。

＊5个巴勒斯坦派别—哈马斯、杰哈德、阿拉伯解放阵线、解放巴勒斯坦人民阵线总指挥部、人民解放战争先锋队“霹雳”发表联合声明说，上述5个派别一致认为，就“狱中协议”举行全民公决不合法，而且具有很大的政治风险。

＊意大利外交部长马西莫·德阿莱马表示，意大利将从本月开始减少驻伊部队士兵数，所有意大利部队将在今年年底前撤出伊拉克。

6月8日　伊拉克总理马利基宣布，“基地”组织伊拉克分支头目扎卡维在美军和伊拉克军队在巴格达北部发动的一次联合空袭中丧生。与扎卡维一起丧生的还有他的7名助手。

＊伊拉克总理马利基提交的3名部长人选名单获伊国民议会通过。新上任的3名部长分别是国防部长、逊尼派人士阿卜杜勒·卡迪尔·穆罕默德；内政部长、什叶派人士贾瓦德·博拉尼；以及国家安全事务部长、什叶派人士瓦伊利。

＊以色列总理奥尔默特抵达约旦进行数小时访问，这是他上任以来出

访的第二个阿拉伯国家。

＊埃及外长盖特在开罗会见了到访的美国负责中东事务的助理国务卿威尔奇，双方探讨了地区局势和双边关系等问题。

＊国际原子能机构总干事巴拉迪在提交给该机构理事会 35 个成员国的一份秘密报告中说，伊朗目前已恢复了有争议的铀浓缩活动，同时正在扩建离心分离机生产线。

＊以色列军方向巴武装组织“人民抵抗委员会”位于加沙南部拉法的一处训练营发动攻击，炸死巴自治政府安全部队首脑贾迈勒·阿布·萨姆哈达纳。

6 月 9 日 以色列军舰向巴勒斯坦加沙地带北部海滩发射多枚炮弹，当场炸死 9 名巴平民，炸伤数十人，其中绝大多数为儿童。巴民族权力机构主席阿巴斯发表声明，严厉谴责以色列的黩武行径，并称这起事件是“反人类的屠杀”，呼吁国际社会紧急介入。

＊伊拉克当日发生多起爆炸事件，导致将近 40 人丧命，数十人受伤。

6 月 10 日 哈马斯下属的武装派别“卡桑旅”当日从巴勒斯坦加沙向邻近的以色列目标发射了 7 枚土制火箭弹，这是哈马斯武装自 2005 年 3 月同意停火以来首次主动袭击以目标。

＊巴勒斯坦民族权力机构主席阿巴斯宣布，他将在 7 月 26 日就是否接受“狱中协议”举行全民公决。执政的哈马斯当日即表示反对阿巴斯的决定。

6 月 11 日 以色列总理奥尔默特在内阁例会上对以军 9 日炮轰加沙北部导致多名巴勒斯坦平民丧生表示遗憾，并承诺对这起事件展开调查。

＊土耳其安全部队的一队士兵在土东部遭遇库尔德工人党反政府武装的伏击，造成 2 名土士兵丧生。

＊以色列总理奥尔默特抵达英国访问，这是他自今年 3 月当选总理后首次访欧。

＊因驻伊当地英军在与什叶派武装人员冲突时打死了 5 名伊拉克平民，伊南部省份米桑省委员会决定中止同驻伊英军的一切合作，同时还要求中央政府对这起平民死亡事件进行调查。

6 月 12 日 伊拉克石油部的一辆员工巴士在巴格达南部遭路边炸弹袭击，造成至少 6 人死亡。

＊伊斯兰武装分子的一家网站称，“基地”组织已经正式任命名叫阿卜·哈姆扎·阿尔·穆赫吉的新领导人来接替扎卡维。他与扎卡维一样来自约旦。

＊巴勒斯坦立法委员会宣布，对巴民族权力机构主席阿巴斯就“狱中协议”举行全民公决的法案的表决推迟到 6 月 20 日，以便与阿巴斯进行

进一步对话，解决双方的分歧。

＊法塔赫和哈马斯的武装人员和支持者在巴勒斯坦加沙地带和约旦河西岸多个地区发生多起枪战、绑架和纵火等恶性冲突事件。

6月13日 伊拉克北部石油重镇基尔库克当日上午发生汽车炸弹爆炸，导致至少10人死亡。

＊以色列战机在巴勒斯坦加沙地带北部实施定点清除行动，造成至少10人丧生，其中3人为巴武装人员，其余均为平民。

＊美国总统布什突然抵达伊拉克首都巴格达与伊总理马利基举行会晤。这是伊战后布什第二次访问伊拉克，也是伊新政府成立以来美伊两国政府领导人之间的首次会晤。布什还视察了驻伊美军。

6月14日 阿拉伯国家联盟（阿盟）秘书长穆萨在开罗阿盟总部宣布，原定于本月22日举行的伊拉克民族和解大会将推迟到今年8月。他表示，这次大会仍计划在巴格达举行，目前伊某些党派对大会的地点持保留态度。

＊驻守在伊拉克的意大利军队开始分步骤实施撤军计划，预计在6月底前减少至大约1600人。

＊黎巴嫩总理西尼乌拉发表声明，呼吁以色列撤离黎领土萨巴阿农场。

6月15日 美国国防部官员说，自2003年3月伊拉克战争开始以来，已有2500名美军士兵在伊拉克死亡，1.8万多人在执行任务时受伤。在阵亡的美军士兵中，1972人是在执行任务时死亡的，其中很多人死于路边炸弹，其余528人死于其他原因。另外，有8500多名伤员在接受治疗后没有重返部队服役。据统计，驻伊美军死亡人数最多的月份是2004年11月，有137人死亡。目前驻伊美军大约有12.7万人。自伊拉克战争开始以来，英国军队有113人死亡，其他国家驻伊拉克的军队共有112人死亡。伊拉克平民在战争中死亡的人数估计在3.8—4.2万人之间。

＊联合国安理会一致通过决议，决定将黎巴嫩前总理哈里里遇害案国际调查委员会的任期延长1年，至明年6月15日。

6月16日 中国国务院总理温家宝开始对埃及进行正式友好访问，与埃及总理纳齐夫举行了会谈，并共同签署了《中埃深化战略合作关系的实施纲要》。

＊由美国、俄罗斯、联合国和欧盟组成的中东问题有关四方发表声明，同意欧盟提出的关于绕开哈马斯政府向巴勒斯坦人提供援助的机制。这些援助将涉及医疗卫生等巴贫困人口的基本需求。声明同时呼吁哈马斯政府停止暴力活动，承认以色列的生存权，并且尊重巴以双方从前达成的协议。

6月19日 为期3天的伊斯兰会议组织外长理事会第33次会议在阿塞拜疆首都巴库开幕，来自该组织57个成员国和一些国际组织的代表参加了会议。21日，会议发表宣言，呼吁所有各方无条件恢复关于伊朗核问题的谈判，重申各国在履行相关义务的同时，拥有和平研究、生产和利用核能的基本权利。

6月20日 萨达姆的一名主要辩护律师哈米斯·奥贝迪当日早晨遇袭身亡，他是审判萨达姆以来被杀害的第三名辩护律师。21日，萨达姆开始绝食以示抗议。

6月21日 约200名伊拉克国营公司职员在首都巴格达北部被武装人员绑架。

＊以色列军方公布了对本月9日加沙海滩爆炸事件新的调查结果，彻底排除了该事件是由以军炮击造成的可能性。

＊约旦国王阿卜杜拉二世在约旦南部城市佩特拉会见了以色列副总理佩雷斯，双方同意与巴方一起在下周举行会议，讨论建立约旦亚喀巴自由区。

6月22日 伊拉克贸易部长阿卜杜勒·法拉赫·苏丹尼说，由于澳大利亚驻伊部队士兵21日误杀了他的一名保镖，他将重新考虑从澳大利亚进口小麦的协议。

6月23日 伊拉克首都巴格达东北巴古拜附近的希比希比村一个逊尼派清真寺发生炸弹爆炸，造成12人死亡。

＊土耳其安全部队在土东南部哈卡里省的丘库尔贾地区与库尔德工人党反政府武装分子交火中，击毙11人，还缴获了一批反政府武装的武器。

＊黎巴嫩政府同意叙利亚提出确定黎南部黎叙边界的要求，并希望双方尽快就划界问题达成一致。

6月24日 沙特阿拉伯内政部宣布，沙特安全部队最近几天在全国多个省份采取的安全行动中击毙6名恐怖分子，同时抓获40多名恐怖嫌疑分子。

＊伊朗外长穆塔基访问德国，将就核僵局问题与德国外长施泰因迈尔举行会谈。

6月25日 来自巴勒斯坦不同组织的武装人员当日凌晨袭击了驻扎在加沙边境的以军哨所，两名以军士兵被打死，一名名叫沙利特的年轻士兵被掠为人质。武装人员借此向以方施压，要求以方释放在押巴人。

＊奥尔默特政府出台了5条军规，对以色列国防军的反恐作战加以限制，避免在打击伊斯兰极端分子时误伤巴勒斯坦平民。具体内容为：1.禁止使用自行火炮和坦克对卡桑火箭弹发射设备及操作人员进行攻击；2.限制对与卡桑火箭弹相关的目标的空袭；3.特种部队不得伏击加沙地带

的火箭弹发射人员；4. 不得在加沙地区进行夜间伏击；5. 除了无人驾驶飞机和直升机外，以色列的军用飞机不允许对加沙地带发动攻击。

＊日本陆上自卫队开始撤离伊拉克，第一批自卫队设备已经开始通过伊南部边境进入科威特。

＊一个与“基地”组织有关系的伊拉克武装组织“圣战者协商委员会”在网站上发表声明说，他们已经杀死了4名被扣为人质的俄罗斯外交人员。声明称此举是为“遭受俄罗斯政府折磨的兄弟姐妹复仇”。该组织在网站上还发布了处死其中3名人质的录像。

＊巴勒斯坦武装派别“阿克萨烈士旅”宣布，该组织已经成功开发并制造出至少20种不同的生化武器。

6月26日 伊拉克南部城市希拉的一家市场附近发生爆炸，造成至少6人死亡。同日，巴格达东北部巴古拜市也发生炸弹爆炸，造成至少18人死亡。

6月27日 巴勒斯坦一武装组织“人民抵抗委员会”发表声明称，该组织在约旦河西岸绑架了一名以色列人。

＊巴勒斯坦立法委员会主席杜韦克宣布，巴主要派别当天就有关巴建国的“狱中协议”达成共识，当天晚上各派会将协议条款最终文本提交巴民族权力机构主席阿巴斯，随后向媒体正式公布。

＊联合国秘书长安南在纽约联合国总部与来访的伊朗外长穆塔基举行会晤。安南表示希望正在进行的伊朗与其他国家的技术性谈判能够继续下去。双方还就六国方案问题、中东地区问题交换了意见，并特别讨论了加强伊朗和阿富汗的合作，以维护边界安全和打击毒品走私的问题。

6月28日 以色列战机当日零时许轰炸了巴勒斯坦加沙地带中部两座主要桥梁，开始向加沙地带发动代号为“夏雨”的军事行动。以总理奥尔默特表示，为了营救被巴武装组织绑架的以军士兵沙利特，以在加沙地带进行的军事行动将持续数日。奥尔默特说，以无意重新占领加沙地带并滞留在那里，为了让被绑架的士兵平安归来，以不惜采取一些极端措施。

＊以色列战斗机闯入叙利亚领空，飞抵叙总统阿萨德的夏宫，对庇护哈马斯领导人迈沙阿勒的叙利亚发出警告。出于防卫的目的，叙防空部队10年来首次向以军飞机开火。

6月29日 以色列军队当日凌晨开始在约旦河西岸城市展开大规模抓捕行动，逮捕了64名哈马斯官员，其中包括自治政府副总理纳赛尔丁·沙伊尔、7名自治政府部长、20多名立法委员会委员。当晚，以色列国防军炮轰了加沙地带北部，一座变电站被毁；以军还出动战机，炸毁了连接加沙地带北部和南部的一座桥梁，还轰炸了加沙城南以及南部汗尤尼斯地区两个分别属哈马斯下属“卡桑旅”和法塔赫下属“阿克萨烈士旅”

的训练基地，但没有造成人员伤亡。

＊“阿克萨烈士旅”发表声明称，在以色列里雄莱锡安地区绑架了一名 62 岁的以公民，这是近期第三名以色列人被绑架。

＊以色列外长利夫尼与土耳其副总理兼外长居尔通了电话，希望土耳其政府支持以色列解救人质的行动。

＊科威特第 11 届国民议会大选举行，这是该国赋予妇女选举和被选举权以来举行的首次选举。30 日，选举结果揭晓，50 位当选议员均为男性，首次参选的女性均未入选。

＊伊拉克北部石油重镇基尔库克发生自杀式爆炸，造成 15 人死亡。

6 月 30 日　以色列内政部当日下令取消 4 名参加哈马斯政府的巴勒斯坦立法委员在耶路撒冷的居住权。

＊应以色列方面的要求，俄罗斯总统普京当日与以色列总理奥尔默特通过电话讨论了中东局势。

＊土耳其总理埃尔多安当日分别与巴勒斯坦民族权力机构主席阿巴斯、总理哈尼亚和以色列总理奥尔默特通电话，对目前巴以紧张局势进行调解。

7月

7 月 1 日　阿拉伯国家联盟（阿盟）秘书长穆萨同各成员国常驻代表在开罗举行会议，决定要求阿拉伯国家就目前的巴以局势集体向联合国安理会紧急提交一份决议草案。

＊伊拉克首都巴格达东部什叶派穆斯林聚居的萨德尔城发生一起针对巡逻警察的汽车炸弹爆炸事件，至少造成 59 人死亡。

7 月 2 日　伊拉克政府公布一份 41 人的通缉名单，其中伊前政权高官、前总统萨达姆的妻子萨吉达和大女儿拉加德、伊“基地”组织新任领导人马斯里均榜上有名。

＊伊朗再次拒绝接受就旨在解决伊朗核问题僵局的国际提议做出答复的最后期限。

＊美军和伊拉克政府称，在美军空袭中被炸死的伊拉克“基地”组织领导人扎卡维已被埋葬在巴格达某地。

7 月 4 日　黎巴嫩社会进步党在黎首都贝鲁特南部舒夫山区的加赫里亚镇与亲叙利亚的黎统一阵线和叙社会民族党成员之间发生冲突，造成 1 名社进党成员死亡，另外 5 名成员受伤。

＊巴勒斯坦哈马斯武装派别卡桑旅发射一枚火箭，击中以南部重镇阿什凯隆市中心的一所中学，没有造成人员伤亡。以色列国防部长佩雷茨下令以军加大在加沙地带军事行动的力度，表示哈马斯应承担这一对以平民袭击带来的后果。

7月5日 也门安全机构当日宣布，“基地”组织在也门的重要头目巴达维已被逮捕。

＊绑架以色列士兵沙利特的武装组织降低释放人质的条件，要求以色列释放100名女犯和30名服刑超过20年的犯人。

7月6日 在日内瓦召开的联合国人权理事会以29票赞成、11票反对、5票弃权的表决结果通过巴勒斯坦被占领土的人权状况决议，要求以色列结束军事行动，释放被捕的巴官员，同时决定派遣特别报告人率团前往巴调查。

7月6日 伊拉克库费市一个什叶派穆斯林清真寺附近当日清晨遭汽车炸弹袭击，造成至少12人死亡。

＊以色列飞机空袭加沙南部地区，造成2人死亡。一名以士兵在加沙北部地区被打死。以军在加沙地带的军事行动中打死至少18名巴勒斯坦人。巴内政部长、哈马斯高级成员赛亚姆当日签署命令，要求巴安全部队参与抵抗以军的战斗。

＊伊朗首席核谈判代表拉里贾尼与欧盟负责外交与安全政策的高级代表索拉纳举行会晤，双方均没有透露会晤的具体内容。

＊美国驻伊拉克大使扎尔梅·哈利勒扎德和美军驻伊拉克最高指挥官乔治·凯西将军共同发表道歉声明，就驻伊美军人员被控奸杀一名伊少女并杀害其家人一事向伊人民道歉。

7月7日 驻伊拉克美军当日与什叶派宗教领袖穆克塔达·萨德尔领导的迈赫迪军反美武装人员在巴格达以东的萨德尔城发生激烈交火，至少有9名武装人员被打死，另有31人受伤。美军后来发表声明称，参与行动的主要是伊军队，目的是“搜捕一位造成大量伊拉克平民死亡的抵抗武装领导人”。

＊伊拉克首都巴格达有3座逊尼派清真寺遭到炸弹与迫击炮袭击，造成至少9人死亡。

＊黎巴嫩前总统埃利亚斯·赫拉维当日下午在贝鲁特美国大学医院病逝，终年80岁。

7月8日 为期两天的国际反恐会议在埃及首都开罗召开，会议的主题是“反恐的法律挑战”。

7月8—9日 伊拉克周边国家外长会议在伊朗首都德黑兰召开，就伊拉克的安全以及驻伊外国联军的撤军计划等问题进行讨论。伊朗、埃及、约旦、科威特、伊拉克、沙特阿拉伯、叙利亚、土耳其和巴林等国外长均出席了会议。来自联合国、阿拉伯国家联盟和伊斯兰会议组织的高级官员也应邀出席。

7月9日 伊拉克一些什叶派穆斯林武装人员当天袭击了巴格达的一个逊尼派穆斯林居住区，造成多达40人死亡。巴格达一座什叶派清真寺附近当日傍晚发生两起汽车炸弹爆炸，造成至少19人死亡。

7月10日 巴勒斯坦武装派别“阿克萨烈士旅”在加沙宣布，该组织从即日起组建一支秘密军事分支——“女子敢死队”，现有成员100人，任务就是报复以色列在巴土地上的军事侵略。

7月11日 伊朗首席核谈判代表拉里贾尼当天在布鲁塞尔与欧盟负责外交与安全政策的高级代表索拉纳举行了会谈。

7月12日 黎巴嫩真主党在北部边境越境打死7名以色列士兵并抓获两名以士兵。以随后对黎巴嫩发动地面和空中打击，并轰炸了黎南部的大桥和苏尔坦尼亚电厂。以地面部队当日中午越过黎以边界进入黎南部地区，搜寻当天失踪的两名以军士兵。

*美国国防部长拉姆斯菲尔德突访伊拉克，会晤了驻伊美军最高指挥官凯西。当日，他还同伊总理马利基就伊安全形势等问题进行了讨论。

*也门总统萨利赫致函阿拉伯国家联盟秘书长穆萨，要求紧急召开阿盟首脑会议，讨论目前急剧恶化的中东局势。

*黎巴嫩政府当日晚召开紧急会议，表示愿意通过联合国与以色列就解决被俘以军士兵问题进行谈判。黎总统拉胡德召开部长委员会会议并发布公告强调，黎政府对当天早些时候真主党武装攻击以目标并绑架两名以军士兵的行动并不知情，因此拒绝对此承担责任。公告呼吁联合国安理会就黎以边境冲突召开会议，制止以针对黎境内平民和基础设施的袭击。

*卡塔尔当日就巴以冲突正式向联合国安理会提交决议草案，对巴武装人员向以发动火箭袭击及绑架以军士兵的行为予以谴责，要求巴方立即无条件释放被绑架的以军士兵。草案同时呼吁以立即无条件释放所有被扣押的巴方官员，停止在加沙地带的军事行动，并从加沙地带撤军。

7月13日 以色列战机当日凌晨投掷炸弹炸毁了位于加沙城的巴勒斯坦外交部大楼，周围的建筑也同时遭到严重破坏。

*驻伊拉克英军当日正式将伊拉克南部穆萨纳省的安全控制权移交给伊拉克政府。穆萨纳省是伊拉克战争后伊拉克人自己掌控的库尔德地区以外的第一个省份。

*以色列飞机当日凌晨空袭黎巴嫩首都贝鲁特南郊，造成3人死亡，45人受伤。位于黎巴嫩首都贝鲁特的哈里里国际机场当日也遭到以战机轰炸。当日傍晚，以色列战机还轰炸了黎北部的古拉伊阿军用机场和贝卡

谷地的里亚克军用机场。黎真主党武装人员则频繁向以北部多个城镇发射火箭弹，造成近100人死伤。

*以色列总理奥尔默特当日提出了黎巴嫩停火三条件：释放两名以军士兵、停止对以色列的火箭弹袭击和履行联合国有关解除真主党武装的决议。

*埃及位于西奈半岛西北部与巴勒斯坦加沙地带接壤的拉法边境口岸界墙当日被巴勒斯坦武装人员炸开一个大洞，滞留在埃及边界一侧的数百人强行穿越边界进入加沙地带。

*黎巴嫩什叶派真主党领导人当日正式向以色列宣战。黎真主党领导人谢赫·哈桑·纳斯鲁拉在以军对其位于贝鲁特的家和办公室实施空袭后的一次广播讲话中说，如果以色列想要开战，那么黎以将陷入一场全面战争。

*阿拉伯国家联盟（阿盟）秘书长穆萨会见了由安南特别政治顾问南威哲、联合国中东问题特使拉尔森、联合国中东和平进程特别协调员德索托组成的斡旋黎以冲突的联合国危机处理三人小组。

7月15日 以色列战机当日早上袭击了加沙的巴勒斯坦经济部，继续施压逼迫哈马斯释放被劫持的以色列士兵。

*埃及北西奈省省长阿卜杜勒·哈米德当日发布命令，宣布全省进入紧急状态，以应对拉法口岸和埃以边界附近可能出现的任何危机。北西奈省安全部队当天控制了该省所有前往拉法口岸的道路，并加强了全省所有出入通道的安全警戒。

*以色列战机当日中午空袭了位于黎巴嫩首都贝鲁特的真主党总部，将该总部大楼彻底摧毁。

*阿拉伯国家联盟（阿盟）22个成员国的外长和代表当日在开罗阿盟总部召开紧急会议，讨论当前黎巴嫩和巴勒斯坦不断加剧的紧张局势，寻求统一阿拉伯各国立场，遏制目前地区形势进一步恶化。会议通过的关于黎巴嫩问题的专门决议，支持黎政府在维护国家安全、主权和领土完整方面所承担的职责；要求安理会制止以色列对黎巴嫩的军事打击和封锁。会议通过的关于巴勒斯坦问题的专门决议，要求以色列立即释放抓走的巴政府部长、立法委员会委员及其他官员，在联合国或第三方的介入下交换被巴武装人员抓走的以士兵。

7月16日 以色列军队当日凌晨再次向贝鲁特郊区发动袭击，黎巴嫩真主党领导人纳斯鲁拉在袭击中受伤。黎总统拉胡德当日强烈抨击了联合国安理会迟迟不对连续5天轰炸黎巴嫩的以色列进行干涉。伊斯兰会议组织当日则谴责以对黎的军事行动。

*以色列北部海法等3个城市当日上午连续遭到黎巴嫩真主党发射的多枚“喀秋莎”火箭弹袭击，造成至少8人死亡，30多人受伤。这是黎

以冲突 12 日爆发以来造成以伤亡最大的一次袭击。

* 加拿大外交部证实，8 名加拿大人在以色列空袭黎巴嫩边境城镇时被炸死，另有 6 名加拿大人受重伤。

* 以色列海军的一艘军舰当日晚向黎巴嫩首都贝鲁特发射了 4 枚导弹。导弹击中了贝鲁特国际机场附近的一座储油罐，并引发了大火。这是以军方第二次对贝鲁特国际机场发动袭击。

7 月 17 日　以色列军队继续出动战机对黎巴嫩境内 60 多处目标实施轰炸，并越境袭击了靠近以黎边境的真主党武装。黎真主党武装则再次向海法等以城市发射火箭弹。以国防部长佩雷茨当日宣布，遭受火箭弹威胁的加利利与戈兰高地地区从当天起进入 48 小时国土安全紧急状态。他当日还批准以军征用部分预备役部队，以应对武装不断升级的暴力冲突。

* 伊拉克首都巴格达南部马哈茂迪耶镇遭炸弹袭击，随后爆发枪战，共造成至少 42 人死亡。

* 驻扎在伊拉克南部塞马沃的日本陆上自卫队最后一批部队约 220 人抵达科威特，至此总数约 600 人的日本驻伊陆上自卫队完成了从伊撤离。

7 月 18 日　以色列军方当日宣布，以色列地面部队进入黎巴嫩南部，对黎真主党游击队前哨进行定点攻击。

* 伊拉克中南部城市库法的一个什叶派清真寺附近发生自杀式汽车炸弹爆炸，造成至少 57 人死亡。

* 黎巴嫩真主党当日继续向以色列北部多个城镇发射火箭弹，造成 1 人死亡，这是自黎以冲突爆发以来，第 13 名以色列人死于火箭弹袭击。以城市海法、太巴列、塞费德和什洛米等地都受到火箭弹袭击。

* 以色列国防军当日凌晨开始从加沙地带北部撤离，返回以色列境内。

7 月 19 日　以色列地面部队当日凌晨进入加沙中部迈加齐的难民营，与巴勒斯坦武装人员发生交火，5 名巴武装人员被打死，约 50 名巴平民受伤。

* 黎巴嫩首都贝鲁特市区遭到以色列两枚导弹袭击。这是自 12 日黎以冲突爆发以来，贝鲁特市区首次遭到直接打击。

7 月 20 日　以色列战机对黎巴嫩南部地区发动了至少 20 次空袭，造成多人伤亡。

* 两架以色列“阿帕奇”武装直升机当天凌晨在以色列北部、靠近黎巴嫩边界附近空中相撞后坠毁，造成一名空军军官死亡，3 人受伤，其中两人伤势严重。

* 以色列政府当日晚批准在黎巴嫩和塞浦路斯之间开通一条“人道主义走廊”，允许外国船只向已被以军封锁的黎巴嫩运送救援物资。黎以本

月12日爆发冲突以来，以军在黎境内的军事行动已造成近300人死亡，数万人被迫撤离。

7月22日 巴勒斯坦民族权力机构主席阿巴斯和自治政府总理哈尼亚在加沙地带召开了由各派别参加的会议，讨论如何结束当前因为以军在加沙的军事行动引起的危机。包括哈马斯和杰哈德在内的几个主要武装组织均在会后表示，同意从当日午夜开始单方面停火，停止发射火箭弹袭击以色列。

*约旦国王阿卜杜拉当日会见了来访的法国外长杜斯特—布拉齐，双方呼吁以色列和黎巴嫩立即实行全面停火。

*以色列军队在坦克的支援下，攻占了黎巴嫩南部边境一个小村庄，开始了将黎真主党游击队从边境地区赶跑的地面进攻。

*伊拉克首都巴格达东部的一个市场遭到汽车炸弹袭击，造成至少33人死亡。

7月23日 以色列北部城市海法当日上午遭到黎巴嫩真主党武装发射的10枚火箭弹袭击，造成至少6人伤亡。

*伊拉克什叶派穆斯林聚居地萨德尔城和北部石油重镇基尔库克当日发生自杀式汽车炸弹爆炸事件，分别造成至少36人和17人死亡。

*以色列军队当日对黎巴嫩南部重镇苏尔和东部巴勒贝克附近进行了空袭，造成4名黎平民死亡。

*伊拉克前总统萨达姆案首席检察官穆萨维当日说，萨达姆因连续16日绝食被送入医院治疗，并被强迫进食。

7月24日 美国国务卿赖斯对黎巴嫩进行事先未曾宣布的访问。她此行是美国首次出面参与调解黎以冲突，促成冲突双方实现停火。黎总理西尼乌拉会见了赖斯。

*黎巴嫩真主党领导人纳斯鲁拉表示，同意黎政府出面就交换人质事件与以色列进行谈判，真主党愿接受德国作为谈判的“第三方”。

*以色列军队与黎巴嫩真主党武装当日继续在黎南部交火，至少有16名以军士兵受伤。以北部当天继续遭到真主党武装发射的数10枚火箭弹袭击。

7月25日 前往中东进行外交斡旋的美国国务卿赖斯当日在会晤以色列总理奥尔默特及巴勒斯坦民族权力机构主席阿巴斯后表示，美国希望中东地区实现“紧急而持久”的和平。

*黎巴嫩首都贝鲁特南部地区当日遭到以色列战机的连续轰炸，这是美国国务卿赖斯访黎后以军战机第一次轰炸贝鲁特。

*黎巴嫩南部的联合国观察员办事处当日被以色列炮火击中，包括中国军事观察员杜照宇在内的4名分别来自中国、加拿大、奥地利及芬兰的

观察员遇难。联合国秘书长安南对以军的行动表示震惊和悲痛，指责以军“蓄意袭击”，要求以方调查。而中国也对这一行为表示强烈谴责，外交部紧急召见以色列驻华大使，要求以色列道歉。以外交部发言人则称，对驻黎联合国人员丧生的悲剧表示遗憾，以会全面调查事件。

7月25—27日 为期3天的伊拉克民族和睦大会筹备会议当日闭幕，来自伊国内不同派别的30多名代表就如何结束伊国内宗派冲突展开讨论。与会代表分别来自什叶派、逊尼派、库尔德人和其他少数派别。伊国内的抵抗力量未派代表出席会议。筹备委员会发表声明说，将在11月初再召开一次扩大会议，以便为伊民族和睦大会做好准备。

7月26日 以色列总理奥尔默特与联合国秘书长安南通电话，对4名联合国观察员在以对黎南部的袭击中遇难“深表遗憾”。奥尔默特已下令以军方对这一事件进行彻底调查，调查结果将上报安南。

*以色列空军当日凌晨开始多次轰炸加沙地带多处目标，造成10名巴勒斯坦人死亡。

*黎巴嫩真主党当天总共向以城镇发射了119枚火箭弹，造成至少31人受伤。

*黎以军事冲突进入第16天，双方的死亡总数达到474人。其中以色列死亡51人，32人是军事人员。黎巴嫩至少死亡423人，包括327名平民、20名黎士兵及27名真主党武装人员。以色列则宣称至少100名以上真主党游击队员被击毙。

7月27日 伊拉克高等法庭当日宣布，伊拉克前总统萨达姆和其他7人为被告的杜贾尔村案休庭至10月16日，届时法庭将宣布判决结果。在当天的庭审中，萨达姆并未露面，作为被告的前副总统拉马丹和萨达姆时期革命法庭法官班达尔出席了庭审。

*黎巴嫩内阁当日晚召开紧急会议，经过6个小时的激烈讨论，一致通过了意在结束黎以冲突的和平协议。虽然内阁中的两名真主党部长对该协议持有保留意见，但是最终还是在协议上签字。这份和平协议包括加强黎南部的国际部队和解除真主党武装，这是真主党首次在这样一份协议上签字。这份协议没有包含美国和以色列的要求，因为该协议呼吁立即停火，而不是先部署国际部队或是先谈其他的条件。

7月29日 伊拉克北部石油重镇基尔库克当日发生汽车炸弹爆炸事件，造成4名伊拉克人死亡。这是近两周以来基尔库克发生的第三起类似袭击事件。

*以色列飞机当日晚轰炸了黎巴嫩首都贝鲁特通往叙利亚首都大马士革的公路，造成公路再次中断。以军飞机当日在对黎南部进行袭击时，炸中了联合国维和部队印度营驻地，造成两名印度籍士兵受伤。

7月30日 以色列空军对黎巴嫩南部村庄加纳发动空袭，造成至少50名黎平民死亡，其中包括21名儿童。以飞机当日下午还轰炸了黎南部城镇亚龙，造成5名黎平民死亡。

＊阿拉伯国家联盟（阿盟）强烈谴责以色列军队轰炸黎巴嫩南部村镇加纳造成大量黎平民死亡的行动。阿盟卫生部长理事会决定向黎提供25万美元的紧急援助，用于购买药物和食品。联合国秘书长安南当日对以军空袭造成重大伤亡表示最强烈的谴责，并再次呼吁以色列和黎巴嫩真主党武装立即停火。

＊以色列总理奥尔默特、国防部长佩雷茨和国防军总参谋长哈卢茨当日分别对以军空袭黎巴嫩加纳村造成数十名黎平民死亡的事件表示歉意。

＊以色列总理奥尔默特当日下午再次同来访的美国国务卿赖斯就黎以冲突问题举行会谈。美国务院副发言人亚当·埃尔利在耶路撒冷宣布，以当天同意暂停在黎巴嫩南部的空中行动48小时，以此举是为了调查加纳村事件和方便向黎南部输送人道主义救援物资。他还说，以色列将和联合国有关机构协调，允许黎南部的居民在24小时内撤离该地区。

＊伊朗总统马哈茂德·艾哈迈迪·内贾德颁布政令，要求清除波斯语中的西方外来词汇。

7月31日 联合国安理会以14票赞成、1票反对的表决结果通过了关于伊朗核问题的第1696号决议，要求伊朗在8月31日之前暂停所有与铀浓缩相关和后处理的活动，并呼吁伊朗与国际原子能机构开展合作。在当天的表决中，安理会15个成员国中只有卡塔尔投了反对票。

＊法国外交部长杜斯特—布拉齐前往黎巴嫩，为实现黎以立即停火进行外交努力。

＊联合国安理会当日决定将联合国驻黎巴嫩南部维和部队的任期延长一个月。

＊伊拉克警方证实，又一名为前总统萨达姆辩护的约旦籍律师遭到了伊武装分子的绑架并被残忍杀害。这是第四位遭杀害的萨达姆辩护律师。

8月

8月1日 一辆运送伊拉克政府军士兵的大客车在伊北部地区遭遇武装人员袭击，造成20名士兵死亡。

8月2日 以色列国防军当日凌晨出动直升机在黎巴嫩东北部距边界约130公里处的巴勒贝克附近实施空降，并与当地真主党武装展开激战。

这是黎以冲突爆发3周来，以军进入黎纵深最远处作战。

＊黎巴嫩真主党武装向以色列发动了黎以冲突爆发以来单日最大规模的火箭弹袭击，共向以北部发射了160多枚火箭弹，造成1人死亡，19人受伤。其中一枚更是落在距以黎边界约70公里的贝特谢安市附近。这是以色列全国人口最密集的中部地区第一次遭到火箭弹袭击。

8月3日 以色列军方当日凌晨发表声明，承认轰炸黎巴嫩南部加纳村造成大量平民伤亡是“一个错误”。

＊中国政府向黎巴嫩提供的首批紧急人道主义援助物资当日中午运抵约旦安曼军用机场。这批约90吨的援助物资包括药品、医疗器械、发电机、帐篷和毛毯等。这些物资将在近期通过约旦军事协调机构转运至黎巴嫩。

＊日本外务大臣麻生太郎突然访问伊拉克首都巴格达，并表示日本将向伊提供2900万美元的贷款，推动伊重建事务和经济发展。麻生太郎是自2003年伊战爆发以来访问巴格达的首位日本外务大臣。

＊伊斯兰会议组织成员国紧急会议在马来西亚联邦政府行政中心普特拉贾亚举行。会议分别就黎巴嫩和巴勒斯坦局势发表声明，谴责以色列对黎巴嫩和巴勒斯坦的侵略行径。

8月4日 以色列军队与黎巴嫩真主党武装在黎南部继续激战，两名以军士兵被打死。以战机当日袭击了黎东部边境地区的一座农场，造成至少30名农场工人丧生。

＊黎巴嫩真主党武装当日向以色列往南纵深方向发射火箭弹，首次击中距以黎边境75公里的城镇哈代拉，但没有造成人员伤亡。

8月5日 以空军当天轰炸了贝鲁特南郊，造成至少3人丧生。据黎巴嫩军方统计，以军当天对黎南部，特别是苏尔地区附近发动了大约250次空袭，并从海上和陆地向该地区发射了约4000枚炮弹。黎军方称，这是自黎以冲突爆发以来，以对黎发动的最猛烈的攻击。

8月6日 以色列国防军当日凌晨对巴勒斯坦发动了突袭，并且将巴立法委员会主席杜韦克从官邸中抓走。

＊黎巴嫩真主党武装发射的火箭弹当日午间击中以色列北部边境附近的吉拉迪村，造成至少10名以军预备役士兵丧生，另有4人重伤。

＊驻伊拉克美军的首批增援部队抵达巴格达，帮助伊拉克安全部队平息当地日益恶化的教派冲突。

＊黎巴嫩正式要求联合国安理会对美国和法国提出的有关黎以冲突的决议草案进行修改，要求增加有关以色列军队撤出黎巴嫩等内容。

＊黎巴嫩真主党发射的一枚迫击炮弹击中了联合国驻黎南部维和部队中国工兵营驻地，3名官兵受轻伤。

8月7日 黎巴嫩总理西尼乌拉在贝鲁特强烈要求以色列与黎巴嫩真主党冲突双方立即、无条件实现停火。

＊以色列空军F—16战机当日傍晚在北部海域击落一架黎巴嫩真主党发射的无人驾驶飞机。

8月8日 伊拉克首都巴格达市中心一繁华商业区当日上午连续遭到两起路边炸弹袭击，造成10人死亡，70人受伤。

8月9日 以色列当日凌晨对黎巴嫩南部最大的巴勒斯坦难民营艾因赫勒韦难民营发动袭击，造成至少2人死亡。

＊以色列安全内阁当日以9票赞成、3票弃权的表决结果，批准以军扩大在黎南部的地面攻势。根据这项决定，以军将推进到黎南部距黎以边境大约30公里的利塔尼河一带，以极大削弱黎真主党武装对以北部地区的火箭威胁。以安全内阁还批准总理奥尔默特和国防部长佩雷茨有权决定扩大地面进攻的时机以及下达相关的军事命令。

＊黎巴嫩真主党总书记纳斯鲁拉当日晚发表电视讲话，表示一旦实现停火以及以色列从黎南部撤军，真主党支持黎政府在南部边境部署政府军。

＊黎巴嫩总理西尼乌拉当日会见了来访的美国负责近东事务的助理国务卿韦尔奇，与他讨论了当前的黎以冲突。

＊以色列军方当日晚宣布，当天在黎巴嫩南部与真主党的战斗中又有15名以军士兵丧生，这是自黎以冲突爆发以来以军死亡最多的一天。

＊以色列总理奥尔默特决定，暂停执行加强对黎军事攻势的计划，以便为有关方面争取停火的外交努力留出余地。

＊驻伊拉克美军当日声明，3名美军士兵当天在伊拉克西部安巴尔省的战斗中死亡。据媒体统计，自伊拉克战争2003年3月开始以来，已有至少2595名美军士兵死亡。

8月10日 伊拉克南部城市纳杰夫市中心的伊玛目阿里清真寺附近发生爆炸，至少30人死亡。伊玛目阿里清真寺是伊斯兰教什叶派最神圣的清真寺。

8月11日 黎巴嫩真主党发表声明称，真主党武装当天下午在黎巴嫩南部海域击沉了一艘以色列军舰。

＊联合国人权理事会在日内瓦就黎巴嫩局势召开特别会议。与会代表以27票赞成、8票弃权、11票反对的结果通过决议，谴责黎以冲突中侵犯人权的行为，并决定派遣调查委员会前往冲突地区。

＊中国中东问题特使孙必干访问巴勒斯坦，在拉姆安拉会晤了巴民族权力机构主席阿巴斯的办公室主任、政治顾问拉菲克·胡赛尼。双方就巴以问题和当前地区局势交换了意见。

*黎巴嫩最高救援机构发表报告说，以色列自上月 12 日以来对黎的轰炸至少已造成 1115 人死亡、3600 人受伤。在死者中有 1014 名平民，其中 30%为不满 12 岁的儿童。死者中还包括 30 名黎巴嫩军人和警察、58 名真主党成员、7 名阿迈勒运动成员、1 名解放巴勒斯坦人民阵线（总指挥部）成员、4 名联合国观察员和 1 名联合国驻黎南部维和部队成员。报告说，死亡人员数字是通过尸体得到确认的，而仍埋在废墟下的人未包括在内。

*驻伊拉克美军突袭巴格达南部的阿拉伯·贾布尔区，逮捕了 60 名与“基地”组织有关的嫌疑人。

*联合国安理会投票一致通过了第 1701 号决议。由美法两国提出的该决议草案要求停止黎以流血冲突，并授权组建一支 1.5 万人的联合国部队执行停火协议。

8 月 12 日　巴格达以南地区一起路边炸弹袭击造成两名美军士兵死亡。据美联社报道，当天伊拉克共有将近 50 人在暴力事件中死亡。

*以色列军队遭遇了黎以冲突以来最严重的伤亡，共有 19 名以士兵在与黎巴嫩真主党的交火中丧生，70 多人受伤。以色列方面证实，真主党在黎南部击落以军一架武装直升机，机上 5 人全部失踪。

*黎巴嫩内阁紧急会议经过讨论认为，安理会第 1701 号决议符合黎利益，同意接受。

8 月 13 日　以色列内阁当日以 24 票赞成、0 票反对和 1 票弃权的投票结果，接受联合国安理会呼吁黎以停火的第 1701 号决议。

*伊拉克首都巴格达一什叶派居住区当日傍晚发生数起爆炸事件，至少造成 48 人死亡。

8 月 14 日　黎以双方于格林尼治时间当日凌晨 5 时开始实施停火。

*黎巴嫩真主党武装当日清晨向黎南部以色列军队控制区发射了至少 10 枚火箭弹。这次袭击是在安理会停火决议生效后数小时发生的。以军并未对此作出回应。以军方证实，以军当天中午在黎南部占领区开枪打死一名黎真主党武装人员。

*美国福克斯电视台两名记者当日晚在巴勒斯坦加沙城遭巴武装人员绑架，这是自哈马斯今年 3 月执政以来发生的首起巴武装人员绑架外国记者事件。23 日，一个自称“神圣杰哈德旅”的武装组织宣布对该绑架事件负责，并要求美国政府在 72 小时之内释放其监狱里的穆斯林囚犯。

8 月 15 日　伊拉克北部城市摩苏尔的库尔德斯坦爱国联盟总部遭自杀式汽车炸弹袭击，造成 5 人死亡。

8 月 16 日　巴勒斯坦民族权力机构主席阿巴斯同自治政府总理哈尼亚在加沙举行会晤后达成一致意见，立即就依据“狱中协议”组建民族联合政府举行磋商。

＊以色列军方当日宣布，以色列军队目前已将占据的大部分黎巴嫩领土交由联合国驻黎临时部队控制。黎政府军已经抵达黎南部的利塔尼河南部地区并开始进行部署。

8 月 17 日 海湾合作委员会秘书长阿提亚发表声明，强烈谴责以色列对黎巴嫩继续实施军事封锁、阻碍向黎人民提供人道主义援助。

＊约旦大使艾哈迈德·卢齐向伊拉克总统递交了国书，成为萨达姆政权倒台后第一个出任驻伊拉克大使的阿拉伯国家外交官。

8 月 18 日 巴勒斯坦自治政府总理、哈马斯领导人哈尼亚在加沙阐述组建新的民族联合政府必须满足的三个条件，即哈马斯人士出任新政府总理，以色列释放包括巴立法委主席杜韦克在内的所有被其关押的立法委员和内阁成员，以及解除巴方目前所遭受的封锁。哈尼亚的表态引起以巴民族权力机构主席阿巴斯为首的最高当局的不满。

＊巴勒斯坦政府副总理纳赛尔·沙赫尔的妻子表示，沙赫尔凌晨被闯入他们家的以军士兵带走。

8 月 19 日 以色列军队凌晨对黎巴嫩东部巴勒贝克地区的一个村庄发动袭击，打死 3 名真主党武装人员。这是自本月 14 日黎以实现停火以来以军首次深入黎腹地采取军事行动。

＊伊朗军方开始在全国范围内举行代号为“佐尔法格哈的打击”的陆海空三军大规模军事演习，为期 5 周。

8 月 20 日 伊拉克首都巴格达当日发生多起袭击什叶派穆斯林朝觐者事件，造成 20 人死亡，302 人受伤。

8 月 21 日 沙特安全部队当日在位于红海之滨的吉达市与恐怖嫌疑分子交火，当场击毙 2 名恐怖嫌犯，并生擒 2 人。

＊伊拉克高等法庭正式开庭审理针对伊前总统萨达姆·侯赛因的第二桩起诉——安法勒案。萨达姆被指控于 20 世纪 80 年代末的“安法勒行动”中犯有种族屠杀和战争罪等罪名。

＊以色列警方当日夜间进入以色列总统官邸调查总统性骚扰案，并查获了一些电脑和文件，下一步对总统摩西·卡察夫的问询也将很快展开。

8 月 22 日 伊朗首席核谈判代表、最高国家安全委员会秘书拉里贾尼在德黑兰正式向俄、美、中、英、法、德 6 国递交了伊朗对伊核问题六国方案的答复。

8 月 23 日 3 名黎巴嫩政府军官兵在黎南部拆除未爆炸的集束炸弹时被炸身亡。

8 月 24 日 以色列国防军总参谋长哈卢茨首次公开承认以军在最近同黎巴嫩真主党的战斗中表现不尽如人意，有失败之处。以情报机构安全总局（辛贝特）局长则称以军在战场上经历了“一次惨败”。

8 月 25 日 约 150 名法国维和官兵抵达黎巴嫩南部。这是黎以停火以来法国派出的第二批维和官兵。

8 月 26 日 伊朗总统艾哈迈迪·内贾德出席并主持了位于伊朗中部城市阿拉克附近的重水工厂的落成典礼。该厂将为重水核反应堆提供燃料。

8 月 27—28 日 伊拉克军队 27 日夜开始在迪瓦尼耶市与什叶派武装人员发生枪战，至少已造成 34 人死亡。

8 月 28 日 联合国秘书长安南抵达黎巴嫩首都贝鲁特开始其中东之行，以促使黎真主党武装和以色列实现永久停火，并讨论根据安理会第 1701 号决议在黎南部部署国际维和部队、释放人质以及以色列解除对黎领海、领空封锁等问题。

＊伊拉克南部城市迪瓦尼耶附近一个运输石油副产品的管道发生爆炸，造成至少 74 人死亡。

＊以色列国防军在加沙东部采取军事行动，打死、炸死 3 名巴勒斯坦人。以军已是连续 4 天在加沙东部采取规模不等的军事行动，巴方统计显示，迄今共造成 11 名巴人死亡。

8 月 30 日 伊拉克首都巴格达以南希拉市的一个征兵中心发生炸弹爆炸，造成至少 12 人死亡。巴格达市中心一市场当日也发生爆炸，造成 24 人死亡。

＊上千名巴勒斯坦公职人员在拉姆安拉举行大规模集会，抗议当局近半年来拖延发放工资，并宣布将于 9 月 2 日举行全面罢工，直至工资危机得到解决。巴勒斯坦民族权力机构主席阿巴斯接见了包括巴公务员工会领导人在内的 3000 名公务员，并公开批评了哈马斯政府。

8 月 30—31 日 联合国秘书长安南访问约旦，与约旦国王阿卜杜拉二世、外交大臣阿卜杜勒·伊拉·哈提卜等就目前中东地区局势举行会谈。

8 月 31 日 援助黎巴嫩国际会议当日在瑞典首都斯德哥尔摩举行，共有 60 多个国家和国际组织的代表参加了会议。会议共筹得资金 9.4 亿美元。加上此前一些国家的捐款，支持黎重建的资金总额达到 12 亿美元。与会的黎总理西尼乌拉说，黎真主党不会获得重建资金。

9月

9 月 1 日 驻伊拉克美军正式将阿布格里卜监狱的管理权移交给伊拉

克司法部。该监狱目前没有任何在押人员。

9月2日 意大利参加联合国维和部队的800多名官兵抵达黎巴嫩南部城市提尔。

＊巴勒斯坦数千名公务员和教师开始无限期罢工，要求政府发放半年来拖欠的工资。这是自巴民族权力机构1994年成立以来在约旦河西岸地区和加沙地带发生的最大规模的罢工。

＊在黎巴嫩议长贝里的呼吁下，黎国民议会议员在国民议会大楼进行无限期静坐，抗议以色列对黎的海空封锁。

9月3日 伊拉克国家安全顾问鲁巴伊宣布，伊当局已经捕获名叫哈米德·赛义迪的"基地"组织在伊分支机构的二号领导人。他涉嫌策划了今年2月伊北部城市萨迈拉著名的什叶派宗教圣地阿里·哈迪清真寺袭击案。

＊伊朗总统艾哈迈迪·内贾德在与联合国秘书长安南会谈时说，伊朗已准备好就核问题同国际社会进行谈判，但在谈判前不会停止铀浓缩活动。

＊黎巴嫩总理西尼乌拉通过其新闻办公室发表声明，明确拒绝以色列总理奥尔默特关于与他举行双边会晤的邀请。

9月4日 约旦一名男子在该国首都安曼古罗马剧场附近向一个外国旅游团开枪射击，造成1名英国游客死亡，2名英国人、1名澳大利亚人、1名德国人和1名新西兰人受伤。

＊驻伊拉克英军一支巡逻队在伊南部城市巴士拉附近遭路边炸弹袭击，造成两名士兵死亡。自伊拉克战争2003年3月爆发以来，已有117名英军士兵在伊阵亡。

＊巴勒斯坦民族权力机构主席阿巴斯称，以色列和巴勒斯坦已经就人质交换达成协议，巴将用在加沙抓获的以士兵交换关押在以监狱中的巴人员。

9月5日 黎巴嫩南部港口城市西顿市以北的拉迈伊莱地区发生一起针对黎国内治安部队情报处一名中校官员的汽车炸弹爆炸事件，造成4人死亡。该官员在爆炸中受重伤。

＊土耳其大国民议会当日晚以340票赞成、192票反对的表决结果通过了土政府提交的向黎巴嫩派遣维和部队的议案。土成为继卡塔尔之后第二个同意向黎派兵的伊斯兰国家。

＊海湾阿拉伯国家合作委员会（海合会）6国外长在沙特阿拉伯红海城市吉达举行第100次例会并发表声明强调，必须公正全面解决阿以争端和巴勒斯坦问题，以实现中东地区的安全与稳定。

＊黎巴嫩政府军当日进入黎南部重镇宾特朱拜勒，至此已从黎真主党

和以色列军队手中接管南部约80%领土。

9月6日 也门第二大城市亚丁附近的一座弹药库当日发生剧烈爆炸。

9月7日 伊拉克总理马利基和驻伊美军最高指挥官乔治·凯西签署文件，驻伊联军正式向伊政府移交伊拉克军队的作战指挥权。根据签署的文件，马利基正式负责指挥伊海军、空军和第八陆军师。伊拉克其他9个陆军师的指挥权将在今后几个月内陆续移交给伊政府，具体时间表将由马利基制订。

＊美国、英国、法国、俄罗斯、中国和德国的代表当日在柏林就伊朗核问题举行闭门会议，呼吁伊朗在核争端问题上采取建设性的态度。

9月8日 以色列政府宣布，以方当天下午解除了对黎巴嫩的海上封锁，将港口控制权移交给由意大利领导的联合国维和部队。由意大利领导的法国、意大利和希腊联合舰队开始在黎海域巡逻。

9月9日 3万以色列民众在特拉维夫市中心的拉宾广场举行抗议集会，要求总理奥尔默特下令成立国家独立调查委员会，对政府和军方高层在黎以冲突中的失误进行全面、独立的调查。一些抗议者甚至要求奥尔默特、国防部长佩雷茨和军队总参谋长哈卢茨辞职。

9月10日 巴勒斯坦民族权力机构主席阿巴斯表示，他愿无条件地与以色列总理奥尔默特举行会晤。

＊欧盟负责外交和安全政策的高级代表索拉纳与伊朗首席核谈判代表拉里贾尼在维也纳继续就伊朗核问题举行会谈。这是索拉纳与拉里贾尼继9日会谈之后举行的第二轮会谈。

＊也门部族武装在也门东南部地区绑架了4名法国游客。法国驻也门大使馆当天在也门首都萨那证实了这一消息。

＊英国首相布莱尔开始对黎巴嫩进行访问，这是他在任期内首次访黎。

9月12日 伊拉克总理马利基当日抵达伊朗首都德黑兰，开始对伊朗进行他就任总理以来的首次访问。

＊美国驻叙利亚大使馆遭到武装分子的汽车炸弹袭击，一名叙警卫被打死，4名袭击者中3人被当场击毙，1人受伤被俘。中国驻叙利亚大使馆一官员在毗邻美使馆的中国使馆内被弹片击中受轻伤。叙安全部门调查结果认定4名恐怖分子都是叙利亚人。

＊位于土耳其东南部的迪亚巴克尔省当日晚发生爆炸，造成至少8人死亡，17人受伤。

＊黎巴嫩真主党总书记纳斯鲁拉强烈谴责英国首相布莱尔访问黎巴嫩，并指责黎政府总理西尼乌拉是美国人的“工具”。这是黎以冲突以后，

纳斯鲁拉针对政府最严厉的一次指责。

＊伊拉克首都巴格达地区发现60具身份不明的尸体。

9月13日 由巴勒斯坦哈马斯组建的巴自治政府内阁宣布集体辞职，自治政府总理哈尼亚本人也将辞职。巴民族权力机构主席阿巴斯当天早些时候已表示，将任命哈尼亚为即将组建的巴民族联合政府的总理。

9月14日 日本外务省称，日本驻伊拉克大使馆临时代办乘坐的汽车当天在巴格达遭到枪击，但没有人员伤亡。

＊在也门伊丙市举行的有现总统萨利赫参加的一场执政党竞选集会上发生拥挤踩踏事件，造成至少4人死亡。这是也门总统选举几天内发生的第二起类似事件。

＊以色列政府向中国、芬兰、加拿大和奥地利通报了黎以战争期间联合国观察哨所被袭击事件的调查结果，称这一事件发生的原因是以军使用了标注不精确的地图。

＊驻伊拉克美军发表声明说，巴格达当天发生多起针对驻伊美军的袭击事件，共造成4名美军士兵丧生，25名士兵受伤。据报道，自2003年3月伊拉克战争爆发以来，已有2670名美军士兵在伊各地死亡。

9月15日 不明身份的武装人员当天在巴勒斯坦加沙城西打死巴情报局国际关系部负责人吉哈德·塔伊及其4名随从。

＊伊拉克首都巴格达又发现47具身份不明的尸体。

9月17日 伊拉克北部石油重镇基尔库克发生3起自杀式汽车炸弹袭击，造成至少16人死亡。

＊伊朗总统艾哈迈迪·内贾德抵达委内瑞拉进行为期2天的访问，并同委总统查韦斯就能源等问题举行会谈。

9月18日 伊拉克军队当日从驻伊美军手中接管了萨拉赫丁省的控制权，这是美军将第二个伊拉克省的控制权移交给伊军。

＊伊拉克西部城市拉马迪一个警察招募中心遭自杀式汽车炸弹袭击，造成至少13人死亡。伊北部城市特拉法尔一家市场当日晚间也遭到自杀式炸弹袭击，造成至少20人死亡。

＊第三次伊拉克周边国家内政部长会议在沙特阿拉伯红海海滨城市吉达举行。来自伊拉克、土耳其、伊朗、约旦、科威特、沙特阿拉伯、叙利亚、埃及和巴林等国的内政部长参加了当天的会议。

9月19日 伊朗和英国驻伊拉克巴士拉领事馆遭到火箭和炮弹袭击，但没有造成人员伤亡。

9月20日 伊拉克高等法庭继续开庭审理伊前总统萨达姆及其6名前政权高官涉嫌镇压库尔德人的“安法勒”一案。包括萨达姆在内的所有7名被告都出席了当天的庭审。但萨达姆因拒绝落座而被新任主审法官穆罕默德·乌拉比逐出法庭。

＊一架载有陪同伊朗总统艾哈迈迪·内贾德出访委内瑞拉等国的多名政府部长的伊朗客机，在经由土耳其领空返回德黑兰途中被土方强制要求在伊斯坦布尔机场降落，并被扣留数小时。伊朗外交部召见了土驻伊大使，就此一事件提出了强烈抗议。

9月21日 巴勒斯坦自治政府外长马哈茂德·扎哈尔在加沙发表讲话，称巴自治政府和哈马斯绝不会承认以色列，巴人民绝不会出让一寸国土。扎哈尔是在中东问题有关四方（美国、俄罗斯、联合国和欧盟）发表声明后作出上述表示的。

9月23日 伊拉克总理办公室宣布，"安萨尔逊尼军"头目蒙塔塞尔·哈穆德·朱布里及其两名助手在巴格达东北部被捕。

＊黎巴嫩政府军继续在黎南部的部署行动，并首次部署到黎以"蓝线"边境附近。其中部分黎军据点距边境另一方的以军据点只有约100米。

＊也门最高选举委员会当日晚宣布，现任总统萨利赫在本月20日举行的全国大选中以77.17%的得票率获胜蝉联也门总统，任期7年。本次总统选举是也门自1990年统一以来举行的第二次全民直选。萨利赫的主要竞争对手、由5个主要反对党组成的反对党联盟候选人费萨尔·本·夏姆兰的得票率为21.82%，其余3名候选人总共只得到1.01%的选票。此次大选共有登记选民约925万人，投票率为65.15%。27日，萨利赫在就职仪式上称，他在新的任期内将努力致力于发展经济、消除贫困和失业、惩治腐败、打击恐怖主义和维护国家安全与稳定。

9月24日 伊拉克国民议会各政治派别领导人在当日召开的国民议会会议上达成协议，同意就联邦制问题和修改宪法问题进行讨论。

9月25日 驻伊拉克英军当日宣布，驻伊英军当天在伊拉克南部城市巴士拉击毙了"基地"组织的高级领导人奥马尔·法鲁克。

9月25—26日 俄罗斯联邦原子能署署长基里延科与到访的伊朗副总统兼伊朗原子能组织主席阿加扎德举行会晤，双方最终签署了伊朗布什尔核电站建设合同补充协议。俄方参与建设的这座核电站将于2007年9月投入使用。26日，俄联邦安全会议秘书伊万诺夫与阿加扎德举行会晤，双方一致表示愿意以谈判方式解决伊朗核问题。

9月26日 伊拉克高等法庭在巴格达继续审理伊前总统萨达姆镇压库尔德人一案，萨达姆又因与主审法官发生争执而被逐出法庭。这是萨达姆第三次因拒绝在诉讼程序中保持沉默而被逐出法庭。

9月27日 以色列军队在黎以冲突期间投掷在黎巴嫩南部的2枚集束炸弹当日发生爆炸，造成1名儿童丧生，4人受伤。

10月

10月1日 巴勒斯坦哈马斯领导的巴自治政府下属武装力量在加沙与法塔赫领导的安全部队爆发武装冲突，造成至少9人死亡，100多人受伤。这是哈马斯今年3月执政以来，巴内部爆发的最严重的武装冲突。2日，哈马斯政府关闭了所有政府部门，抗议法塔赫武装人员在冲突中对政府办公场所的袭击。

＊也门安全部队当日清晨在首都萨那击毙了两名“基地”组织嫌犯。

＊以色列军方人士证实，以军已在当日凌晨完全撤出了黎巴嫩南部地区。以军发言人戈兰说：“现在黎巴嫩事务将由黎政府和联合国全权负责，因此黎应对真主党的一切行动都负起责任。”

10月2日 伊拉克警方说，在过去24小时里巴格达各区共发现58具尸体。

10月3日 伊拉克首都巴格达东部当日上午发生两起针对伊工业部长法齐·哈里里车队的炸弹袭击事件，造成至少12人死亡，80人受伤，哈里里并未受伤。

10月4日 巴勒斯坦民族权力机构主席阿巴斯宣布，他领导的法塔赫和执政的哈马斯就组建民族联合政府举行的谈判已经失败。他表示，巴必须组建新的内阁，以结束哈马斯和法塔赫已经持续了三天的流血冲突。

10月5日 美国国务卿赖斯抵达巴格达，对伊拉克进行事先没有宣布的访问。赖斯当日同伊总理马利基、总统塔拉巴尼以及一些宗教派别领导人分别举行了会晤。赖斯警告伊领导人说，他们解决派别之间政治分歧的时间是有限的，伊目前全面升级的暴力冲突让人无法忍受。这是赖斯今年4月以来第二次访伊。

＊参加联合国驻黎巴嫩临时部队（联黎部队）的260名土耳其官兵出发前往黎巴嫩。

10月8日 黎巴嫩警方发言人说，黎以冲突期间以军投掷在黎南部的未爆炸弹至今已造成21人死亡（包括5名拆弹专家），另有103人受伤。

10月10日 伊拉克内政部官员说，在过去24小时内，伊警方在首都巴格达共发现60具尸体。

＊伊拉克特种部队在巴格达东部萨德尔城逮捕一名炸弹制造专家。美伊联军当天还在基尔库克逮捕当地一位逊尼派著名部落长老图尔基·哈基

姆·奥贝迪。

* 位于巴格达南部美军基地的一座弹药库当晚起火，引发连续爆炸。伊拉克叛乱组织—“伊斯兰军”当日在网上发表声明，宣称对此事负责。

10 月 12 日　以色列国防军在加沙地带打死了 5 名巴勒斯坦人，这是几周以来巴以发生的最严重的暴力事件。以军随后证实了这一军事行动，并称行动的目的是搜寻巴武装人员使用的设施，包括秘密地道等。

* 伊拉克首都巴格达东部一家卫星电视台当日早晨遭到武装人员袭击，11 人被打死。巴格达当天还发生多起爆炸袭击事件，造成至少 7 人死亡。

10 月 14 日　以色列军方炮轰加沙地带，坦克纵队在直升机的掩护下开进加沙北部地区，与哈马斯武装人员展开激战，打死至少 4 名哈马斯武装人员。

10 月 15 日　联合国驻黎巴嫩总部大楼附近建筑当日凌晨遭到火箭弹袭击。

* 由“基地”组织在伊拉克的分支机构领导的武装团伙“圣战者协商委员会”通过互联网发表声明，宣布该组织正在伊建立“伊拉克伊斯兰国”，由首都巴格达和安巴尔、迪亚拉、基尔库克、萨拉赫丁、尼尼微省及巴比伦和瓦西特两省部分地区组成，阿布·奥马尔·巴格达迪任领导人。该组织呼吁伊拉克的“圣战者”、教派长老、部落首领和逊尼派广大民众效忠于巴格达迪。

* 联合国驻黎巴嫩维和部队发言人亚历山大·伊万科宣布，德国海军从即日起开始接管联黎部队在黎沿海维和使命的指挥权。

10 月 16 日　伊拉克首都巴格达东部当日傍晚接连发生两起汽车炸弹爆炸事件，造成至少 20 人死亡。

* 黎巴嫩总理西尼乌拉发表声明，拒绝以色列总理奥尔默特当天向他发出的有关举行会晤的邀请。西尼乌拉在声明中说，以应首先结束对包括萨巴阿农场在内的黎领土的占领，来证明以方对和平的诚意。他重申，黎将是最后一个与以缔结和约的阿拉伯国家。

10 月 17—19 日　以色列总理奥尔默特对俄罗斯进行为期 3 天的工作访问，这是他出任总理以来首次访俄。访问期间，他先后同俄总统普京和副总理兼国防部长伊万诺夫举行了会谈，并出席了以俄恢复邦交 15 周年的纪念活动。

10 月 18 日　以色列国防军继续在巴勒斯坦加沙地带实施军事行动，其活动范围已从加沙南部边境向内深入 4 公里。这是以军自 2005 年 9 月完成单边撤离加沙地带以来，首次进入与埃及接壤的加沙南部地区。

10 月 19 日　在埃及的斡旋下，法塔赫与哈马斯当日凌晨就停止巴勒斯坦内部冲突问题达成一致，决定立刻向各自派别成员发出命令，停止一切违反法律的行为。双方还同意成立一个联合委员会，负责跟踪巴安全状况和舆论情况，其中包括监督双方停止通过舆论来煽动冲突。

10月20日 近百名土耳其士兵和工程师当日抵达黎巴嫩首都贝鲁特，即将前往南部地区参加联合国驻黎临时部队。

*欧盟委员会宣布，向黎巴嫩提供3000万欧元的额外人道主义援助。欧盟向黎提供的人道主义援助资金总额已达5000万欧元。

*伊拉克什叶派宗教人士萨德尔领导的“迈赫迪军”在南部城市阿马拉与伊警察发生冲突，造成至少15人死亡，90多人受伤。

*为期两天的伊拉克和解会议在沙特阿拉伯伊斯兰教圣地麦加落下帷幕。与会的伊拉克什叶派和逊尼派穆斯林主要领导人在会上共同签署《麦加文件》，呼吁尽快停止伊各教派之间日益严重的流血冲突，维护国家团结。伊斯兰会议组织秘书长伊赫桑奥卢主持了当日的会议并宣读了共包含10项条款的《麦加文件》。

10月21日 美国海军陆战队3名士兵当天在伊拉克西部阿巴尔省身亡，使本月美军在伊死亡人数达到78人，是今年以来美军死亡人数最多的一个月。

10月22日 以色列首次承认以军在黎以冲突中使用了国际法严格禁用的磷弹。

*一伙不明身份的武装分子在伊拉克首都巴格达以北的巴古拜袭击了一支运送伊警察新兵的车队，造成至少15名新警察死亡。

10月23日 国际原子能机构总干事巴拉迪向媒体确认，伊朗已经开始试运转新一批铀浓缩设备，在其一直坚持的铀浓缩道路上又前进了一步。

10月25日 欧盟负责外交和安全政策的高级代表索拉纳启程前往中东地区进行为期6天的访问。

10月26日 美国、俄罗斯、中国、英国、法国和德国开始就含有制裁伊朗内容的安理会决议草案进行磋商。俄罗斯曾否决了英、法、德3国起草的伊朗核问题决议草案，表示该草案与此前6国达成的一致立场不符。

*美军和伊拉克警察在距首都巴格达东北60公里处的巴古拜附近与武装人员发生激战，造成43人死亡，其中24人是伊警察。

10月27日 伊朗官方称该国科学家已将六氟化铀气体注入用于制造浓缩铀的第二批离心分离机，并从中获取了相关产品。

10月29日 伊拉克第二大城市巴士拉一所警察学院的15名雇员和2名翻译当日下午在乘车途中遭不明身份的武装人员拦截绑架，并惨遭杀害。

＊美国、英国、法国、意大利、澳大利亚和巴林等国当日起在位于巴林海域的波斯湾上进行了防止走私核武器的海上临检演习。美国海军第五舰队发言人就临检演习表示："演习并不针对任何国家，对伊朗籍和前往该国的船只并不造成影响。"

10月30日 一名为非政府组织"为和平合作"工作的西班牙籍记者罗伯托·比拉在加沙中部遭到几名蒙面武装人员绑架。这是7天内加沙发生的第二起绑架外国人事件。

＊以色列国家安全局日前禁止俄罗斯外交官亚历山大·克柳科夫进入以境内，并指责克柳科夫是俄情报部门人员。俄政府消息人士对以国家安全局的上述决定表示不满，认为以方此举可能引发以俄间严重的外交危机，俄将可能禁止以官方人员在俄境内的活动。

10月31日 不明身份的武装人员在伊拉克首都巴格达以北40公里处的塔尔米亚地区伏击了一支约有16辆小客车组成的车队，并绑架了包括巴格达北部两个什叶派城镇的部族领袖和知名人士在内的42名乘客。

＊黎巴嫩军方发表声明说，以色列战机当天上午再次侵犯黎领空，黎军对此进行了阻击。这是黎真主党同以军于8月14日停火以来，黎军首次动用其防空部队向进入黎领空的以军战机开火。联合国驻黎代表彼得森当天发表声明指出，以军的这一做法违背了安理会第1701号决议，是对黎主权的侵犯。

11月

11月1日 以色列装甲部队当日凌晨进入加沙地带北部的拜特哈嫩镇，与巴勒斯坦武装人员发生激烈交火。与此同时，以军战机在当地实施空袭行动，打死8名巴勒斯坦人，以方有1名士兵在这次行动中丧生。这是以军今年6月以来在加沙地带进行的最大规模的军事行动。

11月2日 伊拉克首都巴格达以东的萨德尔城发生爆炸袭击事件，造成7人丧生。当天巴格达大学行政经济学院院长贾西姆·阿萨迪（什叶派）遇袭身亡，成为伊拉克战争爆发以来第155名在宗派暴力冲突中死亡的伊学者。

＊伊拉克警察在首都巴格达共发现了56具尸体，有迹象表明这些人是教派冲突的受害者。

11月3日 美国国家情报局局长内格罗蓬特当日突然抵达伊拉克首都巴格达，并会见了伊总理马利基。

＊以色列军队向加沙北部和南部共发动了10次空袭，打死9名巴勒斯坦人。巴民族权力机构主席阿巴斯当晚呼吁联合国安理会立即介入此事，制止以军在加沙的暴行，并警告以军在加沙的军事行动将使该地区的安全状况进一步恶化。

11月4日 伊拉克安全部队在首都巴格达南部展开的激战中共打死53名武装人员，逮捕16人。

11月5日 伊拉克高等法庭当日正式对萨达姆在“杜贾尔村案”中犯有反人类罪宣布判决结果。其中，萨达姆和其表兄弟巴尔赞·提克里提被判绞刑。3名同案被告被判处15年有期徒刑，另外一名被告则被宣判无罪。伊拉克社会各界对此反应不一。在首都巴格达东部的萨德尔城，大批什叶派民众走上街头欢庆萨达姆被判死刑。在萨达姆的家乡提克里特，萨达姆的支持者不顾戒严禁令，走上街头举行抗议。

＊国际原子能机构专家已对伊朗用于提炼浓缩铀的第二批离心分离机进行了核查。此次核查是依据伊朗对《不扩散核武器条约》相关规定所作承诺进行的，核查结果将向国际原子能机构总干事巴拉迪汇报。

11月6日 黎巴嫩全国协商（对话）会议第一次会议于当日下午在贝鲁特议会大厦结束，与会各党派就停止相互攻击的宣传战达成了一致。黎真主党领袖纳斯鲁拉称出于安全考虑没有与会，真主党议员团主席穆罕默德·拉德代表他参加了会议。

＊巴勒斯坦安全部门称，以色列军队当天在加沙的军事行动又致使7名巴勒斯坦人丧生。以军在加沙发动的代号为“秋云”的军事行动6日进入第六天，目前已造成57人死亡，约250人受伤。

＊伊拉克内政部宣布，已经以“侵犯人权罪”正式起诉57名政府成员，包括一些高级官员。他们涉嫌参与对关押在巴格达东部一所监狱里的犯人进行迫害。这是伊政府第一次对政府成员采取此类行动。

11月7日 伊拉克首都巴格达北部一家咖啡馆当日遭自杀式炸弹袭击，造成17人死亡。巴格达北部逊尼派穆斯林聚居的阿扎米亚区当天也遭到迫击炮弹袭击，造成5人死亡。

11月8日 以色列军队当日清晨动用坦克对加沙地带北部地区进行炮击，造成18名巴勒斯坦人丧生，40余人受伤。事发后，数千名愤怒的巴民众在加沙地带主要街区举行抗议活动。以总理奥尔默特和国防部长佩雷茨对当天炮轰造成大量平民死亡的事件表示遗憾。国际社会则对此表示震惊。联合国秘书长安南发表声明，呼吁以巴双方要遵守国际法律，确保军事行动不伤害平民。

＊伊拉克首都巴格达东部什叶派穆斯林聚居的萨德尔城内一足球场当天遭数枚迫击炮弹袭击，造成8人死亡。巴格达当天还发生其他多起针对

警察和平民的袭击事件，造成至少5人死亡。

11月9日 黎巴嫩国防部长穆尔与到访的美国国防部长助理皮特·鲁德曼签署协议，美国政府将向黎政府军提供价值为1050万美元的军事装备。美驻黎大使馆称，这批援助包括向黎军提供军事机械（装甲车等）、弹药、零部件以及人员培训等。

*应阿拉伯联盟、伊斯兰会议组织和不结盟运动的要求，联合国安理会当天就中东局势召开紧急会议。巴勒斯坦常驻联合国观察员曼苏尔在会上发言指责以色列对巴勒斯坦的袭击是国家恐怖主义行径。

*伊朗首席核谈判代表阿里·拉里贾尼当日抵达俄罗斯首都莫斯科，与俄安全和外交部门官员就核问题展开会谈。拉里贾尼说，伊朗愿意通过谈判方式解决核问题，并允许国际原子能机构对其核设施进行核查。但任何不利于伊朗的联合国安理会决议都会对伊朗与国际原子能机构的关系产生消极影响。

11月10日 巴勒斯坦民族权力机构主席阿巴斯和自治政府总理哈尼亚当日分别就组建民族联合政府作出表态。阿巴斯表示，组建民族联合政府的谈判取得了进展，但是成立的日期尚未确定。哈尼亚表示，如果新政府能够结束巴勒斯坦面临的国际封锁局面，他愿意让出自治政府总理一职。

*黎巴嫩政府当日收到了联合国安理会有关成立黎前总理哈里里遇刺案国际法庭的最终决议草案。根据草案，哈里里案国际法庭将由黎法官和外国法官组成。黎政府方面表示，草案的出台标志着安理会对哈里里案国际法庭的构成和运行机制达成了一致。

11月11日 伊拉克首都巴格达市中心一批发市场当天接连发生两起汽车炸弹爆炸事件，造成8人死亡。一伙武装分子在巴格达南部袭击了3辆小型公共汽车，杀害了至少12名乘客，并绑架了数十人。

*亲叙利亚的真主党和“阿迈勒”运动发表声明称，在黎巴嫩政府中任职的5名穆斯林什叶派部长将于当天晚些时候宣布辞职。黎总理西尼乌拉当晚也发表声明，拒绝接受这5名部长的辞职。

11月12日 巴格达西部一个警察招募中心发生自杀式爆炸，造成至少35人死亡。巴格达以南20公里处的尤斯费耶镇一所小学附近发生汽车炸弹爆炸，造成18名儿童死伤。

*英国国防部宣布，4名英军士兵乘坐巡逻艇在伊拉克巴士拉城南面的阿拉伯河巡逻时遭炸弹袭击身亡，另有3名士兵受重伤。

*阿拉伯国家联盟22个国家的外长或代表在埃及首都开罗召开紧急会议并通过决议，表示阿拉伯国家将打破西方对巴勒斯坦的政治和经济封锁，向巴提供财政和物质援助，呼吁举行多方参与的和平大会，以解决巴

以的冲突。

＊法塔赫下属革命委员会当日宣布任命巴勒斯坦民族权力机构主席阿巴斯为该派别领导人。

11月13日 哈马斯和法塔赫当日就巴勒斯坦民族联合政府总理人选问题达成一致，双方同意提名原加沙伊斯兰大学校长穆罕默德·舒贝尔为新政府总理。

11月14日 一伙身穿警服的武装人员当天冲入巴格达市中心的伊拉克高等教育部的一栋大楼，绑架了约150人后乘车离去。伊高等教育部部长赛义卜·阿吉利谴责这起绑架事件为"恐怖主义行为"。15日，伊内政部官员称，遭绑架的人质中有大约70人已经获释。

＊中东问题有关四方（联合国、美国、欧盟、俄罗斯）在开罗举行会议，讨论如何尽快重启巴以和平进程。美国负责近东事务的助理国务卿戴维·韦尔奇、欧盟中东问题特使马克·奥特、俄罗斯中东问题特使谢尔盖·雅科夫列夫和联合国中东问题特使德索托参加了当天的会议。会谈同意邀请埃及、沙特阿拉伯和约旦参加可能在年底举行的中东问题有关四方部长级会议，以了解阿拉伯国家对重启中东和平进程措施的看法。

11月17日 联合国驻黎巴嫩临时部队发言人强烈抗议以色列战机不断入侵黎领空，称以色列违反了安理会旨在结束黎以冲突的1701号决议。

11月18日 英国财政大臣布朗突然访问伊拉克，看望驻扎在伊南部地区的英军，并与伊副总理萨利赫举行会晤。布朗承诺英国在未来3年内将向伊提供1亿英镑，以帮助其重建。

＊约旦国王阿卜杜拉同来访的新加坡总统纳丹举行会谈，双方就进一步加强两国关系以及中东局势等问题交换了意见。

＊伊拉克军队和驻伊美军在巴古拜采取打击行动，与逊尼派武装人员展开数小时巷战，至少有18人被打死，19人受伤。

11月19日 伊拉克首都巴格达以南的希拉市发生自杀式汽车炸弹袭击事件，造成至少22人死亡。巴格达东部一汽车站当天中午连续发生3起汽车炸弹爆炸事件，造成至少10人死亡。

＊伊朗外交部官员伊斯拉米安召见阿根廷驻德黑兰使节，就一名阿根廷法官日前要求逮捕伊朗前总统拉夫桑贾尼提出强烈抗议。

＊叙利亚外交部长瓦利德·穆阿利姆开始对伊拉克进行访问。他是自2003年萨达姆政权被推翻以来，访问伊拉克的叙利亚最高级别官员。21日，伊拉克外交部长兹巴里和穆阿利姆在巴格达签署协议，两国正式恢复自1982年中断的外交关系。

＊巴勒斯坦民族权力机构主席阿巴斯已经同意任命穆罕默德·舒贝尔为巴勒斯坦联合政府新总理。巴联合政府将由哈马斯和阿巴斯领导的法塔

赫组织主导。

11月20日 欧盟委员会与伊拉克政府在布鲁塞尔欧盟总部启动了有关签署双边贸易合作协定的谈判。欧盟对外关系委员瓦尔德纳（女）、贸易委员曼德尔森和伊拉克负责经济事务的副总理萨利赫分别代表双方出席了谈判启动仪式。

11月21日 黎巴嫩工业部长皮埃尔·杰马耶勒在黎首都贝鲁特郊区的一条街上遭枪杀身亡。持亲叙立场的黎前内政部长弗朗吉亚在事件发生后不久表示，是议会多数派策划了这一事件，目的是阻止反对派上街游行的计划。议会多数派领袖萨阿德·哈里里指责叙利亚是此次暗杀事件的幕后策划者。叙利亚政府通过官方通讯社发表声明，谴责当天发生的暗杀事件，称这一罪行的目的是动摇黎国内的稳定与和平。

* 中国北京市副市长陆昊和以色列特拉维夫-雅法市市长罗恩·胡尔代在特拉维夫签署了北京市与特拉维夫-雅法市建立友好城市关系的协议书。

11月22日 约旦首相巴希特对内阁进行了改组，新大臣于当天下午宣誓就职。新内阁仍然由24名成员组成。

* 伊朗外交部发言人发表讲话，强烈谴责加拿大在联大会议第三委员会上提交关于伊朗人权状况决议案的行为。

11月23日 伊拉克首都巴格达东部萨德尔城接连发生3起汽车炸弹爆炸和两起迫击炮袭击事件，造成至少202人死亡，252人受伤。这是自2003年美国入侵以来，伊拉克发生的伤亡最为惨重的单日袭击事件。

* 国际原子能机构宣布，伊朗已经同意国际原子能机构查看纳坦兹铀浓缩厂的操作记录，而且承诺允许核查员从工厂一个设备中提取更多的样本。

* 伊拉克什叶派武装分子对23日萨德尔城系列爆炸案迅速做出反应，用迫击炮袭击了逊尼派最重要的阿布哈尼发清真寺以及逊尼派宗教权威"穆斯林学者联盟"的办事处。伊拉克政府随即对巴格达实施宵禁，并关闭了国际机场。伊交通部一反常态立即关闭了南部城市巴士拉的机场和码头。

11月25日 黎巴嫩内阁当日晚举行特别会议，最终讨论通过了联合国关于就黎前总理哈里里遇害案建立国际法庭的提案。黎新闻部长加齐·阿利迪在会后宣读了总理西尼乌拉的一份声明，称内阁做出通过联合国提案的决定是为了保护所有黎人民。黎内阁是在6名部长缺席的情况下通过该提案的。

11月27日 应伊朗总统艾哈迈迪·内贾德的邀请，伊拉克总统塔拉巴尼开始对伊朗进行访问。塔拉巴尼在机场受到了伊朗外长穆塔基的欢迎，随后在伊朗总统府同内贾德举行了会谈。28日，伊朗最高领袖哈梅内伊会见了塔拉巴尼。哈梅内伊表示，安全问题是目前伊拉克最严重的问题，伊朗愿意在安全问题上帮助伊拉克。塔拉巴尼在会谈中对伊朗对伊拉克人民的大力支持表示感谢。

＊应伊拉克政府的要求，安理会15个成员国当天就多国部队的驻扎期问题举行了闭门磋商，并一致通过了由美国起草的决议草案，同意将于今年12月31日到期的多国部队驻扎期延长1年。决议还规定安理会可应伊拉克政府的要求，或者在明年6月中旬以前就多国部队的驻扎期进行审议，而多国部队的驻扎期也可根据伊拉克政府的要求提前终止。

11月29日 美国总统布什当日晚抵达约旦首都安曼，开始对约旦进行为期两天的访问。抵达后不久，布什即与约旦国王阿卜杜拉二世开始举行会谈。

＊伊拉克总理马利基抵达约旦首都安曼，同正在约旦访问的美国总统布什会面，商讨解决伊拉克暴力活动的新对策。

＊效忠于反美什叶派宗教人士穆克塔达·萨德尔的伊拉克议员和内阁部长当日宣布暂停履行职务，以抗议总理马利基前往约旦与美国总统布什举行会谈。

11月30日 美国国务卿赖斯与以色列总理奥尔默特和外长利夫尼举行会谈，敦促以色列巩固与巴勒斯坦目前在加沙地带的停火局面。赖斯还对以色列在巴武装人员违反停火协议发射火箭炮袭击以色列后仍然保持克制表示赞赏。此前，赖斯还在约旦河西岸城市杰里科与巴民族权力机构主席阿巴斯举行会谈。双方在随后的新闻发布会上呼吁在巴以地区实现全面停火。

12月

12月2日 伊拉克首都巴格达市中心一个商业区当天下午连续发生3起汽车炸弹爆炸事件，造成至少51人死亡。

＊伊朗宪法监护委员会发言人卡德霍代伊宣布，该委员会批准了由伊朗议会通过的要求所有持美国护照入境者均须按指纹的法案，从而使该法案正式成为法律。

12月3日 伊朗总统艾哈迈迪·内贾德在德黑兰与到访的土耳其总理埃尔多安举行会谈。内贾德表示愿意进一步加强同土方在各个领域的合作，重申伊朗有和平利用核能的权利。埃尔多安则表示，土支持通过外交途径解决伊朗核问题，并强调土耳其和伊朗都会在地区繁荣和稳定方面发挥重要作用。

＊萨达姆就其死刑判决提出上诉。

12月4日 美国总统布什在白宫会见伊拉克什叶派政党伊拉克伊斯兰革命最高委员会领导人阿卜杜勒·阿齐兹·哈基姆，双方就解决日益严重的伊教派冲突交换了意见。

12月4—5日 黎巴嫩首都贝鲁特4日晚再次发生教派间的流血冲突，至少20人在冲突中受伤。这是反对派支持者本月初发动静坐示威活动以来连续第二个夜间发生流血冲突事件。

12月5日 一辆载有伊拉克什叶派穆斯林官员的汽车在巴格达北部遭袭击，造成至少15人死亡。巴格达西南一个加油站旁当天也连续发生3起汽车炸弹爆炸，造成至少15人死亡。

＊阿拉伯国家联盟（阿盟）伊拉克问题委员会外长级会议在开罗阿盟总部举行。伊拉克外长兹巴里、阿盟秘书长穆萨和9个阿拉伯国家外长或代表在会后发表联合声明，呼吁并支持伊政府尽快解除伊各派武装以召开民族和解大会。

＊因对今年7月12日黎巴嫩真主党武装绑架2名以色列士兵的事件负有责任，以国防军加利利师指挥官贾勒·赫希准将正式离职，约西·巴哈尔准将接任该职位。

＊美、俄、中、英、法、德6国外交部门的高级官员就伊朗核问题在巴黎召开会议。6国在对伊实施制裁问题上取得了“实质进展”，但未达成协议。

12月6日 驻伊拉克美军发表声明，证实有10名士兵当天在伊拉克发生的4起袭击事件中丧生。自2003年伊拉克战争爆发以来，已有2910名美军士兵在伊拉克各地死亡。

＊美国跨党派的“伊拉克研究小组”正式公布伊拉克政策报告。报告猛烈抨击布什政府的伊拉克政策，认为正是由于政策失当导致伊局势不断恶化，建议美国政府调整伊拉克政策，更多地采用外交手段稳定伊局势，使美军能在2008年初从伊撤军。

＊美国“伊拉克研究小组”在公布的报告中呼吁以色列与叙利亚、黎巴嫩和巴勒斯坦展开直接会谈，认为推动解决以阿冲突有助于改善伊形势。以总理奥尔默特7日则说，目前以无意与叙展开谈判，但将尽全力与巴重启和平会谈。

12月7日 巴勒斯坦民族权力机构主席阿巴斯会见正在巴访问的中国外交部长助理翟隽一行。中巴签署了中巴经济技术合作协定。

12月8日 土耳其军队总参谋部发表声明说，库尔德工人党反政府武装组织7日在土东南部地区袭击一架军用直升机，造成1名土军官死亡，5名士兵受伤。

＊法国总统希拉克在巴黎与到访的埃及总统穆巴拉克举行会谈，双方就中东地区局势交换了意见，并对当前黎巴嫩局势表示担忧。

12月9—10日 第27届海湾合作委员会（海合会）首脑会议在沙特首都利雅得召开，着重商讨海湾和中东地区的热点问题以及海合会经济一体化进程。6个成员国元首在会议结束时发表的公报中表示，海合会国家将研发和和平利用核能的技术，并将着手制定联合发展核能的计划。

12月9日 黎巴嫩总统拉胡德发表声明，拒绝签署现政府提交的就有关黎前总理哈里里遇害案设立国际法庭的提案。

12月11日 由伊朗外交部国际政治研究所主办的旨在讨论纳粹大屠杀的国际会议在德黑兰开幕，与会代表将就纳粹大屠杀事件的规模和性质等问题进行研讨。

＊伊拉克驻叙利亚大使馆举行复馆仪式，两国正式恢复中断24年的外交关系。

12月12日 阿拉伯国家联盟秘书长穆萨抵达黎巴嫩首都贝鲁特，为解决目前黎政治危机进行斡旋。

＊伊拉克首都巴格达市中心当天早晨发生自杀式汽车炸弹爆炸事件，造成至少56人死亡，221人受伤。

12月13日 巴勒斯坦武装分子在加沙南部枪杀了哈马斯在当地的一名名叫法拉的法官。巴勒斯坦司法最高委员会随即决定罢工，抗议法拉遭枪杀。由于担心加沙的暴力冲突有可能演变成内战，正在苏丹访问的巴自治政府总理哈尼亚将缩短行程，提前返回加沙。

12月14日 巴勒斯坦自治政府总理哈尼亚的车队14日在从埃及经过拉法口岸返回加沙地带时遭到不明身份武装人员袭击，哈尼亚的一名保镖被打死，另有6人受伤。事后，哈尼亚领导的哈马斯发言人指责法塔赫官员制造了这起袭击事件。哈尼亚在回到加沙后表示，将严惩背后指使者。但法塔赫否认与袭击有关。

12月15日 伊朗第四届专家会议选举和第三届地方议会选举当日在全国同时举行。这是伊朗总统艾哈迈迪·内贾德执政后该国首次举行这样的选举。

＊在中国外交部的积极促进斡旋下，“巴勒斯坦—以色列和平人士研讨会”在北京钓鱼台国宾馆举行。以色列前司法部长约西·贝林和巴勒斯坦民族权力机构前国务部长阿卜杜勒—卡迪尔·哈米德率团出席。会议就当前形势下如何推动解决巴以问题进行了深入探讨。

12月16日 阿拉伯联合酋长国开始联邦国民议会的选举投票，这是阿联酋历史上第一次通过选举产生联邦国民议会的部分议员。

* 巴勒斯坦民族权力机构主席、法塔赫领导人阿巴斯宣布将解散由哈马斯领导的政府，提前举行大选。哈马斯立即拒绝了阿巴斯的决定，称该决定是针对哈马斯政府的政变。这使得双方的紧张关系再次升级。哈马斯和法塔赫的支持者当天在加沙地带几个主要城镇举行游行，部分武装人员随后在多处发生枪战，造成约 20 人受伤。

* 英国首相布莱尔访问埃及，与埃及总统穆巴拉克会晤。布莱尔表示，现在该是解决巴以冲突、重启中东和平进程的时候了。他呼吁国际社会支持巴勒斯坦民族权力机构主席阿巴斯有关提前举行巴选举的提议。

* 叙利亚总统巴沙尔抵达亚丁对也门进行为期 2 天的访问，并与也门总统萨利赫举行会谈，双方表示两国将共同致力于加强阿拉伯国家的团结。

12 月 17 日　英国首相布莱尔当日突然抵达巴格达访问，与伊拉克总理马利基举行了会谈。布莱尔表示将“全力支持”马利基，以遏制伊国内严重的教派冲突。布莱尔当晚抵达以色列，开始对以巴地区的访问。

12 月 18 日　英国首相布莱尔在约旦河西岸城市拉马拉和巴勒斯坦民族权力机构主席阿巴斯举行会谈，就巴目前的紧张局势进行磋商。会谈中阿巴斯表示，尽管哈马斯政府极力反对，但他仍将努力促成提前大选。他同时还表示，仍然愿意和哈马斯就组建联合政府进行协商。

* 伊拉克高等法庭当日再次开庭审判萨达姆，萨达姆在法庭首次承认自己应该对利用化学毒气袭击伊朗一事负责，但极力否认自己曾下令杀害伊拉克库尔德人和什叶派穆斯林。

12 月 19 日　伊朗内政部反走私和边境犯罪司司长阿各达姆和土耳其内政部部长助理巴鲁特在德黑兰签署了两国安全协议。协议内容主要包括打击恐怖主义，燃料、毒品、爆炸物和酒的走私，非法移民和遣送罪犯等。根据该协议，伊朗和土耳其还将在安全领域加强合作。

* 中国、俄罗斯、美国、英国、法国和德国在纽约就有关制裁伊朗的安理会决议草案进行了新一轮非正式磋商，但未能达成一致。

12 月 20 日　驻伊拉克美军当日向伊拉克安全部队移交了南部纳杰夫省的安全控制权。

* 叙利亚总统巴沙尔会见来访的美国民主党参议员约翰·克里和克里斯托夫·多德，同他们就叙美关系和中东地区局势交换了意见。

12 月 20—22 日　美国新任国防部长罗伯特·盖茨当日突访巴格达，收集对伊拉克局势的看法及应对意见。

12 月 21 日　伊朗内政部公布第三届地方议会选举的最终结果，伊朗总统艾哈迈迪·内贾德所领导的强硬保守派候选人在全国范围的选举中遭惨败，获得的席位不到总数的 20%。而温和保守派阵营控制了伊朗各大主要城市议会的大多数席位。在上届选举中失利的改革派也超过强硬保守派位居第二。在最重要的德黑兰市议会，温和保守派夺得 15 个席位中的 8 个，改革派夺得 4 席，而内贾德阵营只得到两席。

＊巴勒斯坦哈马斯政府外交部长马哈茂德·扎哈尔在加沙的宅邸遭到一伙武装分子袭击，至少 1 人在交火中死亡。这是控制政府的哈马斯与忠于巴勒斯坦民族权力机构主席阿巴斯的法塔赫组织达成停火协议 48 小时后加沙发生的首起武力冲突事件。

12 月 26 日　伊拉克首都巴格达西南部及市中心当日各自连续发生 3 起炸弹爆炸，分别造成 15 人和 1 人死亡。同日，驻伊拉克美军一支巡逻队在巴格达西北部地区遭路边炸弹袭击，造成 3 名士兵死亡，1 人受伤。

＊伊拉克上诉法庭当日做出决定，维持对萨达姆的死刑判决。根据伊拉克相关法律，死刑必须在作出判决后 30 天内执行。美国白宫官员对伊拉克上诉法庭维持萨达姆死刑判决的决定表示欢迎。

＊以色列国防部已批准在约旦河西岸地区新建一处定居点的计划。这是以色列近 14 年来首次批准在约旦河西岸修建新定居点。

12 月 27 日　拉脱维亚驻伊拉克部队当天中午在伊拉克遇袭，造成 2 死 3 伤。

＊埃及当日向加沙地带运送了大批武器，以支援巴勒斯坦民族权力机构主席阿巴斯。这批武器包括 2000 支自动步枪、2 万个弹药夹以及 200 万枚子弹。这是 6 个月以来以色列首次允许武器被运入加沙。巴勒斯坦民族权力机构主席阿巴斯的助手鲁代纳当日发表声明，否认巴方跟埃及达成任何武器协议。巴自治政府总理、哈马斯领导人哈尼亚的顾问尤素福当天也表示，埃及已经向他保证没有向加沙地带运送武器。他指责以色列传播谣言，目的是加剧巴内部矛盾。

12 月 28 日　萨达姆的辩护律师当日作出最后努力，恳求全球领导人阻止美国将萨达姆移交给计划绞死他的伊拉克当局。萨达姆的辩护律师杜莱米称，美国将萨达姆移交给伊拉克当局将会引发大规模报复性暴力冲突。29 日，美国华盛顿地区法院法官科琳·科拉尔—科特利做出裁决，驳回了伊拉克前总统萨达姆的律师提出的阻止对萨达姆行刑的要求。

＊伊拉克首都巴格达发生 3 起爆炸事件，共造成 23 人死亡。

＊来自世界各地近 300 万穆斯林教徒聚集在沙特阿拉伯圣城麦加，参加当日开始的朝圣活动。

12 月 29 日　萨达姆家乡提克里特的逊尼派穆斯林宗教领袖当日发表声明，强烈谴责伊拉克和美国占领当局计划于 30 日处死萨达姆。该宗教领导同时呼吁提克里特的穆斯林人士举行万人大游行，以抗议此次的死刑判决。

＊也门总理巴贾迈勒当日分别致信伊拉克总统塔拉巴尼和美国总统布什，要求他们出面阻止对伊拉克前总统萨达姆执行死刑。巴贾迈勒在致塔拉巴尼的信中说，对萨达姆的审判是在外国军队占领伊拉克的情况下进行的，这对伊主权构成了损害。

12 月 30 日 伊拉克前总统萨达姆于当地时间清晨 6 时零 5 分在巴格达被处以绞刑。伊拉克国家安全顾问鲁巴伊和一些伊拉克官员、宗教人士和萨达姆的一名律师被获准进入行刑现场观看。当日晚些时候，伊拉克国家电视台首次播放了萨达姆被套上绞索处以绞刑的画面。

＊国际社会对伊拉克前总统萨达姆被执行绞刑纷纷作出反应。中国外交部发言人秦刚在北京表示，伊拉克的事务应由伊拉克人民决定。中方希望伊早日实现稳定、发展。美国总统布什发表声明说，萨达姆被处死是伊拉克民主道路上“一个重要的里程碑”，但他警告说发生在伊拉克的暴力活动不会终止。科威特政府和民众对萨达姆被处以绞刑表示欢迎。利比亚则决定全国降半旗并哀悼三天。总部设在沙特阿拉伯红海城市吉达的伊斯兰会议组织当日呼吁伊拉克民众对萨达姆被处死保持冷静，以免该国国内的教派冲突进一步升级。

＊伊拉克南部什叶派城市库法发生一起爆炸事件，造成 30 人死亡。伊拉克南部库费城一市场当日发生爆炸，造成至少 30 人死亡。巴格达西北部地区也发生一起汽车炸弹爆炸，造成 15 人死亡。

12 月 31 日 伊拉克当局在前总统萨达姆被处死后在各地实行宵禁，以防伊拉克国内暴力冲突升级。

＊巴勒斯坦哈马斯和以色列就交换囚犯问题达成协议。巴以双方将分三阶段交换囚犯。第一阶段，哈马斯将向以提交一份被劫持的以军士兵沙利特的录像带，证明沙利特还活着；以色列同时释放一小部分关押的巴人员。第二阶段，哈马斯将沙利特移交给埃及，并由埃及交给以色列。以将释放 450 名巴人员。最后，哈马斯将向以方提交一份希望释放的巴人员的名单；以将在两个月后再释放一批人。

非洲大事记

1月

1月5日 在也门总统萨利赫的斡旋下，索马里临时总统阿布杜拉希·尤素福和过渡议会议长谢里夫·哈桑·舍克·阿丹在也门城市亚丁发表联合声明，表示双方将结束争斗，按照彼此承认的宪法，在尊重过渡政府宪章和条文的基础上进行积极协商。同时呼吁索各个派别自动放下武器，彼此对话，用和平方式制止内战和争斗。

1月6日 非洲联盟维和部队在苏丹西部达尔富尔遭到伏击，1名塞内加尔士兵丧生，10人受伤。这是非盟维和部队近两个月来第二次在该地区遭到袭击。

1月8日 南非总统姆贝基在启动执政的非洲人国民大会（非国大）为地方政府选举举行的活动时承诺，要铲除腐败和为穷人创造更多就业机会。非国大公布的竞选宣言表示，该党将在今后5年内投入4千亿兰特（约合650亿美元）用于创造就业、抗击贫困和加强道路、电力、通讯等基础建设。

1月11日 刚果（金）公布对新宪法的投票结果，该国选民以84.31%支持对15.69%反对的压倒性优势通过了新宪法，从而为该国在3月举行历史性的总统选举和议会选举铺平了道路。新宪法将授予矿产丰富的省份更大自治权，同时把总统候选人的最低年龄限制从35岁降至30岁。

*尼日利亚南部产油区非法武装组织“尼日尔河三角洲解放运动”从壳牌公司的一个近海油田绑架了4名西方员工。他们除了威胁要摧毁尼日利亚的所有产油设施外，还向壳牌公司勒索15亿美元。

1月11—19日 中国外交部长李肇星对佛得角、塞内加尔、马里、利比里亚、尼日利亚和利比亚6国进行正式访问。

1月12日 中国政府首次正式发表《中国对非洲政策文件》，此举表明中国政府和领导人始终高度重视非洲和中非关系，始终把发展中非传统友好合作关系置于中国外交的重要位置。《中国对非洲政策文件》回顾了中非友好的历程，阐述了中国对非洲地位和作用的看法，全面规划了新时期中非在政治、经济、文化、社会等各领域的友好合作。文件提出，中国政府从中国人民和非洲人民的根本利益出发，致力于建立和发展中非间政治上平等互信、经济上合作共赢、文化上交流互鉴的新型战略伙伴关系。

1月16日 在2005年11月获得利比里亚内战后首次总统大选胜利的埃伦·约翰逊·瑟利夫（女）在首都蒙罗维亚宣誓就任总统。包括非洲联盟主席、尼日利亚总统奥巴桑乔在内的一些非洲国家元首或政府首脑，中国国家主席胡锦涛的特使、外交部长李肇星以及美国国务卿赖斯等其他一些国家的政要参加了当天的就职仪式。

1月18日 联合国驻科特迪瓦的维和部队在科西部城市吉格洛同示威者发生流血冲突，造成4名示威者身亡，多人受伤。联合国维和人员位于阿比让的一个居住区也遭到冲击。近千名示威者还冲击了科国家电视台。非洲联盟现任执行主席、尼日利亚总统奥巴桑乔抵达阿比让就科紧张局势进行斡旋。19日，科过渡政府总理科南·班尼和科执政党——科人民阵线主席恩盖桑分别发表全国电视讲话，呼吁民众结束示威活动，以恢复正常的社会秩序。呼吁发出后，示威民众于当晚陆续撤离示威地点，结束了持续4天的大规模示威活动。

1月19日 加蓬总统邦戈在首都利伯维尔宣誓连任总统，任期7年。邦戈在就职仪式上表示，将运用国家赋予的权力，努力保证加蓬民众的利益。十几位非洲国家领导人出席了当天的就职仪式。

1月20—23日 非洲联盟成员国外交部长会议在苏丹首都喀土穆举行。本次会议在人权、文化、移民以及非洲联盟与拉丁美洲举行首脑会议等具体问题上达成了一致。会议还通过了苏丹等国提出的成立“非洲教科文组织”的建议，并同意把该建议提交首脑会议审议批准。

1月22日 非洲联盟轮值主席、尼日利亚总统奥巴桑乔在苏丹首都喀土穆召开的“非洲互查机制”成员国首脑会议上宣布，苏丹、赞比亚、圣多美和普林西比3国加入“非洲互查机制”。苏丹等3国加入后，“非洲互查机制”的成员国数量达到26个。

1月23日 意大利阿吉普公司设在尼日利亚南部巴耶尔萨州的一座石油平台遭到一伙非法武装分子的袭击。尼安全部队击退了袭击者。24日，该公司设在尼南部城市哈科特港的办事处又遭到一伙不明身份的武装人员袭击，至少造成9人死亡。

1月23—24日 第六届非洲联盟首脑会议在苏丹首都喀土穆举行。非盟53个成员国的代表与会，其中包括36位国家元首和政府首脑。会议讨论了文化、教育、非盟与联合国安理会的合作和更有效发挥非盟安全与和平理事会作用等一系列问题并达成多项共识。新一届非盟主席、刚果（布）总统萨苏—恩格索发表讲话说，本次会议是一次成功的会议，在推动非盟发展方面通过了一系列重要决议。

1月27日 科特迪瓦总统府发言人塔戈罗发表声明说，根据科宪法、联合国安理会第1633号决议和有关和平协议，科总统巴博决定延长国民议会的任期直至下届议会选举。

2月

2月1日 利比里亚总统埃伦·约翰逊·瑟利夫在视察财政部时宣布命令，解除财政部所有重要岗位官员的职务，而普通职员也必须通过审查才能重新上岗，以惩治该国猖獗的腐败行为。此前，埃伦·约翰逊·瑟利夫已下令对前过渡政府各部门和公职机关进行资产审查，并禁止过渡政府官员在审查结束前出国旅行。

2月3日 科特迪瓦过渡政府总理科南·班尼进行其就任以来对反对派武装控制地区的首次视察和参观，会见了反对派武装政治和军事领导人，就当前形势与推进和平进程等问题进行了讨论。4日，班尼在结束视察后呼吁科冲突双方尽快恢复军事和政治对话，以创造一个有利于恢复和平与促进民族和解的互信气氛，为实施解除武装计划作准备。

2月4日 一名中国青年男子在南非最大城市约翰内斯堡北郊米德兰的工厂遭武装抢劫，不幸中弹身亡。5日，一名中国女子在约翰内斯堡东南的斯普林斯镇也遭武装抢劫，胸部中弹身亡。同日，另一名中国男子在南非司法首都布隆方丹西北的韦尔科姆市遭武装抢劫受伤，因伤势过重于6日不幸身亡。

2月8日 非洲国家小型首脑会议在利比亚首都的黎波里闭幕。会议通过的关于解决苏丹和乍得冲突的“的黎波里宣言”呼吁，冲突双方不干涉对方内政，不向对方叛乱组织提供支持，并立即停止一切有损对方的宣传攻势，努力建立相互信任。会议决定成立以利比亚为首的后续行动部长委员会，帮助双方寻求和平解决彼此分歧的途径。苏丹和乍得在会上一致同意在对方边界城市开设领事馆，禁止对方叛乱分子在己方领土上从事武装活动。

＊世界动物卫生组织发表新闻通报说，尼日利亚境内出现了高致病性H5N1型禽流感疫情，这是首次在非洲出现这种疫情。9日，尼农业部发言人阿贾凯耶证实，尼又有三个鸡场发现了禽流感疫情，分别位于尼北部的卡杜纳州、卡诺州和中部的高原州。

2月9日 马拉维总统穆塔里卡以不称职为由解除了副总统奇伦帕的职务。穆塔里卡在写给奇伦帕的一封信中历数了他的不称职之举，如拒不参加内阁会议；公开批评、攻击现政府；拒不遵照总统的命令迁往首都利隆圭居住等。

2月11日 乌干达总统穆塞韦尼的车队在本国东北部的莫罗托区行驶时遭到一伙不明身份武装人员袭击。在总统卫队的反击下，武装人员逃窜，总统及随行人员都安然无恙。

2月13日 中国国家主席胡锦涛在北京与到访的多哥总统福雷举行会谈，就双边关系和共同关心的问题深入交换意见。会谈后，两国元首共同出席了中多经济技术合作协定等文件的签字仪式。

2月14日 肯尼亚总统齐贝吉在3名部长涉嫌金融丑闻而辞职后对内阁进行改组。原土地部长基蒙亚将取代姆维拉里亚成为新任财政部长，环境和自然资源部长基布瓦纳将同时代理土地部长，计划和国家发展部长奥布沃查将同时代理能源部长一职。此外，肯科技部长韦凯萨还将代理教育部长一职。

＊津巴布韦最高法院驳回了最大的反对党“民主变革运动”领导人茨万吉拉伊对2002年总统大选结果的申诉。在2002年3月举行的津总统大选中，穆加贝总统获得连任，但几年来茨万吉拉伊一直称大选充斥暴力和舞弊，试图通过法律途径使大选结果无效。

2月16日 英荷壳牌公司在尼日利亚南部产油区的一个油井起火并发生原油泄漏，附近的一个钻井平台被迫关闭。受此影响，其原油日产量将减少3.78万桶。

2月17日 科特迪瓦过渡政府总理科南·班尼和欧盟委员会驻科代表团团长米歇尔·埃里安在科经济首都阿比让签署一项双边合作协议。根据协议，欧盟将向科特迪瓦政府提供3320万欧元财政援助，主要用于帮助科过渡政府重建基础设施，重新安置受危机影响严重的居民和开展居民身份清查工作。

＊联合国灾难处理技术工作小组在马拉维首都利隆圭发表的一份报告说，马拉维自2005年10月发生霍乱以来已有20人死亡，1649人染病。

＊尼日利亚南部产油区的非法武装组织“尼日尔河三角洲解放运动”宣称，该组织已开始发动针对外国石油公司的“全面战争”。该组织一位军事负责人说，所有在尼南部产油区的外国石油公司及其雇员必须在当天

午夜前撤离，这次军事行动的目的是将所有外国石油公司驱逐出尼，以便由尼当地民众分享石油资源。

2月18日 刚果（金）总统卡比拉在首都金沙萨签署了本国新宪法。根据新宪法，刚果（金）总统将由全民直选产生，任期5年，最多能担任2届；总理由议会多数派推举的人选担任，并由总统任命；国民议会有权弹劾政府，如果弹劾提案被通过，政府必须在24小时内提出辞职，如果议会与政府相持不下，总统可以宣布解散议会。

＊英荷壳牌公司一家分包商的9名外籍工人在尼日利亚南部产油区武装分子绑架。当地武装组织“尼日尔三角洲解放运动”宣称对这起事件负责。

2月20日 索马里首都摩加迪沙南部发生派系武装冲突，造成至少4人死亡，数十人受伤。至此，已有18人死于18日在摩加迪沙开始的武装冲突。

2月21—22日 尼日利亚南部商业中心奥尼查发生基督教徒与穆斯林的暴力冲突，造成至少80人死亡，其中包括两名防暴警察。死者中绝大多数是穆斯林，只有少数是基督教徒。

2月22日 苏丹议会经举行会议讨论有关在达尔富尔部署国际维和部队的问题后决定，拒绝外部势力以任何方式干涉苏丹内政，拒绝旨在把非盟部队的任务转交给联合国派遣的国际部队的任何企图。议员们一致强调，必须维护苏丹的主权、安全与稳定，并呼吁国际社会提供援助以帮助解决非盟部队所面临的财政困难。

2月23日 乌干达举行总统和议会选举投票，这是该国25年来首次举行多党选举。25日，根据乌选举委员会公布的总统选举最终计票结果，现任总统、“全国抵抗运动”总统候选人穆塞韦尼在选举中获胜，得票率是59.28%，而反对党“民主改革论坛”领导人基扎·贝西杰获得了37.36%的选票。其他3名总统候选人的得票率均未超过2%。

2月24日 尼日利亚南部哈科特港的一家法院做出判决，要求世界石油巨头壳牌石油公司赔偿尼南部伊角族居民15亿美元，作为该公司石油开采活动对当地环境造成破坏的补偿。

2月25日 津巴布韦最大的反对党“民主变革运动”（民革运）选举前津巴布韦大学学生会主席穆坦巴拉出任该党新总裁。

2月27日 中国国际广播电台内罗毕调频台正式开播。这是中国在海外开设的第一家调频电台。该调频台覆盖内罗毕市约200万人口，节目自1月28日试播以来，内罗毕听众反响热烈。

＊加蓬总统邦戈和赤道几内亚总统恩圭马在日内瓦举行会晤，双方决定通过谈判解决两国之间的领土争端。

*世界动物卫生组织官员证实，尼日尔已发现 H5N1 型高致病性禽流感病毒，从而使该国成为继尼日利亚和埃及之后非洲第三个出现禽流感疫情的国家。

2 月 28 日 科特迪瓦总统巴博、总理班尼同科主要反对党领袖贝迪埃、瓦塔拉以及科反对派武装政治领导人索罗在科政治首都亚穆苏克罗举行闭门会晤，商讨解决危机的办法。各方领导人发表联合声明，重申将尽一切努力确保下一届总统选举在预定期限内举行，以彻底解决持续两年多的政治、军事危机。

3月

3 月 1 日 南非举行地方政府选举，南非非洲人国民大会（非国大）获得 66%选票，赢得全国 6 大都市中的 5 个、231 个地方市政府中的 174 个。民主联盟得票 16%，获开普敦执政权。

*总部设在荷兰海牙的禁止化学武器组织发表新闻公报宣布，利比里亚将从 2006 年 3 月 23 日起正式成为该组织第 178 个缔约国。

3 月 6—13 日 韩国总统卢武铉先后访问了埃及、尼日利亚和阿尔及利亚等非洲 3 国，这是韩国总统 24 年来首次访问非洲。此次访问加强了韩国与非洲在能源、经济和政治方面的合作。

3 月 7 日 埃塞俄比亚首都亚的斯亚贝巴接连发生 3 起爆炸事件，导致多人受伤。警方调查后宣布，当天的爆炸事件均系埃塞反政府武装“奥罗莫解放阵线”所为。27 日，亚的斯亚贝巴又接连发生 5 起爆炸事件，造成 1 人死亡，至少 14 人受伤。

*科特迪瓦独立选举委员会主席芒贝·伯格雷在科经济首都阿比让正式就职，从而宣告负责下届总统和议会选举的唯一机构正式投入运作。

3 月 10 日 非洲联盟和平与安全理事会部长级会议在埃塞俄比亚首都亚的斯亚贝巴举行。会议决定，将在苏丹西部达尔富尔地区执行维和任务的非盟维和部队的任期由本月底延长至 2006 年 9 月底。

3 月 13 日 南非 5 万名铁路工人举行全国性大罢工，抗议南非国营运输企业公司的改组计划损害工人利益。根据改组计划，有些公司将划入政府或私人企业，工会担心数万名工人将因此而失去工作。罢工使比勒陀利亚、约翰内斯堡、开普敦、德班等城市的铁路运输瘫痪。

3 月 13—23 日 联合国秘书长安南先后访问了南非、马达加斯加、刚果（布）和刚果（金）等非洲 4 国。

3 月 14 日 联合国安理会一致通过决议，决定将联合国驻埃塞俄比亚和厄立特里亚维和部队的任期延长 1 个月至 4 月 15 日，以便使国际社会有时间继续调解这两个国家的边界争端。决议要求埃塞和厄立特里亚尽快重启和平进程，通过谈判解决边界争端，尊重并接受独立的划界委员会就两国边界走向作出的裁决。

* 几内亚比绍武装部队与塞内加尔南部反政府武装“卡萨芒斯民主力量运动”在与几比交界的塞境内发生武装冲突，部分反政府武装人员进入几比境内，并与几比士兵交火，造成 2 名几比士兵丧生。

3 月 15 日 乍得军方和警方挫败了一起企图推翻总统伊德里斯·代比·伊特诺的政变，并逮捕了一些主要嫌疑犯。

3 月 17 日 利比里亚战后新总统约翰逊·瑟利夫正式向尼日利亚政府提出要求引渡利前总统查尔斯·泰勒回国受审。25 日，尼政府发表声明表示已同意向利引渡泰勒。

3 月 20 日 政府间发展组织（伊加特）在肯尼亚首都内罗毕举行第 11 届首脑会议，会议通过了《内罗毕宣言》。宣言对两年来索马里及苏丹南部地区的和平进程表示满意，并表示将继续支持相关重建工作，同时呼吁向索派遣维和部队，为在该地区营造和平环境提供更多帮助。

3 月 21 日 冈比亚武装部队挫败了一起试图推翻总统叶海亚·贾梅的武装政变。冈军方逮捕了涉嫌参与未遂政变的数名武装部队高级官员，并加强了对首都班珠尔地区的安全警戒。包括冈比亚武装部队总参谋长在内的一些政变策划者已逃离冈比亚，冈总统贾梅也因此缩短了在毛里塔尼亚的访问日程提前回国。

* 美国总统布什在白宫与到访的利比里亚首位女总统埃伦·约翰逊-瑟利夫举行了会谈。双方主要讨论了利民主化进程、教育、安全以及非洲地区问题等。

* 肯尼亚议会在首都内罗毕举行会议，这是 2005 年该国就新宪法举行全民公决后议会休会以来的第一次会议。肯尼亚总统齐贝吉在会议上表示，他领导的政府将坚决与腐败行为做斗争。

3 月 22 日 索马里武装组织同由当地军阀组成的“摩加迪沙反恐联盟”在首都摩加迪沙爆发武装冲突。至 24 日，冲突已造成约 90 人死亡，数百人逃离首都，当地许多商家关门歇业。

3 月 22—26 日 由中非民间商会牵头、民营企业代表组成的中非民间商会代表团访问了坦桑尼亚，就民营企业向坦桑尼亚投资的适宜行业、在坦开办商会办事处等事宜进行实地考察。这是自中非民间商会 2005 年成立以来第二次派团赴非考察。

3 月 23 日 阿尔及利亚总统布特弗利卡和到访的南非总统姆贝基在

阿首都阿尔及尔举行会谈，双方呼吁切实执行有助于非洲各国解决发展问题的“非洲发展新伙伴计划”。他们还一致呼吁非洲国家积极参加11月在北京举行的中非合作论坛首脑会议。

*联合国驻科特迪瓦维和行动团开始在科西部地区重新部署维和人员，以保证该地区的稳定，这是自今年1月当地暴力活动迫使驻科联合国人员撤离以来维和人员首次返回该地区。

3月24日 贝宁宪法法院确认以独立候选人身份参选的原西非开发银行行长博尼·亚伊赢得总统大选。根据对第二轮投票的统计，博尼的得票率接近75%，另外一位候选人、来自“民主复兴党”的阿德里安·温贝吉只获得了25%的选票。

3月25日 南非约10名不明身份的劫匪手持AK—47冲锋枪，以假通行证混入约翰内斯堡市国际机场并劫持机场保安人员为人质，抢走了刚从英国空运来的、正准备转运非洲其他国家的1650万美元现金，随后逃之夭夭。整个过程未发一枪一弹。

3月25—26日 阿盟理事会外长会议在苏丹首都喀土穆举行，阿盟22个成员国的外交部长或外交大臣与会。会议就苏丹西部达尔富尔地区等问题制订了一系列决议草案，准备提交给阿拉伯国家首脑会议审议和批准。苏丹外长、本届阿盟理事会主席拉姆·阿库勒在会议结束后的记者会上说，理事会支持非洲联盟继续为实现苏丹达尔富尔地区和平作出的努力，呼吁阿拉伯国家向非盟驻苏丹特派团提供财政援助，并敦促非洲大陆上的阿拉伯国家更加积极地参与非盟主导下的达尔富尔维和行动。

3月27日 西非经济货币联盟首脑会议第10次例会在尼日尔首都尼亚美举行。与会各国肯定了该联盟的经济增长状况有所改善，但会议要求各成员国继续努力排除束缚，实现经济的强劲和可持续增长。

3月28—29日 第18次阿拉伯首脑会议在苏丹首都喀土穆举行。会议通过的《喀土穆宣言》说，阿拉伯国家联盟决定增加参加非洲联盟部队的阿拉伯部队，并提供必要的物质支持，以使非盟部队继续履行苏丹达尔富尔维和任务。

3月28—30日 南非外长祖马、印度外交国务部长夏尔玛、巴西外长阿莫里姆在巴西里约热内卢召开印度、巴西、南非对话论坛（IBSA）三边委员会第三次会议，并发表《里约热内卢部长会议公报》，确认2006年9月13日在巴西召开IBSA峰会，2007年第一季度在印度召开IBSA第四次三边委员会。

3月29日 美国总统布什在白宫与来访的尼日利亚总统奥巴桑乔举行会谈。布什在会谈结束后对媒体说，他对尼政府采取行动抓获1天前失踪的利比里亚前总统泰勒表示赞赏。奥巴桑乔否认有关尼政府对泰勒疏于看守的说法。

3月30日—4月1日 巴勒斯坦民族权力机构主席阿巴斯访问南非，与南非总统姆贝基就巴以大选后的中东局势举行会谈。阿巴斯在向南非国民议会发表演讲时，敦促以色列尽快重启和谈。

4月

4月3日 德国总统克勒访问莫桑比克。克勒在与莫总统阿曼多·格布扎举行会谈后表示，莫桑比克是德国发展援助项目重点扶持的国家，德国愿帮助莫桑比克发展。

＊中国赴苏丹维和部队先遣组离开北京前往苏丹首都喀土穆。这支部队将主要负责修筑道路、桥梁、机场，构筑简易营房、防护掩体、野外工事，修建供水、供电、供暖设施，销毁武器弹药，为维和战区内部队提供工程支援等任务。

＊法国负责合作、发展和法语国家部长级代表吉拉尔丹访问南非，与南非外长祖马举行会谈。双方就布隆迪、刚果（金）、科特迪瓦、海地等地区问题及双边合作交换了意见，一致同意南、法在非洲事务及其他多边领域密切合作，协调立场。

＊利比里亚前总统泰勒首次出现在设于塞拉利昂首都弗里敦的联合国塞拉利昂特别法庭上，成为第一个在国际法庭上出庭受审的非洲国家前领导人。

＊南非城市约翰内斯堡的一名警官在连续开枪打死8人、打伤两人后逃窜，次日在警方的缉捕行动中被击毙。

＊布基纳法索政府证实，在首都瓦加杜古附近的一个农场发现三例H5N1高致病性禽流感病例。该国由此成为继尼日尔、尼日利亚和喀麦隆之后第4个发现禽流感的西非国家。

4月4日 埃及总统穆巴拉克抵达喀土穆开始对苏丹进行访问，与苏丹总统巴希尔就两国关系、达尔富尔危机以及其他共同关心的地区和国际问题举行了会谈。

＊葡萄牙总理苏格拉底抵达罗安达，开始对安哥拉进行访问，以进一步发展葡萄牙与安哥拉的双边关系。

＊一艘韩国远洋渔船在索马里沿岸海面被海盗劫持，船上25名船员分别来自韩国、中国、印尼和越南，其中中国船员3人。

＊欧盟宣布将为埃塞俄比亚提供800万欧元的资金援助，以帮助该国

排除境内遗留的地雷。

4月5日 由肯尼亚、坦桑尼亚和乌干达组成的东非共同体3国总统在坦桑城市阿鲁沙举行首脑会议，正式批准组建共同市场的时间表。根据3国事务部长联合提交的时间表，3国将从2006年7月1日开始进行有关共同市场规划的谈判，并定于2008年12月结束谈判并签署该规划。2009年6月由共同体各成员国议会批准，最终于2010年1月正式启动东非共同市场。

＊利比亚领导人卡扎菲与塞内加尔总统瓦德在塞首都达喀尔为建设非洲第一高楼举行了奠基仪式，标志着利、塞两国合作达到了新的高度、非洲一体化建设进入了新的阶段。

4月6日 贝宁当选总统博尼·亚伊在首都波多诺伏正式宣誓就职。尼日利亚、科特迪瓦、加纳和布基纳法索等国的总统，以及非盟代表和美国总统特使等数千人参加了就职仪式。博尼·亚伊在就职仪式上发表讲话说，他在任期内的优先任务是人力资源开发、共同协商政务、发展创业精神和基础设施建设。他承诺在任期内将贝宁的经济增长率从目前的5%左右提高到两位数，增加就业，减少贫困。

＊吉布提一艘载有250多人的小船在驶离吉布提港后不久沉没，导致船上113人遇难。这是红海沿岸国家发生的最严重的一起沉船事故。

＊非洲联盟主席、刚果（布）总统德尼·萨苏·恩格索抵达阿比让，开始对科特迪瓦进行工作访问。8日，他在与科各方领导人会谈后宣布，科各方领导人同意同时进行解除武装计划及居民身份清查工作，以推进科和平进程。

4月8日 贝宁总统府宣布组成新一届政府。贝宁各政治党派的党首和前部长全部被排除在本届政府之外。新政府由22名成员组成，外交部长由前外交和非洲一体化部秘书长玛丽亚姆·阿拉吉·博尼担任，财政和经济部长由前世界银行官员帕斯卡尔·库克帕基担任，司法部长和国防部长分别由亚伯拉罕·津津多惠和伊西富·科吉德罗担任。

＊德国警方逮捕卢旺达胡图族反政府武装“解放卢旺达民主力量”首领伊尼亚斯·穆尔瓦纳什亚卡，这是继3月17日国际刑事法庭逮捕刚果（金）东北部伊土里地区一支部族武装首领鲁邦卡之后，又一关系到刚果（金）安全局势以及大湖地区和平稳定的重大事件。

4月10日 因不满现任总统代比在5月参加总统竞选，“乍得变革统一阵线”领导的反政府武装发动攻势，攻占了距首都恩贾梅纳不足400公里的城市蒙戈。同日，反政府武装还袭击了位于乍苏边境的苏丹难民营，并与负责保护难民营安全的保安部队交火。

＊联合国安理会一致通过决议，决定将联合国驻布隆迪维和部队的一

部分调往刚果（金），增援联合国驻刚维和力量，以便为该国即将举行的大选做准备。

＊南非航空公司加入星空联盟，成为第一个加盟全球最大国际航空公司联盟的非洲航空公司。

4月13日 肯尼亚总统齐贝吉在首都内罗毕会见到访的世贸组织总干事帕斯卡尔·拉米。齐贝吉呼吁世界贸易组织保护非洲利益，推动实施有利于非洲的贸易政策。

4月14日 乍得总统伊德里斯·代比在首都恩贾梅纳举行的集会上宣布与苏丹断绝外交关系，并要求苏丹驻乍得外交人员尽快离境。

＊非洲联盟成员国贸易部长在肯尼亚首都内罗毕举行会议，协调非盟在世贸组织谈判中的立场。与会各国部长纷纷要求欧盟和美国取消不合理的贸易补贴，改变国际贸易中的不均衡现象，为发展中国家进入发达国家市场提供更多机会。

4月15日 苏丹总统巴希尔否认苏丹支持乍得反政府武装。这是巴希尔首次回应乍得有关苏丹政府支持乍得反政府武装的指责。

4月16日 索马里总理与美国驻肯尼亚大使签署协议，同意美国海军在索马里海域巡逻，以打击该海域日益猖獗的海盗行为。根据上述协议，美国海军还将协助索马里成立海岸警卫队。

4月19日 尼日利亚南部城市哈科特港一政府军兵营遭到汽车炸弹袭击，造成两人死亡、6人受伤。曾多次袭击尼石油设施的“尼日尔三角洲解放运动”通过电子邮件宣称对爆炸事件负责。该组织还警告会对石油设施等目标实施更多袭击。

＊马达加斯加总统拉瓦卢马纳纳对香港进行工作访问。他在港举行推介会，介绍马投资环境，欢迎香港投资者到马投资能源、交通、农业、港口和房地产等极具潜力的行业，表示马将借鉴中国内地改革开放的经验，设立经济特区，并将采取一系列政策和措施，促进经济和社会的进一步发展。

4月19—20日 南非副总统恩格库卡访问日本，与日首相小泉纯一郎举行会谈，拜会日本天皇长子，出席日本经济团体联合会圆桌会议并会见日商界名流。

4月20日 贝琳达·比德韦尔当选冈比亚议会议长，成为冈比亚独立41年来第一位女议长。

4月21日 尼日利亚向“巴黎俱乐部”电汇了最后一笔45亿美元的债务，从此还清了亏欠“巴黎俱乐部”的共300亿美元的债务。尼由此成为第一个与“巴黎俱乐部”清账的非洲国家。

4月21—25日 南非副总统恩格库卡访问印度尼西亚，与印尼副总统尤素夫举行会谈，拜会总统苏西洛、议长阿贡·拉克索诺等。双方就双边政治经济关系、南部非洲发展共同体与东盟合作、非洲发展新伙伴计划、ASGISA，两国在矿能、电信、基础设施、中小企业及旅游领域的合作，世贸谈判、联合国改革等议题交换了意见。

4月24日 中国国家副主席曾庆红在北京同到访的塞拉利昂副总统贝雷瓦举行会谈。双方就进一步发展中塞关系和共同关心的国际及地区问题交换了意见，达成广泛共识。

*韩国—非洲经济合作会议在韩国首都首尔召开，包括非洲开发银行和5个非洲次地区的300余名代表与会。会议的主要议题是“非洲的贸易机遇”和“韩国—非洲经济合作发展战略”。

4月24—26日 中国国家主席胡锦涛对摩洛哥进行了国事访问，同摩洛哥国王穆罕默德六世举行了会谈，并分别会见了摩洛哥参议院议长奥卡沙、众议院议长拉迪和摩洛哥首相杰图。胡主席还在卡萨布兰卡市会见了中国援助摩洛哥的医疗队员代表。

4月25日 中国国家主席胡锦涛与佛得角总统皮雷斯互致电函，庆祝两国建交30周年。

*南非土地权利委员会专员布莱辛·姆菲拉在行政首都比勒陀利亚对媒体说，他们已与政府开展土地改革计划以来第一位被没收土地的白人农场主达成协议。

*联合国安理会一致通过决议，授权欧盟于2006年6月在刚果（金）部署临时维和部队，以便为该国即将举行的总统和议会选举创造安全的环境。

4月26日 世界动物卫生组织在巴黎宣布，科特迪瓦首次发现两处H5N1型高致病性禽流感疫情，科因此成为第7个发现禽流感疫情的非洲国家。

4月26—27日 中国国家主席胡锦涛对尼日利亚进行国事访问，与尼总统奥巴桑乔举行了会谈。胡主席还在尼国民议会发表了题为“为发展中非新型战略伙伴关系而共同努力”的重要演讲，全面介绍了中国对发展中非关系的政策和主张。

4月27日 美国总统布什签署一项政令，宣布对4名涉嫌在苏丹达尔富尔地区犯有暴行的苏丹人实施制裁。他们在美国的资产将被冻结，美国公民和金融机构也将被禁止与其往来。

*刚果（金）外交部向乌干达政府提出抗议，抗议乌军以追剿反政府武装“圣灵抵抗军”为由侵犯刚果（金）领土。

4月28日 马拉维副总统奇伦帕因被控叛国罪在马南部城市布兰太尔遭警方逮捕。当局指控奇伦帕在其官邸召集会议，阴谋推翻政府。

4月28—29日 中国国家主席胡锦涛对肯尼亚进行了国事访问。两国政府召开了第三次贸易联委会，肯政府宣布承认中国市场经济地位。胡主席参观了联合国人居署和环境署，并会见两机构负责人。胡主席还会见了内罗毕孔子学院的师生。

4月29日—5月1日 日本首相小泉纯一郎访问埃塞俄比亚。访问期间，小泉在非盟总部发表演说，表示日支持非盟为解决苏丹西部达尔富尔问题所作的努力。小泉还宣布了日本一揽子“非洲和平与发展新行动计划”，其中包括向非盟驻苏丹特派团提供近870万美元的援助。他说，日本还将提供近1000万美元的援助，用于改善达尔富尔地区居民的人道主义形势。

5月

5月1日 日本首相小泉纯一郎开始访问加纳。小泉在与加纳总统库福尔举行会谈后宣布，日本政府将为非洲医药研究设立一个诺古奇奖，首次颁奖仪式将于2008年在日本东京举行。同时，日本也将免除加纳欠其的10亿美元债务。库福尔随后表示，加纳政府将支持日本谋求联合国常任理事国席位。

5月5日 苏丹政府和达尔富尔地区主要反政府武装“苏丹解放运动”在尼日利亚首都阿布贾签署了和平协议。该协议的签署有望缓解当地不断恶化的人道主义局势。但参加谈判的另外两支武装力量——“苏丹解放运动”的一个分支及“正义与公平运动”仍拒绝签署协议。

5月7日 阿尔及利亚总统布特弗利卡与来访的毛里塔尼亚“民主与公正军事委员会”主席瓦尔在阿尔及尔举行会谈。双方一致强调推进阿拉伯马格里布联盟进程的重要性，并表示将为实现这一目标而共同努力。

＊各国议会联盟第114届大会在肯尼亚首都内罗毕开幕，来自世界各国的1500多名议会代表与会，会议的主要议题是妇女权益、环境保护和非洲发展等问题。中国全国人大常委会副委员长成思危率团出席了当天的开幕式。

＊索马里教派武装与“恢复和平与反恐联盟”为争夺首都摩加迪沙的控制权发生武装冲突。截止14日，这场冲突已造成至少142人死亡，280多人受伤。

5月8日 中海油宣布，已在肯尼亚就6个石油区块签署产品分成合同，这6个区块涉及海上和陆地，总面积达115343平方公里，这是中海油签署的涉及面积最大的海外合同。

＊马达加斯加议会将国民议会议长拉希尼里库解职，认为他在2006年4月出访德黑兰时对有争议的伊朗核计划发表赞成言论，表现不当。

＊南非约翰内斯堡高等法院对前副总统雅各布·祖马涉嫌强奸一案做出无罪判决。15日，南非执政党非洲人国民大会（非国大）发表声明，决定恢复雅各布·祖马在非国大的副主席职务。

5月11日 尼日利亚武装分子在南部的哈科特港绑架了3名外国石油工人，其中1名是意大利人。

＊吉布提政府通过官方网站证实，该国一名2岁女婴的H5N1型高致病性禽流感病毒检测结果呈阳性，这是该国确诊的首例人感染禽流感病例。

5月12日 乌干达当选总统穆塞韦尼在首都坎帕拉宣誓就职，开始其新一届总统任期。包括南非总统姆贝基在内的11个非洲国家领导人参加了就职仪式。穆塞韦尼发表讲话表示，乌干达将继续与邻国合作打击包括乌反政府武装“圣灵抵抗军”在内的恐怖组织，同时呼吁该地区各国加强合作以确保大湖地区的安全。

＊埃塞俄比亚首都亚的斯亚贝巴接连发生4起爆炸事件，造成至少2人死亡，21人受伤。

＊尼日利亚经济首都拉各斯郊外阿特拉斯—克里克岛发生一起输油管道爆炸事故，造成近200人死亡。

＊刚果（金）东部最大的反政府武装“马伊马伊民兵组织”的一名主要领导人戈德翁向联合国驻刚果（金）维和部队投诚。

5月14日 乍得选举委员会宣布，现任总统代比在本月初的总统大选中获得77.5%的选票，成功获得连任，任期5年。非洲联盟和其他一些国际组织的观察员称，本次大选总体上自由、公开和公正。

＊索马里教派武装与新更名为“恢复和平与反恐联盟”的军阀联盟达成停火协议，旨在结束长达8天的流血冲突。

＊数百名武装分子袭击了刚果（金）政府军位于该国东北部伊图里地区的营地，52名武装分子和1名政府军士兵在交火中丧生。

5月16日 联合国安理会一致通过第1679号决议，决定在今后1周内向苏丹达尔富尔地区派遣非洲联盟—联合国技术评估团，以便为将来联合国在当地实施维和行动打下基础。

5月16—17日 南非开普敦5000多名保安工人举行罢工并袭击了当地的两个火车站，警察发射橡皮子弹和催泪瓦斯驱散人群，至少4名示威工人在冲突中受伤。

5月18日 科摩罗宪法法院确认，昂儒昂岛宗教领袖艾哈迈德·阿卜杜拉·穆罕默德·桑比在14日举行的科总统选举第二轮投票中以压倒性多数获胜。桑比获得58.02%的选票，超过另外两名总统候选人所得票数的总和。桑比在竞选中承诺要把重建国家经济和改善人民生活作为上任后的首要任务。

5月21日 索马里政府在西部城镇拜多阿举行全体会议，同意由东非七国组成的政府间发展组织（伊加特）向索派遣维和部队。根据提议，伊加特成员国苏丹和乌干达可向索马里派遣维和部队，该组织中与索接壤的肯尼亚、埃塞俄比亚和吉布提只能提供后勤支持。

＊毛里塔尼亚国家元首、民主与公正军事委员会主席瓦勒在努瓦克肖特会见了出访途中经停毛里塔尼亚的中国外交部长李肇星。

5月22日 南非总统姆贝基对内阁进行微调。现任农业和土地事务部长托科·迪迪扎（女）将接替西卡乌任公共工程部长，水利和林业部长布伊·松吉卡（女）将与矿业和能源事务部长琳迪韦·亨德里克斯（女）互换职位。此外，姆贝基新任命矿业副部长露露·克辛瓜纳（女）接替迪迪扎任农业和土地事务部长。

＊一名中国商人在南非城市约翰内斯堡南部遭到武装抢劫，不幸中弹身亡。他是2006年以来在南非遇害的第6名华人。

5月23日 马里境内的3处兵营相继遭到反政府武装分子的袭击，造成3人伤亡，并有多人被劫为人质。当地中资机构在骚乱中遭到冲击，被抢走一辆货车。

5月24日 中国国家主席胡锦涛在北京会见了纳米比亚前总统、西南非洲人民组织（简称人组党）主席努乔马。胡主席感谢纳米比亚始终坚持“一个中国”的立场，在台湾、人权等问题上给予中国宝贵支持。努乔马说：纳米比亚人民永远不会忘记中国人民在纳争取民族解放和各项建设事业中所给予的无私支持和慷慨援助。纳方坚决反对任何形式的“台独”分裂活动，坚定支持中国人民的统一大业。

5月26日 科摩罗当选总统桑比在首都莫罗尼宣誓就职，表示将信守科摩罗联盟的各项承诺。桑比在就职演说中否认了批评者有关他的当选会导致宗教极端主义兴起的说法，强调穆斯林不是伊斯兰原教旨主义者的同义词，作为伊斯兰教宗教领袖，他主张人们遵守本国的道德价值观和向不幸者表达同情。

5月27日 中国赴苏丹维和部队第三批官兵乘飞机抵达苏丹。至此，中国赴苏维和部队共430名官兵全部进驻苏丹。

5月27—29日 苏丹全国大会党政治局和南方主要政党苏丹人民解放运动政治局在喀土穆举行首次联席会议。两党同意建立有关落实全面和平协议的协调机制，检讨不符合和平协议和临时过渡宪法的法律法规。

5月29日 科摩罗总统桑比任命了新内阁成员组成联盟新政府。新政府主要成员共有10名，除总统桑比外，还有负责交通、通讯和旅游的副总统伊迪·纳多伊姆，外交和国际合作部长加法尔及财政、预算、计划和经济部长哈马迪等人。

5月31日—6月2日 第16届世界经济论坛非洲会议在南非城市开普敦举行。非洲及世界39个国家的领导人、经济学家和企业界人士出席会议。与会代表表示，今天的非洲并非是一个被不幸所困扰的大陆，而是一个充满希望的地方。非洲大陆必须重塑形象，否则其雄心勃勃的发展计划将会化为泡影。会议对中国和印度经济的高速发展表示关注，"向东看"成为本届会议的热门话题。

6月

6月1日 科特迪瓦政府军和反对派武装代表在科政治首都亚穆苏克罗就解除战斗人员武装计划达成最终协议，双方同意从本月8日开始正式启动双方战斗人员解除武装的进程。双方还就进行西部民兵组织解除武装计划达成一致。

6月2日 尼日利亚南部海域的一个石油钻井平台上遭到不明身份的武装分子袭击，6名英国人、1名美国人和1名加拿大人被绑架。

6月5日 中国全国人大常委会委员长吴邦国在北京会见了由参议长比鲁塔率领的卢旺达参众两院代表团。

*索马里教派武装"伊斯兰法院联盟"宣布，已击败由摩加迪沙各派军阀组成的"恢复和平与反恐联盟"，控制了首都。"伊斯兰法院联盟"成为15年来第一个全面控制摩加迪沙的武装派别。

*美国总统布什在白宫与来访的刚果（布）总统德尼·萨苏-恩格索举行会谈，主要就苏丹达尔富尔和防治艾滋病等问题进行了磋商。

6月7日 尼日利亚武装分子对该国南部尼日尔三角洲地区一座石油设施发动袭击，绑架了5名韩国人和1名当地人。

6月9日 索马里过渡政府军队与地方民兵武装在过渡政府所在地拜多阿发生冲突，造成10人死亡、多人受伤。此次冲突与在首都摩加迪沙发生的教派武装与军阀联盟的冲突关系不大。

6月12日 欧盟外长在卢森堡举行的会议上通过决定，正式启动欧盟派驻刚果（金）的维和行动。欧盟理事会重申对刚果（金）民主重建进程的支持，并表示将在刚果（金）大选后积极参与该国的战后恢复和重建项目。

＊尼日利亚总统奥巴桑乔和喀麦隆总统比亚在纽约联合国总部签署协议以解决两国边界纠纷。根据协议，尼日利亚将在60天内从巴卡西半岛撤出部队，半岛将在两年内完成过渡安排。

＊苏丹总统巴希尔和来访的厄立特里亚总统阿费沃尔基在会谈时一致同意两国恢复外交关系。双方表示将致力于巩固在政治、经济等领域的合作关系，并将为结束本地区冲突和实现和平与稳定作出努力。

6月13日 东非区域性组织——政府间发展组织（伊加特）在肯尼亚首都内罗毕举行成员国外长会议，商讨近期索马里局势。伊加特成员国决定对索马里军阀实施制裁，以促使其参加和谈。

6月14日 西非国家经济共同体（西共体）第30次首脑会议在尼日利亚首都阿布贾召开，会议集中讨论防止小型武器在该地区扩散的问题。会议通过了西共体机构改革一揽子方案。会议还通过了新的西共体议会组成办法，届时议员将通过普选直接产生。

6月17—24日 中国国务院总理温家宝对埃及、加纳、刚果（布）、安哥拉、南非、坦桑尼亚和乌干达7国进行了正式访问。温总理此访纵横跨越非洲大陆，遍及东西南北中各个次区域，行程3.5万公里，是近年来中国领导人访非国家最多的一次，其中有几个国家是中国总理首次到访。本次访问日程紧凑，内容丰富，成果丰硕。8天内共举行80余场活动，除与访问国领导人会谈、会见外，温总理还多次发表演讲，进行实地考察，广泛接触非洲民众和中国在非各领域工作人员，受到非洲及国际媒体高度关注。

6月18日 布隆迪政府和反政府武装民族解放力量在坦桑尼亚首都达累斯萨拉姆签署了全面停火协议。联合国、非洲联盟、几十个国家的政府代表和外交官见证了签字仪式。

6月20日 南非总统姆贝基对苏丹进行访问，会见了苏丹总统巴希尔。巴希尔在与姆贝基联合举行的记者会上重申，苏丹反对在达尔富尔地区部署联合国维和部队取代已部署在那里的非洲联盟维和部队。姆贝基对苏丹政府有关加强非盟在达尔富尔地区作用的立场表示支持，并强调联合国在苏丹的任何作用都必须事先征得苏丹政府同意。

＊联合国安理会一致通过决议，决定取消对利比里亚的木材出口禁令，但继续禁止该国出口未经加工的钻石。

6月21日 尼日利亚总统奥巴桑乔改组内阁，并主持了新部长的宣誓就职仪式。外交部长由原财政部长恩戈齐·奥孔乔-伊瓦拉担任，财政部长由原财政国务部长内娜迪·奥斯曼担任，原外交部长奥卢耶米·阿德尼吉改任内务部长，矿产部长奥比亚杰利·埃泽奎西利兼任教育部长，联邦首都区部长纳西尔·鲁法伊兼任商业部长。

6月22日 中国国家主席胡锦涛在北京与到访的塞内加尔总统瓦德举行会谈，就双边关系和共同关心的问题深入交换意见，达成广泛共识。两国元首一致同意，不断巩固和加强中塞友好的基础，推动中塞友好合作关系长期稳定地向前发展。会谈后，两国元首共同出席了中塞经济技术合作协定等合作文件的签字仪式。

* 在阿拉伯联盟首脑会议轮值主席、苏丹总统巴希尔主持下，索马里过渡政府与教派武装“伊斯兰法院联盟”在苏丹首都喀土穆签署声明，双方同意相互承认并停止一切敌对行动。27日，控制着索马里首都摩加迪沙的“伊斯兰法院联盟”袭击了摩加迪沙南郊由一名军阀控制的多个检查站，至少6人在交火中死亡。

6月25日 坦桑尼亚执政党革命党第七次全国代表大会在该国新首都多多马举行。坦桑尼亚现任总统基奎特在会上当选为革命党主席。

6月28日 中国与几内亚比绍在比绍签署了两国政府农业技术合作换文和医疗合作协议书。根据换文规定，中国将向几内亚比绍派遣15名农业专家，开展水稻种植技术培训，进行良种示范及推广，并提供部分农业机械和相关配件、菜种、化肥、农药等农业物资。

6月30日 中国国家主席胡锦涛与塞舌尔总统米歇尔互致贺电，热烈庆祝两国建交30周年。

* 中国国务院总理温家宝函贺非洲联盟第七届首脑会议召开。

7月

7月1—2日 非洲联盟第七届首脑会议在冈比亚首都班珠尔举行，33位非洲国家元首和政府首脑与会。委内瑞拉总统查韦斯和伊朗总统内贾德作为特邀嘉宾也出席了会议。本次会议的主题为“推动经济共同体与地区一体化协调发展”。会议通过决议，决定成立非洲人权与民族权法院。会议还通过《非洲通信和信息技术发展框架协议》，要求各成员国认真履行加快信息产业发展的承诺。会议决定，涉嫌犯罪的乍得前总统哈布雷将不被引渡到比利时受审，其案件将在非洲自行审理，交由塞内加尔司法部门审理。

7月4—5日 利比亚总统卡扎菲在非洲联盟第七届首脑会议结束后主持了有苏丹总统巴希尔与乍得总统代比参加的三方会谈。巴希尔和代比在会谈中分析了两国冲突产生的原因，并最终达成了和解协议。双方表示，同意组建一个联合委员会来促进两国关系的正常化。

7月4日 马里政府与该国北部的图阿雷格人反政府武装在阿尔及利亚首都阿尔及尔签署和平协议。马里政府官员表示，政府承诺加快促进北部贫困地区的发展，并且同意反叛者加入政府军队，最终促成了协议的签署。

7月5日 联合国秘书长安南与南非总统姆贝基、尼日利亚总统奥巴桑乔等非洲国家领导人在科特迪瓦政治首都亚穆苏克罗举行会谈，讨论科和平进程。在安南与非洲国家领导人的斡旋下，科政府与反政府武装就开始实施解除武装计划的期限达成一致，双方同意将开始实施解除武装计划的最终期限定在7月31日。

＊日本经济产业相二阶俊博与到访的毛里塔尼亚石油与能源部长穆罕默德·阿里达成协议，两国将合作开发毛里塔尼亚境内的石油资源。

7月9日 控制着索马里首都摩加迪沙大部分地区的教派武装“伊斯兰法院联盟”同支持军阀联盟的一支武装派别在摩加迪沙发生激战，造成至少19人丧生，20人受伤。

7月16日 中国国家主席胡锦涛在俄罗斯城市圣彼得堡同前来出席八国集团同发展中国家领导人对话会议的巴西总统卢拉、墨西哥总统福克斯、南非总统姆贝基、刚果（布）总统萨苏、印度总理辛格5个发展中国家领导人举行集体会晤。6国领导人就加强发展中国家合作、促进共同发展等问题交换了看法。在谈到非洲发展问题时，胡锦涛指出，国际社会应该更多关注非洲的稳定和发展。我们同为发展中国家，应该也能够在帮助非洲国家执行“非洲发展新伙伴计划”、实现千年发展目标方面有所作为。

＊中国国家主席胡锦涛在圣彼得堡会见了南非总统姆贝基，就深化双边友好互利合作和中非合作问题交换了意见。

＊中国国家主席胡锦涛在圣彼得堡会见了非洲联盟轮值主席、刚果（布）总统萨苏，就加强两国友好合作和非洲形势交换了看法。

7月17日 葡语国家共同体第六届首脑会议在几内亚比绍首都比绍开幕，与会的葡语国家领导人表示将一起努力消除饥饿与贫困。

7月18日 苏丹达尔富尔问题国际会议在布鲁塞尔举行。与会代表呼吁国际社会加强对非洲联盟在该地区部队的财政和物资支持，认为达尔富尔地区的和平仍十分脆弱，和平协议必须得到维持。中国代表关呈远出席会议并阐述了中国在达尔富尔问题上的立场，呼吁国际社会继续支持非盟部队，继续向达尔富尔地区提供人道援助。在当天举行的国际认捐大会上，欧盟宣布向达尔富尔地区提供4000万欧元的援助，向非盟部队提供2500万欧元。美国则向非盟部队提供1160万美元的资助。

7月19日 中共中央政治局常委李长春在北京会见了南非共产党总书记布莱德·恩齐曼德。双方表示愿进一步加强交流与合作，推动两国关系全面深入发展。

7月20日 肯尼亚反恐警察在本国沿海城镇塔维塔逮捕了恐怖分子阿卜杜勒-卡里姆·汤达。他是“泰巴伊斯兰武装组织”的重要成员，曾涉嫌参与策划了1996年和1998年印度新德里爆炸案、2002年肯尼亚蒙巴萨天堂饭店爆炸案等30多起恐怖事件，是美国联邦调查局锁定的重要恐怖分子。

7月25日 几内亚比绍国民议会召开全会，与会议员全票通过了关于重申坚持“一个中国”原则的决议。

7月26日 中国政府向“非洲发展新伙伴计划”秘书处捐款50万美元，用于资助非洲国家开展医务人员培训项目。

＊意大利阿吉普石油公司在尼日利亚南部的一个输油站遭到武装袭击，输油站的40名尼日利亚工人被劫持。劫持人质事件导致输油站关闭，原油减产。

7月27日 刚果（金）东北部伊图里省的两个反政府武装组织“刚果（金）革命运动”和“眼镜蛇”宣布愿解除武装，其成员将在缴械后被编入刚果（金）政府军。

＊索马里过渡政府的18名部长和副部长集体辞职，以示对过渡政府重建和平措施不力的不满。

7月28日 索马里宪法和联邦事务部长阿卜杜拉·伊萨克·迪尔罗在一座清真寺外遭枪击身亡。随后数百人涌上街头，到处放火，局面陷入混乱，这是一周来拜多阿发生的第2起立法官员遭袭事件。

7月30日 刚果（金）举行总统和国民议会选举，这是该国独立46年来举行的首次民主选举。为保障大选的安全举行，联合国和欧盟均向刚果（金）派遣了维和部队。非洲联盟、南部非洲发展共同体、中部非洲国家经济共同体、欧盟等国际和地区组织以及南非、美国、日本等国向刚果（金）派遣了观察团，监督大选进程。

＊圣多美和普林西比总统选举委员会宣布，现任总统弗拉迪克·德梅内泽斯在当天举行的总统选举中获胜连任。得到民主运动—变革力量党和民主统一党支持的德梅内泽斯在选举中共获得60%的选票，民主独立行动党候选人特罗瓦达获得36.6%的选票。

7月31日 塞舌尔选举委员会宣布，现任总统詹姆斯·米歇尔在本月28—30日举行的总统选举中获胜连任。米歇尔的得票率为53.73%，其主要竞争对手、反对党塞舌尔民族党领袖韦维尔·拉姆卡拉旺和独立候选人菲利普·布勒分别获得45.71%和0.56%的选票。

8月

8月1日　布隆迪警方以涉嫌策划政变为由，逮捕了该国前副总统阿方斯·卡德盖等8名嫌疑人。警方称，他们曾举行多次会议，试图颠覆现政权。

8月3日　一名德国人在尼日利亚南部石油城哈科特港被一伙冒充交警的武装人员绑架。4日，为尼日利亚液化天然气公司工作的3名菲律宾工人在尼南部的尼日尔河三角洲地区被绑架。

8月6日　中国外交部长李肇星与乍得外交和非洲一体化部长艾哈迈德·阿拉米分别代表各自政府，在北京签署《中华人民共和国和乍得共和国关于恢复外交关系的联合公报》，决定即日起恢复两国大使级外交关系。

8月7日　索马里过渡政府总统阿卜杜拉希·尤素福发表声明，宣布解散过渡政府，但保留了过渡政府总理穆罕默德·格迪的职务。

8月8日　乍得总统代比和苏丹总统巴希尔在乍得首都恩贾梅纳举行会晤，决定将很快重开两国边界，并重新互设大使馆。代比和巴希尔还承诺要采取行动，以巩固两国之间的和平。参加会晤的还有利比亚领导人卡扎菲、现任非盟主席刚果（布）总统萨苏—恩格索和加蓬总统邦戈。

＊肯尼亚、坦桑尼亚和乌干达3国军队与美国军队开始在肯尼亚的巴林戈地区举行代号为“自然火力2006”的联合军事演习，共有1000多名军人参加演习，目的是通过3国军队与美军的协同作战提高东非地区应对危机的能力。

8月9日　4名外国石油工人在尼日利亚南部石油产区巴耶萨州被武装人员绑架，其中2人是挪威人，另外2人是乌克兰人。13日，4名外国石油工人在尼南部石油城哈科特港的一家酒吧内遭部落武装人员绑架，其中包括1名英国人和1名美国人。

8月10日　赤道几内亚政府总理阿维亚·比特奥代表政府全体成员向总统奥比昂提出辞呈。14日，奥比昂任命原副总理曼归·奥巴马为政府总理。16日，奥巴马公布新内阁成员的名单。新内阁由28位部长组成，其中石油部长、财政部长、国防部长等一些重要职位仍然由上届政府中的相应人选担任。

8月13日　来自埃塞俄比亚等17个非洲国家的18位政府高级新闻官员聚首中国城市深圳，共同参加由中国国务院新闻办举办的第三期非洲国家政府官员新闻研修班。

8月14日 尼日利亚将巴卡西半岛正式移交给邻国喀麦隆，从而结束了两国在该半岛归属问题上长达13年的争端。联合国代表、尼喀双方的部队总参谋长以及其他一些高级官员出席了在巴卡西半岛北部阿奇蚌镇举行的交接仪式。

＊苏丹外交部长卡提在访问毛里塔尼亚时表示，苏丹和毛里塔尼亚已同意恢复两国间正常的外交关系。苏丹的企业将进入毛里塔尼亚投资。

8月14—15日 “马科纳河联盟”峰会在塞拉利昂的科因杜举行，塞拉利昂、几内亚、利比里亚3国的国会议员、民间团体代表以及媒体工作者出席会议。与会代表就相互间的合作提出构想：在科因杜建立一个地区性的大市场，修建一座跨越马科纳河的桥以连接利比里亚和几内亚，以及修建一个水电站给马科纳河盆地周边地区供电。

8月17日 美国和英国向安理会提交了一份关于苏丹西部达尔富尔危机的决议草案，要求安理会授权向达尔富尔地区派遣一支1.7万人的联合国维和部队接替部署在那里的约7000人的非洲联盟部队，以负责监督苏丹政府和反政府武装在2006年5月签署的和平协议的执行情况，帮助难民重返家园以及为当地平民提供安全保护。决议草案授权联合国维和部队采取一切必要手段，防止和平协议遭到武装分子破坏，并保护平民免遭暴力侵害的威胁。

8月17—18日 第26届南部非洲发展共同体（南共体）首脑会议在莱索托首都马塞卢举行。与会的南共体成员国领导人讨论了地区经济发展、艾滋病、教育、性别平等和粮食安全等问题。会议强调继续推进地区一体化进程。

8月19日 一艘外国货轮通过代理公司在科特迪瓦经济首都阿比让10多处地点倾倒了数百吨有毒工业垃圾，引发严重环境污染。到9月18日为止，垃圾排出的有毒气体造成7人死亡，24人因中毒严重被送往医院急救。此外共有超过3.6万人次因呼吸障碍或其他不良反应送医就诊。

8月20日 多哥政治对话各方在洛美正式签署一项结束多哥政治和经济危机的政治协定，同意建立一个民族团结政府。协定制定了民族团结政府的路线图和选举的行为准则，同时确定了独立选举委员会的职权和构成等。

＊刚果（金）首都金沙萨发生武装冲突。隶属于卡比拉的总统卫队和隶属于本巴的卫队展开激烈枪战，至少有5人死于乱枪之下，5人受伤，其中包括2名中国公民。冲突发生过程中，刚果（金）独立选举委员会宣布，根据7月30日总统选举第一轮投票的初步结果，卡比拉和来自原反政府武装刚果解放运动的本巴分别处于第一位和第二位，将进入总统选举的第二轮角逐。21日，金沙萨市中心再度发生激战。

8月21日　21名意大利游客和数名德国游客在尼日尔与乍得交界的沙漠地带遭劫匪绑架。

8月24日　塞内加尔和西班牙两国政府在塞首都达喀尔签订防止偷渡协议，以遏制日趋严重的偷渡问题。根据协议，两国将协作加强各自水域的安全防范行动，重点打击偷渡组织人员，并妥善处理偷渡者的遣返事宜。

8月25日　几内亚湾国家首脑会议在加蓬首都利伯维尔举行。加蓬、安哥拉、赤道几内亚、尼日利亚、圣多美和普林西比5国国家元首、喀麦隆总理、刚果（布）外长和刚果（金）驻加蓬大使出席会议。会议发表公报，宣布几内亚湾委员会成立，主要负责对几内亚湾国家间涉及石油开发和水产资源等方面的纠纷进行磋商和调解。

8月26日　乍得总统伊德里斯·代比在总统府宣布，由于美国谢夫隆石油公司和马来西亚国家石油公司在乍得未能信守缴纳企业税的有关承诺，这两家公司的代表必须立即离开乍得并关闭其代表处。代比还说，在与上述两家公司重新达成协议之前，乍得将只与美国埃克森—美孚石油公司联合开发乍得石油。

8月27日　乌干达政府与反政府武装“圣灵抵抗军”在苏丹南部的朱巴签署停火协议，希望结束这场持续长达20年的战争。

8月27日—9月10日　中共中央政治局常委、中央纪委书记吴官正对卢旺达、马达加斯加、博茨瓦纳和加蓬4国进行了正式友好访问。

8月28日　中国国家主席胡锦涛在北京与到访的贝宁总统托马·博尼·亚伊举行会谈，就巩固和发展中贝平等、互信、互利的友好合作关系达成广泛共识。会谈结束后，两国元首共同出席了经济技术合作、农机具、医疗、文化等双边合作文件的签字仪式。

8月30日　美国国防部新闻秘书拉夫向媒体证实，国防部长拉姆斯菲尔德正在考虑组建一个专门负责非洲事务的战区司令部——非洲司令部。

8月31日　联合国安理会通过决议，决定在得到苏丹政府认可后向达尔富尔地区派遣1.73万人的联合国维和部队，以帮助苏丹政府和反政府武装落实和平协议。俄罗斯、中国和卡塔尔投了弃权票。

＊总部设在荷兰海牙的禁止化学武器组织发表新闻公报宣布，科摩罗将从2006年9月17日起正式成为该组织的第179个缔约国。科摩罗将是加入禁止化学武器组织的第47个非洲国家。

＊非洲最大的机场约翰内斯堡国际机场正式更名为奥利弗·坦博国际机场，以纪念南非反种族隔离运动的著名领袖、南非非洲人国民大会前任主席奥利弗·坦博。

9月

9月1日 南非国际贸易管理委员会公布了关于限制中国纺织品和服装进口的条例，从2006年9月28日至2008年12月31日对来自中国的31种税号项下纺织品和服装实施特别进口许可证制度。6日，南非6大连锁店发表声明，强烈要求南非政府取消上述规定，认为这项规定将大大损害消费者的利益，使零售商蒙受经济损失。

9月3日 多哥总统福雷·纳辛贝启程前往欧洲，对比利时、意大利和法国进行正式访问，这是多哥国家元首自1993年以来首次访欧。

9月4日 乍得总统代比在巴黎与法国总统希拉克举行了会谈。代比在会谈后表示，乍得政府与外国石油公司之间的关系并没有破裂，双方的分歧应通过对话和谈判来解决。

＊索马里警察部队与非法武装分子在索过渡政府所在地拜多阿机场展开激战，冲突造成至少6名非法武装分子死亡，数十人受伤。

＊苏丹总统巴希尔在首都喀土穆与国防部长、参谋总长以及苏丹武装部队其他高级将领座谈时重申，苏丹政府拒绝接受联合国安理会通过的有关在达尔富尔地区部署联合国维和部队的第1706号决议。巴希尔说，这个决议是对苏丹内部事务的公然干涉，是对苏丹主权和尊严的侵犯，将导致苏丹重新被殖民化。

9月5日 俄罗斯总统普京抵达开普敦开始对南非进行访问，这是俄国家元首首次访问南部非洲。南非总统姆贝基同普京就两国间的贸易和经济合作等问题举行会谈，并签署了两国友好伙伴关系条约。双方还签署了在医疗卫生科学、和平利用外层空间以及保护国防工业知识产权等领域开展合作的3项协议。

＊政府间发展组织（伊加特）轮值主席、肯尼亚总统齐贝吉在肯首都内罗毕召集非正式磋商论坛。索马里总统优素福、埃塞俄比亚总理梅莱斯以及乌干达、苏丹和非洲联盟的代表参加了论坛。论坛发表联合公报说，索马里当前的形势对和平进程构成严重威胁，破坏了索过渡政府实现国内长期和平的努力。伊加特敦促索人民和国际社会支持向索派遣维和部队，以支持索过渡政府，挽救和平进程。

9月6日 科特迪瓦过渡政府在政治首都亚穆苏克罗召开的紧急会议上向总统巴博递交集体辞呈，以示对8月发生在科经济首都阿比让的有毒垃圾污染环境事件负责。

9月7日 布隆迪总统恩库伦齐扎与该国最后一支反政府武装“全国解放力量”领导人洛瓦萨在坦桑尼亚首都达累斯萨拉姆正式签署全面停火协议，从而结束了该国胡图族与图西族之间长达13年的武装冲突。坦桑尼亚总统基奎特、南非总统姆贝基和乌干达总统穆塞韦尼出席了停火协议的签字仪式。

9月8日 伊朗驻南非行政首都比勒陀利亚的大使馆遭到8名武装匪徒抢劫，使馆保险箱内的所有钱财被抢。

9月9日 非洲国家元首、政府首脑或代表聚会利比亚城市苏尔特，庆祝关于成立非洲联盟的《苏尔特宣言》发表7周年，并在庆祝活动结束时就非洲大陆局势发表宣言，支持苏丹政府拒绝国际部队未经同意进驻达尔富尔地区的立场，重申拒绝达尔富尔问题国际化。宣言敦促苏丹政府和苏丹人民解放运动继续努力，切实执行2005年1月在内罗毕签署的苏丹全面和平协议。

9月12日 “非洲英语国家工会领导人研讨会”在北京开幕，来自非洲17个英语国家的26名工会领导人与中国工会有关负责人围绕“经济全球化与中非工会合作”这一主题进行了广泛的探讨。

9月13日 刚果（金）总统卡比拉和副总统本巴在首都金沙萨举行会晤，这是双方的卫队8月底发生武装冲突后两位领导人的首次会晤。

＊非洲联盟批准了一项向索马里派遣8000名维和士兵的计划。25日，索过渡政府总理格迪在肯尼亚首都内罗毕举行的记者会上强调，由“基地”组织控制的索教派武装目前控制了该国南部大部分地区，国际社会应尽快对此采取措施。

9月15日 美国驻肯尼亚大使馆一名官员在首都内罗毕遭枪击致重伤，这是肯尼亚自2006年以来发生的第3起外交人员遇袭事件。

9月16日 多哥总统福雷任命反对党领导人阿博伊博为新总理。20日，多哥民族团结政府正式组成，共有34名部长，其中包括4名国务部长和5名部长级代表。上届政府中的18名部长保留了部长职位，另有16名新人入阁，其中激进反对派“非洲人民民主大会”总书记尼宁维任国务部长兼矿产和能源部长，“变革力量联盟”第二副主席纳辛贝任国务部长。

＊科特迪瓦总统巴博在经济首都阿比让宣布成立新的过渡政府，以接替日前因阿比让有毒垃圾污染环境事件而辞职的前过渡政府。过渡政府总理仍由夏尔·科南·班尼担任，新政府保留了前政府的大部分成员。

9月17日 世界银行在新加坡发表的题为《非洲的丝绸之路：中国和印度的新经济疆域》的研究报告称，中国和印度最近加大对非洲贸易和投资力度，将为促进非洲经济增长和创造就业带来新的契机和巨大潜力。

9月18日 索马里南部城市拜多阿的议会大楼前发生汽车炸弹爆炸

事件，临时总统优素福的车队遭袭，优素福幸免于难。爆炸事件至少造成11人死亡，其中包括优素福之弟阿卜杜勒—萨拉姆·优素福·艾哈迈德、4名总统卫队成员和6名袭击者。这起爆炸发生后大约15分钟，议会大楼附近又发生第2起爆炸，造成至少4人丧生。

9月19日 刚果（金）首都金沙萨市发生骚乱，数百名街头流浪者和副总统本巴的支持者聚集在本巴控制的一家电视台附近，并在交通干道上点燃废旧轮胎，用石块和玻璃瓶袭击过往的外国车辆。

9月20日 非洲联盟和平与安全理事会在纽约举行峰会，讨论苏丹达尔富尔问题。联合国秘书长安南、苏丹总统巴希尔及正在出席第61届联大一般性辩论的部分非盟成员国领导人与会。会议决定将驻扎在苏丹达尔富尔地区的非盟维和部队的任期延长至12月31日。

*南非高等法院法官赫伯特·姆西曼在南非城市彼得马里茨堡宣布，针对前副总统祖马涉嫌腐败案的指控不成立，这项判决结果使得备受世人关注的祖马案告一段落。

*由中国中兴通讯股份有限公司设计并安装调试的利比亚3G网络正式投入使用，这是北非地区第一个正式投入使用的3G网络，也是整个非洲地区最大的3G网络。

9月22日 刚果（金）首届民选国民议会在议会大厦正式宣告成立并举行了首次全体会议。在议会500个席位中，支持现任总统卡比拉的多党联盟共占有217个席位，支持前反政府武装出身的本巴副总统的多党联盟占有119个席位。新议会中有42名女性议员。

*中国海关总署署长牟新生和南非税务总署署长戈尔丹在比勒陀利亚签署了《中国和南非海关互助协定》，内容包括两国海关合作打击走私犯罪活动。

9月23日 冈比亚独立选举委员会宣布，冈比亚现任总统贾梅在前一天举行的大选中以67.3%的选票胜出，第3次当选总统。

9月25日 中国全国人大常委会委员长吴邦国在北京与到访的南非国民议会议长姆贝特举行会谈，就进一步深化双边关系、议会交往和共同关心的重大问题深入交换了意见，达成重要共识。中国全国人大与南非国民议会定期交流机制也正式启动。

*索马里教派武装“伊斯兰法院联盟”占领了索第三大城市基斯马尤。同日，数千人在该市集会抗议教派武装的占领，双方发生流血冲突，造成3人丧生。

*非洲联盟（非盟）发言人阿萨内在非盟总部埃塞俄比亚首都亚的斯亚贝巴宣布，非盟和平与安全理事会日前决定将向苏丹西部达尔富尔地区增派4000名维和士兵，使非盟在该地区的维和士兵人数升至11000人。

＊中国国务院副总理吴仪在长沙会见了前来出席首届中国中部投资贸易博览会的葡语国家代表团。安哥拉、巴西、东帝汶、佛得角、几内亚比绍、莫桑比克、葡萄牙等7国部长参加了会见。

9月27日 苏丹总统巴希尔宣布成立达尔富尔地区临时管理机构，作为该地区的临时最高行政机构。总统高级助理米纳维将任临时管理机构主席，达尔富尔地区3个州的州长将担任该机构副主席。

9月29日 中国全国人大常委会委员长吴邦国、全国政协主席贾庆林分别在北京会见了津巴布韦议会众议长恩科莫。

10月

10月2日 赞比亚首席大法官萨卡拉宣布，现任总统、多党民主运动候选人利维·姆瓦纳瓦萨在日前举行的总统选举中获胜连任。在与此同时举行的议会选举中，多党民主运动获得150个席位中的70席，爱国阵线党获36席，统一民主联盟获26席。9日，姆瓦纳瓦萨公布新一届内阁成员名单，并任命鲁皮亚·班达接替卢潘多·姆瓦佩担任副总统一职。

＊南非总统姆贝基与到访的印度总理辛格在南非行政首都比勒陀利亚签署一项声明，重申两国之间的战略伙伴关系，并将加强在防止国际恐怖主义方面的合作。双方还讨论了有关联合国改革等双方共同关心的问题。

＊尼日利亚一伙武装分子袭击了英荷壳牌公司在尼南部地区的产油设施，造成5名政府军士兵死亡。10日，壳牌石油公司在尼南部巴耶尔萨州的一座石油中转站又被袭击并占领，60名工人被扣为人质。

10月8日 中国外交部部长助理翟隽在埃塞俄比亚首都亚的斯亚贝巴的非洲联盟总部会见非盟委员会主席科纳雷，并代表中国政府转交了中方向非盟捐赠的用于支持非盟在苏丹西部达尔富尔地区维和行动的100万美元。

10月9日 津巴布韦与俄罗斯在津首都哈拉雷签署一系列有关改善津基础设施的合作协议，协议总金额达3亿美元，协议所涉及项目包括电网改造、铁路建设和水牛山机场新建跑道等方面。

10月13日 毛里塔尼亚有史以来第一口陆上石油天然气探井开钻，由中国石油天然气集团公司下属的长城钻井公司负责钻井作业。毛能源和石油部长穆罕默德·阿里与中国驻毛大使李国学共同主持了探井开钻仪式。

10月14日 苏丹政府和苏丹东部反政府组织“东部阵线”在厄立特

里亚首都阿斯马拉签署和平协议，宣告结束双方持续 10 多年的武装冲突。苏丹总统巴希尔、厄立特里亚总统阿弗沃基、吉布提总统盖莱等非洲和阿拉伯国家领导人以及阿拉伯联盟秘书长穆萨等国际和地区组织的代表出席了签字仪式。阿斯马拉和平协议是继苏丹政府分别与南部反政府组织于 2005 年 1 月 9 日签署全面和平协议和与达尔富尔反政府组织于 2006 年 5 月 5 日签署阿布贾和平协议之后的第 3 个有关结束苏丹内战、实现和平的协议。

＊联合国苏丹问题特使普龙克在其个人博客上发表文章，宣称苏丹政府军最近在达尔富尔地区与当地反政府武装的冲突中失利，并遭受严重伤亡。19 日，苏丹武装部队司令部宣布普龙克为“不受欢迎的人”并要求政府将其驱逐出境。22 日，苏丹政府宣布终止普龙克在苏丹的使命，限令他在 72 小时内离境。

10 月 17 日　非洲联盟和平与安全理事会在埃塞俄比亚首都亚的斯亚贝巴就科特迪瓦问题举行峰会，决定将科过渡期最多再延长一年，并希望科过渡政府在此期间举行获各方认可的大选。

10 月 18 日　乌干达反政府武装“圣灵抵抗军”开始袭击苏丹南部城市朱巴附近的数条公路，向过往车辆开火并焚烧了 9 辆汽车，至少导致 29 名平民丧生，多人受伤。

10 月 20 日　中国湖北省考察团、湖南省政协代表团和湖南省新闻文化考察团同时在南非城市约翰内斯堡一家中餐厅遭到 6 名武装歹徒抢劫，损失财物高达 40 万兰特，其中两名团员还遭歹徒殴打致伤。

10 月 25 日　乍得政府发表声明指出，苏丹武装分子越境袭击了乍得东南部多个村庄，并有可能向首都恩贾梅纳发起进攻，严重威胁乍得的稳定。

＊荷兰皇家壳牌石油公司在尼日利亚南部河流州库拉的 3 个石油钻井平台被当地村民占领，造成部分停产。村民称占领平台是因为壳牌公司未按照之前达成的协议给予他们经济援助。

10 月 29 日　乍得政府军在乍得东部边境地区与反政府武装展开激烈战斗，政府军阵亡 4 人，其中包括总司令苏古伊，反政府武装则有 100 多人被打死。

10 月 30 日　中国中土集团公司和尼日利亚政府在尼首都阿布贾签署了合同金额为 83 亿美元的尼日利亚铁路现代化改造项目协议。根据协议，中土集团公司将帮助尼新建一条中国标准、全长 1315 公里的拉各斯—卡诺双线铁路。尼总统奥巴桑乔主持了签字仪式。

＊中非共和国反政府武装“争取联合民主力量联盟”在该国东北部地区发动军事攻势，夺取了比劳市和瓦达贾莱市，并策划向中非首都班吉进

军，中非国内局势骤然紧张。

11月

11月1日　中国国家主席胡锦涛在北京与正在中国进行国事访问并将出席中非合作论坛北京峰会的几内亚比绍总统维埃拉举行会谈。会谈后，胡锦涛和维埃拉共同出席了两国经济技术合作协定等文件的签字仪式。

＊中国国家主席胡锦涛在北京与正在中国进行国事访问并将出席中非合作论坛北京峰会的利比里亚总统埃伦·约翰逊-瑟利夫举行会谈。会谈后，胡锦涛和埃伦·约翰逊-瑟利夫共同出席了两国经济技术合作协定等文件的签字仪式。

＊中国国家主席胡锦涛在北京分别会见前来出席中非合作论坛北京峰会的加蓬总统邦戈、科摩罗总统桑比和非洲联盟委员会主席科纳雷。

＊中国国务院总理温家宝在北京分别会见了正在中国进行国事访问并将出席中非合作论坛北京峰会的几内亚比绍总统维埃拉和利比里亚总统瑟利夫。

＊联合国安理会通过第1721号决议，支持非洲联盟将科特迪瓦总统巴博和总理班尼的任期最多再延长1年的决定，并希望科在新过渡期内举行能获得各方认可的大选。

11月1—2日　中非合作论坛第五届高官会在北京举行，来自中国和中非合作论坛所有48个非洲成员国的代表与会。双方就论坛北京峰会成果文件以及峰会和部长级会议的有关安排进行了深入磋商，达成了广泛共识，完成了各项预定工作，为将于3日举行的论坛第三届部长级会议做好了准备。

11月1—30日　“感知中国·南非行”大型文化交流活动在南非举行。活动的主要内容包括中国民乐、仿唐乐舞、武术和历代民族服饰等表演以及中国工艺珍宝展和现代摄影展。此次活动吸引了大量南非观众，并受到广泛好评。活动期间，南非总统姆贝基致信中国国家主席胡锦涛，对活动表示热烈欢迎，并祝活动圆满成功。

11月2日　中国国家主席胡锦涛在北京与正在中国进行国事访问并将出席中非合作论坛北京峰会的塞舌尔总统米歇尔举行会谈。会谈后，胡锦涛和米歇尔共同出席了双方合作文件签字仪式。

11月3日　中国国家主席胡锦涛在北京分别会见了前来出席中非合

作论坛北京峰会的刚果（布）总统萨苏、乌干达总统穆塞韦尼、塞拉利昂总统卡巴、卢旺达总统卡加梅、加纳总统库福尔、肯尼亚总统齐贝吉、马达加斯加总统拉瓦卢马纳纳、喀麦隆总统比亚、坦桑尼亚总统基奎特、尼日利亚总统奥巴桑乔，同他们就双边关系和中非合作交换了意见。

＊中国国务院总理温家宝在北京分别会见了塞舌尔总统米歇尔、坦桑尼亚总统基奎特、苏丹总统巴希尔、刚果（布）总统萨苏和乌干达总统穆塞韦尼。

＊中非合作论坛第三届部长级会议在北京举行。中国和 48 个非洲国家的外交部长、负责经济合作事务的部长和代表出席会议。中国国务院副总理吴仪出席会议开幕式并发表讲话。会议由中国外交部长李肇星、商务部长薄熙来和论坛共同主席国埃塞俄比亚外长塞尤姆、财政和经济发展部长苏菲安共同主持。会议听取并审议了李肇星关于论坛第二届部长级会议后续行动落实情况的报告。会议审议并通过了《中非合作论坛北京峰会宣言》（草案）、《中非合作论坛——北京行动计划（2007 年至 2009 年）》（草案）和中非合作论坛北京峰会日程（草案），决定将上述草案提交北京峰会审议。会议决定论坛第四届部长级会议于 2009 年在埃及举行。

＊中非合作论坛 6 周年成果展在北京开幕。成果展以大量珍贵图片集中展示了自 2000 年中非论坛设立以来中国和非洲各国在经济、人文和社会领域的合作。

11 月 4 日　中非合作论坛北京峰会在人民大会堂隆重开幕。中国国家主席胡锦涛同 48 个非洲国家元首、政府首脑或代表出席了开幕式。胡锦涛在会议上代表中国政府宣布了 8 项对非措施，包括扩大对非援助规模、提供优惠贷款、鼓励和支持对非投资、援建非洲联盟会议中心、免除相关国家的部分政府无息贷款债务、进一步对非开放市场、在非建立经贸合作区以及在人才、农业技术、医疗、教育等方面的援助等。论坛共同主席国埃塞俄比亚总理梅莱斯和非盟轮值主席刚果（布）总统萨苏也分别致辞。中国国家副主席曾庆红、国务院副总理吴仪出席开幕式。一些非洲地区组织和国际组织的代表也出席了开幕式。

＊中非领导人与工商界代表高层对话会暨第二届中非企业家大会在北京召开，中国国务院总理温家宝在开幕式上就全面提高中非合作水平提出 5 点建议，其中包括扩大中非贸易规模，加强中非投资合作，提高对非援助水平，促进中非企业合作和增加对非人才培养。除本届中非合作论坛的共同主席国埃塞俄比亚总理梅莱斯代表非洲发言外，阿尔及利亚总统布特弗利卡、加蓬总统邦戈、莱索托首相莫西西利、尼日尔总统坦贾和卢旺达总统卡加梅分别代表非洲各个地区致辞。

＊中国国家主席胡锦涛在北京分别会见了出席中非合作论坛北京峰会

的赤道几内亚总统奥比昂、马里总统杜尔、埃塞俄比亚总理梅莱斯、纳米比亚总统波汉巴、莫桑比克总统格布扎、吉布提总统盖莱、毛里塔尼亚军委会主席及国家元首瓦勒、塞内加尔总统瓦德。

＊中国国家主席胡锦涛在北京宴请来华出席中非合作论坛北京峰会的非洲各国代表。胡锦涛表示，中国改革开放 28 年，取得了巨大成就，但也存在不少问题。随着中国经济社会的发展，中国人民将一如既往地向非洲人民提供帮助和支持，努力实现中非共同合作。

＊中国国务院总理温家宝在北京分别会见了出席中非合作论坛的加纳总统库福尔和埃塞俄比亚总理梅莱斯。

＊中非论坛北京峰会文艺晚会在北京人民大会堂举行，中国国家主席胡锦涛和出席论坛的非洲国家元首、政府首脑及高级官员观看了演出。

11 月 5 日　中非合作论坛北京峰会举行圆桌会议，中国国家主席胡锦涛和论坛共同主席国埃塞俄比亚总理梅莱斯分别主持第一阶段和第二阶段会议。中午，胡锦涛为出席圆桌会议的各代表团团长举行了午宴。在圆满完成各项议程后，中非合作论坛北京峰会在北京闭幕。中国国家主席胡锦涛、埃塞俄比亚总理梅莱斯、埃及总统穆巴拉克共同宣读了峰会通过的《中非合作论坛北京峰会宣言》。峰会同时还通过了《中非合作论坛—北京行动计划（2007—2009 年）》。《北京峰会宣言》重点反映了双方对重大国际问题的看法和主张，郑重表示建立和发展中非新型战略伙伴关系。《北京行动计划》主要阐述未来 3 年中非经济社会领域合作的规划和内容，体现双方互利互惠、共同发展的合作精神。

＊中国国务院副总理曾培炎在北京会见了出席中非企业家大会闭幕式的非洲国家部长代表并出席了中非企业家签约仪式。此次非洲国家的政府和企业与 11 家中方企业共签署了 14 项商务合同和协议，总金额约 19 亿美元。

＊中国商务部副部长魏建国与阿尔及利亚高等教育和科研部长兼中阿经贸混委会阿方主席拉希德、苏丹财政和国民经济部长祖贝尔、中非外交部长祖马拉、塞拉利昂外交和国际合作部长科罗马在北京分别签署了承认中国完全市场经济地位的谅解备忘录。

11 月 6 日　中国国家主席胡锦涛在北京同来华出席中非合作论坛北京峰会后对中国进行国事访问的南非总统姆贝基会谈。双方就在平等互利、共同发展的基础上加强两国长期稳定的战略伙伴关系达成广泛共识，同意共同推进中非新型战略伙伴关系发展，加强在国际事务中的协调和配合。

＊中国国家主席胡锦涛在北京同来华出席中非合作论坛北京峰会后对中国进行国事访问的阿尔及利亚总统布特弗利卡会谈。会谈后，两国元首

共同签署了关于发展两国战略合作关系的声明，并出席了两国经济、税收、航空、司法、质检等方面合作协议的签字仪式。

＊中国国家主席胡锦涛在北京分别会见了前来出席中非合作论坛北京峰会的贝宁总统亚伊、多哥总统福雷、厄立特里亚总统伊萨亚斯、津巴布韦总统穆加贝、尼日尔总统坦贾。

＊中国国务院总理温家宝在北京分别会见了南非总统姆贝基、阿尔及利亚总统布特弗利卡、埃及总统穆巴拉克、摩洛哥首相杰图、安哥拉总理费尔南多、毛里求斯总理拉姆古兰、佛得角总理内韦斯、莱索托首相莫西西利。

＊中国商务部部长薄熙来与埃及贸工部部长拉希德在北京签署了埃及承认中国完全市场经济地位的谅解备忘录和中国与埃及关于加强两国经贸合作的谅解备忘录。双方决定加强在贸易、投资、工程承包、人员培训等领域的全面合作，进一步提升中埃双边经贸关系。

＊意大利阿吉普石油公司在尼日利亚南部尼日尔三角洲地区巴耶尔萨州的一处石油设施遭袭击，48 名员工被绑架。11 日，该公司在同一州一处输油站被不明身份的武装分子占领。所有工作人员和保安被劫持为人质。

11 月 7 日　中国国家主席胡锦涛在北京同来华出席中非合作论坛北京峰会后对中国进行国事访问的埃及总统穆巴拉克会谈。双方对中埃关系 50 年来取得的重要进展表示满意，一致同意继续密切政治关系，提高经贸合作水平，扩大人文领域交流，共同推动中非关系发展，加强在国际和地区事务中的协调。

＊中国国家主席胡锦涛在北京分别会见了前来出席中非合作论坛北京峰会的布隆迪总统恩库伦齐扎、索马里过渡联邦政府总统优素福、赞比亚总统姆瓦纳瓦萨。

11 月 8 日　科特迪瓦过渡政府总理科南·班尼发表电视讲话，承诺将充分履行联合国安理会第 1721 号决议赋予的使命，使国家早日实现和平。班尼呼吁科各派政治力量摒弃歧见、猜忌和不信任，与过渡政府一道，为人民自由地选择国家领导人创造良好的政治氛围。

11 月 10 日　南非总统姆贝基发表长篇文章，盛赞不久前举行的中非合作论坛北京峰会是中非向着实现共同发展和繁荣迈出的第一步，将把非洲大陆带向充满希望的未来。

11 月 11 日　刚果（金）副总统本巴的支持者在首都金沙萨市中心燃烧轮胎，表达对第二轮总统选举的不满。本巴卫队与警察激烈交火，造成 4 人死亡。中国驻刚果（金）大使馆大楼被流弹击中，所幸未造成人员伤亡。

11月11—15日 执政的莫桑比克解放阵线党（解阵党）第9次全国代表大会在莫桑比克赞比西亚省的克利马内市举行。莫桑比克总统、解阵党主席兼总书记格布扎在大会上再次当选党主席。

11月12日 非洲高级审计研讨班开始在中国海南省海口市举办，这是中国审计署首度为非洲国家培训审计高官，共有来自14个非洲国家的24名高级审计官参加了研讨班。

11月13日 乍得政府在部长特别会议结束后宣布全国大部分地区进入紧急状态，以避免该国东部地区11月初发生的阿拉伯人与非阿拉伯人的暴力冲突事件向全国蔓延。

＊联合国、非洲联盟（非盟）、苏丹政府三方官员在非盟总部经过磋商后，就一项由联合国向非盟驻苏丹特派团提供7700万美元的援助方案达成一致。

11月15日 刚果（金）独立选举委员会宣布，现任总统约瑟夫·卡比拉在10月29日举行的总统选举第二轮投票中获胜。16日，本巴以选举存在舞弊为由宣布拒绝接受选举结果，并表示将“通过所有法律渠道”进行抗争。18日，本巴就总统选举结果向刚果（金）最高法院提起诉讼。

＊尼日利亚11名武装分子对该国南部巴耶尔萨州的英荷壳牌石油公司的一处输油站发动袭击，并与尼日利亚海军交火，2名武装分子被击毙。

11月15—16日 东南非共同市场第11届首脑会议在吉布提首都吉布提市举行。会议的主题是“通过建立关税同盟加深地区一体化”，来自东南非共同市场20个成员国的领导人就一体化进程涉及的各方面问题展开了讨论。会议强调各成员国在建设自由贸易区和关税同盟方面继续努力，以推动地区一体化的发展。会议宣布东南非共同市场基金正式启动。

11月18日 苏丹政府和达尔富尔反政府武装“苏丹解放运动”在利比亚首都的黎波里签署政治备忘录，以执行2006年5月在尼日利亚首都阿布贾达成的解决达尔富尔问题的和平协议。

＊中部非洲经济与货币共同体中非共和国问题专门委员会授权驻中非多国部队对中非境内的反政府武装予以军事打击，以“保障冲突地区的安全”。

＊尼日利亚城市拉各斯机场安全部门发现并截获一件装有5公斤炸药的行李，当时有人试图将其送上贝尔菲尤航空公司从拉各斯飞往首都阿布贾的航班客机。

＊中国驻南非约翰内斯堡副总领事王海峰女士在该市驾车途中遭两名匪徒抢劫，其随身包和许多重要证件被抢，汽车被砸。

11月20日 法国法官让-路易·布吕吉埃提出，卢旺达现任总统保罗·卡加梅应就其前任哈比亚利马纳坠机事件接受起诉，并于22日对卢政府的9名高官发出国际逮捕令，认为他们谋杀或参与了谋杀哈比亚利马纳的行动。24日，卢旺达政府宣布与法国断交，关闭法驻卢使馆，并要求法驻卢大使在24小时之内离境。

11月21日 .非洲6国首脑会议在利比亚首都的黎波里举行。利比亚领导人卡扎菲、埃及总统穆巴拉克、苏丹总统巴希尔、乍得总统代比、中非共和国总统博齐泽和厄立特里亚总统伊萨亚斯与会。会议发表的新闻公报强调，6国领导人一致同意继续致力于外交努力，促使达尔富尔地区各派参与和平进程，以实现该地区的和平、安全与稳定。

＊刚果（金）最高法院举行关于副总统本巴就总统选举计票结果提起诉讼的听证会。首都金沙萨街头发生骚乱。27日，刚果（金）最高法院驳回了本巴提出的诉讼，并确认现任总统卡比拉在10月29日举行的总统选举第二轮投票中获胜。

＊中非共和国军方宣布，乍得已向中非派遣了150名军人，以帮助中非稳定北方局势，打击反政府武装。

11月22日 意大利艾尼石油公司在尼日利亚南部海域的一艘油气作业、储存、装载船遭到当地武装分子袭击。10名武装分子从这艘船上绑架了7名人质。

11月25日 中非共和国反政府武装“争取联合民主力量联盟”的头目米歇尔·阿农·德洛克·若托蒂亚在贝宁落网。与若托蒂亚同时落网的还有他的发言人阿巴卡·萨博内。

11月27日 中国首批驻苏丹维和部队授勋仪式在位于苏丹南部瓦乌市的营地内隆重举行，435名维和官兵全部被授予联合国和平荣誉勋章。

＊作为中国政府加大对非援助的举措之一，由中国政府资助的抗击疟疾培训班在乌干达首都坎帕拉开班。

11月28—29日 首届中国—阿拉伯友好大会在苏丹首都喀土穆举行。会议决定设立隶属大会的常设机构，总部设在喀土穆。中国阿拉伯友好协会（中阿友协）代表团、阿拉伯国家联盟代表团以及来自阿拉伯国家的20多个对华民间友好组织代表与会。

11月29日 非洲10个国家的29位教育部门官员和大专院校负责人在长春东北师范大学完成了为期16天的研修学业，并取得中国商务部颁发的结业证书。

11月30日 东非共同体第8次首脑会议在坦桑尼亚北部城市阿鲁沙举行。会议决定接纳布隆迪和卢旺达为共同体的新成员国。会议还启动了东非共同体2006—2010年的五年发展战略。东非共同体原有成员国坦桑尼亚总统基奎特、肯尼亚总统齐贝吉和乌干达总统穆塞韦尼以及新成员国布隆迪总统恩库伦齐扎和卢旺达总统卡加梅出席了会议。

＊首届非洲和南美洲峰会在尼日利亚首都阿布贾举行，与会者来自47个非洲国家和11个南美洲国家，其中包括23个国家的总统。与会代表一致同意加强能源合作和原材料开发、共同探索发展常规能源战略的可能性，并同意在利用自然资源方面交换信息和技术知识。

＊埃塞俄比亚议会通过一项决议，授权埃塞联邦政府采取"一切必要和合法措施"，反击索马里教派武装组织"伊斯兰法院联盟"入侵埃塞。决议还指责"伊斯兰法院联盟"培训、包庇和武装埃塞反政府组织。

＊非洲联盟和平与安全专员赛义德·金尼特在尼日利亚首都阿布贾向媒体宣布，非盟和平与安全理事会决定将驻扎在苏丹西部达尔富尔地区的非盟维和部队的任期再延长6个月，至2007年6月底。

＊索马里过渡政府所在地拜多阿郊外发生一起自杀式汽车爆炸袭击事件，造成至少12人死亡、多人受伤。这是近3个月内拜多阿发生的第2起自杀式汽车爆炸袭击事件。

12月

12月3日　马达加斯加举行总统选举。23日，马最高宪法法院宣布，现任总统拉瓦卢马纳纳在选举中获胜，蝉联总统。在14名总统候选人中，拉瓦卢马纳纳的得票率最高，为54.79%，其后是前国民议会议长拉依尼里库和塔马塔夫市市长拉齐拉卡，得票率分别为11.65%和10.14%。

12月4日　毛里塔尼亚政府公布国民议会选举结果。在全部的95个议会席位中，前反对党联盟获得41个，独立候选人获39个，前总统塔亚所在的政党获7个，其他的席位为一些小政党所得。

＊尼日利亚拉各斯国际机场附近的一处外汇兑换所被武装匪徒洗劫，一名保安受伤，价值1亿奈拉（约合600多万人民币）的各种货币被抢。5日，尼日利亚警察机动部队负责人奥太卡在首都阿布贾街头遭遇不明身份的枪手袭击，头部中弹身亡。

12月5日　科特迪瓦反对派在阿比让市多个区举行游行示威活动，并焚烧轮胎，设置路障，阻碍交通。1名示威者在与治安部队冲突中身亡。在东部城市阿尼比莱克鲁，也有1名示威者在与防暴警察对峙中死亡。

12月6日　刚果（金）新当选总统约瑟夫·卡比拉在首都金沙萨宣誓就职。卡比拉在就职仪式上承诺在任期内将以国家重建为首要目标，并坚决惩治腐败，重视民主和人权。来自非洲10多个国家的元首和政府首脑，以及包括中国特使、前驻刚果（金）大使崔永乾在内的30多个国家、国际组织的代表应邀出席了就职仪式。

＊联合国安理会一致通过决议，授权非洲联盟和东非政府间发展组织向索马里派遣维和部队，以便为索马里过渡政府提供帮助。

12月7日 尼日利亚一伙武装分子袭击了意大利阿吉普石油公司位于尼南部巴耶尔萨州的一处石油生产设施，绑架了3名意大利籍石油工人。

12月8日 第五届非洲、加勒比和太平洋地区国家集团（非加太集团）首脑会议在苏丹首都喀土穆闭幕。与会者在最后声明中强调，成员国将致力于实现和平与安全，并将加强团结与合作，以便使非加太集团在国际舞台上作为一个强大的地区集团发挥作用。

12月12日 科特迪瓦国防和安全部队发表公报，指责反对党企图发动政变推翻总统巴博，并警告所有政变企图都将造成“严重后果”。

＊马达加斯加警方逮捕了该国总统选举前发动政变未遂的兰德里亚纳菲迪索阿将军。

＊乍得政府军将反政府武装赶出了东部边境，控制了东部地区的局势。

＊中国公司承建的加蓬邦贝莱山锰矿开发项目开工典礼在中奥果韦省恩乔莱市郊举行。加蓬总统邦戈·翁丁巴出席开工典礼并为工程奠基。加蓬各界官员和代表近千人出席了典礼。

12月12—13日 联合国人权理事会在瑞士日内瓦举行苏丹西部达尔富尔问题特别会议。会议通过决议，决定向达尔富尔地区派遣一个高级调查团，评估那里的人权状况以及苏丹在人权方面的需求。

12月14日 首届非洲联盟成员国石油和能源部长会议在埃及首都开罗举行，来自16个国家和石油输出国组织、阿拉伯石油输出国组织以及国际能源基金会的部长或代表与会。会议通过《开罗宣言》，呼吁建立非洲石油基金，以减轻石油和天然气价格波动对非洲经济发展产生的不利影响。宣言强调，非洲国家应加强在石油领域的合作，合理利用石油收入，以促进非洲可持续发展。

＊尼日利亚武装分子袭击并占领了英荷壳牌石油公司位于尼东南部的一处石油控制中心，并绑架了约40名工人和士兵作为人质。

＊中国和尼日尔两国政府在尼首都尼亚美签署了关于中国向尼日尔赠送价值200万元人民币的物资和100万元人民币的抗疟药品的换文。

12月14—15日 第二届非洲大湖地区首脑会议在肯尼亚首都内罗毕举行。11个国家的国家元首、政府首脑或代表出席会议。与会代表共同签署了《安全、稳定与发展公约》。公约的主要内容包括和平与安全、经济发展与地区一体化、社会与环境等领域内的具体行动计划。公约决定成立重建与发展基金，用于本地区的重建与发展。会议还决定成立秘书处，总部设在布隆迪，坦桑尼亚人利贝拉塔·穆拉穆拉被任命为秘书处首任执行秘书。

12月16日 乌干达政府与反政府武装“圣灵抵抗军”在苏丹城市朱巴签署协议，同意将双方之前签署的中止敌对状态协议再次延长两个月。

12月17日 加蓬举行第11届国民议会选举。全国38个党派的902名候选人参选。27日，根据加蓬宪法法院公布的大选结果，执政的加蓬民主党在这次议会选举中获得总共120个议席中的81个议席，以压倒多数获胜。

＊布基纳法索一些军人因试图免费进入在首都瓦加杜古体育场举办的一场音乐会而与警察发生冲突。19日，军警双方在市区交火，一名士兵丧生。20日，骚乱在瓦加杜古继续蔓延，一些军人在街头和商业区朝天开枪，还包围了国家中央警察局。骚乱还蔓延到布基纳法索第二大城市博博迪乌拉索，市区到处都能听到枪声。

＊乍得总统代比在乍得东部城镇圭瑞达与反政府武装“民主改变联合阵线”的领导人努尔就双方和解举行会谈。但与此同时，乍得的其他反政府武装派别仍在进行反政府的暴力活动。

12月18日 尼日利亚南部尼日尔三角洲地区发生两起汽车炸弹袭击事件，地点分别在意大利阿吉普石油公司和英荷壳牌石油公司的驻地，造成4辆汽车受损。尼武装组织“尼日尔三角洲解放运动”声称对上述事件负责，同时警告将发动更多袭击。

＊中国赴利比里亚执行联合国维和任务的维和部队实施第4次轮换。这次轮换的维和部队共558人，将进行为期8个月的维和行动。

＊联合国秘书长安南宣布派遣联合国高级官员乌尔德—阿卜杜拉前往苏丹，就在达尔富尔地区部署非洲联盟和联合国混合维和部队事宜与巴希尔总统进行磋商。

12月19日 欧盟委员会宣布再向苏丹西部达尔富尔地区提供1700万欧元的人道主义援助。至此，欧委会2006年对该地区的援助总额已达9700万欧元。

＊科特迪瓦总统巴博发表电视讲话，主张与科反对派武装直接对话，以尽快解除反对派武装和实现国家的重新统一，并为早日举行大选作准备。

12月20日 控制索马里首都摩加迪沙和索马里中南部大部分地区的索马里教派武装“伊斯兰法院联盟”向索过渡政府所在地拜多阿发起攻

击。24 日，埃塞俄比亚总理梅莱斯发表电视讲话称，埃塞军队被迫与“伊斯兰法院联盟”交战。28 日，在埃塞军队的大力支持下，教派武装撤离首都摩加迪沙。31 日，索马里过渡政府称，过渡政府军队将很快对“伊斯兰法院联盟”的最后据点基斯马尤发动进攻。

12 月 21 日 尼日利亚一伙武装分子袭击了位于该国南部河流州境内隶属于法国道达尔公司的一处产油设施，造成 3 人死亡。

*津巴布韦从中国进口的部分化肥在首都哈拉雷的粮食贸易局正式交付使用。这批化肥是 2006 年 11 月举行的中非合作论坛北京峰会后中国出口非洲的第一批货物。

12 月 24 日 乍得政府与国内最大的反对派“民主改革统一阵线”在利比亚首都的黎波里签署和解协议。根据协议，双方同意结束所有军事行动和反对对方的舆论宣传，释放被俘人员和对战斗人员进行赦免等。

12 月 26 日 尼日利亚拉各斯北部郊区发生输油管爆炸事件，造成至少 850 人死亡，另有多人被烧伤。这起事件是有人破坏输油管道偷盗石油引发大火所致。

12 月 30 日 刚果（金）总统卡比拉任命“卢蒙巴主义统一党”总书记安托万·基赞加为政府总理。

*由中国南方航空公司开辟的北京—阿联酋迪拜—尼日利亚拉各斯航线正式开通。

12 月 31 日—2007 年 1 月 8 日 中国外交部长李肇星对贝宁、赤道几内亚、几内亚比绍、乍得、中非、厄立特里亚和博茨瓦纳 7 国进行正式访问。

欧洲大事记

1月

1月1日 欧盟开始实施新的普惠制。新普惠制的宗旨是帮助发展中国家免除或降低其出口到欧盟市场的商品关税。此前，欧盟25个成员国于2005年6月23日批准了欧盟委员会提出的普惠制改革方案。新普惠制下的分类由以前的5个减少为3个，包括一般普惠制、针对最不发达国家的特殊普惠制和旨在帮助竞争力较弱国家的附加普惠制。在新的普惠制下，大约7200种商品将可享受优惠税率。

*奥地利开始担任为期半年的欧盟轮值主席国。

1月7日 欧盟轮值主席国奥地利代表欧盟发表书面声明，表示欧盟对伊朗宣布重启核燃料研究的意图深表关注。欧盟对伊朗选择在国际社会对其和平利用核能的信心尚未恢复时宣布这个单方面行动深表遗憾。

1月11日 捷克政府批准国防部重新向阿富汗派兵计划，拟于今年上半年向阿派出特种部队。捷克国防部发言人奇尔特克说，这支部队的使命与2004年派驻阿富汗的特种兵的使命相同。捷克目前在阿富汗派驻60名特种兵，其中43名士兵在德国“省级重建队”中负责喀布尔机场的警戒任务，另有17名气象和排雷专家为北约部队提供气象信息和承担排雷任务。

1月12—13日 德国新总理默克尔对美国进行上任以来的首次访问，与布什总统就伊朗核问题及伊拉克战后重建等问题举行会谈，布什称会谈“非常积极”。默克尔认为，会谈坦诚、友好而充满信任，访问极为成功，德美关系可以翻开新篇章。

1月14日 欧盟委员会日前提出改善城市环境的战略计划，内容包括：根据专家建议制定减少城市交通污染的指导计划；加强对城市管理人员的业务培训；促进各地方政府在城市管理方面的交流与合作；鼓励地方政府进行环保城市建设试点；在整个欧盟范围内推广先进城市经验等。

1月19日 中国总理温家宝在人民大会堂与来访的希腊总理卡拉曼利斯举行会谈。

1月24日 英国和法国国防部高层官员在伦敦宣布，英法已达成协议，将继续共同为法国建造新型航母，并就新型航母的技术设计等事宜展开合作。英国国防大臣约翰·里德在新闻发布会上表示："新型航母建造对英、法两国都很重要，该合作计划将在未来12个月内实施。"法国同意先支付3000万英镑，2006年7月再支付2500万英镑用于航母技术发展。如果届时英法两国继续合作，法国将于2006年底支付剩下的4500万英镑。

1月29日 正在以色列访问的德国总理默克尔在与以代总理奥尔默特会谈后说，只要巴勒斯坦伊斯兰抵抗运动（哈马斯）拒绝放弃武力并拒不承认以色列的存在权，欧盟就不给巴政府提供直接经济援助。奥尔默特说，如果哈马斯组建政府，以色列将不会继续根据和平协议把在以方港口和关卡替巴勒斯坦人收取的关税移交巴方。

＊芬兰现任总统塔里娅·哈洛宁在总统选举第二轮投票中以超过50％的得票率击败芬兰最大的在野党联合党总统候选人萨乌里·尼尼斯托，再次当选为芬兰总统。

2月

2月8—9日 俄罗斯总统普京对西班牙进行为期两天的国事访问，同西班牙首相萨帕特罗就中东局势、伊朗核等重大国际问题交换了看法，讨论了能源安全问题，签署了一项反恐声明，表示支持萨帕特罗建立"文明联盟"的倡议。双方还表示希望进一步促进两国在经贸领域的合作，加强能源安全合作。另外，双方签署了8项合作协定，内容涉及旅游、农业、金融、造船、外空开发、体育、司法、打击毒品犯罪等。

2月10日 据英国《卫报》报道，法国已秘密完成其核武库的升级工程，以提升核武器的打击范围和精度。法国核武力量升级主要包括两方面内容：(1) 法国将能够在高空发射核弹，以制造出"电磁脉冲"，破坏敌方的计算机和通讯系统。(2) 减少核弹头数量，以增加其打击范围和精度。虽然法国这一行动的潜在目标"保密"，但其中包括了中东和亚洲。

＊波兰新总统卡钦斯基访问美国，与布什总统举行了会谈，双方就伊

拉克局势、欧盟和北约的发展等共同关心的问题交换了意见。布什总统对会谈相当满意，称自己像和“朋友谈话”一样，主动征求卡钦斯基的建议，相互交换“战略思考”。

2月11日 意大利卫生部长斯托拉切在新闻发布会上证实，意大利境内的一些野天鹅被检测出 H5N1 禽流感病毒，这是在欧盟境内首次出现禽流感。

2月14—15日 第九届欧洲警察大会在德国柏林开幕，来自30多个国家的1300名内政官员、警务专家、学者和安保设备生产商重点讨论大型活动的安保、反恐、危机管理和公共安全等问题。希腊雅典安全研究中心主任康斯坦蒂尼蒂斯介绍了2004年雅典奥运会的保安工作经验。德国黑森州警察总长诺贝特·内德拉介绍了德国2006年世界杯的安保策略。此外，60多家来自德国和其他国家的安保设备生产商在会议期间展示了他们最新的通信、安保以及救护设备。会议还特别邀请了以色列、也门和伊拉克等中东国家介绍他们的反恐经验和公共安全措施。

2月15—18日 欧盟委员会主席巴罗佐先后访问克罗地亚、塞黑、马其顿、阿尔巴尼亚、波黑5个西巴尔干国家。这是巴罗佐自2004年11月上任以来首次访问该地区。他指出，西巴尔干国家的未来在欧盟，各国领导人应加大改革力度，加强地区合作，在欧洲一体化的道路上取得更大进步。随同巴罗佐出访的负责扩大事务的委员雷恩呼吁西巴尔干国家加强合作，强调地区合作不仅是迈向欧盟的一个步骤，而且是欧洲一体化不可分割的组成部分。

2月17日 罗马尼亚众议院日前批准了有关美国在罗设立军事基地的法律草案，使罗成为首个设有美国军事基地的东欧国家。根据两国2005年12月6日签署的关于军事基地的协定，罗方供美军使用的地点包括巴巴达格军事射击场和装卸站台、斯米尔丹和钦库等3处训练基地以及康斯坦察市北郊的军事基地，可供美方进行军事训练、过境或备战活动。在规定地区，美军部队、军事人员、舰只、车辆和飞机自由进出，无需交纳租赁费和其他费用。美国军舰、船只、飞机可在罗境内自由进出、航行和飞行，不受检查；美国还可邀请其他国家的军队来罗进行军事训练而无需事先得到罗方批准。

*欧盟委员会主席巴罗佐在对科索沃进行为期一天的访问时表示，科索沃有关各方应持宽容的态度，只有建立民主和多民族融合、尊重政府执政权、保护少数民族权益的科索沃，才能被国际社会认可。

*英国首相布莱尔访问德国，同默克尔总理举行会谈，两位领导人一致强调，对伊朗违背《不扩散核武器条约》的行为应持强硬立场。双方还重点就能源问题进行了磋商，一致认为欧盟应制定一项长期的共同能源政

策，以确保欧盟能源供应安全。

2月20—21日 在联合国负责科索沃未来地位谈判的副特使罗昂的主持下，关于科索沃未来地位的首轮会谈在奥地利首都维也纳举行，来自塞尔维亚和科索沃的谈判小组成员参加了会谈，会谈内容是“科索沃政府的管理权力下放”。虽然会谈未能达成任何协议，但各方均对会谈表示谨慎满意，认为这对塞尔维亚和科索沃开启直接交流意义重大。

2月27日 欧盟委员会宣布向巴勒斯坦当局提供1.2亿欧元的紧急援助，其中6400万将通过联合国机构用于巴勒斯坦最贫困地区的教育与卫生，1750万欧元用于支付巴勒斯坦自治政府官员的工资，另外4000万欧元将用于电力和其他能源开支。新当选的哈马斯成员称，欧盟的决定“只要没有任何附加条件，且不以巴勒斯坦人民利益为交换”，就是向正确的方向迈出的一步。

2月28日 阿尔巴尼亚总理贝里沙、马其顿总理布茨科夫斯基和克罗地亚总理萨纳德在阿尔巴尼亚港口城市都拉斯举行会晤，讨论了加入北约、地区经济合作和其他共同关心的问题。贝里沙对媒体说，阿尔巴尼亚、马其顿和克罗地亚在阿富汗、波黑以及其他热点地区的维和行动中并肩作战，今后还将在政治和军事方面继续加强合作。布茨科夫斯基希望三国加入北约的愿望能够在2008年以前实现。

3月

3月1日 俄罗斯总统普京对捷克进行为期两天的访问，这是他担任总统后首次访问捷克。普京在与捷克总统克劳斯会谈后联合举行的记者招待会上说，俄前总统叶利钦13年前访问布拉格时就说过，俄罗斯不会为1968年事件承担责任，某些政治组织经常滥用历史事件煽动反俄情绪，企图制造俄罗斯是不尊重人权国家的形象。克劳斯说，捷俄关系是建立在务实基础上的，不存在问题。虽然不能忘记过去，但决不能让过去成为现在和未来的包袱。两位总统还表示要加强两国在经济领域，特别是在天然气和能源领域的合作。

3月3日 代表欧盟参与伊朗核问题谈判的德国、法国、英国外交官与伊朗最高国家安全委员会秘书拉里贾尼在维也纳举行会谈，德外长施泰因迈尔、法外长杜斯特—布拉齐以及一名英国高级外交官参加了会谈，会谈未取得实质性成果。施泰因迈尔说，伊朗方面没有提出意在解决伊核问题的新想法。杜斯特-布拉齐说，欧盟同伊朗在伊核问题上分歧依旧，欧盟坚持要求伊朗必须全面冻结铀浓缩及相关活动。

3月11日 欧盟成员国和巴尔干国家的外长在奥地利萨尔茨堡举行会谈后发表的联合声明说："西巴尔干国家在稳定性、民主和经济等领域已经取得了相当大的进步。在过去一年中，所有国家在通向欧盟的道路上都取得重要进展，加入欧盟已成为最终目标。"

3月14日 德国和法国在柏林举行第六次联合内阁会议，就双边关系和国际问题展开讨论，并达成广泛共识。能源政策是会议讨论的重点，决定共同努力，制订欧洲能源政策，在保证能源供给安全的同时顾及竞争力和环保。两国交通部长签署了合作协议，决定在德国克尔市和法国斯特拉斯堡市之间建立一座新的跨莱茵河铁路桥，以缩短城际快车从法国到德国南部的运行时间。该铁路桥将在2010年前建成，投资额为2300万欧元。另外，两国还原则上准备支持欧盟向刚果（金）派遣维和部队，以保证刚果（金）6月大选的安全。

3月15日 德国总理默克尔同来访的斯洛文尼亚总理亚内兹·扬沙举行会谈后说，欧盟对西巴尔干国家的支持不只是为了让这些国家成为欧盟成员国，更重要的是为了西巴尔干地区的稳定。如果西巴尔干国家不同欧盟加强联系，将不可能出现和平稳定的局势。亚内兹·扬沙说，西巴尔干国家今后能够满足加入欧盟的条件。

3月22日 西班牙民族分离组织"埃塔"宣布从3月24日起实行永久停火。西班牙政府立即做出反应，第一副首相德拉维加在发表的简短声明中表示，"埃塔"宣布永久停火的决定对全体西班牙人是一个好消息，"政府必须比以往任何时候都要更加谨慎"。

3月24日 为期两天的欧盟首脑非正式会议在布鲁塞尔闭幕，在两大议题上取得重大进展：一是各国同意建立欧盟共同能源政策，二是批准了欧盟委员会提交的推进"里斯本战略"方案。

＊第五届欧盟—地中海沿岸国家贸易部长会议在摩洛哥南部城市马拉喀什闭幕，会议发表的最后声明说，欧盟25个成员国和10个地中海沿岸国家的代表一致同意启动服务贸易自由化谈判，并希望通过此项谈判促进欧盟与地中海伙伴关系的发展，加速地区经济一体化；该谈判必须遵循包括世贸组织规则在内的国际通用原则，考虑地中海沿岸国家整体和个别的经济规模和发展水平。欧盟同意在谈判中承认相关地中海国家的发展中国家地位，在市场准入方面考虑地中海国家的整体行业承受力以及单个国家不同的行业发展水平。

3月28日 中国国家主席胡锦涛在人民大会堂与来访的罗马尼亚总统伯塞斯库举行会谈。

3月29—30日 黑海地区区域间合作国际会议在罗马尼亚康斯坦察

市举行，来自亚美尼亚、阿塞拜疆、保加利亚、乌克兰、格鲁吉亚、希腊、土耳其、摩尔多瓦、俄罗斯和罗马尼亚等国的代表出席了会议。罗马尼亚和欧洲委员会所属的欧洲地方和地区政权代表大会在会议上提出了建立黑海欧洲区的倡议，会议通过了一项支持该倡议的政治声明。

4月

4月2日 为期两天的东南欧合作进程部长级会议在希腊北部城市塞萨洛尼卡闭幕，来自阿尔巴尼亚、保加利亚、罗马尼亚、波黑、克罗地亚、马其顿、塞黑、奥地利及东道主希腊等国的能源部长或副部长与会，摩尔多瓦作为观察员也派代表出席会议。会议发表的联合声明说，各国一致同意加强能源领域的合作，以提高能源利用率和节能，为该地区人民谋福利。

4月10日 欧盟外长会议以不久前举行的白俄罗斯总统选举有舞弊行为为由，决定对白总统卢卡申科及另外30名行政、立法、司法和选举方面的白官员禁发签证。对此，白外交部发言人波波夫批评欧盟外长会议的决定，认为此举不会带来益处。

4月13日 英国新反恐法案生效。新法案规定，任何美化恐怖主义、散发恐怖主义宣传品、接受或提供恐怖主义训练、为恐怖行动策划的行为都属非法。

4月19日 塞黑、匈牙利和罗马尼亚三国外长会议在塞黑北部城市诺维萨德举行，塞黑外长武克·德拉什科维奇、匈牙利外长索莫吉·费伦茨、罗马尼亚外长米哈伊·勒兹万·温古雷亚努表示将就抗击洪水以及救济灾民进行通力合作。三国外长一致同意，将首先在近期内召开水文专家会议，并由相关部门出资或申请欧盟援助资金以落实会议提案。三国还将成立一个共同的基金帮助受灾群众，并对流经三国的多瑙河支流蒂萨河流域进行共同治理。

＊意大利最高法院宣布，由前总理罗马诺·普罗迪领导的中左联盟赢得战后第15届议会选举的胜利，中左联盟在众院的得票比贝卢斯科尼领导的中右联盟多出2.47万张，获得多数席位。

4月23日 在匈牙利国会选举的第二轮投票中，社会党和自民盟组成的联盟获胜，使社会党领导的现政府成为了1989年以来首次“保权”成功的一届政府。匈牙利总理久尔恰尼对支持者表示：“我们明白所被赋予的责任，我们必须创造一个更美好、更成功的匈牙利。”

4月25日 中国总理温家宝在人民大会堂与来访的芬兰总理万哈宁举行会谈。

4月28日 法国总统希拉克与到访的巴勒斯坦民族权力机构主席阿巴斯举行了会谈，双方就中东和平进程和向巴勒斯坦提供经济援助问题深入交换了意见。希拉克建议成立在世界银行管理下的发展银行，直接向巴勒斯坦公务员发放工资，以避免资金通过哈马斯领导的巴勒斯坦政府。希拉克认为，建立这样一个银行，有利于说服目前在援助巴勒斯坦方面处于分裂状态的欧洲各国领导人向巴勒斯坦提供资金。希拉克还强调应千方百计推动中东和平进程，使巴以双方尽快坐到谈判桌旁。

＊保加利亚和美国签署协议，同意美国在保加利亚境内设立三个军事基地。该协议允许美国将来在转移部署在欧洲和亚洲基地内的部队时，安排2500名士兵在保加利亚短期停留。

5月

5月5日 英国地方议会改选初步结果揭晓，布莱尔领导的工党遭受20世纪60年代以来最惨重的失败，得票率仅为26%，分别落后于卡梅隆领导的保守党14个百分点和坎贝尔领导的自民党1个百分点。为了重新赢得公众支持，布莱尔随即宣布改组内阁，内政大臣查尔斯·克拉克的职位被国防大臣约翰·里德取代，国防大臣一职由在内政部负责公民与移民事务的德斯·布朗担任，外交大臣斯特劳改任下院领袖，环境、食品和农村事务大臣玛格丽特·贝克特出任外交大臣，副首相普雷斯科特保留原职。

＊为期两天的欧盟与邻国有关内政安全合作的部长级会议在维也纳结束。欧盟成员国和候选国、欧盟的阿拉伯邻国、西巴尔干国家的内政部长或代表与会，俄罗斯和美国代表作为观察员出席了会议。50多个国家的代表以“内政安全在欧盟与邻国关系中的作用”为主题，讨论了内政安全领域的议题。与会国发表声明强调了欧盟与邻国加强安全伙伴关系的重要性，同意在内政和司法领域进行合作，共同制定对策和行动方案，同国际恐怖主义、有组织犯罪、毒品和人口走私作斗争。

＊阿尔巴尼亚、塞黑、马其顿、波黑、罗马尼亚和摩尔多瓦等6个东南欧国家的内政部长在维也纳签署欧盟与邻国安全伙伴关系框架内的《东南欧警务合作协议》。该协议旨在改善东南欧国家之间在内政安全领域的合作，为该地区和欧盟提供更多的安全保障，也为欧盟与巴尔干国家间的

"安全伙伴关系"奠定基础，使这些国家在警务合作方面更接近欧盟标准。协议确立的警务合作范围包括：改善安全信息交换系统，确立和加强跨国界的安全合作形式，建立联合调查机构，交换 DNA 和其他特征识别数据等。

* 阿尔巴尼亚政府同意接收被关押在古巴关塔那摩美军监狱内的 5 名"东突"恐怖嫌犯。他们在关塔那摩美军监狱中已经被关了 4 年多。一年多前，美国军事法庭断定他们"不是美国的敌人"，声称可以获释。但美国政府表示，不能把他们交给中国政府，美国政府向至少 8 个国家发出恳请，希望他们收留这 5 名"东突"嫌犯，但遭到拒绝。

5 月 8 日 美国副总统切尼在克罗地亚古城杜布罗夫尼克与《美国—亚得里亚宪章》的 3 个缔约国总理进行会谈，高度评价克罗地亚、阿尔巴尼亚和马其顿 3 国参与美国和北约在阿富汗、伊拉克的军事行动，表示美国将大力支持三国加入北约。

5 月 10 日 德国总理默克尔同到访的埃及总统穆巴拉克举行会谈，着重就巴勒斯坦问题和伊朗核问题进行了讨论，双方认为，应通过外交途径解决伊朗核问题。默克尔在联合记者招待会上说，"我们认为，现阶段国际社会必须尽一切努力寻找伊朗核问题的外交解决方案"，哈马斯政府必须承认以色列，巴勒斯坦地区的人道状况也必须得到改善。

5 月 11—12 日 第四届欧盟—拉美国家首脑会议在奥地利首都维也纳举行。欧盟 25 个成员国、入盟候选国罗马尼亚和保加利亚、33 个拉美国家的外长、联合国秘书长安南和其他国际组织的领导人与会。60 个国家的代表在"加强政治对话、深化地区合作"的主题下讨论了加强两地区政治、经济、贸易关系、打击国际恐怖主义、发展援助和消除贫困等共同关心的问题。会议发表的《维也纳宣言》宣布，欧盟与中美洲国家将启动有关建立自由贸易区的谈判。

5 月 15 日 意大利新总统乔治·纳波利塔诺宣誓就职，成为战后意大利第 11 任总统。

5 月 17 日 欧盟委员会主席巴罗佐访问罗马尼亚，在与罗马尼亚总理波佩斯库—特里恰努举行会晤后对当地媒体说，"我们希望罗马尼亚和保加利亚两国能在 2007 年 1 月 1 日加入欧盟"，但罗马尼亚必须在欧盟指出的有待改进的领域取得更大进展。

* 欧洲议会全体会议以高票通过了欧盟 2007—2013 年的中期财政预算方案，预算总额为 8644 亿欧元，欧洲议会、欧盟理事会和欧盟委员会代表共同签署这一方案，使其成为正式法律。预算总额比 2005 年 12 月份欧盟首脑会议通过的方案多 20 亿欧元，但增加额度大大低于欧洲议会原本要求增加的 120 亿欧元。

＊以中左联盟领导人普罗迪为总理的新一届意大利政府宣誓就职。本届政府是意大利战后第61届政府，除总理外，还设有两名副总理和25个部长职位。

5月19日 欧盟委员会在一份新闻公报中说，将向索马里过渡政府提供7000万欧元的援助，一方面加强索马里过渡政府和过渡议会的职能，另一方面帮助索马里过渡政府向民众提供粮食、饮用水、卫生设施以及教育等基本公共服务。欧盟委员会负责发展和人道援助的委员路易·米歇尔说，欧盟15年来从来没有抛弃饱受内乱之苦的索马里人民，欧盟的援助表明其帮助索马里重建的决心。

＊第13届中欧国家首脑会议在保加利亚里维埃拉举行。来自保加利亚、克罗地亚、摩尔多瓦、阿尔巴尼亚、斯洛文尼亚、捷克、马其顿、斯洛伐克、奥地利、乌克兰、波兰、波黑和立陶宛13个国家的总统出席会议。与会领导人在会后举行的新闻发布会上一致表示，支持保加利亚和罗马尼亚如期加入欧盟，认为欧洲一体化的前景广阔，中欧地区的未来与整个欧洲的未来相联。保加利亚总统珀尔瓦诺夫说，中欧国家的总体目标是实现持久和平、稳定和经济繁荣。与会各国领导人还讨论了有关能源安全及在预防和战胜自然灾害方面加强合作等问题。

5月21日 塞黑境内的黑山共和国举行全民公决，86.49%的选民参加了投票，其中55.5%投票赞成黑山独立，超过了欧盟规定的55%的最低标准。

5月21—23日 德国总理默克尔对中国进行上任后的首次正式访问。

5月23日 土耳其和希腊的两架战斗机在爱琴海上空相撞后坠毁。土耳其总参谋部发表声明说，土空军战斗机在爱琴海和地中海海域的国际领空进行飞行训练时，遭到希腊战斗机拦截，随后一架土F－16战机与另一架希腊空军的F－16战机相撞。但希腊政府副发言人安托纳罗斯说，事故显然是在希腊空军试图拦截非法闯入希腊领空的土耳其战机时发生的。

5月24日 英国《独立报》报道，为防止伊朗未来对欧洲发动核袭击，美国计划在中欧地区建立“星球大战”系统。该系统将部署10套拦截装置，预计耗资160亿美元。目前，美国国防部已向国会申请了5600万美元的前期勘测费用。但这一计划遭到了俄罗斯的强烈反对与抵制。美国官员称，“星球大战”系统的基地很可能会建在波兰、捷克或斯洛伐克。

＊欧盟统计局发布统计公报称，欧盟与俄罗斯的货物贸易从1999—2005年间增加了两倍多，俄罗斯已成为继美国和中国之后的欧盟第三大贸易伙伴。7年间，欧盟对俄罗斯的货物出口额由166亿欧元升至564亿欧元，从俄罗斯的进口额则从343亿欧元飙升至1067亿欧元，其中能源

进口从176亿欧元升至706亿欧元。欧盟对俄出口货物主要是汽车、飞机、电脑、洗衣机、通讯设备、药品等制品，进口产品主要是石油、天然气和镍。欧盟对俄出口值的一半为机械和交通工具，进口的2/3为能源。

5月25日 欧盟—俄罗斯第17次峰会在俄南部旅游胜地索契举行，双方签署了关于简化签证和遣返非法移民两个协定，2006年底开始生效。会后发表的新闻公告说，双方讨论了实施建立四个统一空间路线图和各有关部门之间进行对话的进展，并就能源问题进行了对话。鉴于《俄罗斯与欧盟伙伴合作协定》即将到期，双方商定由专家开始起草新的协定，并就新协定的原则和结构基本达成一致。双方还就伊朗核问题、巴以冲突、阿富汗问题、科索沃问题和伊拉克局势等国际问题交换了意见。

*英国首相布莱尔抵达白宫，与美国总统布什讨论伊拉克和伊朗局势。

5月27—28日 为期两天的欧盟外长特别会议在维也纳附近的克洛斯特尔诺伊堡举行，《欧盟宪法条约》前途和欧盟扩大进程为主要议题。会议达成两项共识：一是将2009年作为完成宪法条约批准进程的最终期限，二是德国作为欧盟下任轮值主席国将在2007年6月就推动宪法条约提出具体建议。现任欧盟轮值主席国奥地利外长乌尔苏拉·普拉斯尼克对新闻界表示，欧盟没有宣布《欧盟宪法条约》死亡，将继续完成这一工程。德国外长施泰因迈尔说："根本没有理由放弃《欧盟宪法条约》。"

5月29日 欧盟经济部长会议就开放成员国服务业市场初步达成一致，成员国将逐步取消服务业贸易壁垒，建立欧盟统一服务业市场，提高竞争力，刺激经济增长，增加就业。欧盟轮值主席国奥地利经济和劳动部长巴尔滕施坦因对此"非常满意"。英国贸易部长麦卡特尼表示，欧盟统一服务业市场将为英国增加73亿欧元收入。

*西班牙与欧盟9国达成协议，共同派舰艇和飞机在非洲附近的大西洋水域和空域进行联合巡逻，以发现和遏制非法移民进入西班牙属地加那利群岛。

5月30日 为期两天的《东南欧稳定公约》圆桌会议在贝尔格莱德闭幕，来自80个国家和国际组织的300余名代表与会，会议闭幕辞说，本次会议结束后，将组建由东南欧国家和国际组织代表组成的"地区合作委员会"，以逐步取代《东南欧稳定公约》，并在2007年5月召开的东南欧合作进程峰会上提出委员会总秘书长人选。"地区合作委员会"主要关注5个领域的工作，包括经济和社会发展、基础建设、司法体系、防务合作以及人力资源培训等。

5月31日 欧盟轮值主席国奥地利代表欧盟发表声明说，鉴于斯里兰卡反政府的泰米尔伊拉姆猛虎解放组织不断制造暴力事件，破坏和平进程，欧盟理事会已决定将其列入恐怖组织名单，并对其采取相应的制裁措施。欧盟将冻结与猛虎组织有关的个人和实体的金融资产、切断其个人和实体的经济来源，并加强欧盟各成员国的警察与司法合作。

6月

6月1日 德国联邦议院表决批准派遣一支由 780 人组成的部队参加欧盟为确保刚果（金）大选安全举行的维和行动。

6月3日 黑山共和国议会举行特别会议，通过了黑山独立决议和独立宣言。欧盟轮值主席国奥地利代表欧盟发表声明，表示尊重黑山人民的决定，支持黑山共和国独立。

＊捷克国家统计局公布的统计结果显示，在捷克 2—3 日举行的议会选举中，最大的右翼在野党公民民主党以 35.36％的得票率获胜。社会民主党以 32.32％得票率位居第二，捷克和摩拉维亚共产党以 12.81％的选票率居第三位，基督教民主联盟—人民党和绿党也分别以 7.22％和 6.29％的选票进入众议院。

6月5日 塞尔维亚议会一致通过一项决议称，根据塞黑宪章规定，塞尔维亚共和国作为塞黑的继承人，即日起继承其国际法主体地位和塞黑与其他国家及国际组织签署的有关文件。议会责成塞尔维亚政府和其他国家机关在 45 日内根据宪法制定所有必需的文件，并采取一切措施实现塞尔维亚的国际法主体地位。

6月6日 欧盟共同外交与安全政策高级代表索拉纳在德黑兰与伊朗首席核谈判代表拉里贾尼举行闭门会晤。索拉纳向拉里贾尼递交了 6 国达成的一揽子刺激方案，这些方案旨在说服德黑兰放弃浓缩铀活动。

6月7日 正在伊拉克访问的意大利副总理兼外长达莱马表示，意大利将从本月开始减少在伊拉克的驻军人数。

＊欧盟委员会发表一份战略文件，提出在未来几年对伊拉克提供帮助的 5 大目标：避免伊拉克分裂和建立民主、促进法治和人权、完善基础设施、支持行政改革、推动经济发展。

＊欧盟和石油输出国组织在布鲁塞尔举行第三次部长级能源对话，双方同意加快筹建“欧盟—欧佩克能源技术中心”，以此作为双方在技术研究、投资、人力资源管理、市场稳定和环境评估等领域开展具体合作项目的平台。同意共同举办一系列研讨会和研究项目，以共同应对能源领域的

困难和挑战。

6月8日 北约国防部长会议在布鲁塞尔结束，通过了一项旨在指导未来北约军事行动的“部长指南”。“部长指南”认为，未来北约可能需要同时进行两个大型军事行动和6个小型军事行动。其中，大型军事行动需要6万兵力，小型行动需要2万—3万兵力。“部长指南”还就北约与联合国和欧盟等机构的合作提出了指导方针。此外，国防部长们同意各成员国的军费开支至少占到国内生产总值的2%。目前，7个北约成员国达到了这一比例。

6月12日 在卢森堡举行的欧盟外长会议决定，正式启动欧盟派驻刚果（金）的维和行动；同意从当天起与土耳其就首批具体协议开始入盟谈判；正式承认黑山为独立主权国家，呼吁黑山与塞尔维亚就未来关系问题进行磋商。

＊欧盟与阿尔巴尼亚在卢森堡签署《欧盟与阿尔巴尼亚稳定与联系协议》，协议确定了欧盟与阿尔巴尼亚的政治和经济合作关系，承诺将在10年内建成双边自由贸易区。

6月15日 欧盟委员会向欧盟首脑会议提交了一份文件，提出了欧盟寻求外部能源安全的十大目标，包括加强与能源供应国的合作伙伴关系、提高能源供应国的生产和出口能力、改善欧洲公司在能源供应国的投资环境、促进与伙伴国建立共同战略能源储备等。在加强与俄罗斯、挪威和其他能源供应者进行合作的同时，欧盟也应注重展开与美国、日本、中国和印度等主要能源消费国的政策对话，以共同提高世界能源市场的透明度和运行效率。

＊北约成员国部队开始在西非岛国佛得角举行代号为“坚定的美洲豹—06”的大规模联合军事演习。这是北约首次在非洲举行军演。7100名军人、19艘海军军舰、数十架空军飞机、多国核生化辐射防护营和佛得角武装力量参加了演习。演习于28日结束。演习的任务是对佛得角境内及其边境附近地区发生的事件做出反应，其中包括展示武装力量、跨岛两栖登陆作战以及在火山爆发情况下疏散岛上居民。

6月16日 为期两天的欧盟首脑会议在布鲁塞尔闭幕，各国领导人一致同意在2008年年底前就《欧盟宪法条约》的前景达成一致。确定了下一阶段的工作要点：能源合作、移民管理、危机处理、欧盟东扩、重振“里斯本战略”等，提出了欧盟寻求外部能源安全的10大目标，并批准斯洛文尼亚于2007年1月1日加入欧元区的申请。此外，会议还敦促伊朗尽快对解决伊朗核问题的六国新方案作出积极反应。

6月19日 北约开始在罗马尼亚黑海港口康斯坦察及其附近海域举行大规模海上军事演习，来自西班牙、土耳其、意大利、英国、法国、保加利亚、希腊和罗马尼亚以及 6 个北约和平伙伴关系国的 29 艘军舰和 2000 名军人参加了演习。罗海军参谋长马林少将说，演习目的是多国部队应邀进入一个国家，以稳定该国因自然灾害和大规模移民潮导致的不安定局势。演习内容包括人员的疏散、救护和安置等。演习于 6 月 30 日结束。

6 月 21 日 芬兰总理万哈宁在芬兰议会阐述芬兰今年下半年担任欧盟轮值主席国期间的工作重点时说，芬兰将着重考虑欧盟前途问题，其中包括《欧盟宪法条约》的命运以及欧盟进一步扩大的问题，将积极推动欧盟及其成员国提高竞争能力，以应对激烈的全球竞争。万哈宁指出，欧盟关注本地区及其他地区的和平与稳定，并在世界范围内进行军事和民事控制危机行动，进一步加强欧盟在国际上的作用，努力改善与俄罗斯关系。

* 欧盟—美国首脑会议在奥地利首都维也纳闭幕。欧盟正式要求美国关闭关塔那摩美军监狱。会议就如何处理在押囚犯问题、美国中央情报局在欧盟境内涉嫌非法设立监狱、拘禁和运输嫌疑犯以及贸易谈判、能源安全、气候变化、中东局势和伊朗核问题等进行了讨论。欧美双方同意在能源安全问题上进行战略合作，并在清洁能源和可持续发展等方面建立高级别对话机制。双方强调伊朗应放弃浓缩铀计划。

6 月 22 日 匈牙利总统绍约姆与到访的美国总统布什探讨了在打击恐怖主义过程中尊重人权的问题。绍约姆说，在全球反恐过程中要加强尊重人权，并敦促美国解决匈牙利公民赴美免签证问题。布什对匈牙利在阿富汗和伊拉克问题上给予美国支持表示感谢，高度评价匈牙利在发展民主方面取得的成功。双方还讨论了美国在匈投资商业项目及两国在科技文化领域进行合作等问题。

6 月 23 日 欧盟委员会宣布，将向援助巴勒斯坦国际临时机制投入 1.05 亿欧元。欧盟委员会应中东问题有关四方（欧盟、美国、俄罗斯和联合国）的邀请制定了旨在绕过巴勒斯坦伊斯兰抵抗运动（哈马斯）直接向巴勒斯坦人民提供援助的国际临时机制。

6 月 26 日 英国和利比亚在利比亚首都的黎波里签署和平与安全联合备忘录，该备忘录称，根据新的关系框架，利比亚和英国在国际法和联合国宪章基础上建立和平与安全关系，并致力于维护地区安全，不扩散也不装备核武器、化学武器和生物武器，在中东建立无核武器和生化武器等大规模杀伤性武器地区。两国重申遵守有关国际条约，致力于消除一切形式的种族歧视和恐怖活动。

6 月 28 日 第 60 届联合国大会一致通过决议，接纳黑山共和国为联合国第 192 个成员国。

7月

7月6日 北约秘书长夏侯雅伯对克罗地亚进行为期一天的访问，夏侯雅伯在新闻发布会上说，克罗地亚在争取入约方面成绩斐然，北约高度评价克在本地区的领导地位以及在阿富汗维和行动中作出的贡献，但克在军队和司法改革、加大打击腐败力度以及提高民众入约支持率等方面仍需努力。

7月11日 欧盟财政部长理事会正式批准斯洛文尼亚在2007年1月1日加入欧元区，这将是欧元区的首次扩大。同时该国将成为2004年加入欧盟的10国中第一个加入欧元区的国家。欧元正式替换斯洛文尼亚货币托拉尔时，其转换比价为239.640托拉尔兑换1欧元。

7月12日 意大利总理普罗迪与到访的联合国秘书长安南会谈后说，意大利将一如既往地支持联合国在处理地区危机问题上的努力，在反恐问题上意大利不会向恐怖分子作出让步。普罗迪与安南还就伊拉克、阿富汗及中东地区局势交换了意见。安南对中东地区最近发生的一系列暴力事件表示“严重关切”，对意大利参与联合国领导下的阿富汗国际维和行动表示赞赏。

7月14日 以波兰总统的孪生哥哥雅罗斯瓦夫·卡钦斯基为总理的波兰新政府正式成立。

7月16日 为期两天的欧盟环境部长非正式会议在芬兰南部城市图尔库结束。与会代表着重讨论了欧盟现任轮值主席国芬兰提出的有关欧盟制订新环境政策的建议。

7月17日 葡语国家共同体第六届首脑会议在几内亚比绍首都比绍开幕，几内亚比绍、安哥拉、佛得角、莫桑比克、葡萄牙等葡语国家领导人出席了会议。会议讨论了如何在基础教育标准化、促进性别平等、减少母婴死亡率、控制传染病等方面加强合作，并表示将努力使葡语国家的饥饿率和贫困率在2015年之前降低一半。几内亚比绍总统维埃拉在本次峰会上当选葡语国家共同体代理主席。

7月18日 苏丹达尔富尔问题国际会议在布鲁塞尔举行，重点讨论联合国接管该地区的维和任务问题。由于在达尔富尔地区监督停火的非洲联盟无力维持，联合国秘书长安南曾于1月建议由联合国接管维和任务，但遭到苏丹政府的反对。出席这次会议的代表们呼吁国际社会加强对非盟在该地区部队的财政和物资支持。在当天举行的国际认捐大会上，欧盟宣布向达尔富尔地区提供 4000 万欧元的援助，向非盟部队提供 2500 万欧元。

7 月 20 日 欧盟许诺向在黎以冲突中受害的黎巴嫩平民提供 1000 万欧元的资金援助。欧盟委员会主席巴罗佐表示，这笔援助款将提供给最需要帮助的人，欧盟通过该方式表示和那些在冲突中受苦的平民同系一心。

* 北约秘书长夏侯雅伯在与阿富汗总统卡尔扎伊举行的联合记者招待会上说，阿富汗面临毒品、恐怖主义、腐败等问题，北约将努力帮助阿富汗政府加以解决。夏侯雅伯呼吁国际社会不要忽视阿富汗，继续向阿提供更多帮助。他重申北约将其驻阿部队人数增加一倍，年底将达到 2 万人左右。

* 捷克国防部长屈恩尔宣布，捷克准备与斯洛伐克在欧盟范围内组建一支联合部队。这支联合部队将由 1500 名士兵组成，其中捷克士兵 1200 人，斯洛伐克士兵 300 人。联合部队以维和为宗旨，在接到命令 10 天内即可到达部署地点。自 2009 年起，这支部队可在世界任何地方部署并展开行动。斯洛伐克国防部长卡希茨基表示，斯洛伐克还打算同波兰和巴尔干国家建立类似的联合部队。

* 英国、法国和德国三个欧盟国家向安理会成员国散发了一份有关伊朗核问题的决议草案，表示希望安理会能尽快通过。三国在草案中敦促伊朗中止包括研发在内的所有与铀浓缩有关的活动，停止建设重水反应堆，由国际原子能机构核查。草案还要求国际原子能机构总干事在 8 月底之前，就伊朗与之合作以及履行该决议的情况向国际原子能机构理事会和联合国安理会提交一份报告。

7 月 24 日 美国驻欧洲陆军发言人希布纳中校证实，美军开始在德国部署拥有 3500 人和 300 辆“斯特赖克”装甲车的“斯特赖克”快速打击旅。该旅将替换驻扎该基地的重型装甲师，后者本月初开始撤回美国本土。此举属于驻欧美军大规模调整计划的一部分。

7 月 25 日 欧盟发言人阿马德—阿尔塔法杰表示，继上周向黎巴嫩提供了 1000 万欧元的人道主义资金援助后，欧盟再追加 1000 万欧元，以进一步帮助那些饱受以色列军队与真主党军事冲突之苦的黎巴嫩人民。

* 塞尔维亚总统塔迪奇对罗马尼亚进行为期一天的正式访问，与罗总统伯塞斯库就双边关系、科索沃问题和巴尔干地区局势举行了会谈。伯塞斯库在记者招待会上说，在科索沃问题上，罗坚持一个国家的边界不能改变的原则，“这一原则对科索沃和摩尔多瓦共和国境内德涅斯特河东岸地区同样适用”，贝尔格莱德同普里什蒂纳的谈判十分重要，必须遵守国家主权的国际法原则和尊重少数民族权利的原则。

* 捷克国防部发言人谢佩克对媒体说，美国军事专家小组认为他们在

捷克考察的三处军事基地都有可能成为美军在捷克建立导弹防御基地的地点。美国军事专家小组18日抵达捷克，为美国在中欧设立导弹防御基地进行为期一周的实地考察，主要考察了捷克三个军事基地的地理、水文条件和基础设施状况。

8月

8月1日 英国开始建立一套全新的恐怖袭击警报系统。新警报系统类似于美国近4年中一直使用的5级警报系统，分别用绿、蓝、黄、橙、红5色代表从低到高的5种危险程度。在这套系统出台之前，英国政府一直将有关恐怖袭击的信息保密，理由是类似消息将引发公众不必要的恐慌。

8月2日 波兰总统莱赫·卡钦斯基与到访的格鲁吉亚总统萨卡什维利举行会谈。在联合举行的新闻发布会上，两位领导人一致强调，格鲁吉亚加入北约有利于改善与俄罗斯关系。卡钦斯基说，波俄关系虽然不很密切，但保持着正常的外交往来，波不奉行反俄政策，波兰与俄罗斯发展关系需要表现出耐心。

8月20日 德国《星期日图片报》报道，德国总理默克尔在接受该报专访时说，德国政府"出于历史原因"不会派遣地面部队进入黎巴嫩，在参加联合国在黎南部维和行动上，德国可以派海军警戒黎海域，并向黎海关和警察提供援助。今后，德国还可在后勤、航空运输和空中侦察等方面提供帮助。

8月24日 西班牙和塞内加尔两国政府在达喀尔签订防止偷渡协议。根据协议，塞内加尔和西班牙将协作加强各自水域的安全防范行动，重点打击偷渡组织人员，并妥善处理偷渡者的遣返事宜。塞内加尔内政部长奥斯曼·恩戈姆说，协议的签订是塞西两国在防止偷渡方面合作的具体体现，塞内加尔将利用西班牙提供的物力、财力和人力援助，有效地打击非法偷渡组织者。

8月25日 欧盟特别外长会议在布鲁塞尔决定，欧盟成员国将向黎巴嫩增派5600—6900名维和士兵。派兵人数为：意大利3000名、西班牙1200人、波兰500人、芬兰250人、比利时400人。此外，法国总统希拉克已于24日宣布，法国派兵人数将增至2000人。英国表示，由于大量英军部署在阿富汗和伊拉克，英国将派遣"特别小组"。德国将提供后勤支援、航空运输和空中侦察等。

8月28日 斯洛文尼亚总统德尔诺夫舍克与首次到访的阿塞拜疆总统阿利耶夫进行会谈并签署联合声明。两国领导人同意，将进一步推动两国在经贸、旅游、通讯、科技、环境和文化等领域的合作，并设立斯—阿经济合作委员会，支持欧洲能源输送途径的多样化，尤其赞同将里海盆地能源与欧洲能源网络相连接。

8月30日 波罗的海三国爱沙尼亚、拉脱维亚和立陶宛的国防部长在拉脱维亚旅游胜地尤尔马拉举行会晤后表示，三国支持北约长期巡逻其领空，并建议将巡逻时间延长到2018年。为了加强地区安全，提高三国国防能力，在欧盟和北约中作出更大贡献，三国进行军事合作非常重要。为此，三国决定将加强在陆军方面的合作，组建联合战斗编队及加入北约快速反应部队。

9月

9月3—5日 希腊总统帕普利亚斯和到访的韩国总统卢武铉出席两国有关海运合作和旅游合作协议的签字仪式。帕普利亚斯称赞这两个协议将进一步拓宽双边合作领域。卢武铉希望两国在高科技领域加强合作。两位领导人表示，将进一步推动双边在各个领域的友好合作关系，继续为各自地区的和平与合作做出贡献。

9月4日 保加利亚总统珀尔瓦诺夫、希腊总理卡拉曼利斯和俄罗斯总统普京在雅典举行三方首脑会谈，讨论加快实施三国输油管道工程项目。三国领导人在会谈后发表的《加强能源合作宣言》中表示，同意尽快建立一个跨国公司负责项目实施工作，并决定在2006年年底以前签署国与国之间相互支持协议。

9月7日 德国宣布将为黎巴嫩提供总价值6500万欧元的援助。

＊塞尔维亚总统塔迪奇访问美国，与美国国务卿赖斯会见并签署了两国军事合作协议。根据该协议，美国将在塞尔维亚部署军队并负责对这个国家的军队进行训练。

9月9日 中国国务院总理温家宝在芬兰首都赫尔辛基同欧盟轮值主席国芬兰总理万哈宁、欧盟委员会主席巴罗佐举行了第九次中欧领导人会晤，双方就进一步巩固和发展中欧全面战略伙伴关系深入交换了意见。欧方表示欢迎中国作为国际体系中的重要利益攸关方在国际事务中发挥积极作用，支持中国走和平发展道路，赞赏中国为促进东亚区域经济发展、建立政治互信和解决地区热点问题所作的重要努力，希望双方在反恐、防扩散、援助非洲和恢复多哈回合谈判进程等方面加强合作。

9月10日 为期两天的第六届亚欧首脑会议在芬兰首都赫尔辛基开幕。与会各方围绕加强多边主义和应对安全威胁、文化与文明对话、全球化和竞争力、亚欧会议未来发展等议题深入交换意见。会议通过了主席声明以及关于亚欧会议未来发展和气候变化的两项宣言。

9月11日 正在赫尔辛基出席第六届亚欧首脑会议的中国国务院总理温家宝分别会见了丹麦首相拉斯穆森和斯洛文尼亚总理扬沙。

9月12—14日 阿尔巴尼亚总理贝里沙对希腊进行为期3天的正式访问，与希腊签署一项能源合作协议，旨在加强两国在电力、石油和天然气等领域的合作。希腊总理卡拉曼利斯重申，希腊政府将一如既往地支持阿政府为加入欧盟和北约所做的一切努力。

9月13日 意大利总理普罗迪开始对中国进行为期6天的正式访问。

＊正在英国进行工作访问的中国国务院总理温家宝与英国首相布莱尔在伦敦唐宁街10号首相府举行了会谈。

＊中国国务院总理温家宝开始对德国进行工作访问。

＊为期两天的欧盟与中美洲协会论坛在巴拿马城召开，中美洲国家政府代表、中美洲议会成员、欧洲议会议员以及一些社会团体和非政府组织的负责人出席，与会者就欧盟与中美洲地区间的自由贸易协定谈判展开讨论，欧盟在中美洲地区的代表弗兰切斯卡·莫斯卡表示，欧盟将在未来7年内提供10亿欧元用于中美洲国家的发展，欧洲非常关注中美洲国家在民主化进程、消除贫困、打击犯罪和反对恐怖主义方面的发展。

＊德国政府决定向黎巴嫩派遣2400名海军官兵，参与联合国在黎巴嫩的维和行动。德国国防部长约瑟夫·容说，德国部队将在联合国的海上维和行动中发挥“领导作用”，德国海军的授权到2007年8月31日结束。这是德国自二战结束以来首次在中东地区部署军事力量，此次行动将耗资1.93亿欧元（约合2.45亿美元）。

9月14日 保加利亚政府批准了保核管理协会与美国核管理委员会交换技术信息和核安全合作协议。协议包括双方交换技术信息的责任、有关核设施许可证、核安全报告、保证不扩散核武器、对放射性核废料的管理等内容。保美两国在核安全方面的合作还包括对核设施安全方面的鉴定、交换核安全调查材料、核管理协会的人员培训等。该协议的有效期为5年。

9月16日 波兰总理卡钦斯基结束对美国为期4天的正式访问。访问期间，他会晤了美国总统布什、副总统切尼和国务卿赖斯。卡钦斯基对媒体称，访问实现了预期目标，美国对波兰的能源供应多样化策略表示支持，对波兰在世界各地的活动，其中包括军事参与也表示赞赏。

9月17日 在瑞典大选中，由在野的瑞典温和联合党、人民党、中央党和基督教民主党组成的中右联盟获胜，将取代以社会民主党为主的联合左翼党、环境党组成的中左联盟，执政期为4年。

9月17—19日 匈牙利总理久尔恰尼承认执政党和政府为赢得选举而欺骗民众的讲话录音17日曝光后，匈牙利朝野大为震惊，并引发骚乱。18日晚，一些示威者点火焚烧了国家电视台附近的一些汽车，后来又强行冲进大楼，致使节目播出中断。警方19日宣布，示威者与警察发生冲突，进攻并占领国家电视台大楼，共有102名警察在连夜的冲突中受伤。

9月21日 卢森堡首相容克对柬埔寨进行为期两天的正式访问。

9月23日 法国总统希拉克、德国总理默克尔和俄罗斯总统普京在法国北部城市贡比涅举行三方首脑会晤，集中讨论了能源、欧俄关系、中东局势、伊朗核问题以及部分地区冲突等热点问题，三国领导人都表现出致力于在世界各地参与推动和平进程的愿望。

9月26日 塞尔维亚共和国与波黑塞族共和国的总统和总理在波黑塞族共和国首府巴尼亚卢卡签署了旨在加强两国政治和经济合作的特殊关系协议。协议指出，应尊重波黑的主权、领土完整和政治独立，但塞尔维亚和波黑塞族共和国有权按照《代顿协议》的规定建立特殊关系。双方合作的领域涉及科学、文化、体育、教育、生态、人权、防务和经济等。

9月28日 第11届法语国家首脑会议在罗马尼亚首都布加勒斯特议会宫开幕，这是法语国家组织成立以来首次在法国以外的欧洲国家举行首脑会议，也是罗迄今主办的最大规模的国际会议。会议的主题是“教育信息化”，与会者就法语在信息技术和教育领域中落后于英语的现状进行深入探讨，寻求加强法语地位、提升法语影响力的良策。

10月

10月1日 奥地利举行国民议会选举，反对党社民党以35.71%的支持率击败现任总理许塞尔领导的人民党。人民党得票率仅为34.22%，比上届国民议会选举下降了8个百分点。右翼政党自由党得到11.21%的选票，超过绿党0.72个百分点，成为奥地利第三大政党。与人民党联合执政的“未来奥地利联盟”仅得到4.2%的选票。人民党主席许塞尔表示对党的失败承担主要责任。

10月3日 为期两天的欧盟国防部长非正式会议在芬兰首都赫尔辛基闭幕，会议着重讨论了欧盟正在进行的控制危机行动和欧盟快速反应部队的建设问题。会议认为，欧盟在刚果（金）的行动取得成功；对波黑成功举行大选表示满意，欧盟准备按计划将其目前在波黑的 6000 余人维和部队减少到 1500 人左右，同时将军事控制危机行动逐步转为民事行动；欧盟快速反应部队筹备工作进展顺利，2007 年初即可派往危机地区执行任务。

＊马其顿总理格鲁埃夫斯基在会晤到访的联合国驻科索沃特别代表约阿希姆·吕克尔时说，马其顿与科索沃的边界问题应该在科最终地位确定之前或在确定过程中得到解决，而不应放在科问题解决之后。马科之间目前的边界是根据 2001 年贝尔格莱德和斯科普里之间达成的一项协议确定的，科索沃目前占据马其顿 2000 多公顷土地。

10 月 4—5 日　波兰外长安娜·福蒂加与前来进行工作访问的俄罗斯外长拉夫罗夫会谈，集中讨论了两国经济合作、能源问题，以及地区合作和俄欧关系等。福蒂加说，波俄有关困难议题的谈判小组不久将开始对话。拉夫罗夫说，俄波两国保持良好的双边关系意义重大，俄希望波兰等国与美国进行有关部署导弹拦截基地的谈判具有透明性和可预见性。

10 月 5 日　北约领导的驻阿富汗国际安全援助部队正式从美国领导的联军手中接管阿东部地区的军事指挥权，从而将该部队的控制区域扩大至阿富汗全境。这是北约继今年 7 月 31 日从美国领导的联军手中接管阿富汗南部 6 省的安全事务后，又一次扩大在阿富汗的军事管辖区域和指挥权。接管后，北约将从联军吸纳 1.2 万名士兵，使部队总人数达到 3.3 万人。2001 年阿富汗战争结束后，在阿境内共驻有两支多国部队：一支是美国领导的联军，主要负责反恐；另一支是经联合国授权、由北约领导的国际安全援助部队，主要负责维和。

10 月 6 日　欧盟与美国就欧盟境内航空公司向美国政府提供赴美乘客个人信息问题达成临时性协议。根据该协议，欧盟境内航空公司将一如既往地将乘客信息提供给美国国土安全部，而后者在一定条件下可以将信息转供给其他美国安全机构。美国国土安全部不能像过去一样直接进入欧盟航空公司机票预订电子系统获取最新乘客信息，而是必须向航空公司索要。

＊欧盟理事会批准了对中国和越南产皮鞋征收正式反倾销税的方案。根据该方案，欧盟从 10 月 7 日起分别对两国皮鞋征收 16.5%和 10%的反倾销税，为期两年。

10 月 10 日　德国总理默克尔在德国东部城市德累斯顿与到访的俄罗斯总统普京举行会晤。双方主要讨论了两国的能源合作、俄女记者安娜·波里科夫斯卡娅被枪杀事件以及朝鲜核试验等问题。普京说，如果位于巴伦支海的斯脱克曼油气田得到开发，并且波罗的海海底输气管道建成，俄每年可向德额外输送 500 亿—550 亿立方米的天然气，届时德将成为欧洲能源的集散中心。另外，两国还签署了 7 项合作协议，其中包括加强在传染性疾病控制方面的合作以及共建一个原材料研究中心等。

＊波兰、捷克、斯洛伐克和匈牙利 4 国总理在匈北部小城维谢格拉德举行会议，对维谢格拉德集团成立 15 年来的发展成果进行了总结，并就制定共同能源政策等问题进行了磋商。4 国总理一致表示，希望继续加强集团内的合作，并逐步开展与该地区其他国家的合作，同意从 2007 年开始，将国际维谢格拉德基金从目前的每年 320 万欧元增至 500 万欧元，为中欧地区的现代化、教育文化事业的发展提供帮助。在谈到欧盟推迟新成员国加入《申根协定》问题时，斯洛伐克总理菲乔和波兰总理卡钦斯基均认为，推迟加入时间是出于政治而非技术原因。

10 月 12 日　法国与德国在巴黎举行内阁联席会议，讨论两国在社会平等、外交、能源、航空航天、司法、安全、欧洲建设和国际热点等领域的双边合作和政策协调问题，并签署了外交、司法、税收合作协定。在会后发表的共同声明中，两国强调欧洲实施共同能源政策以保障欧洲能源安全的重要性，呼吁欧洲和俄罗斯在能源领域建立稳定的合作伙伴关系。

10 月 14 日　为期两天的自由党第 27 次代表大会在罗马尼亚首都布加勒斯特举行，来自欧洲各国 49 个自由党的 1 万多名代表参加，主题为“携手共建一个自由和安全的欧洲”。大会通过了 6 个决议，内容涉及欧盟内政、外交、安全、防务、能源和环保等方面。大会强调，联合国必须通过自身改革，使欧盟等跨国实体在联合国发挥更重要作用。如果联合国接纳欧盟为其成员，欧盟将取代安理会中两个欧盟成员国的常任理事国地位。

10 月 16 日　来自巴尔干地区 7 个国家的总统或领导人在塞尔维亚举行首脑会议，塞尔维亚总统塔迪奇、阿尔巴尼亚总统莫伊休、克罗地亚总统梅西奇、马其顿总统茨尔文科夫斯基、罗马尼亚总统伯塞斯库、黑山总统武亚诺维奇、波黑主席团成员帕拉瓦茨以及欧盟委员会副主席弗拉蒂尼等出席了会议。会议着重讨论了如何在打击有组织犯罪和恐怖主义活动方面加强地区合作，并签署了一项联合声明。声明指出：恐怖主义是对本地区和平、稳定和民主发展的最大威胁，有组织犯罪团伙获得的利润越来越多地被用于资助恐怖活动。

＊正在卢森堡出席欧盟外交、贸易和发展部长会议的欧盟委员会负责发展和人道援助的委员路易·米歇尔说，欧盟应切实履行对发展中国家“贸易援助”于 2010 年达到每年 20 亿欧元的承诺；欧盟正着手制订“贸易援助共同战略”，欧盟与非洲、加勒比和太平洋地区国家正在商谈中的《经济伙伴协议》将成为这一战略的核心内容，欧盟对非加太国家的援助

将出现两方面变化：一是援助额大幅提高，二是将"贸易援助"与发展战略紧密结合。

10月17日 正在卢森堡举行的欧盟外长会议决定，欧盟未来7年内将向全球贫困地区提供总额近400亿欧元的发展援助资金，提供110多亿欧元用于推动欧盟邻近地区的繁荣以及这些地区与欧盟关系的改善。受益国家和地区包括阿尔及利亚、阿塞拜疆、白俄罗斯、埃及、格鲁吉亚、以色列、约旦、黎巴嫩、利比亚、摩尔多瓦、摩洛哥、巴勒斯坦、俄罗斯、叙利亚、突尼斯和乌克兰等。

＊欧盟成员国外长在卢森堡就朝鲜半岛核问题进行了讨论，发表的书面声明强烈谴责朝鲜在本月9日进行的核试验。

10月18日 波黑中央选举委员会公布了本月1日举行的全国大选最终结果。波什尼亚克族的哈里斯·西拉伊季奇、塞尔维亚族的内博伊沙·拉德马诺维奇和克罗地亚族的热利科·科姆希奇当选为波黑主席团成员。在波黑议会代表院42个席位的争夺中，民主行动党获得9席，波黑党获得8席，独立社会民主联盟和社会民主党分别获得7席和5席。在波黑塞族共和国议会选举中，塞族共和国现任总理多迪克领导的独立社会民主联盟独占鳌头，获得了93个席位中的41席，该党候选人米兰·耶利奇当选波黑塞族共和国总统。

10月19日 欧盟委员会公布欧盟首份提高能源效率行动计划，计划详细列出75项具体措施，包括推出更严格的电器节能标准以及推广节能住房、节能汽车和节能灯具等。还提出了10项关键政策，包括升级电器产品的环保标签、修改汽车排放标准、鼓励在提高能源效率方面的投资、提高发电厂发电效率、推广节能出租车及其他鼓励措施。行动计划还分领域提出2020年前的节能目标：家庭能源使用效率提高27％、工商企业提高30％、交通行业提高26％、制造业提高25％。

10月20日 欧盟轮值主席国芬兰总理万哈宁、欧盟委员会主席巴罗佐和来自欧洲雇主联合会及欧洲工会联合会等组织的领导人在芬兰南部城市拉赫蒂举行"劳资政三方峰会"，重点讨论了如何协调员工自由流动与保障劳动力市场安全之间的关系，与会者一致强调要为提高欧盟的竞争力而共同努力。

＊欧盟非正式首脑会议在芬兰的拉赫蒂闭幕。会议围绕创新、能源和移民这三个与欧盟经济增长、社会发展休戚相关的问题进行了磋商并达成广泛共识，提出务实谋发展的新举措。会议强调，要采取多种措施促进欧盟的创新活动，尤其要鼓励中小企业参与创新。欧盟还将成立一个战略咨询委员会，负责在竞争与创新等方面为欧盟委员会提供咨询，该委员会的成员都是来自企业的代表或其他方面的专家。

＊正在出席欧盟非正式首脑会议的欧盟领导人与俄罗斯总统普京会面，听取了普京有关发展本国能源的计划以及与欧盟进行能源合作的意见。欧盟现任轮值主席国芬兰总理万哈宁说，欧盟愿与俄罗斯发展密切的、具有法律约束力的长期互利能源合作。欧盟委员会主席巴罗佐说，欧盟与俄罗斯在经济上相互依赖，加强合作对双方都至关重要。欧盟希望俄罗斯在增强能源市场透明性、扩大市场准入、对外国企业实行非歧视待遇等方面进一步采取措施。普京强调，俄罗斯愿与欧盟发展“建立在共同价值观和共同利益之上的互利合作关系”。

10 月 23—24 日　第五届欧洲防务会议在柏林举行。来自欧洲国家的防务专家、学者、军火工业企业家和一些高级官员与会，焦点议题是如何加强大西洋两岸，尤其是欧盟与北约之间的安全与防务合作。德国国防部长约瑟夫·容说，与美国关系对德国的未来安全“最为重要”。在提高防务能力方面，欧盟和北约不能进行任何形式的竞争，德国政府将努力改善欧盟和北约的关系。

10 月 24 日　欧盟委员会在法国斯特拉斯堡发表题为《欧盟与中国：更紧密的伙伴、承担更多责任》的文件，这是欧盟委员会发布的第六份对华政策文件，同时发布的还有欧盟对华贸易战略文件，题为《竞争与伙伴关系——欧盟—中国贸易与投资政策》。

10 月 25 日　欧洲议会通过的一项针对俄罗斯的议案指出，考虑到俄罗斯目前民主、人权以及新闻自由方面的形势“不容乐观”，欧洲议会号召欧盟国家重新审视与俄罗斯的关系，并要求欧盟 25 国在即将于 11 月与俄罗斯签署新的伙伴关系协议时，认真考虑同俄罗斯发展关系的前景。

10 月 26 日　中国国家主席胡锦涛与来访的法国总统希拉克举行正式会谈。

＊中国总理温家宝在人民大会堂与来访的保加利亚总理斯塔尼舍夫举行会谈。

＊正在莫斯科访问的北约秘书长夏侯雅伯与俄罗斯总统普京、国防部长伊万诺夫举行会晤后宣布，北约在下个月的里加峰会上不会做出任何继续扩大的决定，但不排除将来继续扩大的可能性。另外，双方还讨论了俄格关系、阿布哈兹和南奥塞梯局势以及修改后的《欧洲常规武装力量条约》批准问题。北约秘书长呼吁俄、格不要增加紧张程度，应在完全遵守格领土完整主权的条件下和平解决冲突。

10 月 29 日　保加利亚现任总统珀尔瓦诺夫在保总统选举第二轮投票中以绝对优势击败对手西德罗夫，获得连任。第一轮选举是在 10 月 22 日举行的。

10 月 30 日　意大利总理普罗迪对突尼斯进行为期一天的访问，与突尼斯领导人就本地区和国际问题，特别是巴勒斯坦问题、黎巴嫩和伊拉克最新局势发展等广泛交换了看法。普罗迪在记者招待会上说，根据政府制定的计划，意大利驻伊拉克部队在2006年年底前将全部撤回国内，意政府支持在黎巴嫩南部部署国际维和部队。

10月31日 欧盟委员会决定，向阿富汗今年遭受旱灾的灾民提供250万欧元的紧急人道主义援助。自2004年以来，欧盟已向阿富汗提供了总价值7700万欧元的人道主义援助。

11月

11月1—2日 伊拉克总统塔拉巴尼对法国进行为期1周的正式访问。这是他自2005年3月就任伊总统以来首次正式访法，也是2003年萨达姆政权垮台后第二位访法的伊国家元首。法国总统希拉克在会见时表示，法支持伊民族和解政策和战后重建工作，认为伊有必要对外国军队撤离问题做出规划。

11月5日 欧盟轮值主席国芬兰发表声明，谴责萨达姆政权过去犯下的罪行，但反对对萨达姆执行死刑。

11月6日 波兰、爱沙尼亚、拉脱维亚和立陶宛四国总统在立陶宛首都维尔纽斯会晤，就欧盟的睦邻政策、扩大《申根协定》空间等问题达成一致。会后发表的联合声明说，将在欧盟、北约及其他国际组织的框架内加强和深化四国间的关系；呼吁俄罗斯尽快批准《能源宪章》和签署中转运输协定；欢迎北约与格鲁吉亚进行更加密切的对话；支持乌克兰在国防领域和内部安全方面的改革。

11月7日 欧盟委员会主席巴罗佐与阿塞拜疆总统阿利耶夫签署一份旨在建立双边能源伙伴关系的谅解备忘录。根据备忘录，阿塞拜疆与欧盟将谋求能源政策的接轨，最终实现双方电力和天然气市场的融合。欧盟委员会认为，备忘录的签署将有助于加强欧盟的能源安全，拓宽能源进口渠道。

＊英国BAE系统公司高级执行官员向英国国会国防委员会证实，英国目前正与美国、法国就新一代战略核潜艇以及武器系统的协作研发举行会谈。按照英国政府的规划，新一代战略核潜艇将于2025年左右进入英国皇家海军服役。

11月8日 塞尔维亚共和国议会举行特别会议，正式颁布新宪法，以取代1990年制定的现行宪法。新宪法在序言中指出，科索沃享有高度自治，是塞尔维亚领土不可分割的一部分。

＊捷克总统克劳斯再次任命公民民主党主席托波拉内克出任政府总理。克劳斯说，所有的政治家，包括总理都应该从第一次组阁失败中吸取教训。在5个月没能组建成政府的艰难时刻，政治家应首先考虑捷克共和国的整体利益，而不是其他利益。托波拉内克表示，已经有了第一次组阁失败的教训，他将认真负责地做好这次组建新政府的准备工作。

＊欧盟委员会发表入盟谈判年度评估报告，提出了欧盟未来扩大的新战略，强调欧盟今后在接纳新成员国时要考虑自身的吸纳能力，既要保证欧盟的扩大，又要确保欧洲一体化进程的深入和欧盟自身的健康发展。报告认为："吸纳能力"大致取决于三方面内容：一是维持欧洲一体化强劲势头的能力；二是候选国达到严格入盟标准的能力；三是做好沟通工作，使民众更多地了解有关欧盟扩大的进程。

11月9日　法国国防部宣布，法国当天成功试射了首枚M51型新型战略导弹，为在2010年完成法国新一代核潜艇装备计划奠定了基础。

11月10日　北约秘书长夏侯雅伯在维尔纽斯表示，2007年底北约盟国轮流对波罗的海三国领空进行巡逻的计划到期后，北约将继续在这一地区履行空中警察之职。爱沙尼亚、拉脱维亚和立陶宛加入北约后，其领空像其他北约成员国一样应该得到保护，空中警察的任务仍将继续。

＊黑山独立后的首届新政府宣誓就职。现年46岁的前司法部长热利科·什图拉诺维奇接替盟友米洛·久卡诺维奇，出任黑山总理。

＊联合国负责科索沃未来地位谈判的特使阿赫蒂萨里在维也纳同科索沃问题国际联络小组（美国、俄罗斯、英国、法国、德国、意大利）协商后宣布，原定于11月提出的有关科索沃未来地位问题的解决方案将推迟到2007年1月21日塞尔维亚议会选举之后提出。

11月13日　欧盟外长会议通过的决议说，安集延事件后，乌兹别克斯坦国内的人权状况无明显改善，欧盟决定延长对乌的军售禁令，继续禁止向在安集延事件中对使用武力负有直接责任的有关人员发放进入欧盟成员国的签证，为期6个月。这两项决定将在3个月后重新审议。

＊波兰否决了欧盟的一项旨在与俄罗斯加强能源等经济合作而启动谈判的动议。原因是2005年俄罗斯发现波兰肉类等食品的一些检疫证书系伪造之后，一直禁止波兰肉类等食品入境。欧盟与俄罗斯之间现行有效的合作协议将于2007年到期，大部分欧盟成员国希望，在下周举行的欧俄峰会之前达成与俄罗斯签署新的合作协议统一立场。新协议中的合作范围将更加广泛，涉及能源、人权等领域。

11月15日　波兰总理雅罗斯瓦夫·卡钦斯基访问乌克兰，与乌总理亚努科维奇会见，双方就共同实施通过敖德萨—布罗德石油管道向捷克输油的项目达成一致。亚努科维奇说，乌非常重视能源安全问题和在能源领域创建欧洲合作的统一模式，乌和波都把自己的能源过境运输系统看作是全欧洲能源市场不可分割的一部分，双方在天然气管道的建设维修、提高输送能力等方面合作前景广阔。

11 月 16 日 马其顿和波黑在斯科普里签署了国防谅解备忘录，表示要加强两国之间的军事合作。备忘录涵盖了两国将在诸多方面进行的合作，包括军事政策、后勤改革、军事训练、维和行动以及军事情报等。

* 西班牙、法国和意大利发起了一个中东和平计划，重申欧洲必须在解决巴勒斯坦和以色列冲突方面发挥领导作用。该计划共包括 5 点内容：立即实现停火、由获得国际承认的派别组建巴勒斯坦联合政府、交换俘虏（包括引起黎以战争和加沙冲突的以色列被捕士兵）、以色列总理和巴勒斯坦总统举行会议以及在加沙部署国际代表团监督停火。巴以双方都没有对这个计划做出积极回应。

11 月 18 日 阿尔巴尼亚政府承认，阿已答应美国接收从关塔那摩监狱释放的 3 名囚犯。阿政府一位发言人称此是基于人道主义考虑，而且美政府已作出甄别，认为这 3 人不是“敌方战士”。被获释的囚犯分别为埃及人、阿尔及利亚人和乌兹别克斯坦人。这是 2006 年以来阿从美接收的关押在关塔那摩监狱的第二批囚犯。

* 立陶宛总理基尔基拉斯访问波兰，与波兰总理雅罗斯瓦夫·卡钦斯基举行会谈。基尔基拉斯在会后联合新闻发布会上说，立陶宛支持波兰否决关于启动欧盟—俄罗斯新协定谈判的立场。在与欧盟的关系中，俄罗斯应象它的欧盟伙伴那样表现出“伙伴模样”，立陶宛与波兰已商定必须寻求一种解决问题的出路，并表现出灵活性。

11 月 20 日 欧盟委员会对外关系和欧洲睦邻政策委员费雷罗—瓦尔德纳、贸易委员曼德尔森与伊拉克副总理巴尔哈姆·萨利赫分别代表欧盟和伊拉克政府启动《贸易与合作协议》谈判。该协议内容十分广泛，其中贸易部分包括商品和服务贸易、投资、海关、知识产权和公共采购等领域；合作部分包括人文、扶贫、环境保护和文化教育等领域。

* 欧盟委员会宣布，由于印度对进口酒类征收高关税违反了世界贸易组织规则，欧盟委员会决定将欧盟与印度间的酒类关税争端提交世贸组织解决。作为贸易纠纷解决程序的第一阶段，欧盟委员会要求与印度在世贸组织展开磋商。如果为期 60 天的磋商不成功，欧盟委员会可以要求世贸组织成立专门小组对这一争端进行裁决。

* 英国首相布莱尔对阿富汗进行为期一天的访问，与阿富汗总统卡尔扎伊举行了会谈。布莱尔在会谈后举行的记者招待会上表示，尽管阿富汗目前处于 2001 年塔利班政权倒台以来暴力活动最频繁时期，但北约部队

和驻阿联军有决心打败塔利班武装势力。

11 月 21 日 欧盟委员会公布欧盟对白俄罗斯的新战略方案，与此前的欧盟对白政策不同，新政策方案具有更多的鼓励性质，承诺向白俄罗斯提供慷慨的经济援助，并向白当局提出了 12 项条件，其中包括实现社会民主化进程、尊重人权、建立法制国家等。

11 月 22 日 50 多个欧洲和非洲国家主管移民与发展问题的部长齐聚利比亚首都的黎波里，商讨欧洲和非洲在解决移民与发展问题方面的协调与合作。欧盟轮值主席国芬兰外长图奥米奥亚在讲话中呼吁移民源头国、过境国和目的国加强合作，制订全面解决移民问题的措施，呼吁同非盟一道制订解决这一问题的联合行动计划。他指出，移民问题同经济发展密切相关，欧盟将在同非盟联合行动的框架内提供必要的技术帮助。

＊捷克总统克劳斯对希腊进行为期两天的正式访问。希腊总统帕普利亚斯在欢迎宴会上说，欧盟应尽快从反思走向行动，加快欧盟政治一体化进程，以应对扩大带来的挑战，解决欧盟公民面临的重大问题；欧盟有义务寻求一种行之有效的发展战略，确保经济发展与社会和谐同步进行，同时采取能够体现欧盟原则的共同对外政策。

11 月 24 日 为期一天的第 18 次欧盟—俄罗斯首脑会议在芬兰首都赫尔辛基结束。欧盟轮值主席国芬兰总理万哈宁、欧盟委员会主席巴罗佐、欧盟负责外交与安全事务的高级代表索拉纳和俄罗斯总统普京出席了峰会。与会领导人指出，欧俄关系在过去半年里在许多领域取得积极进展，欧俄之间的贸易和投资在稳步增长。双方一致认为，欧俄在能源方面的合作建立在积极的相互依赖的基础之上。除能源合作外，峰会还讨论了伊核、朝核和中东局势等热点问题。双方还就俄罗斯取消欧盟国家航空公司客机飞经西伯利亚上空过境费一事达成一致。

＊意大利总理普罗迪在意中部城市卢卡与法国总统希拉克会晤，双方表示，欧盟成员国应在中东问题上采取共同行动，以帮助这一地区稳定局势；支持黎巴嫩政府采取措施确保该国局势稳定和地区安全；希望巴勒斯坦方面组成民族联合政府以推动巴勒斯坦与以色列的和平进程。此外，双方还就修建法国里昂至意大利都灵之间的高速铁路、核废料处理等问题进行了磋商。

11 月 28 日 为期两天的欧盟—地中海第八次外长会议在芬兰南部城市坦佩雷结束。会议着重讨论了中东和平进程问题，并发表联合声明表示，将继续为推动中东和平进程而努力，并敦促以色列和巴勒斯坦领导人进行直接对话和谈判。

11 月 28—29 日 为期两天的第 19 次北约首脑会议在拉脱维亚首都里加举行。这是北约成立 57 年来、特别是 2004 年东扩后首次在一个原苏联加盟共和国举行峰会。议题有一个中心和三大重点，即以“应对新的安全挑战”为中心，围绕北约阿富汗维和行动、北约的体制改革和能力建设、北约与非成员国关系三大议题制定对策。北约秘书长夏侯雅伯在峰会前夕表示，北约将在未来的若干年里努力适应国际安全环境的新变化，里加峰会将成为北约未来发展的基石。

11 月 29 日　保加利亚国家电力公司和俄罗斯原子能建设出口公司签署了有关为保加利亚贝列内核电站建造两座 1000 兆瓦轻水反应堆协议。这两座轻水反应堆计划建在保北部多瑙河畔的贝列内岛上，第一座反应堆计划在 6 年半内完工，第二座反应堆在 7 年半内建成。

11 月 30 日　欧盟委员会决定，再向阿富汗提供 2060 万欧元援助，从而提前履行在 5 年内向阿富汗提供 10 亿欧元援助的拨款承诺。拨款中的 1060 万欧元将用于阿富汗的地方重建，帮助省级政府机构提高管理能力和改善为居民服务的条件；其余 1000 万欧元用于支持阿富汗的农业项目。

12 月

12 月 1 日　捷克国防部新闻发言人佩谢克宣布，捷克驻阿富汗部队从当日起接管喀布尔机场指挥权，并在未来 4 个月内负责喀布尔机场的空中指挥和安全。这是捷克军队在北约驻阿国际安全援助部队中首次行使指挥权，包括机场管理、通讯等方面专家在内的 47 名捷克驻阿军人参与指挥行动。此外，还有 20 名捷克士兵与北约驻阿部队一道参与喀布尔机场的安全保卫工作。

＊由欧盟资助、法国国家农艺学研究所牵头的“欧洲细菌系统生物学计划”正式启动。来自法国、德国、英国、西班牙等欧洲国家的 15 个研究所和澳大利亚的纽卡斯尔大学将参与这项历时 4 年、耗资 1200 万欧元的研究计划。欧盟委员会基因组和系统生物学负责人勒马克勒希望欧盟资助的这一计划能如期取得成果，并尽快得到实际应用。

＊希腊外长巴科扬尼斯赴塞浦路斯会晤了塞总统帕帕佐普洛斯，并与塞外长利利卡斯就欧盟委员会日前提议的部分中止与土耳其的入盟谈判等问题举行了磋商。巴科扬尼斯说，土耳其作为欧盟的候选国应当信守承诺，向欧盟成员国塞浦路斯开放港口和机场。否则，欧盟应当作出明确和强有力的反应。

12 月 4 日　英国政府发表题为《英国核威慑的将来》的白皮书，全面分析了英国将面临的潜在核威胁以及建设核威慑力量的选择。英国首相布莱尔在英议会下院发表讲话时说，英国必须保持独立的核威慑力量。尽管冷战时代已经结束，但英国不能确保今后数十年内不受到核威胁。同时，英国还可能面临来自诸如朝鲜和伊朗等一些国家的潜在威胁。英国保持核威慑力量与其所承担的国际义务完全一致。在所有被国际社会承认的核国家中，英国拥有核弹头的数量最少，而且英国还将进一步削减。

＊欧盟与哈萨克斯坦签署谅解备忘录，欧盟希望与这个盛产油气和铀矿资源丰富的黑海国家加强能源合作。

12月5日　德国总理默克尔、法国总统希拉克和波兰总统卡钦斯基在德国萨尔州梅特拉赫举行“魏玛三角”首脑会晤，就外交、安全和防务领域的合作、土耳其入盟谈判和欧盟与乌克兰关系等问题达成了共识。三国领导人建议欧盟委员会在2007年秋至2009年初之间再次提交有关土耳其入盟谈判情况的报告，支持欧盟密切与乌克兰的联系，建议欧盟与乌克兰签署一项扩大双方自由贸易的协定。

＊德国总理默克尔和法国总统希拉克在德国萨尔州梅特拉赫举行了传统的“布雷斯海姆会晤”。两国政府首脑就黎巴嫩局势发表共同声明，呼吁黎巴嫩各方保持理智，并要求冲突双方在尊重黎巴嫩国家民主机构的条件下通过对话解决问题，希望叙利亚不要支持“企图导致黎巴嫩和该地区不稳定的势力”。

＊捷克众议院批准了2007年海外军事行动计划，其内容包括继续履行在巴尔干地区、阿富汗和伊拉克的军事任务，参加联合国在黎巴嫩的维和行动以及支援北约快速反应部队等。根据该计划，捷克2007年将花费18.5亿克朗（约合8.8亿美元）用于上述军事行动。

＊欧盟各国主管内政和司法事务的部长级官员同意2007年吸收捷克、爱沙尼亚等10个于2004年入盟的成员国分步骤加入《申根协定》。这些国家与15个现有协定国之间的陆路和海路边卡将于2007年12月开始撤除，而机场边境检查也将在2008年3月30日前取消，只有塞浦路斯要求保留部分边境管制措施。非欧盟国家瑞士也将于2007加入《申根协定》。

＊芬兰议院以125票支持、39票反对的压倒性多数批准了《欧盟宪法条约》，使芬兰成为欧盟25个成员国中第16个顺利批准该条约的国家。

＊由16名欧洲议会议员自发组成的欧中友好小组在欧洲议会大厦正式成立。这是欧洲议会首次成立一个非官方的对华友好议员团体。友好小组由来自英国的欧洲议会议员尼里·德瓦发起，并担任主席，对所有欧洲议会议员开放。尼里·德瓦表示，欧中友好小组旨在增进欧盟与中国的友谊，促进相互学习，并在双方交往出现问题时提出解决办法。欧中友好小

组发表的声明说："我们相信欧中关系处于非常积极与富有成果的阶段，双边关系比以往更成熟、更健康和更稳定。我们应以一种勤奋的态度来发展这一关系，努力寻找共同点，尽可能缩小不可避免的分歧。"

12月7日 美国陆军上将班茨·克拉多克就任北约欧洲盟军最高司令。作为北约军事行动的最高指挥官，克拉多克也将全面负责北约在阿富汗和科索沃的维和任务。

＊德国总理默克尔在会见来访的联合国候任秘书长潘基文时，呼吁联合国切实进行改革。默克尔说："我们坚信，联合国必须成为一个代表世界各国人民呼声并为之所接受的机构。联合国为此必须进行改革，而德国愿意为联合国改革提供有力的帮助。"她表示，德国在2007年担任欧盟轮值主席国和作为八国集团峰会主办国期间，将与联合国密切合作。

＊美国总统布什在白宫会见英国首相布莱尔。双方就美国的伊拉克问题研究小组前一天发表的有关伊拉克局势及应对措施交换了意见。在会谈结束后的新闻发布会上，布什重申美国推动伊拉克民主进程取得成功的决心，并称战胜中东地区的极端分子是美国未来的保证。布莱尔强调英美两国的友好合作关系，对伊拉克问题研究小组的报告结论表示欢迎。

12月8日 波兰与波罗的海三国总理在立陶宛首都维尔纽斯举行会晤，讨论了地区合作、欧盟、北约以及与邻国之间的关系等问题。在会晤后发表的联合声明说，他们欢迎欧盟司法部长和内务部长作出的同意2007年扩大《申根协定》空间的决定，呼吁有关各方尽快推广申根信息制度。四国总理强调将在电力领域加强合作，认为这对波罗的海三国进一步融入欧盟电力市场非常重要。

＊为期两天的欧洲社会党第七次代表大会在葡萄牙北方城市波尔图闭幕，与会代表就欧洲未来发展问题进行了广泛而认真的探讨，以努力寻求更加完善的社会经济政策，协调经济发展，合理解决事关民生的社会问题。大会通过的欧洲社会党新原则章程指出，欧洲的未来不能由市场力量主宰，应建立"一个拥有权利和义务责任的欧洲"，并为继续确保欧洲社会发展模式而努力。

＊英国、法国和德国向联合国安理会15个成员国散发了一份经过修改的伊朗问题决议草案，希望安理会能在近期表决通过。草案要求伊朗立即中止与铀浓缩和重水反应堆有关的一切活动，并接受国际原子能机构的核查。与10月底三国提出的旧版草案相比，新版草案在要求对进出伊朗的与铀浓缩、重水反应堆和弹道导弹相关的物资、技术和设备实施禁运的同时，也放松了对那些涉及轻水反应堆和低纯度浓缩铀的贸易限制。但依然保留了防止向伊朗提供相关培训、援助和投资，以及冻结相关资产、禁止相关人员出国旅行等内容。

12 月 11 日 欧盟外长会议批准欧盟委员会提出的部分冻结与土耳其入盟谈判的建议，被冻结的谈判领域共有 8 个，包括自由流通、金融服务、农业、渔业、运输政策、关税同盟、外交政策和服务贸易等。会议还决定，在土耳其向塞浦路斯开放港口和机场之前，其他领域的谈判都不可能结束。但强调一旦条件成熟，谈判可随时解冻。

12 月 11—12 日 德国总理默克尔在与到访的以色列总理奥尔默特会谈时表示，应该对伊朗采取更加严厉的措施，以迫使其中止铀浓缩活动，但坚决拒绝对伊朗采取军事打击手段。

12 月 12 日 经过一年多的磋商，欧盟与摩洛哥在布鲁塞尔签署了联合研制伽利略全球卫星导航系统（简称伽利略计划）的合作协议，摩洛哥由此成为第 7 个加盟伽利略计划的非欧盟国家。根据协议，摩洛哥将在有关伽利略计划的科研培训、工业、贸易和市场开发、标准和认证等方面与欧盟进行合作。

＊北约—海湾合作委员会国家安全对话会议在科威特举行，出席会议的北约秘书长夏侯雅伯说，在目前全球面临恐怖主义猖獗、核武器扩散威胁的形势下，北约与海湾国家强调安全合作具有重要意义，安全领域的地区性合作与协调是对付全球共同威胁的基石，本地区各国应通力合作应对这种威胁。

＊西班牙首相萨帕特罗对阿尔及利亚进行为期一天的工作访问，与阿总统布特弗利卡举行了会谈，主要讨论了反恐、打击有组织犯罪和非法移民等问题，并就如何加强两国在能源等领域的合作交换了意见。两国领导人还签署了两国间司法引渡条约。

12 月 14 日 欧洲议会通过欧盟 2007 年度财政预算案，欧盟 2007 年度的财政支出总额为 1155 亿欧元，较 2006 年度增加了 7.6％，相当于扩大后的欧盟 27 国的国民总收入的 0.99％。如果包括可延用到 2007 年后的预算拨款，欧盟财政预算总额为 1265 亿欧元，较 2006 年增长了 5％。其中，549 亿欧元将用于教育培训、科研、创新、运输和对落后地区的援助等方面，这一数额较 2006 年增加了 15.4％。

＊北约正式接纳塞尔维亚、波黑和黑山三个巴尔干国家加入北约“和平伙伴关系”计划。北约秘书长夏侯雅伯在北约总部与 3 国领导人分别举行了签字仪式。他同时敦促塞尔维亚和波黑加强与联合国前南斯拉夫问题国际刑事法庭合作，尽快将受到通缉的战争罪嫌疑人缉拿归案。

＊法国与突尼斯在突尼斯签订一项和平利用核能的科技合作协议，法、突有关方面将在环保、农业、海水淡化、医疗、发电等领域进行和平利用核技术的合作。

12 月 15 日 为期两天的欧盟首脑会议在布鲁塞尔闭幕。会议重点讨论了欧盟扩大、移民政策、创新能力和欧盟宪法前途等问题。会议决议重申欧盟继续履行扩大承诺，同时强调欧盟的继续扩大将会考虑其“吸纳融合能力”。25国领导人一致认为，2007年1月1日保加利亚和罗马尼亚入盟后，欧盟若要继续扩大，必须首先解决其体制建设问题。在移民政策问题上，会议提出要加强成员国之间打击非法移民的合作，严格欧盟边境管理，并于2010年底实现欧洲共同收容政策。

12月16日 英国首相布莱尔访问土耳其，在与土总理埃尔多安联合记者招待会上，布莱尔说，英国从一开始就坚决支持土耳其加入欧盟，尽管欧盟作出部分冻结与土入盟谈判的决定，但谈判进程的继续非常重要，土耳其应履行在《安卡拉协定附加议定书》中作出的承诺，欧盟也要尽到相关责任。

12月18日 保加利亚天然气股份公司和俄罗斯天然气工业股份公司下属的天然气工业出口有限公司在索非亚签署了保俄天然气领域合作下阶段的发展备忘录，从而结束了为期一年多的保俄能源纠纷。根据备忘录精神，保、俄对双方于1998年4月签署的天然气供应和过境等一系列合同作了补充修改，以确保2010年现行合同到期后，保国内天然气供应和俄天然气经保过境量保持正常。

* 北约在塞尔维亚首都贝尔格莱德正式设立办事处，由来自法国的阿瑟将军负责。塞外交部官员表示，一个月内第一批北约军队将从塞过境前往科索沃和波黑。塞目前还没有向北约开放机场，但北约的飞机可以飞过塞领空。北约官员表示，北约在贝尔格莱德设立办事机构对于对西巴尔干地区的长期稳定和促进军事合作有着深远影响，也将进一步提高地区安全系数。

12月19日 中欧自由贸易协定成员在布加勒斯特举行政府首脑会议，改革和发展是本次会议的主题。会议决定吸收阿尔巴尼亚、波黑、摩尔多瓦、黑山和塞尔维亚5国以及科索沃为贸易协定新成员。中欧自由贸易协定轮值主席国罗马尼亚总理波佩斯库—特里恰努在会上说：“中欧自由贸易协定不仅加强了各成员之间的经济关系，同时为欧洲的一体化发挥了重要作用，加入欧盟一直是中欧自由贸易协定成员的目标。”该协定也被称为“新中欧自由贸易协定”，将于2007年5月1日起生效。

12月22日 法国国防部发言人比罗在新闻发布会上宣布，法国将斥资79亿欧元建造6艘新一代“梭鱼”级核动力攻击潜艇，这些新潜艇将在大洋深处承担情报搜集、水域警戒以及舰对地攻击等任务。根据计划，这6艘潜艇将在2016—2027年之间装备海军，逐步取代20世纪70年代建造、目前仍在服役的“红宝石”级核动力攻击潜艇，从而完成法国海军核动力攻击潜艇的更新换代。

＊欧盟维和部队新闻发言人汉斯·哈厄格多兰斯上校在金沙萨宣布，欧盟派驻刚果（金）维和部队最后一批 250 多名军人将于本月 26 日全部撤离刚果（金）首都金沙萨。2006 年 7 月 30 日，刚果（金）举行总统选举，欧盟向刚果（金）派遣了 1400 余名军人组成的维和部队，以确保选举期间刚果（金）西部特别是金沙萨的安全。

独联体大事记

1月

1月1日 因乌克兰方面拒绝俄罗斯提出2006年天然气供应和运输的建议，俄天然气工业公司新闻发言人库普里亚诺夫表示，将开始降低通往乌克兰的天然气管道的送气压力。

1月4日 乌克兰石油天然气公司总裁伊夫琴科与俄罗斯天然气工业公司总裁米勒经谈判达成协议：俄将以230美元/千立方米的价格卖给一个名为“俄乌能源”的公司，该公司将来自中亚的低价天然气与俄天然气混合后，以95美元/千立方米的价格卖给乌克兰。俄、乌天然气之争告一段落，西欧各国的天然气供应恢复正常。

1月10日 乌克兰议会开会讨论乌天然气纠纷，乌“地方党”、共产党、社会民主党以及“季莫申科”联盟指责乌政府在处理天然气问题上犯有严重错误。议会以250票通过了对政府的不信任案，解散了叶哈努罗夫政府，但要求内阁继续行使职能直至新议会选举。

＊格鲁吉亚总统萨卡什维利前往哈萨克斯坦参加纳扎尔巴耶夫总统的就职仪式时，与乌克兰总统尤先科举行了会晤，双方讨论了“古阿姆”组织的发展、双边经贸关系以及能源问题。

1月13日 乌克兰国家水文监测局工作人员占领俄罗斯黑海舰队设在雅尔塔半岛上的灯塔，阻止俄方工作人员入内工作，双方发生争执。俄海军总司令马索林海军上将表示，乌方夺取俄黑海舰队重要设施的行为纯属挑衅，要求乌方立即停止对抗行动，保障俄方人员自由出入和灯塔不间断地工作。

1月19日 阿塞拜疆国家统计局数字显示，2005年阿国内生产总值比2004年增长26.4%，达119亿马纳特（约合130亿美元），人均国民生产总值超过1500美元，国民经济增长速度居独联体国家之首。石油工业在国民经济中的比重上升到41%，2005年共开采2200万吨石油和57亿立方米天然气。

1月22日 俄罗斯南部天然气管道连遭两次爆炸袭击，造成向格鲁吉亚和亚美尼亚两国的天然气供应暂时中断。同时，由俄通格的三条供电线路也遭破坏。格能源部部长称，如果俄天然气管道损坏严重，维修需很长时间，格将争取由伊朗和阿塞拜疆进口天然气。

＊格鲁吉亚总统萨卡什维利要求俄罗斯方面尽快恢复对格鲁吉亚的天然气和电力供应。他说，中断对格天然气和电力供应是对格能源系统的破坏，俄方对所发生事件的解释是不能令人信服的，也是相互矛盾的。

1月23日 乌克兰总统尤先科在就职一周年发表电视讲话说，乌外交政策将保持不变。尤先科说，乌从维护国家战略利益出发制定外交政策，加入欧盟是乌主要的战略目标。他希望今年3月议会选举后产生的新一届议会能够按照欧洲标准理顺国家的立法工作，以促进加入欧盟和北约的进程。

1月24日 俄、白联盟国务委员会会议在圣彼得堡召开，白俄罗斯总统卢卡申科与俄罗斯总统普京举行会晤，讨论了俄、白联盟今后的发展。卢卡申科对俄在国际舞台上对白的支持表示感谢。

＊阿塞拜疆总统阿利耶夫会见来访的俄罗斯副总理兼国防部长伊万诺夫，伊万诺夫转达了普京总统对阿利耶夫的问候，表示俄方正积极为普京访阿做准备。阿利耶夫对俄、阿关系近年来的发展表示满意，希望今后两国扩大在经贸领域的合作。

1月27日 欧洲委员会议会大会通过决议，认为白俄罗斯人权状况不断恶化，呼吁对白俄罗斯进行制裁，拒绝向白高级官员发放签证，冻结卢卡申科和其他高官的银行账户等。

1月29日 俄罗斯高加索天然气运输公司负责人克赖诺夫表示，俄开始恢复向格鲁吉亚和亚美尼亚供应天然气。他说，一周前因爆炸而遭到破坏的输气管道已全部修复。

1月30日 阿塞拜疆总统阿利耶夫在接受中国新任驻阿大使张海舟递交国书时重申，阿重视发展中、阿关系，坚持一个中国政策，希望不断扩大两国各领域合作。他说，中、阿两国政治关系处于非常高的水平，双方相互尊重、平等合作、相互理解、相互支持，是大小国家关系中的典范。阿愿在能源、交通、投资、基础设施建设等领域积极发展对华合作。

2月

2月3日 格鲁吉亚总统萨卡什维利签署有关格中止履行独联体国家国防部长理事会条例等相关文件的命令，并委托格外交部向独联体执委会通报这一决定。俄副总理兼国防部长伊万诺夫表示，格方的决定不会对独联体安全产生不良影响，而且也不令人感到突然，因为过去5年内，格方几乎没有参加该理事会的任何活动。

＊格鲁吉亚内政部长梅拉比什维利称，格鲁吉亚挫败了一起暗杀总统萨卡什维利的阴谋。格方安全人员在总统专机专用跑道附近发现了一枚导弹发射器，因不明原因，导弹没有发射成功。

2月8日 格鲁吉亚警方在南奥塞梯冲突地区的库尔塔村以无签证为由逮捕了3名俄罗斯军官。与此同时，俄国防部发言人表示，250名格士兵违反协议进入南奥塞梯共和国。

＊白俄罗斯国家电视台播放纪录片，称波兰使馆已经成为外国对白进行间谍活动的“基地”，西方一些情报人员通过波兰使馆利用波兰—美国自由基金会、波兰—捷克团结基金会等非政府组织在白搞间谍活动。

2月9日 乌克兰总统尤先科在议会发表国情咨文，表示要建立面向社会型的经济发展模式，努力改善民众的生活水平。他还建议成立专门的新宪法起草委员会，制定新宪法，然后将新宪法付诸公民投票表决。

2月10日 俄罗斯副总理、国防部长伊万诺夫称，向白俄罗斯提供C—300导弹系统没有违反俄与北约关于防空武器控制的协议。俄空军副司令比热夫此前表示，3月份俄将向白提供4套C—300导弹系统以加强独联体防空体系，此举可使防空打击范围向西推进150公里，发现空中目标的范围扩大400公里。

2月15日 格鲁吉亚议会通过一项名为“关于南奥塞梯局势及维和进程”的决议，认为俄驻该地区的维和部队不仅未能发挥维和作用，而且其行为是对格领土的“吞并”。决议要求格政府推翻1992年俄、格驻军协议，并以国际维和力量取代俄维和部队。

2月16日 乌克兰总理叶哈努罗夫访问波兰，与波兰总统卡钦斯基举行会晤，双方讨论了乌、波关系和能源安全问题。卡钦斯基表示，波兰将继续发展与乌的战略伙伴关系，支持乌加入北约。

2月17日 白俄罗斯中央选举委员会正式确定共有4名候选人参与角逐3月19日举行的总统大选，除现任总统卢卡申科外，还有白俄罗斯自由民主党领袖盖杜克维奇、反对派统一候选人米林科维奇、社会民主党领导人科祖林 3 人参加选举。

2 月 18 日　格鲁吉亚总统萨卡什维利在首都第比利斯举行的安全论坛上称，他“最主要的目标就是使格加入北约”。

2 月 22 日　阿塞拜疆总统阿利耶夫会见了到访的俄罗斯总统普京，双方共同签署的联合声明表示，俄、阿双方希望通过加强在政治、经济、军事和文化领域的合作，使双边关系提升到一个新水平。普京在访阿期间还出席了阿塞拜疆“俄罗斯年”的开幕式，普京希望“俄罗斯年”活动促进两国开展平等互利的合作。

2 月 25 日　乌克兰国家原子能委员会主席涅达什科夫斯基表示，根据乌 2030 年能源发展构想，乌计划到 2030 年 52%的电力通过核电站生产。目前乌有 15 座核反应堆，还将计划修建 10 个核反应堆。

2 月 28 日　美国总统布什在华盛顿会见了失踪的白俄罗斯反对派的遗孀扎瓦茨卡娅和科拉索夫卡娅，布什与她们讨论了白的民主与人权状况，强调美坚定支持白的民主发展，并对白大选前当局镇压反对派的做法表示不满。

3月

3 月 1 日　白俄罗斯国家安全委员会主席苏霍连科表示，当局已经查明反对派正酝酿颠覆国家政权的政变，并已逮捕部分策划者。他表示，反对派计划在选举后立即宣布当局在选举中舞弊，拒绝承认选举结果，并组织群众上街游行。闹事者将在游行期间制造爆炸和流血事件，煽起民众的愤怒情绪，通过暴力手段占领政府机关，切断交通，最终达到颠覆国家政权的目的，届时一些来自乌克兰、格鲁吉亚等国的激进分子也会参与政变。

3 月 2 日　白俄罗斯反对派在首都明斯克举行示威，约有 1000 多名群众参加了游行。明斯克检察院对总统大选候选人科祖林提出诉讼，指控他干扰社会治安，有流氓行为。

＊乌克兰贸易部长亚采纽克访问美国，他与美贸易代表博特曼举行了有关乌加入世界贸易组织的谈判，会谈后双方宣布就乌加入世贸组织达成市场准入协议。

3 月 3 日　白俄罗斯总统卢卡申科称白安全部门已经掌握了 72 个试图搞政变的激进反对派的情况。他批评“整个西方都试图颠覆白政权”，西方国家通过波罗的海国家、波兰和乌克兰向反对派提供大笔资金援助。

同时卢卡申科强调“白绝不会让任何制造混乱的企图得逞”，“颜色革命”不会在白出现。他还表示“俄罗斯领导层也不会坐视最亲密的盟友被搞垮”。

3月4日 乌克兰总统尤先科在对民众的电视讲话中表示，乌不会进行重新私有化。他强调，上届政府关于重新私有化的表态使企业家感到担心，乌政府将尽力恢复与企业家之间的沟通与对话。

3月7日 俄罗斯总理弗拉德科夫访问白俄罗斯，参加俄、白联盟部长委员会会议，会议讨论了15项建立联盟国家的重要议题。弗拉德科夫对俄、白联盟一体化进程表示满意，他强调今后要继续推进俄、白在经济领域的一体化进程。

3月8日 美国众议院通过决议，取消了对乌克兰的“杰克逊—瓦尼克修正案”，这意味着美取消了对乌的贸易限制。该法案是美于1974年通过的对苏联的贸易限制措施，苏联解体后，美取消对一些原苏联国家的限制，但至今仍保留着对俄罗斯的限制。

3月9日 格鲁吉亚反对党保守党和工党在首都第比利斯组织了大规模的示威游行，示威者要求政府增加工资和退休金。保守党领导人达维塔什维利称，2003年底人民走上街头迫使谢瓦尔德纳泽辞职，现在同样可以要求萨卡什维利下台。格政府出动警力驱散了游行群众。

3月14日 乌克兰总统尤先科签署了关于建立乌克兰加入北约的跨部门协调委员会，该委员会的主要职责是加强与北约的合作，就乌加入北约做先期准备工作。该委员会的领导人是外交部第一副部长布捷科，委员会下设以协调员为首的工作小组，协调员主要由外交部、安全局、边防局等部门的负责人担任。

3月15日 乌克兰燃料能源部部长普拉奇科夫称，乌政府通过了2030年前国家能源战略。他表示，乌能源战略三大主要任务是：减少能源消耗量、加强能源独立、保障能源消费。为此，乌计划增加核电站和热电站的发电量，还计划到2030年前将年天然气消费量由现在的760亿立方米降低到500亿立方米，将乌本土的天然气开采量由目前的100亿立方米增加到300亿立方米。

3月16日 白俄罗斯国家安全委员会主席苏霍连科表示，据白安全部门掌握的情况表明，反对派得到境外的支持，准备在大选期间通过暴力夺取国家政权。

3月19日 白俄罗斯举行总统大选，共有4名候选人参加选举，现任总统卢卡申科获得82.6%的选票，蝉联总统；反对派统一候选人米林科维奇获得6%的选票；白自由民主党领袖盖杜克维奇获得3.5%的选票；社会民主党领导人科祖林获得2.3%的选票。白中央选举委员会叶尔莫申娜说，选民投票率为92.6%，选举过程中没有出现舞弊行为。

3月20日 欧安组织白俄罗斯总统大选观察员小组负责人哈斯廷表示，白俄罗斯总统大选不符合民主标准，在选举期间白政府违反人权，破坏了公民结社、集会的自由。

3月21日 美国白宫发言人麦克莱伦表示，美不承认白俄罗斯总统大选结果，呼吁进行重新选举，并准备对白一些高层领导采取制裁措施，包括限制其入境和金融制裁。

3月22日 俄罗斯总理助理布卡耶夫在南、北奥塞梯政府联合会议结束后宣布，俄领导层已通过原则决定，准备吸收南奥塞梯自治共和国加入俄罗斯联邦。此前，南奥塞梯已正式要求俄接纳其成为俄罗斯联邦成员。

3月27日 俄罗斯宣布禁止从格鲁吉亚和摩尔多瓦两国进口葡萄酒，理由是这两国的葡萄酒不符合俄卫生标准。此举引起格、摩两国强烈抗议，格总统萨卡什维利认为这纯属"政治决定"，意在打击两国经济。

3月28日 格鲁吉亚安全部门逮捕了格总统顾问基拉泽，指控他犯有间谍罪和叛国罪。格内务部长梅拉比什维利称，从2004年起，基拉泽用电子邮件向外国情报机构提供了有关总统和其他政府高层官员的信息，并从外国情报机构获得了2万美元的报酬。

3月29日 白俄罗斯总检察长米克拉舍维奇对记者表示，白检察部门将对反对派领导人米林科维奇和科祖林提出刑事诉讼。米克拉舍维奇表示，在白总统大选前后，他们组织非法游行，破坏了社会治安，违反了白俄罗斯相关法律。

4月

4月4日 阿塞拜疆总统阿利耶夫会见了来访的土耳其总统塞泽尔，双方讨论了两国关系和地区局势。阿利耶夫表示，阿、土关系目前"处于最高水平"，阿塞拜疆感谢土耳其多年来给予的支持与帮助。他指出，随着巴库—第比利斯—杰伊汗石油管道和天然气管道开通，阿、土关系将进入新的发展时期。

＊格鲁吉亚总统萨卡什维利表示，他希望格鲁吉亚能于2009年加入北约。他强调加入北约有利于巩固格鲁吉亚的民主体制，加快格鲁吉亚的经济发展，他表示努力在自己的任期内达到加入北约的目标。

＊俄天然气工业公司副总裁梁赞诺夫表示，目前白俄罗斯是唯一一个

俄没有按市场价格供应天然气的国家，2007 年俄将对白的天然气供应价格提高 3 倍。他强调，这纯粹是经济问题，不含任何政治因素。

4 月 8 日 白俄罗斯总统就职仪式在首都明斯克举行，卢卡申科正式就任白俄罗斯总统。

4 月 10 日 欧盟公布禁止进入欧盟的白俄罗斯官员名单，该名单共有 37 名白俄罗斯高级官员，除总统卢卡申科外，还有总统办公厅领导人涅维格拉斯、教育部长拉季科夫、司法部长戈洛瓦诺夫、总检察长米克拉舍维奇和国家安全委员会主席苏霍连科等人。

4 月 11 日 格鲁吉亚总统萨卡什维利访华，与中国国家主席胡锦涛举行了会谈。胡锦涛表示，中、格传统友谊源远流长，古“丝绸之路”曾将两国人民联系在一起。1992 年建交后，两国关系顺利发展。双方政治互信不断增强，经贸合作富有成果。萨卡什维利表示，格、中建交以来，两国在各个领域都保持着友好合作关系，双方经贸合作不断扩大并取得积极成果。格方感谢中方在许多方面给予的支持，将继续奉行一个中国政策，支持中国的和平统一。会谈后，两国元首签署了《中华人民共和国和格鲁吉亚关于进一步发展友谊与合作的联合声明》。此前，萨卡什维利在接受中国记者联合专访时表示，格非常重视发展同中国的关系。希望中国能够向格提供宝贵的支持。他说，目前格经济发展形势良好，私有化范围已经扩大到电信、能源和交通领域，迫切需要吸引外资，欢迎中国到格投资。

＊格鲁吉亚女议长布尔贾纳泽对格留在独联体内的意义提出质疑，她表示：“过去总是从经济角度来看留在独联体对我们很重要，但是现在我们是独联体国家中唯一与俄实行签证制度的国家，唯一被禁止向俄市场运送柑橘、茶叶、葡萄酒的国家，格留在这个组织中还有什么意义?”她呼吁俄尽快解除对格农产品和葡萄酒的禁令。

＊乌克兰中央选举委员会正式公布了乌议会选举结果，共有 5 个党派的得票率超过 3%，进入新一届议会。亚努科维奇领导的地区党得票率为 32.14%，季莫申科领导的“季莫申科”联盟得票率为 22.29%，亲总统的“我们的乌克兰”得票率为 13.95%。此外，进入议会的政党还包括乌克兰社会党和共产党，得票率分别为 5.69%和 3.66%。根据得票率，地区党将获得议会 450 个议席中的 186 席，成为议会第一大党，其他各党所获的席位分别为：季莫申科竞选联盟 129 席、“我们的乌克兰” 81 席、社会党 33 席、共产党 21 席。由于没有任何一个政党获多数，因此各党派需要组建多数联盟。

4 月 13 日 进入乌克兰新一届议会的“我们的乌克兰”、“季莫申科”联盟和乌克兰社会党领导人签署了一份结盟议定书，以形成议会多数派和组建联合政府。季莫申科在签字仪式后的记者招待会上说，乌克兰社会对三党签署结盟议定书期待已久，这份议定书拉开了今后制定和签署结盟协议、组建联合政府、制定政府工作纲要等重要活动的序幕。

＊格鲁吉亚议会批准了格鲁吉亚和俄罗斯关于从巴统和阿哈尔卡拉基撤除俄军事基地的协议及俄军事物资通过格境内的运输协议。撤除俄军事基地的协议规定，俄将在2008年前分阶段撤除其在格军事基地和军事目标。俄在阿哈尔卡拉基的军事基地将于2007年关闭，在巴统的军事基地将于2008年关闭。撤走这两个基地的技术设备和其他物资的任务均由驻格的俄军人完成。

4月22日 乌克兰东部城市哈尔科夫的两家超市接连发生爆炸，共造成14人受伤。警方称，两家超市的爆炸物都放在衣物存放处，均为自制爆炸装置。

4月26日 阿塞拜疆总统阿利耶夫访问美国，他在美国外交学会发表演讲时说，阿塞拜疆不允许美国利用阿领土对伊朗发动军事打击。他表示，阿塞拜疆和伊朗作为邻国签署有非常明确的协议，即两国都不允许彼此的领土被用来向对方发动军事打击。他强调，阿塞拜疆致力于实现该地区的和平与稳定，主张通过和平手段解决伊朗核问题。

4月28日 乌克兰外长塔拉修克与北约成员国外长在索非亚举行非正式磋商。他在会后与北约秘书长夏侯雅伯举行的联合记者招待会上说，乌克兰加入北约的战略目标不可逆转。他已向北约外长们表达了乌克兰在2006年内加入“北约成员行动计划”的愿望，以便加快入约进程。夏侯雅伯强调，北约对欧洲民主国家敞开大门，但各国加入北约的进度“完全取决于各自的表现”。

5月

5月5日 俄罗斯以不符合卫生标准为由决定禁止进口格鲁吉亚“博尔若米”牌矿泉水。格政府提出强烈抗议，称俄方的决定存有政治动机。该矿泉水是格的主要出口产品，俄市场占其出口市场的35%。

5月10日 格鲁吉亚总理诺盖杰利表示，格将成立一个政府专门委员会，研究格留在独联体的合理性问题。

5月21日 摩尔多瓦总统沃罗宁会见了到访的中国全国人大常委会委员长吴邦国。沃罗宁在会谈中称，发展同中国的友好关系是摩尔多瓦政府、议会和各党派的共识，符合摩尔多瓦人民的根本利益。他重申，摩尔多瓦坚持一个中国的原则不会改变。

5月23日 白俄罗斯总统卢卡申科在发表国情咨文时表示，中国是白对外政策主要的优先发展方向。卢卡申科强调，中国对白的很多政治行为表示赞同和支持，他希望今后与中国发展经贸往来，并认为白与中国在高科技领域的合作前景广阔。

＊“古阿姆”组织（由乌克兰、格鲁吉亚、摩尔多瓦、阿塞拜疆于1997年组成）在乌克兰首都基辅召开首脑会议，决定将“古阿姆”由非正式地区组织提升为国际性组织，并更名为“古阿姆民主与发展组织”。

5月24日 据白俄罗斯国家统计局统计，2006年第一季度白俄罗斯出口额增长27.5%，（总出口额）约44.6亿美元，对欧盟的出口占总出口额的52%，进口额增长51%，（总进口额）约46.2亿美元。白俄罗斯前六大贸易伙伴依次是俄罗斯（占白对外贸易总额的47.8%）、荷兰（10.3%）、乌克兰（5.3%）、德国（5%）、英国（4.5%）、波兰（4.3%）。

5月26日 格鲁吉亚庆祝独立日，国防部当天发表声明，指责俄罗斯飞机入侵格领空。格国防部长奥克鲁阿什维利宣称如果俄飞机再次入侵，格将采取适当措施。

5月28日 乌克兰克里米亚半岛费奥多西亚市的居民连续两天封锁美军舰只，堵住港口大门，不允许美军卸载船上运送的计划参加乌克兰—北约联合演习的武器装备，以此抗议政府加入北约和与俄关系恶化的对外政策。

6月

6月1日 乌克兰克里米亚半岛“突破”青年组织成员封锁了辛菲罗波尔市机场，抗议美军飞机非法降落。乌克兰国防部证实，北约一架运送109名美国海军陆战队队员的军用飞机在辛菲罗波尔市机场着陆，他们准备参加2006年8月的多国海军联合演习。

6月6日 乌克兰克里米亚半岛自治区议会通过决议，宣布半岛为非北约领土，禁止北约部队在该地区居留。议员们在随后的声明中宣布，乌国防部允许美军部队入境居留违法。

6月9日 白俄罗斯总统卢卡申科批准了2010年前国家社会经济发展纲要。根据该发展纲要，到2010年白俄罗斯国内生产总值应比2005年增长46%—55%，基本投资增长75%，居民实际收入增长56%，平均工资达到500美元。发展纲要还强调了自今后要发展节能型经济，到2010年，国民经济GDP单位能耗应比2005年下降30%。

6月14日 格鲁吉亚总统萨卡什维利访问俄罗斯，与普京总统在圣彼得堡就两国关系中存在的问题进行磋商。会后普京表示，双方此次会谈的目的是要找到使两国关系早日恢复正常的途径。萨卡什维利表示，双方间一些悬而未决的问题使两国关系出现恶化趋势，这已引起了双方的高度重视。但他同时强调，格的内部事务应由格自己解决，希望俄不要干涉。

＊俄罗斯副总理、国防部长伊万诺夫表示，如果乌克兰加入北约，俄、乌军事合作及军工企业间的合作将不可避免地走向终结。

6月20日 美国总统布什签署命令，冻结10位白俄罗斯高层领导在美国的账户及资产，这10人包括总统卢卡申科、司法部长戈洛瓦诺夫、总检察长米克拉舍维奇和国家安全委员会主席苏霍连科等人。

6月21日 乌克兰的“我们的乌克兰”、“季莫申科”联盟以及社会党达成协议，组建“橙色联盟”，结束了长达3个月的党派纷争。根据该协议，前女总理季莫申科将再次出任乌总理。

6月22日 乌克兰22个政党和社会组织代表在基辅开会，发起“为了不结盟的中立的乌克兰”的社会运动。参加此次反北约运动结盟会议的各政党和社会组织还通过了一项致乌克兰公民呼吁书，强调对外政策在乌克兰社会发展中的重要性，指责乌当局无视大部分公民的意志，正在把乌克兰加速拖入北约的怀抱。

6月23日 欧亚经济共同体成员国和首脑会议在白俄罗斯首都明期克举行，与会者就如何推动该组织经济一体化、建立关税同盟交换了意见，一致认为今后应将合作重点放在能源、交通等领域。白俄罗斯总统卢卡申科认为，应大力推动欧亚经济共同体内的一体化进程，加强该组织在国际经济体系中的地位。

＊集体安全条约组织成员国首脑峰会在白俄罗斯首都明期克举行，峰会讨论了该组织今后活动的优先方向以及如何提高其在国际社会中的地位，与会者一致认为应加强该组织在应对恐怖主义和其他新威胁的能力，强调要加强与其他国际组织的协作。

6月27日 乌克兰前总理，现任地区党领袖亚努科维奇表示，地区党议会党团将抵制议会工作，直到其所有要求得到满足为止，地区党已做好议会可能被解散的准备。

6月28日 由于“橙色联盟”无法就新议长人选达成一致，原定于28日举行的乌克兰新总理和议长人选投票被迫推迟。

＊几万名群众在乌克兰首都基辅上街游行示威，抗议当局提高石油和

天然气价格。

7月

7月1日 白俄罗斯总统卢卡申科在独立日大会上发表讲话指出，加快与俄罗斯的一体化进程是白外交的重点优先方向，与俄建立主权国家联盟符合白人民的根本利益，也符合绝大多数白民众的意愿。卢卡申科强调，苏联解体是一场历史悲剧，原苏联的每一个国家都为此付出了代价，而且在未来很长一段时间内还将继续付出。

7月5日 格鲁吉亚总统萨卡什维利访问美国，与美国总统布什举行会晤。布什在随后举行的记者招待会上表示，美支持格加入北约。萨卡什维利表示，格驻扎在伊拉克的军队暂时不会撤离。

7月6日 乌克兰议会恢复工作，并通过不记名投票方式选举社会党领袖莫罗兹为议长，莫罗兹得到了地区党和共产党的支持。

7月7日 乌克兰地区党、社会党和共产党领导人签署关于成立议会"反危机联盟"的协议，形成了新的议会多数派，并决定提名地区党领导人亚努科维奇为总理候选人。亚努科维奇表示，目前国家在经济和政治领域都存在危机，三党将共同努力使国家摆脱危机，维护乌克兰的团结统一。

7月11日 乌克兰议长莫罗兹在议会例会上正式宣布"橙色联盟"解体，地区党、共产党和社会党正式组建"反危机联盟"，新联盟由238名议员组成。

7月13日 白俄罗斯反对派领导人、社会民主党主席科祖林因破坏社会秩序，犯有"流氓罪"，被白俄罗斯法院判处5年半的监禁。

＊格鲁吉亚总统萨卡什维利、阿塞拜疆总统阿利耶夫出席在土耳其地中海城市杰伊汉举行的巴库—第比利斯—杰伊汗石油管道开通典礼。该管道全长1700多公里，耗资约40亿美元。该管道的开通将打破俄罗斯垄断该地区能源外运的格局。萨卡什维利说，这条管道改变了格鲁吉亚的能源战略，它是经济和政治领域的一项重要工程，将为该国的稳定与安全带来希望。

7月15日 乌克兰总统尤先科呼吁议会各党派通过对话解决分歧，恢复议会正常运作，防止国家陷入混乱状态。尤先科在每周例行的电视广播讲话中说，乌克兰应该在法制的轨道上发展，任何一种强力手段都会加剧社会对抗，绝不允许国家出现无政府状态、混乱或分裂。尤先科还表示，根据宪法规定议会应在 7 月 25 日以前组成政府，否则总统将有权解散议会。他希望议会各党派能在此期限前达成妥协。他再次强调，解散议会将是解决目前政党对抗的最后手段。

7 月 18 日 乌克兰议会就议会委员会领导职位分配进行表决，通过了有关议会委员会领导职位分配的决议。根据该决议，本届议会共设 27 个委员会，其中“反危机联盟”获得 15 个委员会主席的职位，“季莫申科”联盟获得 7 个委员会主席的职位，“我们的乌克兰”联盟分得 5 个委员会主席的职位。乌克兰议会向总统尤先科提交了关于提名地区党领导人亚努科维奇为政府总理候选人的文件。

＊格鲁吉亚议会通过一项关于俄罗斯维和部队从阿布哈兹和南奥塞梯冲突地区撤出的决议。此项决议没有指明俄维和部队开始从格境内撤出的具体日期，但责成政府立即开始停止俄维和行动以及从阿布哈兹和南奥塞梯撤走维和人员的进程。

7 月 21 日 乌克兰基特普列德公司与中国东风汽车股份有限公司在乌克兰首都基辅签署合作协议，乌克兰将在 2007 年底前从中国进口 1000 辆客车。中国驻乌克兰大使馆商务参赞高锡云在签字仪式上说，汽车行业已成为中乌经贸合作的支柱，双方在该领域的贸易额 2006 年将达到 2 亿美元。

7 月 24 日 白俄罗斯总统卢卡申科与来访的委内瑞拉总统查韦斯会见，双方讨论了两国在联合国和不结盟组织内的协作，还就加强双方经贸关系等事宜交换了看法。

7 月 26 日 格鲁吉亚总统办公厅主任阿尔韦拉泽在新闻发布会上表示，在阿布哈兹的科多尔斯基峡谷地区的非法“志愿者”武装停止武力抵抗并放下武器之前，格当局不会停止在这一地区开展的特别行动。阿尔韦拉泽强调，如果这些武装分子拒绝放下武器并停止抵抗，他们将被消灭。格政府不允许任何人以武力破坏格鲁吉亚的统一，将采取一切手段将科多尔斯基峡谷从非法武装手中解放出来。

8月

8 月 3—4 日 乌克兰总统尤先科宣布，他提名地区党领导人亚努科维奇出任政府总理。“我们的乌克兰”联盟与地区党和社会党签署了《民族团结宣言》之后，尤先科同意亚担任总理。乌议会根据尤先科的提名进行投票表决，批准地区党领导人亚努科维奇出任新一届政府总理。

8月4日 格鲁吉亚能源部副部长尼古拉什维利表示，从8月起，格不再通过卡夫卡西奥尼输电线进口俄电力。他表示，目前格鲁吉亚已经开辟更多能源进口渠道，如阿塞拜疆、亚美尼亚和土耳其等。2006年格鲁吉亚有望结束对俄罗斯天然气进口的依赖，2007年3月随着因古尔水电站第5期完工，格鲁吉亚将不再需要从俄罗斯进口电力。

8月11日 格鲁吉亚总统萨卡什维利开始在距离南奥塞梯冲突地区约50公里的奥西阿努拉军事基地内，作为一名普通预备役军人服役一周。他还宣布："我已命令国防部长采取必要措施加强对预备役军人的培训，以使格能够在必要时动员10万预备役军人。"

8月15日 乌克兰总理亚努科维奇访问俄罗斯，与俄总理弗拉德科夫在俄南部城市索契举行会晤，双方讨论了两国关系中存在的问题。亚努科维奇表示对俄关系是乌外交政策的优先方向，他将努力恢复俄乌友好关系。在索契期间亚努科维奇还出席了欧亚经济共同体成员国首脑峰会。

8月19日 白俄罗斯总统卢卡申科赴俄南部城市索契参加欧亚经济共同体首脑峰会，期间与俄总统普京会晤，双方讨论了俄白联盟的建设以及双边关系的发展。

8月22日 俄罗斯紧急情况部官员证实，一架从黑海的阿纳帕飞往圣彼得堡的图－154客机在发出求救信号后，在乌克兰东部坠毁。据悉，机上共有160名乘客和11名机组人员。

8月25日 乌克兰前总理拉扎连科在美国加利福尼亚州旧金山联邦地区法院受审，他被指控犯有洗钱、欺诈和勒索等罪名，被判处9年监禁，并处以1000万美元罚款。

9月

9月1日 白俄罗斯总统卢卡申科授予中国人民解放军总装备部副部长李安东人民友谊勋章，以表彰李安东为发展中国和白俄罗斯军事技术合作所做出的杰出贡献。

9月3日 格鲁吉亚国防部长奥克鲁阿什维利乘坐的军用直升机在南奥塞梯地区遭地面火力袭击，直升机被迫紧急降落。直升机在袭击中受损，但没有人员受伤。

9月6日 格鲁吉亚安全部门逮捕了上百名反对派成员。格内务部长梅拉比什维利表示以吉奥尔加泽为首的反对派企图策划政变阴谋，并称这起未遂政变受到了俄罗斯的资助。

9月7日 白俄罗斯总统卢卡申科会见来访的伊朗外长穆塔基，卢卡申科表示白俄罗斯视伊朗为可靠的伙伴，希望白俄罗斯和伊朗加强在经贸等领域的合作。2005年白俄罗斯和伊朗双边贸易额增长到3840万美元，其中绝大部分是白俄罗斯对伊朗的出口。

9月11日 乌克兰总理亚努科维奇表示，乌克兰政府希望与欧盟加强合作，签署双方发展合作的基础协议。他表示，他领导的地区党赞成与欧洲一体化进程，并强调“乌克兰与欧洲一体化是国家的未来”。

9月13日 白俄罗斯总统卢卡申科会见到访的中国中央军委副主席、国务委员兼国防部长曹刚川上将。卢卡申科在会谈中强调，白中两国有许多共同利益，合作潜力巨大。白方愿与中方共同努力，推动两国、两军关系不断向前发展。卢卡申科还对中国支持白为捍卫国家主权和民族尊严、维护社会稳定、促进经济社会发展所做的努力表示感谢。

9月14日 乌克兰总理亚努科维奇在布鲁塞尔与北约秘书长等官员举行会晤时表示，乌克兰将搁置加入北约的计划，因为乌赞成加入北约的民众只有12%—25%。

9月17日 德涅斯特河沿岸共和国举行全民公决，就德涅斯特河沿岸共和国独立和加入俄联邦一事进行投票。约有31万民众参加了投票，占选民总数的77%。约97%的投票者主张德涅斯特河沿岸共和国独立并加入俄联邦。摩尔多瓦总统沃罗宁发表声明，强调此次全民公决不具有法律效力，公决将使德河问题更加复杂化，不利于该问题的解决。

9月20日 乌克兰总理亚努科维奇在接受媒体采访时批评总统尤先科坚持要求乌尽快加入北约的方针。他指责尤先科的愿望超出了能力范围，特别是在社会反对的条件下，总统希望乌克兰2008年加入北约是不现实的。在亚努科维奇表示要暂缓加入北约后，总统尤先科谴责亚努科维奇的声明是企图修改乌对外政策。

9月21日 北约外长会议通过决议，决定将与格鲁吉亚的合作提升到密切对话阶段，这意味着格加入北约的可能性越来越大。格鲁吉亚总统萨卡什维利表示，格加入北约的进程“不可逆转”。

9月22日 乌克兰总理亚努科维奇访问莫斯科，与俄总理弗拉德科夫就天然气问题举行会谈。亚努科维奇会后表示，希望俄天然气价格在年底前保持不变。

9月26日 白俄罗斯与俄罗斯联盟国家政府首脑会议在明斯克举行。白俄罗斯总理西多尔斯基表示，2006年白俄罗斯与俄罗斯经贸合作快速发展，双边贸易额有望达到5200亿俄卢布（约合200亿美元），西多尔斯基表示，今后应加强两国地区间的合作与交流。

9月27日 格鲁吉亚警方以“从事侦察活动和策划渗透”为由，扣留了5名俄罗斯驻格鲁吉亚军人，格军警同时包围了位于第比利斯的俄军驻外高加索集群司令部。俄外交部当晚召见格驻俄大使，提出“严正抗议”。

9月29日 白俄罗斯总统卢卡申科表示，俄罗斯天然气工业公司提出的2007年对白天然气供应价格将破坏俄与白的联盟关系。白与俄就天然气价格正进行密切磋商。

10月

10月1日 俄罗斯总统普京首次就俄与格鲁吉亚关系危机发表声明。普京表示，格鲁吉亚逮捕并起诉俄军人的作法是“国家恐怖主义行为”。他认为反俄的外交政策并不符合格民众利益。普京还指责背后支持格鲁吉亚的外国政府。

10月2日 因被指控从事间谍活动而在格鲁吉亚被捕的俄罗斯军人乘俄罗斯紧急情况部的飞机返回莫斯科。格方先将这些军人移交给欧洲安全与合作组织的代表，后由该组织代表将其移交给在第比利斯机场等候的俄官员。

10月4日 格鲁吉亚总统萨卡什维利在电视讲话中表示，格将继续致力于加入北约。萨卡什维利说，格进入与北约“密切对话”阶段标志着格在加入北约道路上迈出关键步伐。同日，俄外长拉夫罗夫在斯特拉斯堡欧洲委员会议会大会上谴责格的反俄政策，指责第三国势力明显庇护格当局的国家恐怖主义。俄国防部长伊万诺夫宣布，俄军将加速撤离格鲁吉亚，避免格方继续挑衅、驻格俄军民成为人质。

10月5日 乌克兰社会研究中心公布的一项民意调查结果显示，有60%的人反对乌克兰加入北约，只有6%的人支持乌克兰成为北约成员国。有一半的被调查对象认为北约在维护世界和平方面是“消极的”。

10月10日 乌克兰总统尤先科对总统班底进行人事调整，任命东部地区顿巴斯工业联盟代表盖杜克为国家安全和国防委员会秘书，任命曾被指控滥用职权的前总统秘书长津琴科为总统顾问。

10月17日 俄罗斯以违反移民法为由遣返150名格鲁吉亚公民，其中一名叫托戈尼泽的格鲁吉亚公民因急性哮喘发作在莫斯科机场死亡。

10月19日 格鲁吉亚总统萨卡什维利建议将原定2009年举行的总统选举提前到2008年举行。由于格鲁吉亚议会选举也定于2008年举行，总统选举提前后，两次选举将于同年举行。

10月21日 亚美尼亚总统科恰良会见到访的中国全国人大常委会副委员长许嘉璐。科恰良对中国近年来经济社会发展所取得的巨大成就感到高兴，并对中国在国际事务中发挥越来越重要的作用表示赞赏。科表示，亚始终坚持一个中国政策，愿同中国发展全方位的合作关系。

10月23日 白俄罗斯总理西多尔斯基访问亚美尼亚，分别与亚总统科恰良、总理马尔加良会谈。在与总统科恰良的会谈中，双方均对两国关系的发展势头表示满意，强调今后要扩大两国在经贸领域的合作。2006年1—8月，白俄罗斯和亚美尼亚双边贸易额为1390万美元，比上年同期增长37%。

10月24日 乌克兰总理亚努科维奇与来访的俄总理弗拉德科夫举行会晤，双方重点讨论了2007年俄罗斯向乌克兰供应天然气的价格问题。俄驻乌克兰大使切尔诺梅尔金表示，俄罗斯与乌克兰已经就天然气价格问题达成一致。2007年，俄将以130美元/千立方米的价格向乌出口天然气。

＊格鲁吉亚议会决定成立专门委员会，调查俄罗斯在遣返格公民时侵犯人权的事实，准备就俄排挤格公民、侵犯其权利的行为向欧洲人权法庭起诉。与此同时，格当局与反对派联合，再次威胁退出独联体。

10月26日 乌克兰总统尤先科访问芬兰，在与芬兰总统哈洛宁会谈后举行的记者招待会上表示，尽管乌克兰与俄罗斯就天然气价格达成协议，但乌的外交政策没有发生变化，其目标仍然是加入欧盟和北约。他还表示，加入世界贸易组织是乌克兰加强与欧盟关系的一个重要前提，希望乌克兰能在2008年就入盟问题开始同欧盟谈判，争取尽早加入欧盟。

10月31日 乌克兰总统尤先科会见来访的中国全国政协主席贾庆林。尤先科表示，乌把发展对华关系作为乌外交优先方向，愿与中方保持高层交往，加强政治对话，深化经贸合作。乌中经贸混委会第九次会议不久将在基辅举行，乌方对此次会议寄予厚望，希望会议能进一步促进两国在经贸、科技、航空、能源等领域的合作。

11月

11月3日 格鲁吉亚总理诺盖杰利在政府会议上指出，俄罗斯宣布从2007年起大幅提高向格供应天然气价格是出于政治考虑。诺盖杰利说，格政府将尽全力帮助本国公司，使其在与俄天然气工业股份公司谈判中获得可以接受的天然气价格。他同时表示，格政府将继续努力寻求其他天然气供应渠道。

11月6日 白俄罗斯总统卢卡申科访问伊朗，与伊朗总统内贾德举行会晤。内贾德表示，卢卡申科对伊朗的访问将开启两国关系的新时代，伊朗希望和白俄罗斯发展在各个领域的友好合作关系。卢卡申科表示，白俄罗斯和伊朗对一些重大地区问题和国际问题的看法完全一致，两国今后在国际舞台上应密切协作。双方还强调今后将加强经贸领域的合作。2005年白俄罗斯和伊朗的双边贸易额为3840万美元，比上年增长4.7%。

11月9日 白俄罗斯外交部发言人波波夫表示，白俄罗斯愿与美国实现关系正常化。波波夫说，近些年来，白、美双方在经贸领域进行了积极合作，两国还可以在诸如反恐、打击跨国犯罪和贩毒等领域进行合作，共同维护世界和平与安全。

11月10日 乌克兰总理亚努科维奇在政府扩大会议上说，乌应奉行平衡外交政策。他表示，乌克兰在实用的层面上与欧洲伙伴进行了对话，正在从“欧洲浪漫主义”走向“欧洲实用主义”。他表示，近来乌俄关系也有较大改善。在谈到北约问题时，他认为乌克兰应拒绝快速加入北约的进程，希望与北约继续合作与对话。

＊白俄罗斯总统卢卡申科访问俄罗斯，与总统普京举行会晤。双方讨论了双边关系发展情况、俄白联盟建设问题以及即将在明斯克举行的独联体首脑会晤。

11月12日 乌克兰“季莫申科联盟”领导人季莫申科正式宣布将参加2009年乌克兰总统选举。季莫申科在接受记者采访时表示：“我本来没打算竞选总统，但是乌克兰的官僚政治使我们感到愤怒，我无法再沉默下去，我要站出来为乌克兰人民争取一个光明的未来。”

＊格鲁吉亚境内的南奥塞梯地区总统选举和就独立问题的全民公决同时举行，现任总统科科伊特以96%的选票连任南奥塞梯总统，99%的投票都主张南奥塞梯脱离格鲁吉亚独立。科科伊特在当选总统后重申了南奥塞梯独立的愿望。格鲁吉亚当局拒绝承认公决结果，指责俄在背后支持南奥塞梯的分离主义。

11月13日 俄罗斯外交部发表声明认为，格鲁吉亚南奥塞梯独立问题全民公决结果是一个标志性事件，格鲁吉亚和西方国家应当重视这一事件的意义。

11月14日 格鲁吉亚总统萨卡什维利在法国斯特拉斯堡宣布，2007年格不会以230美元/千立方米的高价购买俄罗斯的天然气，格正积极谋求从阿塞拜疆和土耳其获得天然气。

11月15日 乌克兰基辅东方语言学校建校70周年暨开办汉语教学50周年庆祝活动在基辅举行。乌克兰教育界100多位嘉宾出席了开幕仪式及学术研讨会。基辅东方语言学校是乌最早开设汉语教学的中学，现有在校学生1100多名，其中汉语方向学生425名。50年来，该校共培养了近5000名汉语毕业生，其汉语教学在乌处于领先水平。

11月21日 欧洲委员会公布欧盟对白俄罗斯的新战略方案，计划允许白商品进入欧洲市场，向白企业提供财政援助，条件是白接受欧盟的建议，进行民主改革。

11月22日 乌克兰举行庆祝活动，纪念“橙色革命”两周年。2005年11月，尤先科签署命令确定每年的11月22日为“自由日”。

11月23日 白俄罗斯总统卢卡申科会见前来参加独联体政府首脑会议的乌克兰总理亚努科维奇。在会后的记者招待会上，卢卡申科表示白乌应在俄天然气过境运输谈判中统一立场，共同解决能源安全问题。他说：“只要白俄罗斯和乌克兰达成一致，地区政治和经济关系布局就将彻底改变。”

11月28日 乌克兰议会通过决议，承认20世纪30年代的“大饥荒”为种族灭绝行为。由于苏联在乌克兰强制推行农业集体化和公社运动，造成了大饥荒。1932—1933年间，约有1000多万乌克兰人被饿死，约占当时乌克兰人口的1/3。

* 独联体首脑峰会在白俄罗斯首都明斯克举行，除土库曼斯坦外，独联体其他11个国家的元首齐聚明斯克。本届峰会原定重点讨论独联体改革方案，因各成员国意见不一而被迫推迟到下届峰会讨论，会议没有取得实质性成果。

* 白俄罗斯反对派领导人米林科维奇在拉脱维亚首都里加与美国总统布什会晤，布什表示，美国将继续支持白俄罗斯反对派，推动白民主化进程。

11月30日 乌克兰总统亚努科维奇访问俄罗斯，与总统普京举行会谈。亚努科维奇表示，乌克兰将积极参加“统一经济空间”的建设。双方还商定普京将于12月22日访问乌克兰。

12月

12月1日 乌克兰议会通过由议会多数派“反危机联盟”和政府共同提出的解除外长塔拉修克和内务部长卢岑科的职务的议案。议案认为，塔拉修克在任职期间损害了乌克兰与俄罗斯的关系、阻碍政府总理对美国的访问计划。议会随后表决通过了总理亚努科维奇的提名，任命现年43岁的乌克兰社会党领导人楚什科为新的内务部长。

12月4日 阿塞拜疆总统阿利耶夫会见到访的俄罗斯总理弗拉德科夫时表示，作为阿塞拜疆的"俄罗斯年"，2006年阿俄两国关系发展顺利，两国经贸关系得到了快速发展。他希望继续同俄罗斯开展有益的合作。

12月5日 乌克兰总统尤先科签署命令，责成被议会解职的外长塔拉修克继续履行外长的职责。塔拉修克认为，议会通过的解除其外长职务的决议违法，已向当地法院提起诉讼。

12月6日 乌克兰总理亚努科维奇对美国进行正式访问，分别与美国副总统切尼和国务卿赖斯就加强双边关系举行会谈。

12月7日 乌克兰总统尤先科会见来访的俄罗斯副总理兼国防部长伊万诺夫时表示，乌希望与俄加强军事和安全领域的合作。他说，乌赞成两国发展军事技术合作，建议双方合作研制A－70型运输机，对某些型号的直升机进行现代化升级，双方共同推动武器和军备出口等。伊万诺夫此前在会见乌国防部长格里岑科时表示，如果乌加入北约，必将对俄乌关系产生消极影响，尤其是双方在军工领域的合作。

12月8日 俄罗斯总理弗拉德科夫签署命令，决定从2007年开始对向白俄罗斯出口的每吨石油征收180美元的关税。俄做出这一决定的主要原因是白俄罗斯长期以低价购买俄原油，然后加工成石油产品后再以高价向欧洲出售，根据俄白达成的协议，白俄罗斯应将85%的收益上交给俄政府，但白一直拒绝执行，引起俄罗斯的强烈不满。

12月9日 美国国会通过决议，将《白俄罗斯民主法案》延长两年，将继续对白俄罗斯进行经济和其他制裁。该决议还划拨2750万美元，用于支持白俄罗斯国内民主的发展。

12月11日 亚美尼亚安全部门宣布，逮捕了"亚美尼亚志愿者联合会"领导人、"保护被解放领土"组织协调员谢费良，粉碎了其准备在2007年议会选举期间挑起政变的企图。

12月14日 乌克兰总统尤先科在记者会上猛烈批评总理亚努科维奇推行的政策。尤先科指出，乌克兰的外交优先方向是加入北约，同时他认为乌克兰需要对宪法做出一定的修改，以建立"和谐、平衡"的政权体系。他还表示，此前被议会解职的塔拉修科仍是外交部长。

＊俄罗斯驻外高加索军队集群副司令库帕拉泽表示，俄罗斯驻格鲁吉亚首都第比利斯的部队当天已全部撤离。至此，俄罗斯驻外高加索军队集群的第比利斯驻地部队已完成提前撤离任务。俄罗斯从第比利斯共撤出387名军人、100多台车辆和350吨物资。

＊乌克兰总理亚努科维奇访问哈萨克斯坦，与哈总统纳扎尔巴耶夫举行会晤，双方讨论了乌哈关系发展情况，亚努科维奇希望今后加强乌哈在

能源领域的合作。同时，他宣布2007年在乌将举办“哈萨克斯坦年”。

12月15日 白俄罗斯总统卢卡申科前往莫斯科参加联盟国家最高委员会会议，与俄总统普京举行会谈。双方讨论了联盟国家2007年预算以及两国在外交领域的合作与协调。卢卡申科在会后表示，两国将在不久的将来完成联盟国家宪法的制定工作，他希望近期解决两国关系中存在的一些问题。

12月16日 乌克兰克里木半岛就乌克兰加入北约举行全民公决，共有90万公民参加了投票，其中98%的投票者反对乌克兰加入北约，只有1%的投票者赞成加入北约。此次全民公决由克里木人民会议发起，不具法律效力。

12月18日 格鲁吉亚外长别茹阿什维利表示，格政府反对仓促退出独联体。他强调，不能把退出独联体问题与格俄紧张关系联系在一起。独联体不仅仅是俄罗斯，该组织中还有其他国家，格主张与这些国家扩大合作，发展战略伙伴关系。

12月19日 格鲁吉亚总统萨卡什维利访问土耳其，与土耳其总统塞泽尔举行会晤，双方表示将继续发展两国关系，加强双边合作。萨卡什维利表示，格土双方将在能源领域继续开展合作。

12月22日 乌克兰总统尤先科会见来访的俄总统普京。这是普京自乌“橙色革命”后首次正式访问乌。双方讨论了天然气价格、黑海舰队以及乌克兰与欧洲的融合等问题，会谈虽未取得实质性成果，但会晤本身对改善俄乌关系有着重要意义。

12月23日 阿塞拜疆总统阿利耶夫表示，由于阿与俄罗斯关于天然气价格的谈判没有进展，2007年阿塞拜疆可能会停止进口俄罗斯的天然气。

12月24日 乌克兰总理亚努科维奇前往阿什哈巴德参加尼亚佐夫葬礼，并与土副总理、石油天然气工业与自然资源部部长阿塔耶夫举行了会晤，亚努科维奇希望土对乌的天然气供应不会改变，根据此前土乌达成的协议，2007年土将按原定条件向乌克兰提供380亿立方米天然气，每千立方米的价格为100美元，另加25美元的输送费。

12月26日 俄罗斯天然气工业公司新闻发言人库普里亚诺夫对记者表示，根据俄罗斯和摩尔多瓦达成的协议，2007年俄将以170美元/千立方米的价格向摩出口天然气，计划到2011年达到欧洲天然气平均价格水平。目前俄罗斯以160美元/千立方米的价格向摩尔多瓦出口天然气。2006年俄对摩尔多瓦的天然气出口量约为25亿立方米。

12月27日 俄罗斯天然气工业公司总裁米勒对记者称，如果我罗斯和白俄罗斯在新年之前无法就天然气价格达成一致，天然气工业公司将于莫斯科时间2007年1月1日10点停止向白俄罗斯供应天然气，天然气工业公司已经做好准备，并已向欧洲一些国家通报了情况。

＊据阿塞拜疆国防部透露，阿军队将在北约的帮助下，到2008年底前将实现完全北约化。按照阿国防部制订的军队转型计划，从2007年1月起，占阿军总兵力20%的巴库军将开始完全按照北约模式运转。阿军目前共有5个军，其余4个军的北约化改革工作将从2007年年中开始，计划到2008年底前完成。

12月28日 阿塞拜疆国家广播电视委员会通过决议，决定从2007年7月1日起在阿境内停播俄罗斯“第一”电视台和“俄罗斯”台的电视节目，被停播的还有两家土耳其电视台的节目

12月31日 白俄罗斯与俄罗斯天然气工业公司在新年前夕就天然气价格达成一致。2007年白俄罗斯将以100美元/千立方米的价格从俄进口天然气，双方还同意将2007年俄天然气过境白俄罗斯领土的费用从目前的每千立方米每百公里0.75美元提高到1.45美元。根据该协议，白俄罗斯天然气运输公司50%的股份价格为25亿美元，俄将在4年中以现金支付给白，俄向白出口的天然气价格也将逐年上调，2008年的价格为欧洲价格的67%，2009年为80%，2010年为90%，最终到2011年完全过渡到市场价格。

拉美大事记

1月

1月1日 欧盟对来自南美洲和中美洲的进口香蕉征收双倍关税，同时取消配额限制。

1月3日 玻利维亚新当选总统莫拉莱斯访问委内瑞拉，与委总统查韦斯达成能源合作协议。根据协议，委每月向玻提供15万桶柴油。

1月6日 委内瑞拉国民议会召开第一次全体会议，所有167个议席均由执政联盟成员控制。这是近50年来委国民议会首次没有反对派成员。

＊玻利维亚当选总统莫拉莱斯访问西班牙、法国和比利时。莫拉莱斯在与西首相萨帕特罗举行会晤后向在玻国投资的西班牙企业界人士表示，对玻国天然资源的开发与利用，玻需要的是“贸易伙伴”而非“大老板”。

1月8—9日 玻利维亚当选总统莫拉莱斯对中国进行为期2天的访问，这是玻新政府领导人首次出访亚洲国家。中国国家主席胡锦涛、国务委员唐家璇会见了莫拉莱斯。莫强调，玻利维亚理解并坚定奉行一个中国的政策。

1月10日 委内瑞拉总统查韦斯说，委内瑞拉将与玻利维亚新当选总统莫拉雷斯站在一起，反对美国颠覆他的“新社会主义盟友”的任何企图。

1月11日 拉美10国外长或代表（伯利兹、哥伦比亚、哥斯达黎加、萨尔瓦多、危地马拉、洪都拉斯、尼加拉瓜、巴拿马、墨西哥和多米尼加共和国）在墨西哥首都墨西哥城举行会议，要求美国新移民法保障移民的人权，遵守劳工法。与会国决定成立一个移民工作小组，针对美国准备修改移民法而提出共同对策。墨外长认为，美国移民法应当考虑到移民团体的安全和一体化。

＊阿根廷国家能源公司同西班牙、巴西和乌拉圭三国的大型石油企业成立合作集团，共同在阿近海水域勘探石油。

＊委内瑞拉负责公民安全的副部长赫苏斯和哥伦比亚副部长萨林在委圣克里斯托瓦城会晤，共同制定两国边界的安全战略。

1月12日 美国负责西半球事务的助理国务卿香农对阿根廷进行了为期一天的访问，与阿总统基什内尔及外交、国际、经济和计划等4位部长就加强双边关系问题举行了会谈，表达了修复和改善双边关系的愿望。

1月14日 玻利维亚当选总统莫拉莱斯访问巴西，与卢拉总统讨论了两国的能源合作问题。莫拉莱斯表示，玻将保护外国投资，并把部分天然气企业国有化。

＊中国向古巴正式移交所生产的12台机车，古巴国务委员会主席卡斯特罗在交车移式上说，古中贸易关系将在互利互惠的基础上进一步加强，并将促进古巴的发展。

1月15日 智利举行第二轮总统选举，由4党组成的“争取民主政党联盟”，即执政联盟候选人米切尔·巴切莱特以明显多数当选为智利首位女总统。

1月19日 巴拿马总统托里霍斯开始对智利进行为期两天的国事访问，期间与智利总统拉戈斯举行会谈，双方决定尽快签署双边自由贸易协定。两国还签署了建立两国外交部磋商机制和开展双边科技、学术交流的合作文件。此外，托里霍斯还会见了智利当选总统巴切莱特。

1月22日 莫拉莱斯正式就任玻利维亚总统。委内瑞拉、阿根廷、巴西和智利等拉美11个国家的总统参加了就职典礼，古巴领袖卡斯特罗也派特使参加就职典礼。

1月22—24日 厄瓜多尔总统帕拉西奥对智利进行为期两天的国事访问，与智利总统拉戈斯在拉莫内达宫举行工作会谈。双方发表了联合声明，强调进一步加强两国在能源方面的合作，推动商签双边自由贸易协定。帕拉西奥还会见了智利当选总统巴切莱特。

1月23日 委内瑞拉总统查韦斯在玻利维亚拉巴斯政府宫与玻新任总统莫拉莱斯签署了8项双边合作协议，并签署了《拉巴斯声明》，表示两国政府有意坚持“南美洲解放者”和社会领导人的斗争。查韦斯表示将向玻利维亚新政府提供7年来治理国家的经验及玻所需要的援助。

1月24日 100多万古巴居民在哈瓦那举行抗美示威游行，卡斯特罗在活动中抗议美国包庇并释放恐怖分子波萨达及美国驻古巴利益办事处在哈瓦那进行的反古宣传。

1月26日 墨西哥总统福克斯访问智利，与智利总统拉戈斯在比尼亚德尔马市签署两国战略合作伙伴协议，以推进双方在政治、经贸、文教和科技等领域的合作，促进拉美地区的一体化。这是拉美国家间签署的第一个确立战略协作关系、推进全面合作的双边协议，也是智墨对两国1998年签订、1999年生效的双边自由贸易协定的完善和补充。

1月27日 洪都拉斯新总统塞拉亚宣誓就职，任期4年，拉美和加勒比7个国家的元首和西班牙王子费利佩出席了在国家体育场的就职典礼。塞拉亚总统表示将“诚实和透明地治理国家”，努力消除贫困。

1月30日 智利当选总统米歇尔·巴切莱特宣布新内阁成员名单，在20名内阁成员中男女部长人数各半。

1月31日 哥伦比亚2523名准军事组织“哥伦比亚联合自卫军”成员向政府缴械，回归平民生活。这是近几十年来“哥伦比亚联合自卫军”规模最大的一次缴械行动。

2月

2月1日 巴西与阿根廷就“竞争适应机制”达成协议，两国政府认为有关机制能够进一步促进双边贸易关系。

2月2日 世贸组织总干事拉米首次对阿根廷进行正式访问，与阿总统基什内尔和阿经济部长米塞利举行会谈。此前，拉米还访问了智利和秘鲁，旨在敦促世贸组织成员继续开展多边贸易谈判。

*委内瑞拉总统查韦斯访问古巴，参观了第15届国际书籍博览会，并在革命广场举行的仪式上接受了联合国科教文组织颁发的何塞·马蒂奖章。

*委内瑞拉总统查韦斯宣布驱逐美国驻委武官约翰·克利，原因是美总统布什指使美外交官在委进行间谍活动并策划针对查韦斯政府的阴谋。3日，美国政府驱逐了委驻美外交官作为报复。

2月7日 海地举行总统和议会选举，近百个政党和联盟的33个候选人参加总统角逐，这是自2004年2月阿里斯蒂德倒台后海地进行的首次大选。16日，海地临时选举委员会宣布，海地左翼人物、希望党总统候选人雷内·普雷瓦尔成为海地新一届总统。22日，普雷瓦尔说，根据海地宪法，流亡南非的前总统阿里斯蒂德可以回国。

*哥伦比亚准军事组织“马格达莱娜中央农民自卫军”的990名成员正式向政府缴械投诚，回归平民生活。

2月8—9日 哥伦比亚总统乌里韦指责厄瓜多尔允许哥游击组织“哥伦比亚革命武装力量”在厄领土进行活动，并对哥军队和警察发动进攻。9日，厄瓜多尔政府召回本国驻哥大使。哥伦比亚与厄瓜多尔外交关系变得紧张。

2月10日 委内瑞拉与俄罗斯在加拉加斯签署从俄购买价值1.2亿美元的10架军用直升机合同，委国防部长加西亚和俄驻委大使奥罗维茨在合同上签字。加西亚说，这项合同具有“透明度”，符合“委内瑞拉国家的最高利益”。

2月11日 委内瑞拉总检察院发表公报说，委警方在加拉加斯市区逮捕了拉美最主要的贩毒头目之一、哥伦比亚毒枭奥赫达·埃雷拉。他是哥警方追捕的第二号大毒枭，也是美国缉毒署7次发出通告要求逮捕的重要国际贩毒头目。

2月13日 拉美11国（哥伦比亚、墨西哥、危地马拉、洪都拉斯、萨尔瓦多、尼加拉瓜、伯里兹、哥斯达黎加、巴拿马、厄瓜多尔、多米尼加共和国）外长和代表在哥伦比亚的卡塔赫纳城举行会议并发表声明，要求美国在国内安全和拉美移民之间寻求一种平衡。

2月14日 伊朗议会代表团访问委内瑞拉，两国议员一致反对以美国为首的西方国家强迫伊朗停止核项目，伊方表示愿意帮助委内瑞拉研发用于和平目的的核技术。

2月15日 应古巴议会邀请，伊朗国会议长哈达德·阿德尔访问古巴，与古巴外长罗克、国务委员会副主席拉赫和全国人民代表大会主席阿拉尔孔分别举行了会谈。双方发表联合声明，主张全面禁止大规模杀伤性武器，重申各国人民有和平利用核技术的权利，反对单边政策。

* 中国全国人大与智利议会交流机制正式建立。根据协议规定，双方将成立对话委员会，轮流在两国不定期地举行会议，共同推动双边关系的全面发展。

2月16日 美国务卿赖斯称，美将号召巴西、西班牙和智利等国组成联合阵线，反对“委内瑞拉对民主进行挑战并同古巴和伊朗保持密切关系”。19日，委总统查韦斯发表电视讲话说，委将进一步增强与古巴和伊朗的合作，并准备在国际上“同那些愿意捍卫自由、尊严和主权的国家组成反帝阵线”。

2月17—28日 “哥伦比亚民族解放军”成员和哥政府代表在古巴首都哈瓦那举行第二次试探性会议，探索实现正式和平进程的可能性。

2月19日 厄瓜多尔示威者举行抗议活动，指控国有企业“厄瓜多尔石油公司”高层贪污，要求政府更多投资基建项目及创造就业机会。抗议活动迫使厄石油公司一度被迫关闭油管，至22日才陆续复产。21日，厄境内另一条输油管道也因遭到示威者的袭击被迫关闭，该输油管道由阿根廷、美国和加拿大等国公司共同经营。

2月20日 墨西哥外长德韦斯访华，与温家宝总理、李肇星外长分别举行会谈。中、墨双方一致表示将共同努力，不断深化和扩大两国互利合作。德韦斯外长指出，墨政府坚持一个中国政策，这是墨国的长期国策。

2月21日 哥伦比亚最大的游击队组织“哥伦比亚革命武装力量”宣布，拒绝与政府举行和平谈判，认为政府的和谈建议是乌里韦总统谋求连任的策略。

2月22日 乌克兰总统库奇马签署了保障乌克兰与巴西联合建造火箭计划的一系列文件，乌克兰准备与巴西联合建造“飓风－4”型航天火箭系统。

＊由拉美19个国家组成的里约集团发表声明，支持海地新政府，并准备帮助海地解决严重的社会经济问题。

2月24日 伊朗国会主席哈达德·阿德尔访问巴西，希望巴西能够介入伊朗与国际原子能机构的谈判，支持伊朗的浓缩铀计划。阿德尔认为，国际原子能机构应当解释为什么接受巴西的核计划而不接受伊朗的核计划。

2月25日 危地马拉社会和民众阶层代表举行大规模集会，反对危地马拉与美国签署的自由贸易协定和该国政府实行的新自由主义政策。美国与危地马拉签署的自贸协定已获危国会通过。

＊哥伦比亚政府与国内第二大反政府游击队“哥伦比亚民族解放军”第二轮和平谈判在古巴首都哈瓦那举行，并取得重大进展，双方实现了互信，建立了定期对话和交流机制，政府承认“哥伦比亚民族解放军”代表团成员的代表资格。

2月26日 萨尔瓦多“争取现实的民主人民社会集团”、“萨尔瓦多工会阵线”等7个民众组织抗议政府与美国签署的将于3月1日生效的自由贸易协定。

2月27日 牙买加执政党人民民族党选出该党首位女领袖米勒，她将于4月成为该国总理。

3月

3月1日 中国对外友协和中国拉美友协在北京举行招待会，成思危副委员长和来自拉美及加勒比地区的50余名驻华使节出席了此次招待会。

3月3日 厄瓜多尔最高法院宣布，针对前总统古铁雷斯反对国家安全罪的司法程序无效，下令释放古铁雷斯。

＊美国驻玻利维亚军事代表团通知玻总统莫拉莱斯，称美国取消对玻

美联合反恐部队行动的支持，并将中止与玻武装部队的合作计划。莫拉莱斯总统认为美国单方面的决定是"讹诈和恐吓"。

3月4日 非洲联盟主席科纳雷宣布，非盟支持委内瑞拉成为联合国安理会非常任理事国。科纳雷称，非洲国家赞同委内瑞拉建设一个使世界机构民主化的多极体系的观点。

*巴西无地农民运动组织在巴东北部占领了15处土地，开始在全国各地开展"红色2006"的占地行动，目的是向卢拉政府施压，促其履行重新分配土地的诺言。

3月6日 捷克总理帕劳贝克访问阿根廷，与阿外长塔亚纳在布宜诺斯艾利斯举行会谈，并签署了"工业经济合作协议"及其他重要文件。

3月6—7日 为期两天的第一届"墨西哥与中国经济贸易关系机遇论坛"在墨西哥城召开，此会由墨政府和联合国拉美经委会共同举办。与会的墨官员和企业家认为，中国经济增长给拉美和墨西哥的发展带来了重要机遇，墨中经贸合作大有潜力。

3月7日 哥伦比亚反政府武装组织"哥伦比亚革命武装力量"下属的盖塔纳纵队的70名成员向哥政府缴械投诚，哥总统乌里韦对此表示欢迎，并承诺保障他们的安全。

3月7—9日 巴西总统卢拉对英国进行为期3天的正式访问，与英国首相布莱尔举行了工作会谈。

3月8日 厄瓜多尔盛产石油的纳波、苏古比奥斯和奥雷亚纳3个省的2000多名私营石油公司的工人罢工，要求国家石油公司支付所欠私营石油公司的债务，并与国家石油公司正式签署合同。厄政府随后宣布这3个省处于紧急状态。

3月9日 中美洲6国（巴拿马、哥斯达黎加、尼加拉瓜、洪都拉斯、萨尔瓦多和危地马拉）总统和政府首脑在巴拿马首都巴拿马城举行中美洲一体化体系特别首脑会议，会议就建立中美洲海关联盟达成一致，决定于2006年年底正式启动海关联盟。与会各国还就石油、电网建设、消除贫困等议题进行了讨论，并达成共识。

3月9—10日 智利总统拉戈斯和当选总统巴切莱特在智利首都圣地亚哥分别会见了前来参加智利总统权力交接仪式的中国政府特使、农业部长杜青林。智方表示对华关系是智利头等重要的对外关系，智将坚定奉行一个中国政策。

3月10日 海地当选总统普雷瓦尔对巴西进行正式访问，目的是争取资金援助、重建海地经济、推动国内就业。普雷瓦尔与巴总统卢拉就糖业等领域的合作举行了会谈。

*智利前总统、当选参议员爱德华多·弗雷被确定为新一届议会的参

议院议长。

＊“哥伦比亚联合自卫军”北方集团 2500 名官兵向政府投诚缴械，至此，该准军事组织已全部解除武装，与政府协议规定的解除武装进程也宣告完成。

3 月 11 日 智利社会党人巴切莱特在该国第二大城市瓦尔帕莱索正式就任智利总统，任期 4 年。包括美国务卿赖斯在内的世界 30 个国家的元首或高级政府代表参加了就职典礼。

3 月 12 日 厄瓜多尔外交部长卡里昂就美国发表的人权报告正式向美驻厄大使杰威尔提出抗议。该报告指责厄瓜多尔违反人权，厄官方认为美国人权报告是“不完整的”。

＊哥伦比亚举行国会选举，共产生了 102 名参议员和 166 名众议员，其中乌里韦总统所在的执政联盟获得国会多数席位。选举结束后，乌里韦总统要求“哥伦比亚革命武装力量”开始进行“严肃的和紧迫的和平进程”。

3 月 13 日 厄瓜多尔印第安社团为反对政府与美国进行自由贸易谈判，组织全面性罢工，造成将近 9 个省市的公路运输干线瘫痪。21 日，厄总统帕拉西奥宣布，中部 5 省进入紧急状态，防止抗议者进入首都基多。

＊乌拉圭总统巴斯克斯访问委内瑞拉，与查韦斯总统在加拉加斯签署了 12 份合作文件，内容涉及科技、基础工业、矿业、住房、卫生和卫星等领域。

3 月 14 日 古巴与乌兹别克斯坦建立外交关系，古巴副外长卡瓦列罗率领代表团对乌兹别克斯坦进行访问。

＊墨西哥总统福克斯宣布，墨在墨西哥湾发现了原油储量可能高达 100 亿桶的深海油田。

3 月 15 日 由中共中央对外联络部副部长陈凤翔率领的中共友好代表团访问哥伦比亚，哥国会主席兼参议院议长卢布姆、副总统桑托斯分别会见了该代表团并表示，哥重视与中国在各个领域的合作，愿意进一步加强双边关系，继续坚持一个中国的政策。

3 月 16 日 欧洲委员会与海地政府在海地首都太子港签署了 3 份协议，向海地提供 2430 万美元援助，用于资助该国重建计划和社会发展。

＊委内瑞拉政府在美国获得拉美罗切斯特委员会颁发的国家奖，以表彰该国政府向美国 7 个城市以低价提供取暖用的燃料的人道主义行动。

3 月 16—23 日 主题为“采取地方行动，应对全球挑战”的第四届世界水资源论坛在墨西哥首都墨西哥城开幕，包括中国在内的全球 80 多个国家的 11000 多名代表与会，墨西哥总统福克斯在开幕式上致辞。会议通过了《部长声明》。

3月17日 哥斯达黎加工会组织表示坚持反对本国政府与美国签署自由贸易协议，认为它是一项破坏哥社会的新自由主义腐败计划。

3月18日 加勒比共同体轮值主席国特里尼达和多巴哥总理曼宁发表了给海地当选总统普雷瓦尔的信，宣布加勒比共同体重新接受海地。

＊萨尔瓦多选举最高法院公布全国议会及市政选举投票的最终结果，执政的民族主义共和联盟获得胜利。本次选举于12日进行，380万选民投票选出84名国会议员、262名市长、20名中美洲议会的议员。

3月19—24日 应中国国家副主席曾庆红的邀请，巴西副总统若泽·阿伦卡尔对中国进行了为期5天的正式访问。胡锦涛主席、曾庆红副主席、吴邦国委员长分别与其举行了会谈。

3月20日 玻利维亚总统莫拉莱斯在东部城市卡米里发起大规模全国扫盲运动，准备在古巴的支持下使110万公民受益。

＊委内瑞拉“加勒比石油公司”与萨尔瓦多“城市间能源协会”在加拉加斯签署能源协议，双方准备在萨尔瓦多建立一个能源合资企业，签字仪式在委内瑞拉总统府举行。

3月21日 智利总统巴切莱特抵达阿根廷进行国事访问，这是她就任智利总统后首次出访。阿总统基什内尔与巴切莱特会谈后发表联合声明，宣布两国将建立战略联盟关系。两国政府还签署了加强合作的一系列协议，涉及能源、防务、边境交通、矿业、科技、教育等领域。

＊秘鲁国家特别刑事法庭以“恐怖杀人罪”判处秘鲁反政府武装组织“图帕克·阿马鲁革命运动”前领导人维克托·波拉伊32年徒刑。

3月22日 智利总统巴切莱特访问乌拉圭，与乌总统巴斯克斯举行会谈并签署了重要协议，涉及科技及能源领域，双方还签署了避免双重征税协议。

3日23日 玻利维亚总统莫拉莱斯在纪念玻国失去太平洋出海口127周年大会上要求智利政府、美洲国家组织秘书长因苏尔萨把该出海口归还给玻利维亚。

3月24日 中国—巴西高层协调与合作委员会第一次会议在北京举行，国务院副总理吴仪与巴西副总统阿伦卡尔共同主持了会议，双方就巩固和深化中巴战略伙伴关系、推动和加强双方在各领域的合作交换了看法，并达成广泛共识。

＊联合国拉美经委会第31届年会在乌拉圭首都蒙得维的亚闭幕，经委会执行秘书马奇内亚表示，拉美国家应进一步改革社会保障体制，努力创建和谐社会。

3月25日 阿根廷举行大规模纪念军事政变30周年活动，悼念在军人独裁统治期间受到迫害的死难者。

3月27日 拉美政党常设大会主席何塞·安东尼奥·卡菲耶罗访华，与中共中央对外联络部部长王家瑞在京举行了会谈。

*因涉嫌腐败，巴西财政部长安东尼奥·帕洛奇提出辞职。同日，卢拉总统接受了帕洛奇的辞呈，并任命国家经济社会发展银行行长曼特加接任财政部长。

3月28—30日 应委内瑞拉总检察长胡利安的邀请，中国最高人民检察院检察长贾春旺率团访问委内瑞拉，与委总检察长、最高法院院长、总审计长和护民官举行了会谈。这是中国最高人民检察院检察长首次访委。

3月29日 由主席希劳多率领的巴拿马民主革命党代表团访华，与中共中央政治局常委、中央纪委书记吴官正举行了会谈。希劳多表示，巴拿马民主革命党希望通过发展与中国共产党的友好合作关系，为推动巴中两国关系正常化做出贡献。

3月30日 拉美和加勒比国际金融一体化讨论会在委内瑞拉首都加拉加斯举行，拉美和加勒比一些国家的中央银行和国际机构的代表与会。与会者认为，通过机构间的协议建立集体利益机制，实现不同合作形式的一体化，这对于实现地区经济、社会和政治一体化十分重要。

*拉美能源组织执行秘书罗卡访问古巴，目的是了解古巴的能源革命并与古方交流经验。罗卡会见了古巴外资和经济合作部部长洛马斯及科技与环境部的官员。罗卡表示，该组织将推动在本地区的能源合作，寻求共同利益。

*第11次加勒比国家联盟会议在特里尼达和多巴哥举行，会议讨论了2006—2007年的工作计划，尼加拉瓜在会上努力推动与加勒比共同体签署一项自由贸易条约。

3月30—31日 第二届北美安全与繁荣联盟首脑会议在墨西哥坎昆举行，美国总统布什、加拿大总理哈珀和墨西哥总统福克斯讨论了移民、边境安全和推动北美安全与繁荣联盟的发展问题，三国领导人一致同意推动北美地区更大范围的合作。

3月31日 拉美政党常设大会主席卡菲耶罗访华，与中共中央政治局常委、中央政法委书记罗干举行了会谈，中联部部长王家瑞等参加了会见。

3月31日—4月1日 委内瑞拉—圭亚那高级别委员会第五次会议在圭亚那首都乔治敦举行，委副外长隆顿和圭亚那外长鲁道尔夫与会，会议决定重新启动联合国斡旋机制，以解决委圭两国对埃塞基沃领土的主权争端问题。

4月

4月1日 洪都拉斯与美国开始执行美国与中美洲国家及多米尼加共和国签订的自由贸易协定，洪都拉斯总统塞拉亚在本国首都主持仪式，庆祝本国与美国签署的自贸协定正式生效。至此，还有哥斯达黎加、危地马拉和多米尼加共和国未与美国开始执行自贸协定。

4月1—2日 哥伦比亚外交部长巴尔科访问古巴，与卡斯特罗主席在革命宫举行会谈。巴尔科代表哥总统乌里韦感谢卡斯特罗对哥政府与游击组织“哥伦比亚民族解放军”接触与谈判的支持，双方还讨论了节约能源和改革计划以及相互增加贸易往来的可能性。

4月2日 阿根廷政府和军方在首都布宜诺斯艾利斯西南部的空军基地举行活动，纪念马岛战争结束24周年。阿总统基什内尔、政府官员、军方领导人以及马岛战争退役老兵参加了纪念仪式。基什内尔总统重申阿根廷对马尔维纳斯群岛拥有合法的主权。

4月3—5日 美洲开发银行第47届年会在巴西东南部的贝洛奥里藏特市举行，47个成员国主管财经的部长和央行行长出席了会议。美洲开发银行行长阿尔韦托·莫雷诺表示，他将努力争取让中国及印度早日成为该多边国际金融机构的成员国。

4月4—6日 来自巴西各地的500名印第安领导人在巴西政府门前举行第三次“自由土地营地”的扎营活动，目的是向联邦政府施加压力，要求保障印第安人的宪法权利，特别是对土地的权利。

4月7日 俄罗斯总理弗拉德科夫访问阿根廷，与阿总统基什内尔举行了会谈，双方签署了阿政府支持俄加入世贸组织、俄承认阿同前苏联政府签署的11项条约继续生效和阿俄共同开发空间合作项目等3项协议。

＊委内瑞拉负责非洲事务的副外长玻利瓦尔在联合国总部与博茨瓦纳和赤道几内亚驻联合国的大使举行会谈，目的是继续执行委外交部的非洲议程，加深与非洲国家的关系。

4月9日 秘鲁举行总统和国会选举。6月4日，秘鲁前总统、阿普拉党（人民党）候选人阿兰·加西亚战胜了“为秘鲁而联合”党总统候选人奥兰塔·乌马拉，当选为秘鲁新一届总统。

＊委内瑞拉国会全体会议通过了委内瑞拉与乌拉圭关于科学技术和基础工业的合作协议，双方将建立技术委员会，在科技革新、基础工业和矿业等领域开展合作。

4月9—10日 应中国最高人民法院邀请，委内瑞拉最高法院院长莫拉访华，与中共中央政治局常委罗干举行了会谈。莫拉表示，委愿进一步加强与中国在司法等领域的合作，并在国际事务上相互支持，推动两国关系进一步发展。

4月10—11日 智利总统巴切莱特对巴拉圭和巴西进行国事访问，分别与两国总统杜阿尔特和卢拉举行了会谈。

4月12日 联合国拉美经委会执行秘书马奇内阿在发布该地区外国直接投资年度报告时说，中国对于拉美地区将是一个“潜在的投资大户”。

＊海地当选总统普雷瓦尔率团访问古巴，与卡斯特罗主席举行正式会谈，双方决定推动两国在卫生和其他领域的合作关系。

＊美国与秘鲁在华盛顿签署双边自由贸易协定，正在美国访问的秘鲁总统托莱多出席了签字仪式。根据这一协定，两国间80%以上的消费品和工业产品贸易以及美国对秘鲁出口的大多数农产品将被免除关税。

4月14日 厄瓜多尔议会外委会主席塞拉诺率团访华，与中国科学院院长路甬祥在人民大会堂举行了会谈。

4月15日 “拉美预防武装暴力联盟”在哥伦比亚首都波哥大成立，阿根廷社会组织领导人孔特和另外4人被选为领导机构大陆管理委员会的成员。

＊古巴外交部长罗克宣布驱逐为美国当间谍的捷克使馆一等秘书卡塞基，并指控其执行美国特别机构的指示，为美国从事颠覆古巴的活动。

4月15—18日 西半球反对美洲自由贸易区计划大会在古巴首都哈瓦那举行，来自36个国家的近400名代表与会，会议由西半球反对美洲自由贸易区的社会运动、网络和组织发起，会议通过了行动计划。

4月16日 玻利维亚官方报道，今年以来玻反毒警察没收了68.3吨大麻，是2000年以来同期没收大麻数量最多的一年。

4月17日 厄瓜多尔和秘鲁两国军队开始在两国交界地区展开大规模联合扫雷行动。

4月17—22日 哥伦比亚第二大游击队“哥伦比亚民族解放军”与哥陆军开始举行新一轮对话。委内瑞拉、西班牙、古巴、挪威和瑞士一起组成“陪同和平进程国家小组”，哥政府高级和平专员雷斯特雷波和委副外长伦顿以及西班牙、挪威、瑞士的代表出席了谈判仪式。

4月18日 哥伦比亚政府宣布，哥准军事组织“哥伦比亚联合自卫军”各派成员现已全部解除武装，政府对准军事组织的遣散工作已经完成。

＊委内瑞拉总统查韦斯访问巴拉圭，与巴总统杜阿尔特举行了会谈，内容涉及两国建立共同的天然气管道、在巴实施治疗眼病的“奇迹计划”、扫盲和南方共同市场等问题。

4月20日 中国全国人大常委会副委员长乌云其木格会见访华的萨

尔瓦多中国友好协会代表团主席胡安·弗洛雷斯一行。

4月22日 委内瑞拉政府正式致信安第斯共同体，要求退出该组织。原因是“安共体”成员国哥伦比亚和秘鲁今年分别同美国签订了自由贸易协定，迫使委内瑞拉对这两个国家的出口不得不与美国高补贴的出口相竞争。

＊世界银行的一份公报宣布，该机构的行政委员会决定免除玻利维亚、洪都拉斯、尼加拉瓜、圭亚那和其他13个非洲国家国际金融机构的债务。

4月23日 首次中国—巴西财政副部长对话会在华盛顿举行，中国财政部副部长李勇与巴西财政部副部长路易斯·佩雷拉共同主持了会议。此会标志着中巴财政对话机制的正式启动。

4月24日 联合国拉美经委会执行秘书马奇内亚访华，与中国国务院副总理曾培炎举行了会谈。

4月24—25日 加勒比共同体15国外长在格林纳达首都圣乔治举行为期两天的会议。会议讨论了地区形势和协调政策，为该集团与欧洲国家和其他拉美国家会晤做准备。会议还讨论了国际地理环境、能源、糖业等问题，并签署了一些双边协议。

＊厄瓜多尔总统帕拉西奥访问墨西哥，与墨总统福克斯举行会谈，双方同意进一步加强双边贸易关系，研究了自由贸易协定谈判的可行性，并出席了两国外长签署的引渡协议仪式。

4月25日 哥伦比亚总统乌里韦访问巴西，与巴西总统卢拉举行会谈，双方讨论了南美洲国家共同体、亚马逊安全、南美地区基础设施和能源一体化建设等问题。

＊尼加拉瓜前总统、下届总统竞选人奥尔特加访问委内瑞拉，与委总统查韦斯共同出席了委石油公司尼加拉瓜分公司与尼53个城市的能源协议签字仪式。根据协议，委将以优惠方式向尼加拉瓜提供石油。

4月26日 委内瑞拉、巴西和阿根廷3国元首在巴西最大城市圣保罗举行首脑会议，同意玻利维亚加入由这3个国家推动的建设南方天然气大管道的计划。

4月28日 “墨西哥与南方共同市场的关系”政治论坛在墨西哥城举行，墨决定作为伙伴成员国加入南共市。墨总统福克斯和乌拉圭总统巴斯克斯参加了会议，两位元首一致认为，拉美的一体化不仅应当加强，而且应当超出贸易的范围。

4月29日 中国全国人大常委会批准《中华人民共和国和巴西联邦共和国引渡条约》。

＊古巴、委内瑞拉和玻利维亚领导人在古巴首都哈瓦那签署3国经济

一体化协议，旨在建立“反美联盟”，呼吁建立整个拉美地区的自由贸易区，终结美国在拉美地区的经济垄断地位。

＊据阿根廷外交部公报宣布，应海地当选总统普雷瓦尔的要求，阿根廷、巴西和智利3国高级外交官和专家在阿根廷外交部举行会议。会议决定采取共同行动来加强海地民主治理，关注该国社会的紧急情况，为建立海地可行性经济战略采取合作行动。

4月30日 因委内瑞拉总统查韦斯公开支持秘鲁“为秘鲁而联合党”总统候选人乌马拉，秘鲁召回了其驻委内瑞拉大使，以抗议查韦斯干涉秘内政。5月4日，委总统查韦斯宣布召回驻秘鲁大使。委、秘紧张关系进一步升级。

5月

5月1日 玻利维亚总统莫拉莱斯签署最高法令，宣布对本国石油天然气资源实行国有化。根据该法令，玻国营石油矿业公司将对全国所有油气田实行全面控制，所有在玻运营的外国公司必须在180天内与之重新签订合同。

5月2日 拉美6国（墨西哥、哥伦比亚、萨尔瓦多、巴拿马、尼加拉瓜、危地马拉）外长在华盛顿的危地马拉驻美大使馆官邸聚会，讨论美国的移民政策改革问题，寻求在拉美移民问题上与美国的共同点。

5月3日 委内瑞拉总统查韦斯访问玻利维亚，与玻总统莫拉莱斯讨论玻政府宣布石油天然气收归国有之后的相关议题。

5月4日 乌拉圭总统巴斯克斯访问美国，在华盛顿与美国总统布什举行会谈，双方同意开始谈判以加强乌美间的贸易交往，但未提及进行自由贸易协定的谈判。

5月5日 阿根廷、玻利维亚、巴西和委内瑞拉4国在阿根廷伊瓜苏港举行首脑会议，承认玻利维亚将石油天然气国有化的权利。玻副总统加西亚表示，在石油天然气国有化以后，玻准备保持对巴西和大幅度增加对阿根廷的天然气供应。

＊巴西政府宣布，巴西已成功建成了一个浓缩铀工厂，从此跻身掌握这项核技术的国家之列。巴科技部长雷森德称该国将和平利用核能。巴西是《不扩散核武器条约》签约国。

5月8日 哥斯达黎加新总统阿里亚斯在首都圣何塞宣誓就职，任期4年。哥新一届议会议长安东尼奥主持了就职仪式。阿里亚斯总统说，新政府将致力于减少贫困、消除社会不平等及创造更多就业机会等。

5月9日 古巴入选由47个国家组成的新的联合国人权理事会。

5月11—12日 第四届欧盟—拉美国家首脑会议在现任欧盟轮值主席国奥地利首都维也纳举行，来自欧盟和拉美国家的350名政府官员和经济专家就加强两地区贸易、投资、企业合作和促进旅游业发展等议题进行了讨论。会议发表的备忘录认为，欧、拉国家在经济领域开展合作仍有很大潜力，会议还发表了《维也纳宣言》。

5月12—17日 巴西黑帮组织"第一司令部"掀起袭警浪潮，至17日，已有至少156人被打死，包括警察、平民、囚犯和嫌疑犯。

5月14日 海地总统普雷瓦尔宣誓就职。新政府日程的重点是实现经济增长、社会正义、安全、国际合作和地区一体化。

5月15日 美国国务院发言人乔丹说，美国正在对委内瑞拉实施武器禁运，理由是委政府对国际反恐战争支持不力。

5月16日 委内瑞拉国民议会举行全会，通过了对《石油法》部分条款的修改，决定增设新的税种并调高矿区使用费的收取比例。委国民议会能源和矿业委员会主席罗德里格斯说，《石油法》做出的修改有助于维护委石油主权，增加国家的财政收入。

5月16—19日 由中国远洋集团总裁魏家福率领的中远代表团访问巴拿马，与巴国民议会议长卡斯蒂略在巴国会举行会谈，并于18—19日参加了由巴运河管理局主持召开的巴拿马运河国际顾问委员会年会。

5月17日 中国外长李肇星访问墨西哥，与墨总统福克斯举行了会谈。19日，中—墨政府间常设委员会第二次会议在墨西哥城闭幕，李肇星外长与墨外长德韦斯共同签署了《共同行动计划》等合作文件。

5月18日 墨西哥、危地马拉、洪都拉斯、尼加拉瓜和哥斯达黎加5国外长在墨西哥城一致谴责美国会于本月17日通过的、在美墨边界修建千里隔离墙计划，认为此举无助于美国解决非法移民问题。

* 哥斯达黎加外长斯塔尼奥致函美国务卿赖斯，再次要求美国将哥斯达黎加从支持伊拉克战争的盟国名单中删除。

* 智利最高法院第二刑事法庭宣布，被监禁在智利的秘鲁前总统藤森准予保释，但在保释期间，藤森不得离开智利国境。

5月21日 委内瑞拉总统查韦斯称，委决定退出与墨西哥和哥伦比亚组成的三国集团。原因是秘鲁、哥伦比亚等安共体成员国与美国签订了自贸协定，使委出口和市场遭到来自美国产品的冲击。

* 智利总统巴切莱特向议会作就职后的第一个政府工作报告，称新政府将致力于4个领域的改革（包括完善社会保障体系、改革教育系统、鼓励知识和科技创新以及推进城市建设），争取使智利到2010年达到发达国

家水平。

5月21—22日 巴西外长阿莫林访问玻利维亚，目的是加强两国政治和贸易双边关系。玻总统莫拉莱斯会见了阿莫林，双方就天然气价格问题进行了谈判。

5月23日 阿根廷外交部发表公报宣布，南方共同市场4个正式成员国（阿根廷、巴西、巴拉圭和乌拉圭）在布宜诺斯艾利斯与委内瑞拉签署了有关议定书，确认接纳委内瑞拉为南共市的正式成员国。

5月23—26日 墨西哥总统福克斯访问美国。福克斯表示，解决移民问题是墨美的共同责任，墨政府提倡墨西哥人"在墨美边境地区安全、合法和有序地流动"，不支持非法移民。

5月24日 数千秘鲁群众在首都利马举行示威，反对本国政府与美国签署的自由贸易协定。

5月25日 委内瑞拉总统查韦斯访问玻利维亚，与玻方签署207项生产性协议，以具体落实委、玻在哈瓦那签署的关于"玻利瓦尔美洲替代方案"的协议。

5月25—28日 第五次拉美社会债务和一体化峰会在委内瑞拉首都加拉加斯举行，会议内容包括社会兼容、世界贸易、"玻利瓦尔美洲替代方案"、社会经济和文化权利等问题。来自巴西、哥斯达黎加、古巴、西班牙、比利时、荷兰、哥伦比亚、墨西哥、阿根廷和印度的代表、拉美议会成员及委政府高官参加了会议。

5月28日 哥伦比亚大选结束，现任总统乌里韦成功连任。6月16日，哥全国选举委员会宣布，总统选举结果有效，承认乌里韦为新一届总统。乌里韦成为哥一个多世纪以来第一位连任总统，任期为2006—2010年。

5月29日 乌拉圭前总统桑吉内蒂访华，与中国政协主席贾庆林举行了会谈。

5月30日 委内瑞拉总统查韦斯访问厄瓜多尔，与厄总统帕拉西奥签署两项能源合作协议，以促进双边关系的发展和一体化，这是查韦斯在帕拉西奥就职后首次访问厄瓜多尔。

5月31日 厄瓜多尔外长卡里翁访问中国，与中国国家副主席曾庆红、外交部长李肇星分别举行会谈。

6月

6月2日 由乌拉圭企业界举办的"通往中国之路"经贸研讨会在乌

首都蒙得维的亚举行，近300名乌企业家、经济学家、政府官员及对华友好人士应邀参加了会议。这是近年来乌企业界举办的规模最大的对华经贸研讨会，旨在促进乌中经贸交流、探讨双方签署自贸协定的可能性及乌中经贸面临的机遇和挑战。

6月3日 委内瑞拉再次从俄罗斯进口了3万支最新式的卡拉什尼科夫步枪以及2500万发子弹。

＊拉美10国元首（洪都拉斯、危地马拉、哥斯达黎加、萨尔瓦多、尼加拉瓜、巴拿马、墨西哥、哥伦比亚和东道主多米尼加的总统及伯利兹总理）在多米尼加共和国的拉罗马纳市召开第二次中美洲能源措施首脑会议，目的是评估地区能源计划、准备建设一座本地区的石油炼油厂、建设一条太平洋海岸天然气管道及推动再生能源的计划等，以减轻高油价对拉美国家经济的负面影响。

＊第五次秘鲁与巴西技术合作会议结束，两国政府签署了8项技术合作协议，目的是发展两国在渔业、农业、保护环境等领域的合作，培训、支持小型和微型企业。

＊玻利维亚总统莫拉莱斯在东部城市圣克鲁斯将第一批土地国家所有权的证书交给农民，开始实施土地革命。

6月3—4日 东加勒比国家组织秘书处在格林纳达举行会议，目的是检查地区一体化在社会、政治、经济和法律等领域取得的成果，此会是在加勒比律师协会季度会议的框架内举行的。

6月4日 美洲国家组织第36届年会在多米尼加首都圣多明各召开，中国驻美洲国家组织常任观察员周文重大使率中国政府代表团出席了成员国与观察员国的对话会并发言。

6月6日 拉美议会副议长皮萨罗访问中国，与中国全国人大委员长吴邦国举行了会谈。

＊哥伦比亚、危地马拉、萨尔瓦多和洪都拉斯的代表开始在哥伦比亚首都举行自由贸易协定的第一轮谈判，谈判计划举行6轮，4个国家的外贸或财政部的副部长率团出席了会议。

6月7日 中国国家发改委与巴西能矿部在北京签署了关于成立中巴高委会能源矿产分委会的谅解备忘录。能源矿产分委会的主要任务包括：交流两国能源和矿产领域的政策法规、发展战略及主要项目等信息；鼓励两国在石油、天然气、可再生能源和生物燃料、电力和矿产领域的合作，推动相关合作项目的实施；及时回顾双方在上述领域的合作进展，协调解决合作中出现的问题，探讨新的合作方向和合作方式等内容。

＊哥斯达黎加数千名工人在首都举行和平示威，拒绝中美洲、多米尼

加共和国与美国签署的自贸协定，维护他们争取到的劳工权利。

6月8日 加勒比国家共同体在总部所在地圭亚那发表公报称，海地已被重新接纳为加勒比国家共同体的成员国。

＊智利总统巴切莱特访问美国，会见了美国总统布什和美洲国家组织秘书长、智利前外长因苏尔萨。9日，巴切莱特对海地进行24小时短暂访问，会见了海地总统普雷瓦尔，并看望了联合国驻海地北部的智利“蓝盔部队”。10日，巴切莱特短暂访问多米尼加共和国，与多国总统费尔南德斯举行会谈，双方要求国际社会向海地提供援助。

6月13日 安第斯共同体总统理事会特别会议在厄瓜多尔首都基多召开。厄瓜多尔、哥伦比亚、玻利维亚和秘鲁等4个成员国的首脑在会后签署了《基多宣言》，呼吁加强安第斯国家间的团结，并就要求美国延长安第斯关税优惠协议以及启动与欧盟的战略伙伴关系达成了共识。

6月16日 南方共同市场5国外长（阿根廷、巴西、巴拉圭、乌拉圭和委内瑞拉）在阿根廷外交部签署了接受委内瑞拉为南共市全权正式成员国的议定书。

6月19日 委内瑞拉总统查韦斯会见了圣文森特和格林纳丁斯总理贡加尔维斯和多米尼克总理斯克里特，寻求与这些国家在能源、经济和社会领域等方面的新的合作形式，如组建加勒比石油公司等。

6月20日 里约集团会议在圭亚那首都乔治敦举行，里约集团成员国近20名副外长和对外政策司的司长出席了会议。里约集团要求国际社会为恢复海地的社会经济提供更多的援助，要求联合国稳定海地特别代表团扩大其职权，帮助海地重建。

6月21日 秘鲁全国选举委员会在首都利马授予加西亚总统委任状，正式承认其合法性。同日，当选的第一副总统詹彼得里和第二副总统门多萨也接受了各自的委任状。

6月22—23日 委内瑞拉总统查韦斯访问巴拿马，与巴总统托里霍斯签署了巴委两国能源合作框架协议，双方将在未来5年内在石油和天然气领域展开合作。目前，委已与乌拉圭、阿根廷、古巴、巴西、牙买加和玻利维亚签署了类似的能源合作协议。

6月26日 古巴全国人民政权代表大会主席阿拉尔孔说，古巴要求美国关闭关塔那摩海军基地，并将美国非法占领的这片领土归还古巴。

6月27日 阿根廷、巴西、玻利维亚和委内瑞拉4国能源部长在委内瑞拉能源和石油部举行部长级会议，讨论有关南方天然气管道计划的工程、技术、费用、法律因素、环境、资金和社会影响等问题。

＊哥伦比亚激进变革党全国领导委员会成员、国会主席兼参议长克劳迪娅·布卢姆率团访华，与中国全国人大委员长吴邦国举行了会谈。

*委内瑞拉驻古巴大使阿丹·查韦斯访问白俄罗斯并称，委白应联合行动，在经贸、军事、政治等各个领域全面巩固两国间的战略伙伴关系，共同对抗来自美国的压力。

6月28日 智利政府和西班牙政府在马德里签署了一项合作与技术援助协议，以推动和发展社会福利事业。

*哥伦比亚国防部宣布，哥反政府游击组织“哥伦比亚革命武装力量”的两个重要头目——胡安·卡洛斯和阿尔西德斯·巴韦尔已被打死，该组织遭到沉重打击。

*秘鲁国会经过15个小时的激烈辩论，以多数票通过了与美国签署的自由贸易协定。

6月29日 玻利维亚总统莫拉莱斯访问阿根廷，与阿总统基什内尔签署了天然气合同，阿将以高出原价47%的价格继续进口玻天然气。基什内尔还宣布，阿将与玻联合修建一条天然气管道，使每天输送到阿的天然气额外增加2000万立方米。

*中国全国人大常委会批准了《中华人民共和国和墨西哥合众国关于刑事司法协助的条约》。

7月

7月1日 巴西“中国和平统一促进总会”在圣保罗举行大会，纪念该会成立15周年。会议呼吁巴华人华侨继续深入反独促统，促进两岸关系的和平发展，为实现祖国的和平统一作出贡献。

7月2日 玻利维亚争取社会主义党在制宪大会选举中获胜，玻总统莫拉莱斯认为这一事件将使玻民主得到巩固。

*墨西哥举行总统大选。6日，墨西哥联邦选举委员会宣布，墨右翼国家行动党候选人卡尔德龙在大选中获胜。卡尔德龙承诺，将努力使墨西哥成为“拉美的领头羊”。11日，中国外交部发言人称，中方愿与墨西哥新政府一道努力，不断巩固和深化中墨战略伙伴关系。

7月3日 加勒比国家共同体的元首和政府首脑在圣基茨和尼维斯举行会议，讨论地区安全和一体化问题。海地总统普雷瓦尔出席了开幕式，标志着海地正式重返加勒比国家共同体。

7月5日 委内瑞拉、巴西、阿根廷、巴拉圭和乌拉圭5国元首在委首都加拉加斯举行南方共同市场特别会议，共同签署委内瑞拉完全加入南共市协议。根据协议，委内瑞拉从2006年7月4日起加入南共市对外谈判，以正式成员身份审查南共市已经进行的各项谈判内容，享有表决权。玻利维亚总统莫拉莱斯作为特别嘉宾出席了签字仪式。委议会当天批准了委政府与南共市签订的协议。

7月5—6日　秘鲁新当选总统加西亚访问厄瓜多尔，与厄总统帕拉西奥举行会晤，加西亚表示，秘鲁政府将努力改善与委内瑞拉的关系。之前，加西亚还访问了巴西、智利和哥伦比亚，目的是推动地区一体化进程，加强安第斯共同体的作用。

7月10日　古巴共产党中央政治局委员、书记处书记、国务委员会副主席埃斯特万·拉索·埃尔南德斯访华，分别与中共中央政治局常委李长春、中联部部长王家瑞和中宣部部长、中央文明委副主任刘云山举行了会谈。

＊海地首都太子港南部地区的武装团伙之间发生严重冲突，至少造成16人死亡。这是普雷瓦尔总统就职以来发生的首起造成人员伤亡的严重暴力事件。

7月10—11日　委内瑞拉全国代表大会主席马杜罗访华，分别与中国全国人大委员长吴邦国、中联部部长王家瑞举行了会谈。马杜罗表示，进一步推进委中关系的发展是委政府、议会、第五共和国运动及人民的共同战略目标。

7月11日　中美洲一体化体系第28次首脑会议在巴拿马城闭幕，与会的该体系成员国（萨尔瓦多、洪都拉斯、尼加拉瓜、危地马拉、哥斯达黎加、巴拿马和伯利兹）以及多米尼加和哥伦比亚的代表在最后声明中称，各国元首同意建设一条连接巴拿马、哥斯达黎加、尼加拉瓜、萨尔瓦多、洪都拉斯和危地马拉的输电线路，进一步深化地区国家间在海关、移民和贸易发展等方面的关系。

＊美洲国家组织秘书长因苏尔萨访问厄瓜多尔。他在基多表示，美洲国家组织将“尽最大的努力”支持安第斯国家要求美国延长安第斯关税优惠协议有效期的呼声，避免安第斯国家的经济受到冲击。

7月13日　国际法院就乌拉圭和阿根廷边境造纸厂纠纷作出初步裁决，驳回阿根廷要求乌停止在阿乌边境修建两座造纸厂的起诉。

7月14日　南美洲亚马孙合作条约组织和南美洲国家共同体12国国防部长和代表在哥伦比亚首都波哥大举行第一次会议，建议采取紧急互信措施以保护亚马孙地区。

7月15日　中国驻海地维和警察防暴队配合联合国海地稳定特派团及海地特警，在首都太子港的太阳城圆满完成对反政府武装的缴械任务。

7月16日　中国国家主席胡锦涛在俄罗斯圣彼得堡同前来出席“八国集团同发展中国家领导人对话会议”的巴西总统卢拉、墨西哥总统福克斯等6个发展中国家领导人举行集体会晤，就加强发展中国家间的合作、促进共同发展等问题交换了意见。

7月17日 委内瑞拉外交部负责非洲事务的副外长玻利瓦尔称，委已被接纳为非洲联盟观察员。

*巴西全国商业联合会在里约热内卢举行巴西—中国外贸和投资研讨会。巴西发展、工业和对外贸易部代部长伊万·拉马略说，巴西希望通过谈判解决巴中贸易问题，以确保两国间的贸易继续迅速增长。

7月18日 南美洲—阿拉伯国家首脑会议所属的外交部第二次高级代表会议在委内瑞拉首都加拉加斯举行，15个非洲国家和12个南美国家的27个代表团及非盟政治事务副秘书长本赫里出席了会议。会议跟踪了2005年5月在巴西利亚签署的协议的执行情况，讨论了政治、经济、文化、环境和技术问题，以及建立阿拉伯—南美洲图书馆等事宜。

7月19日 智利众议院以压倒多数通过了智利政府与中国政府签署的双边自由贸易协定。智众议院指出，该协定生效后势必对两国在经贸等领域发展全面合作关系产生积极影响，也将为两国企业带来巨大商机，为两国人民带来实惠。

7月19—20日 大陆社会联盟、大陆反对美洲自由贸易区运动和南美洲一体化人民峰会在阿根廷科尔多瓦市举行，拉美国家的社会运动和工会组织近100名代表与会。会议的中心议题是不要自由贸易条约，而要人民的选择。

7月19日—8月2日 委内瑞拉总统查韦斯访问巴西、阿根廷、白俄罗斯、俄罗斯、卡塔尔、伊朗和越南。

7月20—21日 南方共同市场第30届首脑会议在阿根廷第二大城市科尔多瓦召开，南共市5个成员国阿根廷、巴西、乌拉圭、巴拉圭和委内瑞拉的总统、智利和玻利维亚两个联系国的总统及秘鲁、厄瓜多尔、墨西哥等国的代表出席了会议。古巴国务委员会主席卡斯特罗也应邀首次出席南共市首脑会议。墨西哥正式向南共市申请成为联系国。会后发表的联合公报表示，南共市将继续深化一体化进程，推进本地区的可持续发展。会议正式宣布接纳委内瑞拉为南共市第5个成员国，并支持委内瑞拉成为2007—2008年联合国安理会非常任理事国候选国。

7月23日 “中南美洲中国和平统一促进会委内瑞拉2007年会筹备动员大会”在委内瑞拉首都加拉加斯中国驻委大使馆举行，来自全委各地的中华会馆、商会等30多个侨社的侨领共60多人与会。大会正式宣布成立“中南美洲中国和平统一促进会2007年委内瑞拉大会筹备委员会”，委内瑞拉中华会馆主席梅其羡当选为筹委会主席。

7月23—25日 中国全国政协副主席罗豪才访问阿根廷，与阿副总统兼参议长肖利在布宜诺斯艾利斯举行了会谈。肖利表示，欢迎中国企业来阿投资发展，促进阿中两国关系进一步发展。

7月24日 阿根廷和巴西两国经济部长在布宜诺斯艾利斯举行会议，会后达成协议，决定建立双边贸易结算非美元化机制，为今后实现南方共同市场统一货币做准备。阿巴两国每年的双边贸易额约为150亿美元。

7月25日 哥伦比亚警方消息，哥警方在首都波哥大附近抓获了哥最大的制毒贩毒集团“卡特尔”的二号人物雷斯特雷波，他是哥美两国通缉的20名要犯之一，将被引渡到美国受审。

＊委内瑞拉总统查韦斯访问白俄罗斯，与白俄罗斯总统卢卡申科达成共识，两国将结成战略同盟，共同在多个领域反对美帝国主义。两国签署了多项合作协议，还签署了外交政治磋商、农业合作以及科技创新领域合作的谅解备忘录。

＊中国外交部副部长杨洁篪与安提瓜和巴布达、巴哈马、巴巴多斯、多米尼克、格林纳达、圭亚那、牙买加、圣卢西亚、苏里南、特立尼达和多巴哥等10国代表在北京举行了中国和加勒比建交国外交部间第三次磋商会议，会后发表了《联合新闻公报》。

7月27日 秘鲁当选总统加西亚在利马任命阿普拉党议员德尔卡斯蒂略为新一届政府总理，同时公布了15名政府部长的人选。

7月28日 秘鲁新当选总统加西亚在利马国会大厦举行就职仪式，任期5年，新当选的第一副总统詹彼德里和第二副总统门多萨以及16名内阁成员也宣誓就职。来自巴西、哥伦比亚、厄瓜多尔、智利、玻利维亚、巴拿马、巴拉圭、萨尔瓦多、洪都拉斯9个国家的总统和20多个国家的特使或代表及一些国家驻秘外交使节出席了就职仪式。中国政府特使、文化部部长孙家正也应邀出席。加西亚在就职演说中提到，他将学习中国的经验，因为中国在吸引外资、发展经济方面创造了奇迹。

＊第五届美洲空间大会在厄瓜多尔首都基多闭幕。会议发表的《基多宣言》强调，美洲国家应加强在空间科技领域的合作，通过和平利用空间技术促进社会安全和持续发展。

7月29日 美国贸易代表施瓦布和巴西外交部长阿莫林在里约热内卢会晤并表示，两国将尽力挽救世贸组织多哈回合谈判。这是多哈回合谈判被宣布中止以来世贸组织主要成员之间举行的首次双边正式会晤。

7月31日 古巴最高领导人卡斯特罗因胃肠出血紧急住院接受手术治疗，临时将党政大权移交给其弟、国务委员会第一副主席劳尔·卡斯特罗。8月1日，中国国家主席胡锦涛致电卡斯特罗主席，代表中国党、政和人民并以个人名义对卡斯特罗表示慰问。

8月

8月1日 联合国驻海地稳定特派团通令嘉奖中国第三批驻海地维和警察防暴队，这是联海团成立以来首次授予防暴队集体荣誉。3日，我国第四支维和警察防暴队先遣队赴海地。

8月2日 波多黎各州务卿费尔南多·波尼拉率经贸代表团一行16人对北京、上海、广东进行为期9天的访问。这是波多黎各第一次正式组团访华，以了解中国及双边合作机遇，寻求贸易和投资机会。

＊厄瓜多尔石油公司和印度尼西亚国营石油公司在基多签署了“战略联盟协议”，这是今年初以来厄和外国石油公司签署的第五个石油合作战略联盟协议。厄能源和矿产部长罗德里格斯表示，战略联盟有利于两国在能源领域相互借鉴经验并增强实力。

8月3日 为抗议以色列的军事行动，委内瑞拉总统查韦斯命令撤回委驻以大使。7日，以色列亦召回驻委大使，以示抗议。

8月4日 联合国秘书长安南访问海地，与海地总统普雷瓦尔举行会谈，并会见了海地政府官员和在海地工作的联合国官员。

8月6日 玻利维亚制宪大会在最高法院所在地苏克雷成立，255名民选制宪代表及数千名群众与会，阿根廷、智利、古巴、委内瑞拉等派遣了高级代表团，印第安妇女西尔维娅·拉扎尔特当选为制宪大会主席。

8月7日 获得连任的哥伦比亚总统乌里韦宣誓就职，开始了第二个总统任期（2006—2010年），副总统桑托斯同时宣誓就职。来自78个国家的代表及中国政府特使、信息产业部部长王旭东参加了就职典礼。乌里韦总统发表演说称：“哥伦比亚实现和平的计划是不可逆转的事实。”

8月7—8日 秘鲁、哥伦比亚、厄瓜多尔和玻利维亚正式邀请智利重返安第斯共同体。8日，智总统巴切莱特表示，智利将作为伙伴成员国重新加入安共体。

8月8日 阿根廷总统基什内尔强烈批评美国试图取消对阿根廷及其他一些国家的普遍优惠制待遇，认为这是美国对阿采取的报复行为。

8月13日 古巴领导人卡斯特罗在病榻上会见了到访的委内瑞拉总统查韦斯，这是卡斯特罗病后第一次公开会见外国元首。

8月16日 针对美国驻厄瓜多尔曼塔空军基地司令德卢卡称该基地

是“哥伦比亚计划”非常重要的一部分的说法，厄外长卡里翁坚决予以否定。他强调，该空军基地不是“哥伦比亚计划”的一部分，“哥伦比亚计划”只涉及哥伦比亚和美国，厄绝不参与此项计划。

* 美官方宣布，美联邦官员在美、墨交界海域抓获了墨大毒枭费利克斯，此人是蒂华纳集团的重要头目，美曾悬赏500万美元捉拿他。蒂华纳集团、海湾卡特尔和费德拉西翁联盟集团是迄今为止墨最主要的三大贩毒集团。

8月18日 美国家情报局长内格罗蓬特宣布，美设立一个专门负责古巴和委内瑞拉事务的情报主管职位，负责管理对这两个国家的情报搜集和分析工作。同日，委内瑞拉总统查韦斯对美国的这一做法表示愤慨与谴责。

8月21日 智利总统巴切莱特正式宣布批准智利与中国两国政府签署的双边自由贸易协定，巴切莱特和智利外交部长及财政部长分别在批准书上签字。巴切莱特总统说，该协定有助于巩固和深化智利在亚太地区的战略地位，促进智利经济增长，增加就业机会。

8月22—27日 应中国国家主席胡锦涛的邀请，委内瑞拉总统查韦斯对中国进行国事访问。24日，胡锦涛主席与查韦斯总统举行会谈。会后，两国元首出席了《中、委高级混合委员会第五次会议纪要》等合作文件的签字仪式。25日，吴邦国委员长和温家宝总理也分别会见了查韦斯总统。

8月23日 阿根廷政府宣布将斥资35亿美元实施《振兴核发展计划》，以应对国内能源的紧张形势。

8月25日 由委内瑞拉中国工商会主办，中国对外贸易理事会承办的“委—中工商农业旅游业商务洽谈会”在北京举行。

8月26日 玻利维亚总统莫拉莱斯宣布将玻国森林资源国有化。

8月28日—9月9日 应巴西参议长卡列罗斯和众议长雷贝洛、乌拉圭副总统兼国会主席、参议长诺沃亚、智利参议长弗雷和众议长莱亚尔及拉美议会议长洛佩斯的邀请，中国全国人大委员长吴邦国前往上述三国进行正式友好访问，并访问总部设在巴西圣保罗的拉美议会。

8月29—31日 委内瑞拉总统查韦斯对叙利亚进行为期3天的国事访问，两国签署了13项合作协议及互免签证协定。

9月

9月1日 委内瑞拉与哥伦比亚国防部长在委内瑞拉圣克里斯托瓦尔

市签署了两国边界安全合作协议，两国军方将建立双边联络委员会，保持紧密联系，采取有效的方式打击边境犯罪活动。

9月6日 为期12天的乌拉圭国际工农业博览会开幕，阿根廷、巴西、委内瑞拉、西班牙、美国和墨西哥等国派团参加了展会，中国展团首次参展。

9月8日 香港和记黄埔港口获得厄瓜多尔马达港的兴建、发展及经营集装码头的权利，新码头将加强和黄港口在南美西岸的服务。

9月10日 古巴石油公司与印度ONGC石油公司签署了一项共同在墨西哥湾的古巴水域勘探和开发石油的合同，古巴基础工业部长加西亚出席了签字仪式。

9月13日 印度、巴西和南非对话论坛第一次首脑会议在巴西利亚举行，3国总统在会议上签署了多项旨在扩大经贸、科技和政治方面合作的协议，其中包括技术标准和程序备忘录以及海上商业航行和运输协议。

＊哥伦比亚与哥斯达黎加政府代表团在哥伦比亚首都波哥大举行双边会议，决定联合起来打击恐怖主义、贩毒和非法武器交易，启动“高级别安全和正义”机制。双方还讨论了两国间的情报与培训交流事宜。

＊哥斯达黎加和埃及宣布恢复中断了23年的外交关系，并将逐步恢复驻对方的大使馆。

9月14日 多米尼加外交部发表声明，该国与越南建立外交关系。两国首脑在第14届不结盟国家运动哈瓦那首脑会议期间主持了建交公报的签字仪式。

9月15—17日 第14届不结盟运动首脑会议在古巴首都哈瓦那举行，来自世界115个国家的元首、政府首脑或代表、15个观察员国、31个特约国和23个国际组织代表及联合国秘书长安南与会，中国外交部副部长杨洁篪以观察员身份应邀出席了会议。会议通过了《关于当前国际形势下不结盟运动的目的、原则和作用的宣言》等5个文件。古巴主席卡斯特罗被选为该组织主席，任期3年。

9月16日 委内瑞拉与白俄罗斯在哈瓦那签署了包括19项双边合作准则的备忘录，将建立一个共同的合作委员会，在双边关系中的所有领域开展合作。委总统查韦斯和白俄总统卢卡申科主持了签字仪式。

9月17—18日 伊朗总统艾哈迈迪·内贾德抵达委内瑞拉开始进行为期两天的访问，同查韦斯就能源及其他问题举行会谈，两国政府还签署了5项合作协议，涉及石油、钢铁和基础设施等领域。

9月18日 美国务院将玻利维亚列为主要的毒品运输和生产国，指责莫拉莱斯政府继续允许收割古柯。19日，莫拉莱斯在联大发表演讲时，挥舞着一片古柯叶，抗议美国批评玻利维亚的反毒政策。

＊中国外交部副部长杨洁篪访问秘鲁，与秘鲁总统加西亚就中秘关系和其他共同关心的问题进行了交谈。同日，杨洁篪还会见了秘鲁外长何塞·加西亚，并与秘鲁副外长贡萨洛·古铁雷斯签署了《中秘经济技术合作协定》。

9 月 20 日 第 22 届安第斯共同体外长理事会在纽约召开，与会代表一致通过了有关智利以"伙伴国"身份加入安共体的决议，但智利在安共体内的责任和义务有待进一步确定。21 日，秘鲁总统加西亚表示，智利重返安共体对该组织的发展有"重要的推动作用"，有助于加快安第斯国家与欧盟之间的一体化谈判进程，以及与中国等新兴亚洲国家建立更紧密的联系。

9 月 22 日 委内瑞拉内政部长兼司法部长查孔宣布，委内瑞拉和哥伦比亚有关部门采取联合行动，在委抓获了哥二号毒枭多明戈斯，并将其引渡回哥伦比亚。

9 月 23—29 日 智利参议长弗雷率参议院代表团访问中国。27 日，中国全国人大委员长吴邦国会见了弗雷。弗雷积极评价吴邦国访智取得的重要成果，并表示智参院愿同中国全国人大加强友好交往，智利将一如既往地坚定奉行一个中国政策。

9 月 25 日 中国外长李肇星对加勒比地区的安提瓜和巴布达进行短暂访问，在首都圣约翰会见了总督卡莱尔，并与总理兼外长斯宾塞举行会谈，双方就中国与加勒比共同体关系交换了看法，同意共同推进中加早日建立对话机制，双方还签署了有关经济技术和教育合作等文件。

9 月 26 日 加勒比共同体 15 个国家的领导人向美国政府表示，加共体支持委内瑞拉竞选联合国安理会非常任理事国的愿望。

＊哥伦比亚卡利贩毒集团头目奥雷胡埃拉兄弟在美国迈阿密的一个法庭上被分别判处 30 年监禁。

9 月 27 日 俄罗斯驻委内瑞拉大使奥弗罗维茨称，俄重申支持委内瑞拉竞选联合国安理会非常任理事国的愿望。他称这一决定是俄总统普京提出来的。

＊为期两天的伊比利亚美洲能源部长级会议在乌拉圭首都蒙得维的亚闭幕，此会是第 16 届伊比利亚美洲首脑会议的预备会议之一，会议呼吁利用可再生能源促进拉美地区能源安全。

9 月 28—29 日 俄罗斯总理弗拉德科夫访问古巴，与古巴第一副主席劳尔·卡斯特罗举行正式会谈，在革命宫参加了 5 项双边协议的签字仪式，古国务委员会副主席拉赫和外长罗克等出席了签字仪式。

10月

10月1—4日 美洲国防部长会议在尼加拉瓜首都马那瓜举行，34个美洲国家的国防部长与会。会议发表的最后宣言承诺加强美洲大陆的安全和信任，拒绝大规模杀伤性武器在美洲大陆的扩散。

10月4日 美国总统布什在非法移民问题最为严重的亚利桑那州签署了耗资12亿美元的美墨边境隔离墙修建法案。当天，墨外交部向美递交照会，强烈批评美国的做法，并表示不放弃通过联合国来解决问题的可能性。中美洲各国、厄瓜多尔和秘鲁等国政府对美此举也表示反对。

*哥伦比亚开始与挪威、瑞士、冰岛和列支敦士登等欧洲国家谈判自由贸易协定。哥工业、贸易和旅游部长博特罗说，与4国的谈判是哥与各个大陆国家签署此类贸易协定的一部分，哥正通过贸易谈判为其产品寻找新的市场。

10月5日 由巴西淡水河谷公司投资11亿美元建设的布鲁库图铁矿投产，设计生产能力为每年3000万吨，位居世界第一。

10月7日 委内瑞拉与越南在加拉加斯签署多项经济合作协议，以寻求两国的共同发展。这是双方经过3天的工作会议取得的成果。

10月9日 秘鲁总统加西亚对美国进行了24小时的访问，目的是希望美国会尽早批准两国签署的自由贸易协定。访问期间，加西亚会见了美总统布什、商务部长、美贸易代表及世界银行、国际货币基金组织和美洲开发银行的负责人、美国家控制毒品政策办公室负责人等。

10月10日 墨西哥当选总统卡尔德龙发表讲话，提出了墨政治经济改革的多年计划，承诺在加强立法、创造就业机会以及促进平等方面加大施政力度。

10月12日 美国成立“履行封锁古巴特别委员会”，该委员会由美国财政部、联邦调查局、国内安全部、贸易部的官员组成。违反美国封锁古巴法律的公司和个人将受到多至10年监禁和25万—100万美元罚款的处罚。

10月12—15日 “第一次边境社会论坛”会议在墨西哥胡亚雷斯市举行，美国和墨西哥150多个组织的800名代表与会，古巴、波多黎各、加拿大等美洲大陆其他国家的代表应邀出席。与会者认为北美自贸协定加剧了墨西哥的贫困和不平等。

10月13日 拉美—加勒比—欧盟高级官员小组在圣基茨和尼维斯举行新的对话，检查第4次两地区首脑会议的结果，准备2008年在秘鲁举行的首脑会议的工作议程。

＊秘鲁国家反恐怖刑事法庭做出裁决，秘鲁游击组织“光辉道路”领导人古斯曼被判无期徒刑，罪名是严重的恐怖主义罪、反对秘鲁国家的谋杀罪等。

10月15日 厄瓜多尔举行首轮总统选举。11月26日，举行第二轮总统选举。11月28日，厄最高选举法院公布，左翼“主权祖国联盟运动”总统候选人拉斐尔·科雷亚当选为厄新总统，科雷亚将于2007年1月15日宣誓就职，任期4年。

10月16—17日 为期两天的委内瑞拉和中国企业洽谈会在委内瑞拉首都加拉加斯结束，双方企业家签署了多项电信和科技领域的合作协议。委总统查韦斯在洽谈会闭幕式上发表讲话说，委中双方还将继续推动在铁路、住房、建立合作投资基金和石化产品生产等方面的合作。

10月18日 由圣基茨和尼维斯总理道格拉斯率领的加勒比共同体高级代表团对海地进行访问，探讨如何向海地提供援助。

10月19日 阿根廷总统基什内尔访问玻利维亚，与玻总统莫拉莱斯在圣克鲁斯签署一项玻向阿提供天然气的协议。基什内尔在签署能源协议后重申支持莫拉莱斯政府和玻实行的石油天然气国有化政策。

10月20日 第13届“伊比利亚美洲青年部长和负责人会议”在古巴首都哈瓦那开幕，会议以绝大多数票通过声明谴责美国对古巴实行40多年的经济、金融和贸易封锁，只有尼加拉瓜代表和哥斯达黎加代表分别投了反对票和弃权票。

10月22日 由中国对外友协和萨尔瓦多—中国友协共同主办的首届“中国与中美洲民间友好论坛”在墨西哥城开幕。来自萨尔瓦多、洪都拉斯等国的代表和观察员共同探讨了如何发展中美洲7个尚未同中国建交的国家和中国在政治、经济、文化等领域之间的关系，增进彼此间的友谊和理解。

＊巴拿马政府就巴拿马运河扩建计划举行全民公投，超过78%的投票者表示支持，扩建计划顺利通过。扩建计划耗资52.5亿美元，预计在2014年巴拿马运河通航百周年时竣工。

10月25日 拉美和加勒比反种族主义和歧视城市联盟在乌拉圭首都蒙得维的亚宣告成立，来自该地区40余个国家的市政代表通过行动计划，决定在教育、生活、就业和文体等领域与种族主义及歧视、排外等现象作斗争。

10月25—28日 应中国国家副主席曾庆红的邀请，阿根廷副总统丹尼尔·奥斯瓦尔多·西奥利对中国进行正式访问，与曾庆红副主席、吴邦国委员长分别举行了会谈。

10月26日 美国总统布什签署法令，批准在美墨边境修建隔离墙，以阻止日益增多的非法移民。同日，正在加拿大访问的墨西哥当选总统卡尔德龙及现任总统福克斯均表示，美国决定在美墨边界修建1100多公里长的隔离墙是一个“严重错误”。

10月27日 由智利争取民主党副主席吉多·希拉尔迪率领的智利代表团访华，与中共中央政治局常委、中央纪委书记吴官正在北京举行会谈。希拉尔迪表示，智中两党面临许多共同挑战，智方愿进一步加强两国政党、政府和人民之间的友好交流，推动双方在各领域的互利合作不断深化。

10月27—29日 拉美十几个左派组织和过去的游击组织在智利首都圣地亚哥聚会，讨论进行地区协调共同开展反美斗争。这次会议被称为“革命斗争的计划”，参加者包括阿根廷、玻利维亚、乌拉圭、秘鲁、委内瑞拉、厄瓜多尔、智利等国的左派组织及哥伦比亚的两大游击队组织“哥伦比亚革命武装力量”和“哥伦比亚民族解放军”。

10月29日 巴西最高选举法院院长马尔科·梅洛宣布，巴西总统卢拉在总统大选第二轮投票中以压倒性优势战胜对手，赢得第二个总统任期。

＊玻利维亚总统莫拉莱斯在首都拉巴斯宣布，玻国营石油矿业公司已与所有在玻能源领域运营的外国公司签订了新合同。这标志着该国能源国有化改革任务已经圆满完成，国家重新掌握了全部油气资源的所有权。

10月31日 据西班牙警方宣布，哥伦比亚大毒枭奥尔兰多在马德里落网，此人是哥最大的贩毒集团“北方山谷”的重要成员，被控犯有贩毒、洗钱、谋杀等多种罪行。

11月

11月1日 厄瓜多尔驻联合国大使科尔多维斯宣布，因委内瑞拉与危地马拉经过47轮投票仍未获得胜选所需的2/3多数票，两国同意双双退出联合国安理会非常任理事国席位的竞选，转而支持巴拿马竞选。7日，巴拿马在第61届联大全体会议上当选为联合国安理会非常任理事国。

11月2日 中国国家主席胡锦涛与秘鲁总统加西亚互致贺电，热烈庆祝中秘两国建交35周年。

11月3日 哥伦比亚与中美洲的萨尔瓦多、危地马拉、洪都拉斯在圣萨尔瓦多城举行第四轮自由贸易协定谈判，同时还讨论了产地规则、法律事务、投资、服务和争端解决等问题。

11 月 3—5 日 第 16 届伊比利亚美洲国家首脑会议在乌拉圭首都蒙得维的亚开幕，19 个美洲国家及西班牙、葡萄牙和安道尔的国家元首、政府首脑或代表与会。会议主题为“移民与发展”，主要讨论移民、经济发展、消除贫困和地区一体化等问题。会议签署并通过了《蒙得维的亚宣言》和《蒙得维的亚移民与发展共识》等文件，还通过了 9 项有关国际和地区问题的文件，其中包括反对美国的美墨边境隔离墙计划及要求美国取消《赫尔姆斯—伯顿法》等。

11 月 6 日 墨西哥城公共安全部门宣布，墨革命制度党总部、联邦选举法庭所在地和加拿大丰业银行的一家分支机构所在地几乎同时发生爆炸事件。由墨 5 支游击队组成的联合组织随后发表声明，宣称对此次爆炸事件负责。

11 月 7 日 尼加拉瓜最高选举委员会宣布，尼加拉瓜反对党桑地诺民族解放阵线候选人丹尼尔·奥尔特加·萨阿韦德拉在大选中当选为总统，海梅·莫拉莱斯·卡拉索当选为副总统。当选的总统、副总统和议员将于 2007 年 1 月 10 日正式就职，任期 5 年。8 日，美国务院称，美力求与尼新政府建立“积极的关系”。

11 月 8 日 联合国第 61 届全体会议以 183 票赞成、4 票反对和 1 票弃权的表决结果通过决议，再次敦促美国结束对古巴长达 40 多年的经济、贸易和金融封锁，美国、帕劳、以色列和马绍尔群岛 4 国投了反对票。这是自 1992 年以来，联大连续第 15 年通过类似决议案。

11 月 9 日 阿根廷联邦法院正式下令对伊朗前总统拉夫桑贾尼发布国际通缉令，指控伊朗政府策划实施了 1994 年发生在布宜诺斯艾利斯犹太人社区的恐怖袭击。19 日，伊朗外交部召见了阿根廷驻德黑兰使节，就阿方这一要求提出强烈抗议。

* 墨西哥当选总统卡尔德龙访问美国，与布什总统在白宫举行会谈，双方一致认为，必须通过建立广泛的共识解决非法移民问题。

11 月 10 日 美国负责西半球事务的助理国务卿香农表示，美国希望改善与委内瑞拉的关系。

* 中国在厄瓜多尔最大的石油公司——安第斯石油公司在厄国的亚马孙地区的油田遭到当地部分闹事者的冲击，在厄政府干预下，示威者最终撤离被占设施。

11 月 11 日 中国驻委内瑞拉大使馆商务处遭一批持枪歹徒抢劫，中方无人员伤亡。

11 月 13 日 由托莱多主席率领的古巴全国人民政权代表大会宪法与法律委员会代表团访华，全国人大常委会副委员长、中华全国总工会主席王兆国会见了该代表团。

＊委内瑞拉能源和石油部长拉米雷斯宣布，委探明石油储量已增至876.21亿桶。委总统查韦斯和来访的巴西总统卢拉共同出席了奥里诺科石油带新探明储量的认证仪式。

11月15—17日 第12届国际反腐败大会在危地马拉举行，来自110多个国家和地区的1000余名代表与会。拉美国家的代表要求各国政府以及社会各界力量共同打击腐败，中美洲国家还发表声明，承诺在2010年前把中美洲建设成一个透明的、没有腐败的地区。

11月16日 哥伦比亚政府宣布实施从2006年8月到2010年8月为止的4年全国发展计划，该计划是乌里韦总统在第二任期内将要实现的主要目标。发展计划主要包括：减少贫困人口、保持经济和社会发展、提高社会安全水平等，哥政府将为此投入77亿美元。

11月17日 厄瓜多尔正式向世贸组织投诉欧盟对拉美香蕉所征收的关税，成为第一个提出申诉的拉美国家。

＊参加亚太经合组织第14次领导人非正式会议的胡锦涛主席在越南首都河内会见了智利总统巴切莱特。

11月18日 第一次南方人民会议在委内瑞拉首都加拉加斯召开，安第斯议会议长、众议员莫拉莱斯主持了会议，参会人员包括阿根廷、秘鲁、智利、玻利维亚、巴西、哥伦比亚和厄瓜多尔的文化代表，会议目的是推动本地区人民的一体化。

11月19日 委内瑞拉外交部发表新闻公报，宣布委已经正式退出与墨西哥和哥伦比亚组成的三国集团。

11月19—26日 哥伦比亚共和国副总统弗朗西斯科·桑托斯·卡尔德龙对中国进行其就任副总统后首次正式访问，与中国国家副主席曾庆红、总理温家宝分别举行了会谈。除北京外，桑托斯副总统还访问了西安和上海。

11月20日 墨西哥左翼民主革命党总统候选人奥夫拉多尔宣布正式就任墨西哥“合法总统”，与当选的右翼国家行动党候选人卡尔德龙即将成立的新政府“分庭抗礼”。21日，卡尔德龙总统宣布了对5位新内阁成员的任命，并强调新政府将致力于为平民创造就业机会，因为这是战胜贫困的唯一有效途径。

11月21日 世贸组织总干事拉米访问乌拉圭，参加在乌首都蒙德维的亚举行的乌拉圭回合谈判启动20周年纪念活动。

11月22日 阿根廷和加拿大两国签署协议，决定在阿合作扩建核电站，以解决阿根廷的缺电危机。

11月22—28日 阿根廷外交、国际贸易和宗教事务部长豪尔赫·恩里克·塔亚纳访问中国，与中国国家副主席曾庆红、外长李肇星分别举行了会谈。

11月25日 南美洲国家共同体第三次外长会议在智利首都圣地亚哥召开，智外长弗斯莱和共同体成员国的代表签署了文件，智开始成为安第斯共同体的伙伴成员国。

11月26日 哥伦比亚总统乌里韦访问智利，与智总统巴切莱特签署了两国自由贸易协定。

11月27日 中国和阿根廷经贸混委会第16次会议在北京举行，中国商务部副部长廖晓淇和阿根廷外交部贸易和国际经济关系国务秘书阿尔弗雷多·基亚拉迪亚共同主持会议，并签署了《会谈纪要》，中阿将在矿业、能源、林业、电信、基础设施建设等领域进一步加强合作。

11月30日 应古巴官方邀请，以中国国防大学政委赵可铭上将率领的中国军事代表团抵达古巴首都哈瓦那，参加古巴建军50周年庆典。12月4日，古巴国务委员会第一副主席、革命武装部队部部长劳尔·卡斯特罗会见了该代表团。

12月

12月1日 墨西哥当选总统卡尔德龙在议会大厦宣誓就职，来自100多个国家的元首或政府首脑代表出席了就职仪式，中国政府特使、交通部部长李盛霖应邀出席。卡尔德龙呼吁各政党抛弃分歧和党派利益，通过对话共同解决墨现存的问题；向犯罪和社会治安问题宣战，保障社会和家庭的安全；发展经济，逐步消除贫困现象。

12月3日 委内瑞拉举行总统选举。当晚，全国选举委员会主席宣布，现任总统查韦斯以压倒性多数获得连任，并将于2007年2月2日就职，任期6年。

12月6日 应巴西劳工党、委内瑞拉第五共和国运动和墨西哥国家行动党的邀请，中国中联部部长王家瑞率中共代表团前往上述三国进行友好访问。

* 厄瓜多尔当选总统科雷亚在会见中国驻厄大使刘玉琴时表示，厄将继续坚持一个中国的政策，并希望中国早日实现统一。

12月6—7日 委内瑞拉总统查韦斯对巴西进行工作访问，这是他赢取连任后出访的第一个国家。巴西总统卢拉与查韦斯举行了工作会谈，双方决定加快实施两国在能源领域的合作项目。

12月7日 牙买加总督霍尔在首都金斯敦接受中国驻牙新任大使陈京华递交国书时强调，牙买加高度重视发展与中国的友好关系，将继续致力于推动两国关系不断向前发展，霍尔对牙中友好合作关系的不断深化表示满意。

12月8日 美国会批准将对秘鲁、哥伦比亚、厄瓜多尔和玻利维亚的关税优惠法延长6个月至2007年7月，但是美再次要求厄瓜多尔和玻利维亚与美国签署自由贸易协定。

12月8—9日 南美洲国家共同体第二次首脑会议在玻利维亚科恰班巴市召开，出席会议的有玻利维亚、巴西、智利、巴拉圭、圭亚那、秘鲁、乌拉圭和委内瑞拉总统以及阿根廷、厄瓜多尔和哥伦比亚的代表，墨西哥和巴拿马的代表以被邀者身份参加。会议通过了《科恰班巴声明》，强调南美洲国家的团结与合作，共同推进地区一体化。

12月10日 智利前军政府领导人奥古斯托·皮诺切特在圣地亚哥军医院去世，终年91岁。

12月10—13日 中国全国人大外事委员会副主任委员吕聪敏率全国人大代表团访问巴哈马。巴方表示，巴政府和议会将坚持奉行一个中国政策，愿继续通过议会交流渠道促进两国在政治、经贸、文化、旅游等领域的合作。

12月13日 玻利维亚官方消息，玻缉毒特种部队今年在全国共进行了8514次扫毒行动，缴获各类毒品120.4吨，是去年全年的近3倍。

12月14日 联合国拉美经委会发表年度报告说，2006年拉美和加勒比地区经济增长率达到5.3%。

* 委内瑞拉外长马杜罗和美国驻委大使威廉·布朗菲尔德在委外交部举行正式会晤，寻求改善双边关系。双方均认为会晤很有成效，同意2007年1月继续探讨有关安全和恐怖分子引渡问题。

* 南方共同市场成员国在巴西首都巴西利亚举行会议，宣布南共市议会正式成立。巴西总统卢拉、南共市5国联合议会委员会的代表、5国立法机构的负责人和外交部长等出席了会议。该新机构将从2007年3月份开始行使职能，总部设在乌拉圭首都蒙得维的亚。

12月15日 美国会议员代表团对古巴进行访问，与古巴全国人民政权代表大会主席阿拉尔孔等进行会晤，这是自1959年古巴革命胜利以来美国规模最大的访古团。17日，美国会议员在哈瓦那宣读了一份联合声明，要求美政府改变对古巴政策，同古巴政府进行对话。

12月16日 南方共同市场5个成员国的外长和南共市联系国玻利维亚、智利、哥伦比亚、厄瓜多尔和秘鲁的代表与俄罗斯外长拉夫罗夫在巴西利亚签署了一项备忘录，旨在建立一个长期政治对话机制，定期举行会议，推动双方在所有领域的国际合作。

＊秘鲁总统加西亚证实，该国北部洛雷托省境内发现一处储量为2.52亿桶的油田，这一发现将使秘鲁成为石油出口国，不再依赖进口。

12月17日 在巴西首都巴西利亚举行的南共市理事会会议上，南共市5国外长们一致同意玻利维亚总统莫拉莱斯提出的玻利维亚作为正式成员加入该共同体的建议。玻政府同时希望保留安第斯共同体成员国的地位。

12月19日 厄瓜多尔当选总统科雷亚在厄最高选举法庭确认他为厄瓜多尔2007—2011年总统的仪式上说，厄瓜多尔将“从2007年起埋葬新自由主义模式”。

12月21日 美国和玻利维亚签署一项新的2006—2007年“控制贩毒和履行法律”的反毒合作协议，美政府将向玻提供3380万美元的援助。美驻玻大使戈德贝克和玻外长乔盖万卡在拉巴斯签署了该协议。

12月23日 拉美经委会报道，2006年古巴国内生产总值增长12.5％，为拉美和加勒比之首；第二位是委内瑞拉，增长10％；第三位是阿根廷，增长8.5％。

12月26日 厄瓜多尔外长卡里翁在首都基多表示，厄瓜多尔和哥伦比亚因哥在边境进行取缔毒品的烟熏行动造成两国关系出现危机，厄新任总统科雷亚已取消了访哥计划，卡里翁希望国际组织能够关注此事。

＊秘鲁成功发射了第一枚自主研发的火箭，这标志着该国在太空探测领域迈出了历史性一步。

12月27—28日 巴西里约热内卢黑帮组织放火焚烧公交车，并向警察局与岗哨开枪，造成至少19人死亡，21人受伤。

12月29日 阿根廷前极端右翼军事组织领袖鲁道夫·阿尔米龙在西班牙被捕，此人曾是阿反共军事组织“3A”联盟的领导人，阿当局指控他在1976—1983年间犯有反人类罪，并要求将其引渡回国受审。

＊以美国参议员雷德为团长的美国参议员代表团6名成员结束了对玻利维亚的访问，他们与玻总统莫拉莱斯举行了会谈，双方主张密切两国间的关系，推动扫毒合作计划。

南太平洋大事记

1月

1月4日 巴布亚新几内亚前总理比尔·斯盖特因心脏病死于澳大利亚布里斯班医院，享年52岁。1997—1999年斯盖特任巴新总理，因在1999年与台湾“建交”，被议会驱逐下台。

1月6日 美国参院通过向瓦努阿图提供6500.7万美元的援助议案。该议案是美国“千年发展计划”中的一部分，旨在帮助瓦国发展国内基础设施。该援助款将分5年拨往瓦国。

1月11日 “亚太清洁发展与气候伙伴关系”首次部长级会议在悉尼举行。来自澳大利亚、中国、印度、日本、韩国和美国的政界人士与工业界代表，试图通过倡导环保和节能技术解决全球气候变暖问题。该组织2005年7月成立，其理念是相信发展及使用新的能源技术，可有效减少废气排放。这是一个志愿组织，没有任何承诺，也不受京都议定书等协议的约束。

1月12日 澳大利亚总理霍华德在悉尼会见了访澳的中国国务委员华建敏，双方进行了亲切友好的交谈。霍华德说，中国的发展有利于中国也有利于世界；澳政府对澳中关系发展的良好势头表示满意，希望两国加快建立澳中自由贸易区谈判，推动经贸合作取得更大进展；澳政府坚定支持并奉行一个中国政策；澳方高度赞赏中国在解决朝鲜半岛核问题方面发挥的重要建设性作用；澳方感谢中方参加“亚太清洁发展和气候新伙伴计划”启动会议，愿与中方不断加强在保护环境、减缓气候变化方面的合作。华建敏赞同霍华德对双边关系的积极评价。

1月13日 澳大利亚与东帝汶在经过了两年的争执及数月的艰苦谈判之后，就平等分享帝汶海油气田收益问题达成协议。澳总理霍华德称该协议是一个公平合理的协议。

1月17日 新西兰农林渔业部长吉姆·安德顿表示，新西兰等17国政府向日本政府递交文书，要求日本停止以科研名义在南太平洋海域捕杀鲸鱼，并召回日本在此海域的捕鲸船。安德顿指出，新西兰政府和人民都认为，鲸作为珍稀、重要的海洋动物，必须得到保护。长期以来，以日本为代表的捕鲸国与反捕鲸国、环保组织的争论一直没有停止。

1月22日 澳大利亚国防部长希尔向联邦总理提交书面辞呈，表示将立即卸任国防部长职务但会在今年内继续担任参议员。据悉希尔已经被霍华德总理选择担任下一届澳驻联合国总部大使。

1月25日 由于澳大利亚联邦政府内阁两名部长辞职，霍华德总理宣布对参加内阁的议员作大幅度调整，任命布兰顿·尼尔森接任国防部长。尼尔森的教育部长职务由朱莉·毕晓普担任。任命原助理国库部长麦尔·布拉夫担任家庭服务部部长。政界新星安德鲁·罗布和马尔科姆·特恩布尔均被任命为议会秘书。

2月

2月3日 新西兰海关协同警方破获了一起价值高达800万新币的冰毒走私案，犯案的两名华人已经受到惠灵顿地区法院传唤并面临起诉。此次破获的毒品重达8公斤，是单次破获的最大冰毒走私案。

*澳大利亚海军、空军在新南威尔士州沿海与新西兰海、空军联合展开军事演习，以检验两国海上作战能力。此次演习历时两周。

2月7日 新西兰总理克拉克指责两家转载有损伊斯兰教先知形象漫画的报刊行为不当。新西兰先驱报说，克拉克总理认为登载这种漫画的决定与报业言论自由无关，纯属无益之举。大约800名抗议者6日在奥克兰市举行示威，抗议两家报纸刊登这套漫画。一些新西兰出口商担心这一事件会影响新西兰对穆斯林国家的出口贸易。新西兰肉类羊毛协会主席格兰特说，新西兰向中东市场的年出口额高达2.74亿美元。

*墨尔本前律师马里奥·康迪罗当晚在自家车道上中弹身亡。他是澳大利亚黑社会的一名重要人物，本应在第二天出庭接受两起试图谋杀另外两名黑社会人物案件的审判。这是墨尔本黑社会一系列谋杀案中最新的一起，两年前墨尔本曾连续发生数起黑社会谋杀案。

2月8日 澳大利亚唯一的小麦出口商——澳大利亚小麦局（AWB）因涉嫌在“石油换食品”计划执行期间向伊拉克萨达姆政权行贿而接受调

查，其涉案金额高达3亿澳元（约合2.25亿美元）。如果案情得到证实，此案将成为澳大利亚有史以来最大的行贿丑闻之一，还可能会导致美澳两国间出现分歧。

2月9日 南太平洋大学荣誉教授、太平洋问题研究专家克罗克比称，中国在太平洋地区的经济与政治影响力不断增长，意味这一地区的岛屿国家正在逐渐改变在全球经济与安全领域所担负的角色。来自中国的投资者目前在大多数太平洋岛屿国家主导了当地的商业行业，太平洋岛国过去与西方及欧洲国家的传统关系逐渐有所转移。日本，尤其是中国都对与太平洋岛国建立外交和贸易关系产生了兴趣。克罗克比教授指出，中国最近与巴布亚新几内亚达成10亿美元开发该国矿产资源的协议。此外，中国于2006年初在萨摩亚建立了24小时播放节目的电视台。他表示，中国在这一地区日益增长的势力与影响给太平洋岛国提供了更多的机会与选择。

2月23日 斐济与巴西建立正式外交关系。

2月27日 中国和澳大利亚开始第四轮自由贸易谈判。中国代表团团长、中国商务部世贸司司长张向晨表示，澳大利亚是一个比较大的发达国家，与其他几个中国正在与之开展自贸协定谈判的国家和地区相比，与澳大利亚的自贸协定谈判更复杂、也是规模最大的。据专家分析，澳中自贸协定谈判的难点将主要集中农业、服务业和澳方比较关心的投资等方面。

3月

3月3日 澳大利亚总理霍华德在接受英国《金融时报》采访时说，澳大利亚将以务实的立场与中国发展双边关系。他强调，在他执政的10年间没有忽视亚洲的重要性，而发展和中国的关系是澳政府优先考虑的重点之一。澳将加强与中国贸易往来，同时平衡与其他国家的合作关系。霍华德说，中国已成为澳第三大贸易伙伴，澳政府必须以实际的眼光对待澳中关系。

3月4日 建于1862年的英国驻汤加领事馆正式关闭，表明英国势力彻底从南太平洋地区撤出。

3月7日 澳大利亚总理霍华德访问印度，印度总理辛格在与霍华德会谈时要求澳考虑向印度核电站出售核燃料。霍华德表示，澳大利亚的政策是不向没有签署不扩散核武器条约的国家出口核原料。两位领导人认为会谈的气氛友好，保证要利用双边互访增强两国的政治和经济联系。

3月8日 伊洛伊洛再次被斐济大酋长委员会任命为斐济总统，继续另一个5年任期。

3月12日 英国女王伊丽莎白二世抵达澳大利亚开始为期5天的访问。女王此行的主要目的是出席第18届英联邦运动会的开幕式，并为悉尼歌剧院装修后重新对外开放剪彩。

3月17日 美国国务卿赖斯访问澳大利亚，与澳总理霍华德及澳国家安全委员会官员分别举行了会谈。赖斯还飞往墨尔本亲自向曾经在伊拉克和阿富汗执行任务或参加了海啸救灾工作的澳大利亚军人表示感谢。18日，美国国务卿赖斯在悉尼参加了美、日、澳三边对话。

3月20日 澳大利亚工党在南澳大利亚州议会选举中，赢得47个州议席中的30个，得票率增加10%，总理兰恩再次当选。在塔斯马尼亚州，尽管工党的得票率减少了2%，但还是连续第三次执政，总理伦农也再度当选。澳洲所有6个州目前都在工党掌控之中。

*澳大利亚在伊战爆发三周年之日刮起反战风暴，大约有500名示威者在悉尼中部游行，并挥舞着写有美国总统布什是“世界头号恐怖分子”的字牌。澳大利亚派遣了大约1300人支持美国发动的伊拉克战争。

3月21日 一场风力强劲的热带气旋袭击了澳大利亚北方的昆士兰州，大批房屋住宅被毁，其威力为几十年来之最。联邦总理霍华德说，政府将向灾区提供一切必要的援助，共同抵抗这一风灾。

3月23日 澳大利亚不顾印尼的反对，向42名到澳寻求政治庇护的西巴布亚人发放临时签证。印尼总统尤多约诺此前曾打电话给澳大利亚总理霍华德，表示澳不应发出签证且必须把这批人遣送回印尼。24日，印尼外交部长哈桑·维拉尤达下令召回印尼驻澳大使，以表达印尼政府对澳政府上述做法的抗议和遗憾。

3月25—28日 英国首相布莱尔对澳大利亚进行为期4天的访问。28日，布莱尔与澳总理霍华德举行正式会谈，并会晤了工党领袖比兹利和政府内阁成员。布莱尔表示对霍华德提出的定期会晤很感兴趣。布莱尔说，英、澳具有共同的价值观，对世界上至关重要的事务持有相同的观点，他很高兴能看到英与澳达成像与美国那样的对话机制。他表示，英国与欧洲有着紧密的关系，而澳大利亚与亚洲有着同样紧密的关系，这一点对双方都有益。

4月

4月1日 中国总理温家宝开始访问亚太4国澳大利亚、斐济、新西兰、柬埔寨，第一站到达是澳大利亚的西澳大利亚州。3日，温家宝总理在堪培拉与澳大利亚总理霍华德举行会谈，就两国关系及双方共同关心的问题深入交换了意见，并出席了两国外长签署两项能源合作协议仪式。中方在新签署的能源协议中承诺将确保澳洲出口中国的铀矿不会转运其他国家。温家宝还分别会见澳洲总督杰弗里及反对党领袖比兹利。

4月3日 随同中国国务院总理温家宝访问澳大利亚的中国国家发展和改革委员会主任马凯，与澳大利亚联邦副总理兼贸易部长韦尔共同主持召开了“中澳高层经济合作对话机制”第一次会议。双方重点就投资、能源、矿产、气候变化等共同关心的问题进行深入的对话交流。双方在会议开始时举行了清洁能源技术、风电、铁矿和铝土矿开发等6个投资合作项目的签约仪式。

4月7日 中国国务院总理温家宝在斐济楠迪分别会见了参加“中国—太平洋岛国经济发展合作论坛”首届部长级会议的各岛国领导人。各岛国领导人一致重申，各国继续坚定地奉行一个中国政策，不与台湾进行官方往来，支持中国的和平统一大业。温家宝则积极评价中国与各岛国关系的良好发展，高度赞赏它们坚持奉行一个中国的政策，在联合国等国际和地区组织中主持正义。同温家宝总理会面的领导人包括：太平洋岛国论坛轮值主席国巴布亚新几内亚总理索马雷、瓦努阿图总理利尼、密克罗尼西亚联邦总统乌鲁塞马尔、汤加首相塞韦莱、库克群岛总理马鲁雷、纽埃总理维维安和萨摩亚总理代表—商业、工业和劳动部长基尔等。

＊澳大利亚、英国、日本、新西兰、新加坡和美国在澳北部举行为期3天的反恐演习，模拟如何在空中拦截大规模杀伤性武器。除参与演习的6国外，另有26个国家派观察员观摩了演习情况。这次演习是美国总统布什2003年提出“防扩散安全计划”后的第6次演习。此计划获得60多个国家的支持，目标是打击大规模杀伤性武器及相关物质的走私活动。

＊印尼拒绝澳大利亚政府邀请其参与在澳北方地区进行代号为“太平洋保护者06”的演习，认为这一演习违反了有关的国际法。

4月12日 应台湾“总统”陈水扁邀请，马绍尔总统克塞·诺特在出席第62届联合国科教文组织会议后访台。

4月13日 澳大利亚总理霍华德发表声明说，他将就澳小麦出口商AWB公司涉嫌在“石油换食品”计划中向萨达姆政府行贿问题接受质询。他将因此成为澳洲23年来第一位在法庭听证会上作证的总理。

4月18日 所罗门群岛选举委员会宣布所罗门自治联合党领袖斯奈德·里尼当选为新一任总理，里尼曾任上一届政府副总理。19日，由于不满里尼在大选中舞弊，所罗门群岛首都霍尼亚拉爆发了愤怒的抗议，抗议群众焚烧保安部队的车辆并且洗劫商店。在骚乱中，澳大利亚领导的在所罗门群岛执行维持秩序任务的警察部队有 6 人受伤。澳总理霍华德表示为制止局势的进一步恶化将派军队重返所罗门。

4 月 20 日 所罗门群岛政府宣布实施宵禁。首都霍尼亚拉发生骚乱，大约 2000 人向政府办公楼进发。许多商店包括中国城的大多数商店都受到劫掠或被纵火焚烧，至少有 17 名澳大利亚警察和 2 名新西兰人在制止暴乱时受伤。

* 澳大利亚政府决定派遣一支 100 多人的部队前往所罗门群岛控制局势，首批集结在北方汤斯维尔市的部队当日启程，先遣部队于澳洲时间下午 5 点半抵达所罗门群岛首都霍尼亚拉。

4 月 25 日 刚刚当选所罗门群岛总理的里尼在国会即将开始对他的不信任案投票表决前宣布辞职。总理热门人选、反对党领袖苏格维尔表示，一旦他当选，他将考虑和台湾断绝"外交"关系。

4 月 26 日 澳大利亚外交部长唐纳在记者会上说，"我们很慎重地跟台当局说，用金钱资助（其他国家和地区）政党、政客，直接去支持特定候选人，甚至是'选票'之类，完全不能接受。"他称，澳政府已经通过相关渠道，对台当局介入所罗门群岛的选举表达严重关切。他痛批这是一种"支票外交"。

5月

5 月 4 日 所罗门群岛选出新总理曼尼塞·苏格威尔，澳大利亚外长唐纳表示祝贺。

5 月 10 日 美国海军最新式的导弹驱逐舰川弘舰访问瓦努阿图。

5 月 13 日 澳大利亚外长唐纳出访新加坡，分别同新加坡总理李显龙、国务资政吴作栋、副总理兼内政部长黄根成等会晤。

5 月 15 日 澳大利亚、印尼两国外长在新加坡会晤，讨论澳为印尼巴布亚船民提供庇护签证问题。由于澳为巴布亚 42 名船民提供庇护性签证，导致两国关系紧张。

* 澳大利亚总理霍华德开始出访美国、加拿大、爱尔兰三国。霍华德访美期间与美国总统布什讨论了伊拉克与阿富汗形势、伊朗核计划僵局以及中国崛起对全球的影响等议题。霍华德还分别与美国务卿赖斯和国防部长拉姆斯菲尔德会晤，除伊拉克、阿富汗问题外还讨论了东帝汶问题及澳周边地区存在的问题。霍华德敦促美国更多参与亚太地区事务，称这对亚太地区的稳定至关重要。赖斯则对澳为反恐战争做出的贡献表示感谢。霍

华德作为布什总统在反恐战争里的坚定盟友，此行备受重视。

5月17日 中国与澳大利亚签订的购买250亿澳元液化天然气协议正式启动。第一艘载有12.5万立方米液化天然气的货船当天从澳大利亚皮尔巴拉港前往中国广东省，标志着澳最大的液化天然气公司与中国广东省液化天然气公司的购买合同正式生效。根据合同，在未来的25年，澳大利亚能源公司每年将向中国提供330万吨液化天然气。

＊美国海军川弘舰访问汤加。

5月19日 美国和澳大利亚就扩大反恐研究的情报分享与合作事宜签署一项谅解备忘录。五角大楼说，这项协议的重点是识别和侦察恐怖份子与恐怖团体活动，减少恐怖事件发生的可能性。美国此前已与英国、加拿大、以色列和新加坡等国家签署了类似协议。

5月22日 澳大利亚与加拿大宣布将合作保障两国的铀矿利益。澳、加是世界上两个最大的铀矿出产国，铀矿问题是澳总理霍华德此次访加期间与加总理讨论的主要议题。

＊澳大利亚和西南太平洋国家的警察总长在墨尔本开会，讨论地区安全和反恐怖事宜。

5月25日 鉴于所罗门群岛局势已逐渐恢复平静，澳大利亚国防部长尼尔森宣布，内阁国家安全委员会决定在今后的两个星期内将上月派往发生骚乱的所罗门群岛的400名澳军人撤出该岛。

5月25—27日 日本与太平洋14个岛国在日本冲绳举行第四次“日本—太平洋岛国论坛首脑峰会”。峰会通过首脑宣言《冲绳合作伙伴关系》，确认了日本与太平洋诸岛国强化合作关系的方针。《冲绳合作伙伴关系》称，为构建更加富强繁荣的太平洋地区，要加强与会国相互间的合作关系。各成员国在宣言中一致承诺，支持日本加入联合国安理会常任理事国。日本则宣布从2006年度起，3年内向论坛成员国提供450亿日元的政府开发援助，比2003—2005年度300亿日元的援助额增加了1.5倍。

5月26日 澳大利亚计划派遣1300名官兵前去东帝汶协助平息该国骚乱，第一批维和部队人员和一架空军大力士型运输机当日抵达东帝汶首都帝力。

5月28日 澳大利亚外长唐纳宣布，澳将为遭受地震灾害的印尼灾民提供300万澳元的紧急援助。

5月28—30日 第83届非洲、加勒比、太平洋国家组织（ACP）部长级会议在巴布亚新几内亚首都莫尔斯比港召开。本届ACP部长级会议主要就棉花、香蕉、糖的贸易以及发展财政等问题进行讨论。

5月29日 澳大利亚国防部称，澳军队已经控制了东帝汶首都帝力的机场、海港、联合国总部和警察总部等主要地点，并派遣军队到总统府和国会大厦驻守。东帝汶的动乱局势已逐渐受到控制，目前，抵达东帝汶协助维持秩序的国际维和部队已经迅速增加到 2250 名，他们大部分来自澳洲、新西兰和马来西亚。

6月

6月1—2日　欧盟与非洲、加勒比、太平洋国家组织（ACP）部长级会议讨论欧盟与 ACP 国家贸易问题。

6月12日　新西兰最大城市、位于北岛的奥克兰发生大面积断电。事故影响了大约 23 万用户，有 70 万人陷入黑暗之中，造成了 5000 万—7000 万新西兰元的经济损失。

6月14日　印尼驻澳大利亚大使馆官员透露，印尼大使哈姆扎在被召回雅加达近 3 个月后，13 日已经返回堪培拉。

6月15日　新加坡总理李显龙抵达澳大利亚首都堪培拉对澳进行正式访问。双方将就贸易、交通、通讯以及国家安全等议题进行会谈。

6月19日　太平洋岛国安全会议在斐济南柚召开。来自论坛 16 个国家的安全官员出席了这次会议，会议讨论了岛国面临的安全威胁如有组织犯罪、跨国犯罪、洗钱、艾滋病、边境安全等问题及应对之策。

＊澳大利亚总理霍华德说，欢迎美国在澳境内设立基地或培训设施。据《澳洲金融评论》日前报道，澳美两国将在澳洲北部设立两个联合军事训练和“远征军基地”。该报引述国防部消息说，澳北部领地布拉德肖的一个新基地将备有一个让大型 C—17 军事运输机使用的起降跑道，并可容纳 750 名美国海军远征部队。美军可以此基地部署或调动军队及运输装备到周围动荡地区。报道还说，在西澳西北部沿岸的扬皮桑德还有另外一个基地，可让美澳军队进行两栖抢滩登陆的联合演习。霍华德没有证实有关报道是否属实，不过他说：“前些时候，我们宣布将为美国士兵扩大在澳北部的培训和演习设施。”

6月20日　澳大利亚国防部长纳尔森称，澳将更新其武器装备，计划投入 510 亿澳元重新装备部队，增强国防能力，应对潜在威胁。2004 年澳大利亚发表了 10 年国防能力计划，提出购买新型船舰、飞机和武器的计划。强调将重点放在反恐和应对大规模杀伤性武器威胁上。

6月22日　所罗门首都霍尼亚拉今年 4 月发生的暴乱造成当地华人流离失所。上周所罗门群岛总督就此正式向华人社区道歉。

6月26日　澳大利亚总理霍华德访问印尼，与印尼总统尤多约诺在巴厘岛举行会谈。澳向印尼保证，澳不支持印尼境内的分离主义活动。两位领导人还讨论经济合作、东帝汶局势和反恐等问题。

6月27日 澳大利亚总理霍华德抵达北京，开始对中国为期3天的访问。访华前，霍华德在接受印尼媒体采访时表示，中国需要稳定的国际环境发展经济和贸易，因此不会使军备现代化成为经济发展的障碍，北京目前把经济贸易发展放在军备之前。他还说尽管美国担心中国的军事扩张，但他对中美两国的关系前景感到乐观。霍华德此行还与中国协商中澳自由贸易协议。

6月28日 澳洲墨尔本爆发15万人大示威，抗议政府3个月前修订的劳工法。示威者说，新劳工法将导致更多人失业，同时降低工人薪金。除了墨尔本之外，悉尼、柏斯以及其他澳大利亚大城市也同时举行示威。

6月29日 澳大利亚总理霍华德在深圳和中国总理温家宝参加了广东液化天然气项目工程投产典礼。

7月

7月3日 太平洋岛国论坛经济部长会议在所罗门群岛首都霍尼亚拉召开，会议讨论了本地区经济一体化和改善劳动力市场等问题。

7月6日 澳大利亚对朝鲜试射导弹表示抗议，澳外长唐纳宣布，取消高级官员到朝鲜的访问，并限制朝鲜官员到澳旅游。

＊汤加王子和王妃在美国旧金山遇车祸身亡。

7月8日 澳大利亚总理霍华德与国库部长科斯特洛之间关于“交权”的问题进一步激化。科首次公开声明指责霍在转交领导权问题上没有说真话，称霍没有遵守他于1994年12月的承诺。霍曾承诺将在第二次连任后将自由党领导权转交给科，即应该在1998年交权。

7月10日 美国总统布什致电祝贺所罗门群岛独立28周年。贺电说，从第二次世界大战到全球反恐战争，美所两国人民一直并肩战斗，并希望美所两国人民今后在共同保持太平洋地区和世界更安全方面做出更多贡献。所罗门群岛原为英国殖民地，1978年独立。国家政局长期动荡。

7月13日 英国新经济基金与英国环保组织“地球之友”评定全球生活最快乐的地方，南太平洋岛国瓦努阿图列为首位。

7月17日 澳大利亚总理霍华德在悉尼召开的能源研讨会上说：为了满足世界对石油需求的增长，澳将鼓励本国开发商更多开采澳经济专属区海上油气资源。

7 月 20 日 美国总统布什提名克莱德·毕晓普为美国驻马绍尔群岛全权大使。毕晓普为美国职业外交官，曾在多米尼加共和国、尼伯尔、意大利等国任外交官。

7 月 25 日 中国和澳大利亚第十次人权对话会议在堪培拉举行。

7 月 26 日 美轰炸机每年要在澳大利亚北部地区进行 6 次演习。首次演习当日开始，两架隐形飞机从关岛起飞前往澳大利亚，中途不作任何停留。

7 月 30 日 中国外交部长李肇星开始对南太平洋的密克罗尼西亚、埃纽、汤加、库克群岛、萨摩亚、斐济、瓦努阿图、巴布亚新几内亚进行正式访问。以上岛国领导都向李表示坚持“一个中国”的原则。

7 月 31 日 据澳大利亚媒体报道，澳工党领袖比兹利上周宣布打算放弃工党长达 22 年反对开采新铀矿的政策。他表示，将在明年工党全国代表大会上宣布这一新政策，但工党环境事务发言人阿尔巴内塞等人极力反对比兹利的新立场。

8月

8 月 1 日 澳大利亚总理霍华德决定不退休，他对自由党人表示他将继续领导自由党，参加明年举行的大选，寻求第五个任期。霍华德于 1996 年当政，任期长达 10 年。

8 月 2 日 正在日本访问的澳大利亚外交部长唐纳提出与日本加强安全合作关系。

8 月 10 日 澳大利亚总理霍华德宣布，由于阿富汗治安越来越糟，澳决定向阿增派 150 名官兵协助维持那里的治安和重建工作。

8 月 11 日 巴布亚新几内亚政府与中国冶金建设集团公司签署了一项价值 7 亿美元的大型镍矿开发项目合同，工程将于 2006 年年底开工。这将增加巴新的国家收入并为矿山所在地提供基础设施、教育和就业机会。

8 月 14 日 日本环境大臣访问图瓦鲁和斐济，视察日本援助两国的一些工程，如供水系统工程、手工业中心等。

8 月 15 日 澳大利亚外交部长唐纳公开批评日本首相小泉参拜供有二战期间甲级战犯的靖国神社。唐纳说，小泉参拜靖国神社，表示日本对在二战中其他国家的死难者没有表示歉意。

8 月 18 日 新西兰外交部长温斯顿·彼得斯在惠灵顿举行的一次英

联邦议会会议上对台湾提出直接批评。他说，台湾卷入最近在所罗门群岛发生的暴乱是无可争辩的。

8月25日 东盟与澳大利亚、新西兰在马来西亚吉隆坡召开经济部长会议，就2007年东盟与两国缔结自由贸易区、2008年正式生效达成一致。届时，澳新东盟自贸区将同中国—东盟自贸区一道，成为进一步推动东亚经济合作的基础。

8月26日 澳大利亚总理霍华德宣布一项76亿美元的扩充陆军计划，以应对亚太地区及外界越来越多的不稳定威胁。

9月

9月3日 陈水扁“出访”南太平洋国家帕劳和瑙鲁，并于4—5日在帕劳召开首届“台湾与太平洋岛国首脑峰会”。

9月4日 全球享有盛誉的澳大利亚自然主义者、“鳄鱼先生”史蒂夫·埃尔文在澳大利亚外海被黄貂鱼钩刺死。埃尔文因《鳄鱼先生》电视演出而享誉国际。

9月7日 悉尼遭遇百年特大暴风雨袭击，造成交通混乱。新南威尔士州部分公路被迫关闭，航班延误，部分区间火车停开，某些地区发生泥石流及洪灾。据澳大利亚气象局的资料显示降雨量达107毫米，是1883年来的最高日降雨量。

9月8日 澳大利亚与中国结束了在北京举行的最新一轮自由贸易协议谈判。这项自贸协议最为艰巨的开放市场议题仍然有待进一步谈判。12月份在堪培拉举行的下一轮谈判，将对市场开放的敏感议题以及有关服务与投资的议题展开磋商。

＊澳大利亚总理霍华德透露，东帝汶局势依旧紧张，澳决定增派120名军人到东帝汶。6日，东帝汶叛军首领雷纳多少校带领56名叛军成功越狱，使澳对东帝汶局势发展更为关注。目前在东帝汶的国际部队有2500人，其中澳方军人约930人、警察约180人。在2006年5月的暴乱中，有大约10万人被迫离开家园，几十人在动乱中丧命。

＊澳大利亚昆士兰州州长比蒂领导的工党政府在州选举中赢得了历史性的四连任，并且再次以多数优势在议会选举中大获全胜。

9月9日 澳大利亚决定向美国购买远程导弹，以加强其FA—18型超级大黄蜂战斗机队的战斗力。估计这笔交易的总额将高达3亿多澳元。

9月11日 汤加国王普图五世在新西兰奥克兰医院病逝，享年88

岁。普图五世于1965年继位。同日，普图五世长子图博图阿王子宣誓就任汤加新国王。

＊澳大利亚朝野举行“9·11”恐怖袭击事件5周年纪念活动，总理霍华德及联邦反对党领袖比兹利都在国会发表了讲话。

9月12日　中国贸易代表团访问帕劳，商谈两国之间的贸易、旅游等事项。

9月13日　中国与澳大利亚首次城市社区建设与人权发展研讨会在江苏省无锡市召开，来自两国的50多位专家、学者和政府代表在为期3天的会议上进行探讨与交流，相互借鉴在社区发展人权事业的做法和经验。

9月15日　澳大利亚与所罗门群岛发生外交纠纷，所罗门群岛宣布澳大利亚驻所罗门群岛高级专员科尔为不受欢迎的人。澳采取了一项报复性禁令，取消所有所罗门群岛议员进入澳大利亚的多次往返签证。

9月20日　澳大利亚在日本内阁批准对朝鲜实施金融制裁后，也宣布对为朝鲜核武发展提供资助的公司和个人采取同样措施。

9月24日　第37届太平洋论坛会议在斐济楠迪召开，会议认真审议了《太平洋计划》执行一年来的进展，广泛探讨了劳动力流动、地区渔业战略、持续发展的资金来源、太平洋地区防止艾滋病战略、深海捕捞、气候变化和海平面上升、反恐、全面禁止核试验条约、放射性物资运输、论坛后期对话、朝鲜核试验、地区援助团审查等25个议题，通过了《论坛公报》，确定了成员国在今后一年中的4大努力方向：继续促进经济增长、保持可持续发展、改善政府管理、加强安全和稳定。

＊参加第37届太平洋论坛会议的美国助理国务卿克里斯托佛·希尔要求各岛国加强安全合作，打击恐怖主义和洗钱。

＊澳大利亚民族党领袖马克·韦尔正式辞去贸易部长之职，其职务由民族党副领袖、运输与区域服务部长特拉斯接任。

9月26日　澳大利亚政府考虑是否解除禁止对印度出售铀矿的条例。

10月

10月2日　斐济副总统在中华人民共和国建国57周年庆祝会上赞扬斐中友好关系，感谢中国对斐济经济发展的帮助。

10月10日　澳大利亚外交部长唐纳召见朝鲜驻澳大使，表达了澳对朝鲜进行核试验的谴责。

*新西兰总理克拉克女士要求联合国尽最大力量制裁朝鲜。她说，新将支持安理会通过的任何制裁朝鲜的决议。她还说，中国仍然是一个关键因素，因为中国是为数不多的几个朝鲜愿意听取其意见的国家之一。

10月13日 澳大利亚总理霍华德表示，澳军舰可能加入任何封锁朝鲜的国际制裁行动。16日，澳政府宣布，禁止朝鲜船只停靠澳港口。澳外长唐纳表示，这一举措是澳政府对朝鲜核试验的正当回应。

10月18日 澳大利亚议会通过新法案，放宽外国投资者在澳媒体公司的持股限制和对国内媒体公司合并的限制。这是澳20多年来首次修订当地的媒体拥有权法令。新法令将在2007年2月至2008年1月之间生效。澳1985年通过的媒体法令规定，外国公司最多只能拥有澳洲电视公司的15%股权和澳洲报章的25%股权。

11月

11月5日 澳大利亚发生200多年来最严重的干旱。预计农产量将减少20%，国内生产总值也将减少0.7%。为了缓解全国水资源匮乏危机，总理霍华德在7日举行有各州州长参加的解救水资源危机会议。联邦政府在会议中提出一项高达10亿澳元的天气异变救助计划。

11月12日 澳大利亚和印尼签署安全条约，这项新协议除了包括双方打击恐怖主义、边境安全及情报合作外，同时还加注了澳将不会支持印尼境内分离主义的承诺。

11月16日 南太平洋岛国汤加王国首都努库阿洛法出现骚乱，示威者冲击首相办公室、政府与民用建筑。市中心商业区近半房屋着火。十余家华商拥有的商店也遭到抢劫和焚烧。中国驻汤加使馆说，约50名华人华侨前来使馆避难。骚乱原因是数千名示威者聚集在市区要求议会在当天休会前就改革议题举行投票。在愿望没有得到满足后，示威者失去控制，开始出现骚乱。

11月17日 正在越南河内参加APEC会议的中国国家主席胡锦涛会见了澳大利亚总理霍华德。

*澳大利亚外长唐纳在越南河内表示，澳考虑向爆发骚乱的太平洋岛国汤加派遣军队，帮助该国政府恢复秩序。

11月18日 汤加王国的民主示威演变为暴乱，反政府的青年推倒车辆、攻击官员、掠夺和纵火焚烧商店和办事处。汤加政府宣布国家进入紧急状态30天，军警可实施宵禁、禁止5人以上聚会以及随意搜查可疑人物。汤加要求邻国调派军队协助维持秩序。

11月18—19日 20国集团（G20）财政部长会议在澳大利亚墨尔本举行，将就如何公平使用能源达成一项协议。会议主席澳大利亚财政部长科斯特洛表示，这次会议的重点包括油价、全球能源需求、中国和印度扩增的需求。该集团认为能源安全对国际金融稳定具有关键作用。

11月20日 派往汤加王国的澳大利亚和新西兰部队已经控制汤加首都机场，澳、新共派出110名军人和44名警察到汤加，协助汤加政府维持秩序。

11月29日 澳大利亚总理霍华德抵达马来西亚首都吉隆坡展开3天访问。霍在启程前表示，这次访马是对马改换领导人后得以恢复的两国关系的进一步巩固。澳马两国关系在马哈蒂尔执政时期严重受损。

12月

12月3日 美国前总统克林顿以私人身份访问巴布亚新几内亚。克林顿在访前表示，他此行是向巴新人民宣讲防控艾兹病的重要性，并向艾兹病患者提供援助。据巴新官方2006年3月统计，巴新已有15000多人感染艾兹病，而实际人数将更多。巴新人口不到50万。

12月5日 日本农业部长和贸易部长表示将支持与澳大利亚展开自由贸易区谈判。这将是日本首次与主要农产品出口国展开自由贸易区谈判。农产品贸易一直是日本的敏感区域。

＊南太平洋岛国斐济发生20年来的第四次政变。军方首长姆拜尼马拉马宣布，武装部队已经接管国家政权。他接管总统的部分职务，并开除总理恩加拉塞，委任塞尼拉恩加卡利为临时总理。

12月6日 澳大利亚联邦议会的协议审议委员会同意澳企业向中国出售铀。该委员会主席安德鲁·索斯科特说，委员会成员都同意在有安全保障的前提下向中国出口铀，并认同这符合澳国家利益。

＊“亚太人权基金会”在新西兰奥克兰举办了2006年度人权奖颁奖仪式。2005年叛逃的原中国外交官陈用林、郝凤军等获“自由勇士奖”。

12月7日 澳大利亚政府将授权海军向非法捕鱼的渔船开火，以遏制日益猖獗的非法捕鱼活动。国防部长尼尔森说，新条例也允许海军使用催泪弹和胡椒对付非法捕鱼者。自2006年1月以来，澳海军在北部和西北部海域共扣押了357艘非法渔船，是历来最多的一次。大部分非法进入澳大利亚水域捕鱼的渔船来自印尼，

12月8日 斐济政变军人委任的过渡政府总理塞尼拉恩加卡利说，斐济有可能在两年后举行议会选举。他表示要同亚洲国家建立更为密切的联系，以免斐济受到澳大利亚和新西兰制裁行动的牵制。

*澳大利亚不再禁止科学家进行复制人体胚胎干细胞的研究工作。澳大利亚众议院以82票对62票通过这一法案。参议院已在11月7日以34对32票通过了同一法案。法案允许科学家复制干细胞进行研究，但是依旧禁止复制胚胎的进口与出口并且禁止研究人员把复制的胚胎植入人体或动物体内。

12月14日 澳大利亚与法国在巴黎签署了两国第一份国防合作协定。两国将在海上监视、人道主义援救等方面合作。法国是欧洲第一个与澳签订这种条约的国家。

12月15日 欧盟委员会推迟对斐济非人道援助和禁止斐所有军方人员访问欧盟国家。

12月19日 美国国务院宣布对发动政变的斐济军方实施制裁。制裁措施包括暂停向斐济提供金融援助和售卖武器，并且向斐济军方将领和其它涉嫌参与12月5日政变的官员颁布旅行禁令。美国国务院在一份声明中称，制裁涵盖了美国向斐济提供的价值大约250万美元的援助（以军事援助为主），并且禁止向斐济提供新的经济援助项目，禁止斐济军方参加美国资助的军事演习或军事会议。

12月20日 澳大利亚环保专家说，本月初以来澳大利亚发生的林火可能继续延烧澳大利亚南部大片的森林，估计至今这场林火已烧死了数以万计的澳大利亚特产的袋鼠和树熊等国宝动物，对澳大利亚生态环境造成极大的破坏。

*澳大利亚对斐济军方两周前发动军事政变作出反应，宣布延迟对斐济部分援助，但宣称削减援助不会对斐百姓生活造成困难。

12月22日 法国宣布停止与斐济的一切军事关系，包括对斐高层军人的培训，并停止向参加政变的所有人员发放签证。

12月30日 澳大利亚总理霍华德呼吁各州政府解除铀矿开采的禁令，以发展核能工业，满足澳大利亚未来的能源需求。

编　委：

许　涛　吴洪英　胡继平　徐伟忠　刘雪山

魏　亮　汪大为

撰稿人：

任红梅：世界政治大事记、中国对外关系大事记

李南南、谷文艳：世界经济大事记

高　颖：世界军事大事记

苏占峰：国际恐怖与反恐怖大事记

孟亚波：美国大事记

蒋　莉：俄罗斯大事记

吕　云、肖延辉、王惠敏：日本大事记

种　昕：东北亚大事记

张学刚、李辉、何胜、岳德明：东南亚大事记

胡仕胜、楼春豪、杜冰：南亚大事记

徐晓天：中亚大事记

刘　群：中东大事记

丁丽莉：非洲大事记

樊春菊：欧洲大事记

丁晓星：独联体大事记

李　萌：拉美大事记

孙晖明：南太平洋大事记

图书在版编目（CIP）数据

2006年世界·地区·国家关系大事记/中国现代国际关系研究院国际信息中心. —北京：时事出版社，2007.5
ISBN 978－7－80232－067－3

Ⅰ.2… Ⅱ.中… Ⅲ.世界－大事记－2006 Ⅳ.D5

中国版本图书馆CIP数据核字（2007）第067613号

出版发行：时事出版社
地　　址：北京市海淀区万寿寺甲2号
邮　　编：100081
发行热线：（010）88547590　88547591
读者服务部：（010）88547595
传　　真：（010）68418647
电子邮箱：shishichubanshe@sina.com
网　　址：www.sspublish.net
印　　刷：北京百善印刷厂

开本：787×1092　1/16　印张：37.75　字数：675千字
2007年6月第1版　2007年6月第1次印刷
定价：76.00元